Deichert

Quellen und Darstellungen zur Geschichte Niedersachsens

Deichert

Quellen und Darstellungen zur Geschichte Niedersachsens

ISBN/EAN: 9783742890221

Hergestellt in Europa, USA, Kanada, Australien, Japan

Cover: Foto ©ninafisch / pixelio.de

Manufactured and distributed by brebook publishing software
(www.brebook.com)

Deichert

Quellen und Darstellungen zur Geschichte Niedersachsens

Quellen und Darstellungen

zur

Geschichte Niedersachsens.

Herausgegeben

vom

Historischen Verein für Niedersachsen.

―――――――

Band XXVI.

Geschichte des Medizinalwesens
im Gebiet des ehemaligen Königreichs Hannover.

―――

Ein Beitrag zur vaterländischen Kulturgeschichte

von

Dr. med. H. Deichert,

prakt. Arzt in Hannover.

―――――― •••• ――――――

Hannover und Leipzig.
Hahnsche Buchhandlung.
1908.

Geschichte des Medizinalwesens

im Gebiet des

ehemaligen Königreichs Hannover.

——◦——

Ein Beitrag zur vaterländischen Kulturgeschichte

von

Dr. med. H. Deichert,

prakt. Arzt in Hannover.

——◆◆——

Hannover und Leipzig.
Hahnsche Buchhandlung.
1908.

Vorwort.

Vorliegende Arbeit ist, soweit nicht anders bemerkt, auf Grund des Studiums der im hiesigen kgl. Staatsarchiv aufbewahrten Medizinalakten des ehemaligen Königreichs Hannover und der einschlägigen Literatur erwachsen. Bei der Art des Materials war eine lückenlose Darstellung und Erschöpfung des Themas nicht zu ermöglichen. Die Ergänzung muß eben der Lokalforschung überlassen bleiben, für die sich in den verschiedenen Archiven noch interessantes Material finden dürfte. Einen Beweis dafür liefern die leider erst während des Druckes erschienenen „Göttinger Statuten" (v. d. Ropp, Bd. XXV d. Quellen u. Darst. z. Gesch. Nieders.).

In der Hauptsache kam es mir auf eine Zusammenstellung der für die Entwicklung des Medizinalwesens in den einzelnen Landesteilen (bis 1866) maßgebenden Gesichtspunkte und Geschehnisse an. Durch Vergleiche mit anderen deutschen Staaten und durch Beziehungen zur Jetztzeit glaubte ich, meinen Ausführungen ein allgemeineres Interesse zu sichern.

Die Anordnung des Stoffes bot einige Schwierigkeiten. Während das auf die Einleitung folgende erste Kapitel eine Gesamtübersicht gibt, sind die nächsten Abschnitte den verschiedenen Klassen der Medizinalpersonen — einschließlich der Kurpfuscher — gewidmet. Das sechste Kapitel enthält unter der Bezeichnung „öffentliche Gesundheitspflege" sehr heterogene Dinge. Alle übrigen erklären sich von selbst. Die kurze Besprechung der fürstlichen Leibärzte ist absichtlich an das Ende gesetzt, da sie lediglich als biographische Ergänzung gedacht ist. Auch sollte darin die Anteilnahme hervorragender Ärzte des Landes an der Kultur und dem Wissen ihrer Zeit angedeutet werden. Die medizinische Fakultät in Göttingen hat keine gesonderte Darstellung gefunden, da dies bereits durch Pagel und Ebstein geschehen ist.

An dieser Stelle erfülle ich eine gern geübte Dankespflicht gegenüber der bereitwilligen Unterstützung, die ich jederzeit auf dem hiesigen kgl. Staatsarchiv, der kgl. Bibliothek und dem Stadtarchiv fand. Mein besonderer Dank gilt den Herren Archivaren Dr. Löwe (jetzt in Posen) und Dr. Lulvès.

Unter den Mühen und Sorgen der ärztlichen Praxis entstanden, möge mein Buch nachsichtige Beurteiler finden!

Hannover, Mai 1908.

H. Deichert.

Inhaltsübersicht.

Einleitung.

Mönchsmedizin und die ersten weltlichen Aerzte.

Wie die Priester bei den alten Germanen, beschäftigten sich die ersten christlichen Missionare mit der Heilkunde, um unter dem Volke Anhang zu gewinnen. So scheint es bei den Gründern des den beiden Heiligen Cosmos und Damian, den Schutzpatronen der Wundärzte, geweihten Stifts Wunstorf der Fall gewesen zu sein.[1]) Die wald- und wasserreiche Umgebung bot ja auch mancherlei heilsame Kräuter, deren sich die damalige Medizin bediente.

Eigentlich fachmännisch gebildete Ärzte gab es in Deutschland überhaupt erst seit dem Aufblühen der 1150 bezw. 1196 gegründeten medizinischen Schulen in Salerno und Montpellier. Im Mittelalter noch pflegten Geistliche und Mönche neben anderen Künsten und Wissenschaften das Studium der Medizin. Wenn schon in Urkunden des 12. und 13. Jahrhunderts gelegentlich die Bezeichnung Physikus vorkommt, so handelt es sich doch dabei wahrscheinlich um Geistliche, welche, als Leibärzte der Bischöfe, ärztliche Praxis ausübten. Man erkennt das häufig daran, daß sie eine Domherrnstelle oder ein Kanonikat besaßen. Noch 1471 beginnt eine Göttinger Urkunde mit den Worten: We Bartholdus von Hoygersen Doctor medicine Deken . . .[2]).

Bischof Wigbert von Hildesheim (880—903) war nach Leibniz in suo tempore medicinae artis peritissimus.[3]) Auch sein berühmter Nachfolger, der kunstsinnige Bernward (993—1022), besaß Kenntnisse in der Medizin, die er aus den Werken griechischer und römischer Autoren schöpfte.[4]) Ein Verdener Bischof, Johann XXXVII., wahrscheinlich aus

---

[1]) Brasen, Geschichte des freien weltl. Stifts Wunstorf. Hannover 1815.

[2]) Marx, Göttingen in medicin., physik. u. histor. Hinsicht. Göttingen 1824. VIII. Abschn.

[3]) Leibniz, Scriptor. Brunsvic. T. I, Chron. Hildesh., p. 743 u. 772.

[4]) Becker, Die Geschichte der Medizin in Hildesheim während des Mittelalters. Zeitschr. f. klin. Mediz., Bd. 38, Berlin 1899.

einer in der Göttinger Gegend ansässigen Familie Haken stammend, war päpstlicher und kaiserlicher Leibarzt und lehrte die Arzneiwissenschaft in Montpellier. Sein Wappen zeigte als Anspielung auf seinen ärztlichen Beruf eine silberne Phiole.[1])

Unter den geistlichen Orden haben die im Rufe der Gelehrsamkeit stehenden Benediktiner uns manches wertvolle alte medizinische Werk überliefert. Besonders betätigten sich in dieser Hinsicht die Mönche des von Bernward gestifteten Michaelisklosters in Hildesheim. Doch hat der Brand der Dombibliothek (23. März 1046) einen großen Teil ihrer Handschriften vernichtet.

Die aus dem Bedürfnis der Klosterreform erwachsenen Cisterzienser begannen ihre Tätigkeit bei uns im 12. Jahrhundert: Kloster Walkenried 1127, Amelungsborn im Solling 1135, Michaelstein bei Blankenburg 1146, Vollerode auf dem Eichsfeld, Marienthal bei Helmstedt, Ribbagshusen bei Braunschweig, Loccum 1163.[2]) Trotz ihres mehr auf das Praktische, Ackerbau und Kolonisation, gerichteten Sinns haben sie einzelne gelehrte Mönche hervorgebracht.[3]) „1318 ist zu Walkenrehde ein frater gewesen Adolphus Mentha von Gifhorn bürtig, hat sich mit allem Fleiß begeben auf die Alchimisterey, Ertzeney und schwartze Kunst." Nach mancherlei Irrfahrten kam er nach Loccum, wo er 1320 unter geheimnisvollen Umständen starb und nach seinem Tode, wegen seines Verkehrs mit dem Teufel, als Gespenst umgehen sollte. Ein anderer heilkundiger Mönch in Loccum, Engelbert Arnoldus, wurde 1478 aus dem Kloster verstoßen, da er, wie später Luther, den Nutzen des Klosterlebens und der guten Werke für das Seelenheil leugnete, und lebte seitdem als Arzt in Hamburg. Bernhard Schwarz (1516) soll Bücher theologischen, medizinischen und astronomischen Inhalts geschrieben haben.

Im ersten Drittel des 13. Jahrhunderts kamen die Franziskaner-Bettelmönche nach Niedersachsen: 1223 Hildesheim, Goslar, Braunschweig 2c., später Stade, Göttingen, Lüneburg 2c.[4]) Sie widmeten sich mit Vorliebe der Chemie und Physik und fügten zur spekulativen Betrachtung das Experiment. Die Franziskaner in Goslar — darunter ein Pater Petrus Eckmannus, gestorben 1400 — werden wegen ihrer chemischen und medi-

---

[1]) Pfannkuche, Die ältere Geschichte d. vorm. Bistums Verden. Verden 1830.
[2]) Winter, die Cisterzienser des nordöstl. Deutschlands, Gotha 1868—1871.
[3]) Chronik des Abts Theodor Stracke (Geschehnisse bis 1628) pag. 22. Weidemann, Geschichte des Klosters Loccum, Göttingen 1882. Schuster, Geschichte des Klosters Loccum, Hannover 1876.
[4]) Lemmens, Niedersächs. Franziskaner-Klöster i. Mittelalter, Hildesheim 1896.

zinischen Kenntnisse gerühmt, sie besaßen auch eine Sammlung der hippo-
kratischen Schriften. In Hildesheim nennt die Letznersche Chronik den
Bruder Leonhardus Machenrodig als einen „ausgezeichneten, glücklichen
und gelehrten Arzt."

Alle diese Mönche und Geistlichen haben in Pestzeiten oftmals ihre
Aufopferung in der Pflege und Seelsorge der Kranken mit dem Leben
bezahlt.

Jedes Kloster hatte ein Krankenhaus, infirmarium, mit einem
Siechenmeister, magister infirmorum, an der Spitze, das allein für die
Klosterangehörigen bestimmt war.[1]) Aber schon das Vorhandensein eines
solchen Infirmariums kam der Umgebung zu statten, insofern als dort
ärztliche Hilfe und Heilmittel zu finden waren. Denn, soweit es mit der
Erfüllung der Ordenspflichten vereinbar, ließen die Mönche ihre Heilkunst
auch den Weltlichen zuteil werden. Von dem infirmarium wohl zu
unterscheiden ist das Hospiz für vornehme Reisende und das hospitale
pauperum, in dem Bedürftige und Kranke Aufnahme fanden. Besonders
eifrig in dieser Art christlicher Liebestätigkeit erwiesen sich die Cisterzienser.

Die vom Kloster Clugny in Südfrankreich im 10. und 11. Jahrhundert ausgehende geistige Erweckung führte den Klöstern Laienbrüder
und -Schwestern, sog. Conversen, zu, die sich ohne Ablenkung durch geistliche Übungen (wie es bei den Mönchen der Fall war) dem Hospitaldienst
widmen konnten. So ging das Hospital unter Aufsicht der Kirche in
Laienhände über.

Zur Pflege der Kranken bildeten sich eigene Spitalorden. Johanniter
und Deutschritter waren in den welfischen Landen begütert. In Göttingen
besteht noch heutigentags die Commende der Deutschritter neben der
Marienkirche, durch das gleicharmige Ordenskreuz gekennzeichnet. Ebenso
ist ein zu dem 1227 zuerst urkundlich erwähnten Hospital des Ordens in
Lüneburg gehöriges Gebäude am Klapperhagen erhalten geblieben.[2])

Von den bürgerlichen Spitalorden waren die Tönnies-Herrn beim
Volk am beliebtesten und zugleich am weitesten verbreitet. Der heilige
Antonius galt als Schutzpatron der am heiligen Feuer, einer im Mittel-
alter häufigen, auch bei Schweinen auftretenden Krankheit, Leidenden (nach
Becker vielleicht eine gangränöse Form des Erysipels?) Zu Ehren des
Heiligen wurden b. w. in Hildesheim alljährlich Schweine gemästet und

---

[1]) Uhlhorn, Christliche Liebestätigkeit, Stuttgart 1895.

[2]) Wolff, Die Kunstdenkmäler der Provinz Hannover, Hannover 1901.

der Erlös dafür an seinem Altar in der Neustädter Lambertikirche niedergelegt.

Während des Mittelalters war auch die aus geistlichen und weltlichen Mitgliedern bestehende Kalandsbrüderschaft über Niedersachsen verbreitet: Hannover, Göttingen, Northeim, Einbeck, Alfeld, Elze, Goslar, in Lüneburg und Celle sogar je zwei Kalande, ferner Osterode, Uslar, Stade u. a. m.[1]) Ihr Wirkungskreis umfaßte die verschiedensten Gebiete kirchlicher und sozialer Fürsorge d. h. Armen=, z. T. auch Kranken= pflege, Messelesen für Kranke und Tote, Beerdigung der Toten auf Kosten der Brüderschaft und nach den Gebräuchen der Kirche. Sie hofften dadurch die Gnade des Himmels zu erwerben, verschmähten aber auch nicht, aus reichen Pfründen materielle Vorteile zu ziehen. Man kann sie daher wohl als eine Gesellschaft auf gegenseitige Nützlichkeit ansehen (Uhlhorn l. c.). Nach der Reformation wurden ihre Besitztümer zum Besten milder Stif= tungen, Unterhaltung von Kirchen und Schulen verwandt.

Um 1300 fanden sich fast in jeder Stadt die sog. Beginen, eine Vereinigung von Frauen mit dem Zweck, sich durch eigene Arbeit ihren Lebensunterhalt zu verdienen. Da sie keiner strengen Ordensregel nach= lebten, erfreuten sie sich nicht der Gunst der Kirche, standen aber b. w. bei der Bürgerschaft in Hannover in gutem Ansehen, da sie arme Kranke unentgeltlich pflegten.[2])

Eine besondere Erwähnung unter den Laienbrüdern verdienen die Celliten[3]) oder „Willigen Armen“, denen der Prior des Sülteklosters in Hildesheim, Johann Busch, das Zeugnis ausstellt, daß sie bei Kranken in jeglicher Krankheit wachen und dieselben Tag und Nacht bis zum Tode pflegen, ihnen die nötigen Dienste erweisen, sie im Guten stärken und im Todeskampfe gegen die Anfechtungen des Satans unterstützen.[4])

Der Spitalorden vom Heiligen Geist hat mit unseren Hospitälern St. Spiritus nichts zu tun. Diese waren vielmehr städtische Anstalten, die in der Regel von der Bürgerschaft selbst gestiftet wurden. Beispiele derartiger Hospitäler finden sich u. a. in Hannover 1256, Lüneburg 1287, Göttingen 1293, Hameln, Hildesheim 1326 (neben einer ganzen Reihe anderer Hospitäler), Heiligenstadt 1378, Duderstadt 1398, sie fehlten aber

---

[1]) Reinecke, Geschichte d. Lüneburger Kalands. Jahresbericht d. Museums= vereins f. d. Fürstentum Lüneburg. Jahrg. 1891—95, pag. 3.

[2]) Wüstefeld, Sanitäre Einrichtungen im alten Hannover. Zeitschrift des histor. Vereins f. Niedersachsen. Jahrg. 1897, pag. 467.

[3]) cella = Grab, da sie die Bestattung besorgten.

[4]) Johannes Busch, Chronicon Windeshemense etc. Herausgegeben von K. Grube, Geschichtsquellen der Provinz Sachsen. Bd. 19, Halle 1886.

selbst in kleineren Orten nicht wie: Bleckede, Artlenburg, Dannenberg, Lüchow (Uhlhorn).

Ein Hofmeister führte die Aufsicht, die Gesunden besorgten die Schwachen und Siechen, oder es waren eigene Brüder und Schwestern dazu bestellt, wie z. B. die Nikolaibrüder in den Leprosorien. Welcher Art die Insassen waren, zeigen die Aufnahmebedingungen für das Hospital St. Spiritus in Hannover vom 2. 5. 1302, ut nullus recipiatur, nisi fuerit adeo debilis et infirmus, quod virtutem non habeat gradiendi, verum, si idem vires recuperaverit, ita quod ire et stare poterit, amoveatur.[1]) Es scheint auch nicht immer friedlich darin zugegangen zu sein, denn der Revers Herzogs Franz d. Jg. für Lauenburg v. J. 1585 nennt sie „öffentliche Haber= und Neidkammern, in denen mehr fluchens als betens geschieht".[2]) Danach haben die alten Hospitäler wenig vom Charakter des eigentlichen Krankenhauses an sich, sondern dienten vielmehr als Siechen= und Armenstationen. Krankenhäuser im heutigen Sinne kamen erst im 18. Jahrhundert auf, z. B. 1733 das auf Veranlassung von Grupen in Hannover gegründete.

Weltliche Ärzte treten bei uns nach Ausweis der Stadtrechnungen und =urkunden zuerst im 14. Jahrhundert auf, doch werden sie erst im 15. Jahrhundert allgemeiner. Sonderbarer Weise sind schon frühzeitig Spezialisten vorhanden: Mester Jan der oghenarztet van Goslere 1344,[3]) der Jude Jakob 1446 und Dietrich Brage 1468, beides Augenärzte in Hildesheim.[4])

Bei der Verschiedenheit der Benennungen magister, mester, physicus, arste, ist es nicht immer leicht, oft sogar gänzlich unmöglich, zu unterscheiden, ob darunter ein wirklicher Arzt oder ein einfacher Wundarzt zu verstehen ist. Physicus d. i. magister in arte physica bezeichnete ursprünglich nicht einen von Staat oder Gemeinde angestellten Arzt, sondern war ein Titel, auf den jeder studierte Arzt Anspruch hatte.[5]) Statt dessen kam im 16. Jahrhundert die Bezeichnung „Leibarzt" als Gegensatz zu den handwerksmäßig gebildeten Wundärzten auf. Daraus

---

[1]) Grotefend und Fiedler, Urkundenbuch der Stadt Hannover. T. I bis 1369. Hannover 1860.

[2]) Spangenberg, Sammlung d. Verordnungen und Ausschreiben für das Königreich Hannover. 4 T. II. Abschn. Hannover 1822. pag. 191.

[3]) Nach dem ersten Degedingebuch der Altstadt, Fol. 160 r, im Stadtarchiv zu Braunschweig.

[4]) Doebner, Urkundenbuch der Stadt Hildesheim. Bd. VI No. 610. Bd. VII No. 628.

[5]) Oetter, der Arzt in Deutschland in ält. u. mittl. Zeiten. Nürnberg 1727.

entwickelten sich in der Folge die Begriffe, die wir heutigentags damit
verbinden.

Im allgemeinen wird es sich im Mittelalter bei „des rades arste"
mehr um einen Wundarzt gehandelt haben, der in jenen fehdeluftigen
Zeiten besonders vonnöten und überdies mit geringerer Bezahlung zufrieden
war. Die meisten derselben standen in einem Dienstverhältnis zur Stadt.
Sie erhielten, um sie bei ihrer ausgesprochenen Wanderluft zum Dableiben
zu ermuntern und gegen Konkurrenz zu schützen, eine gewisse Besoldung,
Freiheit von städtischen Abgaben, auch wohl alle Jahr Kleidung „einen
freueßen Rock"[1]) wie das übrige Ratsgesinde einschließlich des Scharfrichters (Hildesheim), und hatten das Recht, innerhalb des Stadtbezirks
den ersten Wundverband anzulegen. Dafür lag ihnen die unentgeltliche
Behandlung der im Dienste der Stadt verwundeten Bürger und Söldlinge ob.

1320 (4. 11.) stellte der Rat in Goslar einen Magister Wilhelm
an, den Herzog Ernst der Ältere um 1322 auf sein Schloß nach Salzderhelden berief,[2]) 1380 wird ein Wundarzt in Göttingen,[3]) 1382 ein
arste Reyneke in Hildesheim[4]) erwähnt. Während des 15. Jahrhunderts
ist durch die Untersuchungen von Becker und Machmer eine ganze Reihe
von Wundärzten aus Hildesheim bekannt geworden. In Lüneburg lebte
um 1421 ein Johannes de Hassia, der bereits Vorgänger hatte,[5]) 1475
nahm auch die Stadt Hannover einen Chirurg für ihre Söldner an.
(Wüstefeld).

Genauer spezifiziert sind die Anstellungsbedingungen in dem Vertrag,
den der Duderstädter Magistrat 1448 (31. 10.) mit Johann Fritzler
schloß:[6]) de Rad gifft öme dat erste jar allene II Foyder schide
in dem Holte to holende unde twe Molder Korns und forder nich,
unde von welken Wunden gerichte volget unde de genannte
Mester Johann de Wunde pegeht dar schal he den ersten Banth
an hebben, edder 4 Schillinge eff de gewundode Man einen andern
arste hebben kan . . . de von des Rades wegen verwundet wörde,

[1]) Jugler, Aus Hannovers Vorzeit. 2. Ausgabe. Hannover 1885. pag. 353.
[2]) Bode, Urkundenbuch der Stadt Goslar. IV. T. (1301—35) No. 636.
Halle 1900 (Geschichtsquellen der Provinz Sachsen).
[3]) Marx, l. c.
[4]) Machmer, Das Krankenwesen der Stadt Hildesheim bis zum 17 Jahrh.
Münster 1907. (Münstersche Beiträge zur Geschichtsforschung).
[5]) Mathiae, Entwurf einer Geschichte der Arzeneikunst in den Braunschweig-
Lüneburgischen Landen. Hannover, Magazin 1768, St. 5 und 6.
[6]) Jäger, Urkundenbuch d. Stadt Duderstadt bis z. Jahre 1500. Hildesheim
1885. No. 341.

dar vor schal he duse dre jar Schot, Wachte und aller Stadt-
pflicht frye syn, uthgenomen Volge. Das Ratsprotokoll über die
Bestallung des Johann Spengler als Stadtarzt in Göttingen a. 1462
verlangt von demselben unter ähnlichen Bedingungen,[1]) daß er „den
borgern truweliken und willichen helpen unde raden in oren
kranchheyden umme eyn redlich lon, sunder unser stad denern und
gesinde schal he helpen umme unsern willen ummesuss. . . . We
en willen ok nemende staden, et sy fruwe eder men, pope eder
leye, jode eder cristen, he sy we he sy, dat he schulle hir ienige
arsedye eder arsedyen åne unser und mester Johans willen.

In der Reichspolizeiordnung von 1440 hatte Kaiser Sigismund den
Reichsstädten die Anstellung von Meisterärzten und Stadtphysikern an=
befohlen.[2]) Vielleicht gehören hierher: Johann Spakeholt, leerer der
arzedige und physicus in den naturliken kunsten der erczdige in
Hildesheim 1444, Dr. Adriani in Osnabrück 1481,[3]) meyster
Johann Cantor, doctoer en medicinen in Emden 1498.[4])

Im 16. Jahrhundert gab das Auftreten der Pest den niedersächsischen
Städten vielfach Anlaß zur Berufung von Stadtphysikern: Henning
Ronerbing in Hildesheim 1558, Adam Seibel, magister in physica in
Göttingen 1564 (Marx), Dr. Hektor Mithof in Hannover 1566 (Wüstefeld),
Dr. Johann Amelbung in Osnabrück 1571 u. a. m. Dieselben erfreuten
sich wegen ihres vielseitigen Wissens, als Leibärzte oder als Lehrer an den
neu errichteten hohen Schulen, großen Ansehens, wie schon daraus hervorgeht,
daß sie öfters zu Bürgermeistern gewählt wurden. (Göttingen,[5]) Hildesheim).

Der Magistrat in Münden hatte 1589 (25. 8.) einen rectorem
scholae angenommen, damit er, soweit es ohne Versäumnis der Jugend
möglich sei, praxin in medicina treiben solle, da man außerstande sei,
einen besonderen Arzt zu besolden.[6]) Die humanistische Bildung jener

---

[1]) Schmidt, Urkundenb. d. Stadt Göttingen (1401—1500). Hannover 1876
(Urkundenbuch d. histor. Ver. f. Niedersachsen. Heft VII). Ein früherer Vertrag
mit dem „arste" Gerhard von Driburg stammt vom 9. 8. 1427.
[2]) Lammert, Zur Gesch. d. bürgerl. Lebens u. d. öffentl. Gesundheitspflege c.,
Regensburg 1880., pag. 261.
[3]) Zur Geschichte der Stadtverfassung von Osnabrück. Bd. VIII, 1. Ärzte.
[4]) Friebländer, Ostfriesisches Urkundenb. II. Bd. (1471—1500). Emden 1881.
[5]) Auch die privilegia regia für die Universität Göttingen vom 7. 8. 1786
bestimmten im § 19 die Rangordnung des Stadtphysikus folgendermaßen: „Folgt
nach dem Bürgermeister in einer Classe mit dem Stadtsyndikus, dem Universitäts=
sekretarius und den professoribus extraordinariis nach Ordnung der Fakultäten,
sobaß sie mit einander secundum senium roulieren." Lüneburg Constit. I, 849.
[6]) Willigerod, Geschichte von Münden. Göttingen 1808. pag. 300.
Schreiben des Magistrats an das Konsistorium vom 25. 8. 1589.

Zeit umfaßte eben mehr oder minder alle Zweige der Gelehrsamkeit. Die Lateinschulen gingen über die Ziele des eigentlichen Schulunterrichts hinaus und stellten mehr eine Art von Akademie dar. Dem Gymnasium zu Bremen war 1584[1]) auf Veranlassung des Bürgermeisters Daniel von Büren, des reformierten Predigers Dr. Chr. Pezelius und des Stadtphysikus Johann von Ewich eine „öffentliche Klasse" angegliedert, in der nicht allein für die Teilnehmer der übrigen Kurse, sondern für alle, die ein Interesse daran hatten, Vorträge theologischen, philologischen, historischen, juristischen und medizinischen Inhalts gehalten wurden. Ähnliches dürfte für das Göttinger Pädagogium zutreffen.[2])

Die Leibärzte an fürstlichen Hofhaltungen versahen die Geschäfte des Stadtarztes wohl im Nebenamt. So geschah es in Celle bis zum Jahre 1671.[3]) Damals weigerte sich Hofmedikus Conerding, die Bürger bei ansteckenden Krankheiten in ihren Wohnungen zu besuchen. Der darauf bestellte Physiker Dr. Stisser wurde daher eigens verpflichtet „dem hiesigen Raht und der Bürgerschafft sowohl in ordinären als andern sich etwa eräugenden gifftigen und ansteckenden Seuchen beizustehen und in Zeit solcher grassierenden gefährlichen Schwachheiten seine Patienten nicht zu verlassen."

Als Aufsichtsorgane über die öffentliche Gesundheitspflege und über die Tätigkeit der Wundärzte und Apotheker bildeten die Physiker gewissermaßen ein Medizinalkollegium im kleinen. Sonst lief ihre Verpflichtung darauf hinaus „einen jeden Unser Bürger und Einwohner, der Ihn deßhalben ersuchen lassen wirdt, mit seinen gaben um die billige gepuer treulich zu bedienen."[4]) Das Einkommen bestand in einer festen Besoldung „an guter genehmer Münze (z. B. 100 Th.), notburftiger Behausung und Freyheit an Schoß und Schatz auch Wacht und Meinewerk."

Überblickt man die in den Städten getroffenen Wohlfahrtseinrichtungen, deren Notwendigkeit sich durch das gedrängte Zusammenwohnen der Menschen von selbst ergab, so wird man zu dem Resultat kommen, daß es gegen Ausgang des Mittelalters, wenigstens an Orten, die an wichtigen Verkehrsstraßen lagen oder Sitze eines Fürsten oder der hohen Geistlichkeit waren, dem Stande der Wissenschaft entsprechend, gar nicht so schlecht um das Medizinalwesen bestellt war.

[1]) W. v. Bippen, Geschichte der Stadt Bremen. II. Bd. Bremen 1898. Kap. V.
[2]) Zeit- u. Geschichtsbeschreibung der Stadt Göttingen, 4. Buch, II. Kap. § 14, pag. 45; betrifft den 1597 an der Pest verstorbenen Physiker Dr. Conrad Hobdaeus.
[3]) Spangenberg, historisch-topographisch-statistische Beschreibung der Stadt Celle. Celle 1826.
[4]) Bestallung des Samuele Hoffman der Philosophey und Medicin Doctorn, Hannover 17. 4. 1623, aus Jugler l. c. pag. 344.

Kapitel I.

Staat und Heilkunde.

Die hannoversche Medizinalverfassung bildete bis in das erste Drittel des 19. Jahrhunderts kein organisches Ganzes, sondern hat sich nach und nach in ihren einzelnen Teilen durch besondere Gesetze, Verordnungen und Verwaltungsmaßregeln entwickelt. Unvollständigkeit und Verschiedenheit je nach den Landesgebieten waren die natürlichen Folgen. Dazu kommt, daß es bis zur Errichtung des Obermedizinalkollegs im Jahre 1847 an einer ärztlichen Behörde von entscheidendem Einflusse fehlte, und selbst die Befugnisse dieses Kollegs keine sehr weitgehenden waren.

Während man in anderen deutschen Staaten, vor allem in Preußen, schon frühzeitig den Wert eines einheitlich geordneten Medizinalwesens für das Wohl der Staatsbürger erkannte und eine straffe Organisation durch Erlaß von Medizinalordnungen und Errichtung von Medizinalkollegien anstrebte, begann man in Hannover eigentlich erst nach den Freiheitskriegen, sein Augenmerk hierauf zu richten. Der Grund dafür liegt wohl hauptsächlich in der historischen Entwicklung des Landes aus einzelnen Provinzen mit getrennter Verfassung und Verwaltung.

Seit dem 16. Jahrhundert war es in Deutschland Sitte, die Zentralbehörde des Landes in einer einzigen, dem vom Landesherrn abhängigen „Geheimratskollegium" zu vereinigen, von dem sich in Hannover schon frühzeitig Consistorium, Justizkanzlei und Kammer und unter Ernst August die Kriegskanzlei abtrennten.[1]) Das Geheimratskollegium führte im Laufe der Zeit verschiedene Bezeichnungen: zur Braunschweig=Lüneburgischen Landesregierung verordnete Geheime Räte, Kgl. und Kurfürstl. Regierung und Wirkl. Geh. Rats Kollegium, Kgl. Kurfürstl. Staatsministerium und Landesregierung (seit 1790) u. a. m. Die Medizinalsachen wurden im Department für Polizei= und Städtesachen bearbeitet. Die Kammer hatte während des 18. Jahrhunderts u. a. innerhalb des landesherrlichen Domaniums die innere Verwaltung, war Regiminalbehörde für den größten

---

[1]) E. v. Meier, Hannov. Verfassungs= u. Verwaltungsgeschichte 1680—1866. Bd. II, Verwaltungsgeschichte. Leipzig 1899.

Teil des -platten Landes und als solche zuständig für die verschiedenen Zweige der Polizei einschließlich der Gesundheitspolizei.

Bei der Vereinigung der Fürstentümer Kalenberg und Lüneburg 1705 wurden die lüneburgischen Zentralbehörden — mit Ausnahme der Justiz= kanzlei in Celle — mit den kalenbergischen verschmolzen. In Lauenburg (1706) und im Herzogtum Bremen=Verden (1715) blieb nach der Besitz= ergreifung der gesamte Behördenorganismus in Ratzeburg bez. Stade bestehen, sank aber zum Charakter einer Provinzialbehörde herab, die den größten Teil dessen, was in den Kurlanden dem Ministerium (d. h. den Geheimen Räten) oblag, versah. In Osnabrück besorgte die Kammer neben anderen Regiminalgegenständen auch das Medizinalwesen.

1823 trat an die Stelle der bisherigen, aufgehobenen Kammer die Domänenkammer, die Regierungs= und Polizeisachen gingen auf das Ministerium über. In ihm liefen jetzt alle Fäden der Verwaltung zu= sammen, während in den Provinzen die Landdrosteien und die Berg= hauptmannschaft Clausthal einen mehr vorbereitenden Wirkungskreis hatten.

Durch Reskript vom 30. 4. 1832 wurden nach der Zusammen= gehörigkeit der Materien aus den einzelnen Departements die ver= schiedenen Fachministerien gebildet. Dem Ministerium des Innern unterstand neben der Verwaltung — mit Ausnahme der Universität Göttingen, die in das Ressort des Kultusministeriums gehörte, — das gesamte Medizinalwesen. Dadurch fielen die Kompetenzschwierigkeiten fort, wie sie sich in Preußen gelegentlich zwischen dem Ministerium d. J. und dem der Geistlichen=, Unterrichts= und Medizinalangelegenheiten ergaben. Nur auf dem Harz geschah bis 1847 die Ernennung der beamteten Ärzte von seiten des Finanzministeriums.

Die Kriegskanzlei zerfiel erst seit 1816 in Departements. Die Medizinalsachen zählten zum Departement für Einquartierung und Ver= pflegung. 1813 wurde eine Armenmedizinalbehörde geschaffen, deren Befugnisse etwa denjenigen des Generalstabsarztes in anderen Ländern gleichkamen.

Der Staat als solcher kümmerte sich zunächst so gut wie gar nicht um das Medizinalwesen. Am ehesten noch beanspruchte er die Sach= verständigentätigkeit der Ärzte, Wundärzte und Hebammen bei Ausübung der Rechtspflege. Der Hebammen geschieht auch in den Kirchenordnungen Erwähnung. Alles übrige blieb den Städten überlassen.

Als Legitimation zur ärztlichen Praxis dienten die Universitäts= zeugnisse; Chirurgen und Apotheker erlernten ihre Kunst handwerksmäßig; Hebammen durch Anleitung von seiten älterer, erfahrener Frauen. Al=

gemeine Landesverordnungen fehlten. Der Landesherr hatte ja auch, soweit es nicht seine eigene Residenz betraf, wenig Interesse daran, da es den Städten unter der Gunst der wirtschaftlichen Verhältnisse gelungen war, sich mehr oder minder seiner Gewalt zu entziehen, sodaß sie „nach Art des Feudalstaats mehr als zugewandte Orte denn als wirkliche Bestandteile der Territorien" gelten konnten. Mußte doch noch 1639 für Lüneburg eigens festgesetzt werden, daß die Landesgesetze den Stadtgesetzen vorangehen sollten.[1])

Unter den Fürsten des braunschweigisch=lüneburgischen Herrscherhauses haben zuerst die Herzöge: Julius, dessen vortreffliche Regierungsgrundsätze der späteren Zeit vorbildlich wurden, Wilhelm d. Jg. (Apothekenordnung für Celle), Christian (Polizeiordnung von 1618), Verständnis für die Bestrebungen auf unserem Gebiet gezeigt. Ersterer erließ weise Maßregeln gegen die Pest, empfahl den Predigern Aufmerksamkeit auf ansteckende Krankheiten sowie auf die Hebammen und richtete eine Apotheke in der Heinrichstadt ein.[2]) Er gleicht darin seinem Zeitgenossen dem Kurfürsten Johann Georg von Brandenburg, der in seiner Visitations= und Konsistorialordnung von 1573 ähnliche Grundsätze ausspricht und 1574 auch eine Arzeneitaxe für die brandenburgischen Lande ausarbeiten ließ.[3])

Das größte Verdienst um die Heilkunde aber hat sich Herzog Julius durch die Gründung der aus dem Pädagogium in Gandersheim hervorgegangenen[4]) Universität Helmstedt erworben (1576). Auf ihr haben während des 16. und 17. Jahrhunderts fast alle bedeutenderen Ärzte unseres Landes studiert oder promoviert. Das würde allein schon eine Erwähnung an dieser Stelle rechtfertigen, abgesehen davon, daß nach der Teilung der welfischen Dynastie (1636 bez. 1642) bis 1745 die Besetzung des Rektorats von beiden Linien gemeinsam geschah.[5])

Als erste Lehrer der Arzeneikunst wirkten in Helmstedt Johann Bokelius und Heinrich Parmann, beim Regierungsantritt Herzogs Heinrich Julius 1589 waren es schon fünf, innerhalb des ersten Säkulums deren 23.[6]) Der Visitationsrezeß vom 20. 11. 1650 setzt die Zahl der Professoren der medizinischen Fakultät auf drei fest. Der erste behandelt im Winter Anatomie,

---

[1]) Jürgens, Geschichte der Stadt Lüneburg 1891. pag. 99.
[2]) Calenberg Des. 21. B. XII. No. 1.
[3]) L. v. Rönne und H. Simon, Das Medizinalwesen des preuß. Staates. T. I 1844, T. II 1846.
[4]) Chronologia Hannoverana, Stadtarchiv Hannover. pag. 448.
[5]) Oskar Justinus, Eine verschollene Universität, Gartenlaube Jahrg. 1882, Heft 46.
[6]) Historia Festi Secularis Academiae Juliae. Helmstedt 1678.

im Sommer Arzeneimittellehre und Botanik nebst Exkursionen; der zweite Pathologie und Semiotik; der dritte Therapie und Diätetik, alle drei gemeinsam Chirurgie. Bezüglich des locus ordinis rangieren sie in umgekehrter Reihenfolge. Die Zahl der Medizin Studierenden betrug durchschnittlich 15.[1])

Nach dem Willen des fürstlichen Stifters sollten „die auf die Vernunft und Erfahrung gegründeten Lehren des Hippokrates, Galen und Avicenna die Grundlagen des akademischen Unterrichts bilden." (Mathiä l. c.). Durch Paracelsus war die Chemie, namentlich in ihrer alchymistischen Richtung, wie sie von Weigels, Jacob Böhme, Robert Flubbs, Helmont u. a. vertreten wurde, sehr in Aufnahme gekommen. An den meisten Fürstenhöfen sehen wir Wundermänner, die sich mit dem Suchen nach dem Stein der Weisen, mit der Anfertigung von Tinkturen zur Verjüngung des Körpers und Verlängerung des Lebens beschäftigen.[2]) Ein solcher Alchymist, Sömmering aus Meißen, stand sogar eine Zeitlang bei Herzog Julius in Ansehen, bis er durch die Hand des Henkers ein unrühmliches Ende fand.[3]) Gegen alle diese Auswüchse der Medizin nahmen die Helmstädter Professoren der Medizin Stellung. Beredte Verteidiger des Hippokrates und Galens waren vor allem der spätere bischöfliche Osnabrücksche Leibarzt Johannes Freytag (geb. 1581, gest. 1641) und Herman Conring (geb. 1606, gest. 1681), der „gleich einem zweiten Doktor Faust Medizin, Philosophie und Juristerei" in sich vereinigte. Er wußte auch Harveys Entdeckung des Blutkreislaufes zu würdigen.

Besonders Anatomie und Botanik fanden in Helmstedt eine gedeihliche Stätte. Der botanische Garten und das 1622 im Bau begonnene theatrum anatomicum waren vortrefflich eingerichtet. Jacob Horst verfaßte ein Kräuterbuch und ein Buch vom rechtschaffenen Apotheker, ebenso gab Johann Andreas Stiffer (geb. 1657, gest. 1700), der auch ein chemisches Laboratorium unterhielt, eine Kräuterkunde heraus. Henning Arnisäus (1613 Prof. i. H., 1620 Leibarzt in Kopenhagen, gest. 1636) fertigte anatomische Präparate an, die Herzog Heinrich Julius in natürlicher Größe und Farbe zeichnen ließ. Herzog Christian schenkte sie darauf der Anatomiekammer. Es waren aber nur Brust, Hals und die Muskeln der Schulter und des Unterleibs fertig geworden, dagegen wurden die Abbildungen der weiblichen Geschlechtsteile auf Veranlassung einer Fürstin

---

[1]) Hofmeister, Die Universität Helmstedt zur Zeit des 30jährigen Kriegs. Zeitschr. d. histor. Ver. für Niedersachsen. J. 1907, Heft 3, pag. 241 u. ff.

[2]) Rehtmeier, Braunschw.-Lüneb. Chronik, pag. 1016.

[3]) Spittler, Gesch. d. Fürstent. Hannover. I. L. Göttingen 1786. pag. 325 ff.

des Hauses aus Gründen der Sittlichkeit entfernt! (Mathiä l. c.). Heinrich Meibom (geb. 1638, gest. 1700) beschrieb die nach ihm benannten Drüsen am Augenlid, auch E. Christ. Schelhammer (geb. 1649, gest. 1716) war ein geschickter Anatom.

Die praktische Medizin hat in Laurentius Heister (geb. 1683, gest. 1758, in H. seit 1719), der die deutsche Chirurgie zu Ehren brachte, ihren hervorragendsten Vertreter gefunden.

Für den klinischen Unterricht war schlecht gesorgt, Hospital und Accouchirhaus fehlten gänzlich; erst 1803 brachte Professor Remers ein Ambulatorium zustande, von dem im ersten Jahre 338 Kranke verforgt wurden.[1]

1799 waren nur 7 Studenten der Medizin immatrikuliert. Hofrat Beireis, ein vielseitig gebildeter, kunstverständiger Mann las über die gesamte Medizin und Naturwissenschaften, Hofrat Cappel lehrte theoretische Medizin und Anatomie, Bergrat von Crell materia medica, Chemie und medicinische Encyclopädie, während die beiden extraordinarii Lichtenstein und Sievers keine Vorlesungen hielten.[2]

Infolge des Aufblühens der Universität Göttingen trat ein wesentlicher Rückgang ein. Durch Dekret vom 10. 12. 1809 verfügte die westfälische Regierung die Aufhebung der alten Academia Julia.

Mit dem Verfall des Kommunalwesens während des 30 jährigen Krieges begannen die Landesfürsten, sich der Medizinalgesetzgebung zuzu- wenden. Das geschah aber nicht planmäßig, sondern in der Regel sind es Gelegenheitsursachen und bestimmte Veranlassungen, auf welche sich die einzelnen Verordnungen beziehen. So erregten naturgemäß vor allem die im Gefolge des langwierigen Krieges auftretenden Seuchen die Auf- merksamkeit der Regierung. wie sich in einer Unzahl von Verfügungen und Belehrungen kundgibt. Daran schließen sich Bestimmungen über die Hebammen und Chirurgen und Erlasse gegen die Kurpfuscherei.

Zur Durchführung dieser Maßregeln wurden Ende des 17. Jahr- hunderts die ersten Landphysikate und =chirurgate geschaffen.[3] Der Wirkungskreis der Landphysiker entsprach ungefähr demjenigen der alten

---

[1] Remer, Vorläufige Nachricht von der in Helmstedt zu errichtenden Kranken- anstalt. Braunschweig, Magazin 1803, No. 18, pag. 273.

[2] Übersicht des Medizinalwesens im Herzogt. Braunschweig, in: Medicinische Nationalzeitung für Deutschland. 1799. No. 16, pag. 253—55.

[3] Verordnung vom 10. 10. 1699, Lüneb., Const. IV., 1275 und 9. 3. 1725, Lüneb., Const. IV., 1661.

Stadtphysiker, deren Stelle sie an größeren Orten mit versahen,[1] nur war die Beaufsichtigung und Prüfung der Medizinalpersonen mehr in den Vordergrund gerückt. Sie sollten auf etwaige Verbesserung gesundheitlicher Nachteile bedacht sein und darüber unaufgefordert an die Obrigkeit, oder wenn nötig, an die Landesregierung direkt berichten. In Kriminalfällen, bei Sektionen und anderen casibus medico-legalibus haben sie den Vorzug und die Pflicht, alles pro officio medici forensis zu beachten. Bezüglich der Armenversorgung heißt es: „Ihr wollet denen Unterthanen davon Eröffnung thun mit dem bedeuten, daß, dafern einer oder anderer von ihnen in eine Krankheit verfallen sollte, derselbe sich bey vorgedachten Medicis anmelden und seines einrahts, ohne daß er ihm etwas zu geben schuldig sein soll, zumahlen ihm seine Belohnung ex Cassa gereichet wird, bedienen könte, gleichwol man es verlanget würde, und es die Nohtdurfft erfordert, zu dem Patienten zu reisen, dieser zur Abholung des Medici, so gut es immer geschehen könnte, Wagen und Pferde dazu anzuschaffen hätte."

Die Tätigkeit der Landchirurgen war durch die den Chirurgen überhaupt gezogenen Schranken geregelt. Für ihre ex officio zu leistenden Bemühungen (gerichtliche Sektion, unentgeltliche Armenhülfe) erhielten sie jährlich 15 Th. und durften „unter keinem praetext" von den Bauern mehr als die Bezahlung der Pflaster und Medizin fordern.

Eine ähnliche Bestimmung hatten die Bergmedici und -chirurgi auf dem Harz. Ihnen lag außerdem gegen eine Vergütung vom Hüttenamt die Behandlung der Berg= und Hüttenleute, Pochwerkarbeiter, kurz aller Bergbedienten, die Anspruch auf freien Arzt und Arzenei hatten, ob. In Clausthal war bis 1654 kein Arzt in Sold, da der Bezirk vom Stadt=physiker in Osterode mit besorgt wurde. 1658 berieten die „Deputierten Zellischen Teils" darüber auf dem Kreistage zu Lüneburg und stellten im nächsten Jahre einen Dr. Ramelovius aus Wildungen mit 300 Th. Gehalt an.[2]

Alle diese Verordnungen gingen in den Kurlanden und im Herzogtum Bremen=Verden direkt vom Landesherrn beziehungsweise von den in seinem Namen zur Regierung verordneten Geheimen Räten aus, die sich dabei der Leibärzte als technischer Berater bedienten.[3] Nach der Verfassung

---

[1] Der Stadtmedikus in Otterndorf war schon 1679 Landphysikus über die Erblande Hadeln. conf. Bestallungsreskript des Herzogs Julius Franz von Lauenburg für Dr. G. H. Blecker vom 5. 9. 1679 in Hannover, Des. 74. Otterndorf Nr. 18, 1.

[2] Calenberg, Des. 4. No. 89.

[3] ähnl. Markgräflich Badische Hofratsinstruktion v. 28. 7. 1794, §104.

mußten der Koften wegen auch die Landftände gutachtlich vernommen werden.

In anderen deutſchen Staaten faßte man während des 18. Jahr=
hunderts die Geſamtheit der auf die öffentliche Geſundheitspflege und das
ärztliche Perſonal im weiteſten Sinne bezüglichen Grundſätze unter der
Bezeichnung Medizinalordnungen zuſammen und vertraute die Aufſicht
eigenen, aus Verwaltungsbeamten und ärztlichen Sachverſtändigen zu=
ſammengeſetzten Medizinalkollegien an.[1]) So geſchah es, wie wir unten
ſehen werden, auch im Hochſtift Hildesheim.

Vereinzelte ſolcher Medizinalordnungen finden ſich ſchon in früherer
Zeit, wobei die geiſtlichen Bistümer auffällig überwiegen.[2]) Das älteſte
Edikt ſtammt vom Biſchof Georg für Paſſau 1497. 1502 erließ
Biſchof Lorenz von Bibra für Franken „die ordnung der erzt zu
Wirzburg“, welche von Beeidigung der Ärzte, Verhalten untereinander,
Aufſicht über die Apotheken, Schutz gegen Pfuſcher ꝛc. ſpricht; 1610
erſchien eine würtembergiſche, 1616 eine heſſiſche Medizinalordnung.
Dahin gehören ferner die decreta et statuta S. P. que Agrippinensis
concernantia medicos, chirurgos et obstetrices und die Beſtimmung
des Herzogs Johann Caſimir, „wie es künftig in der Reſidenzſtadt Coburg
und auf dem Lande mit Stadtmedicis, Chirurgis, Stein= und Bruch=
ſchneidern, Oculiſten, Barbieren, Badern und Hebammen gehalten werden
ſolle“ (1629). In Brandenburg ſchuf der große Kurfürſt 1685 ein
Collegium medicum. Die dieſer Behörde zu Grunde gelegte, durch das
Edikt von 1725 verſchärfte Medizinalordnung legte den Grundſtein zu
der vorzüglichen Medizinalverfaſſung Preußens.

Auch Leibniz,[3]) dem kaum ein Gebiet menſchlichen Wiſſens fremd
war, machte um 1685 den Vorſchlag zu einer Medizinalbehörde nach
Art eines geiſtlichen Konſiſtoriums „ſo theils aus Regimentsperſonen,
darunter ein geheimer Rath als praesident, theils aus Medicis beſetzet
würde, darunter der erſte Leibmedicus oder Comes Archiatrorum das
Direktorium zu führen hätte.“ Die Akten im Collegio sanitatis ſollen
alles enthalten, was in Geſundheitsſachen paſſiert, Aufzeichnungen der
Praktiker, Beobachtungen über das Wetter, den Magnetismus, das
Barometer, Thermometer, Gedeihen der Früchte, häufige Erkrankungen

---

[1]) G. H. v. Berg, Handbuch des teutſchen Polizeyrechts. 2. Aufl. 2 T.
Hannover 1802. III. Buch, Abſch. 2, Kap. 3 Recht der Geſundheitspolizei.

[2]) Lammert l. c.

[3]) Onno Klopp, die Werke von Leibniz, Hannover 1866, Bd. V pag. 320,
wahrſcheinlich aus den 80 er Jahren des 17. Jahrhunderts ſtammend.

unter Menschen und Vieh, Kranken= und Totenlisten. Es würde also darunter mehr ein Gesundheitsamt zu verstehen sein, ähnlich dem in Preußen 1719 von König Friedrich Wilhelm I. zur Abwehr der in Ungarn und Siebenbürgen grassierenden Pest gegründeten Collegium sanitatis.

Aber auch für die hannoverschen Kurlande hatte Georg Ludwig 1710 etwas Derartiges geplant, ohne, daß der Entwurf jemals zur Ausführung kam oder auch später nur erwähnt ist, wahrscheinlich, da mit der Über= nahme der englischen Königskrone andere, wichtigere Interessen in den Vordergrund traten. Überhaupt war das ganze 18. Jahrhundert — abgesehen von der Errichtung des Oberappellationsgerichts in Celle und der Universität Göttingen — für die innere Entwicklung des Landes höchst unfruchtbar, sodaß Stein Hannover sogar das „deutsche Chinesen= land" genannt haben soll.[1])

Immerhin hat es einiges Interesse, diesen nach preußischem Muster verfaßten Medizinalentwurf kurz zu skizzieren. Entgegen der sonstigen Gewohnheit, ein Geheimratsmitglied an die Spitze zu stellen, war die Leitung dem ersten Leibarzt zugedacht. Da es aber neben den wissen= schaftlich gesetzgebenden Mitgliedern praktische oder vollziehende geben muß, wäre man in der Ausführung doch auf das Geheimratskollegium zurück= gekommen.

Die Errichtung eines Collegium medicum zu Hannover und die Notwendigkeit einer guten Medizinalordnung wird damit begründet,[2]) daß „bey Verfertigung und Ausführung derer Arzeneyen und Curen derer Kranken höchstgefährliche Mißbräuche eingerissen, wodurch die zu der Menschen Erhaltung von Gott offenbarte Mittel und Arzeneykunst in Spöttlich Verdacht und Geringhaltung gerathen." „Zur Remedirung angezogener Mängel wird dem vorgesehenen C. m. fleißige Beobachtung des Arzeneywesens und der dahin gehörigen Leuthe alß Ärzte, Apotheker, Balbirer, Wundärzte, Hebammen, Oculisten, Bruch= und Steinschneider, Bader und dergleichen" aufgetragen.

Ständige Mitglieder des Kollegiums sind die beiden hiesigen Leibärzte und einige dazu ernannte geschickte Medici. Daneben werden geeignete Praktiker und wohl geübte Physici zu Collegis oder Adjunctis berufen und nach Bedarf auch ein Mitglied des Geheimratkollegiums hinzugezogen. Der erste Leibmedicus führt den Vorsitz, bewahrt Akten und Siegel. Das Kolleg hält sich durch Korrespondenz mit den Physikern auf dem

---

[1]) Meier l. c. Bd. I, Verfassungsgeschichte. Leipzig 1898.
[2]) Hannover Des. 93, 38 Polizeisachen No. 1, Entwurf v. 22. 7. 1710.

Laufenden und schlichtet Streitigkeiten zwischen den Medizinalpersonen einer= und zwischen diesen und dem Publikum anderseits. Die eingegangenen Strafgelder fallen zur Hälfte dem Kollegium, zur anderen Hälfte dem Denunzianten zu.

Die Medici sollen sich innerhalb drei Monaten bei dem C. m. aus= weisen und immatrikulieren lassen, solche, die noch nicht praktizieren, haben vor der Niederlassung die Approbation zu erwerben. Ebenso müssen die Physiker zuförderst von Magistrat, Ritterschaft oder Ständen dem C. präsentiert werden. Zu den ärztlichen Pflichten gehören angemessener Lebenswandel und Pflege der Kollegialität. Wie nun der Arzt keine unnötigen Rezepte verschreiben und keine ungebührliche Bezahlung fordern soll, wird auch der Patient daran erinnert, daß er den Arzt für seine Treue und Fleiß — nach der angefügten Taxe — belohne.

Die Apotheker bedürfen die Approbation wie obige. Gesellen und Lehrlinge werden vom C. m. oder in dessen Auftrage von den Physikern geprüft, wobei einige Kenntnis der lateinischen Sprache verlangt wird. Die Apotheke ist von Morgens früh bis Abends 10 Uhr geöffnet, der Besitzer für Sauberkeit in den Räumen, Güte und Beschaffenheit der Arzneien und Rohstoffe, Anleitung und Wohlverhalten seines Personals verantwortlich. Alle Rezepte müssen in ein Diarium eingetragen, die Gifte in einem besonderen Schrank aufbewahrt werden. Dabei ist darauf zu achten, daß kein anderes Mittel substituiert wird und kein Irrtum beim Aushändigen geschieht. Die Preise werden nach dem Hamburger Preiskourant öffentlich angeschlagen. Bei namhafter Strafe verboten ist: Praktizieren auf eigene Faust; Abgabe scharfer Gifte und chemischer Präparate an unbekannte Leute; Anfertigung innerlicher Arzneiverord= nungen, die von Badern, Barbieren und Winkelärzten verschrieben sind, es seien denn die Rezepte zuvor vom Stadtphysiker oder von einem approbierten Arzt durchgesehen; das Setzen von Branntwein=, Aquavit= und Kaffegästen 2c. Nur bei dringender Lebensgefahr und in Abwesenheit des Arztes darf der Apotheker belebende Mittel, wie Cardialia, Excitantia, „Schlagwasser" und dergl. verabfolgen, muß aber sofort dem Arzt davon Mitteilung machen. Alljährlich findet im Beisein der Ortsobrigkeit eine Visitation und Rechnungsablage statt. Rezepte auf Kredit dürfen nicht länger als höchstens 6 Monate gestundet werden und sind bei Konkurs vorberechtigt.

Barbirer, Wundärzte, wie auch Regimentsfeldscherer und alle anderen Chirurgen müssen sich gleichfalls binnen drei Monaten dem Examen, der Censur und Approbation durch das C. m. resp. auf dem Lande durch ben Physikus unterziehen. Lehrjungen werden vor der Annahme untersucht, ob sie für die Profession tauglich sind und nach vollendeten Lehrjahren geprüft. Die allgemeinen Bestimmungen entsprechen denjenigen bei den Ärzten. Dazu kommt die besondere Mahnung, alle Schäden nach bestem Wissen zu verbinden, visa reperta ohne Parteilichkeit auszustellen, von gefährlichen Verletzungen der Obrigkeit ungesäumt Mitteilung zu machen und in tötlichen oder sonst gefährlichen Fällen noch einen anderen Chi= rurgen hinzuzuziehen. Bezüglich der inneren Kuren ist ihnen nur die Verabreichung „ohnverdächtiger Wundtränke zur Verhütung schädlicher Zufälle," die Behandlung der Lues Venerao per inunctionem mer= curialem et salivationes aber allein mit Assistenz eines Medici erlaubt.

Materialisten, Gewürzkrämer, Alchymisten, Destillateurs, Zuckerbäcker, Branntweinkrämer, Parfümirer und dergl. sollen „mit denen Artzeneyen nichts zu schaffen haben, noch dasjenige, was in die Apotheken gehöret, praepariren." Gleichergestallt ist es mit den Badern zu halten. Okulisten und Operateure müssen sich dem C. m. oder dem Stadtphysikus und Magistrat sistieren und werden je nach dem Ausfall der Prüfung auf Jahrmärkten zugelassen oder abgewiesen. Störger, Quacksalber, Betrüger und alle diejenigen, so nicht zur Medizin gehörig, werden nirgends geduldet.

Hebammen: Approbation wie bei den übrigen. Pflichten: ehrbarer christlicher Lebenswandel, Nüchternheit vor und nach getaner Arbeit, Ver= träglichkeit untereinander, Respekt gegen den Physikus und die Ärzte; sollen schwere Fälle mit einander kommunizieren, „Strang und Schnur" rechtermaßen verbinden, bei Störungen der Nachgeburtszeit einen ver= nünftigen Medikum zuziehen, keine Abtreibungsmittel verabreichen, ver= dächtige Personen auf Ansuchen der Obrigkeit besichtigen.

In einem beigefügten Aktenstück werden einige Ausstellungen an dem Entwurf gemacht. Es frage sich, ob es gut sei, dem C. m. solche Autorität zu geben, da zu fürchten, „daß nicht alle membra gleich den jetzigen die erfahrensten und redlichsten Leuthe seyen möchten", wodurch Mißbräuchen und Chikanen Tor und Tür geöffnet werde. Vor allem sei die Zuziehung einiger geschickter Chirurgen nötig, denn die Medici verständen nur die Theorie. „Was insonderheit die innerlichen Kuren der Regimentsfeld= scherer anbetrifft, könne ohnmöglich so strikte observiret werden, weilen sonsten mancher gemeine Soldat werde crepiren müssen."

Wenn sich auch der Verwirklichung dieses Plans zufällige Schwierig= keiten in den Weg stellten, so erschienen doch im ersten Drittel des 18. Jahrhunderts eine Reihe von Medizinalerlassen, die zusammen mit

der sogenannten vorläufigen Medizinalordnung von 1731 ungefähr dasselbe ergaben, was in anderen deutschen Mittel= und Kleinstaaten in dieser
Hinsicht geschehen ist. Von einem englischen Einfluß ist hierbei nichts zu
spüren. Scharfe Bestimmungen ergingen gegen die Kurfuscherei; die
Ausbildung der Chirurgen wurde staatlich geregelt und durch die Gründung
des Collegium chirurgicum zu Hannover auf ein wissenschaftlicheres
Niveau erhoben.

Die grundlegende Verordnung vom 8. 5. 1731 lautet:[1])

Wir Georg der Andere, von Gottes Gnaden, König von Groß=
Britanien rc. fügen hiermit zu wissen: Demnach die tägliche Erfahrung
mehr als zu viel an den Tag geleget; wasgestalt in Unseren Teutschen
Landen und Provintzen, durch unerfahrne Medicos, Apothecker, Barbierer,
Wund=Aertzte, Hebammen, Oculisten, Bruch= und Stein=Schneider, Bader
und dergleichen, Unsere Unterthanen und Angehörige um ihre Gesundheit
und Wohlfahrt, ja gar um Leib und Leben gebracht werden, auch in
Verfertig= und Austheilung der Medicamente und bey denen Curen der
Kranken, grosse und höchst=gefährliche Mißbräuche eingerissen; Daß Wir
dannenhero der Nohtdurfft zu seyn erachten, solchem schädlichen Wesen
und Mißbräuchen vermittelst einer heilsamen ausführlichen Medicinal-
Ordnung, so viel immer möglich zu begegnen, auch würcklich im Begrif
seyn, sothane complete Medicinal=Ordnung verfassen zu lassen, und Unsere
getreue Landschafften, darüber mit ihren Gutachten zu vernehmen;
Gleichwohl an dem, daß solches annoch einige Zeit erfordert; Immittelst
aber die aus Unerfahrenheit obbenamter Personen entspriessende böse
Folgerungen continuiren. Als ordnen und wollen Wir hiemit vorgängig.
Daß

I. Kein Land oder Stadt=Phisicus in Unsern Landen und Städten
angenommen werden, noch weniger ein Doctor Medicinae in Unseren
Landen practiciren solle, er habe sich dann zu vor bey Unserer Königl.
Regierung angegeben, seine gehaltene Dissertationem inauguralem, und
andere Testimonia publica produciret, welche so dann dieselbe nach Gut-
finden Unseren Leib= und Hof=Medicis in Hannover, oder auch andern
erfahrnen Medicis zu fertigen, und benenselben committiren wird, bem
Candidato einen Casum Medico Practicum zum elaboriren, auffzugeben,
aus welchem er bemnächst examiniret werden soll, gestalt nach beren
eingelangten Bericht, der Candidatus admittiret, oder abgewiesen werben;
Unter welche Verordnung Wir benn alle biejenige ziehen, welche seiht ben

[1]) Lüneburger Constit. Bd. II, Cap. IV, pag. 1449.

2*

letzteren Fünf Jahren sich in Unseren Landen als Practici besetzet, auch binnen solcher Zeit etwann eine Anwartschafft auf ein Land- oder Stadt-Physicat erhalten. Es gehet aber in specie wegen der Stadt-Physicorum Unsere Intention nicht dahin benen Städten welche bishero das Jus einen Stadt-Physicum zu errichten und zu bestellen solches zu nehmen, sondern nur dahin Sorge zu tragen, daß solcher Platz mit einem geschickten Subjecto besetzet werde, und wollen solchemnach daß bey entstehender Vacantz, die Magistrate in den Städten, welche das Wahl-Recht haben Unserer Regierung zweene Subjecta melden sollen, welche des Examinis halber die Nohtdurfft verfügen, und wenn die Candidati dazu geschickt, die Wahl an Bürgermeister und Raht remittiren wird.

II. Alle und jede Chirurgi welche in Unseren gesamten Teutschen Landen und Provintzen die Chirurgie exerciren wollen, sollen sich zuforderist in einer benachbarten innländischen Stadt, durch den dazu bestelleten, und besonders darauf beeydigten Stadt-Physicum, und ein oder zweene accreditirte Chirurgos examiniren lassen, und von benenselben ein Zeugnisse ihrer Kund- und Wissenschaft auch daß sie ad Praxin Chirurgicam genugsam qualificiret seyn, beybringen, gestalt dann alle und jede, welche in Unsern Landen, die Chirurgie exerciren, und nicht Amts-Chirurgi seyn, oder bei Unserer Hoffhaltung, bey Unseren Trouppen, oder sonst in Unseren Diensten stehen, oder Concession erhalten, sich binnen den nächsten vier Wochen, zum Examine gehörig stellen, und das Attestatum ihrer gründlich erlerneten Kunst herbey bringen, und bevor solches geschehen, die Obrigkeiten selbigen die Praxin Chirurgicam nicht zustehen sollen, bafern aber ein oder ander dabey nicht bestünde, und das Zeugnisse nicht erhalten könte, ist demselben das Exercitium seiner Kunst und aller chirurgischen Curen bey zwantzig Thlr. und nach Befinden Leibes-Straffe zu verbieten, und ohne beygebrachtes angeregtes Attest, zu obigen Curen nicht zu admittiren. Welches Wir denn auch um der Unwissenheit der Chirurgorum besto mehr zu begegnen, dahin extendiren, daß auch die Lehr-Knaben welche die Chirurgische Profession gelernet, nicht ehender ausgeschrieben werden sollen, bis sie vom Stadt-Physico und dem Amt der Chirurgorum mit einem Attestato wegen ihrer Capacitaet versehen seyn.

Weil auch III. des Landes Wollfahrt, derer Patienten Leben und Gesundheit, auch derer Medicorum Ehre und Reputation, nächst andern, an der Apotheker Fleiß, Wissenschaft, und Treue hänget, als ordnen und befehlen Wir hiemit allergnädigst, und ernstlich, daß alle und jede Apothecers, so in Unseren grossen und kleinen Städten sich nieder lassen,

unb eine Officin annehmen wollen, ihre Lehr=Briefe unb Attestata baß
fie wenigftens fieben Jahr lang, als Gefellen ferviret haben, produciren,
unb bie ihnen aufzugebenbe Processus pharmaceutico Chimicos in
Beyfein einer von Unferer Lanbes=Regierung zu benennenben Magiftrats-
Perfon ein ober mehr erfahrner Medicorum unb Apothecter, elaboriren
follen; Worauf biefelbe von bem obangeregten Medico unb Apothecter
ober Medicis unb Apothectern zu tentiren unb zu examiniren, von
welchem Examine gebachte Commissarii an Unfere Regierung auffrichtiger
Bericht abzuftatten, unb foll barauf bie Approbation, ober Verwerffung
erfolgen.

Unb bamit es in benen Apothecten befto beffer hergehe, unb biefelben
in guten Stanbe gehalten werben mögen; So wollen Wir baß bie Apo=
thecten von ber Obrigfeit bes Orts, mit Zuziehung ber Lanb= unb Stabt-
Physicorum ober Aelteften Medicinae Practicorum orbentlich unb
genaue visitiret, verborbene unb verfälfchte Medicamenta von benen
guten separiret, unb jene cassiret, unb weggeworffen unb von Be=
fchaffenheit ber Apothecten im Lanbe binnen ben nächften Sechs Wochen,
pflichtmäßiger Bericht an Unfere Regierung erftattet werben. Die auf bie
Visitation gehenbe Roften, tragen bie Stabt=Cämmereyen, unb bie
Apothecter zur Hälffte. Inzwischen foll einem jeben Medico approbato
frey ftehen, wann es ihm beliebet, ober er einen Zweiffel hat, baffelbe
was er gebenchet zu verfchreiben, ober allbereits verfchrieben hat, in ben
Apothecten nachzufehen unb zu fragen, welches ihm ohnweigerlich vom
Apothecter beffen Gefellen ober Jungen foll gezeiget werben. Urfunblich
Hannover ben 8. May. 1731.

Ad Mandatum Regis et
Electoris proprium.
L. U. v. Harbenberg.

Die Deflaration obigen Ebifts (b. b. 20. 8. 1731)[1]) beftimmt, baß
bei folchem examine eine vorgängige Verorbnung ber fgl. Regierung
nötig ift. Die Obrigfeiten follen binnen fechs Wochen alle Mebizinal=
perfonen namhaft machen unter Angabe, wann fich biefelben in ihrer
Gerichtsbarfeit niebergelaffen haben, wer fie bazu autorifiert unb wer ihnen
bero behuf Conzeffion erteilt, wie folche Conzeffionen lauten unb wie fich
bie Betreffenben inzwifchen geführt haben.

---

[1]) Lüneb. Conft. Bb. II, Cap. IV, pag. 1453.

Im Herzogtum Bremen-Verden wurde diese Medizinalordnung in ähnlicher Fassung am 10. 5. 1737,[1]) in Lauenburg am 30. 5. 1738[2]) publiziert.

Mit der Gründung der Universität Göttingen beginnt das Aufblühen der wissenschaftlichen Heilkunde in Hannover. Jetzt war endlich eine maßgebende Instanz in Fragen der Wissenschaft geschaffen und den angehenden Ärzten Gelegenheit geboten, im eigenen Lande zu studieren.

Um die Einrichtung der medizinischen Fakultät hat sich vor allem Gottlieb Paul Werlhoff verdient gemacht. Er forderte in seinem gutachtlichen Bericht an den ersten Kurator G. A. v. Münchhausen vom 16. 12. 1733,[3]) daß, außer der theoretischen Medizin und den Hülfsfächern Anatomie, Botanik, Zoologie, Chemie, für den praktischen Unterricht im Hospital Sorge getragen werden müsse. Wenn es ihm auch nicht gelang, mit allen seinen Forderungen durchzubringen, wußte er doch in Albrecht v. Haller den rechten Mann heranzuziehen, der der jungen Pflanzstätte ärztlichen Wissens bald zu höchstem Glanze verhalf.

Die Errichtungsurkunde ist den Statuten der damals „auf dem Gipfel des Ruhms" stehenden Universität Halle nachgebildet.[4])

An der Spitze des aus 3 Mitgliedern zusammengesetzten Professorenkollegiums steht ein jährlich neuzuwählender Dekan, der die Leitung der Geschäfte und die Vertretung nach außen führt. Die licentia docendi wird durch eine nicht öffentliche Prüfung und Disputation vor der Fakultät erlangt. Die Wahl des Faches bleibt dem Dozenten überlassen, ebenso die Ausübung der ärztlichen Praxis, soweit sie sich mit dem Lehramt verträgt. Dagegen bedarf die Behandlung philosophischer Disziplinen der besonderen Genehmigung der Regierung. Das ist insofern interessant, als man Werlhoff den Vorwurf gemacht hatte „daß er mehr auf Leute der Philosophie als der Medizin sehe."[5]) Die Professoren werden ermahnt, die ihnen anvertraute Jugend zu den reinen Quellen der Wissenschaft zu führen, mit der Gründlichkeit die Klarheit, mit dem Eifer die Mensch-

---

[1]) Spangenberg, Sammlung d. Verordn. u. Ausschreib. f. d. Königr. Hannover. Hannover 1823.

[2]) Spangenberg, 4. Teil, III Abt. pag. 392.
     4. Teil, II Abt. pag. 618.

[3]) Ebstein, Über d. Entwicklung d. klinischen Unterrichts an der Göttinger Hochschule. Klin. Jahrbuch, herausgegeben von Guttstadt, Berlin 1899. Bd. I, 62 ff.

[4]) Kilian, Die Universitäten Deutschlands in mediz. und naturwissenschaftl. Hinsicht. Heidelberg und Leipzig 1828.

[5]) Wüstefeld, Hannov. Ärzte d. 18. Jahrhund.; nachgelassenes Manuskript, abgedruckt in Hannov. Geschichtsbl. 1907. Bd. X, Heft 7—9, pag. 201/02.

lichkeit zu verbinden, damit aus ihrer Schule Männer hervorgehen, welchen das Wohl der Bürger sicher und ohne Schande für die Lehrer überlassen werden könne.

Neben der Lehrtätigkeit und der Erstattung von Obergutachten in gerichtlichen Fällen ist das wichtigste Amt der Fakultät die Verleihung der akademischen Würden, zumal ursprünglich die licentia practicandi darin einbegriffen war. Vor dem Eintritt in die Prüfung fordert der Dekan von dem Kandidaten das Versprechen ab, daß er sich der Entscheidung der Professoren fügen wolle, und fragt nach seinem Bildungsgang. Die 3—4 stündige mündliche Prüfung erstreckt sich allein auf die Grundbegriffe unter Vermeidung von Einzelheiten. Nach bestandenem Examen steht es dem Doktoranden frei, die öffentliche Disputation mit oder ohne praeside zu halten, wobei er seine These zur allgemeinen Diskussion stellt. Darauf folgt die feierliche Promotion und Vereidigung. Wer dreimal als Präside auf dem Katheder gestanden hat, empfängt nach eingeholter kgl. Erlaubnis und Zahlung von 12 Th. den Titel eines „Beisitzers" der medizinischen Fakultät, womit gewisse Vorrechte verbunden sind.

Eine andere, weniger ehrenvolle Art, die Doktorwürde zu erlangen, geschah auf dem Wege des Kaufs von den Pfalzgrafen. Diese besaßen seit alter Zeit die Befugnis, Adelspatente und Doktordiplome zu verleihen, uneheliche Kinder zu legitimieren und dergl. mehr. Zu diesem Zweck reisten ihre Delegierten im Lande umher.[1]) Natürlich waren es nicht immer Zierden des ärztlichen Standes, die nach solchen „Ehren" strebten. So fügte ein gewisser Joachim Haupt, der 1728 in einen recht üblen Prozeß wegen Quacksalberei verwickelt gewesen war, seinem Gesuch um Niederlassung in Sarstedt 1740 eine bullam doctoralem bei, „so er von einem sicheren comite palatino Nahmens Büsing zu Hameln bekommen habe."[2])

Dem 1751 als erstes klinisches Institut an der Universität gegründeten Accouchirhaus folgten die Hebammenanstalten in Hannover und Celle, und 1784 wurde in Celle auch eine zweite chirurgische Schule eröffnet. Für das Apothekenwesen war inzwischen nichts weiter geschehen als eine Neuausgabe der gänzlich veralteten Apothekentaxe von 1719.

Im letzten Drittel des 18. Jahrhunderts ließ die Lüneburgische Landschaft zur Verwirklichung der 1731 verheißenen vollständigen Medizinalordnung einen umfassenden Entwurf von den Hofmedicis Lentin und

---

[1]) G. Fischer, Chirurgie vor 100 Jahren, Leipzig 1876.
[2]) Hildesheimer Landesarchiv. Bd. IX, 61 L., 2. Abschnitt, No. 6.

Thaer ausarbeiten, indem sie sich erbot, die Hälfte der daraus entstehenden Kosten zu tragen.[1]) Es bestand der Plan zur Errichtung eines allgemeinen Krankenhauses in Hannover und zur Verbesserung und Abstellung eingerissener Mißbräuche der Medizinalanstalten im Lande überhaupt. Die eingetretenen Kriegsunruhen und die feindliche Occupation des Landes machten allen dahin zielenden Bestrebungen ein Ende.

Dasselbe Schicksal erlitt das seit 1800 für die Lande Hadeln geplante Medizinalkolleg, dessen Errichtung der Erlaß einer Medizinalordnung, etwa nach dem Muster der sehr gerühmten Lippischen vorausgehen sollte. Ein Entwurf des Hofmedikus Schlichthorst schilderte Zusammensetzung und Aufgaben. Die Stände argwohnten aber zu hohe Kosten, und so unterblieb die Ausführung.[2])

Während der Jahre 1803—13 sind keine nennenswerten Reformen im Medizinalwesen zu verzeichnen, wie solche ja auch auf andern Gebieten — im Gegensatz zu Süddeutschland — keine erheblichen waren. Man beschränkte sich auf das Notwendigste und knauserte mit dem Geld, um es für Kriegszwecke zu verwenden. Darunter hatten vor allem die Entbindungsanstalten und die chirurgischen Schulen zu leiden. Die französische Regierung kümmerte sich um das Medizinalwesen des Landes nur insoweit, als es im Interesse der Schlagfertigkeit des Heeres nötig war. So errichtete sie 1805 in der Stadt Hannover, als dem Sammelpunkt ihrer Truppen, ein Hospital für geschlechtskranke Dirnen, und ähnliche Erwägungen mögen bei der Beförderung der Pockenimpfung mitgespielt haben.

Bevor wir zu den umfassenden Organisationsbestrebungen nach den Freiheitskriegen übergehen, wird es erforderlich sein, einige Besonderheiten im M. W. der im Wiener Frieden dem Königreich Hannover einverleibten Gebietsteile zu besprechen, zumal bei der Gewohnheit der hannoverschen Regierung, alles möglichst beim alten zu lassen, einzelne Einrichtungen auch nach der Angliederung längere Zeit bestehen blieben, so weit sie nicht den seitdem erlassenen Verordnungen direkt widersprachen.

Auch im Fürstentum Hildesheim war infolge der Wirren des 30 jährigen Kriegs ein unheilvoller Verfall eingetreten. Die Pfuscherei nahm überhand, da es an einer staatlichen Aufsicht fehlte. Daher schlug der Leibarzt Albrecht in einem pro memoria vom Jahre 1701[3]) die

[1]) Ompteda, Neue Vaterländische Litteratur, Hannover 1807, in d. Einleitung zum Medizinalwesen und Hannover Des. 104, II 9,5. A. No. 1 u. ff.

[2]) Hannover Des. 80. Landdrost. Stade, No. 337, No. 1.

[3]) Hildesheimer Land-Arch. Bd. IX, 61 T. Absch. I, No. 1.

Einſetzung eines medicus provincialis vor, der das Land bereiſen, Apotheken viſitieren, in Krankheiten und Seuchen dem Landmann beiſtehen ſoll. Biſchof Jobſt Edmund erkannte die Zweckmäßigkeit dieſes Vorſchlages und ſtellte hierzu am 7. 3. 1701 den Sohn ſeines Leibarztes, Günther Albrecht, „der cum applausu promovirt, in Frankreich und Holland gereiſt, auch in den fürnehmſten Örtern Deutſchlands ſich aufgehalten und ſeit 3 Jahren im Stifte praktizire" mit 300 Th. Gehalt an. Später wurden 2 Phyſiker für das ganze Land mit Ausſchluß der Hauptſtadt und der 4 ſchriftſäſſigen Landſtädte angeſetzt.

Mannigfache Mißbräuche bei der Heilung der Kranken, Zurichtung und Austeilung der Arzneien, beſonders aber beim Hebammenweſen, ſowie die unzulängliche Beachtung der ergangenen Verordnungen im all= gemeinen führten zum Erlaß einer eingehenden Medizinalordnung und Errichtung eines Collegium medicum et sanitatis.

Die Medizinalordnung des Biſchofs Friedrich Wilhelm de 13. 5. 1782 handelt in 5 Kapiteln von der Beſetzung des C. m., deſſen Obliegenheit und Befugnis, von Amts= und Stadtphyſikern auch anderen Medicis practicis, von Chirurgen oder Wundärzten und Badern, von den Apothekern und dem Verkauf der Apotheker=Waren, von Geburtshelfern und Hebammen und deren Verbindlichkeit. Die Koſten der Neuerung wurden durch Stiftung einer Medizinkaſſe und Ausſchreiben einer Heirats= ſteuer aufgebracht. Die Leitung des Kollegs lag — im Gegenſatz zu dem hannoverſchen Medizinalentwurf von 1710 — in den Händen eines ſtändigen Regierungskommiſſarius aus der Zahl der wirklichen Hof= und Regierungs= räte. Mitglieder waren vier geſchickte in theoria und praxi erfahrene Medici, ein in allen Teilen der Wundarzenei= und beſonders in der Ent= bindungskunſt wohl ausgebildeter Praktiker und die beiden lebenslänglich angeſtellten Landphyſiker. Zur Führung des Protokolls war ein Kanzliſt, für Beſorgungen ein Pedell vorhanden. Das C. m. verſammelte ſich zweimal im Monat „auf dem hieſigen Karthaus." Zur Erfüllung ſeiner Aufgabe, Beaufſichtigung des geſamten Medizinalweſens, wurden ihm weitgehende Befugniſſe erteilt. Es war allein der Regierung b. h. „den zur Regierung verordneten Geheimen Räten" verantwortlich. Speziell alle Medizinalperſonen ſind ihm unterworfen, die Behörden verpflichtet, in allen einſchlägigen Angelegenheiten Folge zu leiſten. Kurieren und Arzneihandel iſt nur mit ſeiner Erlaubnis geſtattet. Es prüft die Medizinal= perſonen, erteilt die Erlaubnis zur Ausübung der Praxis, ſchlägt Amts= phyſiker vor, achtet auf das Verhalten der Ärzte ꝛc. unter ſich und gegen= über dem Publikum, entſcheidet über ſtrittiges Honorar und Kunſtfehler, soweit sie nicht vor das Kriminalgericht gehören, und zwar im allgemeinen ohne Zuziehung von Advokaten, trifft Anordnungen beim Ausbruch von Epidemien usw. So hat es für damalige Zeit segensreich gewirkt, zumal der geringe Umfang des Fürstentums die Geschäftsführung erleichterte.

Innerhalb 6 Wochen nach Veröffentlichung dieser Medizinalordnung hatten alle zur Zeit praktizierenden Mitglieder des corpus medicum ihre Atteste 2c. einzusenden, worauf das Kollegium nach Befinden entscheidet, wer zwecks Prüfung vorzuladen sei.

Die Prüfung der Ärzte besteht im Mündlichen und in der Anfertigung einer oder zweier schriftlicher Ausarbeitungen in Klausur. Die Physikats-prüfung konnte erst nach 5—6 jähriger Praxis abgelegt werden. Der Physiker mußte rite promoviert sein und wurde in gerichtlicher Medizin, Wundarznei- und Apothekerkunst geprüft. Das Examensprotokoll eines Arztes aus dem Jahre 1802[1]) enthält b. w. die anatomische Be-schreibung der Mammae und chemische Analyse der Milch in lateinischer Sprache, sowie einen (deutschen) Bericht über eine Epidemie im Dorfe Everode.

Die Obliegenheiten des Physikers sind die üblichen. Die „schrift-säffigen" Landstädte[2]) hatten das Recht, ihren Physiker selbst anzustellen, doch mußte er, wie alle übrigen, zuvor dem C. m. präsentiert werden.

Mit dem Eintritt der Fremdherrschaft ging das C. m. ein.[3]) Preußen überwies die angesammelten Gelder der Kriegs- und Domänenkasse in Halberstadt und unterstellte die Medizinalpersonen sowie die ganze medi-zinische Polizei des Fürstentums dem dortigen M. c. Am 17. 2. 1808 machte die französische Regierung die Aufhebung dieser Verbindung bekannt mit dem Bemerken, daß bis auf weiteres die hiesige Unterpräfectur die Geschäfte fortführe. Während der größte Teil des Fonds dem Hebammen-institut zu Gute kam, wurde der Überschuß für die Besoldung eines am Orte wohnenden Deputierten des Ober-Medizinalkollegiums in Braunschweig verwandt. Als solcher führte der Stadtphysikus und fürstliche Leibarzt Hofrat Dr. Werner die unmittelbare Aufsicht über das Medizinalwesen und korrespondierte deswegen mit dem O. M. C. in Braunschweig, gleich wie er während des kurzdauernden preußischen Regimes die einzige Stelle eines Beigeordneten des Medizinalkollegs in Halberstadt versehen hatte.

---

[1]) Hildesheim Des. 10, VIII, No. 2.

) Die schriftsässigen oder selbstständigen Städte hatten neben der wirtschaftlichen auch eigene obrigkeitliche Verwaltung. Meier, l. c. Verwaltungsgesch., pag. 425.

[3]) Hannover Des. 104, II, 9, 5, D., 4, Lbbst. Hildesheim, Generalia. Hannover Des. 51, No. 74.

Eine gewisse Ähnlichkeit bieten die Verhältnisse im Fürstentum Osnabrück, das auch erst nach den Freiheitskriegen in den festen Bestand des hannoverschen Staats überging. Allerdings hatte schon beim westfälischen Friedensschluß 1648 Braunschweig-Lüneburg die Zusage erhalten, daß von jetzt ab ein Fürst des Welfenhauses mit einem gewählten katholischen Bischof in der Regierung abwechseln sollte. Daher kommt es, daß die Medizinalverordnungen mit denen der Stammlande ziemlich übereinstimmen.

Schon früher hatten die Bischöfe von Osnabrück dem Gesundheitswesen Beachtung geschenkt. Franz Wilhelm führte 1657 ein ständiges Examen ein. Danach sollten „alle, welche sich der Cur an Menschen hinferner zu gebrauchen vermeinen und getrauen, biß dahero aber keinen Lehrbrieff fürgezeiget noch produciren können, wie auch nicht approbirte Apothekern auff den 16. anstehenden Monahts Augusti vor den Leib-, Hoff- und Stiftsmedicis Josephen Gislemberti und Henrichen Preushman erscheinen." Nur „wer bey Jhro Hochfürstl. Gn. darzu deputirten Medicis gebührend angegeben und dem Examini sistirt, soll auf gnädigst eingenohmene relation von Jhro Hochfürstl. Gn. approbiret und zur Übung sothaner Kunst in diesem Jhrem Stift verstattet werden.[1]

Die in den Jahren 1776/77 vom Landphysikus Dr. Wehrkamp und von den Drs. Callmeyer und Feine bei der Landschaft eingereichten Entwürfe zu einer allgemeinen Medizinalordnung kamen nicht zur Ausführung.[2] Ebenso ging es mit dem seit 1702 geplanten Medizinalkolleg. Es sollte nach dem Muster desjenigen im Fürstentum Minden und Hochstift Hildesheim aus 4 ärztlichen Mitgliedern, darunter der Stadt- und Landphysikus zu Osnabrück, und 1—2 Kanzleiräten bestehen.[3] Die Aufbringung der Kosten war aus der Hebammenkasse beziehungsweise Heiratssteuer gedacht, deren Kapital seit 1786 auf 4000 Th. angewachsen war.

Alle daraufhin gerichteten Bestrebungen wurden durch die Kriegsunruhen des Jahres 1794 unterbrochen und führten auch später nicht zum Ziel. Die medizinische Polizei und gerichtliche Medizin lag in den Händen zweier gering besoldeter Landphysiker und -chirurgen. Der Brief eines „stillen Beobachters" vom 10. 2. 1814[4] schildert die Zustände als sehr traurig. Der Landmann habe durch Kriegslast und dürftige Nahrung gelitten; zu den alten Krankheiten und Gebrechen seien neue, die von den

---

[1] Osnabrücker Staatsarchiv, Abschnittsrepertorium 216, No. 1.
[2]   „   „   „   216, No. 12.
[3]   „   „   „   216, No. 28.
[4] Hannover Des. 104, II, 9, 5, D. 4. Landbst. Osnabrück, Generalia.

durchziehenden Soldaten eingeschleppt wurden, gekommen, ohne daß er die Hülfe eines Arztes in Anspruch nehmen könne. Um die Besserung dieser Verhältnisse machte sich Hofmedikus Ehmbsen verdient.

In Ostfriesland war nach dem Aussterben des alten Fürstenhauses 1744 König Friedrich II. von Preußen zur Regierung gekommen. Entsprechend der preußischen Medizinalverfassung setzte er 1750 in Aurich ein Collegium medicum provinciale ein. Dem vom Großen Kurfürsten 1685 errichteten Ober Medizinalkolleg waren unter seinem Enkel König Friedrich Wilhelm I. 1724 Medizinalkollegien in den einzelnen Provinzen gefolgt. 1799 wurde ihnen auch die Bekämpfung der Seuchen übertragen, die bisher einem besonderen Collegium sanitatis oblag. In der Instruktion vom 18. 9. 1799 heißt es[1] „daß sie ihre beständige Aufmerksamkeit auf Entfernung alles desjenigen, was der menschlichen Gesundheit nachteilig werden könnte, richten, sich von den in dieser Hinsicht obwaltenden Mißbräuchen informieren; diese durch Belehrungen und Veranlassung polizeilicher Maßregeln abstellen; insbesondere für die gesunde Beschaffenheit der Lebensmittel, für Verhütung von Vergiftungen sorgen, auf gesunde Luft, Vermeidung nachteiliger Ausdünstungen in Gerbereien, Kirchhöfen ꝛc. sehen, auf die Befolgung der wegen zu frühen Beerdigens und der tollen Hunde erlassenen Verordnungen achten und für Verhütung und Unterdrückung ansteckender epidemischer und epizootischer Krankheiten sorgen sollen."

Zu einer ersprießlichen Tätigkeit dieses Kollegiums ist es in Ostfriesland nicht gekommen, da die ständische Verfassung jeder neuen Ausgabe, die Erhöhung der Steuern erforderte, Hindernisse in den Weg legte.[2] Es konnte daher nur über die Formen wachen. Mit Mühe wurde ein geringes Gehalt für einen Landphysikus aus der ständischen Kasse bewilligt, ganze Ämter waren ohne ärztliche Fürsorge und bei Epidemien ꝛc. auf Provisoria angewiesen. Bei der Neuordnung schlug Medizinalrat v. Halem einen besonderen Medizinaldirektor vor (ähnlich wie Ehmbsen für Osnabrück). Die Leibärzte Stieglitz und Lodeman waren aber der Ansicht, daß sich die Einrichtung im Rahmen des in den übrigen hannoverschen Provinzen Gebräuchlichen bewegen müsse.

Die Kreise Meppen, Herzogtum Meppen, Arensberg und Emsbüren hatten ehemals zum Bistum Münster gehört. Die vom Kur-

---

[1] Rönne und Simon l. c.

[2] Hannover Des. 104, II, 9, 5, A, 2, Generalia Landbrost. Aurich No. 1, 2, 5.

fürsten Maximilian Friedrich für das seit 1773 bestehende Medizinalkollegium erlaffene Medizinalordnung vom 14. 5. 1777[1]) berückfichtigt in eingehender Weife Pflichten und Rechte der Medizinalperfonen. Die Standesregeln könnten fogar heute noch vorbildlich fein! Dagegen ift die Klaffifizierung der Ärzte, Wundärzte und Hebammen nach dem Ausfall der Prüfung ein geradezu klaffifches Beifpiel bürokratifchen Zopfes. Zur praktifchen Durchführung dürfte fie kaum gekommen fein. Das Medizinalkolleg fcheint auch nicht lange bestanden zu haben, denn Gruner fchreibt 1789 unter Medizinalneuigkeiten:[2]) „Das im Herzogtum Westfalen angeordnete Sanitätskolleg ift wieder aufgehoben und das Medizinalwefen der Polizeistelle unter gewissen Modifikationen übergeben."

Wenig Rühmliches ift von der Graffchaft Bentheim zu berichten. Während des 18. Jahrhunderts hatte fie unter den verwickelten Hoheitsverhältniffen fchwer zu leiden, bis fie 1753 durch Verpfändung an Hannover kam.[3]) Im fiebenjährigen Krieg vorübergehend, und von 1803—14, gelang es den Grafen von Bentheim, fich mit Hülfe Frankreichs wieder in den Befitz ihrer Stammlande zu fetzen.

Unter folchen Umständen nimmt es kein Wunder, daß die Einführung eines Medizinalkollegs bez. ordnung ein frommer Wunfch blieb und das Land wegen der mangelnden Aufficht als das Eldorado aller Quackfalber, die fich den Verfolgungen der Nachbarstaaten zu entziehen fuchten, galt.

Die kgl. Verordnung vom 18. 2. 1823 übertrug die Aufficht über die Gefundheitspolizei und das Medizinalwefen der Landdroftei Osnabrück; die Anstellung der Ärzte und Wundärzte verblieb jedoch dem Fürften von Bentheim als Refervatrecht. Wie eiferfüchtig er darüber wachte, geht aus einer Befchwerde hervor, als fchon im nächften Jahre ein Landchirurg ohne fein Wissen angestellt war.[4])

Die Ämter Uchte, Freudenberg, Auburg, fowie die Graffchaft Pleffe waren in heffifchem Befitz gewefen. Die heffifchen Landesfürften hatten von jeher viel für das öffentliche Gefundheitswefen getan.[5]) Der älteften Medizinalordnung von 1616 ging fchon eine Apothekenordnung von 1564

---

[1]) C. L. Hoffmann, Unterricht vom Kollegium der Ärzte in Münfter nebft den Münfterfchen Medizinalgefetzen, Münfter 1777.

[2]) Gruner, Almanach für Ärzte und Nichtärzte auf das Jahr 1789.

[3]) Bär, Abriß der Verwaltungsgefchichte des Regierungsbezirks Osnabrück, pag. 154 ff. (Quellen und Darftell. Bd. V), Hannover und Leipzig 1901.

[4]) Hannover Des. 104, II 9, 5, A. 6, No. 4, Landbroft. Osnabrück, Generalia, Bentheim.

[5]) Grandidier, Repertorium über die Kurheffifchen Medizinalgefetze, Caffel und Marburg 1815.

voraus. Zu derselben Zeit werden zuerst die Physiker erwähnt; sie erhielten von jeder im Bezirk wohnenden Familie den sogenannten Physikatsgutegroschen. Die Medizinalordnungen vom 21. 12. 1767 und 31. 7. 1778 entsprechen etwa der Hildesheimischen. 1778 wurden die medizinischen Fakultäten in Marburg und Rinteln mit dem Collegium medicum vereinigt, um auf die Medizinalangelegenheiten im Oberfürstentum und in der Grafschaft Schaumburg zu achten, doch blieben Lehramt und Fakultätssachen getrennt. Ein Landkrankenhaus (Charité 1772), eine vortreffliche Hebammenanstalt, ein Impfinstitut (1803) in der Hauptstadt sorgten für die weitere Verbesserung des Medizinalwesens im Lande.

Die Reorganisation des Medizinalwesens im Königreich Hannover begann im Jahre 1817 mit einer Umfrage bei den Ämtern nach der Anzahl, Tätigkeit, Einnahme 2c. der im Geschäftsbezirk wohnenden ärztlichen Personen jeder Art, und nach der Beschaffenheit der vorhandenen Wohlfahrtseinrichtungen, Hospitäler, Hebammenunterricht, Versorgung der Geisteskranken, Pockenimpfung 2c.

Der Mangel einer einheitlichen Medizinalgesetzgebung und die z. T. arge Vernachlässigung der Gesundheitspolizei in einigen neuen Gebietsteilen legten den Wunsch nach einer obersten Medizinalbehörde nahe, mit der alle im Lande praktizierenden Medizinalpersonen in Verbindung zu setzen seien. Die erste allgemeine Ständeversammlung des Königreichs sprach sich wiederholt für die Einsetzung einer Kommission von Sachverständigen zur Revision der Medizinalgesetzgebung aus, konnte sich aber über die Einrichtung eines Medizinalkollegs nicht einigen, da man daraus Konflikte mit den Staatsbehörden befürchtete.[1] Der Hauptgegner eines wirksamen Medizinalkollegs war der damalige Leibarzt Stieglitz, der — unbeschadet seiner unleugbaren Verdienste — Jahre lang seinen Einfluß auf die Medizinalgesetzgebung und Besetzung ärztlicher Stellen monopolisierte.[2] Er meinte, die Gegenstände der Medizinalpolizei griffen vielfach zu sehr in die Verhältnisse des bürgerlichen Lebens und des Staates ein, als daß eine Vereinigung von Ärzten selbst unter Leitung eines angesehenen Staatsmannes das Richtige treffen könne.[3] Dazu fehle es ihnen an der nötigen juristischen Einsicht und der daraus folgenden Autorität gegenüber den ausführenden Unterbehörden.

---

[1] Kurze Übersicht über die Verhandlungen der 1. allgem. Landtagsverf. im Königr. Hannover. III. Abschn., Hannover 1817, pag. 352. IV. „ „ 1818, pag. 161 u. 235.

[2] Jorde, Über das Medizinalwesen, zunächst im Königreich Hannover. Hannover 1846.

[3] Hufeland, Journal der prakt. Heilkunde 1825, Bd. 9, St. 1.

Statt dessen suchte er eine Besserung durch planmäßige Ausbildung der Ärzte und Wundärzte zu erreichen. Das Fakultätsexamen d. h. die Doktorpromotion genügte ihm nicht zur Entscheidung, ob ein Arzt zur Ausübung seiner Kunst tauglich sei, da die Universitätslehrer in zu naher Beziehung zu ihren Schülern ständen, um kompetente Richter zu sein. Er schlug daher 1815 die Errichtung einer besonderen ärztlichen Prüfungs-behörde vor. Wenn die Staatsprüfung richtig gehandhabt werde, könne die Doktorpromotion ruhig fortfallen oder müsse wenigstens unent-geltlich sein.

Diese Einrichtung hatte sich in allen größeren und selbst kleineren deutschen Ländern und freien Städten z. B. Frankfurt a. M. längst bewährt. In Preußen war es keinem Arzt, er mochte grabuiert sein oder nicht, erlaubt, sich niederzulassen, bevor er nicht einen theoretischen und praktischen Kursus der Medizin in Berlin durchgemacht hatte und von der ständigen Examenskommission, die aus Mitgliedern des Ober-medizinalkollegs bestand, für tüchtig befunden war.[1]) In Österreich zwar gab das Doktorexamen nach vorausgegangenem fünfjährigen Studium das Recht zur Ausübung der Praxis, dagegen wurde im Herzogtum Hessen der Doktortitel nicht einmal zur Anstellung im Staatsdienst für nötig erachtet.

Eine gewisse Schwierigkeit gegenüber den Vorschlägen Stieglitz' ergab sich aus dem Priviley der Göttinger medizinischen Fakultät, wonach sich die dort promovierten Doktoren der Medizin keinem neuen Examen zu unterziehen brauchten. Allerdings heißt es in den Statuten, das Examen solle gründlich vorgenommen werden, daß man sich darauf verlassen könne, und die Fakultät Ehre davon habe. Das Göttinger Diplom erfreute sich aber in damaliger Zeit keiner besonderen Wertschätzung,[2]) sondern galt als reine Geldsache. Es ging sogar das Gerücht, man hätte einigen Zöglingen, Kompagniechirurgen, Barbier- und Apothekergesellen, die ½ höchstens 1½ Jahre die Universität besuchten, den Doktortitel unter der Bedingung gegeben, daß sie sich außerhalb des Landes niederließen! Auch die kgl. Verordnung vom 29. 11. 1751, daß alle diejenigen, welche in hiesigen Landen praxin medicam treiben und zu Göttingen promovieren wollten, vor der Promotion auf dortigem theatro anatomico ein oder zwei selbstverfertigte anatomische Präparate demonstrieren sollten und

---

[1]) Prüfungsordre vom 1. 2. 1798, abgedruckt in Schmidtman, Anleitung zur Gründung einer vollkommenen Medizinalverfassung und Polizei, Hannover 1804. Bd. II, pag. 81 ff.

[2]) Hannover, Des. 104, II, 9, 5, C. 1 u. ff.

darüber vom Professor der Anatomie ein Zeugnis vorzulegen hätten, ist nach Willich niemals befolgt.[1])

Das Ministerium verhielt sich im ganzen zustimmend, mochte sich aber nicht so ohne weiteres auf unbewiesene Gerüchte hin zur Aufhebung des fraglichen Privilegs der Fakultät entschließen. Statt dessen sollten sich die in Göttingen Promovierten nach Ablauf eines Jahres zu einem Kolloquium stellen. Zwar sei auch dies nur ein Notbehelf, da während dieser Zeit unwissende Ärzte genug Schaden anrichten könnten, aber schon das Vorhandensein einer ärztlichen Prüfungsbehörde würde einen heilsamen Einfluß auf die Fakultät ausüben, und viele Ärzte würden sich der Zeit- und Kostenersparnis halber lieber gleich nach dem Abgang von der Universität zum Examen melden.

Im Herzogtum Braunschweig war ein solches Kolloquium vor dem 1747 gegründeten Medizinalkolleg allen graduierten Ärzten vorgeschrieben, gleichgültig, ob sie eben von der Universität kamen oder schon praktiziert hatten,[2]) während Chirurgen, auch Militärärzte, Apotheker und Hebammen, sich einer richtigen Prüfung unterziehen mußten.

Seit 1841 bedurften die auf auswärtigen Universitäten promovierten Doktoren der Medizin behufs Zulassung zur Staatsprüfung und Ausübung der Heilkunst im Königreich Hannover der sogenannten Nostrifikation.[3]) Dieselbe bestand in einer Erklärung der medizinischen Fakultät zu Göttingen, daß der Kandidat die auf der Landesuniversität zur Erlangung der Doktorwürde erforderlichen Kenntnisse besitze, und hatte zur Voraussetzung den Nachweis eines Maturitätszeugnisses und des quadriennium academicum sowie Ablegung einer Prüfung vor der Fakultät in allen Zweigen der Arzneiwissenschaft. Ähnlich verlangte die Medizinalordnung Christian Ludwigs von Mecklenburg-Schwerin von 1751 von den nicht in Rostock promovierten Medizinern ein Kolloquium vor der dortigen Fakultät und, falls sie Landeskinder waren, eine Gebühr von 16 Th., weil sie an der Universität des Landes vorbeigegangen seien, während sich bei Auswärtigen die Abgabe auf die Hälfte ermäßigte.[4])

Die Einsetzung der ärztlichen Prüfungsbehörde (A. P. P.), für die in der gleichfalls auf Betreiben Stieglitz' im Jahre 1813 gegründeten

---

[1]) Willichs Auszüge. Bd. III, pag. 316, Anmerkung.
[2]) A. Hinze, Lexikon aller herzoglich-braunschweigischen Verordnungen, welche die medizinische Polizei betreffen, Stendal 1793.
[3]) Hannover Des. 104, II, 9, 5, Z. 1, Generalia No. 5, Gesetz der Nostrifikation betr. vom 12. 5. 1841.
[4]) Masius, Mecklenburg-Schwerinsche Medizinalgesetze, Rostock 1811.

„Medizinalbehörde für die Armee" ein gewisses Analagon existierte, datiert vom 18. 12. 1818.[1]) Sie bestand aus 3 Mitgliedern und zwar je einem der beiden Leibärzte der Residenz (Stieglitz und Lobemann), die nach Verabredung im Vorsitz abwechselten, und zwei Hofmedicis (Heine und Mühry). Ihr Zweck war, wie es in den Einleitungsworten des Gesetzes heißt, „den getreuen Landesunterthanen die Mittel zu versichern, zu Erhaltung und Wiederherstellung ihrer Gesundheit sich geschickten und zuverlässigen Ärzten anzuvertrauen,"[2]) ihr Wirkungskreis beschränkte sich ursprünglich lediglich auf die Prüfung der Ärzte und Physiker.

Von jetzt ab wurde Niemand mehr ohne eine solche Prüfung zur Niederlassung oder Staatsanstellung zugelassen. Neben der mündlichen Prüfung mußten zwei Aufsätze, eine kleinere Klausur= und eine größere Haus= und Litteraturarbeit über ein oder zwei Aufgaben der praktischen Medizin innerhalb einer Frist von 8 Wochen angefertigt werden, wozu bei der Physikatsprüfung noch ein Aufsatz aus der gerichtlichen Medizin kam. Das mündliche Examen dauerte 3 Stunden für je 2 Kandidaten. Über den Ausfall der Prüfung entschied Stimmenmehrheit. Sonderbarer Weise hielt man das praktische „Kursieren" außer für Geburtshelfer und Apotheker für überflüssig.[3]) 1843 noch wies die A. P. B. einen dahin gehenden Vorschlag des Ministeriums zurück, weil es zu weitläufig, und nicht alle Mitglieder der Kommission Hospitalärzte seien. Das Ober= medizinalkollegium versprach sich jedoch mehr davon, zumal die im Militär= Generalhospital damit gemachten Erfahrungen sehr günstige waren, und so wurde 1852 die Anfertigung zweier Klausuren oder eine Vorführung am Krankenbette im städtischen Krankenhaus verfügt.[4])

Nach Regelung des Apothekenwesens durch die eingehende Verordnung vom 19. 12. 1820 kam die Prüfung der Apotheker hinzu, an der sich außer den Leib= und Hofmedicis der Oberbergkommissar Gruner beteiligte. Das Gesetz von 1835 über die Ausübung der Wundarzeneikunst brachte die Prüfung der Chirurgen unter Zuziehung des Leibchirurgen Webemeyer.

Die Prüfungsgebühren betrugen für den Arzt 20 Th., für einen höheren Chirurgen 15, für einen niederen 10 Th., und wurden bei den Apothekern nach der Größe und Bedeutung der Apotheke geregelt. Zur

---

[1]) Hannover Des. 104, II, 9, 5 C, No. 1 u. ff.

[2]) Knopf, Des Königreichs Hannover Gesetze, Verordnungen u. Ausschreiben über das Medizinal= und Apotheker=Wesen, Hameln 1840, pag. 10.

[3]) Hannover Des. 104, II, 9, 5, J. Generalia No. 38.

[4]) Ebenda. No. 32.

Übernahme der Kosten auf die Landeskasse konnten sich die Stände nicht verstehen, da Juristen und Theologen ihre Examensgebühren auch selbst zu bezahlen hätten.

Im ersten Jahrzehnt der A. P. B. wurden einige 20 Ärzte pro anno geprüft.

Die Grenzen der Behörde erweiterten sich durch Gutachten auf gesundheitlichem Gebiet.[1] Besprechung und Abfassung in pleno suchten die Einseitigkeit, welche dem Gutachten eines Einzelnen anhaftet, zu umgehen. So sind unter ihrer Mitwirkung, insonderheit der Leibärzte Stieglitz und Lobeman, über 20 Jahre hindurch zahlreiche Medizinalgesetze, Verordnungen und Einrichtungen entstanden. Eine Selbständigkeit war aber nur in Bezug auf die Prüfungen vorhanden, die Ausführungsmaßregeln dagegen waren unter der obersten Leitung des Ministeriums d. J. den Provinzialbehörden und den ihnen untergebenen Obrigkeiten, Physikern und Landchirurgen überlassen. Ein großer Mißstand beruhte darin, daß die A. P. B. die Medizinalpersonen nach der Prüfung ganz aus dem Auge verlor, und selbst die beamteten Ärzte in keinem dienstlichen Verhältnis zu ihr standen. So geschah es, daß ihr Berichte über Epidemien ꝛc. selten vorgelegt wurden. Auch über die Erstattung von Obergutachten lagen keine Bestimmungen vor, die Justizkanzlei forderte solche häufig von Ärzten, die nicht Mitglieder der Kommission waren.

Neben der Anordnung einer allgemeinen Staatsprüfung brachte das Gesetz von 1818 Vorschriften über die Studienzeit (triennium, seit 1829 quadriennium academicum) und die Zulassung zur Praxis.

Gegen Ende des 18. Jahrhunderts und im ersten Drittel des 19. Jahrhunderts wurde schon die Frage einer Überfüllung des ärztlichen Standes laut und zeitigte mancherlei Verbesserungsvorschläge, deren weitgehendsten in der Verstaatlichung gipfelten.[2] Für Hannover war diese Gefahr nicht so dringend, vielmehr herrschte auf dem platten Lande eher ein Ärzte=Mangel. Die Forderung des Maturitätszeugnisses und die Verlängerung des Studiums auf 4 Jahre erwiesen sich — neben der Förderung der wissenschaftlichen Ausbildung — als paßliche Eindämmungsmaßregeln. Ferner hatte die hannoversche Regierung, um eine gleichmäßige Verteilung zu ermöglichen, seit langem die Gepflogenheit beobachtet, keinem Arzt oder Wundarzt die Niederlassung nach seinem Belieben, sondern nur gegen eine besondere Erlaubnis zu gestatten. Diese Maßregel

---

[1] Hannover Des. 29, Generalia et Varia No. 9.
[2] Hufeland, Journal l. c. LX Bd. St. 1.

erwies sich als so so zweckmäßig, daß sie jetzt als Gesetz erhoben wurde. [1]
„Wo ein Ort oder eine Gegend mit geschickten, tätigen und Zutrauen genießenden Ärzten hinlänglich versehen ist, soll zu deren Nachteil kein neuer Arzt ohne alles Bedürfnis hinzugefügt werden, und unter den Ärzten, welche sich für eine Stadt oder Gegend melden, wo es noch tunlich ist, neue Konzessionen zu erteilen, ist jedesmal derjenige zur Zulassung zur medizinischen Praxis auszuwählen, der sich durch Kenntnisse, Fähigkeiten und sittliches Betragen am vorteilhaftesten auszeichnet. Diese Beschränkung der Erlaubnis zur medizinischen Praxis soll jedoch bei den größeren Städten unseres Königreichs nicht stattfinden, sondern jedem um solche Erlaubnis nachsuchenden, dazu qualifiziert befundenen Arzt selbige ohne eintretende besondere Gründe nicht leicht verweigert werden."

Diese Verordnung, augenscheinlich zum Schutz des alten Praktikers gedacht, nahm sich auf dem Papier sehr schön aus. In Wirklichkeit lag die Sache jedoch anders. Das Gesuch um Bewilligung zur Niederlassung ging an die Provinzialregierung. Diese forderte vom Amt gutachtlichen Bericht und teilte dem Arzt die Entscheidung mit, die nur für den betreffenden Ort, gelegentlich auch, z. B. wenn es zweifelhaft, ob Konzessionatus sein Fortkommen finde, auf Widerruf galt. [2] Das Verfahren war aber bei den einzelnen in Frage kommenden Instanzen kein gemeinsames, der Begriff des öffentlichen Bedürfnisses schwankend. Einflußreiche Fürsprache, Familienverhältnisse, Vermögensumstände und last not least das politische Glaubensbekenntnis spielten dabei eine Rolle. Demokratische Bestrebungen, wie sie, im guten Sinne des Wortes, seit den 30er Jahren im ärztlichen Stande öfters gefunden wurden, waren der Regierung ein Dorn im Auge.

In Preußen wurden bis 1808 die Ärzte auch nur für einen bestimmten Ort bestätigt, seitdem galt die Approbation für den ganzen Staat. Die herzoglich-nassauische Regierung schickte die Ärzte dahin, wo sie es für nötig erachtete. Sie standen überall zur Verfügung des Physikus' oder Medizinalrats und hatten in schwierigen Fällen dessen Rat einzuholen. Noch drückender war das Verhältnis in Bayern, der angehende Arzt mußte erst 2 Jahre lang als unbesoldeter Assistent unter Leitung und Aufsicht des Physikus' praktizieren und dann eine Prüfung, den sogenannten „Konkurs" ablegen, wonach er erst selbständig wurde. [3] Man erkennt darin unschwer einen Vorläufer unseres praktischen Jahres, eine

---

[1] Knopf, l. c. pag. 11.
[2] Hannover, Des. 74, Amt Freiburg, Fach 226 No. 1.
[3] Hufeland, Journal, l. c.

Einrichtung, die schon in der Hildesheimischen Medizinalordnung vorge=
sehen war und 1832 von einem Ungenannten wiederum angelegentlich
befürwortet wurde. [1])

An dieser Stelle mag der originelle Vorschlag eines hannoverschen
Landgeistlichen Erwähnung finden, der in Anlehnung an die Verhältnisse
beim Militär je 10 Dörfer, zu 50 Häusern gerechnet, zu einem Regiment
zusammenlegen wollte, dessen ärztliche Versorgung einem festbesoldeten
angehenden Arzte gewissermaßen als Regimentschirurgen übertragen werden
sollte; damit sei eine Pflanzschule geschaffen, um für die Städte in Theorie
und Praxis geschickte Ärzte zu erziehen. [2])

Die neue Landeseinteilung vom Jahre 1822 machte die Landdrosteien
zum Mittelpunkt der Verwaltung in den Provinzen, an deren Spitze
das Ministerium des Innern stand. Einen eigentlichen Medizinalrefe=
renten hatten die Landdrosteien nicht, die Behandlung der Medizinalan=
gelegenheiten war gewöhnlich einem der jungen Regierungsräte übertragen.[3])
In das Ressort der Landdrosteien fielen u. a. die Sicherheitspolizei, Ver=
wahrung gefährlicher Blödsinniger in Irren= und Arbeitshäusern nach
darüber zu erstattenden Gutachten, die Gesundheitspolizei, namentlich die
Anträge auf Anstellung von Ärzten, Wundärzten, Hebammen und Tier=
ärzten, die Verhütung oder Beschränkung ansteckender Krankheiten bei
Menschen und Tieren, die Aufsicht über die Apotheken, Vorkehrungen
gegen Pfuscher, Quacksalber und umherziehende Medizinhändler, endlich
die Versorgung der Armen. [4])

Alle diese Gegenstände kamen in den wöchentlichen Amtsberatungen
zur Sprache. Die Ämter berichten darüber an die Landdrosteien. Zur
Vornahme der nötigen Untersuchungen bedienen sie sich der beigeordneten
Landphysiker und Landchirurgen. Nur bezüglich der Ausbildung der
Hebammen korrespondieren sie mit den Hebammeninstituten direkt. Die
Ausführung der gesundheitspolizeilichen Maßnahmen geschieht mit Hülfe
der Amtsvoigte, Gohgräfen und Voigte unter Oberaufsicht des Amts.

Die Reformbestrebungen des Jahres 1817 deckten auch die Rück=
ständigkeit des Physikatswesens auf.[5]) Im Fürstentum Lüneburg und

---

[1]) Mitteilungen f. Hildesheim u. Goslar, Bd. II, 1833. pag. 359. Über
die Ratschläge e. Ungenannten (Dr. Elvert?) zur Verbesserung des Medizinalwesens
i. Kgr. Hannover, mitgeteilt im Hildesheimer Sonntagsblatt No. 22, Jahrg. 1832.

[2]) Hannov. Magazin, 1768. St. 93. 1769. St. 32/33. 1770. St. 70.

[3]) Forke, l. c.

[4]) Knopf, l. c. pag. 74.

[5]) Hannover, Des. 104, II, 9, 5 H., Generalia.

an einzelnen anderen Orten gab es Landphysiker und Chirurgen mit
fester Besoldung, im Fürstentum Calenberg solche ohne Gehalt, in einigen
Provinzen gar keine oder doch so wenige, daß ihre Zahl nicht im geringsten dem Bedürfnis genügte. Berg zählte 1802 in den Churbraun-
schweigischen Staaten im ganzen 27 Landphysiker. [1]) Das Interesse des
Staates auf dem Gebiet der Gesundheitspolizei und der gerichtlichen
Medizin, die Notwendigkeit, dem ärmeren Teil der Bevölkerung unentgeltliche ärztliche und chirurgische Hülfe zu verschaffen, und nicht zuletzt
die Rücksicht auf das Ansehen des ärztlichen Standes, an den durch die
neuen Bestimmungen erhöhte Anforderungen herantraten, erforderten
gebieterisch eine Besserung. Dazu gehörte vor allem eine anständige
Bezahlung, damit nicht die Berufsfreudigkeit leide und die Sorge um
die Privatpraxis die Wahrnehmung der öffentlichen Geschäfte zurückdränge.

Sehr treffend beurteilte Gruner diese Mißstände in einem Artikel
„Deutsches Medizinalwesen am Ende des 18. Jahrhunderts.“ [2]) Die
Physiker sind an den meisten Orten leere Namen und brotlose Bürden
der Ärzte. Der Staat verlangt von ihnen Amtseifer, Treue, Kenntnisse
und Mühewaltungen, die zur Sicherheit und Ruhe der Bürger abzwecken,
fordert ihren Beirat in verderblichen Seuchen der Menschen und Tiere,
braucht ihr Gutachten in gerichtlichen Fällen, um Totschlag, Kindsmord, Vergiftungen u. dergl. richten zu können, und zahlet — nichts, vergütet
höchstens ein Pferd. Warum sollen sie allein unentgeltlich für die Ehre
und das Wohl des Vaterlandes arbeiten, da der Diener der Kirche vom
Altar lebt, der Diener der Gerechtigkeit Besoldung vom Staat und
Gebühren von den Justizopfern zieht?“

Diese Schilderungen lassen sich ohne weiteres auf die hannoverschen
Verhältnisse übertragen (Scheller [3]). Nur war hier das Amt der Physiker
weniger beschwerlich und verantwortlich, aber auch weniger segensreich
als beispielsweise in Preußen, Bayern, Sachsen, wo ihnen ein größerer
Anteil an der Pflege und Ausführung medizinalpolizeilicher Veranstaltungen eingeräumt war. (Forke l. c.)

Die Kosten für die Besoldung wurden nunmehr von der General-
steuerkasse übernommen, zu der alle Untertanen beitrugen. Die Physiker
mußten sich daher auch der Offizialgeschäfte in den geschlossenen Patri-
monialgerichten, wie sie sich u. a. im Göttingischen fanden, annehmen,

---

[1]) v. Berg, l. c.

[2]) Gruner, l. c.

[3]) Hannover, Des. 104, II, 9, 5 A., No. 28. Brief des Professors
Scheller v. 31. 8. 1822.

sofern diese nicht ihre bisherigen Ärzte beibehielten. Das Firum blieb nach wie vor gering, obwohl die Lebensbedürfnisse in höherem Preise standen als in den meisten anderen deutschen Ländern. Es betrug durchschnittlich 100—150 Th., war am höchsten in Ostfriesland (200), ging aber sogar bis auf 30 Th. herab. Die Nebeneinnahmen, im Mittel 25 Th., wurden nach der Taxe bezahlt, wechselten naturgemäß nach der Größe und Wichtigkeit des Physikatsbezirkes. Am besten standen sich die Physiker in Provinzialhauptstädten, da sie Zulagen für besondere gutachtliche Tätigkeit erhielten. Durch die Gebührenordnung von 1835 verringerte sich die Einnahme der beamteten Ärzte an Gebühren und Reisevergütungen um zweifünftel. 1846 erhöhten die Stände das Gehalt auf 200 Th. und ermöglichten dadurch die Aufnahme in die Hof= und Zivildienerwitwenkasse.

In Sachsen stand sich der Physiker damals auf p. p. 600 Th., in Braunschweig auf 150—250, in Kurhessen auf 150—350, der preußische erhielt 200 Th. an Besoldung und 2—300 Th. an Diäten.

Die Physikatsbezirke wurden, soweit es geographisch zulässig, möglichst gleichartig zu 21—40000 Seelen eingerichtet. (Preußen 30—40000, manche sogar 90000, Sachsen 20—60000). 1846 gab es 80 Landphysikate und 102 Landchirurgate. Die Neueinteilung setzte die Zahl auf 66 beziehungsweise 67 herab. Distrikte von 20—30000 Einwohnern hatten sich als die angemessensten erwiesen. Die geringe Dichtigkeit der Bevölkerung in manchen Gegenden und die unregelmäßig zerrissenen Grenzen führten dazu, einzelne Bezirke zu verkleinern.[1] Dabei wurde auf die örtlichen Verhältnisse, Wasserläufe, Berge, Wegenetz 2c. Rücksicht genommen. Nur an den Sitzen der Landdrosteien empfahl die A. P. B. eine Vergrößerung der Distrikte auf 30—40000 Einwohner, da den für diese Bezirke besonders auszuwählenden Physikern ein gewisser Einfluß auf die Verwaltungsbehörden ganzer Provinzen einzuräumen sei und sie sich daher für diesen Dienst, dem sie ihre Haupttätigkeit und Zeit zu widmen haben, besonders aus= und durch Studium und Übung fortbilden müßten.

Der Wohnort des Physikers sollte — ohne an den Amtssitz gebunden zu sein — möglichst in der Mitte des Bezirks belegen sein, sodaß die Entfernungen nicht mehr als 3 Meilen betragen. In Heide= und Geestgegenden waren solche von 4—5 Meilen zulässig, da oft Jahre vergingen, ohne daß sich der Physiker nach den entfernteren Orten hinzu=

---

[1] Hannover, Des. 104, II, 9, 5, H., Generalia No. 8.

bemühen brauche „und da Verletzungen und Abweichungen vom Normalen von forenſiſcher Bedeutung durch eine Verzögerung von 12—24 Stunden nicht verdunkelt würden."

Seit 1848 hatten die Phyſiker einen Geſchäftsbericht nach einem beſtimmten Schema[1]) einzureichen, der aber weſentlich aus den Er= fahrungen der eigenen Praxis geſchöpft war, da die Ärzte des Bezirks nicht zu offiziellen Mitteilungen verpflichtet waren. In den meiſten Berichten nimmt die Schilderung der Witterungsverhältniſſe und deren Einfluß auf Morbidität und Mortalität einen großen Raum ein, während die forenſiſche= und Unfall=Statiſtik auffällig dürftig iſt. Ein beſonders eifriger Phyſiker in Freiburg a. Elbe ſchildert in den allgemeinen Be= merkungen ſogar den Einzug des Allergnädigſten Königs Georg V. als den Glanzpunkt der Ereigniſſe des Jahres 1862[2]).

1859 arbeitete das Obermedizinalkolleg eine ausführliche Dienſt= anweiſung aus, die an dem Grundſatz der techniſchen Hülfsſtellung der Phyſiker feſthielt, da Initiative und ſelbſtändige Wirkſamkeit nur ſelten von ihnen verlangt werde.

In Preußen mußten Phyſiker, Ärzte, Chirurgen und Apotheker jährlich eine Beſchreibung der ihnen in der Praxis vorgekommenen merk= würdigen Fälle dem O. M. C. einſchicken. 1809 wurde dieſe Verpflichtung auf die Phyſiker beſchränkt und 1810 vollſtändige Sanitätsberichte in tabellariſcher Form verlangt.

Die Dienſte der Landchirurgen, welche den Landphyſikern als Ge= hülfen zur Seite ſtanden, wurden noch geringer bewertet: 10, 20, höch= ſtens 30 Taler Gehalt. Wenn der Staat kein Geld zu vergeben hat, verleiht er als Schmerzenspflaſter einen ſchönen Titel. So ſchuf ein Miniſterialreſkript vom 28. 3. 1822 die „Titularchirurgen", die ohne beſtimmte Beſoldung und ohne Anrecht, ſolche demnächſt zu bekommen, derart angeſtellt waren, daß ſie dadurch in ein Offizialverhältnis kämen und vorzugsweiſe vor anderen Chirurgen gebraucht werden ſollten[3]). Nach 1835 erhielten nur noch Wundärzte mit der Berechtigung zur Aus=

---

[1]) I. Witterung.
   II. Allgemeiner Krankheitszuſtand
          in gerichtlicher, mediziniſcher und medizin=polizeilicher Hinſicht.
   III. Geſundheitspolizeiliche Anſtalten und Maßregeln.
          Hebammen= und Apothekenweſen, Schutzblattern, Schädlichkeiten
      für Geſundheit und Leben, Kurpfuſcher, Medizinhandel.
   IV. Medizinalperſonen.
[2]) Hannover, Des. 80 Landdroſtei Stade, Fach 347, Vol. II.
[3]) Ebenda, Fach 338.

übung der Chirurgie im ganzen Umfange und Doktoren der Medizin, die zugleich die volle Prüfung in Chirurgie bestanden hatten, ein Land-chirurgat. 1844 wurde die Verminderung der Landchirugate beschlossen, um den Landchirurgen mehr Gelegenheit zu medizin = gerichtlichen und =polizeilichen Untersuchungen zu geben und dementsprechend ihre Ein-nahmen zu verbessern. Die A. P. B. wies auf die Zweckmäßigkeit dieser Stellen als Vorschule für den künftigen Physiker hin, und das Ministerium des Innern willfahrte dem Antrag der Ständeversammlung, sie künftig mit pro physicatu geprüften Ärzten zu besetzen. Seit 1853 ließ man sie aber allmählich ganz eingehen.

Kehren wir nun nach dieser Abschweifung über die beamteten Ärzte zu den Besserungsvorschlägen allgemeiner Art zurück.

Eine auf besonderen Wunsch des Königs eingesetzte, aus den beiden Leibärzten Spangenberg und Baring und der A. P. B. bestehende Kom-mission stellte als Hauptforderungen erstlich die Errichtung eines Ober-medizinalcollegiums, welches seine Angelegenheiten im Ministerium selb-ständig vertritt, auf und anderseits die Ansetzung eines Medizinalassessors bei den Landdrosteien und der Berghauptmannschaft Clausthal, der im Collegio Sitz und Stimme hat, soweit es sich um Medizinalangelegen-heiten handelt und sofort angebrachte Maßregeln zu treffen befugt ist. In der Ausführung begnügte man sich aber mit der gutachtlichen Tätig-keit der Medizinalassessoren, da sonst ihre Befugnisse diejenigen der obersten Medizinalbehörde des Landes übertroffen hätten. [1]) Gleichzeitig sollte eine umfassende Prüfung und Neubearbeitung der gesamten Medizinal-gesetzgebung unter Berücksichtigung der Wünsche der Ärzte in den einzelnen Provinzen stattfinden.

Am 18. 3. 1847 trat das Obermedizinalkollegium (O. M. C.), welches dem Ministerium des Innern unmittelbar unterstellt war und zu den Landdrosteien in einem koordinierten Verhältnis stand, ins Leben. [2]) Zu seinem Wirkungskreis gehörten einmal die Geschäfte der nunmehr aufgehobenen A. P. B., des Generalvaccinationskomitees und des Ephorats der Kgl. chirurgischen Schule, die Aufsicht über sämtliche Medizinal-einrichtungen und =anstalten in wissenschaftlicher und technischer Beziehung (mit Ausnahme derjenigen der Landesuniversität), ferner Beantragung und Begutachtung der Medizinalgesetze und gesundheitspolizeilichen Maßregeln, Erstattung und Prüfung von Gutachten in medizin=gerichtlichen Fällen,

---

[1]) Hannover, Des. 29, Generalia et Varia, No. 9. Des. 104, II, 9, 5, A. Medicin. Generalia, No. 42.

[2]) Hannover, Des. 104, II, 9, 5, A., I.

gutachtliche Äußerung betreffs Konzessionierung von Ärzten und Wundärzten, Titelverleihung 2c. Damit die neue Einrichtung nicht eine bloße
Form blieb, hatten Behörden und Medizinalpersonen unweigerlich über
alle in den Geschäftsbereich fallenden Sachen Auskunft zu erteilen, ohne
daß letztere aber der Disziplinargewalt des Obermedizinalkollegiums
unterworfen waren. Hierdurch, sowie durch Einsichtnahme der Prüfungs-
akten und Apothekenvisitationsprotokolle und durch vielfache persönliche
Bekanntschaften hielt sich das Obermedizinalkollegium auf dem Laufenden.
Seine Tätigkeit war eine rein begutachtende, ohne Verwaltungs- und
Verfügungsbefugnisse, das wissenschaftliche Ergebnis seiner Erhebungen
wurde dem Ministerium des Innern und den Landdrosteien vorgelegt,
die nach den üblichen Verwaltungsgrundsätzen das Weitere veranlaßten.
Die jährlichen Geschäftsberichte enthalten Verzeichnisse der verschiedenen
Prüfungen, Übersicht über die Tätigkeit des Impfinstituts unter Medizinal-
rat Dr. Schneemann, Gutachten 2c.

Der Vorsitz in den 1—2mal jährlich stattfindenden Sitzungen und
die Vertretung nach außen wechselten unter den beiden ältesten Mitgliedern
ab. Diese bekamen 400 Taler, die übrigen drei je 300 Taler, außerdem
an Gebühren für die Prüfungen, an denen drei Mitglieder und der
Sekretär teilnahmen, jeder 80—100 Taler. Mit der Besoldung des
Sekretärs und den Bureauunkosten belief sich die Ausgabe auf 2500 Taler
p. a. Die ersten Mitglieder des Obermedizinalkollegiums waren der als
Geburtshelfer und Verfasser des Hebammenleitfadens rühmlichst bekannte
Kaufman, der Anatom Krause, eine Autorität auf dem Gebiet der gerichtlichen Medizin, Brandes, der sich vorzugsweise mit öffentlicher
Gesundheitspflege und Irrenwesen beschäftigte, Baring, der Reorganisator
des Militärsanitätswesens und Dommes.

Wenn das O. M. C. in der Folge den darauf gesetzten Hoffnungen
nicht so entsprochen hat, als man erwartete, so lag es weniger an den
Persönlichkeiten als an den Verhältnissen. Druck von oben, Mangel an
Selbständigkeit standen hemmend im Wege.

In einer stark besuchten Versammlung zu Wunstorf, 16. 6. 1848,
an der sich 350 Aerzte, d. h. etwa die Hälfte aller im Königreich an-
sässigen, beteiligten, forderten die Ärzte eine eigene Vertretung im
O. M. C.[1] Ebenso baten die Apotheker wiederholt um eine neue
Apothekenordnung, die schon in der Ausarbeitung von Wöhler und einigen
Apothekern fertig vorlag. Der Kampf um die seit 1817 erwartete zu-

[1] Hannover, Des. 104, A. 1, Med. General., 55, Vol. II.

sammenhängende Revision der Medizinalgesetzgebung erhitze die Gemüter und setzte eine Menge von Federn in Bewegung, ärztliche Zeitschriften wurden dafür gegründet oder dienstbar gemacht. [1])

Als der nach langen Beratungen vom O. M. C. und dem Ministerial= referenten Hoppenstedt verfaßte Entwurf einer Medizinalordnung [2]) — „das tote Kind des heiligen Polizeigeistes“ [3]) — endlich im Druck erschien, und zur allgemeinen Diskussion gestellt wurde, begegnete er vielfachem Widerspruch, denn, „er war mit der Pfauenpfeder der Mandarinen ge= schrieben, in einer Geheimratssitzung bezopfter Weisen unter Leitung des beamteten Hochmutsteufels mühselig zustande gebracht.“ (Edel.) Be= sonders mißfiel den Ärzten die polizeilich=bureaukratische Bevormundung durch die Landdrosteien, denen die Einleitung von Untersuchungen bei Kunstfehlern, anstößigem Lebenswandel, soweit nicht ein gerichtliches Ver= fahren stattfand, überlassen war. [4]) Im bürgerlichen Leben gehören aber derartig schwere, das Erwerbsleben bedrohende Strafen zur Kompetenz der richterlichen Behörden. Statt der Festlegung der Standesregeln in Paragraphen empfehle sich Selbsthülfe durch die allerdings noch sehr im Anfangsstadium befindlichen ärztlichen Vereine und durch Ehrengerichte.

Über all' seinen Bemühungen um den Ausbau des Medizinalwesens hat der Staat nur zu oft den ärztlichen Stand, den Träger des ganzen Gebäudes, mit seinen berechtigten Wünschen lieblos übergangen. Man

---

[1]) Vergl.: „Hannoversche Annalen f. d. gesamte Heilkunde“ vom Leibchirurg Holscher, 1835. „Sprecher“, 1848 vom Med.=Rat Dr. Schneemann gegründet, seit 1850 unter dem Titel „Conversationsblatt“. „Medizinische Ährenlese“ des San.=Rats Droste in Osnabrück seit 1856. „Zeitschrift für praktische Heilkunde und Medizinalwesen“, 1864 vom Obergerichtsarzt und Landphysikus Dr. Schuchardt in Nienburg ins Leben gerufen.

[2]) Grundzüge der Medizinalordnung für das Königreich Hannover, 1850.
1) Von den Medizinalbehörden,
2)   „   „   Medizinalpersonen,
3)   „   „   Medizinalanstalten,
4)   „   der Gesundheitspolizei:
        a. Verfahren bei Epidemien, b. bei Scheintoten, Unglücksfällen, Hundswut, c. Irrenversorgung, d. Gesundheitsgefährliche An= lagen, e. Sorge für gesunde Wohnungen und Nahrungsmittel,
5) von der gerichtlichen Medizin;
in toto 160 Paragraphen, dazu als Anhang 1) Impfordnung, 2) Apothekenordnung.

[3]) Edel, Meine Nachtglocke, Ethik und Humor in der ärztlichen Praxis. Hildesheim 1902, pag. 29. Derselbe, Kritische Beiträge zur Reform des Medizinal= wesens im Königreich Hannover. Hildesheim 1852.

[4]) Röbbeln, Ideen und Glossen zur Hannoverschen Medizinalordnung. 1850. Derselbe, über die Grundzüge der Medizinalordnung für das Königreich Hannover. Hildesheim 1859. B. Wagner, Zur Würdigung der Grundzüge einer Medizinal= ordnung für das Königreich Hannover. H. 1851.

verlangt von ihm Pflichten, ohne entsprechende Rechte zu gewähren, man schickt ihm ungerufene und unberufene Helfer auf den Hals und läßt ihn gewissermaßen nicht einmal Herr im eigenen Hause sein. Hatte doch der Minister Stüve in einer Rede vor der Zweiten Kammer 1848 den Arzt von der Vertretung der Berufskreise einfach ausgeschlossen, „da er in keiner Beziehung zum Staate stehe und seine Kunst ohne Vaterland sei!"[1] Kaum glaublich aber erscheint es, wie ein Arzt in hoher, leitender Stellung (Stieglitz?) erklären konnte, „er finde nicht, daß es den Aerzten schlecht gehe und wünsche seinerseits keine Veränderungen."[2]

Die Fakultät in Göttingen meinte, der Entwurf sei einfach, binde nicht durch zu viele beengende Vorschriften(!), gestatte vielmehr eine selb=ständige Auffassung und Handlungsweise.[3] Wissenschaftliche Durch=bildung, Humanität, Kollegialität, sorgenfreie Existenz und Beruhigung wegen der Hinterbliebenen könne durch Anordnungen und Gebote weder geschaffen noch erhalten werden. Aber in einer Zeit, wo alle Bande der Autorität gelockert, liege die Versuchung nahe, ohne langes Bedenken mitzureden, die eigene Einsicht zu überschätzen und gegen Anordnungen von oben Opposition zu machen. Der Fakultät lag natürlich vor allem die Frage der Promotion und der Obergutachten am Herzen. Sie bean=spruchte für sich die Entscheidung in allen wissenschaftlichen Dingen. Das Examen vor dem O. M. C. solle nur für die sein, die Anstellung im Staatsdienst suchen, während sie ihrerseits mit der Prüfung der erworbenen Kenntnisse und der Erteilung der licentia practicandi be=traut zu werden wünschte.

Ein näheres Eingehen auf den Medizinalentwurf erübrigt sich, da er sonst nur eine Zusammenfassung bekannter Bestimmungen ist und als

---

[1] Edel, Kritische Beiträge, l. c.
Die Medizin als Wissenschaft ist natürlich international. In diesem Sinne ist wohl eine Äußerung Langenbecks zu verstehen: „Meinetwegen mag der Großtürke oder Großmogul unser Herr sein; wer mir die beste Anatomie und das beste chirurgische Hospital giebt, dem diene ich." Noch drastischer hatte sich Richter oft=mals zum Ärger seiner patriotischen Zuhörer ausgedrückt: „Meinethalben mag Wähnde (Klostergut Weende bei Göttingen) dem Kaiser Napoleon oder dem König Georg jeheeren, wenn se mer meenen Jehalt jäben, so is mers eenerlee." H. A. Oppermann und Bock, Die Universität Göttingen. 2. Aufl. Leipzig 1842. pag. 111.

[2] Wagner, l. c. pag. 19.

[3] Gutachtliche Äußerung d. med. Fakult. zu Göttingen über d. Grundzüge d. Medizinalordnung f. d. Kgr. Hannover (mit Ausnahme der Apothekenordnung). 31. 10. 1851. gez. Marx, Dekan. Hannover, Des. 104, II, 9, 5, A. Med. Generalia No. 55. Vol. II.

solcher niemals gesetzlich publiziert wurde. Ueber der sogenannten vollständigen Medizinalordnung schwebte in Hannover augenscheinlich ein
Unstern!

In der Erkenntnis der unzureichenden Wirksamkeit des O. M. C.s
griff die Regierung zu dem allbeliebten Auskunftsmittel, einen Verwaltungsbeamten, den Generalpolizeidirektor v. Engelbrechten, an die Spitze
zu stellen, obwohl das O. M. C. selbst darin keinen Vorzug sah, vielmehr meinte, die Mitglieder würden unter dem Gefühl der Unfähigkeit
ihres Leiters, in den technischen Sachen mitzureden, leiden.[1] Schon
Friedrich der Große hatte einmal bei einer ähnlichen Gelegenheit geäußert:
„Wie schickt sich denn ein Justiz Man zu dem medizinischen Fach?"[2]
Als Ausgleich wurden aber die Befugnisse des O. M. C.s dahin erweitert,
daß es aus eigener Machtvollkommenheit Kommissionen einsetzen und, um
sich die erforderlichen Aufklärungen zu verschaffen, seine Mitglieder oder
sonstige Medizinalbeamte abordnen, außerordentliche Sitzungen unter Zuziehung der den Landdrosteien und der Berghauptmannschaft Clausthal
beigegebenen Physiker anberaumen dürfe.[3]

Die Zusammensetzung war jetzt folgende: drei besoldete Beamte und
zwar ein Präsident und zwei Medizinalräte für Gutachten mit 600 bezw.
500 Taler Gehalt, eine unbestimmte Zahl mit Genehmigung des Ministeriums
des Innern zu berufender ordentlicher Mitglieder, von denen zwei dem
chemisch-pharmazeutischen Fache angehören, 12 aus der Mitte der praktischen
Ärzte und der Apotheker des Landes gewählte Vertreter und der Medizinal-
referent aus dem Ministerium des Innern, wozu bei Beratungen von
Fragen des Veterinärwesens die technischen Mitglieder der Veterinär-
kommission kamen. An den Sitzungen nahmen alle die Vorbenannten
teil, besondere Vorschläge wurden von den drei Staatsbeamten unter
Zuhülfenahme sachverständiger Mitglieder bearbeitet.

Ein Analogon des kgl. hannoverschen O. M. C.'s. bestand in
Preußen nicht. Die wissenschaftliche Deputation für das Medizinalwesen,
welche damit verglichen werden könnte, hatte einen viel beschränkteren
Geschäftskreis.[4] Sie galt — mit einem Rat aus dem Kultusministerium

[1] Hannover, Des. 104, II, 9, 5, A. No. 7.

[2] Pistor, Zur Medizinalreform in Preußen. Vierteljahrschrift für öffentliche
Gesundheitspflege, 1906, Heft 3.

[3] Gesetzsammlung für das Königreich Hannover, 1865, Abt. I, pag. 487,
No. 67. Hannover, Des. 104, II, 9, 5, A. No. 11.

[4] Hannover, Des. 104, II, 9, 5, A. C. M. C. Aus einem Briefe des
Geheimrats Frerichs an den hannoverschen Minister v. Hammerstein. 23. 10. 1864.

an der Spitze — als dritte Instanz für medizin-gerichtliche und medizin-
polizeiliche Gutachten, für welche die Medizinalkollegien in den Provinzen
unter dem Vorsitz des Oberpräsidenten die zweite, die Physiker des betreffenden Kreises die erste Instanz bildeten. Die Verwaltung des
Medizinalwesens war davon scharf geschieden und hierzu, wie bei den
Landdrosteien in Hannover (Landdrosteiverordnung vom 25. 9. 1852),
ein Regierungsmedizinalrat als technischer Rat angestellt, während im
Ministerium der geistlichen, Unterrichts- und Medizinalangelegenheiten
drei technische Räte als vortragende Räte mit Sitz und Stimme saßen.
Zur Abhaltung der Prüfungen wurde jährlich eine Kommission von
Professoren und praktischen Ärzten gewählt.

Die Schwächen des hannoverschen Medizinalwesens sind lediglich
verwaltungstechnischer Art, in wissenschaftlicher Hinsicht war es demjenigen
anderer Länder durchaus ebenbürtig, speziell die Ausbildung des praktischen
Arztes entsprach seit den Reformbestrebungen nach den Freiheitskriegen
allen Anforderungen, wie sie mutatis mutandis, noch heutigentags an dieselbe gestellt werden. Die Achtung, welche das Ausland der Tätigkeit
hannoverscher Ärzte und Gelehrten auf dem Gebiete der Heilkunde und
der Naturwissenschaften zollte, mag dafür mitbestimmend gewirkt haben,
daß im September 1865 die 40. Jahresversammlung deutscher Ärzte und
Naturforscher in Hannover tagte. Unter den 861 Mitgliedern des
Kongresses waren nicht weniger als 425 aus dem Königreich.[1]

Die Bezahlung ärztlicher Hülfe und deren Regelung durch den Staat.

In älterer Zeit war die Bezahlung der Ärzte der freien Vereinbarung überlassen. Bei Honorarstreitigkeiten zwischen Stadtärzten und
Patienten übernahm auch wohl der Rat die Entscheidung: „Det schal
be rab eyn overmann syn; wat men darover billet unde het to gevende
unde to nemende to gelifen bingen, dar schal det bii blyven.“[2]

Die Kosten einer längeren Kur wurden vielfach vor Beginn derselben
festgesetzt. So schreibt Joachim Brandis der Jüngere bei Erwähnung
einer Oberschenkelamputation: „Wy makeden erst mit mester Bernt ein
vorbracht, bat me ome van stunt, wann bat bein ave wore, 30 tl., und

---

[1] Hannover, Des. 104, II, 9, 5, A. 1, Generalia et Varia No. 13.
Amtlicher Bericht über d. 40. Versammlung deutscher Naturforscher u. Ärzte zu
Hannover. 1. 9. 1865.

[2] Jaeger, Urkundenb. d. Stadt Duderstadt. l. c. No. 341.

dem knechte 3 tl. vormogen scholde. Ist he benne levenblich bleve, so scholdeme in 5 weken darnogest 5 fl. und darna, wan he gesunt were, noch 4 gulden geven. De benompte 11 gulden vorden ome van stund entrichtet."[1] Leider hatte Meister Bernt nichts weiter zu fordern, da der Kranke schon nach zwei Tagen starb.

Einige Beispiele aus Hildesheim zeigen, daß im Mittelalter wenigstens der alte Spruch dat Galenus opes zu Recht bestand. (Becker l. c.)

Solange die Zahl der studierten Ärzte gering war, konnten sich nur Fürsten und Wohlhabende die Zuziehung solcher gestatten, da zu dem Arztlohn die Kosten für Reise und Zehrung kamen. Das gewöhnliche Volk begnügte sich mit der geringwertigeren Hülfe der Chirurgen und Barbiere. Aber selbst bessere Familien behalfen sich bis in die Zeit des siebenjährigen Krieges jahrelang ohne Arzt, indem sich nach einer auch heute noch beliebten Mode alte Rezepte forterbten, auf deren Rückseite vermerkt war, wogegen sie gebraucht waren.[2]

Der Bauer verlangte überhaupt nur im höchsten Notfalle ärztliche Hilfe: „Die Frau kann zum Sterben krank sein — ein neues Kistenpfand[3]) — das Kind ist krank, der Herr hat's gegeben, der Herr kann's nehmen, aber die Kuh oder das Schwein ist krank, so heißt es, zum Doktor, zur Apotheke!"[4] Und, wenn es zum Zahlen kam, ließ auch die gerühmte bäuerliche Ehrlichkeit im Stich, wie sich ein alter Landchirurg einmal drastisch äußerte: „unner twelf Buren sin dritthein Spitzbuben, denn einer is en dubbelten."[5] Der Heidebauer pflegte zwar auf Heller und Pfennig zu feilschen, bezahlte aber dann sofort bar.[6]

Staat und Gemeinde gingen in der Bewertung ärztlicher Tätigkeit mit schlechtem Beispiel voran. 1687 versuchte die Regierung einmal, einem Arzt in Burgdorf die Niederlassung zu erleichtern, indem sie die Stadt aufforderte, ihn zugleich als Stadtschreiber anzustellen.[7] Darob

---

[1] M. Buhlers, Joachim Brandis des Jüngeren Diarium. Hildesheim 1902, pag. 16.

[2] Hufeland, Journal, LX. Bd., l. c.

[3] „Kistenpfand", „im alten recht pfand, das in der kiste verwahrt wird, es heißt also das liegende pfand im unterschied vom fahrenden und essenden oder zehrenden pfand." (Grimm.)

[4] Hannover, Des. 80, Landdrostei Stade, No. 697. Aus dem Brief eines Dr. Hesse.

[5] Edel, Nachtglocke, l. c., pag. 15.

[6] Ramdohr, Etwas vom Amt und Städtlein Gifhorn im Fürstentum Lüneburg, Annalen der Kurlande. Bd. III. 2 St. pag. 253.

[7] Celle, Des. 61, II, Ämter No. 32, 8, Burgdorf.

schrieben Bürgermeister und Rat ganz kläglich: „Wenn die Bürgerschafft in solchem Zustande sich befindet, daß es den meisten, wenn sie etwan in Krankheit geraßten, an denen Mitteln ermangelt, so zum Medico und Medicamenten erfordert werden; alß kan die Bürgerschafft zu solchem Vorschlag nicht verwilligen, anerwogen wir zu des Stadtschreibers Salario noch 40 Th. zulegen sollen, neben freier wohnung und holtzung, und können wir kaum Mittel genug finden Schul-Collegia 2c. zu erhalten." Der Widerspruch half ihnen aber nichts, obwohl sie sich auf ihr jus praestandi beriefen, wonach sie als Stadtschreiber eine Person, „so keine andere profession alß das studium juris habe", verlangen könnten. Dem Arzt, einem Dr. Brüggemann, dürfte es an dem ungastlichen Ort wenig gefallen haben, denn er ging schon 1691 „umb seiner fortun willen" nach Celle.

Von der geringen Besoldung der beamteten Ärzte ist bereits oben die Rede gewesen. Dabei wurde sogar von den Privatärzten unentgelt= liche Armenhülfe verlangt, da sich die Behörden im Hinblick auf das Gelöbnis bei der Doktorpromotion, allen Kranken, sive pauperes illi sint sive divites, omni fide ac cura beizustehen, gern um die Zahlung brückten[1]). In den größeren Städten d. h. solchen mit 4000[2]) (später 5000[3])) Einwohnern gab es schon im Anfang des 19. Jahrhunderts eine Ueberfüllung des ärztlichen Standes. 1838 kamen allein auf Hannover= Linden 46 Ärzte und 12 Militärärzte d. h. ein Arzt auf 597 Einwohner. Der junge Arzt benutzte die Muße der Anfangszeit, um durch die Armen= praris beim Publikum bekannt zu werden[4]). „Er behandelt Diener, da sich die Herrschaft von seiner Geschicklichkeit überzeugen will, bekommt unheilbare Kranke, die von anderen Ärzten verlassen sind oder solche, deren Dürftigkeit und Unfolgsamkeit jede Kur vereitelt[5])." Natürlich sind diese Verhältnisse nicht für Hannover spezifisch, anderwärts sah es auch nicht besser aus. Berücksichtigt man aber dabei die oft schwierigen Terrainverhältnisse des Landes, die öden Heidestrecken im Lüneburgischen, die grundlosen Wege in den Marschen z. B. im Lande Rehbingen, wo

---

[1]) Hannover, Des. 104, II, 9, 5, B., Med. Generalia.

[2]) Hannover, Des. 104, II, 9, 5, J., Generalia No. 5, 1828 gehörten 28 Städte zu den größeren.

[3]) Hannover, Des. 104, II, 9, 5, A., Med. Generalia No. 87.

[4]) Nolte, Armenapotheke zum Gebrauch des kgl. Armeninstituts in der Stadt Hannover. Hannover 1800.

[5]) Stieglitz, Über Schilderungen aus dem Leben des Arztes in Hufeland, Journal d. prakt. Arzeneikunde. Bd. XXI. 1809. St. 5.

im Winter oft nur die Deiche für ein Pferd passierbar waren, den Harz, von dessen beschwerlichen Wintertouren Lentin[1]) zu erzählen weiß, so wird man danach die entsagungsvolle Tätigkeit eines Standes ermessen können, der sich trotz alledem eine anerkennenswerte Berufsfreudigkeit zu erhalten wußte!

Lentin mußte sich 14 Jahre lang mit einer jährlichen Einnahme von 3—400 Taler begnügen. In Clausthal, das er selbst einen Ort des Kummers, der Mühe und Not nennt, hatte er 600 Taler, dafür aber einen Bezirk von ca. 8000 Seelen zu versorgen. Die meisten Einwohner bezogen sich auf dieses Firum und bezahlten „mit Dank". Die Wohlhabenden machten es kaum besser und gaben 1—2 Dukaten pro Jahr. Der Northeimer Stadtphysikus Conradi starb trotz großer Praxis unter Nahrungssorgen (Lentin). Ein Arzt, der sich 1832 in Hemmingen niederlassen wollte, schätzte seine jährlichen Bedürfnisse bescheiden auf 100 Taler, und dabei werde er eine wenigstens ebenso sichere Existenz als der 7., 20., 50. Arzt in einer Stadt haben![2])

Die älteste mir bekannt gewordene allgemeine Gebührenordnung ist in der nicht publizierten Medizinalordnung von 1710 enthalten und unverändert in den Anhang zur Apothekentare von 1719 aufgenommen.[3]) Sie stimmt fast wörtlich mit der preußischen Taxe von 1725 über ein.[4]) Bei den Besuchen wird ein Unterschied gemacht zwischen einem Gang zu „gemeinen" und ansteckenden Krankheiten (24 Mariengroschen bis 1 Taler resp. 2 Taler). Das Rezept aus dem Hause geholt, kostet 3 Mariengroschen, der Nachtbesuch 1 Taler, jede Meile über Land 1 Taler. Die chirurgischen Leistungen sind noch wenig spezifiziert. „Beinschrötige" Wunden d. h. solche mit Verletzungen des Knochens werden doppelt bewertet. Bei Knochenbrüchen handelt es sich darum, ob bei alten oder jungen Personen, ob Bruch einer oder zweier Röhren. Der Aderlaß ist gar nicht erwähnt, die Applikation eines Klystiers sonderbarer Weise unter „was die Apotheker für ihre Arbeit in der Offizin anzunehmen haben", mit 9 Mariengroschen angesetzt. Wegen der Kur der Lues Venerae sollen sich Arzt und Patient vergleichen. Zum Schluß heißt es, „wie man das Vertrauen zu

---

[1]) Lentins Leben in dem Supplementband zu seinen Beiträgen zur Arzeneiwissenschaft.

[2]) Hannover, Des. 74, Amt Hameln, VIII, Fach 3, No. 5.

[3]) Lüneburger Konstitut., Bd. II. Kap. IV, pag. 1288 u. ff.

[4]) Joachim, Die preußische Medizinaltare in ihrer historischen Entwicklung. Berlin 1895. Beiläufig erwähnt sei, daß die ärztliche Honorarfrage zum ersten Male in den Bestimmungen Kaiser Friedrichs II. für die Universität Salerno 1241 berührt ist. Einige der ältesten Taren sind die Taxe der Stadt Nürnberg 1592, die Hessen-Kassel'sche 1616 und die Brandenburgische 1623.

den Ärzten hat, sie werden die armen Kranken umsonst behandeln, ist es den Reichen unbenommen, den Fleiß ihrer Medicorum zu belohnen". Aber, wie viele mögen sich dieser Dankespflicht gegenüber ihren Ärzten erinnert haben? Sonst hätte Stieglitz nicht den jungen Kollegen den Rat gegeben, sich um ihrer Gemütsruhe halber keinen, dem sie geholfen, verpflichtet zu halten!

1799 bekam Lentin den Auftrag zur Ausarbeitung einer neuen Taxe — publiziert am 3. 9. 1800 —, die ihm viel Gehässigkeit eintrug. Im Herzogtum Bremen=Verden beispielsweise hat sie niemals Gesetzes= kraft erlangt. Die Ansätze bleiben teilweise hinter den alten und fast durchweg hinter denjenigen der entsprechenden preußischen Taxe von 1802 zurück, obwohl die Kaufkraft des Geldes inzwischen von 2,6 auf 1,5, also um 1,1 gesunken war.[1]) Ein Unterschied zwischen einfachen und ansteckenden Krankheiten wird nicht mehr gemacht. In Preußen dagegen waren die Wundärzte noch bis 1815 berechtigt, bei der Hydrophobie und Venerie, bei mit krätzigen und mit krebsartigen Übeln behafteten Personen und bei ansteckenden hitzigen Fiebern die Liquidation in jedem einzelnen Falle um die Hälfte zu erhöhen. Neu ist eine Besuchsgebühr von 4 Mariengroschen für unbemittelte Landleute, Handwerker und Dienst= boten, sofern sie nicht Anspruch auf unentgeltliche Behandlung haben. Die Operationen sind durchschnittlich um die Hälfte billiger als in Preußen, ebenso sind die Minimalsätze bei geburtshülflichen Leistungen geringer.

Auf unseren heutigen Geldwert berechnet, erscheinen die Ansätze dieser Gebührenordnungen durchaus nicht schlecht, in Wirklichkeit aber mußten sich die Ärzte, den Wünschen und Vermögensumständen ihrer Patienten Rechnung tragend, mit weit weniger begnügen.[2]) Auch war es nicht üblich, Rechnungen auszustellen.[3]) Nach Ansicht der Regierung sollte die Taxe in der Privatpraxis nur bei streitigen Fällen vor Gericht als Anhaltspunkt dienen. Prozesse waren jedoch selten und galten als standeswidrig. Wenn sich ein Arzt in übertriebenen Forderungen gefiel, hatte es die Regierung in der Hand, ihn durch die Konzessionierung eines Konkurrenten lahm zu legen. Überhaupt übte die Obrigkeit eine genaue Kontrolle und berief den Arzt bei jeder Kleinigkeit zur Ver= antwortung auf das Amt.

---

[1]) Die Kaufkraft des Geldes in unserer Zeit = 1 gesetzt.
[2]) Hannover, Des. 104, II, 9, 5. Landdrostei Hildesheim, No. 18.
[3]) Ebenda, Generalia 20a. Bericht der A. P. B., 1. XII. 1823.

Der lebhafte Widerspruch gegen die Taxe von 1800 veranlaßte jahrelange Erhebungen und Erörterungen in den verschiedenen Landesdrosteien, als deren Resultat 1835 eine neue Gebührenordnung hervorging, die u. a. eingehend die Dienstleistungen in medizin-polizeilicher Hinsicht und zum ersten Male die Zahnärzte berücksichtigt. [1]

---

[1] Knopf l. c., pag. 53—73.

Kapitel II.

Die Chirurgie und ihre Vertreter.

———

Nachdem der Geistlichkeit die Ausübung der Chirurgie auf mehreren Konzilien des 12. und 13. Jahrhunderts verboten war, geriet die Wundarzneikunde in die Hände von Badern, Barbieren, Henkern, Schmieden und ähnlichen Leuten, welche sie rein handwerksmäßig erlernten und betrieben. Daraus erklärt sich die geringe Wertschätzung, welche man ihr Jahrhunderte lang zollte. Zwar gingen schon im 13. Jahrhundert aus den Hochschulen Italiens und Frankreichs (Salerno bezw. Montpellier) wissenschaftlich gebildete Wundärzte hervor, doch dürften sie kaum für unsere Gegend in Betracht kommen. Die im Laufe des 14. und 15. Jahrhunderts allenthalben in den Städten erwähnten Wundärzte werden jedenfalls nur eine praktische Ausbildung genossen haben.

Schon während des Mittelalters wurde es Sitte, die Ausführung größerer Operationen, Bruch- und Steinschnitt-, Hasenscharten-, Gewächsoperationen, besonderen „Schneidärzten" zu überlassen, aus denen sich die fahrenden Operateure rekrutierten. Die Städte suchten sich ihre Hülfe durch verlockende Anerbieten zu verschaffen. So schloß noch 1568 der Hamburger Magistrat mit einem Hanse Kremer in Hildesheim, der sich augenscheinlich eines großen Rufes erfreute, einen Vertrag auf sechs Jahre, wonach sich dieser gegen eine jährliche Besoldung von 25 Talern verpflichtete, zweimal des Jahres nach Hamburg zu kommen. [1])

In der Hauptsache aber blieb die Wundarzneikunst den ansässigen Badern und Barbierern vorbehalten, deren Künste sich auf Aderlassen, Schröpfen, Pflasterstreichen, Wundverbände ꝛc. beschränkten.

Nach dem Vorbild der seit dem 11. Jahrhundert als eine Art Selbstschutz der Handwerker ins Leben tretenden Vereinigungen haben

———

[1]) H. Peters, Der Arzt und die Heilkunst in der deutschen Vergangenheit. Leipzig 1900, pag. 36.

4*

sich die Bader am frühesten zu einer Zunft[1]) oder Gilde[2]) zusammen= geschlossen. Die Brüderschaften der Barbiere „zu Ehren der heiligen Märtyrer Cosmos und Damian" scheinen dagegen, soweit schriftliche Aufzeichnungen vorhanden sind, die wahrscheinlich erst aufkamen, als sich Streitigkeiten erhoben, nicht weiter als auf das Ende des 15. Jahr= hunderts zurückzugehen (Hildesheim 1487—88, Lüneburg 1494). Die Mitglieder dieser Vereinigungen waren an bestimmte, nach Gewohnheit und Herkommen geregelte Satzungen gebunden. Das Verhältnis zur Stadtobrigkeit, durch welches die Gilde erst ausübende Gewalt über ihre Mitglieder erlangt, bezeichnete man in Norddeutschland als Amt.

Die Bader galten in den Augen der Handwerker als minderwertig, selbst die Barbiere, die sich auch keiner besonderen Achtung bei den Zünften erfreuten, sprechen von ihnen als von der „viel niederen Bader= zunft". Bei der Fronleichnamsprozession in der Stadt Hannover, ebenso in Northeim war ihnen die letzte Stelle angewiesen.[3]) Dagegen hielten sie ihrerseits nur ehrliche und bürgerrechtswerte Leute der Brüder= schaft würdig und gingen unnachsichtlich gegen Nichtzünftige und Winkel= badestubenbesitzer vor. So wollten die Lüneburger Bader 1431 einen gewissen Lubeken nicht annehmen, da er eine Frau mit einem unehelichen Kinde geheiratet habe. Der Rat entschied aber, daß dies nichts aus= mache.[4]) Die Lehrzeit betrug für ortsfremde Lehrknaben 4, für Meister= söhne 2—3 Jahre.

---

[1]) Zunft, ein oberdeutsches Wort (niederdeutsch müßte es heißen tunft, ist aber in dieser Form niemals gebraucht), hängt zusammen mit ziemen, zähmen, und geht auf die Versammlungen der Mönche in den Klöstern zurück, wobei man sich nach gewissen Regeln zähmen, d. h. benehmen mußte. Gewöhnlich wird es mit Innung identisch gebraucht; in Lüneburg bezeichnete letzteres aber ursprünglich etwas Besonderes, nämlich das Recht, Waren in dem Schaukasten feilzuhalten.

[2]) Gilde, gulda, gulde, stammt vom Niederrhein, bezeichnet einen Beitrag zu gemeinschaftlichen Leistungen. Andererseits deutet es an, daß Zuwiderhandlungen gegen die Satzungen mit einer Strafe „vergolten" werden.

Diese Erklärungen sind im wesentlichen einem Vortrage von Moritz Heyne in Göttingen entnommen: Heyne, Die Ursprünge des deutschen Zunftwesens. Göt= tinger deutscher Bote, Jahrg. III, 1905, No. 46.

[3]) Grote und Broennenberg, Das hannöverische Stadtrecht, pag. 335. Ordo servandus in processione in festo corporis Christi: mercatores, pistores, carnifices, sutores, fabri, lanifices, aurifabri, molendinarii, olearii, linifices, ultimo stupenatores. Nach der Würzburger Prozessionsordnung von 1473 folgten sie dagegen unmittelbar hinter der Geistlichkeit, während die Barbier= zunft die fünfte Stelle einnahm. (Cammert l. c., pag. 122.)

[4]) G. Bodemann, Die älteren Zunfturkunden der Stadt Lüneburg. Hannover 1883 (Quellen und Darstellungen zur Gesch. Niedersachsens, Bd. I).

Mit der Gewohnheit des Badens war seit Alters eine gewisse Körperpflege verbunden. Daher fiel den Badern auch das Rasieren, Scheren, Schröpfen und Aderlassen zu, doch waren sie in diesen Verrichtungen auf die Badestuben beschränkt, während die Barbiere ihrem Gewerbe in der ganzen Stadt nachgehen konnten: „de Badstovers mogen barberen und ores amptes bruken In den Stoven und stoven husen und schullen den Barberen to vorfenge utthengen Jennige Missingsbecken.“[1]) Da sie sich die ihnen gezogenen Schranken nicht gefallen ließen, ergaben sich endlose Streitigkeiten.

Am erfolgreichsten in ihrem Kampfe um die Gleichberechtigung mit den Barbieren waren die Bader des Hochstifts Hildesheim.[2]) Sie erwirkten 1652 vom Bischof Maximilian Heinrich die Erlaubnis, „die Chirurgy-Kunst, die sie gelernt und darauf gewandert, an denen so ihnen von Nöthen und es begehren thäten, ohne einige Ausnahm Kampffer-[3]) oder anderer Wunden, frey zu exerciren und deßwegen die Becken auszuhängen“. Nur durften sie nicht wie die Barbiere die Becken an einer weißblau gestrichenen Stange „vor sich hinauß in die Gassen wenden“, sondern mußten sie an die Mauern und Wände ihrer Häuser schlagen. Die Chirurgen nannten das Reskript von 1652 „erschlichen“ und baten, es beim alten zu lassen und den Badern die Einmischung in eine fremde Profession, die sie nicht verständen, zu untersagen. Trotzdem wurden diese Privilegien verschiedentlich erneuert (1692 2. 9. durch Jobst Edmund, 1718 14. 12. durch Joseph Clement cc.).[4])

In einem ähnlichen Streit in Hannover entschied die Justizkanzlei 1710, daß die Bader sich hinfort des Wundarztens, Aderlassens und Barbierens außerhalb ihrer Häuser und Badestuben gänzlich zu enthalten hätten.[5]) Georg Ludwig bestätigte das Urteil unter dem 26. 10. 1710, „da es ohnedem der Observanz der meisten und vornehmsten Örter im Reich gemäß sei“. Auf eine weitere Beschwerde des Amts der Chirurgen 1755 wurde dem Magistrat der Alt- und Neustadt zugleich befohlen, sämtliche Bader vorzuladen und jedem, der nicht Erlaubnis zum Halten von Lehrlingen und Gesellen hatte, solches bei Androhung einer Strafe von 50 Talern zu verbieten.

[1]) Zugler, Vorzeit l. c., pag. 351—52.
[2]) Hildesheimer Landesarchiv, Bd. IX, 61. T., 3. Abschn., No. 1.
[3]) Wunden, die im Kampfe empfangen sind.
[4]) Hildesheimer Landesarchiv, Bd. IX, 61. T., 3. Abschn., No. 5.
[5]) Hannover, Des. 104, II, 9, 5 A, Medicin. General. 20 a, Hannover.

Nichtsdestoweniger suchte die hannoversche Regierung die Bader als Zunft zu erhalten.[1] In den Fürstentümern Kalenberg, Göttingen, Grubenhagen wurden für sie drei „Hauptladen" errichtet und privilegiert, denn, „es ist vorgekommen, wasmassen die Badere in hiesigen Landen keine eigene Zunfft haben, sondern das Amt mit auswärtigen Badern halten. Wie aber dies zu allerley inconvenientzien Anlaß giebet, und denen Gildenverordnungen zu wider, So begehren an S. K. M. 2c. statt Wir an Euch hiermit, Ihr wollet denen unter Eurem Gerichtszwang stehenden Badern anbefehlen, daß sie hinführo das Amt mit den Badern zu — halten, und will man den sämmtlichen im Fürstenthum — befindlichen Badern zu solchem Behufe besondere Amtsprivilegien erteilen lassen."

Während in der ehemals preußischen Provinz Ostfriesland (Land=drostei Aurich) die Bader seit 1779, wie in Preußen überhaupt, um den ewigen Klagen zu steuern, mit den Barbieren zu e i n e r Zunft vereinigt wurden, ist es sonst zu keiner eigentlichen Vereinigung gekommen. Sie sanken allmählich zu einer Art von Handlangern der Wundärzte herab und wurden durch das Gesetz vom 6. 3. 1835 als eine besondere Klasse des niederen Heilpersonals bestätigt.

Im Herzogtum Braunschweig wurde der Unterschied zwischen Chirurgen und Badern durch Landesverordnung vom 6. 12. 1769 aufgehoben, und beide unter dem Namen „Chirurgen" begriffen. Allein nach der Deklaration vom 10. 12. 1790 war es nicht Absicht, aus beiden Ämtern eins zu machen. Sie sollten in Ausübung der Chirurgie dieselben Rechte genießen, aber in den Lehrbriefen unterschieden sein.[2]

Gleich den Badern konnten sich die Barbiere nur schwer die An=erkennung der übrigen Zünfte erringen. Nach den alten Innungsartikeln der Handwerker mußte nämlich der Aufzunehmende nachweisen,[3] „dat he, ebber see, sy echt und recht gebohren von allen veer ahnen, och unver=weislichen keimandt late ebber eigen (kein Höriger oder Leibeigener), neen Zöllner ebber Zöllners kind, neen Möllner ebber Möllners kind, neen Leineweber ebber Leinewebers kind, neen Schaper ebber Schapers kind, neen Pieper ebber Piepers kind, neen Badstover ebber Badstovers kind, neen Bartscherer ebber Bartscherers kind, sondern sien den ehren=fromm un unberöcht und keines verschmöden ambts."

---

[1] Schreiben der Geheimen Räte vom 29. 10. 1746. Hannover, Des. 74, Amt Wölpe, Med. Personal. General.

[2] Hinze l. c.

[3] Hildesheimer Landesarchiv, Bd. IX, 61. I., Abschn. 2, No. 5.

Verschiedentlich wurden Versuche gemacht, die Barbiere (und Bader) für „ehrlich" zu erklären. Die Polizeiordnung Karls V. vom Jahre 1548 bestimmte, daß die genannten Personen hinfort von Ämtern und Gilden nicht ausgeschlossen, sondern gleich anderen ehrlichen, unberüchtigten Leuten darin aufgenommen werden sollten. Aber, obwohl diese Bestimmung durch Kaiser Rudolf II. 1577 von neuem bestätigt wurde, verhielten sich die Zünfte weiterhin ablehnend.

1640 (18. 8.) klagten die Göttinger Barbiere darüber bei Herzog Georg, wie man sie „zu Besißung einiger Gilden= oder Zunftgerechtigkeit auß diesem vermeintlichen praetext, das solches dem herbringen undt den bießer öhrter habenden statutis widerspreche", nicht zulaßen wolle. „Wan aber dieses statutum an sich ganß irrationabell undt anderen öhrter, Bevorab oben im Reich, in Keiner observantz, sondern auf denen Reichsabschieden und verfaßter Polizeiordnung de Ao. 1548, vor allem aber Gottes Worth, welches expreßlich lehret, daß man den Arßt Ehren soll, diametraliter zuwider, auch eine solche gewonheit ist, wodurch Viell bieße hochnothwendige, dem menschlichen Leben so woll in friedenß, alß in kriegß Zeiten ganß ohnentbehrliche Handtierung zu erlernen abgeschrecket, andere aber, welche solche führen, zur ohnwilligkeit undt ohnfleiß bewogen werden ... so ergeht an E. F. Gn. Unsere Unterthänige pitte ... unß undt Unsern Nachfolgern so gnädig erscheinen undt angeregte in diesem Fürstenthumb zu unserer Hantierung merklicher Verachtung fürgangener gewonheit undt gebrauch, so viell bieß die Barbitr betrifft, nach auß= weißung der Reichsabschiede annullieren undt auffheben undt bießem zu folge Großen undt Kleinen Städten bießes Fürstenthumbß per decretum auferlegen wollen, daß nuhn hinfüro Wir undt unsere Nachkommen an Besißungen, Gilden undt Zünften undt der davon dependirenden Gerecht= sambkeit fürterst nicht behindert, sondern gleich anderen, bie doch bey weitem unserer Handtierung in Wissenschaft, Kunst und Erfahrung auch beß Objecti halber nicht gleich stehen, darzu ohnweigerlich verstattet und auffgenommen werden mögen."

Von einem nicht geringeren Standesbewußtsein waren die Barbiere zu Hannover durchbrungen, wenn sie in ihrem Amtsbrief vom 5. 12. 1645 die von ihnen vertretene Chirurgie und Medizin nächst der Theologie und Philosophie für die edelste, heilsamste und erprießlichste Kunst erklären.[2]) Diese Bezeichnung ist augenscheinlich aus den akademischen Zeugnissen entnommen.

---

[1]) Klage der Göttinger Barbierinnung vom 18. 8. 1640.
[2]) Wüstefeld l. c., pag. 490

Den Barbieren in Osnabrück verschaffte die Fürsprache der Friedens=
gesandten 1648 einen Gildebrief trotz des Widerspruchs der übrigen elf
Ämter.[1])

1682 entbrannte in der Stadt Hildesheim ein heftiger Kampf zwischen
den Meistern der Barbiere und Chirurgen einer= und den Amtsmeistern und
Vorstehern der vier privilegierten Ämter anderseits.[2]) Ein Bartscherer, namens
Halenberg, hatte eine Knochenhauerstochter geheiratet „und weilen nuhn
der meinung, daß dadurch sothanes Knochenhauers Amtsgerechtigkeit an
sich gebracht, gibt er sich deßfalls — vermöge der Ambtssatzungen —
vor der Hochzeit bei dem gildt= und zunfftmeister an, offerirt gehörige
jura und bittet abmittiret zu werden; gedachter gildemeister referirt davon
bey gesambten gilden und gibt ex consultatione eorum diese resolution
zurück, daß, weilen Er M. H. ein barbier also auch ihres ambtst oder
gilden ohnfähig, dahero nicht zu abmittiren sey.“

Die Barbiere beriefen sich in ihrer Beschwerde an die fürstl. Regierung
auf die Reichsabschiede, während die Gilden behaupteten, dieselben seien
1548 „also limitiret, daß einer jeden Obrigkeit so Regalia vom Kayser
undt dem Römischen Reich habe, unbenommen sey, sothane Verordnung
nach eines jeden Landes Gelegenheit einzuziehen, zu ringern und zu
mäßigen“, auch lasse sich kein Beispiel erbringen, wann jemals ein Barbier
in ihre „mit privilegien, ja mit Gericht, Recht und Freyheiten von un=
denklichen Zeiten her begabten Ämter aufgenommen sey“.

Die Regierung stand auf Seiten der Barbiere und legte, als die
vielen schriftlichen und mündlichen Verhandlungen nicht zum Ziele führten
— bis zu gewisser Entscheidung — einen Arrest auf die Korngefälle des
Gerber= und Schuhmacheramts zu Sarstedt. 1683 kam ein gütlicher
Vergleich zustande, wonach künftig der Aufnahme der Barbiere, Wund=
ärzte und deren Kinder in die Gilden nichts im Wege stehen sollte,
sofern sie sich „durch genugsame Beybringung ihres ehelichen und untadel=
haftens Herkommens, auch selbst eignen Wohlverhaltens und sonst ordnungs=
mäßig ausgewiesen haben“. Ausgeschlossen sind nur „die bloßen Bart=
scherer und solche, die ihres Herkommens, Lebens und Wandels halber,
nicht qualificirt erscheinen“. Die Aufgenommenen haben dagegen für sich
und ihre successores zu geloben, unter sich nichts Verwerfliches zu
dulden, und sollen sich mit anderen Gilden — und diese mit ihnen —
in Rat und Tat beistehen. Daß damit die Streitart nicht begraben

---

[1]) Mitteilungen des histor. Vereins zu Osnabrück, Bd. VII, 1864, pag. 59.
[2]) Hildesheimer Landesarchiv, Bd. IX, 61. I., Abschn. 2, No. 5.

war, zeigen langwierige Prozesse mit dem Bäckeramt und mit den Schneidern in Alfeld, die gleichfalls günstig für die Chirurgen ausliefen.[1]

Da die Barbiere als die Hauptvertreter der Chirurgie in der Vergangenheit zu gelten haben, dürfte sich ein Einblick in das innere Leben der alten Barbierzünfte wohl verlohnen. Wie die als Beispiele gewählten Rollen der Brüderschaften zu Hildesheim (1488),[2] Lüneburg (1557),[3] Harburg (1666),[4] Hannover (1710)[5] zeigen, haben sich diese Satzungen bis in das 18. Jahrhundert fast unverändert erhalten, ein Beweis, wie ängstlich die Ämter ihre verbrieften Rechte gegen Neuerungen zu schützen suchten. Gerade der in dem Gildewesen wurzelnde Handwerksgeist mit seinem starren Formelkram und seiner Lehrlingszüchterei ist lange Zeit der Hemmschuh einer wissenschaftlichen Chirurgie gewesen!

Jede Zunft hatte einen oder mehrere Meister als Vorsteher, welche diese Wahl nicht ohne erhebliche Ursache ablehnen durften, widrigenfalls sie in Strafe verfielen. Auch mußten sie für die Wahl einen Beitrag an die Amtsbüchse und an den Armenkasten entrichten. In Hildesheim standen zwei Schaffers und zwei Bisitters an der Spitze, von denen je einer bei der Jahresversammlung am ersten Sonntag nach St. Jürgen (23. April) ausschied und durch Neuwahl ersetzt wurde. Die Brüderschaft der Barbiere zu Lüneburg wurde 1494 mit Genehmigung des Rats unter 4 Olderlüten errichtet. Der Rat billigte überdies dem Olderman Johann Rullen zu, „dat he von islekeme wundeden menne efte personen der schilling scholde hebben." Auch nach der späteren ordenantie der barberer vom 4. 2. 1557 will er einen „als oren sunderligen bener mit dem ersten bande besorgen", bedingt sich aber dabei aus, zwei oder drei außerhalb des Amts stehende mit der Heilung allerlei alter Schäden, Mängel und Gebrechen zu betrauen. Man sieht daraus, daß es neben den zünftigen Barbieren noch andere gab, die sich mit der Chirurgie beschäftigten. Doch war die Behandlung frischer Wunden, die „gestochen, gefallen, gestoßen, geschlagen", Privileg der Zunft, wie der Rat in Hildesheim 1609 in einem streitigen Falle erkannte.[6]

---

[1] Hildesheimer Beiträge, Bd. III (Bader contra Schneider, 1675, Bader contra Bäder, 1709—10).

[2] Doebner, Hildesheimer Urkundenbuch, Bd. VIII, No. 162.

[3] Bodemann l. c.

[4] Hannover, Des. 74, Amt Harburg, Reg. VI, Zünfte, No. 23.

[5] Hannover, Des. 104, II, 9, 5, Med. General. 20 a.

[6] Machmer l. c., pag. 22, Anmerkung.

In Harburg (1666) und Hannover (1710) führte ein Altman oder Altmeister den Vorsitz, für dessen Wahl nicht das Alter, sondern anerkannte Tüchtigkeit maßgebend war. Der Vorsteher vertritt das Amt nach außen und gegenüber den Mitgliedern, er hat das Recht, jederzeit eins derselben vorzuladen, wobei nur Kindbett der Frau, kürzlicher Todesfall in der Familie oder schwere Kranke entschuldigen. In seinem Hause wird die Amtslade mit den Innungsartikeln und der Amtskasse verwahrt.

Die regelmäßigen Versammlungen — sog. Morgensprache — fanden, gewöhnlich halbjährlich oder quartaliter, unter gewissen Formalitäten statt. Niemand durfte sich unterstehen, Gewehr, Messer, Degen oder dergleichen in das Haus des Altmeisters mitzubringen oder gar „bei eröffneter Laden" zanken, fluchen oder gröblich schwören. An die Rechenschafts-ablage, Wahl des Vorstehers schloß sich eine Kollation.

Gleichfalls den Gebräuchen anderer Handwerker entlehnt war das sog. „Zeitgeld", welches alle Sonntage erhoben wurde und hauptsächlich zur Unterstützung bedürftiger und kranker Mitglieder diente. In Hildesheim gaben hierzu die Meister einen Goslarschen Pfennig, die Gesellen einen neuen Pfennig, in Hannover erstere einen Mariengroschen, letztere sechs hannoversche Pfennige. Die Brüderschaftskassen sind also die Vorläufer der heutigen Krankenkassen, sie unterscheiden sich aber dadurch, daß sie den in Not geratenen die Unterstützung nur leihweise gewährten. „Weret dat he upqueme ut der krangheid, so scholde he dat weder geven von syne erste lone . . . weret over dat he starfe, so schal he geven eyn half punt wasses und dat gheit weder von deme synen, dat he leth; left he aver dat nicht, so schal man öme des geldes und wasses loß laten umme gobbes willen" (Brüderschaft der Schmiedeknechte in Duderstadt 1337,[1]) ähnlich Schneidergilde in Hildesheim 1452 und Riemer und Gürtler in Lüneburg 1491). Verließ der Betreffende die Stadt, ohne seine Schuld zu begleichen, so wurden die Meister der Nachbarorte benachrichtigt: „unde driven em upp likewys eft he synen mester ute sinen denste utgan were", also eine Art Aussperrung.[2])

Als die Regierung im Zeitalter der Reaktion (30 er und 40 er Jahre des 19. Jahrhunderts) dem Vereinswesen aus politischen Gründen größere Beachtung schenkte, blieben die „Gesellenpflegekassen" unter Verwaltung der Zunft und Aufsicht der Obrigkeit zwar bestehen, es durfte aber zum

[1]) Uhlhorn l. c. pag. 487.
[2]) Derselbe, pag. 488.

Zweck der Erhebung der Beiträge keine besondere Zusammenkunft der Gesellen veranstaltet werden.[1])

Wer Meister werden will, muß „Gott und sein Wort lieben, christlich leben" (und der ohngeänderten Augspurgischen Confession zu getan sein, Hannover 1710), und beglaubigte Geburts= und Lehrbriefe beibringen, „daß er echt und recht von ehelichen Eltern geboren" („deutscher Abkunft und Bürgerrechts wert sei", Lüneburg 1557) und drei bis vier Lehrjahre ehr= und redlich ausgehalten habe. Herzogs Georg Wilhelm Reglement der Gilden und Ämter vom 4. 8. 1692 rechnet Bader und Barbiere zu den zehn Gewerken, die einer Lehrzeit von mindestens vier Lehrjahren bedürfen.[2]) Die Innungsartikel der Barbiere und Chirurgen zu Hannover verlangen außerdem, daß der angehende Meister fünf, zum allerwenigsten vier Jahre gereist, sich bei vornehmen Meistern versucht, im Gesellenstande wohlverhalten habe und ein Jahr bei einem hiesigen Meister tätig gewesen sei.

Damit jeder seine Nahrung fände, wurde nur eine bestimmte Anzahl Meister konzessioniert, so in Hannover 1473 vier, 1710 acht, Göttingen 1750 sechs. Mit dem Überhandnehmen der Pfuscherei im 17. Jahrhundert bestanden die Barbiere ausdrücklich auf diesen Bedingungen; Pfuscher, Störer und Winkelärzte sollen nicht geduldet, Barbieren, Aderlaß und sonstige Chirurgie allein Privileg des Amtes sein (Harburg, Hannover).

An Orten, wo sich chirurgische Ämter befanden, durfte niemand bei den unter bürgerlicher Obrigkeit stehenden Personen eine chirurgische Kur vollziehen, der nicht eine sogenannte Barbierstubengerechtigkeit an sich gebracht und das Amt gehörig genommen hatte. Danach mußten also selbst Leib= und Hofchirurgen eine Barbierstube halten oder den Bürgern ihre Hülfe versagen. Der Hildesheimer Magistrat ließ einmal 1689 dem Hofchirurgen des Bischofs Jobst Edmund, Jodokus Heinrich Herman, einfach seine Instrumente wegnehmen, als er sich beikommen ließ, bei den Bürgern zu praktizieren.[3]) In der Alt= und Neustadt Hannover sahen die Strafen bei Zuwiderhandlung sonderbarer Weise auch eine solche von fünf Talern für den Patienten vor. Der Erwerb einer erledigten Barbierstubengerechtigkeit war übrigens mit großen Kosten verknüpft, sodaß schließlich die Regierung gegen eine weitere

[1]) Königl. Verordnung betr. die Abstellung der unter den deutschen Handwerksgesellen stattfindenden Verbindungen und Mißbräuche vom 31. 12. 1840. Gesetzf. f. d. Kgr. Hannover, 1841, Abt. I, No. 1.

[2]) Lüneburger Constit., T. III, Kap. IV, pag. 174, No. 24.

[3]) Hildesheimer Beiträge, Bd. III.

Steigerung der Kaufgelder einschritt,[1]) 1713 erwarb ein ehemaliger Hospitalchirurg bei den cellischen Truppen in Brabant, Franz Josse, eine Barbierstubengerechtigkeit in Celle um 200 Taler und mußte außerdem 10 Taler an die Kanzlei und ebensoviel an die Ratsstube bezahlen.[2])

Zum Beweise seiner Geschicklichkeit wurde der angehende Meister im Beisein der Meister, später auch des Stadtphysikus, verhört und mußte ein Meisterstück ablegen, welches in der Bereitung verschiedener Wund= balsame, Salben und Pflaster bestand. Die Barbiere in Hildesheim (1488) schrieben nur vier Pflaster vor: emplastrum fuscum, emplastrum attractivum glaucum, emplastrum canum und emplastrum mundifi-catum („reinigend"). Die Lüneburger ordinantie von 1557 verlangte dagegen: „vier gute Pflaster, ein groen jenuenß (?), ein tractyff (Zug= pflaster), ein apostolicon, ein grauw plaester, ferner acht verschiedene Salben, incarnatyff (?), defensyff, fuscum, album (Bleiweiß), aposto-licon, dialthe cum gummis (unguentum de althea), popolicum (Pappelsalbe) und ungt. ipsiacum = aegyptiacum und zwei Wund= tränke. In Hannover waren die Prüfungsobjekte ein emplastrum sticticum Theophrasti Paracelsi, emplastrum de spermate ranarum und das diachylon simplex, item das ungt. aegyptiacum, Sambucci, Nicotianum, Apostolorum oder, falls die betreffenden Zutaten der Jahreszeit halber nicht zu beschaffen seien, emplastr. divinum und nervinum, ungt. digestivum und Balsamum Vulnereum rubrum. Die Harburger Artikel sahen nichts Bestimmtes vor: „Was Er eigentlich für ein Meisterstück machen soll, solches soll Ihm von den Meistern spezificiret und angedeutet, auch darin ein gewisser numerus gesetzet und die descriptiones gegeben werden, und, wenn er eins fertig und er weitere machen soll, sich erkundigen und solange, bis Er aufs letzte kombt fortfahren." Zum Verreiben der Pulver wurde ihm ein Geselle oder der jüngste Meister beigegeben. Die Pflaster wurden ein bis zwei Tage zuvor, die Salben aber am Tage der Prüfung und in Gegenwart aller Meister gemacht.

Das Nichtbestehen der Prüfung hatte in Hannover die ersten beiden Male eine Geldstrafe, das dritte Mal Zurückstellung auf ein halbes Jahr zur Folge. Die obengenannte Verfügung des Hildesheimer Magistrats von 1609 sah sogar eine weitere Probezeit von 1—3 Jahren vor. Nach

---

[1]) Antwort der Geheimen Räte auf eine Beschwerde der hiesigen privilegierten Chirurgen, Hannover 20. 12. 1753. Hannover, Des. 104, II, 9, 5, Med. Generalia 20 a.

[2]) Hannover, Des. 93, 46 Städte, No. 21, Celle.

der Prüfung geschah die Vereidigung des Jungmeisters „dem Ambt diese Ordnung nicht vorsätzlich zu schwächen, sondern besten Vermögens zu be- fördern", und die Eintragung seines Namens in die Rolle. Die Ge- bühren für die Einschreibung fielen teils dem Amt, teils der Obrigkeit zu. In Hildesheim begnügte sich der Magistrat mit 6, die Brüder- schaft mit zwei neuen Pfunden sowie 2 Pfund Wachs. In Harburg waren gar 40 Taler festgesetzt, wovon die Hälfte dem Landesherrn zukam, in Hannover 12 Taler, zwei Drittel an das Amt, ein Drittel an die Obrigkeit. Außerdem mußte der neue Meister seinen Kollegen die sogen. „Amtskost" geben, z. B. in Lüneburg „eyne tunne hamburger beer unde eyn temely etent, bewryle be tunne beers wart". Von dieser Verpflichtung waren aber Meistersöhne oder Gesellen, die eine Witwe freien, welche das Amt schon hat, befreit.

Beim Tode eines Meisters konnte die Witwe das Geschäft fortführen, bis sie sich wieder verheiratete oder ein Sohn, „so die Kunst gelernet, wohl gewandert und vor dem Ambte tüchtig erkannt," an die Stelle trat (Harburg).

Die Lehrlinge wurden in Gegenwart der Beisitzer eingeschrieben. Das Lehrgeld mußte zur Hälfte beim Eintritt, die andere Hälfte „binnen Jahr und Tag" bezahlt werden. Falls einer vorher davon läuft, geht er des Lehrgeldes verlustig. Bei der Lossprechung wurde ein Schein und Lehrbrief erteilt, ohne den kein rechtlicher Meister ihn als Gesellen annehmen durfte. Besteht er in dem Verhör nicht, so wird der Meister, wenn ihn ein Verschulden trifft, bestraft.

Besondere Artikel handeln vom Heilighalten des Sonntags „edder man scholde sobannes myt geystlikem rechte strafe" (Lüneburg 1494), von den Gebräuchen bei Hochzeits= und Beerdigungsfeiern, von der Empfehlung eines anständigen Lebenswandels[1] und von den Pflichten unter einander und gegenüber dem Publikum.

Letztere interessieren uns am meisten, da wir darin die Anfänge einer ärztlichen Standesordnung erkennen.[2] Jeder Meister soll seine Kranken nach bestem Wissen und Gewissen behandeln, sie nicht über-

---

[1] Aus der Rolla „wie sich die Ehrlichen Barbirer Gesellen zu verhalten haben", Hannover 1645: sollen den Gesten mit aller discretion begegnen, bei keinen Nacht- Tänzen sich finden lassen, auch ihren Herrn und Frauen nach geendigtem Glocken- schlagen keine molest vor der Thür machen... Jugler, Vorzeit l. c., pag. 354.

[2] Eine noch heute lesbare Zusammenstellung der ärztlichen Standespflichten gibt Stieglitz in einer kleinen Schrift: „Über das Zusammensein der Ärzte am Krankenbette und über ihre Verhältnisse unter sich überhaupt", Hannover 1798, neu herausgegeben Leipzig 1877 (von L. Rohden, Lippspringe).

vorteilen oder die Wunden um des Arztlohnes halber vergrößern, keine Kuren unternehmen, die er nicht versteht, dagegen bei gefährlichen Schäden einen Amtsgenossen hinzuziehen, damit nichts verabsäumt werde. Kein Meister darf dem andern „auf den Verband gehen". Wenn der Patient seinen Wundarzt wechseln will, muß er beim Altmeister, oder wenn dieser selbst die Behandlung hatte, bei dem folgenden um einen anderen anhalten (Hannover). Später war man in dieser Hinsicht nicht mehr so feinfühlend. In dem Ausschreiben von 1732 (17. 9.), „daß den kayserlichen und Reichsbeschlüssen, die bey den Zünften der Handwerker eingerissenen Mißbräuche betreffend, nach gelebt werden solle," heißt es: „Sollen keine Difficultät machen, das Band aufzulösen oder die Kur eines Verwundeten, so ein anderer angefangen, auf Begehren des Beschädigten zu übernehmen und solche zu vollenden."[1]

Klagen über Verfehlungen im Beruf, Abspenstigmachen von Gesellen, strittige Honorarforderungen wurden, soweit sie nicht vor die ordentlichen Gerichte gehören, vor das Amt gebracht, mit Hülfe der Obrigkeit (und des Stadtphysikus) untersucht und je nach den Umständen mit Geldbußen, Entziehung der Lehrlinge und Gesellen, Ausstoßung aus der Gilde bestraft. Bei Streitigkeiten über den Arztlohn sollen die Meister einen Vergleich herbeizuführen suchen.

In dem Amtsbrief der Chirurgen zu Hannover von 1710 wird auch der Pestchirurgen und der Armenpraxis gedacht. Sobald eine Seuche droht, machen sie unter sich einen oder mehrere Pestchirurgen aus, „welche während solcher Gefahr, allhier beständig festzuhalten und nicht von hinnen zu weichen," verpflichtet sind, es wäre denn zuförderst ein anderer an ihre Stelle getreten.

Zur Versorgung der Armen soll ein Wundarzt dem Stadtphysikus an die Hand gehen, damit diese nicht durch ihre Gebrechlichkeit dem Gemeinwesen zur Last fallen.

Welche Bedeutung man noch um die Mitte des 18. Jahrhunderts den Chirurgen = Ämtern beilegte, zeigt der Umstand, daß die Göttinger Wundärzte 1750 in ein geschlossenes Amt gebracht wurden, dessen Vorsitz der jedesmalige Professor der Anatomie (als erster Albrecht von Haller, nach ihm Röderer 2c.) führte.[2] Die Aufnahme erfolgte durch eine Prüfung vonseiten des Stadtphysikus und zweier Amtschirurgen und setzte voraus, daß der die Niederlassung als Wundarzt begehrende 6 Jahr aus der Lehre sei und sich wenigstens 4 Jahre in der Fremde umgesehen

---

[1] Lüneburger Constit., III, 215.
[2] Marx l. c.

habe. Solche, die im Examen nicht bestanden, konnten zwar eine vakante Barbierstube übernehmen, erhielten aber nicht die Berechtigung zur Ausübung chirurgischer Verrichtungen. Die Prüfung der Universitätschirurgen, wie sie beispielsweise am akademischen Hospitale wirkten, war Reservat der Universität.[1] Sämtliche Chirurgen der Stadt Göttingen wurden außerdem darauf vereidigt,[2] „wann sie oder ihre Gesellen und Lehrjungen zu studiosis oder anderen Leuten, die verwundet sind, gerufen werden, oder sich jemand einer empfangenen Wunde halber in ihre Cur begiebt, solches jedesmal des Verwundeten ordentlicher Obrigkeit anzuzeigen und sich hierin durch keine Vorstellung und Angabe des Verwundeten abhalten zu lassen, wenn gleich die Verwundung nicht bey einem Duell oder Rencontre oder durch verletzendes Gewehr gegeben zu seyn eingewendet würde". Diese, augenscheinlich gegen das Überhandnehmen des Zweikampfes gerichtete Verordnung ist erst am 5. 5. 1823 aufgehoben.

Als sich die Zahl der wissenschaftlich gebildeten Wundärzte im Staats-, Hof- und Militärdienst mehrte, mußte diesen endlich stillschweigend oder mit ausdrücklicher Bewilligung gestattet werden, jedem Einwohner, wenn er auch nicht zum Adel, zum Militär oder zur Hof- und Staatsdienerschaft gehörte, chirurgische Hülfe zu leisten. Wer sich nur einigermaßen als Wundarzt fühlte, mochte nicht in ein solches Chirurgenamt eintreten, und die Barbierstubengerechtigkeiten sanken allenthalben tief im Wert. In vielen deutschen Ländern sind sie von Staatswegen aufgehoben, in Preußen z. B. durch das Gesetz über die polizeilichen Verhältnisse der Gewerbe vom 7. 9. 1811, welches eine „endgültige Befreiung der Wundarzneikunst aus den Fesseln der Barbierstube" brachte.[3] Bei uns bedurfte es gar nicht der Einwirkung des Staates und der förmlichen Zurücknahme der ihnen in Zeiten chirurgischer Barbarei und Unwissenheit verliehenen Rechte. Das bloße Vorhandensein wissenschaftlich gebildeter Wundärzte und die Gewohnheit des Publikums, sich jener nur noch zum Rasieren und Aderlassen zu bedienen, führten von selbst zu ihrem Verfall. In größeren Städten aber blieben Ämter und Innungen bestehen, da die Regierung Eingriffe in die teuer erkauften Barbierstubengerechtigkeiten scheute. Die in Ostfriesland vorhandenen wenigen Zunfteinrichtungen hörten mit der Abtretung an Frankreich im

---

[1] Privilegia regia der Universität Göttingen v. 7. 12. 1736, § 19. Lüneb. Constit., I, 847.

[2] Verordnung, daß die Chirurgen der Stadt Göttingen auf Anmeldung der Verwundeten beeidigt werden sollen. Lüneb. Constit., I, 814.

[3] Rönne und Simon l. c., Bd. I. pag. 512.

Tilſiter Frieden auf. Nach der Einverleibung in das Königreich Hannover
meldeten ſich die Mitglieder um Wiederherſtellung ihres Zunftweſens,
wurden aber abgewieſen (1820).[1])

Während die Beſtimmungen der Zünfte nur für den betreffenden Ort
Gültigkeit hatten, erſchienen gegen Ende des 17. Jahrhunderts die erſten
allgemeinen Regierungsausſchreiben über die Erlernung und Ausübung
der Chirurgie. Wo in dieſer Zeit von Chirurgen die Rede iſt, ſind im
großen und ganzen die aus den Barbieren hervorgegangenen darunter
zu verſtehen.

Bei der Trennung von Chirurgie und Medizin waren natürlich
Übergriffe von vornherein unausbleiblich. Verbote und Strafen ſind für
die ältere Zeit charakteriſtiſch, da man erſt viel ſpäter erkannte, daß eine
beſſere Ausbildung die Wundärzte ſicherer vor dem Quackſalbern ſchütze.
Das Edikt vom 8. 12. 1688[2]) verbietet ihnen ſtreng alle innerlichen Kuren.
Wären ſie aber dazu tüchtig, ſo mögen ſie ſich bei der Landesregierung
behufs Examen und Konzeſſion melden, widrigenfalls ſie — auf Anzeige —
eine Geldſtrafe von 20 Taler, wovon dem Denunzianten die Hälfte, oder
nach Befinden Leibesſtrafe zu gewärtigen haben. Auch iſt ihnen in Not=
fällen geſtattet, innerlich etwas zu verordnen, ſie müſſen aber darüber
gleich an den nächſten Medikum berichten und ſeinen Rat einholen.

Trotz wiederholter Erneuerung dieſes Verbots verſtummten die Klagen
über das Quackſalbern der Chirurgen nie. „So einer nur ein Pflaſter
oder eine Salbe zu ſchmieren oder einen Schröpfkopf anzuſetzen weiß,
ſchreitet er alsbald ad alia captum ejus superantia, ſodaß kaum eine
Krankheit zu finden, welche er nicht zu curiren ſich unterfängt".[3])

Wenn ein Arzt dem Apotheker zu billig verſchrieb, wies dieſer auch
wohl die Patienten an den Chirurgen, der gern einmal die Strafe
bezahlte.[4])

Der Magiſtrat in Einbeck verfiel 1806 auf den naheliegenden
Gedanken, den Apothekern auf Betreiben des Stadtarztes die Anfertigung
ſolcher Rezepte zu unterſagen.[5]) Es war nämlich eine Reihe von Todesfällen

[1]) Hannover, Des. 104, II, 9, 5 C.

[2]) Lüneburger Conſtit., IV, 1272, Renovation derſelben Verordnung vom
14. 3. 1692 und 10. 10. 1699; Vorgängige Medizinalordnung von Ratzeburg vom
30. 5. 1738, § 4.

[3]) Hildesheimer Landesarchiv, Bd. IX, Teil 61, Abſchn. 2, No. 2. Miß=
bräuche i. Medizin. Weſen. i. Hochſtift Hildesheim betr. Pro memoria von 1701.

[4]) Petri, Lebensbilder aus der Mappe eines Greiſes. Hannover 1869,
Bd. II, pag. 171.

[5]) Einbecker Stadtarchiv, G. D., Acta judicialia.

an Typhus vorgekommen, die man auf Rechnung der von jenen ver=
ordneten starken Abführ= und Brechmittel schob. Natürlich fühlte sich
gleich einer in seiner ärztlichen Ehre gekränkt, weil er gute Zeugnisse
habe, und ihm die medizinische Praxis, wenn auch ohne Examen, von
der „von S. K. M. von Preußen provisorisch bestätigten Provinzialregierung zu Hannover" erlaubt sei.

Anderseits hatten die Landchirurgen bis ins 19. Jahrhundert
die Erlaubnis, in leichten und dringenden Fällen, innere Kuren vor=
zunehmen, da auf dem Lande ärztliche Hilfe verhältnismäßig schwer zu
erlangen war, und der Landmann sich schon der Kosten halber lieber an
einen Wundarzt wandte, der ihm ohnedies wegen seines Bildungsgrades
näherstand. Das preußische Obermedizinalkolleg trug diesem Bedürfnis
1785 durch Herausgabe einer „kurzen Anleitung für die Wundärzte auf
dem platten Lande, wie solche bei der Kur innerlicher Krankheiten bei
den Menschen verfahren sollen", Rechnung. In der Dienstanweisung
für einen Landchirurgen Oppermann in Bodenwerder vom 31. 10. 1817[1])
war diesem zur Pflicht gemacht, sobald die inneren Krankheiten verwickelt
und gefährlich sind, einen Arzt hinzuzuziehen oder die Beratung des
Landphysikus einzuholen. Jedenfalls hat er letzterem vierteljährlich
eine Liste der von ihm Behandelten einzureichen, und zwar auf Ver=
langen mit Angabe der Kurmethode. Ferner darf er die Behandlung
in denjenigen Fällen nicht übernehmen, für die ihn der Landphysikus
nicht tüchtig hält.

Ausgenommen von dem Verbot waren nach der Verordnung vom
10. 9. 1727[2]) auch „die bey den Regimentern bestellten Chirurgi, welchen
wegen Mangel der Medici bei S. K. M. Truppen, weiter aber nicht,
innere Kuren erlaubt sind". Durch die niederen Militärchirurgen erwuchs
den Wundärzten eine große Konkurrenz, die um so unangenehmer war,
als dieselben die ihnen beim Militär zugestandene Erlaubnis gern auf die
Privatpraxis übertrugen. So führen die „Sämptliche Ampts Chirurgi und
Barbirer zu Harburg (6. 3. 1695) bitterliche Klage über die Kompagniefeld=
scherer[3]), die bey der Soldatesque nicht täglich zu thun, also die volle Zeit
und Gelegenheit haben, die Patienten allerorten aufzuspüren und die Unß zu=
stehenden Kunden imCuriren und Barbiren, in der Stadt und auf dem Lande,

---

[1]) Hannover, Des. 74, Amt Hameln, VIII, Fach 2, No. 1.

[2]) Lüneburger Constit., IV, 1276.

[3]) Hannover, Des. 74, Amt Harburg, Regim. VI, Zünfte, No. 23.

mit glatten Worten und großen promessen von ihrer Kunst und Er=
fahrung an sich hängen. Und dabei haben sie ständige monatliche Gage,
und wir müssen ihnen Wohnung oder Quartier oder an dessen Stelle
die servis-Gelder geben. Darumb dan auch unter uns einer nach dem
andern ohnvermutlich verarmen und mit den seinen crepiren und verderben
muß, wofern er nicht Neben=Mittel und Gelegenheit hat, mit ein wenig
Hockerey und sonsten mehr seinen ohnentbehrlichen Lebensunterhalt zu suchen.
Und da unser allhier so viel sind, so könnte die Garnison von uns
genugsam zugleich mit bedient, auf den Fall auch, da sie ins Feldt zu
führen wäre, mit guten Compagnie=Feldscherern jederzeit von uns ver=
sehen werden".

Neben den aktiven Kompagnie= und Regiments=Chirurgen finden
sich viele, die nach oft recht bewegten Lebensschicksalen infolge der Re=
duktion ihres Regiments als überzählig entlassen und mit großartigen
Empfehlungen des Kommandeurs versehen einen neuen Wirkungskreis
für ihren Tatendrang suchten. Dagegen ist nicht zu vergessen, daß
auch manche tüchtige Wundärzte aus dem Heere hervorgingen. So war
der Regimentschirurg Ziepolle in Harburg Ende des 18. Jahrhunderts
als Geburtshelfer und Hebammenlehrer im Stadeschen geschätzt. Auch
Christian Stromeyer, der Organisator des hannoverschen Armeemedizinal=
wesens und Vater eines berühmteren Sohnes hat seine Laufbahn als
Kompagniechirurg begonnen. Die meisten aber waren unwissende Praktiker,
die um so weniger die ihnen durch die Verordnung von 1727 gezogenen
Schranken beachteten, je kürzere Zeit sie im Dienst gestanden. Sie recht=
fertigen das harte Urteil Hufelands über das hannoversche Medizinal=
wesen um die Wende des 18. Jahrhunderts[1]): „dessen ohngeachtet sieht
man die unwissendsten Bader und Kompagniechirurgen auf himmel=
schreiende Weise innere Krankheiten behandeln, und, wenn je hin und
wieder geklagt wird, so unterdrücken die oft noch sehr von Vorurteilen
eingenommenen Beamten die Klage, weil sie selbst dem gröbsten
Ignoranten lieber ihren Körper anvertrauen als dem Arzt".

Um eine gleichmäßigere und bessere Ausbildung der Chirurgen unter
Aufsicht des Staates zu ermöglichen, wurden verschiedene Verordnungen
erlassen (4. 3. 1692, 16. 3. 1717, 8. 5. 1731). Jeder, der auf dem
Lande oder in den Städten chirurgische Praxis betreiben will, muß in
der benachbarten größeren Stadt durch den dazu bestellten und besonders
beeidigten Stadtphysikus und einen oder zwei akkreditierte, approbierte

---

[1]) Hufeland, Bibliothek d. praktischen Heilkunde, Bd. VII, 1802, St. 2.

Chirurgen geprüft sein. Wer darin nicht besteht und also das Zeugnis nicht erhalten kann, dem soll die Ausübung der Chirurgie bei Strafe verboten sein.

Auch im Hochstift Hildesheim durften sich nach einer Verordnung vom 11. 7. 1701 (renovat. 1712, 1713)[1]) keine Chirurgen, Okulisten, Bruchschneider und Zahnbrecher niederlassen, ehe und bevor sie an den Landphysikum verwiesen und von demselben ihrer Wissenschaft halber sich haben examinieren lassen und deshalb von ihm ein attestatum der Ortsobrigkeit einliefern. Ausführlicher handelt die Medizinalordnung von 1782 in ihrem dritten Abschnitt von den „Chirurgis oder Wundärzten und Badern und deren Verbindlichkeit.“ Es werden drei Klassen von Chirurgen unterschieden, die ihre Befähigung durch eine mündliche Prüfung nachzuweisen haben. Durch Wiederholung derselben war Uebergang in eine höhere Klasse möglich. Die letzte Klasse kennt nur die „Kunstgeschäfte“, Barbieren, Schröpfen, Aderlassen, entspricht also den Badern, die zweite heilt äußerliche Schäden mit Salben, Pflastern und Umschlägen, daneben höchstens noch Beinbrüche und Verrenkungen. Die erste Klasse, aus der die Amtschirurgen hervorgingen, behandelt alle chirurgischen Krankheiten mit Operationen und Arzneien. Innere Mittel waren nur im Notfall gestattet oder, wie § 10 Abschnitt III besagt: „ganz gewiß muß es sein, daß er jene innerliche Kur versteht, gestalten sonst der Fehler in dem Falle, daß er einen Arzt, den man haben kann, nicht hinzuzieht, ernstlich an ihm gestraft werden soll“. Sogar der Aderlaß war bei Fieber oder unentwickelten Krankheiten verboten. Die Hildesheimer Chirurgen verstiegen sich damals um so weniger in unbekannte Regionen, als in dem Collegium medicum eine scharfe Aufsichtsbehörde geschaffen war. Ein Chirurg Böttger in Söhle wurde 1787 wegen Quacksalberei zu sechs Jahren Zuchthaus verurteilt, schließlich aber zu einer an die Kasse des Medizinalkollegs zu zahlenden Buße von 50 T. begnadigt[2]).

In den Kreisen Meppen-Emsbüren hatte zur Zeit der Vereinigung mit Hannover die Münstersche Medizinalordnung vom 14. 5. 1777 Gültigkeit[3]). Sie teilt die Wundärzte ebenfalls in 3 Klassen, die hinsichtlich ihres medizinischen Wissens wiederum in 6 Rangstufen zerfallen. Die oberste Klasse entspricht in ihren Befugnissen den Medico-Chirurgen

---

[1]) Hildesheimer Landesarchiv, Bd. XI, L. 61, Abschn. 2, Nr. 2.

[2]) Hildesheim, L. No. IV, Fasc. 1.

[3]) Hoffmann l. c.

des 19. Jahrhunderts. Die Bader unterscheiden sich von den Wundärzten nur dadurch, daß sie schröpfen, diese aber nicht. Worin sie im
einzelnen geschickt sind, soll aus dem Erlaubnisschein hervorgehen.
Chirurgische Kuren durch Nichtchirurgen werden nicht ausdrücklich verboten.

Während bis zu Anfang des 18. Jahrhunderts Wanderschaft und
Kriegsdienst unseren Chirurgen fast die einzigste Möglichkeit boten, sich
in ihrer Kunst fortzubilden, trat um diese Zeit eine erhebliche Besserung
durch Gründung von chirurgischen Lehranstalten ein. Diese Fachschulen
nach französischem Muster verfolgten in erster Linie praktische Zwecke, da sie
auf ein Schülermaterial von geringer Allgemeinbildung angewiesen waren.
Anderseits gelang es ihnen aber auch, bessere Elemente für den Besuch
der Universität vorzubereiten, nachdem Heister in Helmstedt 1719, dem
Gründungsjahr des Berliner Collegium anatomico-chirurgicum, den
ersten wissenschaftlichen Unterricht in der Chirurgie eingerichtet hatte.
Die Anerkennung der Hochschulfähigkeit aber war der erste Schritt zur
Gleichberechtigung der Chirurgie in der Gesamtmedizin.

Vor allem brach sich die Erkenntnis von der Wichtigkeit des anatomischen Unterrichts immer mehr Bahn. Schon im Anfang des 17. Jahrhunderts hatten die Chirurgen in der Stadt Hannover „hinter der
Mauer" (jetzt Marstallstraße) ein Lokal gemietet, „um im Stillen Cadaver
zu secieren"[1]; ebenso soll in Celle bereits unter der herzoglichen Regierung eine Anatomiekammer über dem Bogen des Stein=, jetzt Alten-
cellertores, vorhanden gewesen sein.[2]

Purmann, der berühmte Feldscher des großen Kurfürsten nennt die
Zergliederungskunst den Grundstein, auf welchem die Arzneikunst aufgebaut
sei, und ermahnt jeden angehenden Wundarzt, „daß er in derselben Er-
käntnüß keine Mühe und Fleiß spahre, weil es ihme solches wohl belohnen
und alle angewandte Zeit mit Wucher einbringen wird".[3]

Was soll man dagegen zu einem Urteil Gruners sagen, der 1789
meinte, das Meiste in der Anatomie sei Gedächtniskram, den der Praktiker
wohl entbehren könne! Die Anatomiekammer, „ein Sammelplatz modernder
Leichen", müsse an abgelegene Orte vor den Toren verlegt werden.[4]

---

[1] Hartmann, Geschichte Hannovers, 2. Aufl., Hannover 1886, pag. 1054.

[2] H. Dehning, Geschichte der Stadt Celle.

[3] Math. Gotfr. Purmann, Der rechte und wahrhaftige Feldscher, Frankfurt und Leipzig 1690 (1. Auflage 1680), Einleitung.

[4] Zitiert nach „Kriegschirurgen und Feldärzte Preußens und anderer deutscher
Staaten, 3 Teile. Veröffentlichungen aus dem Gebiet des Milit. Sanitätswesens,
herausgegeben von der Mediz. Abt. d. Kgl. Preuß. Kriegsminist."

Da kann man es den Göttinger Philistern nicht verdenken, wenn sie bei einer Begegnung mit ihrem berühmten Mitbürger A. v. Haller, der „ein so schmutziges Handwerk" trieb, gern einen großen Bogen machten!

In dem Bestreben, ihren Stand zu heben und sich wissenschaftlich zu vervollkommnen, legten die Stadtwundärzte in Hannover 1711 unter Leitung des damaligen Stadtphysikus Ebell eine Anatomiekammer an, „um darinnen anatomische und chirurgische operationes und Bandagen, auch was sonsten in chirurgicis zu bemerken ist, jedermänniglich, der dazu Belieben trägt, öffentlich zu unterrichten."[1] Das Institut wurde am $\frac{24.\ IV.}{4.\ V.}$ 1716 mit besonderen landesherrlichen Privilegien versehen und erhielt den Namen Collegium anatomico-chirurgicum. Die Leitung desselben und Ausführung der Sektionen und Operationen sollte durch einen in Hannover ansässigen, von den Mitgliedern gewählten Arzt geschehen, wobei der jedesmalige Stadtphysikus ohne erhebliche Ursache nicht übergangen werden darf.

Als Übungsmaterial dienten die Leichen von Hingerichteten und Leuten, die in den Armenhäusern und Hospitälern zu Hannover starben. Später fielen auch die Leichen der Selbstmörder der Anatomiekammer anheim, und es wurde bei dem häufigen Leichenmangel damit sehr genau genommen, wie die zahlreichen, durch ärztliche Atteste unterstützten Bittgesuche der Hinterbliebenen in den Akten des Ministeriums d. J. zeigen. Die Freigabe derartiger Leichen, z. B. aus Kultusrücksichten bei den Juden, war mit großen Kosten verknüpft (50 Th. u. m.).

Gerichtsärztliche Totenschau und Sektionen, sowohl in Hannover selbst, als in den benachbarten Ämtern Calenberg, Blumenau, Ricklingen Neustadt a. Rbge., Langenhagen und Kolbingen standen allein den Mitgliedern des Kollegiums zu. Falls jedoch Bürgermeister und Rat zu Hannover in Ausübung des Kriminalgerichts solches verfüge, durften sie dem Stadtphysikus nicht entzogen werden, auch wenn er nicht Vorsteher des Collegiums wäre.

Von dem Salär für diese Verrichtungen kam der dritte Teil der Kasse des Instituts zu Gute. Außerdem mußte jeder neue Chirurg das=

---

[1] Burghardt, Rede zur Einweihung des neuen Gebäudes der anatomischen Anstalt zu Hannover am 6. Oktober 1877.

Hartmann l. c., pag. 1054 u. ff.

Wüstefeld l. c., Sanitäre Einrichtungen ꝛc., pag. 491.

Hannover Des. 104, II, 9, 5, D. Institute, Chirurg. Schule.

Privileg. colleg. anat. chir. zu Hannover, d. d. 24. IV./5. V. 1716. Lüneb. Constit. IV, 1280.

jenige Geld, was er sonst nach altem Herkommen an die Verfertigung eines Meisterstücks und an die sogenannte Amtskost zu wenden hatte, an das Collegium] zahlen, desgleichen die neu eingetretenen Gesellen ihren ersten Wochenlohn und die Lehrlinge 2 Th. Aufnahmegebühr. Auch sollte jeder neue Leib= und Hofchirurg und Regimentsfeldscher, sowie die Chirurgen in den Städten Hannover, Göttingen, Nordheim, Hameln, Einbeck, Osterode, Münden, Lüneburg, Ülzen, Celle, Harburg und Nienburg bei der Niederlassung 3 Th. erlegen. Diese scheinen aber nicht sehr prompt eingegangen zu sein, da es an hinreichenden Vollmachten zur Beitreibung fehlte.[1]) Auf eine Eingabe der Chirurgen vom Jahre 1753 wurde ihnen zwar die Zahlung der nach dem Privileg vom 5. V. 1716 ge= währleisteten praestanten „bei völliger Einrichtung der Anatomiekammer" nochmals versprochen, doch hatte sie bei Heines Antritt (1795) — trotz der angedrohten gerichtlichen Exekution — längst aufgehört.[2])

Da die Mitglieder des Kollegiums ihrer Verpflichtung zum Abhalten von Vorlesungen aus Mangel an den nötigen Kenntnissen nicht nach= zukommen vermochten, sah sich die Regierung 1719 veranlaßt, einen be= sonderen Prosektor und Demonstrator, den damaligen Generalstabs= chirurgen Johann Ernst Wrede mit einem Gehalt von 200 Th. aus der Kgl. Rentkammer anzustellen, unter dessen Leitung die Schule bald aufblühte.

Er gab auch eine Art Jahrbuch heraus, welches neben Mitteilungen interessanter Fälle Berichte über die Tätigkeit der Anstalt enthält.[3])

Der Unterricht war für Wundärzte, deren Gesellen und Lehrlinge unentgeltlich. Es fanden mehr oder minder regelmäßige Vorträge über Anatomie, Chirurgie, Bandagenlehre statt. Man zeigte, „wo alle und jede Gliedmaßen ein= und ausgehen und wie sie wieder einzubringen seien". Die Ankündigung eines solchen Kollegs lautet:[4])

„Demnach auf hiesiger privilegirter Anatomie=Cammer den 8. Juli des Nachmittags um 4 Uhr der Anfang soll gemacht werden, die Chirurgie

---

[1]) Hannover Des. 104, II, 9, 5. Med. Generalia 20 a.

[2]) Hannover Des. 51, 66 a.

[3]) Collectanea chirurgica anni 1721, Hannoverae, sumptibus colleg. chirurg. a. 1722. Sr. Majest. d. König Georg I. gewidmet, „der unter anderem auch die Chirurgie zu verbessern durch viele gnädige Anstalten aus Hoher Landesväterlicher Vorsorge Allergnädigst sich angelegen seyn lassen."
Zweiter und letzter Band: anni 1722, Hildesiae 1722.

[4]) Collect. I.

famt alle den dabey benöthigten Cautelen abzuhandeln, welches Collegium wöchentlich dreimal als des Nachmittags, Dienftags Donnerftags und Freytags foll continuiret werden, als wird denen Liebhabern der Chirurgiae folches befannt gemacht, und follen diejenigen, welche diefen Lectionibus beizuwohnen Belieben tragen, ohne Entgeld abmittiret werden."

"Sämmtliche privilegirte Chirurgi."

Ähnlich: „Programma, wodurch mit wenigem die benöthigten Inftrumenten und der Verband bey denen Operationibus chirurgicis gezeiget und zur Anhörung eines Collegii von denen operation. chirurg. nach Standes Gebühr einladet.

Joh. E. Wrede, Anat. et chirurg. Demonstrator.

Hannover 4. VI. 1722.

Beigefügt ift eine Aufzählung der notwendigen Inftrumente, Verband= ftoffe und Arzneien, 1725 auch eine „Generaltabelle von denen Knochen".

Die Vorlefungen wurden von den Schülern nachgefchrieben, auch pflegte fich der Lehrer öfters durch Fragen von ihren Kenntniffen zu überzeugen.

Als Grundlage diente eine Reihe von Büchern, welche meift in deutfcher Sprache erfchienen oder doch in diefelbe überfetzt waren.[1]) Kulmus, Anatomifche Tabellen, Heifters Chirurgie („welches der Honig von vielen Bienen ift". O. J. Wrede); Joh. Jacobs Woyts, Gazo- philum medico-physicum oder Schatzkammer 2c. (8. Aufl. Leipzig 1794), Zwinger, der fichere und gefchwinde Arzt, Bafel 1686, beide alphabetifch angeordnet; Weisbachs, wahrhaftige und gründliche Cur aller dem menfch= lichen Leibe zuftoßenden Krankheiten; Solingen, Chirurgifche Handgriffe; Barbette, Medizinifche und chirurgifche Schriften u. a. m.

Otto Juftus Wrede, der Sohn E. J. Wredes, fchrieb eine Anleitung zur Behandlung von Wunden, in welcher er anhangsweife die für einen Chirurgen nötigen Eigenfchaften aufzählt: Gefchickte Hände, die nicht zittern, fcharfes Auge, reifes Judicium, Unerfchrockenheit, Kenntnis der Anatomie und Chirurgie in Theorie und Praxis durch Übung am Leben= den und an Leichen, Nachlefen von Büchern, Einblick in die Materia medica, Chemie und innere Medizin. Um die Gefchmeidigkeit der Finger zu vervollkommnen, tue der Chirurg gut, wenn er fich im Rafieren übe „indem aus dem Spielen in der Mufik erhellet, wie man die Finger zu einer gefchwinden Bewegung mit der Zeit bringen kann". Bekannter ift

---

[1]) J. E. Wrede, Wohleingerichteter Feldt=Kaften, Hannover 1722, pag. 31. (Nachdruck 1730.)

seine chirurgische Anatomie, das erste Buch dieser Art in Deutschland, wenn auch von keinem wissenschaftlichen Wert. [1])

Die an der Schule gelehrte Materia medica umfaßte die in der Wundarzeneikunst gebräuchlichen Heilmittel und die Anfertigung von Pflastern und Salben, deren man sich nach damaliger Sitte zur Heilung von Geschwülsten, Knochenbrüchen, zur Blutstillung ꝛc. bediente. 1739 schenkte der Magistrat dem Collegio ein vom Ratsapotheker verfaßtes Corpus materiae medicae, über welches der Direktor alljährlich den Chirurgen und Apothekern eine Vorlesung halten sollte. [2])

Zu den Sektionen wurden auch Laien gegen Entgelb (1 Th. 2 mgr. bis 2 Th.) als Zuschauer zugelassen, und die Ankunft einer Leiche daher jedesmal öffentlich bekannt gemacht. Für einen regen Gebrauch dieser Gelegenheit, sich zu belehren, oder vielleicht besser gesagt, seine Schaulust zu befriedigen, scheint der Umstand zu sprechen, daß bei Demonstration einer weiblichen Leiche die Preise erhöht waren.

Der König selbst interessierte sich für das von ihm protegierte Institut. Als bei einer Sektion (1723) im Magen eines Deliquenten sieben, gut Mittelfinger lange Tannenhölzer gefunden wurden, die, ohne eine Verletzung zu machen, die Speiseröhre passiert hatten, geruhte er diese „sehr sonderbare Observation" allerhöchst in Augenschein zu nehmen. [3])

Über die Art der Demonstrationen ist bei dem Fehlen näherer Angaben nichts zu sagen, dagegen liegt ein gleichzeitiges, interessantes

---

[1]) Er hatte in Helmstädt, Paris und Leyden studiert, eine Reihe von Jahren als Lehrer der Anatomie in Helmstädt gewirkt und war mehrfach als Feldmedikus im Braunschw.-Lünebg. Kontingent tätig (1734/35, 1742). Mit Vorliebe befaßte er sich nach dem Vorbild seines Lehrers Boerhave mit physiologischen Fragen.

Schriftenverzeichnis: J. C. Wrede, Kurze doch deutliche Anleitung zur chirurg. Praxis, in welcher die Wunden abgehandelt werden ꝛc. nebst einem Anhang von den Eigenschaften eines rechtschaffenen Chirurgen.

Dito, Kurzer und deutlicher Unterricht von den Teilen des menschlichen Körpers sowol nach ihrer Struktur und Lage als nach ihrem Nutzen. Hannover 1736. 2. Auflage 1742.

Dito, Kurzer Unterricht vom chirurgischen Feldkasten. Hannover 1743. 3. Auflage 1757.

Dito, Unterricht von der Circulation des Geblüths, worin in Sonderheit die Structur und Nutzen des Herzens gezeiget wird. Hannover 1729. — Hugo gewidmet. —

Dito, Deutl. u. gründl. Unterricht von der Nutrition, wie auch Wachstum und Sterben des Menschen. Hannover 1731. — Werlhoff gewidmet.

Dito, Kurze und gründliche Demonstration des Gehirns und dessen Teile. Hannover 1741 und 1757.

[2]) Zugler, Vorzeit l. c. pag. 354.

[3]) Von Joh. C. Wrede mitgeteilt in der Collect. chirurg. II., den Herren Leib- und Hofmedicis gewidmet.

Schriftstück darüber aus dem Osnabrücker Staatsarchiv vor.[1]) Dem Landphysikus Smits und Landchirurgen Krohne war 1723 der Körper eines durch den Strang Gerichteten überlassen. Die Regierung gab daher allen, „sowohl approbierten alß auch unter die Zahl der einst aufgenommen zu werden verlangenden Chirurgis und Wundärzten auch Operateurs per modum consilii (also nicht befehlsweise) an die Hand, dieser vorseyender anatomie und sonderlich deren dabey vorfallenden chirurgischen operationen fleißig beyzuwohnen, alß wodurch sie sich mehr qualifiziren." „Und so hat man zum Behuff genauerer Nachricht daß, was von Tage zu Tage hierunter von denen moderatoribus besagter section zu erwarten stehet, fordersamst anzufügen ohnermangeln wollen, alß:

ben erften Tag (Dienstag, b. 5. V. 1723)
werden nach der äußerlichen und general-Eintheilung des gantzen menschlichen Körpers die integumenta generalia, alß epidermis, cutis, panniculus adiposus et musculi abdominis demonstriret werden.

ben zweiten Tag
sollen fünf operationes chirurgici vorgenommen werden: 1) die gastroraphie oder sogenannbte Bauchnaht, der man sich bedienet in verwundung des Bauches mit verletzung eines gedärmes; 2) die Paracenthesis in abdomine, welche ist die Oeffnung eines Eiters oder wässrige geschwulst in dem Bauch; 3) die paracenthesis in scroto; 4) die gemeine operatio des Bruchschneidens mit wegnehmens eines testiculi und gründlicher Untersuchung dessen, waß davon zu halten[2]); 5) die lithotomie oder Steinschneidung;

ben britten Tag
wirbt man bey Eröffnung des Unterleibs alle viscera in situ zeigen und die intestina specialiter bemonstriren, demnächst einen mit Milch gefütterten Hund eröffnen und den modum peristalticum intestinorum wie auch die vasea lactea und ductum thoracicum weisen;

ben vierten Tag
kommen wiederum zwei chirurgische Operationen vor, alß

1) die Operatio empyematis oder die Öffnung in der Brust, wan dieselbige wohl materie oder wasser ist, entweder von auswendigen verwundungen oder pleuropneumonia suppurata oder auch von abscessu

---

[1]) Osnabrücker Staatsarchiv, Osnabrück, Amt Wittlage, Huntenburg, Regiminalia, 15. Ärzte ꝛc.

[2]) Die alten Chirurgen meinten, Därmen und Hoben lägen in einem Sad, und es erfolge ein Rezidiv, wenn der Hoben nicht mit fortgenommen würde, da das zerrissene Bauchfell nicht zusammenheilen könne. (Fischer l. c.)

in Pulmone herrührt; die Bronchotomia oder Eröffnung der Luftröhre wie selbige bey denen Patienten, so aus Mangel genugsamer Luft, wegen inflammation des Halses zu ersticken meinen, geschehen müssen. Hiernächst sollen die mehrsten Musculi Pectoris et colli demonstriret werden;

den fünften Tag
soll erstlich die Operation der Hasenscharte, 2) die arteriotomie oder Öffnung der Pulßader am Haupt vorgenommen und hiernach die musculi ossis hyoideis oder Zungenbeins et faciei demonstriret werden;

den sechsten Tag
wirdt man, wan erstlich eine amputation eines Armes oder Beines geschehen, die Musculi laryngis et linguae demonstriren;

den siebenten Tag
soll nach Eröffnung der Brust das Hertz und die Lunge in situ gezeiget, deren historia abgehandelt und die Beschaffenheit des Hertzens genau demonstriret werden;

den achten Tag
nimbt man die vasa sanguifera alß arterien und venen, wie selbige aus dem Hertzen entspringen und durch den truncum sich ramificiren, vor;

den neunten Tag
sollen die partes genitales in situ demonstriret werden;

den zehnten Tag
sollen diese extra situm auff ein Breth exponiret nochmahlen gezeiget, und hernach mit den ramificationen der Adern und arterien durch die Arme und Beine fortgefahren werden;

den eilften Tag
wirdt die operatio Trepanationis mit allen dazu pertinirenden Sachen demonstriret;

den zwölften Tag
kombt die Abmachung des Cranii und demonstratio cerebri vor;

den dreizehnten, vierzehnten und folgenden
soll es mit der Osteologia oder der Anatomie von den Beinen ge=schlossen werden."

Das theatrum anatomicum zu Hannover befand sich zunächst im Torturm des Steintores, darauf in den Türmen des Ägidien= und Kalenbergertores, bis es 1753 in das alte Stadtzeughaus neben der Mühle an der Georgstraße, etwa an der Stelle des heutigen Hoftheaters, übersiedelte. In diesem Gebäude waren Auditorium, Präparierboden und Kabinette mit Tannenholz Tischen und großen Schränken für

Bandagen und Präparate vorhanden. Als das Gebäude der Er=
weiterung des Stadtgebietes zum Opfer fallen mußte, wurde 1789 am
Ende der Georgstraße (Steintor) ein eigener Neubau errichtet, zu dem
der König bereits 1779 1500 Louisdor gestiftet hatte. Von der auf
6000 Taler veranschlagten Bausumme blieben laut Register im Stadt=
archiv sogar noch 200 Taler übrig. Zweckmäßigkeit und Größe der
neuen Anstalt ließen in dem mit der Prüfung des Planes beauftragten
Hofrat Wrisberg den Wunsch aufkommen, daß Göttingen sich einer
ähnlichen Anstalt erfreuen möchte!

Das Chirurgen=Amt behielt nur das Recht zur freien Benutzung
eines Zimmers zu den Amtssitzungen und den Prüfungen. Allein auf
die Wahrung längst überlebter Rechte bedacht, vermochte es dem Vor=
bringen der Wissenschaft nicht zu folgen. Es fehlte an einem Fonds für
die Erhaltung des Gebäudes. Um den Verfall zu verhüten, nahm sich
die Regierung desselben an und gab 1802 (27. 11.) von „den im
Herzogtum Bremen=Verden vorgefallenen Confiscationsstrafgeldern wegen
verbotener Getreideausfuhr" 1000 Taler zur Verbesserung des Fonds.[1]

Auf die ersten Lehrer Wrede, Vater und Sohn, Regimentschirurgus
Evers, der einige Zeit in Berlin studiert hatte, Hofmedikus Bruns (1762),
Dr. Otto und Chirurgus Hesse folgte 1796 Heine. Seit 1719 war nur
ein Lehrer für Anatomie und Chirurgie angestellt gewesen. Heine setzte
es daher bei der Regierung durch, daß sich 1802 zwei Ärzte mit ihm
vereinigten, von denen Hofmedikus Mühry Arzneimittellehre und Leib=
medikus Lentin Krankheitslehre vortrug. Diese Vereinigung dauerte
leider nicht lange, da Lentin 1803 starb und Mühry seine Vorlesungen
aufgab.[2]

Im Laufe der Zeit war schon eine große Anzahl geschickter Wund=
ärzte aus der Schule hervorgegangen, doch beschränkte sich ihr Wirkungs=
kreis hauptsächlich auf Hannover und dessen nächste Umgebung. 1802
beabsichtigte man die Anstalt zu vergrößern, der Anfang war auch schon
gemacht, als das unglückliche Jahr 1803 allen weiteren Bestrebungen
auf lange hinaus ein Ziel setzte.

Heine bezog, wie seine Vorgänger, 200 Taler Gehalt und durfte
von den Schülern kein Honorar fordern. Da aber nach seiner Ansicht
der Eifer und Fleiß erhöht werde, wenn es etwas koste, traf er die

---

[1] Hannover, Des. 104, II, 9, 5, D. Chirurg. Schule No. 2. Promemoria von Tommes 20. Dezember 1824.

Hannover, Des. 61, No. 66a.

[2] Hannover, Des. 104, II, 4, 5, D., No. 7.

Einrichtung, daß jeder Schüler 3 Taler an die Institutskasse zahlte, womit Nebenausgaben (für Präparate, Institute, Bücher) bestritten wurden. Für bedürftige Schüler war auch seit Jahren ein Stipendium ausgesetzt. Auf Antrag der A. P. B. wurden später Kolleglengelder eingeführt[1]): 3 Taler für eine 4stündige, 2 Taler für eine 2stündige Vorlesung, 3 Taler für Präparierübungen im Winter und 1 Taler für Benutzung der Präparate im Sommer.[2]) Dagegen fand ihr Vorschlag, daß jede Landbrostei und die Berghauptmannschaft Clausthal ein Stipendium von je 50 Talern stiften sollte, dessen Empfänger sich auf eine bestimmte Anzahl von Jahren zum Militärdienst zu verpflichten habe, nicht die königliche Genehmigung.

1811 wurde Heine gleichzeitig Vorsteher der Entbindungsanstalt. Diese glückliche Vereinigung — ähnlich wie in Celle — ermöglichte es, daß er und sein Nachfolger Kaufmann in den Sommermonaten geburts= hülfliche Kurse für Wundärzte abhalten konnten, deren Teilnehmerzahl bis auf 40 stieg. Von Heine stammt auch eine lehrreiche Sammlung weiblicher Becken und menschlicher Foeten.

Bei dem großen Bedarf der Armeen an Chirurgen hatte natürlich auch die westphälische Regierung ein Interesse an der Schule. Da eine Schule für das gesamte Königreich Westphalen ins Auge gefaßt war, suchte Heine 1810 in seinem Bericht an die Generaldirektion des öffentlichen Unterrichts zu Kassel die Vorzüge Hannovers möglichst herauszustreichen.[3]) Es sei ein zweckmäßiges Gebäude, eine schätzbare Präparatensammlung und eine auserlesene Bibliothek vorhanden. Außerdem begünstige die volkreiche Stadt, in der viele junge Leute als Gehülfen bei den Chirurgen beschäftigt wären, eine große Garnison und gute Hospitäler das Emporblühen der Anstalt, die trotz der Ungunst der Zeiten immerhin noch eine ansehnliche Zahl von Zuhörern habe. Seine Verbesserungsvorschläge gingen dahin, einen Lehrer für die nötigen Hülfswissenschaften und einen Prosektor zur Aufsicht bei den Sektionen anzustellen, wobei für genügendes Leichenmaterial zu sorgen sei. Auch müßte ein Hospital mit der Anstalt verbunden werden. Um die Schüler zum Fleiß anzuspornen, sei es zweckmäßig, ihnen die Verwendung im Kriegsdienst in Aussicht zu stellen. Über die wohlwollende Erwägung dieser Vorschläge ist es unter dem französischen Regime nicht hinausgekommen.

---

[1]) Hannover, Des. 104, II, 9. 5, D., No. 2.

[2]) Zu den Präparierübungen dienten nur frische, keine injizierten Präparate.

[3]) Hannover, Des. 51, No. 81, Jahr 1810.

Nach der Vertreibung der Franzosen erhielten Wedemeyer und Holscher die venia legendi, ersterer für Physiologie und Chirurgie, letzterer für Chirurgie und Augenheilkunde. Stieglitz und Spangenberg lasen unentgeltlich über Materia medica, dieser auch über akute und chronische Krankheiten, Kohlrausch lehrte Naturkunde.

Die chirurgische Schule in Celle verdankt ihre Entstehung dem Professor Daniel Scheller, früheren Prosektor an der Göttinger Anatomie, der Michaelis 1784 an die Entbindungsanstalt in Celle berufen wurde. [1]

Er begann damit, die Gehülfen nnd Lehrlinge der Stadtchirurgen zu unterrichten und gewann den Dr. Taube als Mitarbeiter, der nach seinem Fortgang als Landphysikus nach Hoya durch Hofmedikus Heine ersetzt wurde. Sie behandelten den gesamten Wissensstoff innerhalb zwei Jahren „ohne unnütze Gelehrsamkeit" in sachlichem Vortrag mit häufigen Wiederholungen und Prüfungen. Seit 1786 hielt der französisch-reformierte Prediger Professor Roques naturwissenschaftliche Vorlesungen und gab Unterricht im Französischen und Englischen. Von dieser Zeit ab wurde zum ersten Mal eine öffentliche Unterstützung gewährt und zwar — zunächst auf drei Jahre — je 50 Th. aus den Überschüssen der Landeslotterie und von der Cellischen Landwirtsgesellschaft. Wie sehr sich auch die Militärbehörde für das Institut interessierte, geht aus der Generalordre des Feldmarschalls von Reden vom 12. VI. 1787 hervor, welche bestimmt, daß bei Besetzung der Compagnie- und Eskadronchirurgenstellen die Schüler desselben vorzugsweise berücksichtigt werden sollen. Bald wurden die Bedingungen für sie noch bessere, indem sie vor der Beförderung als Compagniechirurgen an das Militärhospital kamen, einige sogar Beihülfe zum Universitätsstudium erhielten.

Als Scheller 1784 den Unterricht (mit 7 Schülern) begann, fand er im Besitz der jungen Chirurgen höchstens Kulmus anatomische Tabellen und Thedens Leitfaden für Wundärzte. Er erkannte daher die Notwendigkeit einer Bibliothek und eines Lesezirkels, die er durch Stiftungen aus öffentlichen Mitteln, Geschenke und Beiträge der Benutzer eifrig zu vergrößern trachtete.

Nachdem sich die Landesregierung von dem guten Fortgang der Sache überzeugt hatte, beschloß sie unter dem 2. 12. 1788, der Schule

---

[1] Annalen der Braunschweig-Lüneburgischen Churlande, Jahrg. I, St. 1, pag. 40 u. ff.
Dehning l. c.
Hannover, Des. 104, II, 9, 5, D. Chirurg. Schule No. 2.
Promemoria von Tommes vom 20. November 1824.

die Eigenschaft einer öffentlichen Landesanstalt zu verleihen. Die Landschaft bewilligte hierzu 500 Taler aus dem Schatzärrario mit der Bedingung, daß sie künftig im Fürstentum Lüneburg verbliebe. Georg III. wies einen jährlichen Beitrag von 300 Talern aus der königl. Rentkammer an, der alle 5 Jahre aufs neue bewilligt werden mußte. 1790 fand die feierliche Eröffnung als landesherrliches Institut mit besonderen Privilegien und Statuten unter dem Namen Collegium anatomico-chirurgicum statt. Es war ein eigenes Gebäude an der Mühlenstraße gemietet, dessen Verwaltung dem ältesten Lehrer oblag.

Nach den Bestimmungen sollte das Kollegium 1) angehenden Wund-ärzten theoretischen und praktischen Unterricht erteilen, beziehungsweise dieselben für die Universität vorbereiten, 2) auf Antrag der Landes-behörden die Prüfung der Wundärzte, welche angestellt zu werden wünschen, vornehmen, 3) der Regierung in allen in das chirurgische Fach einschlägigen Fällen Gutachten erteilen. Das Kolleggeld war in den Statuten auf 2 Taler für eine 4stündige Vorlesung festgesetzt, von armen Schülern durfte nichts erhoben werden. Die nötigen Leichen lieferten das Celler Zuchthaus, die Armenhäuser und fünf benachbarte Ämter.

Neben Scheller, Roques und Heine wurde ein Prosektor, ein Pedell und ein Wärter angestellt. Scheller bezog ein Gehalt von 150 Taler. Hofmedikus Heine wurde 1800 auf seinen Antrag von der Stelle ent-bunden, dafür traten die Hofmedici J. Chr. Schmidt und Medizinalrat Koeler ein, während die Stelle Roques nach seinem Tode unbesetzt blieb.

Die Blütezeit der Schule fiel in das Ende des 18. Jahrhunderts. In den ersten 12 Jahren wurde sie auch von Ausländern (aus Oldenburg, Münster, Braunschweig ꝛc.) besucht. 1788/89 traten viele Schüler in schwedische und russische Dienste, andere machten 1793/95 als Militär-chirurgen in der hannoverschen Armee den ersten Feldzug gegen Frankreich mit, sodaß die Frequenz auf 2 Schüler sank. Der Rückgang begann mit dem Aufblühen der 1781 gegründeten anatomischen Lehranstalt in Braunschweig. 1800 waren noch 17, 1801 15 Schüler da, dann ging es schnell abwärts, häufig nur einer, 1806/07 gar keiner! Infolge der feindlichen Besetzung des Landes hörte der Unterhaltungsbeitrag aus der königl. Generalkasse auf, auch die Lüneburger Landschaft stellte 1807 die Zahlung ein. Als die Kollegienkasse am 20. 6. 1814 endlich wieder ein-gerichtet wurde, war der Niedergang des Instituts nicht mehr aufzuhalten.[1]

---

[1] Hannover, Des. 51, No. 66.

Derselbe ist allerdings nicht allein auf die Ungunst der Zeiten zurückzuführen. Schon 1801 hob Leibmedikus Thaer verschiedene Mißstände hervor, die vor allem darin gipfelten, daß Scheller als der einzigste Lehrer für Anatomie, Physiologie, Chirurgie und Entbindungskunst nicht mit der Wissenschaft fortgeschritten sei.[1]) Das beweise schon die geringe Zahl von Sektionen — innerhalb 17 Jahren 30 Erwachsene und 2 Neugeborene — und der schlechte Zustand der Präparatensammlung, in der nicht einmal ein ganzes Skelett vorhanden wäre. Auch mache sich der Mangel eines Hospitals sehr fühlbar.

Aus ähnlichen Erwägungen und im Bestreben, die wissenschaftliche Ausbildung der Wundärzte in einem größeren Rahmen zu fördern, stellte die A. P. B. am 26. 6. 1824 den Antrag auf Aufhebung der Schule beziehungsweise Vereinigung mit der hannoverschen Anstalt.[2]) Die Bürgerdeputierten „Viermänner" von Celle wünschten sie natürlich ihrer Stadt zu erhalten, da diese sonst einen wesentlichen Erwerbszweig verlöre. Auch die Landschaft sah die gerügten Mißstände als gar nicht so schlimm an und fügte empfehlend hinzu, daß das Leben in der kleinen Stadt wohlfeiler sei und eine bessere Aufsicht über die Schüler gestatte. Alle diese Vorstellungen vermochten die Regierung nicht von dem gefaßten Entschluß abzubringen, der am 26. 7. 1825 vom Könige bestätigt wurde. Den bisherigen Angestellten sollte als besonderer Gnadenbeweis ihr Gehalt verbleiben.

Über die von Scheller gegründete Bibliothek erhoben sich gewisse Schwierigkeiten, schließlich wurde sie aber als Eigentum der Celler Ärzte anerkannt, der Oberaufsicht der Landdrostei Lüneburg überwiesen und im Landschaftsgebäude aufgestellt. Die noch vorhandenen Gelder (1200 Taler) kamen in den Fonds (von 2500 Talern) der Schule zu Hannover.

Die Aufsichtsbehörde — Leibmedikus Stieglitz und die Hofmedici Heine und Mühry — führte jetzt den Titel „Ephorat der königl. chirurgischen Schule" und stand unmittelbar unter dem Ministerium des Innern, wie es auch in anderen deutschen Staaten, Preußen, Sachsen, Bayern, Braunschweig, der Fall war.

---

[1]) Dagegen darf nicht vergessen werden, daß Scheller bei der Gründung sogar die Kosten vorschoß! (Hannover, Des. 93, 46. Städte, Celle No. 53.) 1805 bezifferte er seine Verluste in der Anstalt seit der französischen Revolution bis zur Invasion der Franzosen auf mehrere Tausend. (Hannover Des. 80, Landdrostei Stade No. 686.)

[2]) Hannover, Des. 104, II, 9, 5, D. Inst. Chir. Schule Nr. 2.

Die Schülerzahl betrug in den Jahren nach der Vereinigung beider Anstalten durchschnittlich 50—60.

Inzwischen war auch auf der Landesuniversität für den anatomischen und chirurgischen Unterricht gesorgt. Mit dem ersten Professor der medizinischen Fakultät Joh. Wilhelm Albrecht hatte die Universität wenig Glück gehabt. Er kam 1734 als professor ordinar. anatom. chirurg et botan. nach Göttingen, starb aber schon kaum ein Jahr später. 1738 erstand auf Veranlassung Albrecht von Hallers, der bis zu seinem Abgang 1753 das Direktorium führte, ein theatrum anatomicum vor dem Weendertore, welches Hörsaal, Arbeitszimmer, Demonstriersaal, Präparaten= und Injektionskammer enthielt.[1]) Der Demonstriersaal hatte einen drehbaren Leichentisch, um den die Bänke terassenförmig angeordnet waren. Um eine genügende Anzahl von Leichen zur Verfügung zu haben, bestimmte das königliche Privileg vom 7. 12. 1736 § 18[2]), daß im Umkreise von 6 Meilen um die Stadt herum alle hingerichteten, verunglückten, totgefundenen oder durch Selbstmord umgekommenen Personen, die Leichen unehelicher Kinder, deren Mütter und notorisch Armer, alle Verstorbenen aus den hiesigen Hospitälern und solche, die ihren Körper nach dem Tode zur Verfügung stellten, eingeliefert werden sollten. Zu Hallers Zeiten belief sich die Anzahl der Sektionen auf 30—40 pro Winterhalbjahr. Auch eine Präparatensammlung war schon von ihm und Roederer angelegt.

Als Lehrer der Anatomie wirkten nacheinander: A. v. Haller, Roederer (gest. 1763), H. A. Wrisberg (1762 Prosektor, 1765 Prof. b. Anat., 1770 ordentl. Prof.), Fr. A. Hempel (1789 Privatdoz. u. Prosektor, 1808 außerordentl., 1819 ordentl. Prof.), Conr. Joh. Mart. Langenbeck (1802 Wundarzt a. akad. Hospital, 1804 außerordentl., 1814 ordentl. Prof. b. Anat. u. Chirurg.). Langenbeck war der letzte Chirurg, der zugleich Anatomie lehrte.

Da der alte Bau den Forderungen der Wissenschaft und der Vergrößerung der Präparatensammlung nicht mehr genügte, wurde 1827 am Ende der jetzigen Allee ein Neubau begonnen und 1829 eingeweiht, der noch heute, durch Anbauten vergrößert, vorhanden ist.[3])

---

[1]) Pütter, Versuch e. akademischen Gelehrten=Geschichte von der Georg=Augustus=Universität zu Göttingen. Göttingen 1765, pag. 233.

[2]) Lüneb. Constit. I, 847.

[3]) Pütter, Versuch 2c., fortgesetzt von Saalfeld und Oesterley. Göttingen 1838, pag. 144.

Der chirurgische Unterricht beschränkte sich zunächst auf Vorlesungen und Unterweisungen an den Kranken aus der Privatpraxis der Professoren, obwohl Werlhoff schon 1733 die Errichtung eines Hospitals, in welchem die Kranken dauernder Beobachtung zugänglich sind, dringend befürwortet hatte.[1] Während noch der gelehrte Theoretiker G. Gottl. Richter (1735—1763 prof. med. primar.), Joh. Gottfr. Brendel (1738 prof. med. extraord., gest. 1758), Roederer ihre Schüler einfach mit zu ihren Patienten nahmen, schuf R. A. Vogel (1753—1794) 1764 eine Art Poliklinik, das Collegium clinicum. Drei Jahre später folgte unter Ph. G. Schröder (1764—1772)) ein ähnliches, chirurgisches In= stitut, dem Balbinger (1773—1782) als Institutum clinicum regium einen Staatszuschuß zu verschaffen wußte.

Das erste akademische Hospital für chirurgische und innere Kranke — am Geismartore belegen — verdankt Göttingen 1780 der Initiative der Freimaurerloge. Die Zahl der Betten betrug 15. Die Leitung lag in den Händen des Hofrats Gottl. Aug. Richter, der wöchentlich zweimal Visite machte und die nötigen Operationen verrichtete. Durch ihn nahm die deutsche Chirurgie einen gewaltigen Aufschwung. Er legte den Schwerpunkt seines Handelns nicht auf das Operieren, sondern auf die allgemeine Therapie und trat für die Vereinigung der Chirurgie mit der inneren Medizin ein.[2] (Fischer l. c. Kap. VII, pag. 171 u. ff.) Bei seinen Vorträgen pflegte er die Operationen durch Papierstreifen und Kreide= striche faßlicher zu machen. Außer ihm fungierte an dem Hospital ein besonderer Hospitalchirurg. Verbände und andere chirurgische Hülfe= leistungen wurden von den Göttinger Wundärzten abwechselnd und un= entgeltlich besorgt, wofür ihre Gesellen und Lehrlinge zu den Operationen zugelassen waren. Die klinischen Studenten wohnten den Visiten und Operationen bei, durften letztere auch, unter Anleitung, selbst ausführen und trugen durch einen kleinen Beitrag zur Unterhaltung des Hospitals bei.

---

[1] Pagel, Geschichte der Göttinger Medizinischen Schule im 18. Jahrhundert, Diss. Berlin 1875.

Puschmann, Geschichte des klin. Unterrichts, Klin. Jahrb., herausgeg. v. Guttstadt. Berlin 1899, Bd. 1, pag. 9 u. ff.

Ebstein, l. c., pag. 62 u. ff.

[2] A. G. Richter, De dignitate Chirurgiae cum Medicina conjungendae. Göttingen 1766.
Hauptwerke: 1) Abhandlung von den Brüchen, 1. T., 1777, 2. T. 1779.
2) Anfangsgründe der Wundarzneikunst, 7 Bände (ohne Frakturen und Luxationen) 1782—1804.

K. G. Himly (1803—1837) vereinigte Hospital und Poliklinik und erhöhte die Zahl der Betten auf 28, welche nach der Verlegung nach dem Stumpfenbiel (1809) auf 36 stieg. H. eröffnete auch 1803 die erste Klinik für Augenkranke in Deutschland. Die Augenheilkunde begann sich nämlich erst Anfang des 19. Jahrhunderts von der Chirurgie abzusondern.

1807 gründete Langenbeck mit staatlicher Unterstützung ein be= sonderes Institut für chirurgische= und Augenkrankheiten, da Himly seinem Institut keine rechte Geltung zu verschaffen verstand. Langenbeck war als Operateur von ungewöhnlicher Geschicklichkeit, doch fehlte ihm das Verständnis für Pathologie und Physiologie, „was er nicht mit dem Messer erreichen kann, was er nicht sehen und fühlen kann, existiert nicht für ihn".[1]

Nach dem Tode Himlys übernahm der innere Kliniker J. W. H. Conradi 1837 die Direktion des Hospitals und der Poliklinik. Gleich= zeitig wurde das Verhältnis zu dem chirurgischen Hospital geregelt und bestimmt, daß der Prosektor die Sektionen im klinischen Hospital vor= nehmen solle.

Noch im Anfang des 19. Jahrhunderts stand das Universitätsstudium jedem Chirurgen, Barbier= oder Apothekergesellen frei, sofern er nur das nötige Geld dazu hatte. Es wurde weder der Nachweis einer Vorbildung, noch ein bestimmter Studienplan verlangt. „Seit es nicht mehr er= forderlich ist, Schulkenntnisse auf die Universität mitzubringen oder ein Examen in lateinischer Sprache[2] zu bestehen, ja nicht einmal eine lateinische Dissertation geliefert werden braucht, will jeder Chirurg, der einigen Trieb zur Arbeit in sich spührt, über seine Sphäre hinaus. Kann er sich kümmerlich einige, oft nur ein Jahr, auf der Universität ernähren, so unterzieht er sich einem leichten Examen, wird doct. med. et chirurg. und so, durch seinen Titel der Sphäre entrückt, die ihm seine Talente anweisen, will er sich nicht mehr mit der niederen Chirurgie abgeben."[3]

[1] Oppermann und Bod, l. c., pag. 109.

[2] Peter Frank sprach 1784 zuerst lateinisch im Kolleg, aber schon nach dem ersten Semester erklärten seine Zuhörer, daß sie ihm nicht zu folgen vermöchten. (Fischer, l. c.)

[3] Aus einem Brief des Hofmedikus Matthaei in Verden, 1820.

Hannover, Des. 80, Landdrostei Stade, No. 644.

Vergleiche auch: Almanach für Ärzte und Nichtärzte, Jena 1790, und Michaelis, Feldhhospitäler, Göttingen 1801, Vorwort.

Die Bestimmungen zur Erlernung und Ausübung der Chirurgie stammten aus einer Zeit, wo dieselbe noch kaum als Wissenschaft gelten konnte, und waren daher dringend verbesserungsbedürftig.

Ein Gutachten der Leibärzte Stieglitz und Lobeman (30. 6. 1820), dessen Grundgedanken im wesentlichen den bei der Umgestaltung der preußischen Medizinalverfassung in den Jahren 1825/26 maßgebenden entsprechen, beschäftigte sich ausführlich mit diesem Gegenstand.[1] Die Berechtigung zur selbständigen und unbeschränkten Ausübung der Chirurgie wird durch 3jähriges Studium und Prüfung vor der A. P. B. erworben. Wer im Examen nicht genügt, hat nur Anspruch als Baber, oder an Orten, wo chirurgische Innungen bestehen, sich eine Barbierstubengerechtigkeit zu verschaffen. Künftig eintretende Mitglieder dieser Innungen sind zwar berechtigt, kleine Chirurgie zu treiben, wollen sie sich aber als selbständige Wundärzte geltend machen, so müssen sie obige Nachweise bringen.

Das Kabinetsministerium behielt sich über diese Vorschläge weitere Entschlüsse vor und übertrug durch Erlaß vom 15. 11. 1824 der A. P. B. die Prüfung der auf die Ausübung der höheren Chirurgie Anspruch machenden Wundärzte. Früher wurde für jedes Examen ad hoc eine Kommission ernannt, welche keine Zeugnisse ausstellte, sondern über das Ergebnis an die Regierung berichtete. Die A. P. B. erhielt auf Wunsch auch das Recht, solche, die etwas in der inneren Medizin leisten, daraufhin zu prüfen und mit gültigen Ausweisen zu versehen, wie es schon die alte Verordnung von 1688 andeutet.

Die wachsenden Anforderungen der Wissenschaft sowie die Hebung des Standesbewußtseins machten neben der Verlängerung der Studienzeit eine gewisse allgemeine Vorbildung als Grundlage zum Berufsstudium erforderlich. Nach diesen Gesichtspunkten beriet die A. P. B. abermals und schlug (14. 3. 1825), um den Forderungen der Wissenschaft und des praktischen Lebens in gleicher Weise gerecht zu werden, die 3 Klassen der Wundärzte, Unterwundärzte und Baber vor. Erstere, in Theorie und Praxis vollkommen gebildet, haben allein die Befugnis zu den wichtigeren chirurgischen Verrichtungen. In diese Klasse gehören auch die Mediziner, welche Chirurgie studiert haben. Die Unterwundärzte sollen Anatomie gut kennen und wissenschaftliche Einsicht in gewissem Umfang haben. Mangels anderweitiger Vorbildung und bei der planmäßig vorgesehenen Ausbildungszeit von 2 Jahren sind die Zöglinge der chirurgischen

---

[1] Hannover, Des. 80, Landdrostei Stade, No. 644.

6*

Schule nur als Unterwundärzte anzusehen. Die Baber werden auf Aderlassen, Schröpfen, Zahnziehen, Setzen von Blutigeln[1]) und Klystieren beschränkt.

Daraus entwickelten sich folgerichtig die Bestimmungen des Gesetzes vom $\frac{21.\ 1.}{6.\ 2.}$ 1835, welches die Wundärzte in solche, die die Chirurgie in ihrem ganzen Umfange und solche, die sie im beschränkten Maße betreiben, einteilt. Die Einteilung ergibt sich entweder von vornherein durch Vorbildung und Studienplan oder nach dem Ausfall der Prüfung.

Man hatte endlich erkannt, daß Medizin und Chirurgie Teile ein und derselben Wissenschaft sind, deren theoretische und diagnostische Grundzüge sowohl den gelehrten Ärzten als den praktischen Wundärzten geläufig sein müssen. Ein gleichmäßiges Beherrschen des gesamten Wissenstoffs würde sich jedoch im allgemeinen nicht ermöglichen lassen, noch weniger die Fähigkeit in beiden zu handeln. Namentlich in der Chirurgie werden nur Einzelne mit besonderer Begabung und Übung zu der höchsten Stufe der Vollkommenheit, zur Ausführung lebenswichtiger Operationen gelangen.[2])

Anderseits wollte man nicht auf eine Klasse von Wundärzten verzichten, die in den gewöhnlichen chirurgischen Hülfeleistungen tüchtig und willig seien und sich mit geringerer Bezahlung begnügten: „Woran soll sich sonst der Arzt halten, der eine wissenschaftliche Ausbildung genossen und seine Jugend der Vervollkommnung seiner Seelenkräfte widmete und nicht der Erlernung der niederen Chirurgie? Die Ärzte größerer Städte werden eine solche Verlegenheit nicht erfahren, desto öfter aber die Landphysiker und Ärzte in kleineren und mittleren Städten." (Matthäi l. c.) Das war derselbe Gedankengang, der den hannoverschen Landphysiker Dr. Jugler bei der Beantwortung einer 1797 von der churfürstlich sächsischen Akademie

---

[1]) Die Blutigel wurden im großen gezüchtet. In Hildesheim unterhielt eine Firma G. Fr. Stölter eine umfangreiche Zucht deutscher und belgischer Egel, über die sie jährlich einen gedruckten Bericht herausgab. Ein ähnlicher Zuchtteich wurde 1844 auf Befehl Ernst Augusts durch den Oekonomen Steinweden im Entenfang bei Herrenhausen angelegt, doch waren die daraus entnommenen Blutegel nach einem Gutachten des O. M. C. vom 9. Juni 1858 bei den Interessenten wenig beliebt. Hannover, Des. 104, II, 9, 5A, 3, Landdrostei Hannover, Amt Hannover, No. 1. und Hannover, Des. 80, Landdrostei Stade, No. 678.

[2]) „Ganze Chirurgi, die mit den Medicis gleich zu achten, sind rarae aves, die Mehrzahl bedarf des Raths der Medicorum." Gerhardt Stoer, Ob es nöthig, nützlich, billig und möglich sey, die Praxin der Medicorum, Chirurgie- und Apotheken-Kunst in einer Person zu vereinigen. Helmstedt 1721.

in Erfurt gestellten Preisfrage, ob es nötig oder möglich sei, die Chirurgie und Medizin zu vereinigen, leitete, wenn er schrieb, man könne es Männern wie Werlhoff, Zimmermann, Wichman rc. nicht zumuten, Ader= lässe zu machen, Blutegel zu setzen rc.[1])

Das Gesetz von 1835 schrieb für die unbeschränkten Wundärzte Maturitätszeugnis und quadriennium academicum vor, wovon min= destens 2 Jahre auf einer Universität oder vollständig eingerichteten chirurgischen Schule verbracht sein müssen. Der Unterricht erstreckt sich auf Anatomie, zwei Winter Sektionsübungen, Chirurgie an Leichen und am Lebenden, Pathologie und Therapie, Arzneimittellehre und die natur= wissenschaftlichen Hülfsfächer. Sie bedürfen keiner Fakultätsprüfung und erlangen durch die Staatsprüfung zugleich das Recht, innere Krankheiten zu behandeln, soweit dieselben mit äußeren Übeln zusammenhängen. Das verdient hervorgehoben zu werden, da in den älteren Verfügungen immer von inneren Kuren schlechthin die Rede ist.

War schon früher eine Menge konzessionierter Chirurgen ohne diese Vorbedingungen im Besitze einer großen inneren Praxis, so litten die neueren Bestimmungen an dem Fehler, daß sich keine genauen Grenzen angeben lassen, denn viele chirurgische Krankheiten sind nur Ausflüsse innerer Übel (Tuberkulose, Krebs), andere haben gefährliche innere Zustände zur Folge (Bauchfell= oder Gehirnentzündungen nach Verletzungen, Hundswut, Syphilis rc.). Die A. P. V. klärte die über diesen Punkt entstandenen Zweifel später (29. 10. 1843) dahin auf,[2]) die Befugnis in § 5 des Gesetzes vom 21. Januar 1835 bezöge sich auf Fälle, die mit äußeren, eine chirurgische d. h. technisch=manuelle Behandlung bedürftigen Übeln in der Art einhergehen, daß sie unmittelbar durch dieselben veranlaßt sind, oder, wenn die äußern Übel, die zunächst chirurgische Hülfe erfordern, ohne Beseitigung einer innern, nachteilig darauf wirkenden Krankheits= ursache nicht zweckmäßig und erfolgreich behandelt werden können.

Doktoren der Medizin hatten noch eine Nachprüfung in der Wund= arzneikunst abzulegen.

Zur Zulassung als „Wundarzt in beschränktem Maße" genügte der Nachweis einer Gymnasialbildung für mittlere Klassen und das triennium academicum. In ihren Wirkungskreis gehörte die Behandlung der

---

[1]) Von 14 eingelaufenen Bearbeitungen sprechen sich 12 für die Vereinigung aus, eine ließ die Frage unentschieden. Jugler, der einzige, der dagegen war, erhielt den Preis. (Fischer, l. c.)

[2]) Hannover, Des. 80, Landdrostei Stade, Nr. 643.

einfachen und spezifischen Entzündungen der Oberfläche des Körpers und seiner Glieder, der Wunden und Knochenbrüche bis zum Übergang in Brand, Knochenfraß und allgemeine Reaktion auf den Organismus.[1]) Die innere Behandlung der chirurgischen Kranken konnte auch ihnen gestattet werden, wenn sie sich daraufhin prüfen ließen. Das hatte mancherlei Schattenseiten, denn, abgesehen davon, daß die Ärzte in ihrem Erwerbsleben geschädigt wurden, lag für den Kranken eine Gefahr in der mangelnden Einsicht des Chirurgen. Letztere trat auch oft genug in den visis repertis zu Tage.

Noch immer sind die Wundärzte nicht gänzlich von den Badern (scil. Barbieren) emanzipiert, da das Gesetz ausdrücklich bestimmt, die W. Ä. sind nicht allein befugt, die chirurgischen Hülfeleistungen eines Baders zu verrichten, sondern sogar dazu verpflichtet, wenn an dem Ort kein Bader ist oder, wenn bringende Umstände die Anwendung solcher Hülfeleistungen erfordern.

Den Wundärzten ohne Ausnahme ist die Annahme von Lehrlingen und Gehülfen gestattet, die aber nur unter ihrer Anleitung praktizieren dürfen. Letztere müssen bei dem Physikus den Nachweis erbringen, daß sie entweder von der A. P. B. als „Wundarzt in beschränktem Maße" für tüchtig befunden oder jedenfalls den für selbige vorgeschriebenen Studienplan mit Erfolg absolviert haben. Die praktische Ausbildung gibt den Lehrlingen keinen Anspruch auf Kürzung der Studienzeit.

Die Bader üben die niedere Heilkunst aus, soweit sie darin ihre Befähigung durch eine Prüfung vor dem Physikus nachgewiesen haben. Dem gleichen Examen sind die Mitglieder der chirurgischen Innungen und die Besitzer von Barbierstubengerechtigkeiten unterworfen. Zur Betreibung des Barbiergeschäfts auf dem Lande bedurfte es keiner Konzession.

Die Zahnärzte werden den Badern gleichgeachtet. Beabsichtigen sie jedoch, ihre Kunst im Umherziehen auszuüben, so müssen sie sich zuvor dem Examen durch die A. P. B. stellen. Es scheint also, als ob die Worte A. G. Richters noch zu recht bestanden: „Zahnarzt ist in den mehrsten deutschen Ohren ein verächtlicher Name und die Zahnarznei-wissenschaft bei uns eine Kunst, die nichts erfordert als die Geschicklichkeit, einen Zahn zu ziehen, mit der man sich fast abzugeben schämt, und die

---

[1]) Einzelheiten siehe bei: Knopf, l. c. pag. 15—18.
Narkosen mit Aether (1847) und Chloroform (1848) dürfen „beschränkte" Wundärzte und Zahnärzte nur auf eingeholte Erlaubnis eines Dr. med. und bei allen irgendwie erheblichen Operationen nur unter Zuziehung eines solchen ausführen. (Hannover Des. 104, II, 9, 5, Med. Generalia Nr. 45.)

man um deſto williger den ungeſchickteſten und unwiſſendſten Leuten
überläßt, je mehr man gemeiniglich die nöthige Sorge für Erhaltung
der Zähne vernachläſſigt." (Fiſcher l. c. pag. 40.)

Die Einteilung des wundärztlichen Perſonals fordert unwillkürlich
einen Vergleich mit den in Preußen durch die Medizinalreform von 1825
geſchaffenen Wundärzten erſter und zweiter Klaſſe heraus. [1]) Die
preußiſchen W. A. I. Kl. waren in großen Städten oder an Orten, wo
bereits ein approbierter Arzt vorhanden, auf die chirurgiſche Tätigkeit
beſchränkt; dagegen an Orten, wo ein ſolcher im Umkreiſe von einer
Stunde fehlte, übten ſie die geſamte Heilkunſt gleich den promovierten
Medico-chirurgen aus. Dem W. A. II. Kl. war die innere Praxis
unbedingt unterſagt. Bezüglich des letzten Punktes entſprechen die hannoverſchen Beſtimmungen ungefähr den preußiſchen Zuſtänden vor 1825.

Dadurch, daß ſich die Doktoren der Medizin mehr und mehr mit
der Chirurgie vertraut machten, entzogen ſie den unbeſchränkten Wundärzten das Feld ihrer Tätigkeit. 1847 hatte ſich zum erſten Male keiner
zum Examen gemeldet. [2]) Dagegen hielt es das O. M. C. nicht für
wünſchenswert, wenn die Klaſſe der beſchränkten Wundärzte einginge, da
ſie auf dem platten Lande unentbehrlich ſeien. Es ſollten aber zur Verhütung von Übergriffen die Vorträge über allgemeine und ſpezielle
Pathologie und Therapie ſowie die geburtshülflichen, theoretiſchen und
praktiſchen Anleitungen in der Folge ausgeſchloſſen und dafür mehr Zeit
auf die Anatomie verwendet werden. Schließlich gab es ihrer ſo viel,
daß — abgeſehen von den in der Ausbildung begriffenen — keiner mehr
zur Prüfung zugelaſſen wurde.

Damit hatte ſich die chirurgiſche Schule überlebt, und es wurde
daher am 6. 1. 1854 die Aufhebung verfügt und Oſtern desſelben
Jahres der Unterricht ausgeſetzt „bis ſich wieder ein Bedürfnis nach
Wundärzten herausſtelle". [3]) Die anatomiſche Sammlung und der Sezier-
ſaal blieben erhalten, um wiſſenſchaftliche Beſtrebungen unter den Ärzten
zu begünſtigen. [4]) Fr. L. Stromeyer (1829—38) und Karl Krauſe

---

[1]) Ruſt, die Medizinalverfaſſung Preußens, wie ſie war und wie ſie iſt.
Berlin 1838.

[2]) Hannover, Des. 109 II, 9, 5 D. Chir. Sch. Nr. 18.

[3]) Hannover, Des. 104, II, 9, 5 D. Chir. Sch. Nr. 21. Zuletzt waren
10 Schüler vorhanden, davon 4 „beſchränkte W. A." und 6 Zahnärzte. (Hannover
Des. 104, II, 9, 5 A. Nr. 7.)

[4]) In den oberen Räumen der anatomiſchen Anſtalt an der Lavesſtraße (eingeweiht am 6. 10. 1877) führt auch die von Hofrat Bruns herrührende Bibliothek
ein beſchauliches, leider unbeachtetes Daſein.

(1829 Prof. b. Anat. u. Phyf. unb seit 1833 Direktor) haben der Schule ein Andenken bei der Nachwelt gesichert. Jener machte in dieser Zeit seine ersten orthopädischen Versuche unb Krause schrieb sein vorzügliches Handbuch der systematischen Anatomie.

In Göttingen brachte das Jahr 1850 die Verlegung der chirurgischen Klinik in das neue Ernst Ernst August Hospital, dessen Direktion W. Baum (1849—75) übernahm. (Ebstein l. c.) Für Augen- und Ohrenkranke waren 4 Betten bestimmt. Den Unterricht in der pathologischen Anatomie suchte der berühmte innere Kliniker Conr. Heinr. Fuchs durch Begründung einer Sammlung zu heben. Erster Lehrer dieses Fachs war Bernh. Langenbeck (1838—42), nach ihm Jul. Vogel (1842—46) und F. Th. Frerichs (1846—50). 1850 siedelte das Institut in die Kellerräume des Ernst August Hospitals über. Unter dem Nachfolger Aug. Försters, W. Krause, wurde ein eigenes Gebäude im Hofe des Hospitals errichtet. [1]

Der Medizinalentwurf von 1852 weist die Wundarzneikunst in unbeschränktem Maße allein den Ärzten zu, die niedere Chirurgie sollte von den Wundärzten als Gehilfen unter Aufsicht der Ärzte ausgeübt werden.

---

[1] Krause, Das pathologische Institut in Göttingen, Braunschweig 1862.

Kapitel III.

Hebammenwesen und Geburtshülfe.

Bis in das späte Mittelalter hinein war den männlichen Geburtshelfern der Zutritt zum Kreisbett versagt. Die Geburt wurde von
älteren Frauen besorgt, deren ganze Geschicklichkeit darin bestand, daß
sie in ihrer Jugend selbst einmal Kinder geboren oder das eine und
andere Mal dabei waren, wenn die Natur einem anderen ein Kind ohne
besondere Zufälle schenkte. Sie sahen ihre Hauptaufgabe darin, die
Kreisende zu trösten und zur Geduld zu ermahnen und das Kind, wenn
es glücklich geboren, in Empfang zu nehmen, abzunabeln und zu baden,
wie die ältere Bezeichnung „Badememume", „Bademutter" andeutet. Wenn
das Kind nicht heraus wollte, suchten sie sich wohl auf allerlei törichte
Weise zu helfen, sie banden die Frau an dem Bett fest und stellten sie
wiederholt auf den Kopf, „etliche drehten sie einigemal als an einem
Bratspieß rund herum, so oft sie es aushalten kann, andere lösen alle
Knoten, die eine Gebärende am Leibe hat (als Haar-, Hals-, Hemden-,
Schürzen- und Strumpfbänder), in der Meinung, solange diese Knoten
fest, müsse die Frau „in der Not" arbeiten."[1]) Wenn sie dann noch
die Entbundene aufforderten, in die Hände zu blasen, damit die Nachgeburt besser folge, waren sie mit ihrer Weisheit am Ende.

Die wenigen praktischen Handgriffe lernte die eine von der anderen.
Wie es sonst um ihr Wissen und vor allem um die Art des Unterrichts
bestellt war, wissen wir nicht, die Worte des Eucharius Roeslin, der
1513 auf Veranlassung der Fürstin Catharina von Braunschweig-

---

[1]) A. E. Horenburgen, Wohlmeynender und nötiger Unterricht der Hebe-
Ammen. Hannover und Wolfenbüttel 1700.

Lüneburg, der Gemahlin des Herzogs Erich von Calenberg das erste Hebammenlehrbuch[1]) herausgab, besagen aber genug:

> „Ich meyn die Hebammen alle sampt
> Die also gar kyn wyssen handt
> Darzu durch yr hynlessigkeit
> Kynd verderben weit und breit
> Und handt so schlechten Fleiß gethon
> Das sie mit Ampt eyn Mort begon."

Die ältesten urkundlichen Nachrichten über die Hebammen unserer Gegend gehen auf das 15. Jahrhundert zurück. So wird 1430 eine Hebamme in Hildesheim genannt, deren Verdienst gar nicht so schlecht gewesen sein mag, da ihre Steuer nur wenig hinter der des Arztes zurückblieb.[2]) Anstellung und Verpflichtung geschah durch den Magistrat. Sie schworen, Reichen wie Armen in der Not getreulich und nach bestem Wissen beizustehen.

1517 ist in Osterode von einer Hebamme die Rede, die im „Stadthause" wohnt. Sie wird im Kämmereiregister von 1545/46 unter den vom Rat Besoldeten aufgeführt und empfängt jährlich $1\frac{1}{2}$ Mark.[3])

Seit dem 16. Jahrhundert nahmen sich neben der Stadtobrigkeiten auch die Landesherrn des Hebammenwesens an. Es erschienen sogenannte Hebammenordnungen, die meist in den Kirchenordnungen enthalten sind. Danach führte der Prediger, der ja auch die Eintragung in die Geburts= register vollzog, die Aufsicht über die Hebammen. Natürlich konnte sich seine Tätigkeit auf wenig mehr als auf die Ermahnung zu einem christlichen Lebenswandel und die Belehrung über die Nottaufe, deren richtige Ausführung der Kirche sehr am Herzen lag, erstrecken. Daher kehren in den Protokollen bei den Kirchenvisitationen immer die Fragen wieder, ob die Hebammen eines guten Gerüchts seien, ob sie mit Vorwissen des Pastors angenommen und beeidigt, ob sie bei den Frauen in der Not christlich handeln und mit der Nottaufe recht umzugehen wissen.

Noch 1789 schrieb ein Ungenannter[4]), daß die protestantischen Konsistorien die Hebammen unter Strafe verpflichteten, bei agonisierenden

---

[1]) Rosegarten der swangeren Frawen und Hebammen. Worms 1513.
Roeslin stellte zum ersten Mal die geburtshilflichen Lehren zusammen, eigene Erfahrungen standen ihm jedoch aus den obengeschilderten Gründen kaum zur Ver= fügung. conf. Siebold, Versuch einer Geschichte der Geburtshülfe. Bd. II Berlin 1885.

[2]) Urkundenb. d. Stadt Hildesh. Bd. VII, 680 und Becker l. c.

[3]) Max, Geschichte des Fürstentums Grubenhagen, Hannover 1863 pag. 92 ff.

[4]) Gruner, Almanach l. c.

Neugebornen eher zum Prediger zu schicken, als Versuche zur Lebens-
rettung des Kindes anzustellen. Ja, katholische Hebammenlehrer empfahlen
den Hebammen eine Spritze „um dadurch die winzig kleinen und größere
Abortus bedürfenden Falls vor der Unseligkeit zu bewahren und selben
sogar bei verstorbenen Müttern durch die Mutterscheide dies Himmelsglück
zu verschaffen“. Noch vor wenig Jahren tauchte dieser „Intrauterin-
taufkatheter“ einmal wieder in — Amerika auf! Dabei liegt doch
die Gefahr der misbräuchlichen Anwendung zum Zweck der Abtreibung
recht nahe!

Eine der ältesten Kirchenordnungen, die des Herzogs Magnus für
die Hadelnschen Lande vom Jahre 1526 handelt in einem längeren
Abschnitt davon „wo menn de Bademomen unterwiesen schall“:[1]

„De Prediger scholenn be Fruwen underrichtene und lehren, int
erste wo se mit swangern Fruwen, und darna mit der Frucht umme
gahn scholenn. Wenn be Tidt der Geburt antrit, scholenn se de swangern
Fruwens trostenn, unde thor Dancksegginge vermahnen. . . . Mit der
Frucht scholenn se also umme gann, dat se de Kinder, so in Moder-Live
bohtt sin, Gade befehlen und des gewisse sin, dat se mit der Fruchte,
de dar boht ebber noch ungebarenn is, nicht mehr tho boende hebben,
denn dat de Fruwens darvann mogen erlöset werdenn. De Fruchte
averst, de noch levet, doch dem Dode nicht wißt is, . . . scholenn se
nicht dopen, wente idt kann nicht webber gebarenn werden, dat vorhenne
nich gebarenn is. Wo ein Kindt ahne Dope vorstowe, schal menn umme
des Willen an siner Salicheit nicht twivelenn. . . . Jedoch dat de
ungedofften Kinderlin stillswiegent, ahne Luidbent nnd Gesenge up dem
Kerkhave begraven werdenn scholenn. . . . So moten ok de Kinder-
Beddesche wetenn, dat se nich in der Gewalt des Düwels sin — — ok
scholenn se, offte se wol vann dem Gesette Moise fri siendt, dennoch na
Gewanheit und guter Policey und ehrlicher Tucht in ehrenn Husern
bliven, ofte se schon gesundt sin, dennoch scholenn se ansehenn de
Erbarheidt, undt sik nicht laten bedencken, dat se von starker Complexion
sin sunder de Swacken und ehren Negsten nich ergern. Wenn denn ein
Kindt gebaren is, umb haftigen kranck wert, banne schal de Bademome
dat Kindt Gade befehlenn und dopen.

Neben ähnlichen Bestimmungen empfiehlt die christliche Kerken-
ordeninge der Löfflichen Stadt Hildensem 1544 „van bademomen

_____

[1] Knopf l. c. pag. 39.

unde livesfrucht" bei verzögerter Geburt wiederholt zu beten „lathet be Kinderken to mi komen". (Becker l. c.)

Die Grubenhagensche Kirchenordnung des Herzogs Philipp aus demselben Jahre[1]) klagt, daß die Hebammen im Lande ganz ungeschickt seien und vielerlei Zauberei und Aberglauben trieben. Die Pfarrer werden daher ermahnt, die Hebammen im Konsistorialbezirk vor sich zu laden und zu belehren „wie sie sich in nhotten neben Jrer kunst und arbeit Jegen Gott das kindt und die Mutter zu halten haben". Es soll auch in jedem Kirchspiel eine tüchtige Hebamme angesetzt werden gegen einen ziemlichen Lohn, „auff das die armen Weiber wan sie in der Nhott ansuchen, wegen der Besoldung nicht möchten beschweret werden".

Nach der Kirchenordnung des Herzogs Julius von 1569 und der darin fast gleichlautenden des Herzogs Friedrich von 1643[2]) geschieht die Wahl der Hebammen durch den Pastor und die Olberlüde „mit rath verständiger Frauen", damit nur solche Hebammen bestellt werden, „so gottesfürchtig, fleißig, treu und tüchtig seyn und sich verpflichten, in der Noth bey den Frauen keine Abgötterey, Segnerey oder Zauberey zu gebrauchen, sondern allenthalben bey Gott durchs christliche Gebet, hülffe zu suchen und verordnete christliche Mittel zu gebrauchen".

Welch' hohes Verständnis Herzog Julius für die Geburtshilfe hegte, zeigt noch mehr ein Befehl an seine Leibärzte Drs. Joh. Bokelius und Andreas Bacharus und Meister Daniel Bölel (1573)[3], die Leichen aller Kindsnöterinnen, die in der Geburt oder sonst mit Tod abgehen, im Beisein der weisen Frauen zu eröffnen, damit „künftiglich anderen Weibes-Personen, so mit dergleichen gefährlichen und schmerzlichen Burden, Krankheitten und Mangeln behafftet, khontte gehulfen werden. Und auf S. F. G. Neuen Apotecken Jn der Heinrichstabt (Wolfenbüttel) soll eine sunderliche Stuben und Zimmer, darinn man solche weibliche hemlichkeiten traktiren und berhatschlagen gebawet und angerichtet werden. Wir wollen auch das hinführo kheine weise Mutter bestetiget und an= genommen werde, sie sey denn ersten von euch verhörtt, und so sie geschickt und tüchtig befunden, solche denn zu Pflicht und Eydt zu nehmen und von euch Jhr dessen ein Zeugnis gegeben werbe bei Poen von 100 Goldgulden".

---

[1]) Reformatio d. i. Fürstl. Braunschweigische Kirchen=Ordnung des Durch= leuchtigen ꝛc. Fürsten Philips Herzogen zu Br.=Lbg.; Grubenhagischen theils, publicirtt 1544 in Mar, l. c. 2. T. pag. 408.

[2]) Knopf, l. c. pag. 25.

[3]) Calenberg Des. 21, B. XII, Nr. 1.

Auch Herzog Franz von Lauenburg[1]) ließ die Hebammen durch er=
fahrene Matronen fleißig verhören, „ob sie auch mit den Sachen, so in
Kindes Geburt nötig, und alles, was vor und nach der Geburt sie zu
wissen schuldig seyn, und so viel möglich auff alle gemeinen Rohtfälle,
nohtwendigen raht und Hülffe zu schaffen, unterrichtet seyen".

Im Calenbergischen dagegen blieb es noch, wenigstens auf dem
Lande, Schäfern und Hirten überlassen, ihre an Tieren gewonnenen Er=
fahrungen auf die menschliche Geburtshülfe zu übertragen![2]) Man
vergleiche damit die Hebammenordnung Herzogs Ludwig von Württemberg
(a. 1580), welche jenen das Entbinden der Frauen bei Strafe verbot.

Zu der praktischen Unterweisung der Hebammen durch ältere
Kolleginnen trat gegen Ende des 17. Jahrhunderts der theoretische
Unterricht durch die Physiker und andere damit beauftragte Ärzte.
Hierbei ist es in manchen abgelegenen Teilen des Landes bis in den
Anfang des 19. Jahrhunderts verblieben.

Die ersten Lehrbücher der Hebammenkunst waren in der Regel von
— und für — Hebammen geschrieben. Einen derartigen „Unterricht
für Bademütter" ließ der Rat der Stadt Braunschweig 1686 drucken.
(Siebold l. c.) Ähnliche Bücher verfaßten eine Elisabeth Margarete
von Reil in Celle[3]) und Anna Elisabeth Horenburg aus Wolfenbüttel[4])
um 1700. Über erstere habe ich nirgends etwas auffinden können.
Das Buch der Horenburgen, das nach Zedler seiner Zeit viel Beifall
gefunden, zerfällt in zwei Teile, „von natürlichen Gebuhrten und von
unnatürlichen Gebuhrten"; das Kind kann in natürlicher Weise auf
breierlei Arten austreten, gewöhnlich mit dem Kopf, dann mit beiden
Händen und Füßen, oder mit beiden Füßen und mit dem Hintern.
Während der Wehe soll die Hebamme den Muttermund erweitern, nach
dem Blasensprung „die eröffnete Häutgen ergreifen und wan die Wehen
ankommen, bey derselben sänfftiglich ziehen, welches dann eine große Hülffe
ist". Ursachen verkehrter Lagen sind: Enges Schambein, schlechtes Ver=
halten der Mutter und große Unruhe des Kindes bei der Geburt.
Hauptsächlich wird die Wendung auf den Kopf empfohlen, die Lösung
der Arme ist ganz verständig beschrieben. Herausholen der Nachgeburt

---

1) Herzogs Franz d. Jg. von Sachsen=Lauenburg Revers de 1585. Knopf,
l. c. pag. 36.

2) Spittler, l. c. I, pag. 276.

3) Mattbiac, l. c. Das Buch war selbst durch Vermittlung der Central=
stelle deutscher Bibliotheken in Berlin nicht zu ermitteln.

4) Titel s. o.

mit der Hand gilt als verpönt „wegen der schwerlich zu stillenden Blut=
stürzung und der an einem verborgenen Ort gemachten großen Wunden."
Ein Hauptvorzug des Buches besteht darin, daß es sich gegen die
eingangs geschilderten abergläubischen Misbräuche wendet, im übrigen ist
es eine „schwache Nachahmung der brandenburgischen Wehemutter Sigis=
mundin". (Siebold l. c.)

Überhaupt lag die operative Geburtshülfe bei uns noch sehr im
argen. Daß man auch jetzt die Wundärzte nur im äußersten Notfalle zu
den Geburten hinzuzog[1]), hatte seinen Grund weniger in einer falschen
Schamhaftigkeit, als vielmehr darin, daß man ihrer Kunst, die zwischen
untätigem Abwarten und rücksichtslosem Drauflosgehen schwankte, nicht
viel zutraute. Ein Chirurg Barnstorff in Sarstedt (1709)[2]) verordnete
einer Frau, die seit zwei Tagen kreiste, das erste Mal nur Bähungen,
beim zweiten Male inspicierte er die pudenda, entfernte ein Stück
Hinterhauptsbein und verordnete wiederum warme Dekokte. Als die
Sache schlef ging, erhielt er eine Anklage, erwiderte aber getrost
„niemandt, sive ille sit medicus sive chirurgus sive alius quis
modo Medicinae vel Chirurgiae peritus wird mir beweysen können,
daß ich etwas pecciret habe". Die meisten Geburtshelfer gingen im
Gegenteil sehr kühn mit scharfen Haken und ähnlichen gefährlichen
Werkzeugen vor und brachten Mutter und Kind durch ihre Operationslust
in Lebensgefahr. Natürlich machten es die Hebammen nicht anders.

War auch in den größeren Städten unter den Augen der Stadt=
ärzte einiges für die Besserung des Hebammenwesens geschehen, so sah
es im übrigen Lande noch recht traurig damit aus. So beklagt es die
Hochfürstl. Regierung zu Hildesheim 1701[3]) als einen höchst betrübenden
abusum, „daß überall diejenige, so sich nur für eine Bade= oder Wehe=
mutter angibt, ohne einzigen examine sogleich dazu admittiret werde,
da doch in Wahrheit an fürsichtiger election derer zu diesem Ampte
am besten sich schickenden Persohnen so viel gelegen, daß, wenn solche
versäumet, nohtwendig großes Unglück zu Zeiten daraus entstehen müsse,
gleich denn die nicht selten über unverständige tractement der Hebammen
theils crepirende theils gräßlich und an ihrer Gesundheit dergestalt
verwahrlosete so Kindbetterinnen als Kinder sattsam bezeugen". Es

---

[1]) In Frankreich und England dagegen hatten die Wundärzte im 18. Jahr=
hundert die Geburtshülfe fast gänzlich an sich gerissen.

[2]) Hildesh. Landesarchiv. Bd. IX, 61. T., Abschn. 2, Nr. 7.

[3]) Hildesheimer Landesarchiv. Bd. IX, 61. T., 2. Abschn., Nr. 2.

wurde daher am 1. 1. 1701, verfügt, keine Hebamme mehr ohne vor-
herige Prüfung durch die Landphysiker zu vereidigen. Ebenso hatten
die Landphysiker im Lüneburgischen die ihnen unterstellten Hebammen,
sowohl beim Antritt als bei jeder sich bietenden Gelegenheit (z. B. bei
Sektionen) zu belehren und zu ihrer Pflicht und Schuldigkeit anzuhalten.
Die weitere Aufsicht lag den Amtsobrigkeiten ob, die sich dazu der Prediger
bedienen „weilen sie mehrere Gelegenheit haben“.

Die Schwierigkeiten begannen schon mit der Auswahl einer zum
Unterricht tauglichen Person. Der Beruf hatte wenig Verlockendes, bot
ein Leben von Lasten und Sorgen ohne entsprechende Bezahlung. In
den alten hannoverschen Provinzen versammelten sich die Frauen der
Gemeinden und wählten eine Person ihres Vertrauens, mit anderen
Worten die bescheidenste und nachgiebigste, wobei es auf gute natürliche
Anlagen wenig ankam. Hatten der Prediger und die Beamten an der
Moral und Führung der Gewählten nichts auszusetzen, so konnten sie
ihr die Bestätigung nicht versagen, und der Physikus wurde überhaupt
nicht gefragt.

Wegen ihres Ungehorsams in der Benennung und Stellung einer
Hebamme verfielen 1791 einige Dorfschaften im Stadeschen in eine
unabbittliche Geldstrafe. [1]) Die Gemeindevorsteher, augenscheinlich gute
Ehemänner und brave Hausväter, schrieben darauf: „Unsere Frauen
bestürmten uns mit Bitten und Thränen. Wie konnten wir ihnen ab-
schlagen, wenigstens den Versuch zu machen, ob sie nicht die bisherige
Wehemutter behalten dürften. Unser Interesse kam hierzu in Frage,
weil wir bis jetzt für ein Vorbel zu pflügen, für einige Fuder Mist und
dergleichen von den bisherigen Hebammen bedienet sind. Bey vielen
kam auch die wichtige Gundsatz, es beym alten zu lassen hinzu, lauter
Sätze, die es zwar nicht rechtfertigen, aber doch entschuldigen.“

Über das passende Alter [2]) und sonstige Qualifikation der Schülerinnen
war man sich ebenso wenig klar. [3]) Eine „dusselige“ Frau von 60 Jahren
wurde noch für würdig zum Unterricht befunden, eine andere hatte ein
Kind an der Brust, und von der Insel Krautsand sollte gar eine
Schwangere kommen, die in kurzem selbst Mutterfreuden erwartete. Das
war aber dem Hebammenlehrer zu bedenklich, da der Unterricht sowohl
von der guten als bösen Seite gelehrt werden müsse, was einen Eindruck

---

[1]) Hannover, Des. 80, Landdrostei Stade, Nr. 685.
[2]) seit 1840 30—36 Jahre.
[3]) Hannover, Des. 80, Landdrostei Stade, Nr. 683.

auf ihren Zustand machen könnte. Und, käme sie zu früh nieder, so würde es Kosten veranlassen. Das war natürlich für die Abweisung ausschlaggebend!

Die Fuhre nach dem Ort des Unterrichts und zurück wurde von der Gemeinde gestellt. Die Schülerinnen erhielten eine wöchentliche Unterstützung und zum Unterhalt der Kinder während ihrer Abwesenheit ein Gewisses an Naturalien.

Die Dauer des Unterrichts schwankte zwischen 4, 6 und 10 Wochen. An jedem Kursus nahmen bis zu 10 Frauen teil. Man wählte gewöhnlich eine Zeit, wo keine dringenden landwirtschaftlichen Arbeiten vorlagen. Den Lehrern wurden für jede Teilnehmerin 10 Taler aus öffentlichen Kassen (z. B. im Herzogtum Bremen-Verden aus den Erträgnissen der Tabacksaccise) vergütet. Während in Hessen die Militärärzte von der geburtshülflichen Praxis ausgeschlossen waren, finden wir bei uns solche sogar als geschätzte Hebammenlehrer z. B. einen Regimentschirurgen Ziepolle in Harburg. Der Unterricht geschah durch Vorträge und Übungen am Phantom, der um die Mitte des 18. Jahrhunderts von dem schwäbischen Arzte G. Fr. Mohr in Gingen erfundenen „Entbindungs= maschine"[1]. Gelegentlich wurden auch die partes muliebres an Justifizierten gezeigt. So weit, wie in Preußen, wo die Hebammen nach der Medizinalordnung von 1725 an einer Demonstration der weiblichen Geschlechtsteile seitens des Professors der Anatomie im theatro anatomico teilnehmen sollten, ging man jedoch nicht.

Die Schwierigkeit, den Unterricht der Fassungsgabe, Sprach= und Denkweise der ungebildeten Landfrauen anzupassen, ist gewiß nicht gering anzuschlagen. Schreiben konnte keine, lesen nur wenige. Einige brachten wohl Vorkenntnisse mit, die sie als „Lehrtöchter" angestellter Hebammen erworben hatten und sich von diesen bescheinigen ließen. Ein solches Attest lautet beispielsweise:[2]

„Ich als eine Beruffene und abgehaltenes Eides von der hiesigen Obrigkeit eingesetzte Wehemutter Attestire hiermit das die Frau von Drochtersen nahmentlich Lütje Schlichtings mit mir einige mahle aus= gewesen, wo kreisende Frauen vorhanden wahren, und ich ihr solche Anweisungen gethan, welche sie auch gütig angenommen und sich so verhalten das ich wol mit Ihr friedlich, und meine unterweißungen so ich Ihr in meinem Hause bey öfter Besuchung so sie an mir gethan,

---

[1] Mohr, die gebährende Frau sammt ihrer Leibesfrucht. Hersfeld 1778.
[2] Hannover, Des. 80, Landbrostei Stade, Nr. 683.

wol obferviret, ich folches einigemahl wieberholet, fie mir orbentlich antwort barauf ertheilet. Solches thue hiermit atteftiren.

Stabe, 27. July 1755.   Anna Chriftine Rubinen.

Als Lehrbuch biente vielfach bas in mehreren Auflagen erfchienene v. Hornfche[1]), welches in zwei Abfchnitten Schwangerfchaft unb natürliche Geburt, wibernatürliche unb künftliche Entbindung behanbelt. Neben bem vernünftigen Grunbfaß, bas befte Pellens ober Treibmittel fei bie gefchidte Hanb einer verftänbigen Wehemutter, neben einer guten Darftellung bes Beckens, ber placenta praevia unb ber Wenbung auf bie Füße werben fehr rohe Regeln zum Entwicklen beziehungsweife Anbohren bes eingeteilten Kopfes angegeben, ba man bie Jnftrumente bei ber Geburt nicht entbehren könne, obwohl fich fchon Heifter fehr tabelnb barüber ausfprach. Die bereits erfunbene Geburtszange war bem Verfaffer noch unbekannt.

Ein Doktor Drofte fchrieb 1796 in feiner Differtation[2]) über einen unglücklichen Geburtsfall, bei bem Mutter unb Kinb burch bie Schulb ber Hebamme zu Grunbe gegangen fein follten, unb fügte hinzu, ihm feien viele folcher Fälle bekannt, „wie benn bie Hebammen hier im Lanbe Mutter unb Kinb ungeftraft ums Leben brächten". Die Regierung empfanb ben barin liegenben Vorwurf ber Nachläffigkeit höchft übel unb orbnete eine ftrenge Unterfuchung an, bie ergab, baß bie betreffenbe Hebamme einen Arm gewaltfam abgeriffen, nachher einen Haken aus einem „Befemer"[3]) genommen unb bamit ben Rumpf herausgeholt habe. Ein anberer Chirurg wußte Fälle zu berichten, wo bie Hebammen bem ungeborenen Kinbe bie Arme mit Stricken abriffen unb ben Reft mit Schlächterhalen ober krummen Nägeln herauszogen. Ja, eine fchlüge fogar einen fcharfen Haken in ben Kopf bes Kinbes, gleichgültig, ob es tot wäre ober noch lebe! Drofte erklärte, bas feien bie Folgen ber Unterweifung „nach jenem veralteten Lehrbuch von Hoorn", man folle ben geübteren Hebammen außer ber Wenbung lieber ben Gebrauch ber Zange, — wie es in Heffen tatfächlich gefchah, — als ben eines krummen Hakens lehren. In ber Folge wurben bie Hebammen im Herzogtum Bremen-Verben eiblich verpflichtet, fich niemals ber

---

[1]) Joh. v. Hoorn, bie zwo um ihrer Gottesfurcht unb Treue willen von Gott wohlbelehrte Wehe Mütter Siphra unb Pua, welche in Frag' unb Antwort treulich unterweifen. Stockholm unb Leipzig 1737.

[2]) Hannover, Des. 80, Landbroftei Stabe, 685.

[3]) „Befemer" eine Art Wage, bie burch eine mit Blei ausgegoffene Kolbe auf einem Seile fchwebenb bie Laft gegenüber beftimmt. (Grimm.)

Accouchier-Instrumente zu bedienen, da sie deren Anwendung nicht gelernt und nur Unheil damit anstiften, mit Ausnahme der Gerätschaften, so bei Wendungen zuweilen erforderlich sind.

Der Hofchirurg Sommer gab den von ihm ausgebildeten Frauen ein „Verzeichnis einiger Hülfsmittel für Hebammen auf dem Lande, deren sie sich in vorkommenden Fällen bey Schwangeren, Gebärenden, Kindbetterinnen und Kindern, wenn keine Praktiker vorhanden, sicher bedienen mögen", mit.[1] Im wesentlichen sind es diätetische Vorschriften. Als wehenbefördernbes Mittel wird der Aderlaß empfohlen, bei mangelhafter Zusammenziehung der Gebärmutter nach der Geburt ein Trunk kalten Wassers, Massage des Bauches, kalte Umschläge. Nachwehen werden mit Hollundertee bekämpft, der Leib der Wöchnerin darf nicht vor dem 6. bis 7. Tag gewickelt werden; das Kind soll am 3. Tag eine gelinde Abführung aus Manna und Rhabarbersaft erhalten.

Nach Beendigung des Unterrichts stellte der Lehrer ein Zeugnis über das Resultat der Prüfung aus, gleichzeitig wurde darüber an die Regierung berichtet, und diese forderte ihrerseits die Ortsbehörde auf, die Hebamme anzustellen und zu beeidigen.

In dem Eib[2] mußte sie geloben, ein Gott und den Menschen wohlgefälliges Leben zu führen, sich vor übermäßigem Trunk zu hüten, bei arm und reich treulich ihre Pflicht zu erfüllen, keine Medikamente zu verabfolgen, noch weniger Beihülfe zur Abtreibung zu leisten, hingegen, wenn sie von solcher Kenntnis erhalte, es der Obrigkeit zu melden, unehelich Geschwängerte nach dem Vater zu fragen 2c. „Dafern aber ein mißlicher und gefährlicher Fall sich zutrüge .... wenn Ihr den Zustand für Euch nicht Rat schaffen könnet, andere geschworene Hebammen und verständige Frauen dazu mitfordern und deren Rat hören, auch allenfalls sorgen, daß bei anhaltender und wachsender Gefahr ein Doktor der Medizin geholt wird."

Eingehendere Bestimmungen über die Geburtshelfer, Hebammen und deren Verbindlichkeit sind in der Hildesheimer Medizinalordnung von 1782 enthalten. Jede Gemeinde muß ihre Hebamme haben. Obrigkeit und Geistliche sollen sich bemühen, die leider in einer der ganzen menschlichen Gesellschaft so sehr anliegenden Sache hier und da noch herrschenden ungereimten Vorurteile auf alle Weise zu unterdrücken und den Hebammen zur Achtung und Ehre ihrer Berufsgeschäfte allen

---

[1] Hannover, Des. 80, Landbrostei Stade, II, 683.
[2] Knopf, l. c., 26/28.

möglichen Beistand zu erweisen. Die Prüfung erfolgt vor dem C. m., die licentia practiandi wird durch Eintragung in das Gerichtsprotokoll erworben. Die Schülerin soll mittleren Alters, gesund, mit natürlichem Verstand „insonderheit mit reinen, graben und gelenken Händen begabt", von allen äußerlichen Gebrechen frei sein, lesen können 2c. In Städten und größeren Orten dürfen die geschworenen Hebammen eine Lehrtochter oder Wärmefrau annehmen, die im Notfall und unter Verantwortung der Hebamme eine Geburt leiten darf und bei sonstigen entsprechenden Eigenschaften Aussicht auf eine erledigte Hebammenstelle hat.

Zu den Pflichten gehört auch das Gebot der Verschwiegenheit, und sich, wenn Grob-Schwangere am Orte sind, überhaupt nicht, sonst höchstens auf 24 Stunden und nach eingeholter obrigkeitlicher Erlaubnis von ihrem Wohnsitz zu entfernen. Wenn das Kind tot geboren wird oder die Mutter in den ersten 8 Tagen des Wochenbettes stirbt, hat die Hebamme es dem Physikus zu melden, der darüber dem C. m. Bericht erstattet. Die gleiche Anzeigepflicht liegt dem Arzt oder Chirurgen ob, der zu einer schweren Geburt zugezogen wird. Ebenso schicken Geburtshelfer wie Hebammen am Ende des Jahres ein Verzeichnis aller Geburten an den Physikus ein.

Stirbt die Mutter, ehe das Kind geboren ist, so ist der nächste Arzt zu holen, um die Verstorbene, auch wider den Willen der Anverwandten, zu eröffnen und das vielleicht noch lebende Kind durch einen „vorsichtig angebrachten Schnitt" zu retten und an das Tageslicht zu bringen. Die Prediger haben die Anwendung dieses „für die Menschheit unumgänglich nötigen Rettungsmittels" nach allen Kräften zu unterstützen.

Auch nach dem allgemeinen preußischen Landrecht (Bd. IV, S. 592, § 737) durften Frauenspersonen, die während der Schwangerschaft und vor der Entbindung starben, nicht eher beerdigt werden, als bis wegen der Rettung des im Mutterleibe befindlichen Kindes zweckdienliche Vorkehrungen getroffen seien.[1]) Da die Bestimmungen des preußischen Landrechts an den Gerichtshöfen Ostfrieslands auch nach der Einverleibung in das Königreich Hannover gültig blieben, konnte es noch 1839 in Aurich geschehen, daß an einer während der Geburtstätigkeit verstorbenen Arbeiterfrau trotz des Einspruchs des Ehemannes auf polizeiliche Ver-

---

[1]) Solche Bestimmungen waren schon im alten Recht bekannt, z. B. im Talmud und in der Lex Julia.

anlaffung der Kaiferschnitt vorgenommen wurde![1]) Der Landbroftei
schien die Berechtigung der Polizei zweifelhaft. Die um ihr Gutachten
befragte A. P. B. hielt eine allgemeine Landesverordnung für unnötig,
da die Operation schlechte Resultate gäbe, und im einzelnen Falle die
Entscheidung dem ärztlichen Erachten überlaffen werden müffe.

In der Erkenntnis, daß eine theoretische Belehrung niemals den
praktischen Unterricht am Kreisbett erfetzen kann, entstanden im Laufe
des 18. Jahrhunderts eine Reihe von Hebammeninftituten, welche
sich durch Gewährung von Freiftellen das nötige Lehrmaterial an
Schwangern zu verschaffen suchten.

Dem Beispiel der seit dem 17. Jahrhundert am Hotel=Dieu in
Paris beftehenden Hebammenschule folgend errichtete der Magiftrat in
Straßburg im dortigen Bürgerhofpital eine Kindbetterinnenftube für arme
Schwangere, an denen Geburtshelfer und Frauen, sogenannte „Lehrtöchter",
von einem Hebammenmeifter Unterricht empfingen.[2]) Der erfte Lehrer
Johann Jacob Fried hatte seiner Zeit auch den oben erwähnten v. Horn
unterrichtet.

Die Straßburger Einrichtung wurde in den 1751 in Berlin und
Göttingen gegründeten Anstalten nachgeahmt. Da das Göttinger Ent=
bindungshaus natürlich in erfter Linie für die Zwecke der Univerfität
beftimmt war und bei den damaligen mangelhaften Verkehrsbedingungen
eigentlich nur für den Süden des Landes in Betracht kam, entstanden
1782 resp. 1784 die beiden Anftalten zu Hannover und Celle. Das Nahe=
beieinanderliegen der letzteren erklärt sich aus den getrennten landschaft=
lichen Verhältniffen der Provinzen Calenberg und Lüneburg. Auch war
es in jener Zeit noch nicht Grundsatz der Regierung, allgemeine Wohl=
fahrtsanftalten in der Hauptftadt zu concentrieren.[3])

Schon bald nach der Gründung der Univerfität in Göttingen gab
Haller die Anregung zur Anlage einer Entbindungsanftalt. Trotz=
dem blieb es bei den Vorlefungen, die Huber von 1739 bis zu seinem

---

[1]) Hannover, Des. 104, II, 9, 5A, Med. General. No. 30.
  Die Operation wurde 16 Stunden nach dem Tode der Frau ausgeführt,
wie die Landbroftei vielleicht nicht mit Unrecht vermutete, mehr aus Liebe zur
Wiffenschaft, denn das Kind war natürlich längft tot. Das Ministerium wies den
Ärzten 13 Tlr. 4 Ggr. aus der Generalfaffe an.

[2]) Baldinger, Neues Magazin für Ärzte, Bd. VI, pag. 452. Nachricht von
der jetzigen öffentlichen Accouchiranftalt zu Straßburg.

[3]) Hannover, Des. 51, No. 100.

Fortgang nach Kaffel 1742 abhielt.[1]) Von da bis zur Berufung Bren=
dels 1750 verschwand die Geburtshülfe sogar gänzlich aus dem Lehrplan!
Erst 1751 wurde der Plan Hallers verwirklicht und die Anstalt unter
Leitung J. G. Röderers im Armenhospital St. Crucis vor dem Geismar=
tore eröffnet. Aus der Zahl der Studierenden wurde ein Ökonom bestellt,
und außerdem eine Oberhebamme, die im Hause wohnte, angenommen.
Die Schwangeren — im ersten Jahre 3 — genossen gewisse Vorteile,
diejenigen aus dem Fürstentume Göttingen und den umliegenden Gegenden
fanden unentgeltliche Aufnahme. 1756 gab es schon 37 Entbindungen
pro Jahr, in den ersten 10 Jahren des Bestehens 233, 1837 120—140.

Auch für den Unterricht der Hebammen war gesorgt. Nach der
Verordnung der Grafschaft Hoya vom 22. 9. 1778 mußten alle für die
Stadt Nienburg und die größeren Flecken Hoya, Stolzenau und Sulingen
bestimmten Hebammen an den vierteljährigen Kursen in Göttingen
teilnehmen, während man sich bei den Bademüttern in geringeren Flecken
und auf dem flachen Lande noch mit dem sechswöchigen Unterricht durch
den Landphysikus oder =chirurgus begnügte. Die Zahl der in einer
Stunde zu unterrichtenden Schülerinnen war auf 4 höchstens 6 beschränkt.[2])
Jede Person zahlt nach der ersten Unterrichtsstunde drei Pistolen. Für
Kost und Logis sorgt sie selbst. Unter Siebold gingen jährlich ca. 16—20
Hebammen aus der Anstalt hervor.

1785 wurde der Grundstein zu einem Neubau nach Vorschlägen
des Hofrats Dr. Stein in Kaffel gelegt, der 1787 unter Dach war,
aber erst 1791 bezogen wurde.[3]) Er bestand aus einem Hauptgebäude
mit zwei Flügeln. Der Mittelbau war von einer Glaskuppel nach dem
Vorbild des Hotel=Dieu in Lyon gekrönt, um dem Inneren möglichst
viel Licht und Luft zuzuführen. Er enthielt in seinem unteren Geschosse
wesentlich Wirtschaftsräume, im mittleren Teil ein geräumiges Entbindungs=
zimmer, zu beiden Seiten desselben eine Wochenstube, ferner den Vor=
lesungssaal, zwei Zimmer für Schwangere rc. Durch eine bauliche
Veränderung wurde 1824 die Zahl der Betten von 16 auf 20 erhöht.[4])

---

[1]) E. C. Jac. v. Siebold, Die akademische Entbindungsanstalt zu Göt=
tingen in ihrer Wirksamkeit von 1792—1855. Aus den Nachrichten der Georg=
Augustus=Universität. Göttingen 1856.

[2]) Hannoversche Anzeigen 1778, St. 88.

[3]) Pütter, Gelehrtengeschichte, l. c. II, pag. 259 u. ff.

[4]) Mende, Beobacht. und Bemerkungen aus der Geburtshülfe, 2 Bdchn.,
pag. 323.

Die Studenten wohnten gleich den Schülerinnen als Auskultanten und Praktikanten den Geburten bei.

Röderer (1751—1763) hatte seine Ausbildung auf der hohen Schule zu Straßburg empfangen und sich in Paris, London und Leyden weitergebildet. Er versah zugleich das theatrum anatomicum und war in den verschiedensten Zweigen der Medizin tätig. Sein Lehrbuch[1]), in dem er eine für damalige Verhältnisse bewunderungswürdige Darstellung der Gebärmutterabschnitte und der Theorie der Geburt gibt, lenkte die Aufmerksamkeit der Ärzte auf die Geburtshülfe. Schon die Wahl der lateinischen Sprache zeigt, daß es für die gebildeten ärztlichen Kreise bestimmt war.

Auf Wrisberg (1764—1785) und Fischer, einen Schüler Steins (1785—1792) folgte der operationssüchtige Fr. Benj. Osiander (1792—1822), ebenfalls durch ein Handbuch der Entbindungskunst[2]) und ein Hebammenlehrbuch[3]) bekannt. Er bediente sich mit Vorliebe einer großen Geburtszange und hat während seines Göttinger Aufenthalts von 2400 Entbindungen nicht weniger als 1159, also 45,6 Proz. durch Kunsthülfe beendigt.

Nach einem Interimistikum unter J. Fr. Osiander übernahm L. Mende, eine Autorität auf dem Gebiet der Staatsarzneikunde, die Leitung. Mit ihm kam wieder mehr das abwartende Verfahren der Wiener Schule zu Ehren, sodaß unter 1247 Geburten nur 93 mal (7,4 Proz.) Kunsthülfe angewandt wurde.

Von 1833—1861 wirkte E. J. v. Siebold, Sohn des berühmten Würzburger Gynäkologen. Ihm verdanken wir u. a. eine klassische Geschichte der Geburtshülfe[4]) und interessante Briefe, in denen er seine Gedanken über Erlernung und Ausübung der Geburtshülfe niederlegte.[5]) Sein Nachfolger wurde Schwarz.

Die Entbindungsanstalt in Hannover trat im Herbst des

---

[1]) Roederer, Elementa artis obstetriciae. Gottingae 1752. (2. Aufl. 1759.)

[2]) Fr. B. Osiander, Handbuch der Entbindungskunst. 3 Bde. Tübingen 1821. Der letzte Band bearbeitet von J. Fr. Osiander. Tübingen 1832.

[3]) Derselbe, Lehrbuch der Hebammenkunst. Göttingen 1796.

[4]) J. v. Siebold, Versuch einer Geschichte der Geburtshülfe. 1. Bd. 1839, 2. Bd. 1845.

[5]) Derselbe, Ansichten über Erlernung und Ausbildung der Ärzte, speziell der Geburtshelfer und Gynäkologen. Braunschweig 1862. Zu seiner Zeit wurde die Klinik von 18—24 Praktikanten im Semester besucht.

Jahres 1782 ins Leben.[1]) Zur Unterhaltung dienten die Ueberschüsse aus der Landeslotterie (ca. 1000 Taler) und ein jährlicher Beitrag der Kalenbergischen Landschaft (300, später 400 Taler), als Anstaltsräume ein dem Armenkollegium gehöriges, mietsweise überlassenes Gebäude im großen Wolfshorn. Arme Schwangere wurden unentgeltlich aufgenommen und verpflegt, während sich die Hebammenschülerinnen selbst zu beköstigen hatten.

Der Unterricht dauerte 5—6 Monate. Die praktische Unterweisung im Hospital wurde in den Lehrstunden durch Vorträge unter Zuhülfenahme einer gläsernen Gebärmutter, einer Lederpuppe und eines künstlichen Mutterkuchens ergänzt. Auf diese Weise sind bis 1810 schon 132 Hebammen ausgebildet.

Der erste Accoucheur, Chirurgus Lammersdorf, wurde von seinem Sohn, dem Dr. med. L. unterstützt. Er hatte bei Meckel in Berlin ein „praktisches Wochenbette"[2]) kennen gelernt, das er mit einigen geringfügigen Abänderungen stets gebrauchte. Es bestand aus einem Holzgestell nach Art einer Couveuse, auf das eine Matratze oder dergleichen gelegt wurde, hatte eine verstellbare Rückenlehne, verschiebliche Querhölzer zum Gegenstemmen der Füße und Handgriffe für die Kreisende. Das Ganze sollte sich in 4 Minuten auseinandernehmen und in 6 Minuten aufschlagen lassen. Ähnliche Gebärstühle waren noch Anfangs des 19. Jahrhunderts auf dem Lande beliebt. Ihre Anwendung gründete sich auf eine unrichtige Vorstellung von den Geburtsvorgängen und war nicht selten direkt von Nachteil für die Gebärende. Als 1829 das Amt Westen (Lbst. Stade) um Ueberlassung eines solchen petitionierte, wurde ihm dies unter Hinweis auf ein Gutachten des Medizinalrats Heine abgeschlagen.[3])

Als Nachfolger Dr. Hurlebuschs (1791—1810) trat Heine an die Spitze der Anstalt, die 1812 einen Umzug in ein für ihre Zwecke umgebautes Haus an der Osterstraße erlebte. Die westfälische Regierung fand die Aufwendungen für das Institut viel zu hoch. Selbst in der teuren Residenz (Kassel) gäbe der Staat für die dortige Anstalt, die

---

[1]) Poten, Festschrift zur Eröffnung der neuen Provinzialhebammenlehranstalt zu Hannover am 1. April 1903.

Hannoversche Anzeigen 1781, St. 77.

Hannoversche Anzeigen 1782, St. 99.

[2]) Nähere Beschreibung und Abbildung s. in: Neue Beiträge zum Nutzen und Vergnügen. Hannover 1759, St. 49, pag. 270.

[3]) Hannover, Des. 80, Landdrostei Stade, 689.

außer einem Hause gar keinen Fonds besitze, nicht mehr als 5000 Francs und in den übrigen Städten des Königreichs noch weit weniger aus. Der Hebammenunterricht sei in Hannover in erster Linie Pflicht der Physiker, und es solle auch in Zukunft dabei bleiben, wenn anders die Physiker Anspruch auf Gehalt machen wollten! Allein von der dadurch erzielten Ersparnis hänge der Fortbestand der Anstalt ab, da keine Ausgaben auf den Schatz übernommen werden könnten.

Unter Heine (gest. 1833) betrug die Anzahl der Geburten 150—200, die der ausgebildeten Hebammen 20—25 pro Jahr.

Einen noch bedeutenderen Aufschwung brachte sein Nachfolger Kaufman, der auch ein Lehrbuch zum Nachschlagen für die Schülerinnen verfaßte und 1843 mit der Ausbildung von Wochenbettpflegerinnen begann. 1864 konnte endlich ein Neubau an der Meterstraße mit einem Kostenaufwand von 65 000 Tlrn. eröffnet werden. Er war für 400 Frauen und 16 Hebammenschülerinnen berechnet und galt in damaliger Zeit als Musterbau. Bei den innigen Beziehungen zu der chirurgischen Schule unter Heine und Kaufman sind gelegentliche Epidemien schwerer Wochenbettfieber nicht verwunderlich.

Das Hebammenlehrinstitut in Celle begann seine Tätigkeit unter Leitung des Professors Scheller Michaelis 1784 in einem Gebäude an der Mühlenstraße, welches der Anstalt als Eigentum überwiesen war.[1] Sämtliche Ausgaben wurden von der kgl. Rentkammer und der landschaftlichen Kasse des Fürstentums Lüneburg bestritten. Arme Schwangere erhielten sechs Wochen vor der Niederkunft unentgeldliche Aufnahme und eine Beisteuer an barem Gelde, 9 Gr. vor und 24 Gr. nach der Entbindung, zu ihrem Unterhalt. Die Oberhebamme übernahm zugleich die Pflege und Wäsche der Wöchnerinnen.

Nach der Verordnung vom 6. 8. 1784 durfte keine Hebamme mehr im Fürstentum Lüneburg eingesetzt werden, die nicht einen Kursus auf einer öffentlichen Entbindungsanstalt durchgemacht hatte.[2] Den Bemittelten stand die Wahl des Instituts frei. Unbemittelte hatten sich durch Vermittlung der Obrigkeit nach Celle zu wenden. Während der viermonatlichen Ausbildungszeit genossen sie das sogenannte Beneficium, d. h. freien Unterricht, Betten, Feuerung, Licht und für Beköstigung 16 Tlr. Später wurde auch den kalenbergischen Hebammen das Beneficium zugebilligt. Scheller beanspruchte aber — neben seinem

---

[1] Hannover, Des. 51, No. 100. Der Kaufpreis betrug 2100 Taler.
[2] Hannoversche Anzeigen 1784, St. 68.

Gehalt von 300 Tlrn. — von ihnen zunächst ein besonderes Honorar von 15 Tlrn., da er 1784 nur mit Lüneburg abgeschlossen habe.[1]) Als 1792 auch die Hebammen aus dem Herzogtum Bremen-Verden nach Celle geschickt wurden, begnügte er sich mit 10 Tlrn., erhöhte aber 1805 das Honorar auf 15 Tlr., da ihm nach der „Sprachmeistertaxe"[2]) sogar 20 Tlr. zuständen. Übrigens gäbe er von seinen Einnahmen Prozente an die Oberhebamme ab. Die wöchentliche Unterstützung der Hebammen aus dem Herzogtum Bremen-Verden war etwas größer, da sie sich der weiteren Entfernung halber keine Lebensmittel schicken lassen konnten.

Über die Art des Unterrichts äußerte sich Scheller folgendermaßen[3]): Der Unterricht sei nicht mit den akademischen Vorlesungen zu vergleichen, da eine jede Hebamme individuelle Behandlung erfordere, der Vortrag erfolge in „niedersächsischer" Sprache (denn Hochdeutsch verstehen sie selten), werde durch „Hieroglyphen" an der Tafel erläutert und faßlicher gemacht, und das Judicium durch Fragen und vorgelegte Fälle geschärft. In dem Zimmer der Schülerinnen seien Maschinen, die sie jederzeit benutzen könnten, täglich, auch Sonntags, werde ein Pensum durchgenommen, und die Lehrschülerin im Hospital bei Schwangern, Gebärenden und Kindern beschäftigt.

Nach dem Ausfall der Prüfung gab es drei Klassen.

In der westfälischen Zeit hatte die Anstalt sehr unter der Gleichgültigkeit der Regierung zu leiden. Es war auch die Verlegung des Unterrichts (ohne das Hospital) nach Hannover erwogen, aber wieder aufgegeben, da man sich keine Ersparnisse davon versprach. Ähnlich tauchte 1831 die Frage der Verlegung mehr nach der Mitte des Fürstentums und näher dem Herzogtum Bremen-Verden auf.

Scheller starb am 13. 10. 1837 nach 53 jähriger Dienstzeit. Wenn auch als Geburtshelfer nicht von der Bedeutung Heines oder Kaufmans, hat er sich als Lehrer und Organisator große Verdienste erworben. Unter seinem Nachfolger Meiners wurde die Anstalt einer Revision durch Medizinalrat Kaufman unterzogen, die Lokalitäten verbessert und verschiedene Neuerungen (2 Kurse à 5 Monate, Beköstigung nach einer be-

---

[1]) Hannover, Des. 104, II, 9, 5 D, Hebammeninstitute, No. 6.

[2]) Hannover, Des. 80, Landdrostei Stade, 686. Das Honorar der Sprachlehrer betrug 2 Tlr. 16 Ggr. für 16 Stunden, das macht bei dem 16 wöchigen Kursus mit mindstens 120 Stunden 20 Tlr.

[3]) Hannover, Des. 80, Landdrostei Stade, 686.

stimmten Speiseordnung ꝛc.) eingeführt (1840).[1]) 1857 kamen ¦noch einige Verbesserungen hinzu.

Die bischöfliche Regierung zu Hildesheim machte den Anfang einer praktischen Unterweisung der Hebammen mit der Entsendung einiger Frauen in das Entbindungsinstitut in Kassel, das sich unter Leitung des Dr. Stein eines großen Rufes erfreute.[2]) Aber noch bei den Vorarbeiten zu der Medizinalordnung von 1782 hieß es, die Erfahrung könne erst ausweisen, ob diese Art des auswärtigen Unterrichts beizubehalten oder ein anderer theoretischer „an der dazu eingerichteten Maschine" an seine Stelle treten solle. Die Kräfte reichten eben nicht aus, dem Beispiele größerer Länder hinsichtlich eines Accouchierhauses zu folgen. Zur Aufmunterung der Frauen, die sich dem Hebammenberuf widmen wollen, empfehle sich dagegen, ihnen einen Gebärstuhl auf öffentliche Kosten und Befreiung von den Abgaben an die fürstliche Kammer und Landeskasse zu gewähren. Ein „eingebildeter" Vorzug könne in unbedeutenden Dingen bestehen, wie z. B. „in der Freiheit, Gold und Silber auf der Mütze zu tragen, an sich zwar Kleinigkeiten, aber von Bedeutung, sobald sie mehrere Menschen aufmuntern, sich diesem in so manchem Betracht unangenehmen Beruf zu widmen."

Derartige Vergünstigungen (Freiheit von Abgaben und Personalfrohnen) waren auch in anderen Ländern den Hebammen zugestanden, z. B. im Kurfürstentum Mainz und in Württemberg selbst den Ehemännern der Landhebammen, in Hessen allerdings nur für ihre eigene Person.

Schließlich siegte über alle Bedenken die Erwägung der traurigen Tatsache, daß im Hildesheimschen auf je 10—12 Geburten eine mit unglücklichem Ausgang kam.[3]) Bischof Friedrich Wilhelm stiftete daher aus seiner Privatschatulle 300 Gulden zur Errichtung einer Hebammenanstalt, und die Landstände bewilligten weitere 300 Gulden. Dazu kamen gewisse Abgaben, welche von jedem jungen Ehepaare, seinem Stande entsprechend, bei der Hochzeit erhoben wurden. Diese Abgabe betrug für Gelehrte und Großkaufleute 3 Tlr., Künstler und mittlere Kaufleute 2 Tlr., Bürger und Handwerker 1 Tlr., bis herunter zum Soldaten

---

[1]) Hannover, Des. 104, II, 9, 5 D, General. No. 13. Im Laufe des Jahres kamen ca. 70—80 Geburten vor, die sich auf 30—36 Schülerinnen verteilten.

[2]) Hannover, Des. 104, II, 9, 5 D, d. Hildesheim.
Hildesheimer Landesarchiv, Bd. IX, 61 T., Abschn. I, No. 2. Pro memoria de 1781.

[3]) Hildesheim, Des. 10, VIII, No. 9.

und Tagelöhner 12 Mgr. und brachte jährlich ca. 300 Tlr. ein.[1]) Daraus wurde ein Fonds gebildet, der, da der Überschuß der Einnahme am Schluß des Jahres zum Kapital geschlagen und zinsbar belegt wurde, in kurzem zu einer beträchtlichen Höhe anwuchs. Daher konnte die Heiratssteuer 1792 aufgehoben werden.

1803 wurde ein zum säkularisierten Kloster St. Michaelis gehöriges Haus im Langenhagen gemietet und durch einige bauliche Veränderungen zu einem Accouchierhospital für 6—8 Schwangere eingerichtet.[2]) Die Eröffnung fand Ostern 1804 statt. Während früher sogar die Rede davon gewesen war, einen Geburtshelfer aus Berlin oder Straßburg, „als den beiden in diesem Falle bekanntesten Fakultäten", zu berufen, stellte man jetzt den Medizinalrat Püttmann und neben ihm den Landchirurgen Praël an. Zu jedem Lehrkursus von vier Monaten Dauer wurden sechs Hebammen zugelassen, die zur Erleichterung ihrer Existenz neben freier Wohnung eine wöchentliche Unterstützung von 18 Mgr. bezogen. Ein Hauptmangel bestand wieder darin, daß sich die Schwangeren und Wöchnerinnen gegen eine Gebühr von 4 Tlr. 24 Gr. (incl. Taufgebühr) selbst beköstigen mußten, was natürlich häufige Diätfehler zur Folge hatte. Auch war die Oberhebamme zugleich Stadthebamme und konnte als solche nicht immer in der Anstalt anwesend sein.

Bei der Vereinigung des Bistums mit Preußen zog die preußische Regierung das auf 17 900 Tlr. angewachsene Kapital zu Gunsten der Kriegs- und Domänenkasse in Halberstadt ein und setzte dafür 900 Tlr. zum jährlichen Unterhalt aus.[3]) Während der westfälischen Herrschaft blieb auch dieser Beitrag aus, trotz der Verwendung des Unterpräfekten beim Ministerium, so daß zeitweilig gar kein Unterricht stattfand.[3]) Praël, der inzwischen nach Püttmans Tode die Leitung übernommen hatte, beschwerte sich darüber 1810 mit der Begründung, in einem militärischen Staate müsse doch vor allem darauf gesehen werden, daß gesunde Menschen erzeugt (!) und nicht in der Geburt verkrüppelt oder gar getötet würden, was von ungeschickten Geburtshelfern nur zu leicht und leider zu oft geschehe.

Seit 1818 wurde auch den Hebammen des Fürstentums Hildesheim der Besuch einer öffentlichen Entbindungsanstalt zur Bedingung gemacht.

---

[1]) Hildesheim, J. No. IV, 1, Fasc. No. 1.
[2]) Hildesheim, Des. 10, VIII, No. 9.
   Hannover, Des. 51, No. 74.
[3]) Hildesheimer Landesarchiv, Bd. IX, 61 I., Abschn. 4, No. 2.

Eine relativ hohe Säuglingssterblichkeit — 1821 starben von 95 Neu=
gebornen deren 15 — für die man die ungesunde Lage der Anstalt
verantwortlich machte, legte den Wunsch nach einer Verlegung nahe.[1]
Zur Untersuchung dieser Verhältnisse begab sich 1823 Medizinalrat Heine
mit dem Hofbaurat Witting nach Hildesheim. Sie fanden den Haupt=
mangel des alten Hauses in dem Fehlen eines eigenen Entbindungs=
zimmers. Der Kosten halber einigte man sich auf einen bescheidenen
Umbau, der nur einige hundert Taler erforderte. 1860 wurde auch
die Verlegung der Schule nach Hannover erwogen, statt dessen aber ein
Teil des Areals der sogenannten Großvoigtei angekauft und ein Neubau
für 30000 Tlr. aufgeführt, der 1864 vollendet und im nächsten Jahre
bezogen wurde.

In ähnlicher Weise schrieb Bischof Friedrich Georg 1787 eine
Heiratssteuer für das Fürstentum Osnabrück aus (mit Beiträgen von
18, 24 Mgr. bis 1 Tlr.)[2]. An verschiedenen Orten des Landes wurden
Lehrer ausgewählt, so der Chirurg Wanstral in Osnabrück, Dr. Callmeyer
in Babbergen, Amtsphysikus Dr. Dorfmüller in Fürstenau, und die
nötigen Hilfsmittel, Gebärstühle ꝛc von Zeit zu Zeit aus dieser Kasse an=
geschafft. Der Fonds verbesserte sich durch Kapitalisierung, sodaß seit
1801 jeder neu angenommenen und approbierten Hebamme eine Unter=
stützung, manchen auch die geburtshilflichen Instrumente gewährt werden
konnten. 1815 wurde ein Teil des Überschusses für Anstellung von
Amtsphysikern und =chirurgen verwandt, außerdem mußten von jetzt ab
die Apotheker bei Erteilung oder Erneuerung ihrer Privilegien je nach
der Bedeutung der Apotheke 20—40 Tlr. beisteuern.

Hofmedikus Ehmbsen erkannte die Unzulänglichkeit des bisherigen
Unterrichts, der obendrein nur 4—6 Wochen dauerte. Sein Vorschlag,
die Hebammen wenigstens alle zwei Jahre vom Amtsphysikus nachprüfen
zu lassen, fand sonderbarer Weise nicht die Billigung der A. P. B., da
es nicht der sonstigen Gepflogenheit im Königreich entspreche.[3] Um dem
Mangel einer praktischen Unterweisung im Hospital abzuhelfen, war die
Errichtung eines Entbindungshauses notwendig. Die Landdrostei fand
ein passendes Grundstück in der sogenannten Campeschen Curie, der
Minister genehmigte den Plan, obwohl die Pfarrherrn zu St. Johann
wegen des nahen Waisenhauses aus Gründen der Moral Einspruch erhoben,
und überwies das Lokal samt der ersten Einrichtung unentgeldlich.

---

[1] Hannover, Des. 104, II, 5D, d. Hildesh. 2, 4 und 11.

[2] Ebenda, e. Osnabrück No. 1.

[3] Ebenda, Generalia Nr. 13.

Seit ihrer Eröffnung am 1. 8. 1824 wurde die Anstalt allein
von den Heirats- und Apothekenabgaben unterhalten, bis die Ständeversammlung die Rechtlichkeit der Steuer anzweifelte, dieselbe 1862 aufhob und die Kosten der Generalkasse zuschob. Inzwischen hatte sich aber
ein Kapital von 69000 Tlrn. angesammelt, sodaß ein Neubau vor dem
Natrupper Tor begonnen werden konnte, der zur Zeit der Annexion
1866 noch unvollendet war. [1]

Der Lehrkursus dauerte 6 Monate, war für 6 Schülerinnen bestimmt,
die unter Leitung eines Lehrers (anfänglich des Landchirurgen Ewalds)
und einer Oberhebamme den erforderlichen Unterricht und während desselben freie Wohnung und Kost empfingen. In der Entbindungsanstalt
konnten zur Zeit 10 Schwangere aufgenommen werden.

In Ostfriesland bestand seit 1797 durch die Bemühungen des
damaligen Landphysikus' Siemerling eine Hebammenschule in Aurich,
die mit einem Gebärhause verbunden war. [2] Diese noch unvollkommene
Einrichtung dauerte bis 1810 auf Kosten der holländischen Regierung
fort. Dagegen verfügte die französische Regierung unter dem Vorwand
einer anderweitig zu treffenden Veranstaltung die Aufhebung, worauf jeder
Unterricht aufhörte.

1819 wurde die Verlegung der Anstalt von Aurich nach Emden
genehmigt, da letzteres volkreicher sei und mehr arme Familien besitze, das
dortige alte Amtshaus angekauft und ein jährlicher Zuschuß von 8—900 Tlr.
Conv.-M. gewährt. Direktor war Dr. Laporte (gest. 1854). 1855 sollte
die Anstalt, statt wie bisher für 3—4 Schülerinnen und ebensoviele
Schwangere, für je sechs eingerichtet werden. Der Erweiterungsbau war
auf 1500 Tlr. veranschlagt, auch schon ein Reglement nach dem Muster
der übrigen kgl. Anstalten ausgearbeitet. Die Erfahrung zeigte aber, daß
es oft an Schwangern fehlte und daß es dem Vorsteher nicht gelungen,
eine irgendwie bedeutende geburtshülfliche oder sonstige Praxis zu erwerben.

Die Lage in der Mitte der Provinz, am Sitze und unter den Augen
der Provinzialbehörde, und die bessere Zugänglichkeit entschieden wieder
zu Gunsten Aurichs. Es wurde daher an der Bürgervorstadt ein Haus,
zunächst auf 20 Jahre, gemietet und für die Zwecke der Anstalt hergerichtet.

Kaum ein anderer deutscher Staat besaß verhältnismäßig so viele
und zweckmäßige Entbindungsanstalten als das Königreich Hannover.

---

[1] Hannover, Des. 104, II, 9, 5 D. e. Osnabrück No. 12 u. 13.
[2] Ebenda, f. Aurich-Emden.

Trotzdem ergaben Umfragen bei den Ämtern in den Jahren 1817 und 1824, daß es in einzelnen Gegenden mit dem Unterricht der Hebammen noch mangelhaft bestellt war, da es an einem Fonds zur Bestreitung der Kosten fehlte. Zweckwidrige Wahl und geringe Einnahmen führten dem Stande häufig Personen ohne innere Neigung zu. Im Hildesheimschen und in einigen Orten des Göttingischen wählten die Gemeinden bis in die vierziger Jahre ihre Hebammen ohne Zutun der Obrigkeit.[1]) Es kam also darauf an, den Physikern einen größeren Einfluß auf die Auswahl der Schülerinnen einzuräumen, eine gleichmäßige Ausbildungszeit auf den öffentlichen Anstalten zu verlangen und die Bezahlung der geburts= hülflichen Leistungen angemessen zu erhöhen.

Die Taxe war nach Herkommen und Gewohnheit geregelt. Im Herzogtum Bremen=Verden beispielsweise schwankte sie zwischen 8 Ggr. und 1 Tlr., die gewöhnlichsten Sätze waren 12 bis 16 Ggr., und zwar galt bei unehelichen Geburten der höchste Satz! Auch hatte sich die Gewohnheit herausgebildet, daß die ortsansässige Hebamme, wenn eine auswärtige Kollegin geholt wurde, gleichfalls Bezahlung nach der niedrigsten Taxe verlangte. So beschweren sich 1793 „die Viermänner von Oster= holz"[2]) über eine ihnen mißliebige Hebamme, „nicht zufrieden, daß sie allerhand Versuche an den Orten, wo sie als Babemutter zugezogen worden, gemacht, die gewöhnliche Zahlung zu erhöhen, weil sie eine ge= lernte Babemutter sei und die Kunst auch bezahlt werden müßte, (!) ver= langt sie nun noch in jedem Kindbett, wo ihre Hülfe nicht begehrt ist, eine beständige Abgabe von 24 grote." Darin lag ohne Zweifel eine Härte. Vertrauen läßt sich nicht erzwingen. Überdies ist die Geburt eines Kindes an sich mit Kosten verknüpft, und die Mutter für einige Zeit ihrem Erwerb entzogen.

Auf Ersuchen des Kabinetsministeriums übernahm die A. P. B. eine genaue Prüfung der Sache und reichte unter dem 7. 4. 1827 den Entwurf einer Hebammenordnung ein.[3]) Neben der Berücksichtigung der obigen Punkte schlug sie vor, den Landhebammen einen Bezirk von ca. 200 Familien, die nicht weiter als eine Stunde von ihrem Wohnort entfernt wohnen, anzuweisen und ihnen ein jährliches Fixum zu gewähren. Für die Höhe des Gemeindezuschusses, durchschnittlich 10 Taler, sollten die Lokalverhältnisse maßgebend sein.

---

[1]) Hannover, Des. 29, Med. General. et var. No. 4.
[2]) Hannover, Des. 80, Landdrostei Stade, 685.
[3]) Ebenda, 682.

Die Ausführung dieser Reformpläne wurde durch endlose Verhandlungen mit den Landdrosteien verschleppt, da man sich vor allem über die Taxe und das Fixum nicht einigen konnte, denn „der Bauer scheut nichts mehr, als dauernde Kosten zu übernehmen, so willig er oft ist, extraordinäre Vorwendungen zu machen". Überdies hätten die meisten Landhebammen einen Nebenverdienst wie Ackerbau, Hökenhandlung, Krugnahrung, wenn ihnen auch grobe Arbeit und Auftagelohngehen untersagt wäre.

Erst Anfang der 40 er Jahre erinnerte man sich wieder der von dem vormaligen Kabinetsministerium beabsichtigten Instruktion für Hebammen. Nach erneuter Begutachtung durch die A. P. B. (25. 6. 1841) wurden die früheren Vorschläge im großen und ganzen angenommen und die Pflichten im einzelnen in einer Dienstanweisung von 21 §§ niedergelegt (29. 4. 1844).[1]

Während in Hessen der Katechismus von Stein[2] 1801, in Preußen seit 1815 ein gemeinsames Hebammenlehrbuch eingeführt war, ist dies in Hannover relativ spät geschehen. Schon Heine hatte nach dem Vorgang Steins ein selbstverfaßtes Lehrbuch, das aber nicht im Druck erschien, seinem Unterricht zu Grunde gelegt. Dagegen gab Kaufman 1838 einen Leitfaden heraus, der in der neuen Bearbeitung von Siebold 1855 als Hebammenlehrbuch für das ganze Königreich eingeführt wurde, so daß jetzt endlich eine gewisse Gleichartigkeit des Unterrichts gewährleistet war.[3] Zugleich bildete das Lehrbuch die nähere Erläuterung zu der Dienstanweisung von 1844. Die Darstellung ist außerordentlich klar und mutet, abgesehen von den damals noch unbekannten Desinfektionsvorschriften, ganz modern an. 1865 erschien eine zweite Auflage nach Rücksprache mit Schwarz in Göttingen.

---

[1] Hannover, Des. 80, Landdrostei Stade, 682.

[2] G. W. Stein, Katechismus zum Gebrauch der Hebammen in den hochfürstl. hessischen Landen nebst Hebammenordnung und Anlagen. Marburg 1801, 2. Aufl. 1814.

[3] Lehrbuch der Hebammenkunst, zunächst bestimmt für die Hebammen des Königreichs Hannover. Hannover 1856. Autorname fehlt auf dem Titel, das Vorwort ist unterzeichnet von Kaufman und Siebold.

Kapitel IV.

Apothekenwesen.

———

Solange die Ärzte ihre Arzneien selbst bereiteten oder durch ihre Gehülfen anfertigen ließen, bedurfte es keiner Apotheken. Mit dem Aufblühen der medizinischen Wissenschaften und der Erschließung neuer Handelswege machte aber die umständliche Beschaffung vieler Rohmaterialien und die oftmalige Unterbrechung des Handels infolge kriegerischer Verwicklungen die Anlage besonderer Depots wünschenswert. So entstanden in Deutschland vom 12. bis 13. Jahrhundert an die Gewürzläden oder Materialapotheken (officinae mercatoriae), welche, neben den heutigen Kolonialwaren, Konfekte, Gewürzweine, Theriak und Mithridat und andere meist aus Italien bezogene Arzneien feilhielten. Der Handel mit Gewürzen und ausländischen Droguen kam besonders durch die Kreuzzüge in Aufnahme. Aus den Kaufleuten, die sich hiermit befaßten, scheinen die Apotheker hervorgegangen zu sein. Dafür spricht auch der Umstand, daß sie der Kramergilde angehörten. So wird ein Apotecarius Henricus 1358 Bürger in Lüneburg und erwirbt die Mitgliedschaft der Kramerinnung.[1] Dasselbe berichtet eine Osnabrücker Urkunde aus dem Jahre 1472 von dem Stadtapotheker Johann Hoswinkel.[2]

Die Nachrichten aus dieser Zeit sind recht dürftig, die in den Urkunden gelegentlich vorkommenden Apotecarii lassen jedoch erkennen, daß es auch in unserer Gegend schon Apotheken gab, die wie z. B. in Goslar und Hildesheim mit zu den ältesten in Deutschland überhaupt gehören dürften. Damit ist jedoch nicht gesagt, daß es solche im heutigen Sinne des Worts waren. In der Hauptsache werden sie wohl mit Kräutern, Gewürzen, arcedie der perde (Becker)[3] gehandelt haben. Die

———

[1] Wolff, l. c. III, 2 u. 3, pag. 343.
[2] Behrendes, Das Apothekenwesen. Stuttgart 1907, pag. 88.
[3] Arzneien für Pferde.

Vielfeitigkeit ihrer Nebengeschäfte zeigt eine Notiz aus dem Ausgaben=
verzeichnis der Stadt Hannover über das im 15. Jahrhundert erbaute
Rathaus: 18½ f. 4 Pf. vor XL schock negel to dem torne dem
abbeteker to Hildensem sumpsit Herbord unse Knecht[1]). Selbst
aus dem reichen Hildesheimer Urkundenmaterial läßt sich nirgends der
Beweis erbringen, daß in den dortigen Apotheken während des Mittel=
alters für Menschen bestimmte Arzneien angefertigt seien. Dagegen
mußte der Göttinger Apotheker Johann 1441 dem Rate ausdrücklich
schwören, sich met allem flite na den recepten, alse unse ersten ln be
apteken scriven, richten zu wollen[2]).

Zum ersten Male finde ich einen Apotecarius Henricus neben
Conradus medicus als Zeugen unter einer Osnabrücker Urkunde vom
5. Oktober 1283 über ein Vermächtnis an das heilige Geisthospital
genannt[3]). 1294 besaß ein Apotheker des gleichen Namens ein Haus
am Cyriakuskirchhof in Lüneburg. (Wolff l. c.) In einem Briefe aus
der zweiten Hälfte des 13. oder Anfang des 14. Jahrhunderts bittet
der Northeimer Bürger Johann von Sultheim den Notar Magister
Arnold in Goslar, daß er ihm aus der dortigen Apotheke diamargaritam
et de rosata novella ana dracmam unam et de calmo aromatico
dracmas duas schicke und durch den Überbringer den Preis dafür mit=
teilen lasse[4]).

Nach einer Hildesheimer Urkunde vom 1. Mai 1318 überläßt das
Domkapitel dem Apotekarius Reyner ein Grundstück an der Kreuzstraße
und erhebt dafür einen jährlichen Zins von ½ Mark.[5]) Wahrscheinlich
war schon früher eine Apotheke vorhanden. Später ging jene in den
Besitz des Rats über, der sie 1365 an Lübecke von dem Solte verkaufte.
Seit 1440 befindet sie sich am Hohenweg. Um die Mitte des 14. Jahr=
hunderts soll auch an der Keßlerstraße auf der Neustadt eine zweite
Apotheke gewesen sein, jedenfalls werden 1483 zwei Apotheker, Gotfried
und Benedikt, genannt. (Becker.)

---

[1]) Führer durch Hannover, gewidmet der 8. Generalversammlung des
deutschen Apothekervereins nebst Beiträgen zur Geschichte der Apotheken des
ehemaligen Königreichs Hannover. Hannover 1879. (Abkürzung D. A. V.)

[2]) Schmidt, Urkundenbuch der Stadt Göttingen, l. c.

[3]) Bär, Osnabrücker Urkundenbuch, Bd. IV (1281—1300), pag. 75. Osna=
brück 1902.

[4]) Bode, Urkundenbuch der Stadt Goslar, IV. T. (1301—35). Halle 1900.
Urk. No. 10. (Geschichtsquellen der Provinz Sachsen.)

[5]) Hildesheimer Urkundenbuch I, 694.

Lüneburg hatte 1379 gleichfalls zwei Apotheker aufzuweisen, Olrik, der in diesem Jahre das Bürgerrecht erwarb und Johann Schlichting, der am Neumarkt wohnte. 1397 entsagt Apotheker Wilhelm allen Ansprüchen an das ihm von Herzog Bernhard von Braunschweig-Lüneburg verpfändete Haus[1]), 1409 kaufte sich Laurentius Ludovicus an der Gr. Bäckerstraße an. Nach dem Tode des Mathias von der Most (30. 11. 1475) übernahm der Rat von dessen Erben das Haus mit dem gesamten Apothekeninventar, den „Moszerbuffen", Kannen, Kruken ꝛc. für 1650 Mark als Eigentum, während bis dahin alle Lüneburger Apotheken in Privatbesitz waren. Die jetzige Ratsapotheke stammt aber erst aus dem 16. Jahrhundert.[2])

In Göttingen wird 1407 ein Apotheker Heyersen, 1440 Johann Engelhard erwähnt, 1441 Apotheker Johann vom Rat auf 10 Jahre angenommen.[3])

1455 erlaubt der Osnabrücker Magistrat dem Johann Hoswinkel die Anlage einer Apotheke gegen eine jährliche Abgabe von 4 rheinischen Gulden.[4]) In Einbeck räumt das Alexandristift 1486 dem Apotheker Meister Johann Robe einen Platz zur Bebauung ein.[5])

Den Titel Meister oder Magister, der eigentlich nur den Ärzten zukam, führten auch zwei Goslarer Apotheker, Steinheim (1536) und Thym (1575). Behrendes will daraus schließen, daß sie zugleich Ärzte waren. Sicher ist jedenfalls, daß der 1537 von der Stadt Lüneburg bestellte Ratsapotheker Theodorus Petersen nach seiner Abbankung als solcher 1565 zum Physiker ernannt wurde (D. A. B.).

Im Laufe des 16. Jahrhunderts entstanden eine ganze Reihe von Apotheken, von denen uns vielfach nicht nur das Gründungsjahr, sondern auch die näheren Umstände ihrer Entstehung und Einrichtung überliefert sind. Dahin gehören: die Apotheke des Berthold Möseken in Osnabrück 1545; die Hofapotheke in Catlenburg 1560; die 1568 in einem Flügel des Rathauses eröffnete Ratsapotheke in Hannover; eine ebenfalls vom Rat konzessionierte, daher als Ratsapotheke bezeichnete Apotheke in

---

[1]) Vogler, Urkundenbuch der Stadt Lüneburg, III. Bd., 1877.

[2]) Wolff, l. c.

[3]) Schmidt, Urkundenbuch, l. c. Ein Metallmörser aus der alten Ratsapotheke trägt die Inschrift Göttingen 1514, über einem Kamin war in Stein die Jahreszahl 1573 eingehauen, vergl. Marr, l. c.

[4]) D. A. B., l. c.

[5]) Harland, Geschichte der Stadt Einbeck nebst geschichtlichen Nachrichten über die Stadt und Grafschaft Dassel, Bd. I, Cap. 64, pag. 243.

Stade, als deren Besitzer 1573 Friedrich Scharp genannt wird; die Apotheke in Nordheim, welche von dem aus Göttingen berufenen Meister Jürgen Finke 1574 eingerichtet wurde in demselben Jahre, als zum ersten Male ein Apotheker Johann Weigell im Bürgerbuch der Stadt Osterode a. H. erscheint; die Apotheke in Zellerfeld 1579; die Hof-apotheke in Celle 1580; die Ratsapotheke in Alfeld 1581; die Apotheke des Domkapitels in Verden 1581; die Ratsapotheke in Ülzen 1593.

Das 17. Jahrhundert brachte Neugründungen in Dannenberg und Nienburg 1610, beide auf Veranlassung der dort residierenden Fürsten; in Münden 1619; die von dem damaligen Richter Kranich 1638 auf eigene Kosten angelegte Apotheke in Clausthal; in Harburg 1656 in einem vom Herzog geschenkten Lustschloß; ferner Nebenapotheken: in Alfeld die sogenannte „niedere Apotheke“, das Einhorn am Markt (Jahr?); in Hannover 1645 und 1668; Hildesheim 1657; in Stade die sogenannte Etatsapotheke 1665; in Osnabrück 1665; Lüneburg 1681 u. a. m. Von diesen verdanken die Apotheken in Hildesheim und Lüneburg dem Auf-treten der Pest ihre unmittelbare Entstehung.

Im 18. Jahrhundert kamen einige neue hinzu, unter denen die Universitätsapotheke in Göttingen eine gewisse Sonderstellung einnimmt. Sie wurde 1735 von der Calenberg-Grubenhagenschen Landschaft errichtet und 1739 der Universität zu Gunsten der Professorenwitwenkasse übergeben.[1]) Die Verwaltung geschah durch die Universitätskirchen-deputation, die Aufsicht durch die medizinische Fakultät.

Als Begründer der Apotheken sehen wir also die Landesherrn, geistliche wie weltliche, und vornehmlich die Stadtmagistrate. Nur in den Landdrosteien Stade und Osnabrück sind weder von der Landesherrschaft noch von den Städten Apotheken angelegt, wohl aber haben sie die Erlaubnis dazu erteilt.

In wie weit es während des Mittelalters zum Betriebe einer Apotheke eine Konzession bedurfte, läßt sich aus dem mir vorliegenden spärlichen Material schwer feststellen. Schon in einer Goslarer Urkunde vom 10. 10. 1320 ist von einem „Ratsapotheker“, Johann Simon genannt, die Rede. Man darf wohl annehmen, daß der Rat, um ihn gegen Konkurrenz zu schützen, die Anlage weiterer Apotheken von einer obrigkeitlichen Erlaubnis abhängig machte. Aus dem 15. Jahrhundert liegen sichere Beweise vor, daß diese Erlaubnis gegen Zahlung einer

---

[1]) Pütter, Gelehrtengesch., l. c., Göttingen 1765, pag. 237, Göttingen 1738, pag. 248. Die Pacht stieg von 200 bis 1100 Tlr.

jährlichen Abgabe erfolgte (Osnabrück). Indem die Städte Apotheken auf eigene Rechnung übernahmen, wurden sie an der Errichtung der Apotheken direkt interessiert. Hieraus entwickelte sich mit der Zeit ein förmliches Recht, das sogenannte Apothekenrecht, welches den selbständigen Städten — ähnlich wie das Recht zur Ernennung der Stadtphysiker — bis in das 19. Jahrhundert erhalten blieb, während die nicht selbständigen mit dem Erstarken der landesherrlichen Gewalt dasselbe durch fürstliche Verleihung oder durch Kauf erwerben mußten. B. w. verlieh Herzog Julius von Wolfenbüttel dies Recht am Michaelistage 1579 „Richter, Schöppen und der ganzen Gemeinde Zellerfeld". Die meisten Städte pflegten das so erworbene Apothekenrecht zu verpachten.

Natürlich suchten Fürsten und Städte die ihnen zustehende Gerechtsame eifersüchtig zu wahren, zumal die gegen Herausgabe des Privilegs in recognitionem superioritatis gezahlten Gelder einen Teil ihrer Einkünfte bildeten. „Aus besonderer Gnaden — obwohl es fast bedenklich — und in ansehung der Bürde, so ihnen, Bürgermeister und Rath, wegen gemeiner Stadt jährlich abzuhalten obliegt" überläßt Herzog August von Lauenburg 1621 dem Magistrat seiner Stadt Otternborf die Hälfte von dem, „was dem Apotheker jährlich zu geben, angesetzet."[1]

Die bischöfliche Regierung in Hildesheim konzessionierte nach der Wiederherstellung des Hochstifts (1643) bis Ende des 17. Jahrhunderts eine Menge von Arzneiläden, die später wieder eingingen.[2] Interessant sind die in der Stadt Hildesheim über das Apothekenrecht entstandenen Streitigkeiten. Artikel 32 des Unionsrezesses der Alt- und Neustadt vom Jahre 1583 (siehe oben) verpflichtete die Neustädter Bürger, sich der von dem Magistrat in der Altstadt bestellten Ärzte und Apotheken zu bedienen. Die 1341 erwähnte Apotheke auf der Neustadt wurde also 1583 offiziell aufgehoben, hielt sich aber scheinbar als Winkelapotheke noch längere Zeit. In der Mitte des 17. Jahrhunderts wurde außerdem vom Domprobst Freiherrn von Hoensbroch als dem Landesherrn der Neustadt dort eine neue Apotheke errichtet und von seinem Nachfolger Egon von Fürstenberg in ihrem Privileg (6. 10. 1681) bestätigt. In dem darüber beim Reichskammergericht anhängig gemachten Prozeß entschied dasselbe im Sinne des obigen Beschlusses, dessen

[1] Hannover, Des. 74, Amt Otterndorf, Landratsamt Hadeln, Loc. 20i, No. 1.
[2] Beiträge zur Hildesheimschen Geschichte, III. Bd., Hildesheim 1830, pag. 147. „Historische Nachrichten von der Ausübung der Arzneiwissenschaften in der Stadt Hildesheim," referiert nach dem Mittwochenblatt, 5. Jahrg. 1821, Nr. 25.

ungeachtet blieb sie aber bestehen. Einen ähnlichen Streit führte der Magistrat fast zwei Jahrhunderte lang gegen die während der Pestzeit 1657—58 vom Kurfürsten Maximilian Heinrich von Köln und Bischof von Hildesheim konzessionierte Apotheke auf dem alten Markte. Verschiedentlich ließ er den Verkauf der Medikamente verbieten und die vorhandenen Vorräte wegnehmen. Die Besitzer mußten sich aber immer wieder durch einen Schutzbrief vom Domkapitel zu sichern, höchstens, daß sie eine Zeit lang eine jährliche Abgabe an die Kämmereikasse zu entrichten hatten, die von der hannoverschen Regierung schließlich aufgehoben wurde.

Glücklicher war der Magistrat in Stade gegenüber der 1665 von der Kgl. schwedischen Regierung konzessionierten sogenannten Etatsapotheke, deren Inhaber Freiheit von städtischen Abgaben verlangte, sich aber 1692 fügen mußte (D. A. B. pag. 55).

Die von den Braunschweig = Lüneburgischen Fürsten gegründeten Apotheken waren natürlich in erster Linie für die Hofhaltungen bestimmt, kamen aber auch der Bürgerschaft zu gute. In dieser Hinsicht hat besonders die Hofapotheke in Celle segensreich gewirkt. Die Celler Apotheken= und Taxordnung ist später für das ganze Land vorbildlich geworden.

Um 1560 legte die mildtätige Gemahlin Philipps II. von Grubenhagen, Clara, älteste Tochter Heinrich des Jüngern in ihrer kleinen Residenz Catlenburg eine Apotheke und ein „Distillirhaus, allerley Waffer zu brennen nicht allein jrrnt oder jres Hofvolkes halber, sondern umb der fremden und einheimischen armen gebrechlichen Leut willen" an.[1]

Die ehemalige Hofapotheke in Celle verdankt ihre Entstehung der landesväterlichen Fürsorge des Herzogs Wilhelm d. Jg.[2] Schon 1562 (kurz nach einer Pestepidemie) hatte Meister Johannes Weigel in seinem Hause an der Zöllnerstraße 26 eine (und zwar die erste) Apotheke eingerichtet, die er nunmehr eingehen ließ, um die Verwaltung der fürstlichen Apotheke zu übernehmen. Der Betrieb derselben bezweckte keine gewinnsüchtigen Absichten. Die Überschüsse wurden vielmehr zu gemeinnützigen Zwecken verwandt und jährlich allein für mehr als 600 Taler freie Medizin an Arme und an die Invaliden des Georgshospitals abgegeben.[3] Freie Arznei erhielten neben den hohen fürstlichen Personen

---

[1] Joh. Letzner, Daffeliiche=Eimbeciiche Chronik. Erfurdt 1596.
[2] Hannoveriiche Geichichtsblätter 1906, IX. Jahrg., 4.—6. Heft, pag. 86.
[3] Spangenberg, Celle, l. c.

deren Dienerschaft, Pagen, Kammerdiener, Laqueien, die Leute in der Küche, im Keller, im Stalle, die Jäger ꝛc.[1]) Der Bedarf des Hofes betrug durchschnittlich 400—500 Taler im Jahr, 1689 sogar 1400 bis 1500 Taler. Zu Christian Ludwigs Zeiten schoß die Kammer oftmals Gelder vor, wenn es in der Apotheke daran mangelte, „damit die frischen Wahren ausgesuchet und sofort könnten bahr bezahlet werden". In diesem Sinne geschah die Verwaltung auf Rechnung der Landesregierung und unter Aufsicht einer fürstlichen Kommission (der jeweilige Leib- und Hofmedikus, ein Rat- und Rechnungsbeamter)[2]) beziehungsweise der oberen Domanialbehörde. Trotz verschiedener Versuche (1702, 1708, 1803) blieb es hierbei — abgesehen von einer vorübergehenden, durch die Zeitumstände gebotenen Verpachtung während der westfälischen Herrschaft[3]) — bis zum Jahre 1843, wo der Apotheker Hausmann die Apotheke käuflich erwarb, und gleichzeitig eine neue Apotheke konzessioniert wurde.

In Dannenberg unterhielten die dortigen Herzöge (1569—1634) eine Apotheke auf ihre Kosten. Später geschah die Verleihung als fürstliche Gerechtsame auf Erbenzins.

Auch Herzog Magnus ließ die von ihm 1610 gegründete Apotheke in Nienburg durch einen Verwalter versehen. Sein Nachfolger kehrte auf seinen Jagdausflügen gern hier zu einem Trunk Aniswein ein, der als Spezialität bereitet wurde. (D. A. B. l. c. pag. 14 und 15.)

Als ursprüngliche Hofapotheke in Hannover ist die an der Klappenburg errichtete (jetzige Hirschapotheke), für die Dr. Joachim Jäger ein 1639 vom Herzog Christian Ludwig ausgestelltes Privileg besaß, anzusehen.[4]) 1645 ging sie auf Johann Andreae, 1657 an den zweiten Ehemann deffen Witwe, Ernst Andreas Hornbostel, über. 11 Jahre später wurde die Apotheke auf einen näher nach dem Schloß zu belegenen Platz verlegt und gleichzeitig von Herzog Johann Friedrich festgesetzt, daß bei Errichtung einer eigenen Hofapotheke das vorhandene Corpus nach Abschätzung durch Sachverständige bar bezahlt und Hornbostel, „dafern er sich bis dahin in allem wird kompletiert und erwiesen haben,

---

[1]) Celle, Des. 61, III, Fach 170, No. 12. Memorial de 1684.

[2]) „einer Unser gelerten Rhäte und sonsten noch ein fleißiger und in rechnungssachen geübter Diener." Apothekenordnung von 1621. Conf. Hannover, Des. 88 F, III, A, 33, X.

[3]) Der Pachtvertrag des Hofapothekers Schaale lief vom 1. 7. 1810 bis dahin 1819, wurde aber schon am 1. 1. 1810 wieder aufgehoben. Die Pachtsumme betrug 700 Tlr. pro anno. Hannover, Des. 88 F, III, A, 41, XXX.

[4]) O. Winter, Zur Geschichte der älteren Apotheken in der Stadt Hannover seit dem 16. Jahrh. Hannoversche Geschichtsblätter 1901, Bd. IV, Heft 9.

daß an seinen Qualitäten, Treu und Fleiß kein Mangel zu spüren", zum Hofapotheker bestellt werden solle. Trotzdem übertrug Ernst August als Bischof von Osnabrück 1668 dem Apotheker Christian Jäger unter Ernennung zum Hofapotheker die Lieferung an die Hofhaltungen in Iburg und Osnabrück. Mit der Verlegung der herzoglichen Residenz nach Hannover (1680) kam auch Jäger von Osnabrück mit herüber und verlangte nicht allein die Bedienung des Hofes für sich, sondern, weil er der rechte Hofapotheker sei, die Schließung der Andreaeschen Apotheke. Darüber entstanden Prozesse, die über 20 Jahre bei der Justizkanzlei anhängig waren und mit einem Vergleich endigten. Jedenfalls blieb die Lieferung an das fürstliche Haus und die Hofbedienung der neuen Schloßapotheke vorbehalten. Dagegen wurde die Apotheke erst durch Patent Georgs II. vom 18. 2. 1732 für das allgemeine Publikum geöffnet.

Im Anschluß hieran sei noch der Stiftsapotheke in Verden gedacht, deren Gründung in das Jahr 1581 fällt. Während des 30jährigen Krieges geriet sie in Verfall und ist erst durch die Bemühungen des 1640 angestellten Apothekers Daniel Scheller wieder in gute Verfassung gebracht. In einer gedruckten Ankündigung[1]) verspricht er, die gleichsam agonisierende und in den letzten Zügen liegende Apotheke wiederherzustellen, weil an allen Orten eine Apotheke das publicum et commune bonum concernirt. „Als leb ich der Hoffnung, daß auch an diesem Ort ein jeder, dem es gebühren thut, auff dieß Publicum mehr ein Auge haben wird, alß auff den geringen Privat Nutz, der nur bey etlichen Personen bestehen thut". Infolge des westfälischen Friedens kam die Apotheke an die Krone Schweden und durch Schenkung von seiten der Königin Christine an den Kgl. Registrator Joh. Eberhardt Schanz, von dessen Erben sie 1679 die Stadt kaufte.

Die Privilegien der Apotheker waren sowohl persönliche als dingliche. Erstere galten nur für den Erstbeliehenen und seine Erben, sogenannte Verleihung auf Erbenzins. Diese waren an das Apothekengrundstück geknüpft und mußten beim Wechsel desselben von neuem bestätigt werden.[2]) Bemerkenswert ist ein 1790 von Georg III. ausgestelltes Privileg für den praktischen Arzt Dr. Reye in Otterndorf, der die dortige fürstliche Apotheke angekauft hatte, um sie solange, bis sein Sohn seine pharma-

---

[1]) Pharmacopoea Verdensis renovata. Erneuerte Apotheke auff Begehren Eines Hoch-Ehrwürdigen Thumbcapitells des Hohen Stifts Verden. Rinteln 1641.

[2]) Behrendes, l. c., pag. 88.

ceutiſchen Studien beendigt habe, durch einen Proviſor verwalten zu laſſen. (D. A. V. pag. 59.)[1]

Der Wortlaut iſt in allen Patenten mehr oder minder übereinſtimmend. Der Beliehene erhält das Recht, die Apothekenkunſt in dem betreffenden Ort und ſeiner Umgebung auszuüben, häufig unter der Zuſicherung, „daß niemand als er allein eine Apotheke halten, die Medicamente und Artzeneyen, es ſey an Simplicibus, Compositis, Decoctis, Destillatis oder andere, was zur Apoteken gehörig, wie daſſelbe auch mag nahmen haben, verfertigen, heimlich oder öffentlich feilhaben, verkaufen und ver= handeln ſolle mit dem Anhang, da jemand hier wider thue er in will= führliche Strafe verfalle" (privilegium exclusivum).[2] Damit hat man es aber niemals ſehr genau genommen!

Die Bedeutung der Apotheken für das öffentliche Wohl, „der gantzen Gemeinen Bürgerſchop tho fromen und tho gode"[3] ſuchten unſere Vor= fahren durch anſehnliche Bauten, wie ſie ſonſt den vornehmen Patrizier= häuſern eigen, auch äußerlich zur Geltung zu bringen. Einzelnes iſt davon noch erhalten oder wenigſtens in Abbildungen und Beſchreibungen überliefert.

Während in Hannover, Hameln, Münden, auch Ülzen Teile des Rathauſes für die Zwecke der Apotheke umgebaut ſind, wurden an anderen Orten eigene Gebäude aufgeführt, z. B. in Celle (an der Stech= bahn); Lüneburg: dreigeſchoffiger Unterbau mit neunteiligem Giebel; Goslar: gutes Beiſpiel für die ältere gotiſche Bauart Goslariſcher Fach= werkhäuſer[4]); Hildesheim: Miſchung von Spätgotik und Renaiſſance[5]); Zellerfeld: Holzbau in Barockſtil; Göttingen ꝛc. Auslabende Geſchoſſe, Erker, hohe Giebel, geſchnitzte Balkenköpfe und mancherlei ſeltſame Figuren, die auf die Heilkunſt und verwandte Wiſſenszweige, Natur= und Völkerkunde Bezug haben, dienen zum Schmuck, z. B. in Hannover, Hildesheim, Zellerfeld (ſogenannte „Apothekengeſichter"). Über einem reich verzierten Portal iſt das Stadtwappen (Lüneburg), häufig auch eine Inſchrift über Erbauung und Beſtimmung oder ein Emblem wie

---

[1] Gerhard Matthias Reye übernahm die Apotheke auf Grund eines Privilegs vom 13. 2. 1806. H. 74, Amt Otterndorf, Loc. 20, 1. No. 2.

[2] Hannover, Des. 74, Amt Otterndorf, Landratsamt Hadeln, Loc. 20, 1. No. 2.

[3] Aus dem Ratsbeſchluß zu Hannover, Oſtern 1565. Conf. Peters, Die Heilkunſt in der Stadt Hannover während des 16. Jahrhunderts. Hannoverſche Geſchichtsblätter 1901, Bd. IV, Heft 8, pag. 364.

[4] Wolff, l. c., II, 1 u. 2, pag. 363.

[5] Mithoff, Kunſtdenkmäler und Altertümer im Hannoverſchen, III. Bd., Fürſtentum Hildesheim. Hannover 1875, pag. 570.

das fabelhafte Einhorn, deſſen Horn als wichtiges Schutzmittel gegen die
Peſtilenz galt, angebracht (Ratsapotheken in Hannover und Stade).
Andere Symbole, wie Schwan (Duderſtadt), Löwe, Engel laſſen ſich
nicht hiſtoriſch ableiten. Augenſcheinlich beſteht aber eine Analogie mit
den Wirtshausſchildern, was durch den Wein- und Branntweinſchank in
den Apotheken verſtändlich wird.

Dem Äußeren entſprach die Ausſchmückung im Inneren, von der
noch vorhandene Decken- und Wandbemalungen, prächtige Kamine ꝛc.
Zeugnis ablegen. (Goslar, Hildesheim ꝛc.) Die in Stuck ausgeführten
Zimmerdecken in der Zellerfelder Apotheke weiſen allegoriſche Bilder,
Jagdſzenen, Darſtellungen aus der Leidensgeſchichte Chriſti auf.

Um den Offizinen den Reiz des Geheimnisvollen zu geben, wurden
darin allerlei Merkwürdigkeiten ausgehängt, z. B. in der Hannoverſchen
Ratsapotheke ein großer Elephantenzahn und eine ausgeſtopfte Rieſen-
ſchildkröte. [1]

Zur Aufbewahrung der Materialien dienten „ſteinerne potte, Buxen,
Kruken", Schaffe mit Auszügen (für Droguen), Zinnbüchſen (für ſtark
riechende Stoffe); Porzellangefäße als Büchſen und eigentümlich geformte
Syrupgefäße fanden erſt gegen Ende des 18. Jahrhunderts an Stelle
des Majolikas allgemeine Verwendung. [2]

Ein beſonderer Stolz der Apotheken war ihr Beſitz an Silber-
geſchmeide, das bei feierlichen Gelegenheiten gebraucht, teilweiſe auch an
vornehme Kranke verliehen wurde. (Peters.) Die Ratsapotheke in
Hannover beſaß an „Klenobien" vergoldete ſilberne Pokale, Konfektſchalen,
Becher, Zuccatkannen, Löffel ꝛc. Dagegen werden in einem Inventar-
verzeichnis der Verdener Stiftsapotheke vom 26. 10. 1625[3] nur „drei
Silbern becher einer groſe darauff des Domkapituls Wappen" und „ein
ſilbern fueß zu glaeſern" aufgeführt; Konfektſchalen, „Brobtkorf", Wein-
kannen waren beſcheiden von Zinn.

Die Zahl der Arbeits- und Aufbewahrungsräume, Laboratorium,
Kräuterkeller, Zuckerſtube, Waſſerſtube, Syrupkeller iſt um ſo größer, als
der Apotheker von damals weſentlich mehr darauf angewieſen war, den
größten Teil ſeiner Präparate im eigenen Betriebe herzuſtellen.

Mit der Offizin war gewöhnlich ein beſonderer Schankraum verbunden. Noch im 18. Jahrhundert bildeten die Apotheken einen beliebten

---

[1] Jugler, Vorzeit, l. c., pag. 329.

[2] Vergleiche die Einrichtung der Apotheke im vaterländiſchen Muſeum zu
Hannover und im ſtädtiſchen Muſeum in Celle und Göttingen.

[3] Celle, Des. 108a, Stift Verden, Fach 25, No. 18.

Anziehungspunkt für alle, die einer Magenstärkung bedurften. Selbst fürstliche Personen sprachen hier vor, um sich an „köstlichen Confitüren und Getränken" zu erquicken.[1]) In Verden scheint dazu die große Vorstube, deren Tische und Bänke mit rotem „Engelschen" Tuch überzogen waren, bestimmt gewesen zu sein. Schließlich nahm der Ausschank von Branntwein und Aquavit derartig überhand, daß daraus Unzuträglichkeiten im Apothekenbetriebe entstanden. Der Magistrat in Hannover sah sich daher 1784 veranlaßt[2]), allen Unbefugten, „außer denen doctoribus medicinae und chirurgis" den Aufenthalt in der Offizin zu verbieten, dagegen könne ein jeder Patient sich versichert halten, daß er die schriftlich geforderte Magenstärkung und Cordial allezeit in gehöriger Güte gegen Barzahlung (!) unaufhaltlich nach seinem Hause abgefolgt erhalte.

Von allen Nebengeschäften ist die recht einträgliche Schankkonzession den Apotheken am längsten erhalten geblieben und noch in der Apothekenordnung von 1820, wenn auch mit wesentlichen Einschränkungen, berücksichtigt. Als Herzog Julius 1571 dem Verwalter der innerhalb der Stadt Goslar gelegenen fürstlichen Münze ein Privileg zum Weinschank erteilte, berief sich der Magistrat auf sein Apothekenrecht und verwies ihn vor das Breitetor.[3]) Auch die Hannoversche Ratsapotheke erzielte eine ansehnliche Nebeneinnahme aus dem Weinverkauf. Im Jahre 1601 brachten Venedischer Malvasier 58 Gulden 10 gr., Alicantwein 66 Gulden 10 gr. „Reinschwein" 96 Gulden, 68 gr. Reingewinn.[4]) In Celle hatte die Hofapotheke bis Ende des 17. Jahrhunders den gesamten Weinhandel in Händen. Französische und süße, Gewürz- und Kräuterweine sowie alle Arten von Branntwein wurden allein von ihr verkauft. Als es „zu genugsamer Unterhaltung der Apotheken nicht reichen wollte", legte man den „Reinschwein" auf.[5]) Daraus flossen jährlich 6—700 Taler in das Apotheken Corpus, ohne was davon in der Apotheke selbst darauf ging. Später erstand ihr ein Konkurrent in der Person eines Franzosen, der vor dem Westercellertor eine Weinschenke aufmachte. 1685 brachten daher Bürgermeister und Rat und die „zur fürstlichen Apotheke verordneten Inspektoren" dies Privileg gegen eine zu gleichen Teilen dem damaligen Besitzer gezahlte Abstandssumme von 850 Talern an sich.

---

[1]) Spittler, l. c., Bd. 1, pag. 334.
[2]) Beschluß der Altstadt Hannover, d. d. 7. 8. 1784, Hannoversche Anzeigen 1784, St. 65.
[3]) Behrendes, l. c., pag. 86.
[4]) Winter, l. c., pag. 387/88.
[5]) Hannover, Des. 74, Amt Celle, Fach 170, No. 13.

Unter den Handwerksgeräten spielen neben den Wagen, Mörser in allen Größen, aus Eisen, Messing und Marmelstein eine wichtige Rolle. Das ist nicht verwunderlich, da die Haupttätigkeit der alten Apotheker im Zerkleinern und Mischen der Arzneistoffe und Droguen bestand. Zum Inventar der Laboratorien gehören ferner: „Krutmesser", Saftpressen, Coquirpfannen aus Eisen oder Messing, ein eingemauertes Wasserbad (Balneum Mariae), ein versetzbares kupfernes balneum mit Helm und Röhren, Destillierkolben, Messingsdurchschlag, eine „zinnere Passe" (graduiertes Maßgefäß), eine „bleken giesern" (Blechgießer) u. a. m.

Zum Einkauf der Waren reisten die Apotheker nach Hamburg, Bremen, Antwerpen. Andere Sachen wurden von den Leipziger Märkten, Weine aus Worms bezogen. Mineralien „Bergarten und Farben" und Chemikalien lieferten die Hüttenbetriebe des Harzes (vor allem Goslar). Nach den nahe gelegenen Handelsplätzen waren ständig Boten unterwegs. Zölle und Fracht verteuerten die Einfuhr. Einzelne Apotheken (Celle, Verden) genossen Zollfreiheit. Auch die Ärzte steuerten zur Einrichtung bei. Hektor Mithof in Hannover erhielt 1568 „für etliche Materialia 24 baler" (Peters). In Celle[1]) gaben die Medici „alle ihre Composita und erfundenen Medicamente an die Apotheke, weil es ihrem gnädigsten Fürsten und Herrn zum besten geschehe".

In manchen Gegenden, bei Göttingen, Hildesheim, am Harz, Deister wuchsen viele nutzbare Kräuter wild, deren Einsammeln nur geringe Mühe und Kosten verursachte. Außerdem konnten die Apotheker daraus Präparate sowohl für ihren eigenen Bedarf als, um sie an Materialisten zu verkaufen oder gegen ausländische Produkte einzutauschen, herstellen, worauf bei der Taxierung Rücksicht genommen wurde.[2]) Die Ratsapotheke in Hannover besaß zwei eigene Gärten, einen älteren hinter der „Monikekerken" (jetzt Schloßkirche) und einen zweiten (seit 1579) in der Gegend der heutigen Maschstraße (Winter l. c.). In ihnen wurden die verschiedenen Obstsorten, Lavendel, Thymian, Salbei ze. gezogen. Zum Trocknen und Aufbewahren der Kräuter während des Winters war ein besonderes „Heusichen" vorhanden. In Celle hatten, da die anliegende Heide wenig Brauchbares bot, außer einem Apothekengarten auf der Blumlage, die Jägerei und die fürstlichen Gärten für die Bedürfnisse

---

[1]) Celle, Des. 61, III. Städte, No. 53, 7, Celle.

[2]) Fürstlich Hildesheimische Taxordnung de 1646. Hildesheimer Landesarchiv, Bd. IX, Abschn. 52, Nr. 6.

der Hofapotheke zu forgen.[1] „Was man von animalibus und der Jägerei wie auch aus denen fürstlichen Gärten benöhtigt, wurd häuffig und frey eingeschafft. Es ift auch anstalten gemacht, daß von den umb= liegenden Ämptern blau Violen und Feldt Rosen und was sonsten von nützlichen Kräutern vorhanden, zur rechten Zeit gesammelt und eingeliefert werde." Alles in den Holzungen und Feldern des Jahres über gefundene Hirschhorn mußte gegen Barzahlung — ein guter Groschen das Pfund — an die Apotheke abgegeben werden.[2] Ähnlich befahl Herzog Georg Wilhelm dem Amtmann zu Harste in einem Schreiben aus Hildesheim vom 14. 3. 1639[3], durch die Landleute Maiblumen für den Apotheker Halbscheit in Moringen einsammeln zu lassen, damit er Arzneien daraus mache. Der Göttinger Apothekengarten (in der Gegend von „Klein Paris") kam 1734 bei der Anlage eines botanischen Gartens für die Universität in Frage.[4] Die Sache zerschlug sich aber, weil der Magistrat ihn nur verpachten wollte und einen zu hohen Preis forderte.

Den größten Raum in dem Arzneischatz nehmen naturgemäß die Pflanzen ein, von denen ungefähr alle in unserer Gegend wild wachsenden offizinell waren. Als Kuriosa seien Moos, so auf menschlichen Hirnschalen gewachsen, Kohlen, so unter dem Beifuß gefunden, Aschen von Kamillen, Dill, Peterfilie, Weinrebe 2c. erwähnt.

Aus dem Tierreich stammten die wunderbarsten und unappetitlichsten Dinge: Menschliche Hirnschale, Mumiae verae, Alcis ungulae (Elends= klauen), Cerebellum passeris, Coagalum leporis, Cervi priapus, Gallinae interioris ventriculi pelliculae[5], ovorum putamina ex quibus pulli sunt exclusi, album graecum (weißer Hundskot), Schlangenbälge, Spinngewebe[6], Fette von zahlreichen zahmen und wilden

---

[1] Sprenger, Die ehemaligen herzoglichen Gebäude in Celle. Hannoversche Geschichtsblätter 1906, Heft 4—6, pag. 96. In Frage kamen der Wildgarten (1566 im Stadtbuch erwähnt), der französische und der italienische Garten. Letzteren benutzte die Landwirtschaftsgesellschaft Ende des 18. Jahrhunderts zur Anlage ihrer Versuchsfelder.

[2] Hannover, Des. 74, Amt Celle, Fach 170, Nr. 12 u. 13, und Celle, Des. 61, III, 53, 7, Celle.

[3] Hannover, Des. 74, Göttingen, Amt Bovenden, No. 1, Fach 23.

[4] Peter, Geschichte der Gründung und Entwicklung des botanischen Gartens zu Göttingen in der Festschrift zur Feier des 150jährigen Bestehens der Königlichen Gesellschaft der Wissenschaften. Berlin 1901, pag. 269.

[5] Catalogus tam simplicium quam compositorum medicamentium in officina R. Cap. Verd. etc. Verden 1619. (19. 6.) Am interessantesten ist Kap. 13.

[6] Verzeichnis und Tax aller Medikamente und Materialien, welche in der Göttingischen Apotheke zu finden. Göttingen 1684.

Tieren, nicht zu vergessen das Menschenfett. Besonders reich an dergleichen Absonderlichkeiten ist das Verzeichnis der Zellischen Apotheke von 1681: geraspelte, gebrannte, zubereitete Menschenknochen, Schaben, gebrannte Störche, Kuckucke, Igel, Hasen, Maulwürfe, gedörrte Kröten, Frösche, Skorpione, zubereitete Regenwürmer. Manches davon hat sich in der Volksmedizin bis in das 19. Jahrhundert erhalten! Selbst die offizielle Arzneitaxe von 1799 nennt noch: aqua spermatis ranarum, axung serpentum, viperarum; Bufones exsiccati; Conserva Millepedum; Emplastrum de ranis cum et sine Mercurio ꝛc.

Die Chemikalien kamen besonders durch Paracelsus seit Ende des 16. Jahrhunderts sehr in Aufnahme. Unter die lapides rechnen nicht allein Edelsteine, Smaragde, Saphire, sondern auch Korallen, Krötensteine, Bezoarsteine (krankhafte Konkretionen aus den Eingeweiden verschiedener Ziegenarten ꝛc.). In älteren Inventurverzeichnissen sind noch gewisse, der Alchymie entlehnte Abkürzungen und Symbole für Metalle und chemische Operationen gebräuchlich, z. B. ♁ sulfur, o—o arsenicum, ♆ praecipitatio, ⌐ sublimatio ꝛc. (Verden 1619.)

Ähnlich den Barbieren bildeten die Apotheker einen geschlossenen Stand mit eigenen Statuten und Handwerksgebräuchen. Sie standen unter Aufsicht des Stadtarztes[1]) und besonderer Inspektoren. Letztere, die sog. Apothekenherrn, hatten mehr den kaufmännischen Betrieb zu überwachen und setzten sich in der Regel aus Mitgliedern des Rats zusammen. In Hannover z. B. waren hierzu zwei Senatoren, in Lüneburg der Bürgermeister und zwei Ratsmannen beordert.

Die Stadtapotheker mußten bei ihrer Bestallung schwören, „in dem ambechte der apteken truweliken bewaren und dat darinne vorder holden, alse ja be rab bevolende.[2]) Als städtische Beamte genossen sie gleich den Stadtärzten Freiheit von allen bürgerlichen oneribus als Schoß, Wacht und Torhut, außerdem war ihnen freie Wohnung „mit pertinentien an mobilien und instrumenten, nottbürftige feuerung und licht und eine Besoldung an baarem Gelde gewährt." Theodorus Petersen in Lüneburg beispielsweise empfing jährlich 200 Taler, der hannoversche Ratsapotheker Hennig Krone 1598 „vor sich und gesellen und jungen" 120 Taler

---

[1]) In Celle hieß es: „Wie sie (die Medici) auch neben dehnen von Ihro Fürstl. Durchlaucht verordneten Provisioribus alle Cuartel den Kauff und Verkauff der Materialien auch einnahme und aufgabe der Gelder, und waß sonst der Apotheken nohtburfft war, sorgfältige acht hatten, damit alles ohne Schaden bleiben und in gutem Stande erhalten werden möchte. Celle, Des. 61, III, 53, 7, Celle.

[2]) Schmidt, Urkundenbuch der Stadt Göttingen.

(Peters l. c.). Bei Vermehrung des Personals in Pestzeiten wurde das Gehalt entsprechend erhöht.

Der nächste Vorgesetzte des Apothekers war der Stadtphysiker. Dieser soll „neben den verordneten apotekenhern auf die apoteken ein fleißiges und sorgfältiges aufsehen haben, das dieselbe mit guten und düchtigen wahren versorget und versehen, darunter wie auch sonsten, sein eigen nutzen nicht suchen, sondern, was zur aufnahmb und Befoderung der apoteken nötig und dienlich fürnehmlich ansehen und Befodern." [1] Daß es hierbei zwischen Arzt und Apotheker gelegentlich zu Reibereien kam, ist nur allzu menschlich. In einer Beschwerdeschrift an das Domkapitel in Verden 1637 [2] führt der Medikus Wießnerus bittere Klage über den dortigen Apotheker, „der ihm biß auf dise Stunde, je und allewege, heim= und öffentlich in allen Dingen, da besonders, was er ihm von Ew. Ehw. wegen anbefohlen müssen, Ungehorsam und zuwider gewesen." Unter anderen habe er, um dem Kläger einen Possen zu spielen, „in Artzeneyen zum purgiren das Gewicht schabernackisch geändert." Anderseits wird der Arzt ermahnt, sich dem Apotheker und dessen Gesinde gegenüber, sofern sie ihrem Amt getreulich nachkommen, „gebürlich und fromblich zu verhalten, sie nicht eigens gefallens zu schimpfiren oder auß Neid und Haß in schaden zu bringen und nichts ohne beisein oder vorwißen der verordneten visitatoren gegen sie für zu nehmen." (Celler Apothekenordnung von 1601.)

Die von Herzog Wilhelm d. Jg. erlassene und von seinen Nachfolgern verschiedentlich erneuerte Ordnung für die fürstliche Hofapotheke in Celle handelt in 3 Kapiteln von der Visitation und der Apothekenherrn Amte, von des Medici Amte und von des Apothekers Amte. [3]

Auch die Hildesheimische Taxordnung von 1646 verlangt (Kap. 30), daß „die Apoteken, Gewürtz= und Saamen Kremer durch die jedes Orts bestellte oder sonst vorhandene medicos und etliche des Rahts jährlichen oder so offt es die notburfft erfordert, aufs wenigste aber einmal im Jahr visitiret, die untauglichen Materialien ab= und an deren Stelle gute frische Wahren wieder verschaffet, insonderheit aber von den Visitatoren eine gewisse Taxe gesetzet und im Namen der Obrigkeit jedes Orts

---

[1] Zugler, Vorzeit, l. c., pag. 345.

[2] Celle, Des. 108 a, St. st Verden, Fach 25, No. 17.

[3] Hannover, Des. 88 F, III, A 38, X. Die bei den Alten befindliche Apothekenordnung Herzogs Ernst (24. 8. 1601) weist auf eine frühere von Herzog Wilhelm d. Jg. hin. Bei einer jüngeren von Herzog Christian (31. 8. 1621) fehlt obige Kapiteleinteilung. Spangenberg l. c. führt auch noch eine „undatierte" von Herzog Georg Wilhelm an.

publiciret und in specie die Tare derjenigen Wahren, so täglich und am meisten durch den Handverkauf vertrieben werden, in den Apotheken, Materialisten und Gewürzkremer Häusern öffentlich zu männigliches nachricht angeschlagen und die Apotheker und Gesellen darauff vereydiget und darüber von denselben bei Straf 10 Thaler vor jedes Verbrechen nichts genommen werde."

Die ältesten obrigkeitlich festgesetzten, noch vorhandenen Arzneitaren gehen, soweit mir bekannt geworden, auf das 17. Jahrhundert zurück. Beispiele dafür sind:

1. New revidirter Apotheker Tart, Lüneburg 1617.

2. Verzeichniß und Tar aller Medikamente und Materialien, welche in der Göttingischen Apotheke zu finden. Göttingen 1649. Diese Tare ist augenscheinlich nach dem Muster einer stadthannoverschen verfaßt, denn ein Schreiben des Rats in Hannover vom 7. 6. 1641 besagt: „Der anbegehrte Apotheken tart ist zwart mehrentheils abgeschrieben, aber noch nicht ganz mundirt, und hat derselbige also jetzo nicht abgeschicket werden können. (Marr l. c.)

3. Verzeichniß und Tar aller Arzeneyen zc. in der Zellischen Hoff= Apotheke. Zelle 1682. Die Preise waren auf fürstl. Spezialverordnung niedriger angesetzt als in ähnlichen Taren, damit arme und geringe Leute in vorfallenden Krankheiten Medikamente zu gebrauchen nicht abgeschreckt würden, auch sonsten die bisher über hiesiger Apotheken hohen Tar geführten Klagen nachbleiben möchten (a. d. Vorwort).

4. **Specificatio et Valor omnium medicamentium tam simplicium quam compositorum in officinis pharmarceuticis Lunebergensis prostantium. 1693.**

Im Anschluß an die jährliche Inventuraufnahme und Festsetzung der Tare fand gewöhnlich die öffentliche Bereitung des Theriaks und Mithridats[1]) und eine feierliche Bewirtung der Amtspersonen statt. Daß diese auch bei der Tafel ihren Mann stellten, beweisen die Notizen in den alten Apothekenregistern: „an tractamente, Essen und trinken, Musik p. p. uffgewandt 73 Fl." (Convivium theriacale in Hannover 1621. T. A. B.) „Ohnkosten des letzt gehaltenen Convivii 12 Thaler 43 Pfennig." (Verden 1640). Die Erwartung der Tafelfreuden sollte

---

[1]) Die letzte feierliche öffentliche Bereitung des Mithridats und Theriaks geschah in der Kugelapotheke zu Nürnberg 1754. Mithridat war eine Zusammenstellung des Königs Mithridates, später wurde Schlangenfleisch (Tyrus) hinzugefügt, daher der Name Tyriat, Theriak. Conf. Peters in Mitteilungen aus dem germanischen Museum, Bd. I, pag. 259.

wohl die gestrengen Herrn Visitatoren etwas milder stimmen. Wenigstens dürfte die Sitte, Ärzten, Wundärzten und Respektspersonen zu Weihnachten oder Neujahr ein Geschenk aus der Apotheke zu machen, auf derartige Motive zurückzuführen sein. Die Inspektoren der Celler Hofapotheke erhielten seit 1665 an Stelle der bei der Ponderation und Einsichtnahme der Apothekenrechnung genossenen Speisung und des alljährlich auf Ostern gereichten „Korbs mit Gewürz" je 24 Taler für ihre Bemühungen.[1]) Der Magistrat in Hannover sah sich 1804 wegen der vielfachen Mißbräuche veranlaßt, eine immer noch recht lange Liste empfangsberechtigter Personen aufzustellen. (Winter l. c. 392/93.) Durch die Apothekenordnung von 1820 (§ 76) wurden die Neujahrsgeschenke abgeschafft, dagegen sollte allen denjenigen, welche ein Gewohnheitsrecht nachweisen könnten, der Betrag in bar vergütet werden. Erst eine Bekanntmachung des Ministeriums des Innern vom 4. 2. 1842 verbot jedes derartige Geschenk bei polizeilicher Strafe im vierfachen Wert desselben sowohl für den Geber als für den Empfänger.

Die Pflichten des Apothekers im Einzelnen lassen sich aus den Bestallungsurkunden erkennen. Als Beispiel für viele diene das Anstellungsdekret des Daniel Scheller in Verden vom 9. 11. 1640,[2]) worin es heißt: „also unbt der gestalt, daß soviel die Apotheken betrifft, er alle Simplicia zu rechter Zeit colligiren dieselben mit allem Fleiß exerciren unbt rein erhalten, die composita nach eines ieglichen Description recht dispensiren, wohl mit Zucker zu verfertigen nicht mit Honig machen. Viel weniger die medicamenta, welche Kinder abtreiben, durch philtra (Kräuter, aus denen Liebesträuke gemacht werden) vermeindtlich Liebe erwecken oder giftig seien, jemandt unbt sonderlich Unbekannten Personen nicht verkauffen oder sonst abfolgen laßen, so aber bekanbt, erwachßen, deß Verstanbs und guten geruchs seien und eß etwa zu Abtreibung todter Kinder oder Verderbung schädlicher Thiere zu gebrauchen, denen eß auf seine Verandtwortung und nach gelegenheit mit deß Medici Zuziehen abfolgen laßen. Demnegst alle medicamente Vornehmlich die purgantia, opiata unbt dergleichen mit gantzen Fleiß respektive selbst oder durch einen geübten sorgfeltigen unbt Von unß oder denen hierzu deputirten Herren Inspectoribus beeydigten Gesellen praepariren,[3]) waß alt,

---

[1]) Hannover, Des. 88F, III, B. a, 47, I.

[2]) Celle, Des. 108a, Stift Verden, Fach 25, No. 18.

[3]) Ebenso in dem Privileg des Christian Pagenkopf in Otterndorf: „Sonderlich, wann die recepta scharfe und wuchtig, soll Er alle mahl selbst oder durch einen Tüchtigen erfahrenen Gesellen dispensiren und nicht unerfahrenen disciplinanten oder Jungen zutrauen oder unter die Hände geben." Hannover, Des. 74, Amt Otterndorf, Landratsamt Hadeln, Loc. 20, 1, No. 2.

verlegen ober verborben ift, alß nichtig hinwegwerfen ober nach be=
finbung barauß etwaß vor baß Vieh verfertigen . . . . wo ein
simplex ober compositum mangelt, bavor nach feinem gefallen ohne Zu=
ziehung beßienigen, welcher eß verfchrieben, kein anberes fubftituiren,
noch fonften beßen recepte enbern . . . . viel weniger aber ber mebi=
cinalifchen curae unb recept=verfchreibung fich felbft übernehmen, gute
achtung geben, alles obftehenbe unb Übriges umb ein billiges vereinbarten
tart einem jeben verkauffen. . . . . ben Kranken auch anberen Leuten
jum beften jeber Zeit nebft bem Gefellen, bey Tag unbt nacht ohne
einige weiger= unb abfchreckung ber Patienten, fie feien arm ober reich,
Unnachlaßig unbt Unverbroßen fich verhalten wolle." . . . .

Wie bie Apotheker burch ben Arzneiverkauf von feiten ber Barbiere
unb Quackfalber gefchäbigt wurben, pflegten fie ihrerfeits nur zu gern
bas Verbot bes Selbftbispenfierens zu übertreten unb ben Ärzten ins
Handwerk zu pfufchen. Dagegen beftätigte Herzog Auguft von Lauenburg
bem Apotheker Chriftian Pagenkop in Otternborf 1656 ausbrücklich:
„Weilen wir auch biefer Vermutung haben, baß er felbft in ber Mebizin
geübt verfahre, Können Wir gefchehen laffen, baß er einem jeben nach
ber Wiffenfchaft fo ihm Gott verliehen mit Raht unb That ad sanitatis
Conservationem vel restitutionem et morborum depulsionem
behülflich fey, auch Selbften Mebicamente verorbnen unb abhibiren thue,
boch folle hierunter er vorfichtig verfahren unb in abhibirung ber mebi=
camente fein interest unb Auffehen alle mahl auf ber Arth unb eigen=
fchafft ber Krankheit, item ber patienten complexion, Ratur unb Stärke
richten, auch banach bie Mebicamente unb doses reguliren unb mäßigen."

Die Erlernung ber Apothekenkunft gefchah in praktifcher Lehrzeit.
Nach Beenbigung berfelben wurben bie Jungen ober „Disziplinanten"
feierlich losgefprochen. Die Prüfung ber Gefellen ober „Subjekte" fanb
in Gegenwart bes Stabtphyfikus unb einer Magiftratsperfon ftatt.
Daran fchloß fich bie Vereibigung.

Auf bas Wiffen ber bamaligen Apotheker erlauben bie in ben alten
Apotheken vorgefunbenen Bücher einen Rückfchluß.[1]) Wir finben unter
ihnen bie gängigften Werke aus bem Gebiet ber Pharmakologie unb
ihrer Hülfswiffenfchaften: Kräuterbücher bes Tabernomontanus,[2])

---

[1]) Eine befonbers reichhaltige Bibliothek befaß bie ehemalige fürftl. Apotheke
in Celle, zu beren Ergänzung nach einem Kgl. Reftript vom 18. 3. 1780 jährlich
10—15 Tlr. bereitgeftellt wurben.

[2]) Die Ausgabe von Bauhinus, Frankfurt a. M. 1625, enthält mehr als
3000 Heilkräuter.

Hieronymus Bock, Robert Dobonaeus, Geßners Tierbuch,[1]) Kommentare zu den Schriften des Parazelsus und zu der bis in das 16. Jahrhundert hochgeschätzten Arzneimittellehre des Pedaeios Dioscurides, eines Zeitgenossen des Plinius; die Basilica des Oswald Cruß und den gleichfalls vorzugsweise die chemischen Mittel berücksichtigenden Thesaurus et armentarium medico-chymicum des herzoglich Mecklenburgischen Leibarztes Abrianus a Mynsicht; ferner verschiedene Dispensatorien, darunter das älteste im Auftrage einer Obrigkeit verfaßte Arzneibuch: das Dispensatorium Norimbergense des Valerius Cordes 1544 und die ca. 20 Jahre später erschienene Pharmacopoea Augustana (Augsburg); die erste Landespharmacopoe: das Dispensatorium Brandenburgense 1698 u. a. m. Von Arzneibüchern privater Natur erschienen in Hannover: Pharmacopoea Veneta seu de vera pharmacia conficiendi et praeparandi methodo, Hanoverae 1617, O. Prevoft, Medicina pauperum, Hanoverae 1663. Dahin gehören auch das von einem Leibarzt Heinrichs IV. von Frankreich herrührende Dispensatorium Quercetanum und Schröders, Pharmacopoeia medico-chymica, die es auf 6000 Mittel brachte.

Mit der Errichtung von Landphysikaten geschah der erste Schritt zu einer staatlichen Beaufsichtigung der Apotheken. Trotzdem „hat man misfällig vernommen,[2]) daß hin und wieder Apotheken im Lande schlecht bestellt, die Apotheker theils nicht vereidet und nach eigenem Gefallen recepte verfertigen und den ordinirten Specibus andere und geringere supponieren.“ Daher erging „an alle Städte, worinn Apotheken“ strenger Befehl, die Apotheken — bis zu Erlaß der beabsichtigten Medizinalordnung — in Gegenwart des Stadt- und Landphysikus dahin zu vereidigen, daß sie nur gute Sachen führen, schlechte entfernen, allen Vorschriften im Allgemeinen und Besonderen, sowie der Apothekentare nachkommen, an den Rezepten nichts ändern, sei es im Gewicht, Maß oder sonstwie, keine starken purgantia, vomitoria oder andere treibende Medikamente oder opiata, viel weniger Gifte aus der Offizin abgeben oder jemandem ohne genugsame Untersuchung und Sicherheit verabfolgen, auch auf die Gehülfen achten, gegen die Oberen und den physicum und andere medicos dienstfertig sein und keine Kranken kurieren oder besuchen wollen. . . . Was im übrigen der Apotheker, deren Gesellen und

---

[1]) Geßner aus Zürich (1516—1565) gründete als erster in seiner berühmten Botanik die Verwandtschaft der Pflanzen auf die Beschaffenheit der Befruchtungsorgane.

[2]) Generalausschreiben vom 4. 6. 1711.
Lüneburger Constit., Kap. IV, pag. 1279.

Lehrlinge Amt sei, könne aus den in anderen Ländern erschienenen Medizinalordnungen, von denen die vom Collegio medico Brandenburgico vorzuziehen, ersehen werden.[1]

In der sogenannten vorläufigen Medizinalordnung von 1731 sind auch die Apotheker berücksichtigt (s. o. Nr. III). Für die Kleinigkeitskrämerei jener Zeit charakteristisch ist eine Verordnung vom 9. 11. 1731, welche den Apotheker= (und Barbier=) Gesellen das Degentragen verbietet mit Ausnahme der bei den großen Apotheken bestellten und beeidigten Provisoren (und der Kompagniefeldscherer).[2]

Im Fürstentum Hildesheim wurde die Prüfung und Beaufsichtigung dem Medizinalkolleg übertragen.[3] Dies sollte besonders darauf sehen, daß wenigstens die in den größeren Städten befindlichen Apotheken mit tüchtigen Männern besetzt werden, da des Landes Wohl und der Patienten Leben und Gesundheit auch der Ärzte Ehre und Repräsentation größtenteils von der Apotheker Fleiß, Wissenschaft und Treue abhänge.

Zum Schutz der privilegierten Apotheker erschienen während des 18. Jahrhunderts eine Reihe von Erlassen gegen die Medizinkrämer. Die Apotheker selbst aber scheuten sich häufig nicht, Medikamente an Quacksalber zu verabfolgen, und führten zu ihrer Entschuldigung an, daß sie auf den Handverkauf angewiesen seien. Wenn sie es ablehnten, gingen die Leute zu einem anderen oder gar zum Materialisten. Auch ließe sich die Herkunft eines Rezeptes nicht immer mit Sicherheit feststellen und schließlich könnten alle Medizinen, besonders Brech= und Abführmittel mißbraucht werden. Die Regierung erkannte diese Einwendungen nicht als erheblich an und verpflichtete Apotheker und Materialisten obendrein, alle ihnen durch Rezepte bekannt gewordenen Kurpfuscher der Obrigkeit namhaft zu machen.[4]

Bei ihren Reformbestrebungen auf dem Gebiet des gesamten Medizinalwesens nahm sich die königl. hannoversche Regierung mit besonderem Nachdruck der Regulierung und einheitlichen Gestaltung des Apothekenwesens an. Die Visitation durch die Physiker hatte sich im Laufe der Zeit als ungenügend erwiesen. An manchen Orten vergingen oft Jahre, ehe eine Apotheke revidiert wurde. Die Apotheker hielten

[1] Aus den Eingangsworten der Apothekentaxe von 1719, s. u.
[2] Lüneb. Constit. IV, 1905.
[3] Hildesh. Landesarchiv, Bd. IX, Teil 61, Abschn. 1, No. 2.
[4] Gedruckte Verordn. vom 18. 5. 1745 in Hannover, Des. 74, Amt Wölpe. Acta: Unerlaubte Curen.

überhaupt nicht viel davon, da es ben Phyſikern, je mehr ſich bie Pharmacie zu einer wirklichen Wiſſenſchaft erhob, an ben nötigen Fach-kenntniſſen mangelte.[1]) Die Regierung kam ihren Wünſchen entgegen, indem ſie einen hervorragenben Fachmann, ben Profeſſor Fr. Stromeyer in Göttingen zum Generalinſpekteur ſämtlicher Apotheken bes Königreichs ernannte. Derſelbe machte ſeine Viſitationsreiſen in ben Univerſitäts-ferien nach einem beſtimmten, aber geheimen Turnus, um bie Apotheker zu überraſchen.[2]) 1828 wurbe ihm Wiggers als Aſſiſtent beigegeben, ber bieſe Stelle auch unter bem Nachfolger Stromeyers, Wöhler (1836), beibehielt unb 1850 bie Inſpektion ſelbſtänbig übernahm.

Alle auf bas Apothekenweſen bezüglichen Beſtimmungen wurben in ber ſehr ausführlichen Apothekenorbnung vom 19. 12. 1820 zuſammen-geſtellt. (renovat. 18. 3. 1842.) Einzelheiten ſ. b. Knopf l. c. pag. 221 unb ff.

Die praktiſche Ausbilbung umfaßte nunmehr 5 Jahre, bie Ablegung ber Staatsprüfung erfolgte vor ber A. P. B. Auf bie zur Annahme einer eigenen Offizin erforberlichen 5 Servierjahre wirb ber erfolgreiche Beſuch eines pharmaceutiſchen Inſtituts ober einer Univerſität berart angerechnet, baß ein ſo verwanbtes Jahr gleich 2 Konbitionsjahren gilt.

Beſonbere Schwierigkeiten bot bie Einführung einer allgemein gültigen Arzneitaxe. Die 1719 veröffentlichte Taxe[3]) hatte nur in ben hannoverſchen Stammlanben Gültigkeit. Die beiben Apotheker in Lüneburg weigerten ſich ſogar anfänglich, bieſelbe zu beſchwören unb ließen ſich erſt bazu herbei, nachbem einige im täglichen Gebrauch ber bortigen Ärzte befinbliche Mebikamente (über 160!) in Form eines Anhangs aufgenommen wurben.[4]) Im Herzogtum Bremen-Verben erſchienen 1711 unb 1765 eigene Taxen. Die Apotheker bes Fürſtentums Hilbesheim waren auf bie herzoglich braunſchweigiſche Taxe verpflichtet u. ſ. w.

Zur Ausarbeitung einer „für S. Kgl. Majeſtät von Großbritanien unb Churfürſtl. Durchlaucht zu Braunſchweig-Lüneburg Teutſchen Länber" beſtimmten Arzneitaxe wurben 1719 „brei alte vernünftige Apotheker auf ber kgl. unb churf. Ratsſtube bahin vereibigt, baß ſie bie Sache unter Aufſicht ber Leib- unb Hofmebicorum vornahmen." Als Grunblage bes

---

1) Hannover, Des. 104, II, 9, 5, A. Med. General. No. 55, Vol. II.
2) Stromeyer, Erinnerungen, Bb. I, 126/27.
3) Lüneb. Conſtit., Bb. II, Cap. IV, pag. 1288 u. ff.
4) Inventarium Apothecae Luneburgensis 1718, bazu Anhang vom 20. 4. 1720. D. A. B., pag. 28.

Apothekengewichts diente, wie in den meisten deutschen Ländern, das in Nürnberg 1558 eingeführte Duodecimalsystem.[1]) Da die Preise oftmals schwankten, sollte jede Ortsobrigkeit mindestens alle Jahr den ordinären Kurszettel aller Materialien von Hamburg oder Amsterdam kommen lassen. Die Mittel sind alphabetisch — also nicht nach Klassen — geordnet, im Preise veränderliche, wie in dem zu Grunde gelegten Würtembergischen Dispensatorium, mit einem Zeichen versehen, von den Kompositis viele weggelassen, entbehrliche durch eine Null bezeichnet. Diese Taxe ist 80 Jahre lang in Kraft geblieben, obwohl Erhardt 1793 meinte[2]), sie sei nicht besser als eine Fleisch- und Brottaxe aus dem Jahre 1719.

Um einen Anhaltspunkt über die Grundsätze zur Aufstellung einer, Apotheker wie Publikum gleicherweise gerecht werdenden Taxe zu gewinnen, veranlaßte die Kgl. Sozietät der Wissenschaften in Göttingen 1794 ein Preisausschreiben. Die preisgekrönte Schrift des Physikers Krügelstein gibt eingehende Berechnungen nach mehrjährigem Durchschnitt unter Berücksichtigung der verschiedenen Geldkurse, Unkosten für Fracht und Fuhrlohn.[3]) Mit der Ausarbeitung des Entwurfs wurde Leibarzt Lentin betraut, der sich der Beihülfe des Hofmedikus Hansen und der Apotheker Brandes, Schröder und Gruner bediente, aber so wenig Freude daran erlebte, daß er sich weigerte, seinen Namen unter das Vorwort zu setzen (Ompteda l. c.). Anfeindungen von seiten einiger Apotheker und Ärzte u. a. von Thaer veranlaßten ihn zu nicht grade gemäßigten Entgegnungen. Es folgte bald darauf ein Nachtrag, der neben entsprechenden Berichtigungen eine ganze Reihe neuer Mittel hinzufügte. Überhaupt hatte Lentin eine Mannigfaltigkeit von Mitteln beibehalten — es wurden deren schon im ersten Entwurf 1727 aufgeführt — um dem Arzt die Freiheit im Wählen zu lassen. Auch war es dem Apotheker

---

[1]) Das Medizinalpfund, ca. 3/4 Handelspfund, in Hannover = 364,92 g, zerfiel in 12 Unzen à 8 Drachmen à 3 Skrupel à 20 Gran. Unter Gran versteht man das Gewicht des trocknen Pfefferkorns = ca. 0,06 g. Rich. Klimpert, Lexikon der Münzen, Maße, Gewichte ıc. aller Länder der Erde. 2 Aufl. Berlin 1896.

[2]) Baldinger, Magazin für Ärzte, Bd. VI.

[3]) Krügelstein, Von Verminderung der Arzneipreise und der zu diesem Behuf erforderlichen Einrichtung der Dispensatorien und Taxen. Göttingen 1794, neue Aufl. 1795. Concurrenzschrift eines anonymen Verfassers, „Wie können billige Preise der Apotheker-Waaren, besonders der zubereiteten Arzeneyen erhalten und gesichert werden". Stendal 1795. Besprechung beider Arbeiten durch Westrumb „Bemerkungen über Arzney-Taxen und deren Veränderung". Göttingen 1797. Näheres siehe Behrendes, pag. 188/89.

unbenommen, außerdem alle in feiner Gegend etwa geforderten Mittel zu führen, fofern nur die gefeßlich vorgefchriebenen nicht fehlten. Preis= änderungen follten halbjährlich, zu Oftern und Michaelis, in den Intelligenzblättern bekannt gemacht werden.

Mit der neuen Taxe von 1801 durften die Apotheker wohl zu= frieden fein.[1]) Diejenigen, welche in der Nähe größerer Handelspläße, Hamburg, Bremen 2c. wohnten, konnten von dem Steigen und Fallen der Preife Nußen ziehen. Sie ließen durch ihre Kommiffäre in den Hafenftädten ganze Schiffsladungen bei Verfteigerungen auflaufen, fei es, um ihren Vorrat daraus zu ergänzen, fei es, um an andere Apotheken davon abzugeben. Außerdem hatten fie vor anderen Ländern den Vorzug des Kaffagelbes voraus, wonach der Louisdor nur 2 Gulden hielt.[2]) In einem Anhang wird die Zubereitungsart von ca. 60 Präparaten mit Belägen aus der Litteratur angegeben. Einige Vorfchriften find der hannoverfchen Taxe eigentümlich, z. B. Tr. Chenopodium Ambros., Syrupus Senegae, Tr. antimon. stibiat., Tr. Myrrhae phosphorat, Tr. Valerianae cum liquor. Hoffmanni. Den Befchluß macht ein Verzeichnis einiger Namensänderungen nach der neuen pharmaceutifchen Terminologie und ein englifch=lateinifches Wörterbuch der Arzneimittel von Lentin.

Für die 1819 erfchienene Arzneitaxe diente die preußifche als Vorbild. Die Preife wurden in der durch das ganze Land gefeßlich eingeführten Konventionsmünze berechnet.[3])

Die Arzneitaxe von 1833 weicht dagegen von der preußifchen durch Gewährung von Rabatt ab. Gruner wies mit Hülfe der Mathematik nach, daß die preußifche Taxe durchfchnittlich $2^1/_2$ Pfg., und mit Hinzu= ziehung der durch die Berechnungsart der Minima entftehenden Erhöhung, $3^6/_{10}$ Pfg. höher fei als die hannoverfche. Wenn einzelne Mittel, z. B. Syrupe, die leicht dem Verderben unterliegen, zu hoch angefeßt fchienen,

---

[1]) Hufelands Kritik der hannov. Arzneitaxe in deffen Journal: Bibliothek d. pract. Heilkunde, Bd. VII, St. 2, pag. 60.

[2]) Klimpert, l. c. 14 Taler entfprachen 15 Taler Goldvaluta.

[3]) Hannover trat 1763 dem fog. 20 Guldenfuß oder Wiener Münzvertrag des Kaifers Franz I. vom Jahre 1748 bei, wonach 20 Gulden oder 40 Mark aus der Mark feinen Goldes geprägt wurden. Der Konventionstaler hatte nach heutigem Gelde einen Durchfchnittswert von 4,2 Mark und hielt 36 Mariengrofchen à 8 Pfg. Klimpert, l. c.

so geschah es deshalb, damit andere, die das Publikum nicht nach ihrem wahren Wert beurteilen könne, billiger abgegeben werden konnten. [1]

Die Veränderung des Münz= und Gewichtssystems machte 1858 eine Neuausgabe nötig. [2] Die letzte offizielle Taxe stammt vom 1. 1. 1864.

Das Fehlen einer eigenen Landespharmakopoe hatte sich schon längst unangenehm fühlbar gemacht. In der Stadt Hannover beispielsweise arbeitete der Ratsapotheker nach dem braunschweigischen, die anderen beiden nach dem württembergischen Dispensatorium, die Ärzte nahmen hiervon meist gar keine Notiz oder gaben bei einzelnen Präparaten an, nach welchem Arzneibuch die Anfertigung geschehen solle. In Ostfriesland war so halb und halb die holländische Pharmakopoe (und Taxe) ein= geführt, woraus sich wegen der verschiedenen Nomenklatur häufig unglückliche Mißgriffe ergaben. [3]

Die Ausarbeitung der ersten hannoverschen Landespharmakopoe von 1819 ist das Werk des Hofrats Stromeyer, Oberbergkommissars Gruner und Leibarztes Lobeman. [4] Sie gab im Gegensatz zu der sonst als Vorbild benutzten preußischen neben der Benennung und Beschreibung der Mittel, die Wirkungs= und Gebrauchsweise, die Dosen und die vor= züglichsten Krankheiten, in denen sie Anwendung finden an „non nisi cum grano salis praeceptis utantur."

An der Neuauflage von 1833 beteiligte sich Hofapotheker Brandes als Mitarbeiter. Stromeyer gab hierzu 1852 einen Nachtrag heraus, in dem wir verschiedene Alcaloide: Codein, Atropin, Coffein, Aconitin und Chininsalze finden. [5]

Die Pharmakopoe für das Königreich Hannover von 1861 ist zum ersten Mal in deutscher Sprache abgefaßt. Sie enthält ca. 450 Mittel

---

[1] Hannover, Des. 104, II, 9, 5A, Med. Generalia 20a, Gutachtlicher Bericht von Gruner und Stromeyer v. 12. 1. 1833.
Dito Stieglitz und Lobeman v. 29. 1. 1835.
[2] Das neue hannoversche Medizinalpfund war schwerer und zwar

1 Gran	um ca.	$\frac{1}{4}$ Gran
1 Skrupel	„ „	$\frac{1}{2}$ „
1 Drachme	„ „	$1\frac{1}{2}$ „
1 Unze	„ „	$12\frac{2}{3}$ „

[3] Hannover, Des. 104, II, 9, 5A, 2. Lbdst. Aurich, Generalia.
[4] Ebenda, Generalia 20a. Bericht der Leibärzte über die Landespharmakopoe und Arzneitaxe v. 18. 9. 1819.
[5] L. A. W. Stromeyer, Pharmacopoea Medicaminum, quae in Ph. H. non sunt recepta H. 1852. Von den genannten Alcaloiden ist in die Pharma= kopoe von 1861 nur das Chinin. sulfur. aufgenommen.

in alphabetischer Anordnung (allein mit Hinzufügung der Dosen!), genaue Vorschriften zur Herstellung, verschiedene Tabellen und Angaben über die Zeit des Einsammelns der offizinellen Pflanzen.

Anhangsweise wäre noch einiger Männer zu gedenken, welche zur wissenschaftlichen Förderung der Pharmakologie und verwandter Fächer beigetragen haben.[1])

In erster Linie steht Fr. W. Sertürner (1783—1841), Apotheker in Einbeck, später (1823) in Hameln, dem es 1805 gelang, durch Darstellung des Morphiums[2]) aus dem Opium die längst vermutete Existenz der Pflanzenbasen nachzuweisen. Er prüfte zugleich die biologische Wirkung des von ihm entdeckten Alkaloids an sich selbst und drei Versuchspersonen.

J. L. W. Gruner (1771—1849), Hofapotheker, Oberbergkommissar und Medizinalrat in Hannover machte Versuche mit den Alkaloiden der Chinarinde und führte viele Mineralanalysen aus. Ebenfalls tüchtige Analytiker und geschätzte Gutachter waren: J. Fr. Westrumb (1751—1819), Apotheker in Hameln und Verfasser eines Lehrbuchs der Apothekerkunst und A. P. Dumênil in Wunstorf (1777—1852), der zahlreiche Beiträge für das Archiv der Pharmakologie lieferte. Der Redakteur dieses Archivs, Medizinalrat R. Brandes, Apotheker in Salzuflen (1795—1842) machte sich mit den vorigen zusammen neben seiner wissenschaftlichen Tätigkeit um die Gründung des Norddeutschen Apotheker-Vereins verdient.

Fr. Stromeyer (1728—1835), Professor in Göttingen hat wenig veröffentlicht, dafür aber das erste chemische Laboratorium an einer deutschen Universität eingerichtet.

Die Verdienste Wöhlers (1800—1882) liegen zwar mehr auf dem Gebiete der Chemie, die ihm die erste synthetische Darstellung des Harnstoffes verdankt, während man früher glaubte, daß organische Verbindungen nur im lebenden Organismus entstehen könnten. Seine Erwähnung an dieser Stelle ist aber insofern gerechtfertigt, als er den Übergang der Arzneien in den Harn studierte.[3])

Schüler und Assistent der beiden Vorgenannten war A. L. Wiggers (1803—1880), ursprünglich Apothekergehülfe, 1837 Privatdozent in

---

[1]) Lexis, Die deutschen Universitäten, Bd. II, Berlin 1903, Aufsatz von Binz, ferner Behrendes, l. c., und C. Frederking, Grundzüge der Geschichte der Pharmacie 2c. Göttingen 1874.

[2]) Die Bezeichnung Morphium ist erst 1815 gegeben.

[3]) Zeitschrift für Physiologie von Tiedemann und Travianus, Bd. I.

Göttingen, 1848 Professor der Pharmacie und Medizinalrat. Seine Arbeiten umfassen das ganze Gebiet der Pharmacie (z. B. Handbuch der Pharmacognoste.)

A. Berthold (1803—1861) schrieb 1834 als Privatdozent in Göttingen zusammen mit R. Bunsen in Marburg eine klassische Arbeit über das Eisenoxydhydrat als Gegengift der arsenigen Säure, die beiden vom Könige von Preußen die goldene Medaille für Verdienste um Kunst und Wissenschaft einbrachte. [1]

---

[1] Pütter, l. c., 1838, pag. 436/37.

Kapitel V.

Das Kurpfuschertum.

***

Wir verstehen heutzutage unter einem Kurpfuscher jeden, der ohne den vom Staate vorgeschriebenen, dem derzeitigen Stande der Wissenschaft entsprechenden Bildungsgang gewerbsmäßig die Heilkunde ausübt. Genau genommen würde man also von ärztlichen Pfuschern erst zu einer Zeit sprechen können, als sich der Staat um die sachgemäße Ausbildung des Heilpersonals kümmerte und Verordnungen zu dessen Schutz erließ. Dies geschah aber in Hannover — wie in den meisten deutschen Ländern — gegen Ende des 17. Jahrhunderts. Grade der Mangel jeder gesetzlichen Beschränkung gab bereits im Mittelalter, wo der Beruf des Arztes frei und allein auf persönliches Vertrauen gestellt war, den geeigneten Boden für die Entwicklung einer üppigen Kurpfuscherei ab.[1]

Dazu kommt, daß die Medizin in dem Bestreben, Dinge zu erklären, deren natürlichen Grundlagen und Zusammenhänge man noch nicht übersah, den sicheren Boden praktischer Erfahrung verließ und sich in allerlei unfruchtbaren philosophischen Spekulationen erging. Daraus resultierten die verschiedenen Heilsysteme, deren Vertreter sich obendrein heftig bekämpften. Solche Streitigkeiten haben aber zu allen Zeiten dem Ansehen der Medizin in den Augen des Volkes geschadet![2] Es wandte sich daher in seinen Leibesschäden lieber an Leute, die seinem Empfinden näher standen und ihm überdies auch leichter zugänglich waren als die noch dünn gesäeten studierten Ärzte.

Aber selbst viel später, da wenigstens den Städtebewohnern ärztliche Hülfe zu Gebote stand, liefen die Kranken lieber zum Quacksalber. So

***

[1] W. Heyne, 5 Bücher deutscher Hausaltertümer. Leipzig 1903, Bd. III.

[2] Auch soll die Gelehrsamkeit den praktischen Blick trüben: „Die Gelehrten sind die Verkehrten", „'n Minsch in Doctor Hannen un 'n Vägel in Kinnerhannen sind boll old noog wurrn" aus Goldschmidt, Volksmedizin im nordwestl. Deutschland. Bremen 1854.

beklagt sich der Göttinger Magistrat in einer die medicos betreffenden Ordnung[1]) „ob zwahr wir woll gehoffet hatten, es würden der von Uns in anno 1680 publicirten Apothekenordnung nachkommen sein, So haben jedennoch nicht ohne sondern misfallen wahrnehmen müssen, welcher gestalt die meisten unserer Bürger mit ihren höchsten schaden schnurstracks zuwider gehandelt undt statt unser benannten Stadt-Physicos, andere des inneren Curirens ganz unerfahrene Leute gebrauchet haben."

Die Laienpraktiker mußten sich mit einem gewissen Nimbus zu umgeben, der in dem Aberglauben ihrer Zeit wurzelte. Manche, mit natürlichem Verstand begabt, hatten sich auch wohl, vielleicht im Umgang mit der Natur und bei der Pflege von Tieren, einige praktische Kenntnisse angeeignet. Sie sind die Vorfahren der heilkundigen Schäfer.

Eine besondere Art von Pfuschern erwuchs den Ärzten gewissermaßen im eigenen Lager. Wie die Mönche nach dem Grundsatz ecclesia abhorret a sanguine die chirurgischen Verrichtungen den Badern und Barbieren überließen, so hielten auch die weltlichen Ärzte die Beschäftigung mit der Chirurgie unter ihrer Würde. Daraus entstand als eine neue Klasse von Heilkundigen der Wundarzt, der allein Chirurgie treiben und sich nicht in die innere Medizin mischen soll, es aber nur all zu gern tut. Wir haben nun auf der einen Seite die gelehrten Ärzte, auf der anderen Empiriker, Bader und Barbiere, die nach Art der übrigen Handwerker einen geschlossenen Stand bilden, dessen vermeintlichen oder angemaßten Rechte sie energisch gegen Außenstehende wahren. Für sie ist jeder, der, ohne der Zunft anzugehören, als sogenannter „Böhnhase oder Humpler"[2]) Chirurgie treibt, ein Winkel- oder Afterarzt. Daraus hat sich bis auf den heutigen Tag in der Meinung des Laien das Vorurteil erhalten, welches in dem Kampf zwischen Ärzten und Kurpfuschern lediglich den Kampf des Zünftigen gegen den Nichtzünftigen sieht.

Ein typisches Beispiel des eben Gesagten findet sich in den älteren Lüneburger Zunfturkunden (Bodemann l. c.): Am 9. 2. 1563 beschuldigt das Amt der Barbiere einen Hans Rosenkreuz, daß er aller „arstenye sich understelt myt vorbinbende, dat uns wundtarsten behörich" und nennt ihn einen „unerfaren Frantzosen arste, der einen egen kerckhof hebben" muß.

---

[1]) Marx, Göttingen l. c.

[2]) „Böhnhase", Handwerker, der sein Gewerbe verstohlen auf dem Dachboden (Böhn) ausübt, wegen der Nachstellungen durch die Zunftgenossen ängstlich wie ein Hase. „Humpler" von humpeln, hinken = Stümper. Vergleiche: Klage des Engelbertus Schlacht, Bürger und Balbirer in Bevensen wider die Humpler und Fuschere 22. 3. 1663 in Hannover, Des. 74, Amt Medingen, Fach 101, No. 1.

Ebenſo nähme ſich ein Barbiergeſelle allerhand Dinge heraus, die ihm nicht gebühren. Wenn er ſich aber „mit brochſniben und ſtenſniben und ſtarſteken genogen lete und unſerm ampte nenen ſchaden bede, were em wol to gunnen be binge, be wy nich geleret hebben.“ Trotz dieſer Selbſt- erkenntnis nennen ſie ſolche Leute „grotſprelers, winkellepers, lant- und lubebebregers, be to dem tore herut lopen, und darna kamen be armen lube to uns und klagen. . . . So hebben ſe dat gelt weck, ſo moten wy den arbeit don.“

Bei dieſer Eingabe des Amts an den Magiſtrat liegt ein Schreiben, welches wahrſcheinlich eine Verteidigungsſchrift des Hans Roſenkreuz darſtellt. In demſelben macht er zahlreiche Geheilte namhaft, die er mit der „hulpe gades ſunt makede“, und zwar wie er hervorhebt, „ſunder ſnident“. Es handelt ſich dabei meiſt um alte Knochenleiden, Geſchwüre, Fiſteln, kurz Übel, die nach längerem Beſtehen, Ausſtoßen eines Knochen- ſtückes auch von ſelbſt ausheilen. Ob es nur ein Zufall iſt, daß unter den ſo wunderbar Geheilten mehrere mit einem „ſwer ſeer (Geſchwür) in hemeliken ſteden“ behaftet waren? Der Schluß lautet: „item, leve heren, noch vele mer wenn hir ſchreven ſtan, buten unde binnen, dat to lank worde to ſchrivende, de ik mit der hulpe gades habbe ſundt gemaket ſunder ſnident unde dat meſte von anderen arſten vorlaten ſin unde dat meſte van deſſen be nicht en habben, be ik umme gades willen helde“.

Wir ſehen alſo hier ſchon die charakteriſtiſchen Züge des ’modernen Kurpfuſchers, der ſich ſeiner großartigen Erfolge rühmt und ſich als Wohltäter der Menſchheit aufſpielt!

Mit der Spekulation auf den Aberglauben und die Dummheit haben die Kurpfuſcher von jeher das beſte Geſchäft gemacht. Trotz aller Geſetze und Aufklärungen wird die Quackſalberei niemals ganz aufhören, Habſucht, Eigennutz und Arbeitsſcheu auf der einen, Glaube an Wunder auf der anderen Seite führen ihr immer von neuem Jünger zu.

Den heidniſchen Germanen galt die Krankheit als der Ausfluß einer böſen Macht, das Heilverfahren gründete ſich daher auf Beſchwörungen und Zauberformeln und auf die Anwendung geweihter Kräuter, deren Aufſuchen und Zubereitung in den Händen der Frauen lag.[1]) Die weiſe Frau befragte das Schickſal über den Kranken und braute Zauber- tränke, eine Kunſt, die ſelbſt in unſerem aufgeklärten Zeitalter nicht ab-

---

[1]) L. Curtje, Die Germania von Tacitus, ausführlich erklärt, Leipzig 1866.

handen gekommen ist und in dem Besprechen und ähnlichem Hokuspokus der Wahrsagerinnen („Wickersche", „Vorkikersche") fortlebt.

Die dunkle Empfindung eines Zusammenhanges zwischen körperlichem Befinden und kosmischen Vorgängen führte zur Verquickung der Medizin mit der Astrologie. Es gab besondere Regeln, bei welcher Konstellation der Gestirne man zur Ader ließ oder Arzneien am wirksamsten verordnete. [1]

Während des 17. Jahrhunderts erfreuten sich die Rosenkreuzer, jene ganz im Bann der Alchymie stehenden Geheimbündler großen Ansehens im Lande. [2] Anklänge an ihre alchymistischen Spielereien finden sich noch in der Homöopathie.

In katholischen Gegenden, namentlich vor der Reformation, nahm man auch zu geistlichen Mitteln seine Zuflucht (Prozessionen in Pestzeiten, Andachten vor der Statue des Heiligen Thomas in der Paulinerkirche zu Göttingen, Amulette, „Lämmer Gottes" des Mönchs Heimbert auf Walkenried [3] rc.).

Fahrendes Volk, Gaukler und Komödianten, an sich schon für den an die Scholle gefesselten Landmann von dem Nimbus des Ungewöhnlichen umgeben, trugen das Ihrige zur Vermehrung des Aberglaubens bei. Die Zahl der abergläubischen Mittel ist zu groß, um sie auch nur aufzuzählen. So schimpft der Pfarrer Sackmann in Limmer [4] über den verfluchten Aberglauben der Seiler, welche dem Kranken ein Stück rohes Garn um den Hals binden, um die Krankheit abzuschneiden. Jedenfalls ein sicheres Mittel, wenn es energisch angewendet wird! L. Stromeyer [5] sah als Knabe Epileptiker ein Tuch in das Blut eines Hingerichteten tauchen und damit fortrennen bis sie besinnungslos zu Boden stürzten.

Den Hebammen war nach den alten Kirchenordnungen die Anwendung abergläubischer Kuren untersagt. Das ist um so bemerkens=

---

[1] Zu diesem mystischen Standpunkte bekannte sich auch Meßmer in seiner Dissertation „De influxu planetarum in corpus humanum. 1766.

[2] Spittler, l. c., Bd. I, 325 u. ff. Rosenkreuz, ein fränkischer Mönch lebte im Anfang des 14. Jahrhunderts. Die Lehre machte besonders im 17. Jahrhundert großes Aufsehen. Zedler, Universallexikon aller Wissenschaften und Künste rc., Bd. XXXII, pag. 901.

[3] Marx, l. c.

[4] Verteidigungsschrift des Pfarrers Sackmann in Limmer an das churfürstl. Consistorium in Hannover vom 11. 11. 1715. Abgedruckt in Mohrmann, Jacobus Sackmann rc. Hannover 1880. Man trieb auch neugeborene Kälber, Fohlen und Schweine durch ein rotes Garn, um sie gegen Zauber zu schützen. Conf. Hartmann, Volksaberglauben im hannoverschen Westphalen. Mitt. d. hist. Ver. f. Osnabr., Bd. VII, 1864, pag. 384.

[5] Stromeyer, Erinnerungen, l. c.

werter, als von der Kirche in Szene gesetzte Teufelaustreibungen und Hexenverfolgungen noch im 17. und 18. Jahrhundert vorkamen.

Außerordentlich streng verfuhr Bischof Philipp Siegmund von Osnabrück 1608 und 1615[1]): „Weilen vielfältig gespüret, daß hin und wieder in desselben Emptern, Stetten, Flecken, Dörffern und auffm Lande, viler so Manns als Weibes Personen durch Anreitzung und Getrieb des leidigen Satans von Gott Allmächtigen sich abgewendet und durch Umbwendung eines Siebes, Besichtigung der Cristallen und andere dergleichen nichtswürdige Mittel, den leidigen Teuffel Rahts zu erfragen, andern zu Wicken und Wahrzusagen, auch in Krankheiten, sowol der Leuthe als Viehs zu helffen und Rath zu schaffen unterstanden .... so soll Jemandts, wer der auch sein wirdt, der wissentlich mit dem Teuffel Bundtnüß gemacht, obgleich dessen Getrieb niemandt beschädigt, unnachlässig mit dem Schwert vom Leben zum Tot gestraffet werden." Die Verordnung ging also noch weiter als die Carolina (Art. 109), welche den Versuch ohne schädliche Folgen nur „nach Gelegenheit der Sache" bestrafte. Auch im Lande Hadeln wurden Cristallseher, Beuter[2]), Segensprecher, Wicker und dergleichen Gesindel nicht geduldet „soll auch Niemand bei denselben Raths sich erholen oder Hülfe suchen, viel weniger seine etwa habenden Beschwerden sich durch Segen, Beuten, und Superstitiones magicas oder im Wahrheitsgrunde nur Teufelswerk, auch schreckliche, hoch verbotene Misbräuche göttlichen Namens curiren und vertreiben lassen, bei Vermeydung Unser höchsten Ungnade und willkürlichen Strafe."[3]) Gegen dieselben Mißbräuche wendet sich ein Mandat des Herzogs Georg Wilhelm von Celle 19. 4. 1681.[4]) Selbst in den „Artikullsbriefen" für die Soldatesque (Herzogs Friedrich von Celle 1647 und des Kurfürsten Georg Ludwig) werden Abgöttische, Schwarzkünstler, Zauberer, Hartmacher, Teufelsbanner, Waffen-Segner, Christallen-Seher 2c. mit dem Feuertode, Staupenschlagen, Verlust der Ehre und Landesverweisung bedroht.

Noch in einer Verordnung vom 25. 5. 1718[5]) ist von den Siebträgern die Rede. Das waren Leute, die sich mit dem „Sieblaufenlassen"

---

[1]) **Codex Constitut. Osnaburgens.**, T. I, Bd. II, Osnabrück 1783, pag. 1390.
[2]) **beuten, boten** = heilen durch Segensprechen.
[3]) Visitationsreceß für das Land Hadeln, de 1622. Knopf, pag. 206.
[4]) Lüneburg. Constit. IV, pag. 1852.
[5]) Ebenda, pag. 1285.

befaßten.[1]) Man bediente sich dieser Probe, um einen Dieb oder eine Person, die einer anderen eine Krankheit angehext habe, zu entdecken. Ein Sieb wird an einer Zange gehalten und eine Beschwörungsformel darüber gesprochen. Sobald der Name des Verdächtigen genannt wird, soll es anfangen zu zittern. Der Professor der Medizin Hermann Neuwaldt in Helmstädt wollte auf diese Weise in drei Fällen glücklich zum Ziel gekommen sein, aber er setzt vorsichtig hinzu: „nach der Zeit bin ich davon abgestanden aus Besorgnis, der Teufel habe mir nur die Wahrheit entdeckt und suche mir das Maul zu schmieren, um mich weiter in sein Netz zu ziehen".

Ein Arzt in Peine, Namens Loges, gab 1708 eine sehr verständige kleine Schrift wider den Aberglauben in der Medizin heraus.[2]) Wenn die Menschen von einem ihnen unbegreiflichen und ungewöhnlichen oder auch langwierigen und schwer zu heilenden Übel, „wie denn solches vielmahl von denen gebrauchten sogenannten Hauß=Mitteln oder anderen unbesonnenen quacksalberischen Curen und übeln Verhalten der Patienten entspringet", ergriffen werden, glauben sie, die Krankheit müsse ihnen von bösen Leuten angetan sein.[3]) Und, wenn sie sich besinnen, ob nicht vor oder bei der Krankheit eine verdächtige alte Frau oder „andere ihrer Rede nach nicht dicht gehaltene Person" bei dem Patienten gewesen, so beargwohnen sie oft ganz unschuldige Personen. Statt nun bei den Ärzten vernünftigen Rat zu holen „sintemahl Gott nicht allein die Artzeneyen sondern auch die Personen, welche sie verordnen sollen, auserlesen und dazu berufen hat", erkundigen sie sich „ob nicht hie und da eine super=kluge Frau oder weiser Mann zu finden so in diesen Sachen guten Raht und Hülffe geben könne. Da laufft und schickt man offt weit nach dieser oder jener Segensprecherin, Scharfrichterin, einem Pferde=, Kühe= oder Schweinearzt, Marktschreyer, Fahnenschmidt und wie dergleichen Geschmeiß so den unvorsichtigen Leuten was weiß machen und vorgaukeln kann, mehr helfft, oder wendet sich auch zu denen verführerischen Päbstischen Pfaffen, lässet Messe darüber lesen, Wey Wasser, geweyhete Kräuter, Heiligthümer holen und versuchet also den Teuffel durch Beelzebub zu vertreiben".

---

[1]) Zedler, Universallexikon, Bd. XXXVII, pag. 1039.

[2]) Kurtze Nachricht wegen der von Bösen Leuten vermeintlich herrührenden Krankheiten und Zufälle, der jetzigen abergläubischen Welt zur Warnung dienlich entworfen von L. J. W. L. Anno 1708. Hildesh. Landesarchiv, Bd. IX, T. 61, Abschn. II, No. 6.

[3]) Sprichwörtliche Redensart: „schull em woll wat anbahn wesen?" durch die „quajen" oder leegen Lüe? Conf. Goldschmidt.

Zwar könne nicht gänzlich geleugnet werden, daß „bißweilen aus Gottes Zulassung durch des Satans Vermittelung und Hülfe von obgedachten Unholden Krankheiten sollen verursachet und böß oder langwierig gemachet werden", aber im übrigen sind der „natürlichen dispositiones wie auch causae immediatae et continentes der Krankheiten" so viele, daß sie ein eingehendes Studium verlangen. Wie will denn Jemand sich unterfangen, von solchen Sachen vermessentlich zu urteilen, die er nicht versteht? Ein Weib bleibe bei ihrer Haushaltung und jeder in seinem Berufe. „Es ist ja die Medizin eine sonderliche warlich schwere und weittläufige Kunst, welche uns nicht angebohren, sondern vermittelst Göttlichen Segens durch vielfältige Mühe und Arbeit, auch grosse Kosten in geraumer Zeit erst erlernet wird. Wenn derohalben jemand in Krankheiten die Ordnung Gottes, welche keine andere ist als diese: Bete und brauche rechte Ärzte, verlässet, dessen allerheyligsten Namen mit dem verfluchten Segensprechen u. d. g. mißbrauchet, auf abergläubische Dinge als vermeintlich göttliche sonderbare Gaben und geheime Wissenschaften sein Vertrauen setzet, wie kann man von dem anders sagen, als daß er zu teufflischen Mitteln ja zum Teuffel selbst, als der ein Urheber alles Aberglaubens, seine Zuflucht nehme?"

Sein offenherziges Vorgehen gegen einige Gebräuche der katholischen Kirche erregte das höchste Mißfallen der bischöflichen Regierung zu Hildesheim. Vor das Amt zitiert, entschuldigte er sich damit, daß er es aus keiner üblen Meinung getan, sondern als ein Lutheraner dieses — libellum famosum nannten es seine Gegner — also gesetzt habe. Trotzdem behielt man ihn gleich auf dem Amtshaus in Arrest und wies ihm ein „ehrlich" Zimmer an, das er selbst als eine kalte Kammer dicht unter dem löcherigen Dache bezeichnet. Aber der brave Doktor verlor auch in seinem Dachkämmerchen den Mut nicht, schimpfte weidlich über seine „captivirung, die ex odio contra Evangelicos geschehen" und sandte an den „zudringlichen und caluminösen Fiscalem, unbefugten Ankläger und grausamen Injurianten" Schreiben über Schreiben, die nichts von überflüssiger Höflichkeit an sich haben und dafür mit dem Vermerk: „communicetur ad noticiam, ponatur ad inrotulandum et transmittendum ad acta" einfach beiseite gelegt wurden. 14 Tage saß er nun schon so, obwohl ein Gutachten der juristischen Fakultät in Helmstädt zu seinen Gunsten entschieden, und hoffte, daß ihm „die Hülfe und Liebe der Justiz und Errettung eines bedrängten Evangelischen Membri von den angrenzenden Evangelischen Fürsten und Herren widerfahren werde." Leider lassen uns die Akten über den weiteren Verlauf der Sache im Stich. Jedenfalls beweist die Geschichte einmal wieder, daß es stets Leute gegeben, denen die Aufklärung des Volkes unangenehm ist!

Im Umgang mit Kranken spielt die Suggestion eine wichtige Rolle. Ihre Wirkung ist verschieden nach der Persönlichkeit des Arztes und nach der Empfänglichkeit des Patienten, in ihrer Verwendung beruht in letzter Linie das Geheimnis des ärztlichen Erfolgs. Der „Heilkünstler" besitzt darüber hinaus ein ihm persönliches, gleichsam körperliches Heilfluidum, das er durch Berührung auf den Leidenden übertragen zu können vorgibt. Mit solchen „Streichkuren" wollte Mesmer gewisse Gefühle in den „Magnetisierten" hervorrufen und Schmerzen beseitigen. Bei geeigneten Personen sollte daraus schließlich ein Zustand entstehen, den man als Somnambulismus bezeichnet. Eine derartige Hellseherin, Rosamunde von Asseburg, machte schon im 17. Jahrhundert in Lüneburg viel von sich reden.[1]

1777 wird aus Hunden, Amt Winsen a. d. Luhe von einem Wunderkinde berichtet.[2] Sowohl das Wasser aus seinem Körper (also der Urin), als auch das Wasser, worin es seine Hände wusch, hatte die Kraft der Heilung. Da sich täglich 50—60 Hülfesuchende einfanden, machte der Vater des Kindes ein vortreffliches Geschäft, bis ihm das Amt die Zulassung der Kunden in das Haus bei einer Strafe von 5 Talern für jeden Fall verbot.

Ein ähnliches Wunderkind tauchte Anfangs des 19. Jahrhunderts in der Göttinger Gegend auf.[3] Die Wunderkraft war aber nur zu gewissen Zeiten — nämlich am Donnerstag von Sonnenuntergang bis zum folgenden Morgen — wirksam und vollzog sich so, daß die Mutter die Hand des Kindes auf den leidenden Teil legte, während der daneben stehende Vater die Geschenke der dankbaren Patienten in Empfang nahm.

Einen größeren Ruhm erlangte der Magnetiseur und „Schweißdoktor" Rehmann aus Göbringen.[4] Er begann sein Geschäft (1826)

---

[1] Harleß, Verdienste der Frauen um Natur- und Heilkunde. Göttingen 1830.

[2] Hannover, Des. 74, Winsen a. d. Luhe, V, J. Misc., Fach 51, No. 2.

[3] Marx, l. c., Anmerkg., pag. 310.

[4] Bierman, Einige Nachrichten über d. Magnetiseur Rehman, Mitteilungen geschichtlichen und gemeinnützigen Inhalts, Zeitschr. für d. Fürstent. Hildesheim u. d. Stadt Goslar, Bd. I. Hildesheim 1832.
Hannover, Des. 104, II, 9, 5 M, Empirici, Generalia, Gutachten d. K. P. B. v. 8. 7. 1831.

als sogenannter Nachweiser oder Vorkiker, indem er vorgab, mit Hülfe der Magie imstande zu sein, bei Diebstählen und geheimen Verbrechen den Täter nachzuweisen. Wie er zum ärztlichen Handeln kam, gibt er selbst verschieden an. Vor dem Amtsgericht in Springe bekundete er (1828), ihm sei ein plattdeutsches Buch mit Gebeten in die Hände gefallen. Er habe sie abgeschrieben und durch Vorlesen derselben Kranke in Schweiß gebracht. Nach einer anderen Erzählung soll ein unpäßlicher Mechanikus, der bei ihm einkehrte, durch Anhauchen während der Unterhaltung besser geworden und in der Nacht zum Schwitzen gekommen sein. In der Folge machte R. die Beobachtung, daß ihm dies durch Bestreichen noch besser gelang. Er zog nun im Lande umher und kam auch nach Peine. Seine Sprechtage waren dort von 50—100 Leuten besucht. Die über die Hebung des Fremdenverkehrs höchstlich erfreuten Einwohner baten, ihm nichts in den Weg zu legen. Nach einer gedruckten Bekanntmachung der Landdrostei Hannover vom 3. 12. 1847 wurde dem Rehmann vom Ministerium d. J. (soll aber nicht heißen Minist. „der Intelligenz") die Verrichtung animalisch-magnetischer Kuren gestattet, sofern er die Bescheinigung eines Arztes oder unbeschränkt zugelassenen Wundarztes über die Zweckmäßigkeit seines Heilverfahrens für jeden einzelnen Kranken, zu dem er berufen war, der Obrigkeit und dem Physikus des betreffenden Ortes vorzeige!

Eine Sonderstellung unter den Quacksalbern nehmen die fahrenden Operateure ein, welche meist Spezialitäten wie Staarstechen, Stein- und Bruchschneiden, Gewächs- und Hasenschartenoperationen betrieben. Den ansässigen Ärzten waren derartige verantwortungsvolle Operationen noch zu gefährlich, während sich die Wanderärzte leicht etwaigen bösen Folgen entziehen konnten. So kam es ihnen nicht darauf an, bei der Herniotomie den Hoden mit fortzunehmen, und beim Steinschnitt hatten sie auf alle Fälle einen Stein bereit, wenn sich der erwartete nicht vorfand. Manches Auge ging auch nach der Staarextraktion durch Eiterung zu Grunde, da eine Nachbehandlung unterblieb.

Mit Vorliebe suchten sie Jahrmärkte und Messen auf, wo größere Volksansammlungen guten Verdienst versprachen. Von einer Bühne herab priesen Ausrufer die Künste und unfehlbaren Allheilmittel des hochberühmten Herrn Dokters an, der „ohne grosses geprale vnd in der stille" zu vieler hohen und niedrigen Standespersonen Nutzen und Besten, an Stockblinden, mit Hasenscharten, Brüchen und anderen Gebrechen behafteten Leuten unterschiedliche und Gottlob! rühmliche Specimina und

Probestücke abgelegt habe.[1]) Reklamezettel wurden verteilt. Hans-
würste (sogenannte Pickelhäringe), allerlei Merkwürdigkeiten in Spiritus
verwahrt, lockten die schaulustige Menge an. Dann erschien der Wunder-
mann in auffälliger Tracht und nahm gleich vor den Augen der Um-
stehenden die nötigen Kuren vor.

Die Magistrate suchten auch wohl ihre Ärzte und Apotheker gegen
die Konkurrenz und die Bürger vor Übervorteilung durch die Wanderärzte
zu schützen. „1583 d. 15. Jannuarii heffen rat und 24 man in Hildesheim
beraden, it schullen hinforder up dem markede keine arste stan, se sin den
erst vom phisico und den apteler examiniret und für tüchtig erkannt".[2])

Natürlich fehlte es unter den fahrenden Operateuren nicht an
Abenteurern, die in anderen Berufen Schiffbruch erlitten hatten.
Namentlich seit dem 30jährigen Krieg erwuchs daraus eine förmliche
Landplage, gegen die zahlreiche Landesverordnungen ergingen. In
Hannover ist eine der ersten die des Herzogs Georg Wilhelm vom
18. 3. 1698[3]). Störcher[4]), Quacksalber, Zähnebrecher, Bruchschneider und
Okulisten sollen Dokumente und Atteste[5]) vorweisen, ohne Examen und
Konzession dagegen weder in noch außer den öffentlichen Jahrmärkten
ihre Kunst zeigen. Der Medizinalentwurf von 1710 beschränkte das
Ausstehen auf den Märkten auf 4 Tage.

Gelegentlich waren es aber auch bessere Elemente, die mit einigen
Kenntnissen, Unternehmungsgeist und dem nötigen Geschäftssinn ausgestattet, auf diese Weise ihre Wissenschaft an den Mann zu bringen
suchten. Einer von diesen ist der allbekannte Dr. Joh. Andreas Eisenbart
(1661—1727), über den bereits eine umfangreiche Litteratur existiert.[6])
Auf seinen mannigfachen Fahrten bereiste er 1710 auch Hannover. Es
war ihm nach seiner Angabe ein Jahresgehalt von 200 Talern versprochen,

---

[1]) Bekanntmachung des Andreas, Justus Hutterus, examinirt. und approb.
Oculista und Operator auf der Osterstraßen im Schustertruge in der Churfürstl.
Residenz-Stadt Hannover, den 23. May anno 1693. Hannoversche Geschichtsbl.,
Bd. XI, 1908, pag. 77.

[2]) Joachim Brandis d. Jg., l. c., pag. 196.

[3]) Lüneburger Konstit. IV, pag. 1277.

[4]) Störcher = Störer, Nahrungsstörer.

[5]) Atteste dieser Art finden sich im Hild. Lbarch., Bd. IX, T. 61, Abschn. 2,
Quacksalber: für Peter Paul Petzold, Oculisten, Stein- und Bruchschneider, auch
Wundarzt „wegen eines curirten Mägdeleins" (Hafenscharte) aus dem Stift Steuer-
wald 1648. Ähnlich für Stephan von Sütphen (bei Geldern) 1657.

[6]) Allgem. deutsche Biographie, Leipzig 1904, Bd. 48, pag. 301.
Ebstein, Charlatanerie und Kurpfuscherei im deutschen Reich. Stuttgart 1905.

falls er sich dauernd dort niederlassen werde. Wenn er dies Anerbieten auch zurückwies, so verlieh ihm doch Kurfürst Georg Ludwig am 24. 9. 1710 nicht nur die Berechtigung, überall im Lande seine Kunst unbeschränkt auszuüben, sondern zugleich den Titel eines „churfürstlich hannoverschen privilegierten Landarztes".[1] Im Spätherbst 1727 kam er nach Münden, wo er am 11. 11. 1727 starb. Nach seinem Tode bald vergessen, feierte er um die Wende des 18. Jahrhunderts seine fröhliche Auferstehung in dem bekannten Liede, das für uns um so interessanter ist, als es vermutlich einem Göttinger Studenten der Medizin seine Entstehung verdankt. Jedenfalls erschien es zum ersten Mal gedruckt in einem Göttinger Kommersbuch von 1818.

Der Ruhm und die klingenden Erfolge eines Eisenbarts erweckten eine Reihe von Nachahmern, die ihn in allen Äußerlichkeiten mit mehr oder minder großem Geschick zu kopieren suchten. Ein solcher, der Operateur Christoph Bartholomäus Hesse[2] hielt sich 1729 zu Bockenem im Hildesheimischen auf und empfahl sich zur Heilung aller menschlichen Gebrechen. Leider zeigte die hochfürstliche Kanzlei nicht viel Verständnis für sein menschenfreundliches Wirken, denn, abgesehen davon, daß solche Leute auch nach der Hildesheimischen Verordnung vom 1. 7. 1701 (renov. 1712) sich wegen ihrer Kunst beim Landphysikus auszuweisen hatten, ist „insonderheit denen auf öffentlichen theatris ausstehenden marktschreyern und Operateuren nicht gestattet, ein fixum domicilium, so lange sie von dergleichen profession nicht abstehen, an einem orth zu nehmen." Aber Bürgermeister und Rat von Bockenem legten für Herrn Chr. B. Hesse, Schnitt-, Staar-, Stein-, Wund- und Zahnarzt und hiesigen wohlbehaltenen Bürger ein gutes Wort ein, wobei auch die übliche Liste früherer Kurerfolge nicht fehlt. Was seine Arzneien betrifft, so sollten — nach dem Gutachten des Landphysikus Albrecht — die Tropfen mit Aloe und Myrrhen vermischter Branntwein, die rötlichen Pulver Violenwurzel, die weißlichen Salpeter sein. Von der Art seiner Kunst gibt am besten der Reklamezettel Kunde:

Soli Deo Gloria.

„Es wird hiermit einem jeden, respektive nach Standesgebühr kund und zu wissen gemacht, daß allhier ist angekommen der weitberühmte Operateur Christoph Bartholomäus Hesse, welcher seiner glücklichen Curen

---

[1] Hannoversche Geschichtsbl., 9. Jahrg., Heft 1—3, pag. 32 findet sich diese Verordnung im Wortlaut abgedruckt.

[2] Hildesh. Landesarchiv. Bd. IX, L. 61, Abschn. 6, Quacksalber.

halber von vielen Städten und Aemtern wohl attestiret, daß Er seine medicinalische Wissenschaften und wohl fundirte Experientz an vielen hundert gebrechlichen Patienten verrichtet. Damit es aber denen preßhafften Personen allhie besto ehender kund werde, so wird solches hierdurch mit mehrern erwehnet, wie folget.

Vor die Augen.

1. Alle diejenigen, so den Staar oder sonsten Schaden an ihren Augen haben, es sey Mann oder Frau, jung oder alt, denen weiß dieser Artzt, nechst Gottes Gnade und Segen, in kurzer Zeit zu helffen und wieder zu ihrem Gesicht zu bringen; Kleine Kinder aber, welche mit äusserlichen Blindheiten der Augen, als grosse Hitze, Drücken in denen Augen-Winkeln, Hirn=Blut=Brand= und Blatter=Fellen behaftet, die sollen durch seinen Fleiß und gute Arzeney, nechst Gott, in kurzer Zeit zurecht gebracht werden.

Vom Haupt und Gehöhr.

2. Wenn Patienten vorhanden, welche Mangel des Haupts und Gehörs haben, als da sind: schwere Flüsse, Schwindel, Schwere Noth, schwach Gedächtniß, Taubheit, Sausen und Brausen der Ohren, Melancholey oder kalte Verstopfung des Gehirns, daraus oft böse Zufälle entstehen, solcher hat er viele durch Gottes Hülfe curiret.

Von Brüchen.

3. Curiret Er allerhand Brüche, oder Gebrechen der Männer in ihrem Schooß, wie groß und alt sie seyn, und zwar ohne Schnitt auf eine sonderliche neuerfundene und in Teutschland noch gantz unbekannte sympathetische Art, mit Anlegung der Bruchbänder in gar kurzer Zeit, ohne einige Hinderniß solcher Patienten. Item Frauens=Personen mit Mutter=Brüchen oder Vorfällen, so in Wochen verwahrloset worden, werden von ihm in Zeit einer halben Stunden curiret.

Von Gewächsen.

4. Weitgespaltene Mäuler, Hasenscharten, Mißgewächs, Mutter-Mähler, Ueberbeine, Fisteln, Kräbs, grosse Gewächs und Kröpfe curiret Er künstlich, sowohl mit als ohne Schnitt, wie Er denn Jedermann, nach eingenommenen Augenschein mit guten Rath begegnen wird.

Von innerlichen Krankheiten.

5. Patienten, die Schaden an Lung und Leber haben, oder mit der Schwindsucht, Wassersucht, Gelbsucht, Lenden=, Nieren= und Blasen-Stein, hitzigen und kalten Fiebern, Zittern der Glieder, Hertzklopfen, Geschwulst des Magens, Ohnmachten, Jammer= und reissende Gicht, Scharbock, Mattigkeit in Gliedern, oder andern innerlichen Krankheiten,

welche nicht alle können nahmhaft gemacht werden, behafftet sind, auch contracte und lahme Leute, die können des Morgens nüchtern ihren Urin zu Ihm schicken, woraus Er eines jeden Krankheit sehen wird, uud wann nicht zu helffen, so wird Ers von sich sagen, damit keiner vergeblich etwas anwende. Er curiret auch alle Zahn-Zufälle, sonderlich alle stumpfe und faule Zähne, wie auch die kleinsten Stiftlein, so von andern sind hinterlassen worden, die nimmt Er behend und künstlich heraus, setzt auf Begehren dagegen andere wieder ein, so naturell und feste, als wenn sie gewachsen, daß man gegen andere keinen Unterschied sehen, auch damit essen und trinken kann. Er hat auch sonderliche Curiosa vor alle schabhafte Zähne, als den Scharbock, das Bluten des Zahn-fleisches, auch üblen Geruch des Mundes, in gleichen specialia vor den Brand und Fäulung derselben, so aus köstlichen Mundwasser und Balsam auch vortrefflichen Zahn-Pulver bestehen. Item ein rares Stück vor die Sommer-Flecken oder andere Flecken im Gesicht, hat Er ebenfalls bey sich.

N.B. Diejenigen, welche mit solchen Krankheiten behafftet, welche man wegen der Jugend nicht specificiren wollen, können sich in seinem Logie melden, allwo sie weiteren Bericht und Hülffe zu erwarten haben.

Dieser weitberühmte Operateur Ch. B. H.; welcher auf die 12 Jahr in Halle ist wohnhafftig gewesen und viele hundert gebrechliche Patienten allda geholffen, ist anjetzo anzutreffen allhier in Bockenem bey den Hut-macher."

Laurentius Heister in Helmstädt und G. A. Richter in Göttingen gingen den Bruchschneidern und Okulisten zu Leibe, in dem sie die Ärzte für die Operationen interessirten. Trotzdem ließ das Unwesen der umherziehenden Operateure nicht nach: „Es ziehen zuweilen Leute im Lande umher, so sich für Bruch Schneidter oder Operateurs ausgeben, solches jedoch entweder gar nicht seyend oder aber die Kunst nicht recht verstehen, dennoch den einfältigen Hausleuten viel vorschwätzen, sich dadurch bey ihnen zu insinuiren suchen und selbige verleiten, daß sie ihrer zum Stein- oder Bruch-Schneiden auch zu sonstigen Operationen gebrauchen. Diese Herumläufer verfahren mit den Sectionen und Curen fast unmenschlich, sodaß verschiedene der Patienten das Leben darbey einbüßen, andere aber jämmerlich handthiret (behandelt) und noch ungesunder gemacht werden. Inzwischen lassen jene sich nicht nur viel Geld praenumeriren sondern genießen auch freye Zehrung auf sehr lange Zeit und bringen die Leute dadurch um das Ihrige."[1])

---

[1]) Hannover, Des. 80, Landbr. Stade, Amt Ehrenberg, No. 397.

Noch 1791 trieb in einzelnen Grenzbistrikten ein solcher Volks=
beglücker, „der berühmte Röm. Kaiserl. Oculist, Feld= und Landoperateur,
Medic. Practicus zc. über das ganze H. Röm. Reich spezial=privilegirte
Herr v. Widenbauer [1]), seß= und wohnhafft in Eilingerode bei Duderstadt"
einige Zeit sein Unwesen. Er war übrigens mit der Heilkunde erblich
belastet, wie das ja auch heute noch auf dem Eichsfelde vorkommt, denn
„er ist von der Familie, wo sein Urgroßpapa Ihro Majestät den Kaiser
Leopold glorwürdigsten Andenkens aus dem Mutterleib geschnitten hat."
Sein Avertissiment an das Publikum, das verteilt oder am Ratskeller
und anderen Orten angeschlagen wurde, beginnt mit den charakteristischen
Worten: „Weigere Dich nicht, geneigter Leser, diese gegenwärtigen Zeilen
zu lesen, denn sie preisen die göttliche Vorsicht und sind nicht wie andere
Lügenzettel eines Marktschreyers, sondern sie enthalten die Aufrichtigkeit
eines ehrlichen Mannes, dem das Elend der betrogenen Nächsten durch
die Seele bringt." Der übrige Inhalt entspricht ganz obigem Beispiel.

Eine andere Gruppe wandernder Quacksalber waren die Medizin=
krämer, welche, meist neben ihrem eigentlichen Gewerbe, Scheerenschleifen,
Kesselflicken, Porzellanhandel mit Universalmedizin oder Mitteln gegen
bestimmte Krankheiten hausierten. Verhältnismäßig harmlos waren
noch der Theriak und Mithridat und die mannigfachen Überbleibsel der
alten Dreckapotheke. Andere dagegen erwiesen sich als starke Abführmittel,
z. B. das Ailhaud'sche Mittel [2]) oder gar Gifte, z. B. die weißen
Arsenikpulver gegen Malaria.

Zum Schutz der privilegierten Apotheker wurden zu verschiedenen
Zeiten und an verschiedenen Orten Verbote gegen die Medizinkrämer
erlassen. Laut Verfügung vom 11. 11. 1718 „gegen Marktschreyer und
Comödianten" [3]) mußten diese nach vorgängiger Untersuchung ihrer
Wissenschaft eine Konzession zum öffentlichen Verkauf der Medikamente
erwerben, welchenfalls sie, jedoch ohne Aufstellung eines Pickelhärings und
dergleichen Narrentheidungen, ihre approbierten Medikamente verkaufen
dürfen. [4]) Laboranten, Glas= und Siebträger und dergleichen Leute, [5])

---

[1]) „Ein Marktschreyer Zettel" in Hannover. Magazin, Jahrg. 1791,
St. 100.

[2]) Es wurde 1769 auf ein Gutachten des Leibmedikus Zimmerman hin
wegen seiner Schädlichkeit verboten.

[3]) Hannov. Anzeigen 1769, St. 104.

[4]) Hannoversche Geschichtsbl., 8. Jahrg., pag. 218.

[5]) Ähnliche Verfügung gegen die Olitätenkrämer (Handel mit gewürzten
Ölen) in Bremen-Verden, d. d. 1. 7. 1757.

die in der Stadt Hannover umherlaufen und destillierte und gebrannte Waffer, Schlagbalfam[1]), Spiritus, Elixire[2]), Pulver und mancherlei andere Medicamenta composita et venena, die nicht einmal den Materialiſten freiſtehen, feilhalten, ſollen geprüft werden, widrigenfalls ihnen die Waren abgenommen.[3])

Später (29. 12. 1738) wurden die Medizinkrämer weder in Städten noch auf dem platten Lande geduldet, dagegen war ihnen nach der Verordnung betr. „das Hauſtrengehen in den kgl. geſammten teutſchen Provinzen vom 6. 12. 1768 § 2"[4]) der Durchgang durch die hannover= ſchen Kurlande an beſtimmten, namentlich angegebenen Grenzorten und bei genau vorgeſchriebener Reiſeroute geſtattet. Ihre Warenkäſten wurden überdies an der Grenze verſiegelt. Das hinderte ſie aber nicht, heimlich zu verkaufen, indem ſie allerlei Kniffe anwandten, um die Steuerſiegel ſcheinbar unverletzt zu erhalten.[5])

Auch die Hildesheimiſche Medizinalordnung von 1782 verbot „das Ausſtehen der Quackſalber und Marktſchreyer, desgleichen alle heim= und öffentlichen Pfuſchereyen ohne Ausnahme der Sache und der Perſon, nicht minder alle Arzeneykrämer in öffentlichen Buden und Privathäuſern, in und außer den Märkten, gänzlich und bey nachdrücklicher Strafe und Confiscation der Waren." Nur „in Anſehung der Amts Hunnesrück'ſchen Untertanen" ließ man eine Ausnahme gelten, da ſie den für ſie recht einträglichen Handelszweig in auswärtigen Ländern mit außerordentlichem Vorteil betrieben![6]) Noch im Jahre 1808 wohnten im Städtchen Daſſel und in den Dörfern Mackenſen und Sievershauſen im Amte Erichsburg nicht weniger als 58 ſolcher Medizinkrämer, die mit ihren zum Teil zahlreichen Familien vom Arzneihandel lebten, nebenbei herumvagabon= dierten und auf Wilddieberei ausgingen.[7])

In der Folge wurde der Medizinhandel nicht mehr ſo öffentlich betrieben. Dafür hielten die Krämer Niederlagen an der Grenze und brachten ihre Waren in der Taſche auf die Höfe. Mit der Aufſicht der Lokalbehörden ſah es nicht zum beſten aus. Das zog einmal den

---

[1]) Mittel gegen Apoplexie von verſchiedener Zuſammenſetzung (Zedler).

[2]) Elixiere enthalten zum Unterſchied gegen den Aquavit nur eine oder wenige Spezies.

[3]) Lüneburg. Conſtit. VI, 1285.

[4]) Hannov. Anzeigen 1769, St. 7.

[5]) Hannover, Des. 80, Landbroſtei Stade, 695, Vol. I.

[6]) Hildesh. Landesarchiv, Bd. IX, T. 61, Abſchn. 1, No. 2.

[7]) Hildesheim, Des. 10, VII, 15.

Ständen des Landes Hadeln[1]) eine schöne Nase zu, die sie arg ver=
schnupfte. Sie entgegneten, sie könnten nicht hinter jedem Verdächtigen
herlaufen, welche Zeit würde auch vergehen, wenn man nach der Nach=
hausekunft das benachbarte Kirchspiel benachrichtige. Bis dahin sei der
Kerl längst fort oder es werde der Unschuldige verfolgt, „gestalten es
unmöglich die Leute des Landes von jenen Personen zu unterscheiden,
mit denen mancher hiesige sich gleich kleidet.“ Eine strengere Handhabung
der einschlägigen Verordnungen datiert erst seit der Apothekenordnung
vom 19. 12. 1820.

Auch Pferdeärzte, Schweineschneider und ähnliche reisten im Lande
umher, um bei Tieren und Menschen ihre Kunst zu versuchen: „Könnte
auch Schmiede[2]) nennen so etwa artem veterinariam oder Pferdecuren
sich ein wenig appliciret, dabey aber nicht bleiben, besondern mit ihren
Vieh= und Pferde Arzteneyen die mit Krankheiten behaffteten Einwohner
des Landes zu curiren liederlicher Weise sich unterstehen.“[3]) 1808 wurde
ein Pferdearzt im Amt Ehrenburg aufgegriffen, der ergötzliche Atteste
über die Erfolge seiner Kuren bei sich führte[4]): „Jürgen Heinrich Jost
Düring aus Sulingen der Pferdearzt ist allhier eingekehrt gewesen um
die probirungen seiner Sachen mal zu (machen) wir hatten ein stück
Vieh, da wir keine Milch von erlangen konnten. Da hat er seine
sache auch anprobirt daß sie jetzt die Milch hergiebt. Und unsere
kleinste Tochter die hatte den ganzen Arm an den Ofen verbrant da
strich er man über her da war gleich der Brand heraus und es waren
schon große Blasen darauf. Und ich selbst hatte die Gicht in dem einen
Knie, daß ich gar nicht gehen konnte, die hat er oben den Beuge her
angefaßt daß es gleich geholfen hat deswegen wir ihn auch höchsten
dankbar sind.“ Ein anderes Attest lautet: „Der pferdearzt hat mir
mein Kind von das Fieber geholfen in eine Kurze Zeit, welches ich nicht
gedacht hätte, deßen bin ich Gott und ihn dankbar, daß er zu mir
gekommen ist und das bezeuge ich mit meinem Namen.
× × × (beglaubigt vom Gemeindevorsteher.)“

Abfassung und Stil machen es wahrscheinlich, daß der Quacksalber
die Atteste selbst verfaßte und nur unterzeichnen ließ.

---

[1]) Hannover, Des. 80, Landdrostei Stade, No. 694, Gesundheitspolizei,
D. a. general.
[2]) Die Schmiede standen nach dem Volksglauben im Bündnis mit dem Teufel
und sollten sich daher auf übernatürliche Künste verstehen.
[3]) Hildesh. Landesarchiv, Bd. IX, L. 61, Abschn. 1, No. 1. Pro
memoria de 1701.
[4]) Hannover, Des. 74, Amt Ehrenburg, Fach 8, 1.

Mancher sah zu spät ein, in welche Hände er gefallen, wie eine Grabschrift auf dem Hamelner Kirchhof zeigt[1]):

„Wir sind durch Pferdearztes Hand
Zu früh hierher geschicket
Zur Warnung für das Vaterland
Und den, der dies erblicket.

Sein Leben traue jedermann
Nur sicherer Ärzte Händen an;
Geht er dann auch die Todesbahn,
Hat er doch seine Pflicht getan.

Unter den Kurpfuschern älterer Zeit hatten wenigstens die Scharf-richter und Harnärzte eine gewisse Existenzberechtigung.

Den Scharfrichtern lag die Behandlung der Delinquenten nach der Tortur ob. Auch blieb denen, die einmal unter ihren Händen gewesen waren und die infolgedessen als unehrlich galten, in Krankheitsfällen nichts anders übrig, als sich wieder an sie zu wenden, da sich kein Arzt ihrer annahm.[2]) Mußte doch besonders festgesetzt werden, daß Badern und Chirurgen kein Vorwurf an ihrer Ehre geschehen dürfe, wenn sie solche Leute in die Kur nähmen.[3]) Bei den Torturen hatten die Henker natürlich reichlich Gelegenheit, Knochenbrüche und Verrenkungen kennen zu lernen. „Es sollte daher denen, die davon gute Proben ab-gelegt haben — und sonst Keinem — erlaubt seyn, verrenkte Glieder wieder einzusetzen, denn man kann nicht leugnen, daß einige darinnen recht geschickt seyn und Handgriffe wissen, die oft andern fehlen.“[4]) Natürlich begnügten sie sich damit nicht, sondern kurierten trotz aller schönen Medizinalerlasse äußerlich wie innerlich lustig darauf los.

An Entschuldigungen für ihr Treiben fehlte es ihnen niemals. Ein Nachrichter zu Dannenberg 1705[5]) entschuldigte sich damit, daß er bei Schäden an den Rippen und an der Brust, „wenn man nicht sicher wäre wegen geronnenen Bluts inwendig“ oder, wenn der Schaden mit äußerlichen Mitteln allein nicht curiret werden könne, auch wohl innerlich

[1]) Ärztl. Correspondenzblatt für Niedersachsen, 5. Jahrg. No. 8.

[2]) Delius, Entwurf und Erläuterung der deutschen Gesetze, besonders der Reichsabschiede, aus der Arzeneygelahrtheit und Naturlehre. Erlangen u. Leipzig 1753.

[3]) Edikt, daß d. Kayserl. u. Reichsbeschlüssen die bey den Zünften und Hand-werkern eingerissenen Mißbräuche betreff., nach gelebt werden müsse, v. 17. 9. 1732, No. XIII. 2. Lüneburg. Constit. III, 215.

[4]) Hannover, Des. 80, Landdrostei Stade, Fach 397. In Hildesheim be-handelte der Scharfrichter während des Mittelalters auch die fiebernden Wöchnerinnen (Beder l. c.)

[5]) Celle, Des. 61, II, No. 16, 10, Dannenberg.

etwas anwende. Dabei gebrauche er die Bescheidenheit die Patienten zuvor zu fragen, ob sie bereits beim Balbirer gewesen oder demselben wegen ihrer Cur noch verwandt seien. Erst, wenn sie selbige bezahlt hätten oder diese ihnen nicht helfen könnten, möchten sie wieder zu ihm kommen. Andererseits konnte er sich beim besten Willen nicht mehr darauf besinnen, daß er einem Bauern für einen Heiltrank 3 Taler abgenommen hatte.

Ein recht übler Vertreter dieser Art scheint auch ein Halbmeister Peter Schrieven im Lande Hadeln gewesen zu sein.[1] Er drängte sich den Leuten förmlich auf. Der Sohn eines Bauern, der an einer Pleuritis litt, soll den Arzt holen. Unterwegs begegnet ihm Schrieven, rät ihm davon ab, geht unaufgefordert mit und übernimmt die Kur. Als es trotz seiner Tropfen und trotz des Versprechens baldiger Heilung nicht besser wird, wird nach einigen Tagen der Arzt doch gerufen, der den Kranken im Sterben findet. Ebenso charakteristisch ist folgende Erzählung: Ein junger Mann erkältet sich im Winter auf der Jagd, bekommt ein hitziges Fieber, ist aber nach 8—10 Tagen wieder gesund. Einige Wochen später trifft er mit Meister Hans zusammen, der ihm im Gespräch prophezeit, daß die Krankheit im Mai wiederkehre. Darüber wird der junge Mann ganz trübsinnig, ißt und schläft nicht mehr, sodaß es längerer ärztlicher Behandlung bedarf, um ihm seine Wahnideen aus- zutreiben. Und dennoch: „Das Vorurteil und blinde Zutrauen so vieler im Dorfe zu dem mehrentheils besoffenen und groben Kerl übertrifft allen Glauben, nicht nur der Pöbel, sondern auch angesehene Leute, die sonst Verstand und Einsicht haben wollen, untergeben sich und die Ihrigen seiner Kur."

Selbst Ärzte traten gelegentlich als Lobredner der Scharfrichter auf! So schreibt ein Dr. Heine in Sulingen (1801):[2] „Der Halb- meister Stahl übernimmt, was nicht zu leugnen, mit viel Glück und Beifall chirurgische Kuren, wie er z. B. Knochenbrüche als die häufigsten chirurgischen Krankheiten „recht sehr gut" behandelt."

In anderen deutschen Ländern sah es mit der Pfuscherei der Scharf- richter auch nicht viel besser aus. In Preußen war ihnen seit 1713 (und 1725) jegliches Kurieren untersagt, den Geschickteren aber seit 1744 die Ausübung der Chirurgie gestattet. Am Hofe des Königs Friedrichs I.

---

[1] Hannover, Des. 80, Landdrostei Stade, Fach 694, a. general. „Halb- meister" Name für den Henker, der zwar Meister seines Amts, aber nicht die Rechte anderer ehrlicher Meister genießt. (Grimm.)

[2] Hannover, Des. 74, Amt Ehrenburg. Fach 8, No. 1.

von Preußen gab es sogar einen Scharfrichter Namens Koblenz, der es bis zur Würde eines Leib- und Hofmedikus gebracht hatte![1] In Sachsen gewährte man ihnen 1750, sofern sie dazu fähig wären, die Erlaubnis zu inneren Kuren.

Die Harnärzte und Wasserbeschauer „Doktor Hütetüt den Lüben hat Water besüt", wie eine sprichwörtliche niedersächsische Redensart besagt,[2] setzten die von den Ärzten während des Mittelalters besonders geübte Harndiagnose fort. Man darf wohl annehmen, daß die alten Ärzte bei dem Mangel feinerer Untersuchungsmethoden ein besseres Auge für die grobsinnlichen Wahrnehmungen an dem Urin hatten. Sonst wäre es nicht zu verstehen, wie der Verfasser eines Artikels gegen den schädlichen Mißbrauch des Urinbesehens 1775 sagen kann:[3] „Der Urin eines Menschen, der viel Bewegung hat, ist von anderer Beschaffenheit als bei einem, der immer sitzt, steht oder liegt, von anderer bei dem, der heftige Affekte hat als bei einem, der in ungestörter Ruhe der Seele seine Tage verlebt. . . . . Der Urin eines hübschen jungen Mädchens würde die höchste Gefahr anzeigen, wenn er von einem alten Manne gelassen würde, und noch mehr umgekehrt."

Bei den Winkelärzten, die ihre ganze Behandlung auf das Wasserbeschauen stützten, artete die Sache natürlich in völligen Schwindel und Betrug aus. Diese einseitige und kritiklose Anwendung eines auch in der wissenschaftlichen Medizin gültigen Verfahrens ist stets ein Kennzeichen der Kurpfuscher gewesen.

Was sie alles aus dem bloßen Anblick des Urins ersahen, geht aus dem Brief eines gewissen Klimisch zu Haffumb (21. 8. 1740) hervor:[4] „Dessen geehrtes schreiben habe nebst den Urin gestern Abendt erhalten und diesen Morgen den Urin examiniret nnd wargenommen, daß die adern so nach der Nieren schließen verstopfet auch die Leber geschwollen, und giebt galle der magen wenig stärkung zur Caucion und Verdauung, daß dieselbe verschleimet und der apetit vergeht, auch sindt die Rückadern in der Circulation des Geblüts nicht im stande, wie sie sonsten sein müßten. Ich übersende u. s. w.", und nun kommt die übliche, unübertreffliche Medizin.

Für den Landmann war der Urindoktor ein Orakel, das ihn klüger dünkte als der Arzt, der erst eine körperliche Untersuchung nötig hielt.

---

[1] Rönne und Simon, l. c., Bd. I, pag. 758.
[2] Eckart, Stand und Beruf im Volksmund. Göttingen 1900.
[3] Gemeinnützige Abhandlungen. Göttingen, Bd. II, T. 2, auf das Jahr 1775.
[4] Hildesheimer Landesarchiv, Bd. IX, T. 61, Abschn. 2, Quacksalber. Wahrscheinlich hat es sich um einen Stauungsharn gehandelt.

Gelegentlich suchten jedoch auch einmal argwöhnische Leute den Urin-
beschauer auf die Probe zu stellen und ihn des Betrugs zu überweisen.
Das passierte beispielsweise einem in der Göttinger Gegend, die damals
überhaupt mit Quacksalbern gesegnet war.[1]) Man hatte den Urin einer
Ziege mit dem eines gesunden Menschen gemischt, woraus er folgerte,
„daß das Geröse des Kranken große Gewalt litte, derselbe hätte schon
lange gedoktert, wäre auf Schwindsucht behandelt, es wäre aber nicht
diese, sondern die Abzehrung." Dasselbe Pech passierte ihm mit einem
Kuhurin, aus dem er die Verschleimung einer Frau diagnostizierte.

Neben den genannten finden wir alle Typen des modernen Kur-
pfuschertums, Schullehrer, Handwerker, Landleute, Apotheker u. a. Letztere
waren zwar, wie wir bereits gesehen haben, durch ihren Eid gebunden,
an kleinen Orten kamen sie aber leicht dazu, da ihnen sonst die Arzneien
in den Schränken vermoderten.[2]) Auffälliger Weise tritt der heilkundige
Landpastor nirgends hervor, obwohl den Predigern nach den alten
Kirchenordnungen die Unterweisung der Hebammen und in Pestzeiten die
Beaufsichtigung der Kranken oblag.[3])

Leider darf nicht verschwiegen werden, daß selbst Ärzte wilde Heilkünstler als sogenannte Adepten heranzogen, wie es im Anfang des
19. Jahrhunderts ein Dr. Zier in Peine tat.[4])

Die verschiedenen Medizinalerlasse erwiesen sich als unzulänglich,
die Quacksalberei einzudämmen, denn einerseits bot der beliebte Zusatz
„sofern er dazu tüchtig sei", dem Kurpfuscher eine willkommene Ausrede
— ähnlich wie er sich heutzutage vor Gericht damit herauszureden
pflegt, daß er an die Wirksamkeit seiner Mittel glaube — und anderseits hing die Durchführung jener Maßnahmen wesentlich von dem guten
Willen der Unterbehörden ab.

Während das eine Amt meint,[5]) es mache nichts aus, wenn ein

---

[1]) Marx, l. c., pag. 310, Anmerk.

[2]) Hildesheimer Landesarchiv, Bd. IX, T. 61, Abschn. 1, No. 1. Pro
memoria de 1701.

[3]) Tissot, ein Arzt in Lausanne und Verfasser zahlreicher populärer Schriften,
hatte 1761 eine medizinische Anleitung für das Landvolk herausgegeben, die in
wenigen Jahren mehr als 60 Auflagen erlebte und vielfach in fremde Sprachen
übersetzt ist. Landgraf Ludwig von Hessen-Darmstadt verlangte von den jungen
Geistlichen ausdrücklich die Kenntnis dieses Buches und auch Hufeland sprach sich
noch 1809 in diesem Sinne aus. (Fischer l. c.)

[4]) Mitteilungen für Hildesheim und Goslar, Bd. I, 1832, pag. 318. Biermann,
Rückblicke auf die Ausübung der Arzneikunde in der Stadt Peine und deren Umgebung.

[5]) Hannover, Des. 74, Amt Ehrenburg, Fach 8, No. 1.

Bauer dem anderen einen Zahn ausbricht, ein alter Invalide sich mit Schröpfen und Balbieren abgibt, ging das andere[1]) selbst mit Strafen gegen die Leute vor, die sich der Quacksalber bedienen. Einmal wurde sogar in der Kirche zu Lilienthal von der Kanzel herab vor einem Schwindler mit dem Spitznamen Dr. „Boven Bremen"[2]) gewarnt, der mit einem Pulver aus spanischem Pfeffer und Süßholz Wunderkuren verrichtete und wegen ähnlicher Vergehen bereits in Bremen zu einer ansehnlichen Geldstrafe verurteilt war. Dieser Ehrenmann vernahm es „mit der äußersten Kränkung eines unschuldigen Mannes", daß er öffentlich ein Mörder vieler Untertanen genannt sei. In der Regel aber entschuldigten die Behörden ihr lasches Verhalten damit, daß dem Landmann der hohen Taxe wegen die Zuziehung ärztlicher Hülfe erschwert sei.

Neben der irdischen Obrigkeit hatten die Medikaster auch den lieben Gott auf ihrer Seite. Schon der eingangs erwähnte Hans Rosenkreuz wirkte „umme gades willen". Ein Pobagradoktor Christ. Pohle[3]) bittet (1712) in rührender Bescheidenheit, seine churfürstliche Durchlaucht Georg Ludwig möge allergnädigst vernehmen, welcher Gestalt ihm der liebe Gott unter anderen kuriösen Dingen auch die radikale Pobagrakur gegeben. Dem Joachim Haupt in Nordstemmen[4]) (1728) „segnete die Hand des Allmächtigen die Medikamente" derart, daß einem Patienten nach dem Einnehmen der Leib aufschwoll, „also daß, wenn derselben mit einem Handtuch nicht wäre zugebunden worden, gewißlich hätte platzen müssen und die Füße sich an den Hintersten krumb zusammenzogen." Mehr kann man doch wahrhaftig nicht verlangen!

Im Lichte königlicher Gnade durfte sich der Kräuterapostel Lampe in Goslar sonnen. „Durch langjährigen Fleiß und Aufmerksamkeit" war es ihm in der stillen Beschaulichkeit der Schusterwerkstatt gelungen, „ein noch fremdartiges Heilprinzip hervorzurufen, welches nun solchen Patienten, welche die ganze Welt ausgedoktert haben und nirgends Hülfe finden konnten, als Heiligthum erscheinen könnte."[5]) „Die Kuren gleichen ganz den Brunnenkuren, statt jene Miniriale sind, sind dieses Kräuter frei von Minrial und Pflanzengift, die ganze Sache liegt in einer aromischen

---

[1]) Hannover, Des. 74, Amt Wölpe, Fach 98, No. 1.
[2]) boven = überhinaus, also etwa von Bremen her.
[3]) Hannover, Des. 93, No. 38.
[4]) Hildesheimer Landesarchiv, Bd. IX, L. 61, Abschn. 2.
[5]) Hannover, Des. 104, II, 9, 5A, 4. Specialia. Stadt Goslar. Aus einem Briefe Lampes vom 9. 6. 1846.
Himly, Die Goslarsche Wundercur, Hannover, Helwingsche Buchhandlung.

Feststellung bis zur Genesung." Herr, dunkel ist der Rede Sinn! Die Erfolge dieser Kurmethode rührten wohl hauptsächlich aus dem Anempfehlen einer strengen Diät her.

Bereits annähernd ein Jahrhundert zuvor hatte Joh. Kämpf (gest. 1753), der Vater der Infarktlehre, solche Kräuterkuren angewandt, die er in der Annahme, daß die meisten Krankheiten von der Obstruktion des Unterleibs herrühren, mit erweichenden „Visceralklystieren" verband. Wenn man das 18. Jahrhundert bei dem Vorherrschen entzündlicher und gastrischer Erkrankungen als das Zeitalter der vapeurs[1]) bezeichnet, wird es verständlich, daß auch Männer wie Haller, Zimmermann u. a. ausgiebigen Gebrauch davon machten.

Unter dem Druck der Verhältnisse gab das O. M. C. zu, Lampe sei zwar ein Charlatan, aber von seiner Kunst überzeugt, so daß ihm eventuell die Ausübung seiner Heilmethode in chronischen Fällen und unter Aufsicht des Physikus gestattet werden könne, falls er das Selbstdispensieren aufgebe. Das paßte natürlich dem bideren Schuster nicht, da es das Geschäft lahm legte, wenn er auch von sich behauptete: „nicht Gewinnsucht ist die Triebfeder meiner Handlung, nur reine Menschenliebe und das frohe Bewußtsein, Unglückliche gerettet zu haben." Er wandte sich daher mit Hülfe dankbarer Patienten und durch Vermittlung eines Kammerdieners an den König, der ihm auch in einem eiligen Brief an den Minister v. Hammerstein die gewünschte Erlaubnis erwirkte. Um der Sache wenigstens ein Mäntelchen umzuhängen, mußte er sich einen konzessionierten Apotheker halten, was ihm aber wenige Jahre später in Gnaden erlassen wurde. Er nannte sich nun aus eigener Machtvollkommenheit „concessionirter Arzt" und wurde 1856 allerhöchst mit dem Titel „Direktor" begnadigt. In Lampe hat somit der Charlatanismus die staatliche Sanktionierung erhalten![2])

---

[1]) H. Rohlfs, Culturgeschichtl. Einleitung in die Geschichte der Medizin im XVIII. Jahrhundert oder der Geist des XVIII. Jahrhunderts, deutsch. Archiv f. Gesch. d. Mediz. und Mediz.-Geograph., Bd. VIII, Heft 3, pag. 251 ff. Die Infarktlehre ist durch Kämpf jun. bekannter geworden.

[2]) Es ist menschlich wohl zu verstehen, wenn ein blinder Monarch, dem keine Kunst der Ärzte das Augenlicht wiederzugeben vermochte, sich über ärztliches Wissen und Können seine eigenen Vorstellungen machte. Ein Vorwurf trifft aber seine Ratgeber, und hier vor allem wäre dem O. M. C. etwas mehr Rückgrat zu wünschen gewesen. Da es nun einmal zur Beobachtung der Medizinalgesetze verpflichtet war, und da ohne Zweifel, selbst abgesehen von den sehr dehnbaren Kurpfuschereiparagraphen, eine grobe Verletzung der Apothekenordnung von 1820 vorlag, hätten die Mitglieder des Kollegiums m. E. die nötigen Konsequenzen daraus ziehen und ihr Amt niederlegen müssen.   Anmerk. d. Verfassers.

Nicht alle Heilkünstler strebten nach solch' hohen Zielen. Ein Notar Fr. W. Hauß in Verden (1771) begnügte sich mit der Behandlung von — Leichdörnern. [1]) Möge sein harmloses Ansuchen diesem im ganzen wenig erfreulichen Kapitel einen etwas heitereren Abschluß verleihen. Er bekennt, daß er zwar bislang in die Arzneikunst nicht weiter eingedrungen sei, als wozu er bei seinen beiden Frauen und vierzehn Kindern Gelegenheit gehabt habe. Aber, Not macht erfinderisch, und so konnte es an dem Erfolg nicht fehlen: „die Selbsterfahrung lehrte mich, nach einem ganz verwegenen Unternehmen, dadurch ich fast zur äußersten Stuffe des Grabes lahm (!), auf mildere Mittel sinnen, ein ohngefährer Zufall brachte mich dazu; mein Nachsinnen erwog die Wirkungen der Mittel, ich untersuchte solche und ihr Gebrauch lehrte mir die Wirkung voll= kommen, indem ich mir selbst alle beschwerten Theile hierdurch hinweg= schaffte". Der Preis von 16 Schillingen bis 1 Taler für das Mittel „eine dickliche Masse, welche die Wurzel enerviret und aufquillt ohne Zusatz von fressenden und beißenden Medikamenten", war in Anbetracht seiner Vortrefflichkeit gewiß nicht zu hoch. Wohllöbliche Regierung zu Stade sah das auch ein und erteilte ihm die erbetene Konzession, „falls er Proben seiner Geschicklichkeit ablege."

Wenn es bis auf den heutigen Tag noch Krähenaugen gibt, liegt es gewiß nicht an i h m , sondern an den S c h u s t e r n , ich meine aber nicht die heilkundigen Schuster!

Die Homöopathie.[2])

In den 30er Jahren des 19. Jahrhunderts hatte sich die Homöopathie namentlich in der Hildesheimer Gegend durch die Bemühungen des Hofmedikus Elwert, der sich der Sache in Wort und Schrift[3]) annahm, viele Anhänger erworben. Neben ihm erfreuten sich ein Dr. Nikol in Goslar und Dr. Frank in Osterode großer Beliebtheit. Von allen Seiten gingen der Regierung Bittgesuche zu, den homöopathischen Ärzten das Selbstdispensierungsrecht zu gestatten. Ein Bürgervorsteher

---

[1]) Hannover, Des. 80, Landdrostei Stade, 668.

[2]) Die Einfügung an dieser Stelle ist lediglich aus äußeren Gründen erfolgt, ohne daß damit eine Stellungnahme im Gegensatz zur wissenschaftlichen Medizin ge= kennzeichnet werden soll. Die Aktenbelege sind, soweit nicht anders bemerkt, aus Hannover, Des. 104, II, 9, 5, A. General. et Varia, No. 21.

[3]) Elwert, Was ist von der Homöopathie zu halten? Sonntagsblatt der Gerstenberger Zeitung in Hildesheim, 2. 2. 1835 No. 8. Motto: „Ist's Gottes= werk, so wird's bestehen, ist's Menschenwerk, wird's untergehen."

Dito, Bemerkungen über die Homöopathie, besonders in kosmopolitischer Beziehung. Hannoversches Landesblatt Nr. 71, Hannover 6. 11. 1835.

Goede in Hildesheim war von dieser Heilmethode so entzückt, daß er schrieb: „ehe ich wieder allopathische Arzneien gebrauche, werde ich mich lieber mit den Meinigen dem Schicksal überlassen."

Als der größte Gegner der Homöopathie in Hannover galt der Leibarzt Stieglitz, der ein Buch gegen die Lehren ihres Begründers Hahnemann veröffentlichte. [1]

In einer gedruckten Eingabe an das kgl. Staats- und Kabinettsministerium 1835 [2] wurde ein eigener Lehrstuhl an der Landesuniversität, eine besondere Prüfungskommission, ein homöopathisches Hospital und ungehinderte Abgabe von Arzneien durch die homöopathischen Ärzte verlangt. Die Vorteile der Homöopathie seien historisch erwiesen, in einigen süddeutschen Staaten die Collegia medica je zur Hälfte aus Homöopathen und Allopathen zusammengesetzt, in Amerika gäbe es sogar mehr Homöopathen als Allopathen und in Philadelphia sei die ganze medizinische Fakultät homöopathisch. Dazu gehört ein Leporelloalbum mit notariell beglaubigten Unterschriften, in dem alle möglichen Stände, Pastor und Leutnant, Schullehrer und Amtmann einträchtig neben einander stehen.

Die gutachtlich befragte A. P. B. gab darauf zur Antwort (24. 12. 1835), noch nie sei ein System aufgekommen, das so wenig Studium und Vorbereitung erfordere als die Homöopathie. Sie habe überhaupt keine Hülfswissenschaften nötig und verbiete jede Untersuchung innerer Zustände, welche den Symptomen zu Grunde liegen. Die Bitte um eine besondere Prüfung bezwecke nur, sie der Schulmedizin zu entziehen und ihr einen höheren wissenschaftlichen Glanz zu verleihen.

Auch mit dem Selbstdispensierungsrecht hatten die Homöopathen kein Glück. Auf Ersuchen der Landdrostei Hildesheim (14. 8. 1835) wurde das Verbot der Arzneiabgabe noch speziell auf sie ausgedehnt. [3]

Einer eigenen Taxe nach homöopathischen Grundsätzen bedurfte es nicht, da die Stoffe alle in der Landespharmakopoe vorhanden waren. Schwierigkeiten erhoben sich nur hinsichtlich der Berechnung wegen der geringen Substanzmengen und der besonderen Arbeitsleistung, welche den Zweck hat, mittelst Verreiben und Schütteln den Arzneistoff in den

---

[1] Joh. Stieglitz, Über die Homöopathie. Hannover 1835. In gleicher Weise bekämpfte St. den Brownismus (System der Krankheiten nach der auf Hallers Irritabilitätslehre fußenden Anschauung von der vermehrten oder verminderten Reizbarkeit des Organismus). Über beides finden sich Aufsätze von ihm i. Hannov. Magazin.

[2] Unterthänige Bitte und Vorstellung von seiten mehrerer Bewohner Hildesheims und Umgegend wegen Beförderung des homöopathischen Heilverfahrens. 1835.

[3] Knopf, l. c., pag. 232.

Zustand einer Verdünnungs= oder Zerteilungspotenz zu überführen. Da hierbei keine Preiskontrolle möglich ist, setzte man — ähnlich wie in Preußen, Braunschweig ꝛc. — den Preis für jede Arznei, die unter $^1/_{20}$ gran enthält, auf 3 gute Groschen (bei wiederholten Gaben 2 gute Groschen) fest. Einzelne homöopathische Ärzte, z. B. ein Dr. Winter in Lüneburg, lieferten Zwitterrezepte, die mit allopathischen Bestandteilen vermengt neue Schwierigkeiten für die Berechnung boten.

Die homöopathischen Arzneien mußten in einem besonderen Raum der Apotheke, von einer eigens darauf beeidigten Person und mit nur für diesen Zweck bestimmten Gerätschaften angefertigt werden. 1844 gab es im ganzen Königreich e i n e homöopathische Apotheke, nämlich zu Hannover, gegen deren Einrichtung sich Elwert nach seiner Übersiedelung in die Residenzstadt vergeblich gesträubt hatte. [1])

Die Anhänger der Homöopathie ließen jedoch nicht locker, da sie bei der Kammer einiges Entgegenkommen fanden. Der Advokat Tramm in Hannover suchte sogar ihre Berechtigung vom juristischen Standpunkte aus nachzuweisen. [2]) Trotzdem hatte ein weiteres, von 8 Ärzten unter= zeichnetes Gesuch an die Ständeversammlung 1848 weiter keinen Erfolg, als daß die Bittsteller auf die Beratung der neuen Medizinalordnung verwiesen wurden.

Elwert versuchte 1855 (20. 11.)[3]) auch das Kriegsministerium für die Homöopathie zu interessieren, indem er auf die geringere Sterblichkeit in den homöopathischen Hospitälern hinwies. Die Armeemedizinalbehörde vermochte diesen Grund als nicht stichhaltig anzuerkennen, da eine Sterblichkeit von $4^1/_2$ % gegenüber einer von $^1/_2$ % in der hannoverschen Armee wenig empfehlend sei. Auch die Versuche in anderen europäischen Heeren Hessen, Bayern, Baden, Österreich, Rußland hätten zu nichts geführt. Georg V., der, wie gesagt, mit der Schulmedizin nicht gut stand, wünschte aber seinen Soldaten die Segnungen der Homöopathie zu gute kommen zu lassen. Da sich die Errichtung eines eigenen Hospitals als zu kostspielig erwies, schlug Generalarzt Stromeyer vor, [4]) die Soldaten, sofern sie darum ersuchten und transportfähig seien, nach der unter Leitung eines Homöopathen Dr. Metz stehenden Heilanstalt der barm= herzigen Brüder in Hildesheim zu schicken. Da Hildesheim durch seine

---

[1]) Hannover, Des. 29, Med. General. et varia, No. 6.

[2]) Tramm, über die Befugniß zur unentgeltlichen Verabreichung homöo= pathischer Heilmittel, Hildesheim 1836.

[3]) Hannover, Des. 48, IX, No. 10.

[4]) Stromeyer, Erinnerungen, Bd. II, 351/52.

Irrenanstalt bekannt war, machten des Odiums wegen nur wenige davon Gebrauch, und so schlief die Sache bald ein. Metz erhielt für die Behandlung zweier Militärpersonen während 94 Verpflegungstagen 10 Taler, die A. M. B. fand diese Forderung sehr mäßig, „aber vermutlich den Umständen angemessen." Nach den Aussagen der Oberin der Anstalt ging übrigens die Belegung der Betten in der homöopathischen Ära von 60 auf die Hälfte zurück.[1]

---

[1] Hannover, Des. 48, IX, No. 10.

Kapitel VI.

Öffentliche Gesundheitspflege.

Die Anfänge einer öffentlichen Gesundheitspflege erkennen wir in der Errichtung von Leprosorien und Badestuben. In den größeren Städten sind seit dem 15. und 16. Jahrhundert unter Mitwirkung der Stadtärzte vor allem die mancherlei Vorkehrungen zur Abwehr und Bekämpfung der Pest getroffen. Die Sorge für die öffentliche Wohlfahrt schuf Wasserleitungen, Kaufhallen, Fleisch= und Brotscharren.[1] Man erließ Bestimmungen über das Reinhalten der Straßen, Entfernung der Abfallstoffe, über das Begräbniswesen, über die Beschaffenheit der Lebensmittel, zum Schutz gegen Vergiftungen und Tollwut, über die Versorgung der Geisteskranken, Ausübung der gerichtlichen Medizin u. a. m. Manche der zahlreichen, dem Geist der Zeit entsprechend, oft recht kleinlichen Gesetze beanspruchen mehr ein kulturhistorisches als medizinisches Interesse.

Als sich die Landesregierung während des wirtschaftlichen Niedergangs der Städte im 17. und 18. Jahrhundert des Medizinalwesens annahm, suchte sie durch Anstellung von Landphysikern auch auf dem Lande hygienischen Bestrebungen Eingang zu verschaffen. Den Landphysikern war nach ihrer Dienstvorschrift die Beachtung der Natur und Art des Landes, der Luft und des Wassers und der daselbst üblichen Speisen und Getränke ausdrücklich anbefohlen.

Da ein näheres Eingehen auf Einzelheiten den Rahmen und Zweck dieser Arbeit überschreiten würde, soll im folgenden nur das Wichtigste nach obigen Gesichtspunkten angeführt werden. Selbstverständlich ist der Besprechung der Seuchen ein größerer Raum gewidmet.

---

[1] Kraut, Von der Polizei der deutschen Städte, insonderheit der niedersächsischen, im 13., 14., 15. und 16. Jahrh. Hannov. Magazin 1786, St. 8, pag. 114 u. ff.

Straßenhygiene und Wasserversorgung.

Noch im Anfang des 19. Jahrhunderts ließen Sauberkeit und Beschaffenheit der Straßen manches zu wünschen übrig.[1]) Das Straßenpflaster befand sich vielfach in einem Zustand, der heute auf keinem Dorfe mehr geduldet würde.[2]) Ja, die schwere Passierbarkeit der Landstraßen mit ihren obligaten Achsen-, Rad- und Beinbrüchen sah man mehr von dem volkswirtschaftlichen Standpunkte aus an, daß durch dergleichen Unglücksfälle Geld in Umlauf gesetzt werde, indem Schmied, Rademacher, Gastwirt und Chirurg dabei verdienen.[3])

Schon im Mittelalter schritten die Magistrate gegen die Verunreinigung der Straßen, wie sie sich durch das nahe Zusammenwohnen von Menschen und Vieh innerhalb der engbegrenzten Stadtmauern ergaben, ein. So untersagte der Rat in Hildesheim den Häringswäschern das Ausgießen von Häringslake und befahl ihnen 1278 die Errichtung eines besonderen Waschhauses.[4]) In Hannover wurde Zuwiderhandlung gegen das Verbot mit Ausstoßung aus dem Holenamt bestraft.[5])

Andere Bestimmungen verbieten das freie Umherlaufenlassen des Viehs, die Anlage von Ställen, „swinekoven uppe den straten unde vor den husen under den venstern", das Schlachten und das Auswaschen der Kalbaunen auf der Straße, die Anhäufung von Unrat, „Auslehrich", „Haußsegel", Mist und Scherben vor den Türen zc. „We ok dem anderen hor (Unrat) veghebe in be gotten, so battet vor sine bore vlote, syn broke is 1 ß. We ok mes ebber erbe late breghen uppe be strate unde bes na dren baghen nicht en wech lete voren, syn broke is I sol."[6]) Während die Einbecker Polizeiordnung von 1549[7]) „Miststibben" auf

---

[1]) Patje, Wie war Hannover?, Hannover 1817.
    Die Stadt Hannover erhielt als erste in Deutschland Gasbeleuchtung. Es fehlte dabei nicht an Widersprüchen. Ein Artikel der Kölnischen Zeitung vom 28. 3. 1819 führte als Gegengründe an: Eingriff in die göttliche Weltordnung, Gesundheitsstörung durch ausströmendes Gas, Förderung der Trunkenheit und Unzucht auf den Straßen (!?), Belastung des Stadtsäckels zc.

[2]) Meyer, Verwaltungsgeschichte l. c.

[3]) Petri, Lebensbilder, T. II, pag. 169.

[4]) Rachmer, l. c., pag. 59.

[5]) Grote zc., Hannöversch. Stadtrecht, l. c., pag. 349.

[6]) Ebenda, pag. 441 und 416.
    Den Lüneburger Bürgern wurden die frei umherlaufenden Schweine von den Ratsdienern gepfändet. Conf. auch Edikt vom 11. 3. 1689 und verschiedene Renov. i. Calenb. Constit. III, 953.

[7]) Statuta auch andere heilsame Satz- und ordnunge der Stadt Einbeck von 1549, Cap. XXII in Pusendorf, Observationes. II. Appendix, pag. 203 u. ff.

offner Straßen überhaupt nicht mehr bulbet, ist die Peiner von 1597[1]) schon zufrieden, wenn der Schmutzhaufen nicht so groß ist, daß er dem wandernden Mann hinderlich sei, und man Sonntags unbesubelt in die Kirche kommen könne.

Die Reinigung, ja selbst die Ausbesserung der Bürgersteige lag den Anwohnern ob. Ein jeder Bürger soll sich befleißigen, „sein steinwegk zu verbessern, damit ein Wandersmann wohl fortkommen möge, bei des Rades zugebotene Strafe.“ (Peine.) „Undt sollen auch die Hauswirthe hierinn aufm Steinwege die Straßen und Gossen rein und sauber halten.“[2]) Die öffentlichen Plätze wurden von dem Marktmeister und dem Abdecker gereinigt.

Dem städtischen Schindanger war eine Stätte außerhalb der Ortschaften zugewiesen.

Auch öffentliche Bedürfnisanstalten fehlten nicht. Die „heimlichen Gemächer“ (privet, heymlichkeit) waren jedoch recht primitiv und bestanden häufig nur aus einem alten Weinfaß, über das ein Sitzbrett gelegt war. (Becker l. c.) Daß man sich in der Befriedigung seiner natürlichen Bedürfnisse wenig Zwang auferlegte, zeigt eine Bestimmung aus der fürstlichen Hoforbnung, Celle do dato 26. 2. 1589[3]) „daß niemandt, der sey auch wer er wölle, unter, nach oder für den Malzeiten, speth oder frue, die Windelsteine, Treppen, Genge oder Gemecher mit der Urin oder anderen unflath verunreinige, sondern wegen solcher notburfft an gebührliche verordnete Örter gehen thue.“ Die Göttinger Bürger scheinen sich gern den Spaß gemacht zu haben, die Bänke in den Weinkellern zu besubeln.[4])

Im Laufe des 18. Jahrhunderts erschienen eine Reihe von Gassen- und Gossenreinigungsreglements, welche das Fortschaffen des Mists und die Entleerung der Aborte während der Nacht vorschreiben.[5]) Auch sollte vorher Anzeige beim Magistrat geschehen, damit mit „Kunstwasser“ nachgespült werden könne.

[1]) Polizeiordnung der Stadt Peine in Pusendorf, IV. appendix, pag. 263.

[2]) Reformatio und Ordnung Herzogs Franz für die Stadt Gifhorn, 6. 12. 1544, cit. nach Herm. Schulze, Geschichtliches aus dem Lüneburgischen. 3. Aufl. Gifhorn 1877.

[3]) Celle, Des. 65, No. 27.

[4]) Cit. nach Billerbeck, Geschichte der Stadt Göttingen. 1797.

[5]) Gassen- und Gossenreinigungsreglement der Altstadt Hannover v. 9. 10. 1704 resp. 13. 4. 1707. Dito für Celle de 1715, bito für Göttingen de 1734 ꝛc. Conf. Jugler, Medizinalges., l. c., pag. 108—110.

Im Anschluß an die Besprechung der Straßenhygiene sei auch ein sehr verständiges Verbot wider das Abschießen von Büchsen 2c.[1]) erwähnt, wodurch schwangeren Frauen, Kindbetterinnen und kranken Personen oft= mals großer Schrecken eingejagt werde, also daß sie den Tod davon nehmen oder je in schwere Leibesschwachheit geraten.

In bezug auf die Wohnungen beschränkte sich die Fürsorge der Obrigkeit fast nur auf die Sicherung gegen Feuersgefahr, Anlage von Schornsteinen und Kaminen. Die durch manche Gewerbebetriebe ver= breiteten ungesunden und widrigen Gerüche berücksichtigt ein in der westfälischen Zeit erschienenes Dekret vom 15. 10. 1810.[2]) Hiernach hing die Konzessionierung derartiger Betriebe von der Entscheidung der Verwaltungsbehörden ab.

Die Wasserversorgung geschah ursprünglich nur durch Brunnen (soden oder zucken). In Hildesheim ließ der Magistrat bereits im 15. Jahrhundert eine Wasserleitung von der Ostermühle nach der Stadt anlegen.[3]) Hannover besaß deren zwei. Die aus dem Anfang des 16. Jahrhunderts stammende Wasserkunst bei der Klickmühle führte das Wasser durch ein Pumpwerk in hölzernen Röhren („Piepenhölzern") nach dem alten Piepenborn auf dem Marktplatz und nach den Brunnen= ständen der Brauhäuser in der Altstadt.[4]) Die Neustadt verdankt ihre Leitung dem Ratsherrn Johann Duve (1668), der auch durch die Anlage des Schnellengrabens die Überschwemmungen der Leine hintanzuhalten wußte und dadurch zur Assanierung der Stadt beitrug (1651). Der Wasserverbrauch war unter Aufsicht eines Bornmeisters durch eigene Brunnenordnungen — Herzogs Christian Ludwig 1656 und Georg Wilhelm 1686 — geregelt. In Celle war die Wasserkunst von Anfang an fiskalisch, doch trug die Stadt zu ihrer Unterhaltung bei, gab z. B. seit 1532 verschiedentlich ein Pferd zum Betriebe her.[5])

Die Reinhaltung der natürlichen Wasserläufe ist schon in der alten Stader bursprake vom Jahre 1279[6]) vorgesehen, „derwyl allerley Unflath

---

[1]) Herzogs Christian Polizeiordnung de 1618, Cap. 10. Verbot des Schießens auf der Straße 2c. 1725, 1729. Calenb. Const. II, 278/79.
[2]) Osnabrücker Staatsarchiv, O. E. D. II, E. 70. Gesundheitsschädl. Fabriken.
[3]) Doebner, Hildesh. Stadtrechnungen, II. Bd. Hildesh. 1896 (Bd. VI des Urkundenbuchs).
[4]) Jürgens, Hannoversche Chronik. Hannover 1907.
[5]) Sprenger, Die ehemal. herzogl. Gebäude in Celle, l. c. Hannov. Ge= schichtsblätter 1906, pag. 83.
[6]) Citiert nach Zobelmann, Wittpennig u. Bahrfeldt, Gesch. d. Stadt Stade. Stade 1897.

int Fleth (Schwinge) geworpen und gefelgt wert, dor man datsulvige jo billig als een edel köstlich Kleenot dysser Stadt scholde in Eeren holden, so gebüt E. E. Rabt, dat een Jeder sich dat hinforder entholde. Woh dorjegen don wert, schal in gebürliche Strafe genommen werden." Ebenso war das Waschen bei den Brunnen, „als woburch das Wasser sehr verunreiniget werde" (Einbeck 1549), und das Ableiten der Latrinen in die Gossen verboten. (Hannover 1763.) Wer krepiertes Vieh, besonders zur Zeit der Viehseuchen, in einen Fluß oder Bach warf, sollte an Leib und Leben gestraft, das angeschwemmte Aas sofort vergraben werden. Bis zur Ermittelung des Täters haftete die Gemeinde für etwaigen Schaden.[1]

Besondere Erlasse befassen sich mit dem Rösten des Flachses in fließenden und stehenden Gewässern, namentlich im Bereich des Stadtgebietes.[2] Die Bastfasern in den Stengeln der Leinstaude sind durch einen Lleberartigen Stoff zusammengehalten, der durch Mazeration entfernt werden muß. Geschieht dies im Wasser, so entsteht eine faulige Gährung unter Bildung von NH_3 und H_2S, welche dem Vieh an den Tränken und den Fischen nachteilig sein können und „das umb die Zeit daraus brauende Getränk ganz abschmackig und ungesund machen." Wegen der Beeinträchtigung des Leinenhandels sind aber diese Verordnungen niemals streng durchgeführt.[3] Zudem war in fließendem Wasser die Gefahr nicht so erheblich, da man es in der Hand hat, den Gährungsprozeß frühzeitig zu unterbrechen. Daher ließ man schließlich auch das Rotten in Kuhlen und Tümpeln ohne Abfluß zu.

Die Regelung der Wasserversorgung und Kanalisation im Sinne der modernen Hygiene ist natürlich erst eine Errungenschaft des 19. Jahrhunderts und knüpft an die Erfahrungen aus den Choleraepidemien der 30er und 50er Jahre.

Begräbniswesen.

Hygienische Bedenken kamen auch in den Begräbnisordnungen zum Ausdruck.

Die Kirchenordnung Herzogs Friedrich von 1643 bestimmt, daß die

---

[1] Bischofs Maximilian Heinrich Hildesheimische Polizeiordnung de 20. 10. 1655. Verordnungen wegen der Viehseuchen, Celle, 2. 10. 1682 2c. Lüneb. Const. IV, 1713.

[2] Vergl. Verordg. „umme de flaszrote" v. 25. 10. 1459 in Ropp, Göttinger Statuten, Quell. u. Darst. z. Gesch. Niederf. Bd. XXV, 1907, pag. 483, ferner Landesedikt v. 30. 1. 1688. Lüneb. Const. III, 612 und ähnliche im Herzogtum Bremen-Verden, Fürstentum Hildesheim, Osnabrück, Grafschaft Bentheim 2c.

[3] Gesetz v. 24. 9. 1846, VIII, 3 Diät., No. 54—56.

Leichen sobald als möglich „sonderlich zu warmer Sommerzeit und in anderen gefährlichen Sterbensläuften" zur Erde gebracht werden und nicht länger als 3 Tage und Nächte unbeerdigt stehen bleiben mögen.

Im Kalenbergischen nahmen die Bauern vielfach Eichensärge, da diese leichter faulen und eine bessere Ausnutzung der kleinen Begräbnis= plätze ermöglichten.[1]) In anderen Gegenden, z. B. im Altenlande, war es Sitte, als Ersatz für die Friedhöfe die Leichen in den Kirchen, sei es in einzelnen Grabstellen, sei es in größeren Kellern mit gewöhnlich nach der Kirche zu offenen Rosten beizusetzen. Daraus ergaben sich Gefahren für die Gesundheit, da die Gewölbe bei jeder neuen Beerdigung geöffnet werden mußten und selbst luftdichtes Abschließen und Bedecken der Leichen mit Chlorkalk die Verwesungsgerüche nicht abzuhalten vermochten. Eine Verordnung vom 3. 2. 1792 für das Herzogtum Bremen=Verden[2]) suchte wenigstens die Anlage neuer Begräbniskeller zu verhindern und die bestehenden zu verbessern. Später knüpfte man durch Vermittlung des Konsistoriums gütliche Verhandlungen mit den Gemeinden an.[3]) Einzelne beriefen sich auf ihr verbrieftes Recht und verlangten Ent= schädigung. Sie wurden aber mit der Begründung abgewiesen, daß es sich nicht um Abtretung von Eigentum und Gerechtigkeiten handele, sondern lediglich um eine aus Gründen des Gemeinwohls gebotene polizeiliche Beschränkung in der bisherigen, gemeinschädlichen Benutzung desselben.

Übrigens hielt man die gesetzliche Einführung der Leichenschau, wie sie im Kurfürstentum Hessen beispielsweise seit 1787 bestand,[4]) selbst bei der Beratung der Medizinalordnung von 1852 nicht für erforderlich.[5]) Der beabsichtigte Zweck werde durch die in jeder Gemeinde vorhandenen Totenfrauen[6]) erreicht, denen außergewöhnliche Erscheinungen an den Leichen nicht entgehen würden. . Die Erfahrung in den Leichenhäusern beweise, daß die Furcht vor dem Scheintod mehr in der Idee als in

---

[1]) Hannover, Des. 74, Amt Calenberg, No. 5.

[2]) Knopf, l. c., pag. 184.

[3]) Hannover, Des. 104, II, 9, 5. Landdrostei Stade, Amt York.

[4]) Wenn binnen 48 Stunden keine Spuren von Verwesung sichtbar waren, mußte der Arzt Erweckungsmittel anwenden.

[5]) Hannover, Des. 104, II, 9, 5. Med. Generalia, No. 72, und Wagner, l. c.

[6]) Die Totenfrauen übernahmen auch die Wartung von Kranken ohne Ange= hörige oder von solchen, die mit ansteckenden Krankheiten behaftet waren (z. B. in Celle 1698). Hannover, Des. 74. Celle, Med., Fach 367, No. 1.

der Wirklichkeit vorhanden sei. Dagegen unterlagen alle plötzlichen und unnatürlichen Todesfälle der Anzeigepflicht. Mit Rücksicht auf die bei den Juden übliche Sitte, die Leichen ihrer Glaubensgenossen möglichst schnell unter die Erde zu bringen, war die Beisetzung vor Ablauf von 48 Stunden an eine ärztliche Bescheinigung geknüpft. Ebenso durften Totgeburten vom 7. Monat an nicht ohne Genehmigung des Pastors beerdigt werden.

Hygiene der Lebens- und Genußmittel.

Die Lebensmittel unterstanden der Kontrolle der Obrigkeit, „maßen zur menschlichen Gesundheit mehr an Küche und Keller gelegen als an Apotheken und Laboratorien." (Leibniz.) Sie regelte den Marktverkehr durch besondere Aufseher (praefecti annonae), setzte die Preise fest, die an einem Brett über dem Verkaufsstand bezeichnet wurden und drohte Strafen für Verfälschungen an. So waren die Höker verpflichtet, gute und frische Ware an „Bottern, Keze, Eygern, Schmolt, Olei, Hönern, Gözen, treugen Fischen und ander Kopenschup" zu liefern.[1])

Die Garköche in der Stadt Hannover schwuren 1371,[2]) „dat se garbraden unde seden und be spise solten und Reyne maken, alse se best kunnen." Es war ihnen verboten, Eingeweide (inster) oder schlechtes (ungiftich) Fleisch zu Würsten und Sülzen zu verarbeiten, Schweine to sunte Nyclawese (aus dem Leprosenheim) oder von dem Abdecker (hengere) zu kaufen uud die Speisen länger als bis zum nächsten Tage feilzuhalten. 1456 begnügte sich der Rat nicht mehr mit dem Eid allein, sondern beauftragte die Knechte der Feuerherrn, das auf den Markt gebrachte Fleisch zu besichtigen. Däuchte es ihnen nicht gar, so verboten sie den Verkauf, bis sich die Feuerherrn von seiner Beschaffenheit überzeugt hatten. Doch hielt man das schlechte Fleisch noch gut genug für die „Armenluden tom billigen gholste eder to Sunte niclawese" und sah von weiterer Bestrafung des Verkäufers ab.

In Osnabrück wachten die „oynnenkylere, Binnenkelchere darüber, „dat in der scharnen nyn vlesch vorkoft werde dat wandelbar (verdorben) un nich gue."[3]) Alles verdorbene Fleisch wurde konfisziert und vernichtet.[4])

---

[1]) **Hannoversche Statuta ex Apographo Grupiano,** Buf. IV, App. pag. 193.

[2]) Hannov. Stadtrecht l. c., pag. 342.

[3]) Mitt. d. histor. Vereins zu Osnabrück, Bd. VII, 1864. Anhang, pag. 196/197. „Wie es mit dem Schlachten im Knochenhover Ambt gehalten werden soll", Osnabrück 1614. Ähnlich „Ordenynge de Knokenhauwer" a. 1427 in Göttinger Statuten l. c.

[4]) Herzogs Christian Polizeiordnung 1618, Cap. 16, § 10 u. 11. Lüneb. Const. III, 257.

Schlachtvieh durfte nicht mit Kleienbrot, Lein- und Mohnsamen, Fischen gemästet werden, da das Fleisch hierdurch einen unangenehmen Beigeschmack erhält. Kälber waren erst im Alter von mindestens 3 bis 4 Wochen schlachtfähig. Nach dem Schlachten mußte das Fleisch eine gewisse Zeit hängen, bevor es zum Verkauf kam. Um das Fleisch ansehnlicher zu machen, pflegten es die Schlachter aufzublasen, ein Brauch, der nicht allein ekelhaft — namentlich, wenn es mit dem Munde geschieht [1]) — sondern auch auf die Täuschung des Käufers berechnet ist. Die angedrohten Strafen (Ausstoßung aus dem Knochenhaueramt und Bestrafung durch die Landesregierung [2]) scheinen wenig gefruchtet zu haben oder doch in Vergessenheit geraten zu sein. Es ist nämlich noch gar nicht so lange her, daß das Aufblasen endgültig verboten wurde. Überhaupt gehen die Bestimmungen über die gesetzliche Fleischbeschau kaum weiter als auf die 70er Jahre des 19. Jahrhunderts zurück.

Weitere Verordnungen beschäftigen sich mit der „Franzosenkrankheit" des Rindviehs, die in Blasen und Knoten verschiedener Größe, einzeln oder traubenförmig, oft in mächtigen Wucherungen, namentlich an den serösen Häuten der Bauchorgane und der Lunge auftritt und heutigentags als Perlsucht (Lungenseuche) bezeichnet wird. Ein Landesedikt vom 5. 11. 1787 [3]) ordnete die Vernichtung der erkrankten Teile unter Kontrolle eines Sachverständigen, Vieharztes oder Physikus' an, wobei man es noch jetzt bewenden läßt, falls nicht Verkäsung oder ausgedehnte Lymphdrüsenerkrankung die gänzliche Vernichtung erfordern. Bischof Friedrich Wilhelm von Hildesheim fügte 1788 außerdem hinzu, daß der Käufer das geschlachtete Vieh als vollkommen gesund zu behalten und zu bezahlen schuldig sei. [4])

Finniges Schweinefleisch galt ebenfalls nicht für gesundheitsschädlich, mußte aber auf besonderen Tischen von „eyneme witten lakeme ane wurste unde sulten" verkauft werden. (Hannover.) [5])

Strenger verfuhr man bei Eintritt von Viehseuchen. Selbst die

---

[1]) Der Einführung des Blasebalgs zu diesem Zweck wissen sich ältere Fleischbeschauer noch zu erinnern.

[2]) Kurf. Georg Ludwig, Edikt gegen d. Aufblasen des Fleisches und der Nieren (= Nierenkapsel?), d. d. 7. 6. 1712, Lüneb. Const. III, Celler Marktordnung l. c., § 4. Lüneb. Const. III, 415.

[3]) Hannov. Anzeigen 1787, St. 99.

[4]) Hildesh. Landesarch., Bd. IX, 61 L.. Abschn. 1, No. 2.

[5]) Die Finnen (= Blasenwurm, ein Entwicklungsstadium des Bandwurms) können gelegentlich unter der Bindehaut des lebenden Tiers gefunden werden, daher vielleicht der Name „vynnendykere"? Auch die Kenntnis von der verhängnisvollen Wirkung der Trichinose beim Menschen datiert erst seit dem Zenkerschen Fall in der Dresdener Klinik (1860).

Einfuhr von gesalzenem und geräuchertem Fleisch war dann verboten. [1]) Gefallenes Vieh, Mist und Milch desselben wurde sofort vergraben, jedes Stück Hornvieh vor und nach dem Schlachten durch zwei beeidigte Aufseher besichtigt. Ställe, in denen Krankheiten geherrscht hatten, blieben für die Dauer eines Monats gesperrt. (Osnabrück.)

Die für die Gesundheitspolizei so wichtige Erkenntnis der Tier= krankheiten wurde wesentlich gefördert durch die 1778 unter dem Ober= Hof=Roßarzt Kersting aus Kassel ins Leben gerufene Vieharzneischule in Hannover, deren Geschichte bei Gelegenheit ihrer Hundertjahrfeier (5. 8. 1878) eine interessante Bearbeitung gefunden hat. [2])

Auch über den Fischhandel existierten Bestimmungen. Die Fischer sollen an gewissen Tagen „allerley gute, gesunde, ingleichen frische [3]) d. i. grone leuendige" [4]) (also nicht geräucherte) Fische auf den Markt bringen, „fremden Gästen und Kranken auf allen fürfall damit zu bienen." [5]) In Lüneburg war es von altersher Sitte, den Stint, sowie er in den Evern ankommt, drei Tage lang feilzuhalten, ehe er in Tonnen eingesalzen wurde. [6]) Ausnahmen waren nur bei warmem Wetter und auf Anordnung des ältesten Gerichtsherrn gestattet. Trockene Fische durften nicht in Kalkwasser gebeizt werden. (Göttingen a. 1460.)

Neben dem Fleisch erfreute sich das K o r n als der wertvollste Bestandteil der Volksnahrung frühzeitig der Beachtung der Obrigkeit. Aufstapelung in eigenen Magazinen und Erlasse gegen den Kornwucher sind dafür Beweise. Die Bäcker sollen das Korn sauber waschen und, wenn es gemahlen ist, rein aussieben, damit „fein, dienlich und Essig Brot" daraus werde, [7]) ohne Zusatz von Kartoffelmehl [8]) oder dergleichen, und sollen sowohl Roggen= als „gesaben und ungesaben" Weizenbrot [9]) in der Größe „wie es nach gelegenheit des Kornkauffs billich op ehre Fenster to Kope halten." [10])

---

[1]) Verordnung wegen der Viehseuchen: Celle 2. 10. 1682, Hannover 30. 9. 1716, 14. 8. 1756 ꝛc. Jugler, Medizinalges., l. c.

[2]) Günther, Die kgl. Tierarzneischule zu Hannover. Hannover 1878.

[3]) Ordnung für Gifhorn 1544 l. c. Göttinger Statuten, No. 225, Holer.

[4]) Ordnung d. Stadt Nienburg v. 6. 6. 1569. Puf. II, App., pag. 323 ff.

[5]) Statuta Civitatis Lauenburgici. Puf. III, App., pag. 313.

[6]) Lüneburger Niedergerichtsordnung l. c.

[7]) Lüneburgisches Stadtrecht. Puf. IV, App., pag. 841.

[8]) Dekret des Magistr. der Alt= und Neustadt Hannover, 7. 11. 1772 in Hannov. Anzeigen 1772, St. 9.

[9]) Ordnung der Stadt Nienburg l. c.

[10]) Reform. d. Ordnung Heinrichen und Wilhelmen d. Jg. Wittenberg 1564. Polizeiordnung Herzog Christians l. c., Cap. 16.

Der Genuß von Brot, das aus unreifem oder mit Mutterkorn
vermischtem Korn gebacken ist, hat schwere Erkrankungen zur Folge. Im
Jahre 1580 starben in einigen Dörfern des Lüneburgischen über 500
Personen an der nervösen Form der Kriebelkrankheit.[1]) Es ist dies eine
der ersten genauer bekannt gewordenen Massenerkrankungen an Ergotismus
in Deutschland. Vielleicht darf man auch eine Notiz Joachim
Brandis d. Jg. dahin deuten.[2]) Im Sommer 1529 gab es in
Hildesheim eine Reihe seltener Krankheiten: „Jblichen wart dat in den
voten kreweln und toich sich bei beine up. Want ben by dat herte
quam, so druckede dat blot dat herte." Seitdem wurden die hannoverschen
Lande öfters schwer von der Kriebelkrankheit heimgesucht.

Besonders bösartig trat sie 1770/71 in der Umgegend von Celle,
Amt Gifhorn (309 Kranke), Rotenburg, Stade 2c. auf. Die Landleute
pflegten von dem frisch eingefahrenen Roggen sofort Brot zu backen,
und da sie sich nicht Zeit zum Dreschen nahmen, so benutzten sie den
auf dem Boden angesammelten Abfall, das „Krümelkorn", welches
massenhaft die schwereren Körner des Mutterkorns enthielt. An einigen
Orten war fast der zehnte Teil des Roggens schwarz, aber auch scheinbar
unverdorbenes Korn hatte giftige Eigenschaften. (Wichmann.)[3]) Auf
diese Weise entstand im Dorfe Lutter. Amtsvoigtei Bedenbostel Ende
August 1770 die Kriebelkrankheit. Sie verbreitete sich während der
beiden folgenden Monate rasch weiter und kam Anfang Dezember nach
Celle. Die Regierung traf unter Mitwirkung des Hofmedikus Wichmann
aus Hannover energische Vorkehrungen, ließ gesundes Brotkorn verteilen
und durch den Landphysikus Taube die Kranken unentgeltlich behandeln
und mit Arzneien versehen. Trotz aller Belehrungen und Warnungen
von seiten der Obrigkeit und der Geistlichen verhielten sich die Landleute

---

[1]) Citiert nach Haeser, Histor.-pathol. Untersuchungen als Beiträge zur Geschichte der Volkskrankheiten, II. T. Dresden und Leipzig 1841, pag. 93. Jahr
1580 oder 1581?

[2]) Diar. l. c., pag. 3.

[3]) Literatur: 1. Wichman, Beiträge zur Geschichte der Kriebelkrankheit im
    Lüneburgischen im Jahre 1770. Leipzig u. Celle 1771.
    2. Joh. Fr. Jacobi, Nachricht von d. Kriebelkrankheit, welche
      i. Herzogtum Lüneburg i. b. Jahren 1770/71 grassiret und
      wie selbige geheilet worden. Celle 1771 i. b. Nachr. d.
      Landwirtschaftsgesellschaft, Bd. II, St. 6.
    3. Joh. Ludolf Joden, Versuche, Beobachtungen, Erschei-
      nungen und Cur in der sog. Kribbelkrankheit. Celle 1771.
    4. Joh. Taube, Geschichte der Kriebel-Krankheit, besonders
      derjenigen, welche i. b. Jahren 1770/71 in den Cellischen
      Gegenden gewütet. Göttingen 1782.

ablehnend und suchten lieber Hülfe bei Scharfrichtern, klugen Frauen, Theriakkrämern und anderen „unseeligen Handlangern des Todes". (Taube.) Die Kranken gaben sich nicht freiwillig an, sondern mußten gleichsam durch Exekution in ihren Häusern aufgesucht werden.

Daher war es ein sehr verständiger Gedanke der Landwirtschafts=gesellschaft, als sie am 2. 2. 1771 auf ihre Kosten ein Krankenhaus errichtete, um einen Teil der pflegebedürftigsten Kranken aufzunehmen und die verschiedenen Heilmethoden zu erproben. Als der Erfolg den Nutzen dieses Verfahrens zeigte, beschloß die kgl. Großvoigtei ebenfalls die Errichtung eines Lazaretts, dem zwei Monate später ein drittes aus milden Stiftungen folgte. (Taube.) Als Ärzte an diesen Krankenanstalten wirkten Leibmedikus v. Leyser, Hofmedikus Thaer und Landphysikus Taube.

Im ganzen erkrankten 600 Menschen, von denen 97 starben.[1]) Selbst die nicht wirklich Erkrankten klagten über etwas „et träcket herum" (Taube), auch Haustiere, Schweine, Hühner bekamen Lähmungen.

Die Krankheit begann gewöhnlich sehr heftig mit Schwindel, Blindheit, Muskelkrämpfen, daß oft zwei starke Männer die Glieder nicht zurückbiegen konnten. Der schlimmste Zufall war die Manie, die gelegentlich in Blödsinn ausartete, und der Brand, doch kam es nie zu größeren Verstümmlungen.

Die Anschauungen über das Wesen der Krankheit gingen aus=einander. R. A. Vogel in Göttingen schrieb sogar eine Schutzschrift für das Mutterkorn als angebliche Ursache der Kriebelkrankheit.[2]) Man erkannte, daß neben dem Mutterkorn noch andere Ursachen, so vor allem Fäulnis 2c., die in der nassen und unbeständigen Witterung ihren Grund hatten, in Frage kamen. Neueren Forschungen zufolge enthält das Mutterkorn Fermente, welche tatsächlich durch Fäulniswirkung Ptomaine erzeugen sollen.[3]) Focken nahm eine im Blut kreisende „gichtische Materie" an und bediente sich dementsprechend in ausgedehntem Maße des Aderlasses, den die anderen Beobachter verwarfen. Er nannte die Krankheit „rheumatismus spasmodicus" und verfiel somit in den Fehler, ein Hauptsymptom als die Ursache anzusehen.

---

[1]) Lazarett b. Landwirtschaftsges. vom 7. 2. bis 8. 7. 19 Kranke, 2 Todesfälle.

| Kgl. Lazarett | „ | 3. 5. | „ | 9. 12. | 35 | „ | 3 | „ |
| Beisteuerlazarett | „ | 3. 6. | „ | 20. 12. | 41 | „ | 1 | „ |

[2]) Lentin, Beobachtungen einiger Krankheiten, Göttingen 1774. In seiner Beobachtung „von der Gribbelkrankheit", pag. 10 schließt er sich der Meinung Vogels an, allerdings mit der Einschränkung, daß das Mutterkorn solange unschuldig sei, als es nicht mit Mehl= und Honigtau befleckt sei.

[3]) Poehl, Archiv f. Pharmacol., 3. Reihe, XXI, pag. 756.

In der medikamentösen Behandlung kamen schweißtreibende, Brech- und Abführmittel (Wurmkuren!), gegen die Zuckungen Opium in Anwendung. Bei Lähmungen erwiesen sich Bäder, Massage und Elektrisieren als nützlich. Durch längeren Gebrauch des Terpentinöls gelang es auch wohl, wieder Wärme in absterbende Glieder zu bringen.

Noch verschiedentlich mußte die Regierung den Landmann über die Gefahren „des unreifen Rockens" aufklären. Sie machte daher das Abmähen und Trocknen des unreifen Korns, ja selbst den Ankauf des Getreides auf dem Halm von ihrer Erlaubnis abhängig. Zur Vermeidung von Gesundheitsstörungen wird gründliches Trocknen und Lüften, Durch- sieben, wobei die größeren ausgewachsenen Körner und das Mutterkorn auf dem Sieb zurückbleiben, ordentliche Gährung, Zusatz von Kümmel und anderen Gewürzen beim Backen empfohlen. (Knopf l. c. 171/74.)

Auch die schädlichen Nebenwirkungen der alkoholischen Getränke, Wein, Bier und Branntwein entgingen nicht der Aufmerksamkeit der Obrig- keit. Sie überwachte die Zubereitung, verbot den Zusatz reizender Mittel und suchte den Trunkenbold durch Strafen abzuschrecken. In dem aufgeklärteren 19. Jahrhundert setzten dann die Mäßigkeitsbestrebungen ein, die auf freiwilliger Enthaltsamkeit basieren.

Der Weinhandel war lange Zeit Monopol der Ratskeller und Apotheken, die damit ein schwunghaftes Geschäft betrieben. In Kurhessen ging man noch 1750 so weit, diejenigen, welche sich unterfangen, den Wein mit Mineralien und Silberglätte zu versetzen, mit dem Tode durch den Strang zu bedrohen! Die aber die Verfälschung mit Vegetabilien, Rosinen und Zucker verüben, sollen ausgepeitscht und des Landes verwiesen werden. (Grandidier l. c.)

Von ungleich größerer Wichtigkeit als tägliches Getränk ist natürlich das Bier. Bezüglich seiner volkswirtschaftlichen Bedeutung sei hier nur kurz an die Erhebung einer Steuer zu Gunsten der Stadtkämmerei, Erschwerung der Einfuhr fremder Biere, Sperrung der Grenzen bei Mißwachs der Gerste und des Hopfens, an die „Braugerechtigkeiten" und dergleichen erinnert. Unter den verschiedenen Biersorten nahmen das Einbecker, der Hannoversche Broyhan, die Goslarer Gose, das Hildesheimer, Hamelner und Göttinger Bier eine hervorragende Stelle ein. Unserem heutigen Geschmack würden allerdings die damaligen Gebräue weniger zusagen trotz der freundlichen Aufforderung: „nun supet, ihr ehrlichen Freunde, ich hebbe die Tonne umgerührt, es werd baß schmecken!", denn: „es sahe dicker als Hefen und keinem anmuthigen Tranke ähnlich."[1]

---

[1] Fr. E. Brückmannus, Epistola itineraria XXXVIII de Cere- visia Goslariensi. Wolffenbuttelae 1735.

Das Brauwesen war unter Aufsicht der Gildeherrn durch strenge
Satzungen geregelt, welche die Brauer sogar eidlich verpflichteten,
ein gutes Gebräu zu liefern.[1]) Das Kühlen des Bieres mußte in
hölzernen Bottichen (statt kupfernen Kesseln!) geschehen:[2]) „denn vor
gewiß zu halten, daß durch übel gebrautes oder in den Krügen verderbtes
bier der gemeine man sehr an seiner Gesundheit verwahrloset wird, daher
die leute in den zeit-wechselungen des Jahres bey allerhand regierenden
krankheiten, wegen geschwächter natur, wie die fliegen fallen." (Leibniz.)
Ein Edikt des Kurfürsten Georg Ludwig vom 20. 8. 1710[3]) wendet
sich „wider den bösen Gebrauch des Krautes Post[4]) genannt, um das
Bier stark zu machen". Schon auf den Anbau des Krauts war eine
hohe Geldstrafe gesetzt, die Verwendung zog Verlust der Braugerechtigkeit
auf Lebenszeit und, falls jemand an seiner Gesundheit geschädigt, Leibes-
strafe und Schadenersatz nach sich. Dem Porst oder Porsen begegnen
wir in dem noch zur Zeit des 30 jährigen Krieges beliebten Osnabrücker
Kräuterbier „Grüsing".[5]) Das dazu benötigte Kräutergemisch bestand
aus Porsen, Behsen (?), Scharpetangen oder Sarmatangen (?), Lorber
und Harz. Bereitung und Verkauf waren Reservat der Stadt, während
die Bürger sonst ihr Bier selbst brauten, und die Stadt nur von dem
zum allgemeinen Verkauf hergestellten Bier eine Abgabe erhob.

In der Volksmedizin stand das Bier in großem Ansehen, aber
auch die Ärzte empfahlen es wegen seines Nährwertes als Stärkungsmittel,
ferner zum Schweißtreiben (bei der Pest, kalten Fiebern rc.), zur Anregung der Magendarmtätigkeit,[6]) Auflösung von Blasensteinen (!) rc.
Die Goslarsche Gose genoß sogar den Ruf eines „guten Ehestands-
Bieres": „Darum we tüchten wil un sine Art vermehren, be maut van
Jugend up de Gose trinken lehren.[7])

[1]) Vergl. u. a. die stadthannoversche Brauordnung von 1609 u. ähnl.

[2]) Befehl des Magistrats zu Hannover 1753, Hannoversche Anzeigen 1753,
St. 87 u. 95.

[3]) Lüneb. Constit. III, 630 (renov. u. verschärft 26. 1. 1723, Calend.
Const. III, 632).

[4]) Post, Porst = Ledum palustre L., die stark narkotisch riechenden Blätter
des wilden Rosmarins.

[5]) Mitt. d. histor. Vereins zu Osnabrück, Bd. VII, l. c.

[6]) Ein Spottvers behauptete kurz und erbaulich: „Wer trinkt Gose, lacht in
die Hose." (Brückmann.) Das Osnabrücker Kräuterbier scheint eine ähnliche Wirkung gehabt zu haben.

[7]) Ein Pladdütsch Gedichte in welken dat Himmel-seute Goslärsche Bier sine
innerlike Dögend beriemet. (Abgedruckt bei Brückmann.)

Der Branntwein war im 15. Jahrhundert bei uns noch ganz unbekannt. Im folgenden Jahrhundert treffen wir ihn zunächst nur in den Apotheken, wo er in Verbindung mit mannigfachen Kräutern und Gewürzen als geschätztes Heilmittel, Aquavit oder Lebenselixir, verkauft wurde. Doch zogen schon seit der Mitte dieses Jahrhunderts Hausierer mit Branntweinfässern im Lande umher.[1] Während des 30jährigen Krieges nahm der Branntweinkonsum zu, als sich der Krieg nach der Schlacht bei Lutter a. Bbge. (1626) über Niedersachsen verbreitete. Der 7jährige Krieg[2] und die französischen Feldzüge machten das Laster allgemeiner.

Verfälschung und Verstärkung durch Pfeffer oder andere starke Sachen, „wodurch diejenigen, die solchen verdorbenen Branntwein genießen, um die Gesundheit und den Gebrauch ihrer Vernunft noch mehr gebracht werden," sollte mit 50 Talern gestraft, der Branntwein öffentlich vor dem Hause ausgegossen und dem Übeltäter die Konzession zum Brennen und Ausschenken entzogen werden.[3]

Die Strafankündigungen bei der Trunksucht sprechen gewöhnlich nur vom Branntwein, sind aber wohl auf alle im Unmaß genossenen spirituösen Getränke anzuwenden.

Während des 16. Jahrhunderts war die Völlerei unter dem Adel und beim Volk an der Tagesordnung. Auf den Schlössern wurde Gastfreundschaft im weitgehendsten Maße geübt. Es galt gewissermaßen als Ehrensache, den Fremden unter den Tisch zu saufen, man schloß sogar bisweilen die Türen, damit keiner der Geladenen zu frühe fortginge.[4] Bürgern, Handwerkern und Landleuten boten Hochzeiten, Kindelbiere, Begräbnisfeiern willkommene Gelegenheiten, über die Stränge zu schlagen. Daran scheinen sich auch die Frauen beteiligt zu haben, denn in der Polizeiordnung Herzogs Franz I. für die Lande Hadeln 1597 werden sie besonders ermahnt, zu bedenken, was ihnen als Christen gebührt und ihrem Geschlecht wohl ansteht; ebenso müssen die Hebammen wiederholt geloben, sich „des selbigen Gesöffs" zu enthalten, da man keine Vollsäuferinnen gebrauchen könne. Eine hohe Obrigkeit, die augenscheinlich aus eigener Erfahrung die Schwächen des menschlichen Leibes kannte, schrieb daher in weiser Voraussicht die Anzahl der Gerichte und

---

[1] Harland, Einbeck, l. c.

[2] Eine Verordnung vom 7. 12. 1764 spricht auch von der Überhandnahme des Weingesöffs auf dem Lande infolge des „Landverderblichen Kriegs".

[3] Verschärfte Verordnung Georgs II. vom 5. 12. 1736 gegen das Branntweintrinken, § 4. Lüneb. Const. IV, pag. 1911.

[4] Havemann, Geschichte der Lande Braunschweig und Lüneburg, Bd. III, Göttingen 1857, pag. 29.

die Menge des Alkohols bei derartigen Familienfestlichkeiten und Schmausereien vor.

Die Polizeiordnung Herzogs Christian von 1618 sieht in der Trunksucht den Brunnquell und die recht wirkende Ursache aller Laster. Nicht allein, daß im Rausch begangene Straftaten ebenso streng geahndet werden sollen, als ob sie im nüchternen Zustande geschehen, sondern die Trunksucht als solche wird mit Strafe bedroht. Eine andere Stelle (§ 3 Kap. 37) verbietet auch das Zutrinken, „wodurch einer dem andern das Getränk in den Leib gleichsam zu nöthigen und zu pressen sich unterstehet, also, daß mancher absobald den Tod davon nimmt oder je dadurch seine Gesundheit dermaßen schwächet, daß er es sein Leblang wohl nicht verwindet." Die Aufhebung des Trinkzwangs ist ja auch eine Hauptforderung der modernen Alkoholgegner.

Unter den allgemeinen Landesausschreiben gegen die Trunksucht ist das Edikt Herzogs Ernst August vom 28. 10. 1691[1]) eins der ältesten und besten, wie denn nach Spittler grade die vortrefflichsten Fürsten dieser verderblichen Volkssitte entgegenzuwirken suchten. Der Branntwein werde von dem gemeinen Mann nicht mehr zur Arznei und Beförderung der Verdauung, wozu er doch eigentlich erfunden und verordnet, sondern als ein tägliches Getränke, mithin als ein Instrument und Mittel zur Völlerei ꝛc. gebraucht. Daher setzt der Erlaß die Menge, welche jemandem auf Apotheken oder in Schenken verabreicht werden darf, fest und schränkt den Verkauf über die Straße ein, da man nicht wissen könne, für wieviel Personen das geforderte Quantum bestimmt sei.[2]) Zechschulden sind nur bis zu dem Betrage von 1 Taler einklagbar. Diese Beschränkung des Kreditgebens war übrigens schon in älteren Statuten ausgesprochen.

Ein radikales Mittel versuchten die Landstände in Osnabrück 1695, indem sie das Brennen und Ausschenken von Branntwein zeitweilig ganz verboten, ähnlich wie später (1771) Bischof Wilhelm im Hildesheimischen. Georg II. erneuerte (5. 12. 1736) das Verbot seines Großvaters unter verschärften Bedingungen, da der Mißbrauch in den Städten und auf dem Lande dergestalt überhandgenommen, daß nicht allein viele dadurch zur Verrichtung ihrer häuslichen Geschäfte untüchtig gemacht

---

[1]) Lüneb. Constit. IV, 1911.

[2]) Schon der Gandersheimer Landtagsabschied von 1601, Art. 34, befahl, daß man einem jeden nur soviel Branntwein verabreichen dürfe, „als er zu seiner Leibesgelegenheit von nöten habe", also für 1—1½ Groschen. Spitler l. c., Bd. I, pag. 835, Anmerkung. Im Calenbergschen wurde das Brennen damals ganz untersagt.

und in Armut geraten, sondern auch ihre Gesundheit schwächen und zu Mißhandlungen verleitet werden. Wenn die von polizeiwegen verhängte dreitägige Haftstrafe bei Wasser und Brot nicht fruchtet, soll die Trunksucht dem Befinden nach pro criminali gehalten und mit Karren-, Zucht- und Spinnhausstrafen belegt werden.

Damit sich niemand wegen Unkenntnis des Gesetzes entschuldigen könne, wurde das Edikt alljährlich am Sonntag nach Trinitatis im Anschluß an die Erklärung des Evangeliums vom „Gräuel der Verwüstung" von der Kanzel herab verlesen.

In der Verfügung von 1719 gegen die Duelle bei den Truppen wird der Grundsatz befolgt, daß die Trunksucht als die Ursache der meisten Stänkereien die Strafe verschärfe. Das Duelledikt für die Universität Göttingen von 1735 macht jedoch einen Unterschied zwischen gewohnheitsmäßiger und gelegentlicher Völlerei.

In der ehemaligen hessischen Enklave, Amt Freudenberg-Uchte, waren zur Zeit der Einverleibung in das Königreich Hannover die hessischen Verordnungen vom 26. 2. 1754 und 22. 6. 1791 gültig,[1] wonach den Säufer Ausschließung von allen Gemeindeämtern, Geldstrafe, Gefängnis bei Wasser und Brot und zuletzt Landesverweisung trafen. Das Amt versprach sich nur von harter Gefängnisstrafe und Einsperrung in einer Arbeitsanstalt unter Versagung aller Mittel zum Genuß alkoholischer Getränke einigen Erfolg. Die Ausschließung von den Kommunalämtern sei überhaupt keine Strafe, da sie der Einwohner als onus betrachte, und man ohnedies keinen Säufer dazu wählen würde. Eine Geldstrafe scheue der Trunkenbold ebensowenig, da er in der Regel doch seinen Haushalt vernachlässige und das Geld zur Befriedigung seiner Leidenschaft verwende. Bei Landesverweisung endlich würde er sicher gleich wieder in die Heimat abgeschoben.

Alle Verbote und Strafen erwiesen sich nicht als wirksam genug, dem Laster Einhalt zu tun. Die Erkenntnis, daß der Einzelne durch freiwillige Enthaltsamkeit vorbildlich wirken müsse, und daß dies am besten im Rahmen einer größeren Vereinigung geschehe, zeitigte die Mäßigkeitsbestrebungen und -vereine des 19. Jahrhunderts. Die Bewegung ging von Amerika und England aus und faßte daher zuerst in den Küstengegenden der Landdrostei Stade festen Fuß. So entstand 1837 der erste Mäßigkeitsverein in Bremerhaven. Anfänglich

[1] Hannover, Des. 74, Amt Freudenberg, VIII.

waren die Behörden den Vereinen gegenüber zurückhaltend. Die Beachtung der natürlichen Freiheit — auf die man sonst garnicht so
ängstlich Rücksicht nahm — scheine eine Einwirkung des Staates zu
verbieten, es müsse vielmehr dem freien Willen und Gewissen jedes
Einzelnen überlassen bleiben. Geistliche, vor allem der Pastor Böttcher
in Hannover und der Kaplan J. M. Seling in Osnabrück, und Ärzte
nahmen sich der Sache tatkräftig an,[1] so daß es 1840 schon 132 Vereine
mit 10000 Mitgliedern gab, denen das Ministerium d. J. freundlich
gegenüberstand.

Die Statuten der Mäßigkeitsvereine sahen auch die Enthaltung von
Branntwein in Krankheiten vor, da er nach dem Ausspruch berühmter
Ärzte hierbei vollkommen entbehrlich und durch andere Mittel zu ersetzen
sei. Die Abneigung des Volkes gegen den Alkohol in der Medizin mag
zum Teil auf das wüste Treiben der Anhänger des Brownismus, jener
Irrlehre aus der zweiten Hälfte des 18. Jahrhunderts zurückgehen, die
sich seiner mit Vorliebe als Reizmittel bedienten, wovon ein Spottlied
aus dem Oberharz sagt:

> „Die Ärzte, die jetzt praktizieren,
> Und blindlings glauben, was Braun (!) spricht,
> Die aufs Gradewohl curieren,
> Verwerfen selbst den Branntwein nicht!
> O nein! Die armen Patienten
> Sie senden sie für baares Geld,
> Geschwind mit wenig Complimenten
> Besoffen in die Unterwelt." (Böttcher l. c.)

Wie köstlich schildert dagegen der Hildesheimer Patrizier Joachim
Brandis 1599 die Wohltat eines mäßigen Trunk Weins, nachdem er
eben von einer schweren Ruhr genesen war: „und alse it ein weinich
wieder besser wort, bekam mich der wein zur malzeit, einen halven kop,
so wol, nicht anderst, alse wan der lampe kein oll mer hat, und wen
dar oll up gift, dat he den heller brent: so foilede ich ok, dat mich der
wein sterkede, und al entelen den apetit zu essen wieder bekam." (Diarium
pag. 452.)

Namentlich der Hildesheimer Verein entfaltete eine eifrige Propa-
ganda. Man sah den Alkohol als Förderungsmittel der Unsittlichkeit an

---

[1] Böttcher, Geschichte der Mäßigkeitsgesellschaften in den norddeutschen
Bundesstaaten bis 1840. Hannover 1841.
Mäßigkeitsblätter; Hauskreuz, Patriot, Stader Mäßigkeitsblätter, Blätter
des Hildesheimer, Osnabrücker Vereins 2c.

und wollte daraus die leidige Tatsache erklären, daß im Fürstentum jedes fünfte Kind unehelich geboren wurde! Einseitige Bestrebungen, wenn sie noch so gut gemeint sind, schießen leicht über das Ziel hinaus und verfallen der Lächerlichkeit. In dem Liederbuch des Vereins findet sich folgende Strophe, die ihre Entstehung einer richtigen Katerstimmung zu verdanken scheint:

„Kaum gedacht, kaum gedacht
Ward der Lust ein End gemacht.
Gestern noch wie toll gesoffen,
Heute schon von Reu getroffen.
Morgen folgen Weh und Ach.“

Ein hannoverscher Bahnarzt, Baring in Celle,[1]) sprach auch über die Alkoholfrage im Eisenbahndienst und bekannte sich zu den Anschauungen Moleschotts, der in dem mäßig genossenen Alkohol eine „Sparbüchse der Gewebe“ sah.

Durch das Revolutionsjahr 1848 gerieten die Mäßigkeitsbestrebungen ins Stocken. Dagegen fand 1863 in der Hauptstadt des Landes der erste internationale Mäßigkeitskongreß statt.

Gleich dem Branntwein hatte der Tabaksgenuß während des 30jährigen Krieges durch die fremden Söldlinge in Niedersachsen größere Verbreitung gefunden. Der Tabakbau auf dem Eichsfeld begann um das Jahr 1660 und war 1673 schon so weit gediehen, daß der Magistrat in Duderstadt eigene Satzungen darüber erließ.[2]) Die Pastöre warnten in der Kirche vor den schädlichen Folgen des Rauchens, und der Professor der Medizin Tapp in Helmstedt verfaßte eine Schrift zur Belehrung der akademischen Jugend.[3]) Man bringe sich um den Verstand, da Blut und Gehirn erhitzt und ausgetrocknet würden und verdoppele den Schaden, indem man gewöhnlich noch Bier und Wein dazu trinke. In satyrischer Form geißelte der aus Hildesheim gebürtige, gelehrte Münstersche Leibarzt Joh. Heinr. Cohausen auch den Mißbrauch des

---

[1]) B. beschäftigte sich auch sonst mit Staatsarzneikunde und Hygiene, z. B. mit der Arbeiterwohnungsfrage, die aber in Hannover nicht so dringend war als in anderen Staaten. Hannover, Des. 104, II, 9, 5, A. Med. Gen. No. 37.

[2]) Wolf, Duderstadt l. c.

[3]) Tapp, De Tabaco ejusque hodierno abusu. Prorektoratsrede. Helmstedt 1658.

Schnupfens.[1] Am 16. 9. 1719 erschien ein Verbot des Hausierens mit Tabak auf dem platten Lande.

Alles dies erinnert an das Vorgehen Jakobs I. von England, der 1604 den Tabak mit einer hohen Steuer belegte und eigenhändig ein Werkchen schrieb, worin es heißt: „es ist eine Gewohnheit ekelhaft fürs Auge, abschreckend für die Nase, schädlich für den Magen, abstumpfend fürs Gehirn, gefährlich für die Lunge; der stinkende Tabacksqualm gleicht auf ein Haar dem erstickenden Dampf der unergründlichen Hölle." (Lammert l. c.)

In der Bevormundung des Volkes ging die Regierung sogar so weit, den Handel mit Kaffee (gebrannt, ungebrannt, gemahlen) auf dem Lande gänzlich zu verbieten. In Städten und Flecken durfte er nur in rohem und ungebranntem Zustand und nicht unter einem Pfunde verkauft oder vertauscht werden. Der Ausschank von gekochtem Kaffee an Gäste war allein in den an großen Post- nnd Heerstraßen, schiffbaren Strömen und nahe bei den Städten gelegenen Wirtshäusern, Schänken und Krügen erlaubt. (Jugler Med. ges. l. c. pag. 48.)

Verhütung von Vergiftungen.

Gegen Vergiftungen suchte man das Volk durch strenge Bestrafung der Giftmischerei, Beaufsichtigung und Einschränkung des Gifthandels und entsprechende Belehrungen zu schützen.

Der Sachsenspiegel überwies die Giftmörder dem Scheiterhaufen (Buch II, Art. 13, § 7). Die Carolina strafte den Mann, „einem für= gesetzten morder gleich" mit dem Rade und ließ die Weiber ertränken, beide aber zuvor schleifen und mit glühenden Zangen zwicken (Art. 130). Georg II. dehnte die Todesstrafe 1744 (9. 10.) auch auf den Helfers= helfer aus, gleichgültig, ob die Vergiftung den Tod zur Folge hatte oder nicht. Dabei ist streng auf das Corpus delicti zu fahnden und die Art der Todesstrafe festzusetzen. Nähere Anleitung über das Verfahren bei Giftverdacht geben die Kriminalinstruktionen von 1736 (§ 15 und 17) und 1806.

---

[1] A. Beauvois, la Croisade de J. Henri Cohausen contre le Tabac 1716—20. Nouvelle Iconographie de la Salpetière 1900.
Darin Schriften Cohausens über dies Thema:
1. Dissertatio satyrica physico-medico moralis de Pica Nasi. Amsterdam 1716.
2. Raptus Estaticus in Montem Parnassum.
3. Nasus picans peccans.

Der Gifthandel blieb im allgemeinen den Apothekern vorbehalten. Sie durften Gifte nur gegen Giftschein und nur an bekannte Personen abgeben, die es zu ihrem Gewerbe oder sonstigem, glaubhaftem Gebrauch benötigen. Den Fabrikanten, Drogisten und Materialisten war auf Grund einer besonderen obrigkeitlichen Erlaubnis der Engros-Verkauf (mindestens 2 Pfund) an beeidigte Apotheker und andere Materialisten gestattet. Die Krämer führten oft ein ganzes Warenlager von giftigen Arzneien wie Arsenik, Antimon. crud., Merkur, Sublimat, aus denen sich die umherziehenden Medizinhändler versorgten. Das beweist u. a. der umfangreiche Prozeß gegen einen aus Bremen zugezogenen Kaufmann Depken in Beverstadt (Stade) aus dem Jahre 1718, der sich zu seiner Entschuldigung vergeblich auf ein von den Eltermannen zu Bremen ausgestelltes Attestatum über die Privilegien und Gerechtigkeiten der Bremer Gewürzkrämer berief.[1]) Nach der Apothekenordnung von 1820 durften die Krämer zwar die in der Färberei und sonstigen technischen Betrieben gebrauchten Stoffe verkaufen, aber nicht unter $1/4$ Pfund und unter Beobachtung gewisser Vorsichtsmaßregeln (getrennte Aufbewahrung, Abgabe in blauem Papier, Beifügung einer Gebrauchsanweisung x.).

Die Kammerjäger hatten ihre Gifte selbst zu legen oder mit Zusätzen, wie z. B. Kienruß, zu versehen, die sie nach Aussehen, Geruch und Geschmack als zum menschlichen Genuß ungeeignet kenntlich machen.

Gegen die Gefahr der Bleivergiftung ist eine Landesverordnung vom 23. 9. 1770 gerichtet, welche den Kupferschmieden die Verwendung des Salmiaks — anstelle des Bleis — zum Verzinnen befiehlt.[2]) Bei der Töpferglasur ließ sich zwar die Bleiglätte nicht ganz ausschließen, es gelang aber Westrumb 1796 unter Zuziehung einiger Töpfermeister eine brauchbare Zusammensetzung ohne gesundheitsschädliche Nebenwirkung herzustellen. Eine Reihe von Todes= und schweren Erkrankungsfällen gab der Regierung in Ratzeburg 1786 Anlaß zu einer Warnung „gegenüber ohnvorsichtigem Gebrauch der kupfernen nnd messingenen Gefäße, insonderheit beim Käsemachen", da alle flüssigen und festen Speisen, besonders fett= und säurehaltige, früher oder später das Kupfer angreifen.

Bekämpfung der Tollwut.

Im Laufe des 18. Jahrhunderts erschienen auch obrigkeitliche Belehrungen über die Erkennung, Verhütung und Behandlung der Tollwut. Als sicherstes Vorbeugungsmittel galt das Ausschneiden des „Wurms"

---

[1]) Hannover, Des. 80, Landbrostei Stade, 695, Vol. 1.

[2]) Diese sowie die folgenden Verordnungen sind bei Zugler und Knopf abgedruckt.

bei den Hunden. Man hat darunter einen an der Unterseite der Zunge befindlichen, aus Bindegewebe und quergestreifter Muskulatur bestehenden Strang zu verstehen, der durch einen dünnen bindegewebigen Faden mit dem Zungenbein zusammenhängt.[1] Entwicklungsgeschichte und Zweck (etwa als Stützapparat der Zunge?) sind noch nicht genügend geklärt, doch ist eine Beziehung zur Tollwut natürlich ausgeschlossen. Die — übrigens sehr einfache — Operation war gesetzlich vorgeschrieben und gewöhnlich Jägern, Schäfern und Abdeckern anvertraut. Sie mußte geschehen, sobald das Tier ein Jahr alt war.

Jeder, der einen tollen Hund sieht, soll ihn niederschießen oder in Ermangelung eines Gewehrs solange verfolgen, bis er ihn tot schlagen kann, darauf den Kadaver samt der blutigen Erde 5 Fuß tief untergraben und die Grube mit einem Steinhaufen bedecken, damit sie nicht von anderen Tieren aufgescharrt werde.[2] Wenn in einem Orte die Tollwut ausgebrochen war, wurden die Hunde eine Zeitlang an die Kette gelegt.

Für den Gebissenen wird in erster Linie das Aussaugen der Wunde mittelst Schröpfköpfen, Ausbrennen oder Auswaschen mit starkem Salzwasser empfohlen. Unter den zahlreichen Gegenmitteln spielen Quecksilber[3] und Belladonna, sowohl innerlich wie als Wundsalbe, die Hauptrolle. Der Gebissene soll sich während der Kur vor Diätfehlern und Gemütsbewegungen in Acht nehmen.

Die Todesfälle an Wasserscheu wurden in den Sterbelisten besonders aufgeführt.

Rettung von Verunglückten und Wiederbelebung von Scheintoten.

Auf Ersuchen des Ministeriums verfaßte Leibmedikus Schröder in Göttingen eine gemeinverständliche Anleitung zur Errettung von Ver-

[1] Herr Professor Boether an der hiesigen kgl. tierärztlichen Hochschule hatte die Freundlichkeit, mir ein derartiges Präparat zu demonstrieren. Für die Entwicklungsgeschichte kommen wohl der zweite und dritte Schlundbogen in Frage.

[2] Edikt Georg Wilhelms, Celle, 10. 4. 1704, Lüneb. Constit. IV, 1872. Verordnung d. Magistrats i. Hannover, 6. 8. 1766. Hannov. Anzeigen 1766, St. 67. Regierungsverordnungen für Osnabrück und Herzogtum Bremen=Verden von 1772. Verordnung des Bischofs Friedrich Wilhelm, Hildesheim 3. 8. 1787.

Dazu ein Unterricht „Wie ein Hund für der Wuth zu bewahren, die Tollheit zu erkennen und was für Heilmittel zu gebrauchen" in Hildesh. Landesarchiv, Bd. IX, 61 L, Abschn. 1, No. 2.

Weiteres siehe Knopf l. c., pag. 152—162.

[3] Eine Vorschrift Werlhofs lautete: Rp. Camphor. scrup. dimid.
cantharid. gran. un.
mercur. dulc. gran. dimid.
Mf. c. mucil. tragacanth. pil. V.
Disp. tal. dos. XLII.

Davon gab er 6 Wochen hintereinander alle Abend 5 Stück und ließ zugleich die Bißstelle mit grauer Salbe einreiben. Hannov. Anzeigen 1766, St. 67.

unglückten und Scheintoten, die sich an eine ähnliche im Hamburger Korrespondenten von 1764, Nr. 204/205 anlehnt. Werlhof riet, da ein Auszug der Sache schädlich sei, die ganze Schrift in Paragraphen einzuteilen und in Volkskalendern zu veröffentlichen. Sie erschien zuerst abgedruckt im Hannoverschen Magazin von 1768 Seite 58—60 unter dem Titel „Anweisung, wie denen Menschen, welche im Wasser oder von der Kälte erstarret oder erhenket und erdrosselt oder auch von schädlichen Dämpfen entkräftet gefunden werden, zu helfen sey, um sie bey Leben zu erhalten."

An der Spitze steht die beherzigenswerte Mahnung, möglichst bald einen Arzt herbeizuholen und die Hoffnung auf Rettung des Lebens nicht zu frühe fahren zu lassen, da selbst Leute, die stundenlang unter Wasser gelegen hätten, wieder zum Leben erweckt seien. (?) Die Vorschriften sind sehr verständig und muten in der Empfehlung der künstlichen Atmung und Anregung der Herztätigkeit ganz modern an. Bei der Behandlung von Ertrunkenen wird das Auf den Kopf stellen und Rollen im Faß als unnütz verworfen, da vielmehr die Neigung zu Apoplexie dadurch erhöht werde, während das verschluckte Wasser nichts schade.

Aberglaube und Indolenz hielten die Bevölkerung nur zu oft von der Handanlegung bei Verunglückten ab. Es galt daher, diesen Vorurteilen entgegenzutreten und die Hülfeleistung zur Pflicht zu machen und zu belohnen. Erst das Jahr 1780 brachte eine dahingegende allgemeine Landesverordnung,[1] „da in Ansehung des conflictus jurisdictionum und der Vergütung der durch Rettung verursachten Kosten oder sonstigen Considerandorum noch Bedenklichkeiten vorgekommen sind, welche eine Kommunikation mit der Kgl. Justizkanzlei veranlaßten." Jedermann soll sogleich Hülfe leisten und den Fall der nächsten Obrigkeit anzeigen, welche die nötigen Vorkehrungen (Herberufen eines Arztes 2c.) zu treffen hat. Wer den Verunglückten zuerst auffindet und die in der Anweisung angegebenen Hülfsmittel anwendet, erhält, falls seine Bemühungen von Erfolg gekrönt sind, ein Gratial von 12 Talern, andernfalls 6 Taler. Alle diejenigen, die einen Verunglückten nicht aufnehmen und ihm nicht helfen wollen oder dem Finder und ersten Helfer den mindesten Vorwurf an seiner Ehre machen, werden bestraft. Zünfte und Gilden verlieren ihre Privilegien.[2] Der Verordnung ist ein etwas

---

[1] Hannov. Magazin, 1780, St. 102.
Hannover, Des. 104, II, 9, 5, F. Rettungsanstalten No. 2, 3, 7, 9.
[2] Eine ähnliche Verordnung in Kurhessen datiert vom 1. 8. 1772. Die Geistlichen hatten die Pflicht, durch eigenes Beispiel und Kanzelvorträge auf ihre Befolgung hinzuweisen (Verordnung vom 27. 7. 1803).

ausführlicherer, sonst im wesentlichen mit dem von 1768 übereinstimmender Unterricht beigefügt.

Bezüglich der angelobten Belohnung erschien am 13. 7. 1792 eine Erläuterung, daß der Sinn des Paragraphen lediglich dahin gehe, das Vorurteil auszurotten, als ob der Angriff totscheinender Körper der Ehre nachteilig sei, daß es dagegen nicht Absicht ist, jeden, der der allgemeinen Menschen- und Christenpflicht gemäß, seinem Nebenmenschen in Lebensgefahr schuldige Hülfe geleistet hat, noch besonders mit Geld zu belohnen. Die Belohnung kommt nur dem zu, der nach obrigkeitlichem Zeugnis bei Rettung eines in Lebensgefahr befindlichen Menschen sich durch Mut und Entschlossenheit ausgezeichnet hat. Durch diese Auslegung wurde eigentlich der Zweck der ganzen Verordnung in Frage gestellt, die grade dann noch zu werktätigem Beistand ermuntern sollte, wo man irriger Weise als aussichtslos verzichtete. Jedenfalls versprachen das preußische Edikt vom 15. 11. 1775 und dessen späteren Abänderungen eine Belohnung ohne diese Einschränkung.

1822 wurde die Verordnung von 1780 auf die neuen Landesteile (Eichsfeld, Ostfriesland, hessische Enklave, Stadt Hildesheim rc.) ausgedehnt. Da einige Vorschriften nicht mehr dem Stande der Wissenschaft genügten, arbeitete die A. P. B. einen neuen Entwurf aus.[1]) 1845 stiftete König Ernst August eine silberne Medaille für Errettung aus Lebensgefahr.

Irrenfürsorge.[2])

Die Versorgung der Geisteskranken lag bis ins 18. Jahrhundert sehr im argen. Während sich die Kirche im Mittelalter der Armen und Siechen in liebevoller Weise annahm, begnügte sie sich bei diesen Unglücklichen damit, den Teufel aus den Besessenen auszutreiben und die Hexen dem Henker zu überliefern. Wenn die Verpflegung in der Familie nicht ausreichte oder die öffentliche Sicherheit gefährdet war, wurden die Wahnsinnigen in Gefängnissen und Stadttürmen gleich anderen Züchtlingen an Ketten angeschlossen oder in besonderen Verschlägen, den „Dorenkisten" verwahrt. Manchmal schaffte man sie auch, um sich ihrer zu entledigen, einfach über die Grenze, doch dürfte es sich dabei mehr um Landfremde, denen gegenüber der Magistrat keine Ver-

---

[1]) Hannover 104, II, 9, 5. F, 3.

[2]) Diese kurze Übersicht ist im wesentlichen dem ausführlichen und interessanten Buche Mönkemüllers, Zur Geschichte der Psychiatrie in Hannover, Halle 1908, entnommen.

pflichtung fühlte, gehandelt haben.[1]) Dabei ist es natürlich nicht ver=
wunderlich, daß von einer Behandlung kaum die Rede ist.

Einen wesentlichen Fortschritt in der Irrenpflege brachte das in den
Jahren 1710—1731 entstandene Zucht= und Tollhaus in Celle. Zwar
haftete der Vereinigung von Kranken und Gefangenen unter einem Dache
immer noch der Begriff einer gewissen Entehrung und Strafe an, doch
wurden die Kranken möglichst getrennt gehalten und nach den Be=
stimmungen der Hausordnung vom 23. 12. 1732[2]) im ganzen human
behandelt. So sollte bei Widersetzlichkeit zuerst mit harten Worten
und Vorzeigen der Peitsche gedroht, dagegen Stockschläge, Entziehung der
Nahrung und Dunkelarrest nur auf Anordnung des Arztes und des
Hausverwalters angewandt werden.

Dem Charakter der Anstalt entsprechend bezweckte der Aufenthalt
im Zuchthause in erster Linie Unschädlichmachung und Internierung der
Kranken. Soweit neben der „geistigen Erweckung" durch den Zuchthaus=
prediger eine Kur vorgenommen wurde, bestand sie in Aderlassen, Ver=
abreichung von Opium, Baldrianwurzel und Brechweinstein. Seitdem
in einem Erlaß vom 28. 5. 1764 allen Beamten und Obrigkeiten des
Landes die Ausfüllung gewisser Fragen nach dem Vorleben und Zustand
des eingelieferten Kranken zur Pflicht gemacht war, trat der therapeutische
Zweck mehr in Vordergrund. Ein Hauptvorzug lag anderseits darin,
daß somit den Ärzten Gelegenheit zur Beobachtung von Geisteskranken
geboten wurde, welche die Familien sonst, sei es aus Nachlässigkeit, sei
es aus Angst vor Schande nur zu gern der Beobachtung entzogen.
Trotz mancherlei Mißständen, Überfüllung ꝛc. hat daher die Cellesche
Anstalt in ihrem Sinne segensreich gewirkt.

Ähnliche Einrichtungen waren, wenn auch in bescheidenem Umfange,
in den Zuchthäusern zu Osnabrück, Emden, Gretsiel (Ostfriesland),
Lüneburg usw. vorhanden.

Die Errichtung der Heil= und Pflegeanstalt in Hildesheim ver=
wirklichte endlich den schon auf den Ständeversammlungen von 1817
und 1819 vorgebrachten Plan einer selbständigen Irrenanstalt. Für
die Wahl des Ortes war u. a. die Lage der Stadt etwa in der Mitte
des Königreichs maßgebend. 1827 wurde in dem dazu umgebauten, mit
geräumigen Höfen und Gärten umgebenen Michaeliskloster eine Abteilung

---

[1]) Machmer, l. c., Cap. IV, Die Geisteskranken und ihre Behandlung.

[2]) Ordnung, wie es bey dem Zucht=, Werk= und Tollhaus vor Celle zu halten.
de dato 23. 12. 1732, Lüneb. Const. IV, pag. 1246.

für heilbare Geisteskranke, 6 Jahre später in dem Magdalenenkloster eine
solche für unheilbare Kranke, wozu 1849 noch das Sültekloster kam, eröffnet.

Unter dem ersten Direktor Hofmedikus Dr. Bergmann aus Celle
und seinem Nachfolger Dr. Snell fanden die Grundsätze und Behandlungs-
methoden der wissenschaftlichen Psychiatrie Eingang. Letzterer richtete
auch zweimonatliche Lehrkurse für Ärzte und Physiker ein.

Nach mehrjährigen Verhandlungen wurden in der Erwägung, daß
kleinere Anstalten im Betriebe empfehlenswerter seien als größere, zwei
neue erbaut: in Göttingen 1864—1866 am Rosdorferweg und in
Osnabrück 1864—1867 auf dem Gertrudenberg. An die Spitze der
Göttinger Anstalt trat Ludwig Meyer, dessen humane Grundsätze,
[möglichst geringe Beschränkung der persönlichen Freiheit, Bettruhe bei
aufgeregten Kranken, Abschaffung der Zwangsjacke und der barbarischen
Dusche als Strafmittel[1])] die moderne Richtung der Irrenbehandlung
einleiteten.

Auch für die Taubstummen und Idioten war durch Taubstummen-
anstalten (Erziehungsinstitut und Schule) in Hildesheim und Stade und
durch die Idiotenanstalt in Langenhagen gesorgt.

Von Privatanstalten verdient vor allem die der Drs. Ferd. Wahren-
dorff und Seebohm in Ilten Erwähnung. Sie brachten die koloniale
Pflege der Irren in Aufnahme, wie sie schon im ersten Drittel des
19. Jahrhunderts im Dorfe Neusandhorst bei Aurich und seit 1864 in
Einum bei Hildesheim geübt wurde.

Gerichtliche Medizin.

Ein wichtiger Zweig der Rechtspflege ist die gerichtliche Medizin.
Sie beschäftigt sich mit der Erkundigung körperlicher und geistiger
Zustände (Verletzungen, Vergiftungen, Schwangerschaft, Zurechnungsfähigkeit u. dergl.), so weit sie als Ursachen oder Folgen für die Beurteilung eines Falles vor Gericht von Bedeutung sind. Die Anfänge
der ärztlichen Sachverständigentätigkeit lassen sich bis in das Mittelalter
zurückverfolgen. Zum Verständnis wird ein kurzer Überblick über die
Entwicklung der Kriminaljustiz am Platze sein.

---

[1]) In seinen Vorlesungen pflegte M. von einer Dusche zu erzählen, die er
bei seiner früheren Tätigkeit in der Hamburger Irrenanstalt vorgefunden hatte.
Das Bassin befand sich unter dem Dache und die Dusche im Keller. Natürlich
war die Anwendung ebenso schmerzhaft als Peitschenhiebe und wurde auch als
Ersatz dafür gebraucht. (Anmerkung des Verfassers.)

Bei den alten Germanen beburfte es keiner geschriebenen Gesetze. Streitigkeiten, sofern sie nicht das Eigentum betrafen, wurden auf frischer Tat mit der Faust geahndet, in wichtigeren Fällen auch wohl einem Gottesurteil überlassen.[1] Diese Selbsthülfe (fülfrühte, fulfgerichte) ist, dem kriegerischen Sinn des Volkes entsprechend, auch in die späteren Bestimmungen übergegangen.

Als sich die Familien zu größeren Gemeinschaften zusammenschlossen, entwickelte sich naturgemäß eine Gesellschaftsordnung, deren auf Tradition beruhende Rechtsgewohnheiten allmählich gesammelt und aufgezeichnet wurden. Eine der ältesten Sammlungen dieser Art bei uns ist das Sachsenrecht Karls d. Gr.[2] und der von Eike von Repgowe um das Jahr 1227 zusammengestellte Sachsenspiegel.[3] Sie gaben die Grundlage für zahlreiche alte Stadtrechte ab; andere, wie z. B. die Statuta Civitatis Stadensis 1279 sind dem lübischen Recht nachgebildet. Sie interessieren uns hier nur in so weit, als sie peinliche Rechtsfragen berühren.

Das Sachsenrecht war bis in das 15. und 16. Jahrhundert gültig, in Städten mit Autonomie hielt es sich sogar noch länger, selbst im 16. und 17. Jahrhundert fehlt es nicht an Beispielen, daß Kapitalverbrechen mit Geldstrafen gesühnt wurden. Im Kalenbergischen verfügte Herzog Friedrich Julius durch die Konstitution vom 6. 7. 1625 die förmliche Aufhebung.[4]

Die Strafe bezweckte, abgesehen von der Leistung eines Schadenersatzes an den Kläger (fakewolde), Vergeltung und Rache. Sie bestand in Leibes= und Lebensstrafe, Landesverweisung, vorzugsweise aber in einer Geldbuße (wreede pennig), die nicht allein dem Verletzten, sondern auch der Gemeinde, deren Friede gebrochen ist, und dem Richter zu Gute kam. In Hameln beispielsweise erhielt der Richter sogar mehr als der Verletzte.[5] Vergehen gegen Landfremde wurden dagegen im allgemeinen geringer geahndet. Das Sühnegeld bei Körperverletzungen war nach

---

[1] Spittler, L c., I, pag. 89 ff.

[2] Leges Saxonum in Leibniz, Script. Brunsvic. Bd. I, pag. 77.

[3] Neben den verschiedenen Kommentaren von Homeier, Weible u. a. ist im folgenden hauptsächlich die Übersetzung des Sachsenspiegels von Rotermund, Hermannsburg 1895 benutzt.

[4] Freudentheil, Histor. Umriß der Criminalrechtspflege und der Gesetzgebung im Königreich Hannover. Abgedruckt im Archiv für Kriminalrecht. Beilageheft zu 1838.

[5] Charta Ernesti Ducis Br. et Lbg. urbi Hamelensi data 1385 Puf. Observat. II App.

der Schwere und den Folgen bemessen. Die einzelnen Land- und Stadtrechte geben eine mehr oder minder ausführliche Skala, von dem einfachen Schimpfwort und der Ohrfeige beginnend bis zum Totschlag, woraus sich ein interessantes Gesamtbild konstruieren läßt.

Die Kämpen nahen einander, gleich den Helden der Ilias, mit Schmähreden, „ovelen worden",[1]) schlagen sich mit „vlaker hant" oder mit der „fust."[2]) Sie ringen, der eine fällt zu Boden (erdfal), ist vielleicht bewußtlos (infolge eines swimslach's) oder wird gar ins Wasser geworfen (wapelbopen, wapelbepunge.[3])

Das einfachste Kampfgerät ist die Hand, doch darf man damit nicht die Kopfhaare oder den Bart, die Zierde des freien Mannes, zausen. Das alte friesische Landrecht ahndet das Haarroppen, Haarstucken mit 4 Schillingen für jeden der dabei gebrauchten Finger, wobei der Daumen nicht mitzählt, „des barbes homelingk (mutilatio) mit 5 Mark 2 enza, des barbes anfach (Antastung) mit 10 Schillingen 8 Pfg., affbrenth offt knop uthbreken (Ausreißen des Knebelbarts) mit 5 Mark 2 enza u. s. f." Schlimm ergeht es auch demjenigen, der einem anderen mit „vrevele an sin antlab spiget",[4]) ebenso dem, „der bar fechteb myth den Tenen b. i. bybebt und bergliken; dat schal men bubbelth bethern." (Friesenrecht.) Eine Strafe winkt sogar jenem, der den Angegriffenen so in Schrecken versetzt, daß ihm etwas Menschliches passiert: „solbede (solenbe?, schmutzig machen, von sol Schlamm) b. i. wenner eyner von bangicheit be hosen voll houiret, dat schal men bethern myth 5 Mark 2 enza."

Als Waffen kommen alle möglichen Arten in Frage, Knüttel, Keulen, Messer, Spieße, arma quae vulgo Ekewapen dicuntur (Salzwedel 1273[5]) u. a. m.

So entstehen: der bunslach, bei dem die getroffene Stelle zur Beule, „blaw" und „brun" anschwillt (livor, tumor), cum et sine effusione sanguinis (blotrunnige, blotlopende wunde und drogenslach), eine trochsere, borchwunde (durchgehende Wunde), wlete (Ritze, glattrandiger Schmiß), koete [cavitas, klaffende Wunde mit Hautdefekt (?)].

Dabei ist es von Wichtigkeit, ob noch Haare oder Kleider die Stelle

---

[1]) Hannov. Stadtrecht, l. c., pag. 171, V.

[2]) Statuta Civitatis Hildensis. Puf. Obs. IV App. pag. 287 u. ff.

[3]) Friesisches Landrecht, Puf. III App. pag. 86 ff. Em von Carolo gegeven und van Edtlichen Pevesten geconfirmirtt.
Dito Wurster Wyllhoer. Puf. III, App. pag. 120.

[4]) Hannov. Stadtrecht, l. c., pag. 171, VI.

[5]) Statuta Civitatis Salzwedel 1278. Puf. III, pag. 398 ff.

bebeden, ob bie spätere Narbe höher ober tiefer als bie Umgebung, ob sie knochenfest (bunkenfast) ist. Verletzungen im Gesicht, Ausschlagen ber Vorberzähne werben höher eingeschäzt; Ausstoßen bes Augapfels, Abreißen ober Durchstechen ber Ohr= unb Nasenknorpel gelten als „schantmal, stempelinge", ba sie als entehrenbe Strafen üblich waren.

Bei ben einzelnen Körpergegenben werben bie Verletzungen nach ben befallenen Organen angeführt. Am Kopf sind es vor allem bie Be= schäbigungen ber Sinnesorgane: „sen, horen, schmeden, ruken, volen bar in lettinge = 36 Schillinge, blinbnisse = 100 Mark"; ferner gehören bahin: Sprachstörungen (wansprake, sprakwanbelunge), Durchschlagen ber Schäbelkapsel unb ber Hirnhaut (borchgang ber bregen pannen unb ber helen brebe), Speichelfluß (spebelsprunk) 2c.; am Halse: Verletzungen bes Kehlkopfs, ber Schlagaber, ber „Woltsene" (woltern, wälzen, Wälzsehne, Kopfnicker); am Rumpf: bost= unb bukwunben mit unb ohne Verletzung ·ber Rippen unb Eingeweibe. Selbstverständlich rechnen auch bie Zeugungs= organe bes Mannes zu ben membra principalia (Salzwebel 1273).

Von besonberer Wichtigkeit sind Beschäbigungen an ben Gliebmaßen, Sehnen= unb Knochenwunben (bunken wunben, beinschrötige Wunben), ba sie leicht Verkrümmungen, Verkürzungen, Lähmungen (lemnisse, lähmbe, mutilatio seu debilitatio alicuius membri[1]) hinterlassen. Eröffnung ber Gelenke wirb an bem Abfluß ber Gelenkflüssigkeit (lithwege, litwater) erkannt. Jeber Finger, jeber Zehen hatte seine besonbere Buße gemäß bem, was bafür nach bem Wehrgelb gebührt. (Sachsenspiegel II § 6.) „De holber unb be sluter (Daumen resp. Kleinfinger) synbt bat brubben beal bhurer alse be anbern synger, ber bryer singer fornste lith affhoven, is viff mark unb 2 ensa, be mibbelsten lheebe in jewelik bruttich schilling. Der bryer singer in ber forberen (rechten) hanb ein jewelich is ein brubben beel mehrer alse in ber luchteren (linken) hant. Daromme bath men syck barmebe besegenen schall jegen ben bosen Geiste."[2] Ähnlich wurbe es mit ben Zehen gehalten.

Wer einen lahmen Mann anberweit unb an einem anberen Glieb verletzt, soll es ihm mit bem halben Wehrgelb ersetzen. Verwunbet man bagegen jemanben an einem Glieb, für bas man schon Sühne geleistet hat, so barf man es ihm ruhig ganz abhauen, ohne baß er ein höheres Gelb als seine Buße forbern kann. (Sachsenspiegel II § 9.)

---

[1] Charta Ottonis Ducis Accolis terrae Novae data de 1296. (Für bie Bewohner bes Neuenlanbes.) Puf. II, App. pag. 1.

[2] Friesenrecht, l. c. Puf. Observ. III, App. pag. 99.

Als Beweismittel vor Gericht galten die frischen Kampfeswunden (oder die Folgen davon), also eine Art ärztlichen Befundscheins, den der Geschädigte am eigenen Leibe trägt. Nach den Statuten der Stadt Celle von 1301 unterlag eine Verletzung der Strafverfolgung erst dann, wenn sie „eines Gliedes lang und eines Nagels tief" war.[1]) Die Goslar'schen Stadtgesetze um 1350 verlangen — soweit mir bekannt zum ersten Male — das Zeugnis des behandelnden Arztes:[2]) „We tügen will dat be wunde kampwordich[3]) sy, be schall den arsten bringen vor gerichte, dar schall he sweren uppen Hilgen, dat be wunde nagels bep sy und lebes langk, so is he des vollome so schall be arste bon, be be wunden hebbe gebunden." Sieht der Arzt die Verletzung nicht so schwer an, so ist es dem Kläger unbenommen, den Gegenbeweis zu führen; gelingt es ihm, „so swere be arste menedich unde rechte los". Falls der Arzt nicht schwören will, oder man keinen Arzt haben kann, so muß sich der Kläger „mit sin enes hant" d. h. durch einen Eid ohne Eideshelfer ausweisen.

Man nannte eine Wunde, deren Buße nach der Länge bestimmt wurde, eine „matewunde"[4]) und rechnet die Wunden so hoch „by mathen, also mennige mathe sehe is lanck und ok beep. De bupe unde lenge is eine bothe und ein ibtlich nicht hoeger alse be ander tho rekenn. Dar is nhen matewunde, sehe mothe thom mynsten syn ein halff libt lang, offt beep beth up knoken." (Wurster Wyllkhoer.)

Nicht immer ist der Ausgang einer Verletzung von vornherein zu bestimmen. Man hielt daher den Übeltäter solange in des „Stabes Hechte" gefangen, bis sich herausstellte, „wo sich der wundebe minsche schicke."[5]) Starb dieser erst längere Zeit nach dem vorausgegangenen Streit, so erhob sich die weitere Frage, ob die empfangene Verletzung wirklich die Ursache des Todes sei. Daher ordnete die Carolina 1532

---

[1]) Herzogs Otto, Leges Municipales Cellenses de 1301. Leibniz, Scriptores Brunsvic. III, pag. 483 Nr. 4: De wunde sal wesen lebbes langk, nagheles bep, dar umme man enen vor besten make.

[2]) Leges Municipales Civitatis Imperialis Goslariensis Leibniz III, 497. Die Jahreszahl fehlt bei Leibniz, nach Crusius, Geschichte der Stadt Goslar, pag. 145 ist „um 1350" zu ergänzen. 1854 wurden schon die Goslarschen Statuten vom Rat zu Altenburg angenommen.

[3]) Kampwordich, wert, daß man deswegen einen gerichtlichen Zweikampf eingehe.

[4]) Durch Ausmessen (Pegeln) stellte man fest, ob die Verletzung „overtalich" sei d. h., worauf eine schwere Strafe steht. (Göttinger Statuten.)

[5]) Statuta Civitatis Verdensis. Puf. I, App. St. 170, pag. 131. Tito Stat. Civ. Salzwedel, l. c. und Polizeiordnung der Stadt Peine von 1597, l. c., Puf. IV, App. pag. 247.

an, daß zur Ermittlung dessen sachkundige Wundärzte und Personen, die davon wissen „wie sich der gestorbene nach dem schlagen und Rumor gehaltenn und wie langk er nach den strachen gelebt hab", als Zeugen vernommen werden (Art. 147). Überhaupt darf hinfort kein Erschlagener beerdigt werden, ohne daß er zuvor in Gegenwart des Richters, zweier Schöffen und des Gerichtsherrn von einem oder mehreren dazu beeibigten Wundärzten besichtigt worden, „die alle seine empfangene wunden, schlege und wurffe, wie der jedes fundenn und ermessenn wirt, mit fleiß merckenn und verzeichnen".

Damit war den Ärzten endgültig die Mitwirkung als Sach= verständige bei Gericht zugewiesen.

Die Carolina oder peinliche Halsgerichtsordnung Karls V. trat 1532 in Kraft und blieb bis in das 19. Jahrhundert hinein in peinlichen Rechtsfragen maßgebend. Schon die älteste Hofgerichtsordnung für das Fürstentum Lüneburg vom Jahre 1559 und der Unterricht der Herzöge Heinrich und Wilhelm d. Jg. „wie in peinlichen Sachen, die Leibes straff auff sich tragen, oder die an Halß und Hand gehen, verfahren werden sol"[1]) weist die Gerichtsverwalter darauf hin, „damit sie desto fürsichter handeln." Im Fürstentum Wolfenbüttel wurde sie 1568 von Heinrich d. Jg., zwei Jahre später nochmals von Herzog Julius als Landesgesetz erklärt, in Kalenberg um 1585 unter Heinrich Julius und Friedrich Ulrich eingeführt.[2])

Barbiere und Wundärzte waren eiblich verpflichtet, alle gewaltsamen und gefährlich erscheinenden Beschädigungen unter Angabe der näheren Umstände der Obrigkeit anzuzeigen, damit sie die Untersuchung veranlassen und den Täter festnehmen könne. „Item by den verwundeten sollen sich die verstendigsten der Barbiere mit verfügen und das beste darin semptlich raten helffen mit allem getreuen Fleisse, daß die Richteherren Ihnen also auferlegen werden.[3])" „Ot schall ein jeder Barbierer, wenn he einen vorbindet by dem Hogesten dem Borgermester den ersten Bandt unde der Wunden Gelegenheit entogen."[4]) Nach der Polizeiordnung

<hr>

[1]) Pufendorf, Introductio in jur. criminal. Luneburgic., Hannover 1768. App. pag. 374/380.

[2]) Freudentheil, l. c. 25/26.

[3]) Der Stadt Lüneburg Niedergerichtsordnung von 1591. Puf. III, App. pag. 383.

Ebenso: Herzogs Franz I, Prozeß= und peinliche Halsgerichtsordnung für das Weichbild Otterndorf 1573. B. 16. Spangenberg, Ges. und Verordnung. pag. 154.

[4]) Herzogs Magnus, Statuta, Satzungen und Beschreibung des Rechts des Weichbilds Otterndorf von 1541. Puf. II, App. pag. 184.

 der Stadt Peine von 1597 geschah die Erkundigung derart, daß die Barbiere den Verwundeten im Beisein zweier Ratspersonen verbanden. Im Lande Wursten mußten die Verletzungen binnen 24 Stunden von glaub= würdigen Personen besichtigt, beschrieben und „hernachen durch die ver= ordneten Artzigen und Brustfinbere ¹) ausgefunden werden".

Die ersten neun Tage galten als kritische. Alle „Fahrwunden" ²) (Gegensatz: schlichte, geringe, nicht kampfbare Wunden) sollen nicht eher als „auf den neuenden Tag erlöschet sein".³) Starb der Verwundete innerhalb dieser Zeit, so wurde der Täter als Totschläger bestraft.

Auch das Ausschreiben, wie es mit der Besichtigung der entleibten Körper zu halten, Celle de dato 26. 2. 1685⁴) ist weiter nichts als eine Ausführung des Artikels 149 der Carolina, analog das Osnabrücker Cancelley Rescript vom 30. 8. 1696,⁵) „daß bey den Besichtigungen toter Körper erfahrene Chirurgi gebraucht und deren Atteste nebst dem Protocolle eingesandt werden sollen."

Genauere Vorschriften über das Verhalten bei gefährlichen Ver= wundungen und Totschlag gibt die für die alten Kurlande erlassene Kriminalinstruktion vom $\frac{20.\ 4.}{11.\ 5.}$ 1736 Kapitel IV, Generalinquisition Nr. XIII.⁶) Als Sachverständige sollen möglichst gelehrte, gewissenhafte, der Anatomie kundige, in praxi wohl geübte Medici und Chirurgi an= genommen werden, die darauf zu beeidigen sind, „daß ihr Judicium den Regeln artis medicinae vel chirurgiae conform sey." Sie haben ein ausführliches Gutachten (oder visum repertum) zu den Akten zu liefern: wie die Wunden beschaffen, ob geschlagen, gehauen oder gestochen, ob mit dreieckiger, platter, schmaler oder breiter Klinge geschehen, ob sie tödlich seien oder nicht, ob der Verletzte die Sache durch üble Kur oder eigenes Verhalten verschlimmert, wann der Tod eingetreten? 2c. Die Beamten wohnen der Sektion bei und lassen sich alle vorgefundenen Merkmale erklären.

---

¹) Brustfinbere: brust = fractura, scissura, also etwa = Bruchbeschauer (Grimm).

²) Reformatio sive additio den Alten von Bischoff Christoffern a. 1517 gegebenen Landrechts. Puf. IV, App.

³) Herzogs Franz, Statuta Civit. Lauenburg. Puf. III, App. Tit. IV, No. 13 „von Wunden und Schlägen" pag. 337.

⁴) Lüneb. Const. II, 757, Deklaration vom 29. 1. 1727, 11, 758.

⁵) Codex Const. Osnab. Bd. I. 1. pag. 1307.

⁶) Lüneb. Constit. II, 848/850.

Obergutachten werden von der medizinischen Fakultät in Göttingen erstattet, deren Statuten ausdrücklich verlangen, daß alles mit Vernunftgründen und Beweisen belegt werde, da es sich oft um Leben oder Tod handele, damit nicht der Unschuldige Strafe erleide und der Verbrecher frei ausgehe. (Privil. reg. Kap. II Sekt. 1.) Die Unterschrift lautet: „Decanus, Senior und sämtliche Assessores der medicinischen Fakultät auf der Kgl. Großbritt. und churf. Br.-Lünebg. Georg Augustus Universität zu Göttingen."

Häufige Klagen über mangelhafte Abfassung der Befundscheine und Sektionsprotokolle veranlaßten im Jahre 1765 die Regierung, den Leibmedikus Dekan Schröder mit der Abfassung einer gerichtsärztlichen Instruktion zu betrauen.[1] Die Fakultät nahm sich gründlich Zeit und reichte erst am 15. 3. 1800 einen Entwurf ein, der am 12. 5. 1800 im Druck erschien[2] und 1820 auf das gesamte Königreich ausgedehnt wurde. Ein Grundfehler der in 25 Paragraphen eingeteilten Instruktion lag darin, daß nicht die g a n z e Sektion vorgeschrieben war, sobald sich durch die äußere Untersuchung die Ursache des Todes hinlänglich sicher ergeben habe. Dabei konnte Wichtiges übersehen werden, indem sich der Gutachter begnügte, wenn einige Punkte seine vorgefaßte Annahme zu bestätigen schienen. Eine Aufklärung des Falles war aber später häufig nicht mehr möglich. Anderseits entgingen so gelegentlich Organerkrankungen der Beobachtung, die auf den Ausgang der Verletzung und die Bemessung der Strafe von Einfluß sind. Da der behandelnde Arzt ein Interesse daran haben kann, etwas zu verschleiern, forderte die Strafprozeßordnung (Ges. vom 5. 9. 1848, IV. Bb. § 97), daß, falls der Verstorbene vom Gerichtsarzt und -Wundarzt behandelt war, ein anderer Arzt (bez. Wundarzt) zugezogen werde. Hatte jedoch nur e i n e r von beiden die Behandlung gehabt, so war die Zuziehung in das Ermessen des Richters gestellt.

Die Veröffentlichung einer von der A. P. B. begonnenen Neubearbeitung der Instruktion sollte zugleich mit der Revision der Strafprozeßordnung erfolgen, unterblieb aber und beschäftigte noch 1860 das O. M. C., das (seit 1847 an Stelle der medizinischen Fakultät) bei Unvollständigkeit der Gutachten obergutachtlich vernommen wurde.

---

[1] Hannover, Des. 104, II, 9, 5. A, 1 General. et Varia No. 42.

[2] Instruction für Criminalobrigkeiten, Ärzte, Wundärzte und Hebammen, wie bey gerichtlichen Besichtigungen verwundeter oder anderer Körper, auch bei Leichenöffnungen zu verfahren. Hannover 1800. Gesetzs. 1800, III. Abt., No. 10.

Neben den Körperverletzungen interessieren Vergiftungen, Schwanger=
schaft und zweifelhafte Gemütszustände den Gerichtsarzt.

Schwangere erfreuen sich einer milderen Behandlung in Straffällen.
Über ein schwangeres Weib soll man nicht höher als „zu Haut und
Haaren" richten. [1]

Die Leibesfrucht ist durch strenge Bestimmungen geschützt. „Item,
so jemandt einem Weibsbildt durch bezwangk, essen oder drencken ein
lebendig kindt, (so leben und glidmaß empfangen) abtreibt, wer auch
man oder weibe unfruchtbar macht, so sollich ubell fursatzlicher und boß=
hafftiger weise beschicht, soll der man mit dem schwert als ein totschläger,
und die fraw, so sy es auch an jr selbs that, ertrenncht oder sunst zum
tod gestrafft werden. So aber ein kindt, das noch nicht lebendig were,
von einem Weibsbildt getriebenn wurde, sollen die urteiler der straff
halber bey den Rechtsverständigenn oder sunst Rath pflegenn". (Carol 133.)

Nicht minder abschreckend sind die Strafen bei Kindsmord.
(Pfählung, Lebendigbegraben, Marterung mit glühenden Zangen, Er=
tränken ꝛc.). (Carol. Art. 131.)

In allen zweifelhaften Fällen kommen in erster Linie die Hebammen
als Sachverständige in Frage. Gerät eine Frau in den Verdacht,
heimlich geboren zu haben, so ist darauf zu fahnden, ob sie einen starken
Leib gehabt, der wieder klein geworden, ob sie danach schwach und
bleich ausgesehen, und wie der Zustand ihrer Brüste beschaffen sei:
„Wellicher dann jnn der Brusten Rechte vollkommenn Milch erfundenn
wirdt, die hat deshalb starke vermuttung peinlicher frag halber wibder
sich." (Carol. 35 und 36.) Doch darf man dabei nicht vergessen, daß
nach ärztlicher Erfahrung gelegentlich auch Milch in den Brüsten von
Frauen, die nicht geboren haben, vorkommt.

Der Nachweis der ehelichen Geburt ist für den Antritt des väterlichen
Erbes, die Anerkennung der Vaterschaft für die Unterhaltungspflicht bei
unehelichen Kindern von Bedeutung. Wenn die Frau beim Tode des
Ehemannes schwanger ist und die Niederkunft am Tage des Begräbnisses
oder am 30. Tage danach bevorsteht, muß sie 4 männliche Zeugen, die das
Kind gehört und 2 Weiber, die ihr in Kindsnöten geholfen haben, [2] bei=

---

[1] Sachsenspiegel, Buch III, Art. 3.
Mit der Strafe „zu Haut und Haaren" ist das schimpfliche Entstellen des
Körpers, Haarabscheeren, Ohrenschlitzen, Brandmarkung gemeint. Dazu kamen Esel=
reiten, Prangerstehen ꝛc.

[1] Sofern man darunter Hebammen verstehen will, ist dies die einzigste Stelle
im Sachsenspiegel, wo von ärztlichen Sachverständigen — im weitesten Sinne des
Wortes — die Rede ist.

bringen. Die Ermittlung des unehelichen Vaters geschieht ebenfalls mit Hülfe der Hebammen. In Lüneburg wurden dieselben alljährlich mehrmals vor den Richteherrn beschieden und bei ihrem Eid der unehelichen Kinder halber ermahnt, „wieviell, und wer die Vater und Mutter seyn." (Lüneburger Niedergerichtsordnung 1591.) Nach der Wurster Wyllkhoer von 1563[1]) zeugen sie, „dabt sehe ehr (nämlich die Gebärende) hebben vorhoret in eren hogesten noben, dath sehe anders nenen personen schuldich sy geworden und dath he der rechte vader sy tho dem kynde."[2])

Ähnliche Bestimmungen finden sich in den Hebammenordnungen und ‑eiben späterer Zeit. Auch die Kriminalinstruktion von 1800 wendet sich an die Hebammen, doch ist deren Mitwirkung bei einschlägigen Fällen nur in Form einer vorläufigen Befragung zu verstehen, während die nähere Aufklärung des Tatbestandes (Verletzungen, Lebensfähigkeit des Neugeborenen ꝛc.) natürlich dem Physikus beziehungsweise dem sezierenden Gerichtsarzt anheim fällt.

Die Bewertung der Geisteskrankheiten vor Gericht entsprach ganz dem geringen Verständnis, das man Jahrhunderte lang von dem Wesen derselben hatte.[3]) Zwar besagte der Sachsenspiegel, über Wahnsinnige solle man überhaupt nicht richten (Bd. III, Art. 3.), doch waren nach der Carolina „die alten Kindischen und einfältige Personen nicht von aller Straff befreyet." Und in der Praxis sah es, wie die Hexen‑ verfolgungen zeigen, bei denen man im Zweifel sein kann, ob die Opfer oder ihre Richter am Wahnsinn litten, noch viel schlimmer aus. Denn, man hatte nur die Tat und ihre Folgen im Auge und glaubte, sich von Wahnsinnigen noch Schlimmeres versehen zu müssen. (Freudentheil l. c. pag. 34.) Am meisten wurde noch auf Melancholie und Blödsinn gegeben. (Carolina, Kriminalinst. von 1736, § 14 XVI ꝛc.) Lichte Zwischenräume, die für manche Formen der Psychosen charakteristisch sind, rechneten nur als strafmildernd.[4])

Trotzalledem ist es unverkennbar, daß man im 18. Jahrhundert begann, die Gemütsverfassung des Täters bei der Ausübung der Tat mehr zu berücksichtigen. Damit ging eine humanere Auffassung in der

---

[1]) Puf. III. App. pag. 116.
[2]) Leugnet der angebliche Vater dennoch, „so schall sehe ehm eyn heedt Jsern up beyden henden tho dragen vor de Sostein radtgewers und deme gantzhen lande", also ein Gottesurteil!
[3]) Näheres siehe: Mönkemüller, l. c., Cap. XVI, Forensisches pag. 307—328.
[4]) Allg. Kriminalgesetzbuch für das Königreich Hannover. 1. 10. 1840.

Behandlung von Kapitalverbrechern Hand in Hand. In dieser Erkenntnis schaffte Georg I. (28. 11. 1717[1]) die mit Landesverweisung verbundenen Verstümmlungsstrafen, welche den davon Betroffenen zu jedem ehrlichen Geschäft untauglich machten und ihn nur auf der Bahn des Lasters weiter trieben, ab und setzte an ihre Stelle die Festungsbau- und Zuchthausstrafe.[2]

1731 wurde das Zuchthaus in Celle eröffnet, dessen Hausordnung bei aller Strenge doch von einem wohlwollenden, menschenfreundlichen Geiste durchweht ist. Das war ein gewaltiger Fortschritt gegenüber den alten schmutzigen, ungesunden, zum Teil unterirdischen Gefängnissen, in denen der arme Sünder an Leib und Seele verkam. Man wollte hinfort nicht, daß der Gefangene „mit Ungeziefer, Gestank, Finsternis, Feuchtigkeit und Kälte geplagt werde" und richtete, soweit als möglich, zweierlei Gefängnisse ein, „eins zur Strafe und eins zur bloßen Behältnis." Letzteres soll so beschaffen sein, daß der Inquisit, wenn sich sein Prozeß in die Länge zieht, die volle Tageskost habe, daß er herumgehen, lesen, beten oder singen könne und indessen nicht in Krankheit verfalle.[3]

Auch die Tortur hatte ihre Schrecken verloren, wenn sie auch erst 1822 gänzlich abgeschafft wurde. Vor der Peinigung wird der Gefangene genau auf seinen geistigen und körperlichen Zustand untersucht; zeigt es sich, daß er krank ist, so wartet man, bis er genesen.

Die Revision der Strafprozeßordnung vom 5. 6. 1849 und die Reorganisation der Gerichte und unteren Verwaltungsbehörden vom 1. 10. 1853 stellten die gerichtsärztliche Tätigkeit der Physiker mehr in den Vordergrund. Bei jedem Obergericht (im ganzen 16) wurde ein Obergerichtsphysikus und neben ihm ein Hülfsphysikus zur Untersuchung und Begutachtung im Zivil- und Strafprozeß sowie zur Behandlung der Gefangenen bestellt. Bei den Amtsgerichten verblieb diese Tätigkeit den Landphysikern.[4]

---

[1] Calenberg. Constit., II. Cap. II., pag. 696.

[2] Körperliche Züchtigung wurde bei jugendlichen und schulpflichtigen Verbrechern noch im 19. Jahrhundert angewendet. Vergl. Ebhardt, Ges. und Verordg., Hannover 1839. II. Bd., 1. Abt. pag. 745/746.

[3] Criminalinstruction, 1786. Cap. III von Gefängnissen.
Cap. IV von den peinlichen Fragen.

[4] Hannover, Des. 104, II, 9, 5. H. Landphys. 1, Generalia No. 8.

Kapitel VII.

Die Seuchen.

Die Seuchen spielen bei uns nachweislich erst seit dem Mittelalter eine größere Rolle. Der deutsche Name dafür ist der gemeine Tod. (Heine l. c.)

Eine der frühesten Volkskrankheiten ist der durch die Kreuzzüge nach Europa gebrachte Aussatz. Um die Mitte des 14. Jahrhunderts wurde durch Handelsschiffe aus dem Orient eine furchtbare Beulenpest eingeschleppt, die namentlich in den Jahren 1348/50 arg in Deutschland wütete und soviel Menschen hinwegraffte, daß viele meinten, „die ganze Welt würde aussterben." Unter der Bezeichnung Pest ist jedoch nicht immer die echte orientalische Pest zu verstehen, sondern es gehen auch andere epidemische Krankheiten, (infektiöse Fieber wie Ruhr, Typhus („Hauptkrankheit"), selbst Influenza), die ein „großes Sterben" im Gefolge hatten unter diesem Namen, so daß bei den kurzen Angaben der Chronisten die Unterscheidung oftmals recht schwierig ist.

Gegen Ende des 15. Jahrhunderts beginnt die Syphilis ihre verheerende Wirkung. Mit dem 18. Jahrhundert verschwindet die Bubonenpest ganz, an ihre Stelle treten die Blattern, die als heiliges Feuer auch schon in früheren Jahrhunderten bekannt waren. Im 19. Jahrhundert leben die Schrecken der Seuchengefahr nochmals in der Cholera auf.

Aussatz.

Der Aussatz (Lepra), dessen Behandlung selbst heute noch zu keinem befriedigenden Resultate geführt hat, machte die Absonderung der damit Befallenen um so eher nötig, als die Gefahr der Ansteckung durch den langsamen Verlauf der Krankheit erhöht wird.

Solange die Krankheit vereinzelt auftrat, überließ man die Kranken der Fürsorge der Kirche und dem öffentlichen Mitleid. Die Aussätzigen trieben sich bettelnd im Lande umher und wohnten in Hütten auf dem Felde außerhalb der Ortschaften, woher auch die Bezeichnung Feldsieche stammt. (Uhlhorn l. c.) Nach ihrem Tode wurden sie in der Hütte begraben, und diese samt allem Inhalt verbrannt.

Dann entstanden in fast allen größeren Orten unter Aufsicht und Verwaltung der Gemeinden, mit dem Bürgermeister oder Ratsherrn an der Spitze, mit frommen Stiftungen und Vermächtnissen reich bedachte Siechenhäuser, domus leprosorum. Da die Kranken die Gotteshäuser der Stadt nicht mehr besuchen durften, aber je nach Charakteranlage (Neigung zu Verzweiflung oder Leichtsinn) geistlichen Zuspruchs doppelt bedürftig waren, übernahm die Kirche die Sorge um ihr Seelenheil in eigens erbauten Kapellen.

Neben der Beherbergung der Aussätzigen dienten die Siechenhäuser als Beobachtungsstationen für verdächtige Fremde und waren daher an den Hauptverkehrsstraßen vor den Toren der Stadt gelegen. 1463 gelobt ein Berthold Clot auf 3 Meilen Wegs von der Stadt Duderstadt fern zu bleiben,[1] „unde he schall bringen eyne kuntschop unde warschop, dat he nich unreine sye, ef he kann. Weret denne, dat he be suke hebbe, worde he den rad bibbende umme be provende to sinte Mertyne (St. Martin), dar wel sich be rad im bewisen to deme besten." Am 4. 10. 1531 schreibt der Göttinger Magistrat über den Gesundheits=zustand eines Hans Baumgarden aus Münden,[2] die Geschworenen des Hospitals St. Bartholomäus vor dem Weendertore könnten nicht beurteilen, ob er rein oder unrein sei, „da solicke teyken, darut die spetal (Aussatz) erkant werden mag, in busser tyt garo heymlich und verdecket seyn."

Während das Nikolaihospital vor dem Steintor in Hannover seine Entstehung der Stiftung eines am Aussatz erkrankten Grafen v. Reden anno 1105 verdanken soll,[3] werden sonst die Leprosorien in unserer Gegend erst seit dem 13. Jahrhundert urkundlich erwähnt: Einbeck bald nach 1200 (St. Bartholomäus), Goslar 1265 (St. Pankratienhof), Hildesheim 1270 (Katharinenhospital für die Altstadt), Stade 1319, Göttingen 1321 (St. Bartholomäus), Hannover 1325 (St. Nikolai), Gifhorn 1382, Celle 1392 (St. Georgshospital, nicht ausschließlich für Aussätzige), Einbeck 1400 (ein kleineres Hospital), Hildesheim 1422 (St. Nikolai für die Dammstadt), Hildesheim 1439 (St. Crucis für die

---

[1] Jaeger, Urkb. d. Stadt Duderstadt, l. c., pag. 258, No. 10, Anmerkung.

[2] Hasselblatt u. Kaestner, Urkb. d. Stadt Göttingen a. d. 16. Jahrhundert. Göttingen 1881. No. 581.

[3] Wüstefeld, Sanitäre Einrichtungen, l. c.

Neuſtabt), Hameln 1439 (be ſelen to Wangeliſt), Alfeld 1442, Münden 1443, Verden 1449, Reinhauſen 1460 (für die armen lude, de be ſule hebben), Duderſtadt 1463 u. a. m.[1])

Die meiſten waren dem Heiligen Georg oder Nikolaus[2]) gewidmet, am Rhein und vor allen in Frankreich dem Heiligen Lazarus. In ſpäterer Zeit ſind ſie nicht mehr ausſchließlich für Ausſätzige beſtimmt, ſondern nahmen auch Syphilitiſche und arme Kranke auf. Das Eliſabeth= hoſpital vor dem Leintor in Alfeld wurde d. w. als Peſthaus benutzt. Zu unterſcheiden davon ſind die Hoſpitäler St. Spiritus für Arme und Alte. (Pröbende.) Mit dem Schwinden des Ausſatzes im 16. Jahr= hundert werden auch die Leproſorien meiſt in ſolche umgewandelt. Doch unterſcheidet die Mündener Hochzeitsordnung von 1610 noch die Siechen, die ſich v o r dem Hochzeitshauſe anſammelten (d. h. Ausſätzige) und die Armen, welche drinnen geſpeiſt wurden.[3]) Ja, beim Dorfe Rittmars= hauſen bei Göttingen gründete Otto von Kerſtlingerode 1636 ein Siechen= haus, das noch 1690 zwei Frauen und einen Knaben, die an Ausſatz litten, aufwies. (Marx l. c.)

In der Regel faßten die Häuſer nicht mehr als ein Dutzend Kranke, das Katharinenhoſpital in Hildesheim konnte deren bis zu 30 aufnehmen. Die Aufnahme war an gewiſſe Formalitäten geknüpft. Die Unterſuchung der Verdächtigen lag ſachverſtändigen Geſchworenen ob. Der Vor= ſteher war oft ſelbſt mit dem Ausſatz behaftet und maßte ſich aus der Erfahrung am eigenen Leibe ein Urteil an. Jener Graf v. Reden ſoll Kranke für ausſätzig erklärt haben, wenn ihre Haut im dunkeln „wie olmichtes Holz" leuchtete. Aus einer Arztrechnung des Hildesheimer Urkundenbuches weiſt Becker nach, daß auch Ärzte zugezogen wurden. Im Göttingenſchen kamen die Kranken, Einheimiſche wie Aus= wärtige, im Zweifelfalle zur Entſcheidung nach St. Bartholomäus (curia leproſorum ante valvam Wendensem), wo alle Vierteljahr eine öffentliche

---

[1]) Die Jahreszahlen ſind zitiert nach Mithof, Kunſtdenkm. und Altert. im Hannoverſchen und nach den verſchiedenen Stadtgeſchichten ꝛc. von Harland, Cruſius, Becker, Zobelmann, Billerbeck, Wüſtefeld, Spangenberg, Sprenger, Heinze, Willigerodt, Wolf ꝛc.

Schon im 8. Jahrhundert war nach Lammert l. c. pag 125 in Deutſchland ein vom Abt Othmar geſtiftetes Leproſorium vorhanden.

[2]) Anklänge an St. Nikolaus finden ſich an einigen Orten, Hardegſen, Moringen ꝛc. in der Wortbildung Klus, Klusberg, in Hannover = Klages, Klagesmarkt.

[3]) Willigerod, l. c. pag. 302.

Landschau stattfand.[1]) Dieselbe bestand in einem Schaubad, dem vier beeidigte Sachverständige unter Aufsicht zweier Ratsverwandten beiwohnten. Wegen der Fremden mußte deren Obrigkeit vorher den Göttinger Rat um das Bad geziemend bitten (f. o.).

Wer für aussätzig erklärt wurde, war von dem Augenblick an von jedem Verkehr mit den Gesunden und von allen bürgerlichen Rechten ausgeschlossen. Er trug eine besondere Tracht, mußte auf der Straße stets die Mitte des Weges halten und seine Nähe durch eine Klapper bemerkbar machen. Eine feierliche Begräbniszeremonie beim Eintritt in das Leprosorium versinnbildlichte den bürgerlichen Tod des Unglücklichen. Das Leben in den Anstalten spielte sich nach klösterlichen Regeln ab. Im St. Nikolaistift zu Lüneburg war es den Insassen überhaupt verboten, über die Grenzen des Anwesens hinauszugehen. (Uhlhorn.) Von ärztlicher Behandlung ist kaum die Rede, falls man nicht die Gebete der in den Kapellen angestellten, reichlich bezahlten Canonici, wie Billerbeck[2]) ironisch meint, als solche ansehen will.

Dagegen spielen die Bäder in Form von Warmwasser- oder Dampfbädern eine große Rolle. Das schnelle Umsichgreifen des Aussatzes und anderer Hautkrankheiten hatte fleißiges Baden als Reinigungs- und Vorbeugungsmittel notwendig gemacht. So entstanden neben den Leprosorien allenthalben Badestuben, die selbst an kleineren Orten nicht fehlten, dagegen mit der zunehmenden Unsittlichkeit und der Gefahr der Syphilisübertragung im 16. Jahrhundert größtenteils wieder eingingen. In Lüneburg z. B. lassen sich vom 14.—16. Jahrhundert 13 verschiedene Badestuben urkundlich nachweisen. (Bodemann.) Becker zählt deren für Hildesheim 7, Wüstefeld für Hannover 3 (je ein Frauen-, Männer- und Armenbad).[3]) Meist befanden sie sich im Besitze der Stadt, die sie an die „badstovere"[4]) verpachtete. Der Duderstädter Magistrat verlangte für seine beiden Badestuben eine wöchentliche Abgabe von 10 Schillingen, ein Beweis, daß sie gut besucht waren. (Wolf.) Der Rat in Hildesheim begnügte sich 1415 mit 2 Mark jährlichem Zins und setzte die Badetaxe nach dem Stand der

---

[1]) Zeit- und Geschichtsbeschreibung der Stadt Göttingen. II. Teil Hannover und Göttingen 1736. III. Buch, II. Cap. § XV pag. 228.
Die Notiz geht auf Letzners Chronik zurück.

[2]) Billerbeck, Geschichte der Stadt Göttingen, Göttingen 1797.
Vergl. auch: Herzogs Erich d. Jg. Confirmation und Statuten der Nikolaibrüderschaft in Northeim vom Jahre 1562, § 11, Calenberg Des. 8, 51b.

[3]) Ulm hatte 1489 nicht weniger als 168 Badestuben aufzuweisen!

[4]) stoven bedeutet „heizbarer Raum".

Benuzer feſt. (Machmer.) In Göttingen wurden den Badehaltern „up der gothen" (1440) und „in de ſwanenſtoven" (um 1450) vom Magiſtrat auch die nötigen Lendenſchurze (queſten), allerdings gegen Rückgabe nach Ablauf des Pachtvertrags, geſtellt. (Ropp l. c.) Für die Juden waren ge= wöhnlich beſondere Badeſtuben vorgeſehen. An Sonn= und Feiertagen durfte das Heizen nur auf Begehren des Landesfürſten geſchehen.[1] Am meiſten wurde Sonnabends gebadet. Die Handwerker pflegten an dieſem Tage früher Feierabend zu machen und erhielten häufig ſo= genannte „Badegelder", welche im 15. Jahrhundert allgemein die Stelle der Trinkgelder vertraten.[2] Die Schneidergilde in Hildesheim machte ihren Mitgliedern das Baden an „freien Montagen" zur Pflicht, widrigenfalls ſie einen Pfennig an die Gildenkaſſe zahlen ſollten.

Milde Stiftungen ermöglichten auch den „Märtyrern Chriſti" die Wohltat ſolcher Bäder, die man im übertragenen Sinne „Seelbäder" nannte.

Der Pflege der Ausſätzigen widmete ſich eine aus Laien nach Art der Kalandsbrüderſchaft zuſammengeſetzte Vereinigung, die „Nikolai= brüderſchaft". Wahrſcheinlich nahm ſie von Northeim ihren Ausgangs= punkt, wenigſtens gelten die ihr im Fürſtentum Kalenberg=Göttingen von Erich I. verliehenen Satzungen beſonders für die Northeimer. 1565 be= ſtätigte Erich II. ihre Privilegien von neuem.[3]

Peſt.

Ähnlich dem Ausſatz haben die peſtartigen Erkrankungen mit ihrer einſchneidenden Wirkung auf das Leben, die Sitten und die politiſchen Verhältniſſe der Völker ſchon frühzeitig das Intereſſe auf ſich gezogen. In Deutſchland erlangt die Peſt ihre Bedeutung erſt ſeit dem 14. Jahr= hundert. Zudem entbehren die für uns in Betracht kommenden Quellen aus älterer Zeit der nötigen Genauigkeit. Ich werde daher in meiner Aufzählung der wichtigſten Peſtepidemien mit dem „ſchwarzen Tod" (um 1350) beginnen, dem allerdings ſchon einige Peſtjahre im erſten Drittel des Jahrhunderts (1320, 1333, Becker) vorausgingen, und im Anſchluß

---

[1] Urkunde der badere in Lüneburg von 1361. Bodemann l. c.

[2] Hugo Markgraff, Badeweſen und Badetechnik der Vergangenheit, Sammlung gemeinverſtändlicher wiſſenſchaftlicher Vorträge, herausgegeben von R. Virchow und Fr. v. Holzendorff, Heft 380, Berlin 1881. Zu bedenken wäre allerdings auch, ob nicht das frühere Feierabendmachen mit der Lohnzahlung zuſammenhing.

[3] Calenberg Des. 8, 51b.

an diese Zusammenstellung die Maßnahmen zur Bekämpfung der Seuche betrachten.[1]

Um die Mitte des 14. Jahrhunderts verbreitete sich eine ganz Europa verheerende Pestepidemie über Deutschland, der nach Hecker fast ein Viertel der Bewohner der damals bekannten Erde zum Opfer fiel.

Ein hervorstechendes Zeichen dieser Epidemie war die Neigung zu Blutungen aus der Lunge (Pestpneumonie), aus dem Darm und namentlich unter die Haut. Diese Hautblutungen verliehen dem Körper ein schwärzliches Aussehen, daher der Name „der schwarze Tod". Die Pest vereinigte in sich, wie die Chronisten sagen, drei Plagen, „die rote Ruhr oder Blutgang, die giftige Pest uud das Feuer, so die Leiber biß auff die Gebeine an Lebendigen und Todten verzehret."[2] (Gangrän.) Ein Zeitgenosse, der Dominikaner Henricus de Hervordia schildert den Verlauf der Krankheit folgendermaßen:[3] Im Beginn traten in den Weichen und an anderen Orten des Körpers Drüsenschwellungen (Bubonen) von der Größe einer Nuß oder Dattel auf. Dann folgte ein unerträglicher Fieberzustand, dem die Kranken binnen drei Tagen erlagen. Wer den dritten Tag überlebte, hatte Aussicht zu genesen.

Die Zahl der Todesfälle war enorm,[4] was in Anbetracht der unzweckmäßigen, engen Wohnungsverhältnisse, des Mangels einer Gesundheitspflege und der Unwissenheit der Ärzte leicht verständlich ist. So sollen in Florenz 60000, Erfurt 16000, Straßburg 10000, Lübeck 9000, Hannover 3000 Menschen daran gestorben sein. Nichtsdestoweniger sind diese Angaben im einzelnen mit Vorsicht aufzufassen, da sie sich vielfach widersprechen und, „da sich niemahls mehrer leugnet als zur Pestzeit."[5] Um sie auf ihren wahren Wert zu prüfen, müßte man wenigsten das Verhältnis zur Einwohnerzahl kennen.

---

[1] Seit Anfang des 16. Jahrhunderts sind in verschiedenen Ländern Pest= münzen und =medaillen geprägt. Nach Pfeiffer und Ruland, Pestilentia in nummis, Tübingen 1882 weisen die sog. Württemberger Pesttaler in Sprache und Orthographie auf Niedersachsen und Westfalen hin. Sie tragen auf dem Avers einen Schlangen= pfahl, häufig von Betern und Toten umgeben, auf dem Revers einen Christus am Kreuz. Nach Rücksprache mit einem der besten Kenner unserer einheimischen Münz= kunde, dem Direktor des hiesigen vaterländischen Museums Herrn Tewes ist Der= artiges aus dem Hannoverschen nicht bekannt.

[2] Hahnen, Gottes Hand und Geißel oder wahrhafftige Darstellung und Beschreibung der meisten denkwürdigen Pestjahre. Leipzig 1681.

[3] A. Potthast, Chronicon Henrici de Hervordia (gestorben 1370), Göttingen 1859, pag. 274.

[4] Friedr. v. Hellwald, Kulturgeschichte in ihrer natürlichen Entwicklung bis zur Gegenwart. Leipzig 1897.

[5] Hahnen l. c.

Das Fortschreiten der Seuche geschah durchaus nicht so rasch, als man früher annahm: a meridie lente diffundebatur in aquilonem (Henr. de Hervordia). Nachdem sie im Elsaß und am Rhein gewütet und die thüringischen Lande befallen, nahte sie sich wahrscheinlich Ende 1349 Niedersachsen.[1] In dieser Zeit war sie schon in Ostfriesland. Am 25. 1. 1350 schenken die Einwohner von Ostringen und Wangerland[2] „zur Versöhnung Gottes wegen der herrschenden Pest" dem Predigerkloster zu Norden die Kirche in Marienfeld behufs Anlage eines Nonnenklosters des Prämonstratenser Ordens. Um Pfingsten 1350 wurde Lübeck befallen. Die Gefahr drohte also nun auch von Norden her. Jedenfalls bezeichnet das Jahr 1350 den Höhepunkt für unsere Gegend, „anno 1350 ist die schädliche Seuche der Pestilenz sehr zugenommen in allen Landen, so auch hier im Lande zu Sachsen und Braunschweig."[3] Ein Zeitgenosse, der Lüneburger Stadtschreiber Diedrich Bromes[4], bezeugt: Quinquagesimus annus mortalitatis pestilencie et magne inhumanitatis. Dasselbe Jahr gibt Henricus de Hervordia für Westfalen und Sachsen an. In diesem Jahr verlor die Stadt Hannover 3000 Einwohner binnen 6 Monaten, das Kloster Loccum den größten Teil seiner Insassen.[5] Nach der Chronik des Osnabrücker Bürgermeisters Ertwin Erdmann[6] wurde das furchtbare Sterben in Osnabrück später „de grote doet" genannt. „M. ter. C. L. Do sloch be doet be lude vil mell." Im Harz starben die Bergleute bei der Arbeit oder verließen die Gegend. Die Gruben blieben still liegen, „1350 starb es noch hart und fest in allen Landen, sonderlich hier für dem Harze."[7] Bei der Wiederaufnahme der Arbeit fand man später auf den „Festenburger Massen" viele Gebeine von alten und jungen

---

[1] R. Hoeniger, Der schwarze Tod in Deutschland. Berlin 1882.

[2] Friedländer, Ostfries. Urk.-B., l. c.

[3] Lubekus, Ungedruckte Chronik von Northeim. Handschr. d. kgl. Bibliothek zu Hannover. Ebenso sagt Pistorius, Compilatio chronologica in Rer. german. scriptor. Bd. I, 1726, pag. 1106: A. D. MDCCCL pestilentia magna viguit.

[4] Volger, Urkundenbuch der Stadt Lüneburg, l. c., pag. 276, No. 459 b.

[5] Leibniz, Script. Brunsv. III de origine et abbatibus monasteri Luccensis, pag. 696.

[6] Forst, Ertwin Erdmannus Chronica sive catalogus episcopor. Osnab., Osnabrücker Geschichtsquellen Bd. I, 1891. In der Meibomschen Ausgabe: Meibom, Rer. German. T. II, pag. 278 ist fälschlicher Weise das Jahr 1353 angegeben, während schon gegen Schluß des Jahres 1351 das Sterben in Deutschland nachließ.

[7] Spangenberg, Mansfelder Chronik, Frankfurt a. M. 1535, pag. 491.

Menschen, doch ist es zweifelhaft, ob sie aus der Pestzeit oder von einem Grubenunglück herrührten.[1])

Eine zweite Pestperiode begann 1356 (oder 1358, 1359 ?)[2]) Nach dem Chronicon Marienthalense[3]) herrschte in diesem Jahr eine Pest durch ganz Sachsen, welche viele Klöster entvölkerte. 1363 wurden besonders Northeim (Lubecus) und Göttingen (Marx) hart mitgenommen, 1374 Hameln gar zum vierten Mal (Sprenger), 1376 Goslar (Crusius).

Von Ende der 60er, Anfang der 70er Jahre rechnet man das dritte Auftreten der Seuche, der 1374 in Frankreich und Deutschland ein Zehntel aller Einwohner zum Opfer gefallen sein soll. Bünting[4]) führt auch noch das Jahr 1398 als Pestjahr an.

Bei der Unwissenheit jener Zeit und der Ohnmacht, mit der man dem Umsichgreifen der Seuche gegenüberstand, erging man sich in abergläubischen Vermutungen über die Ursache, während man an die Übertragung aus dem Orient gar nicht gedacht zu haben scheint.[5]) Kometenschwärme und die Konjunktur der Gestirne, z. B. des Saturns mit dem Jupiter im Wassermann wurden beschuldigt. Schädliche Dünste aus dem Erdinnern infolge von Erdbeben, die damals namentlich in Frankreich auftraten und sich selbst in Thüringen noch heftig bemerkbar machten, sollten die Luft vergiftet haben.[6]) Principio celum spissa caligine terras pressit et ignavos inclusit nubibus estus. (Henr. be Hervordia).

Die allgemeine Anschauung aber, die von der Geistlichkeit genährt wurde, sah in der Pest eine Strafe für die Sündhaftigkeit der Menschen. Die Kirche predigte Buße und veranstaltete Bittprozessionen vor dem Herannahen der Seuche.

---

[1]) Honemann, Altertümer des Harzes, Teil I, Clausthal 1754, pag. 99.

[2]) Lersch, Kleine Pest-Chronik, Köln und Leipzig 1880.

[3]) Meibom, l. c. III, pag. 270.

[4]) Bünting, Braunschweig-Lüneburgische Chronica, Magdeburg 1596.

[5]) Hannov. Magaz. 1814. St. 86, pag. 1862.

[6]) Diese Ansicht wird noch in einer unter Gottl. Richter in Göttingen angefertigten Dissertation: „Jes. Juda, de cura magistratus circa valetudinem civium, Gottingae 1758", vertreten: „terrae motus, sub quibus impuri et noxii halitus ex locis antea interclusis, nunc in communionem apertis, transeunt. Vana conjectura non est, Atheniensium pestem, quam teste Thucydide motus terrae praecessit, hujus originis fuisse."

Modernen Anschauungen zufolge sollen die meteorologischen Verhältnisse keinen Einfluß auf die Ausbreitung der Pest besitzen.

Als Pestheilige wurden St. Fabian und Sebastian verehrt. 1354 erbauten Rat und Bürgerschaft in Northeim zu Ehren dieser Schutzpatrone auf dem Marktplatz eine Kapelle, die später in den Besitz der Kalandsbrüderschaft in Hohnstedt überging.[1]) Eine ähnliche Kapelle ließ die Äbtissin des Klosters Wiershausen a. Aller errichten und durch den Bischof von Hildesheim weihen. Als die Pest darauf im Kloster nachließ, schob man es dem Kapellenbau zu.[2])

Damit war der Boden für jene Fanatiker vorbereitet, denen die einfache Buße im Gebet nicht genügte, die in religiöser Schwärmerei den Zorn Gottes durch schmerzhafte Selbstgeißelung zu versöhnen trachteten. Die Sekte der Flagellanten, „sogenannt, darumb, daß sie sich geißelten und selbst stäupten mit großen gerten, daß ihnen das Bluth über die Schulber und ganzen Leib floß" (Lubecus), war bereits im vorhergehenden Jahrhundert bekannt. Ihre Entstehung knüpft an den Namen des Heiligen Antonius. Im Herbst des Jahres 1348 nahm die Bewegung ihren Ausgang von Östreich und hatte ursprünglich einen lokalen Charakter (Höniger). Erst im Frühjahr und Sommer 1349 verbreitete sie sich über ganz Deutschland. In weißen Gewändern mit roten Kreuzen zogen die „Crützbrüder"[3]) von einer Stadt zur andern.[4]) Der Anführer sang:[5])

> Hui! haltet auf die Hände,
> Daß Gott dies Sterben wende,
> Strecket aus Eure Arme,
> Daß Gott sich über Euch erbarme.

Das Ende der Geißelung bezeichneten die Worte: „Broder, stah up, daß Dir Gott all dien Sünde vergebe."

Nur zu bald arteten die Umzüge der Geißler in Ausschreitungen aller Art aus; zu den religiösen Schwärmern gesellten sich Abenteurer, sie verachteten die heiligen Sakramente, nannten die Gotteshäuser Räuber-

---

[1]) Rebbersen, Geschichte von Northeim. 1516 holten die Einbecker das Heiligtum des Fabian und Sebastian aus dem Kloster Pöhlde zur Verehrung und brachten es „mit großer Andacht" wieder zurück. Havemann Bd. II.

[2]) Hannov. Magaz. 1814, l. c.

[3]) Holzschnitt von Dürer siehe bei Hellwald l. c.

[4]) Förstemann, Die christlichen Geißlergesellschaften, Halle 1828. Danach soll ein Augustiner Mönch Hermanus be Schildis um die Mitte des 14. Jahrhunderts ein Buch gegen die Geißler geschrieben haben.

[5]) Cit. nach Röbbeln, Geschichte der Stadt Gronau, Lüneburg 1832.

höhlen und versagten dem Pabst und dem Kaiser den Gehorsam.[1] Pabst Klemens V. tat sie daher durch eine Bulle vom 20. 10. 1349 in den Bann. Von der geringen Wirkung dieses Bannfluches spricht eine Reihe späterer Erlasse. Beiläufig erwähnt sei auch, daß noch 1464 Einbecker Bürger als Geißler nach Rom wallfahrteten, um einen Ablaß für ihre Neustädter Kirche zu holen.[2]

Somit erging es der Kirche, deren Ermahnungen zur Buße die Geißler in letzter Linie ihre Entstehung verdankten, wie Goethes Zauber=lehrling:

> „Die ich rief, die Geister,
> Werd' ich nun nicht los."

In engem Zusammenhang mit der Pest stehen auch die Juden=verfolgungen. In Süddeutschland und am Rhein (Mainz, Köln, München, auch Erfurt, Magdeburg 2c.) gingen ganze Judengemeinden zu Grunde. In Norddeutschland, wo sie spärlicher wohnten, verfuhr man glimpflicher mit ihnen. Zum Teil mag allerdings dieser Unterschied in der Art der Überlieferung aus Quellen mittel= und oberdeutschen Ursprungs begründet sein. Bis zu einem gewissen Grade wenigstens ist die Verblendung des Volkes durch die auffällige Seuchenfestigkeit der Juden, für die man keine Erklärung wußte, zu entschuldigen. Rassenunterschiede, Ernährungsweise, größere Aufopferung bei der Pflege der Kranken, der Zufall und vielleicht auch die rabbinische Mahnung aus dem Talmud: tempore pestis collige pedes tuos i. e. contine te domi et fuge hominum commercium[3]), mögen dabei eine Rolle gespielt haben. Tat=sächlich zeichnen sich die Juden nach den Statistiken der Lebensversicherungs=gesellschaften noch heutigentags durch eine durchschnittlich längere Lebens=dauer aus. Nur Diabetes und funktionelle Erkrankungen des Nerven=systems sind bei ihnen häufiger.[4]

---

[1] Aug. Stumpf, Historia Flagellantum, praecipue in Thuringia. 1780, abgedruckt in Förstemann, Neue Mitt. a. d. Geb. histor. u. antiq. Forschungen des thüring.=sächs. Vereins. 2. Bd. Halle 1836.

Vergl. auch einige wenig schmeichelhafte Bezeichnungen für die Geißler:
Lerbede, Gesch. d. Bischöfe von Minden, in Leibniz, Script. Brunsv. II, pag. 191, „gens sine capite i. e. sine cerebro et prudentia."

Heineccius, Antiquitates Goslar. et vicinar. region. Frank-furt a. M. 1707 „nefarii aut, ut rectius dicam, simplicissimi nebulones novo delirio dementati."

Stumpf l. c., „nocturna fantasmata lemuresque deridendi."

[2] Harland, Geschichte von Einbeck, l. c.

[3] Hahnen l. c., pag. 498.

[4] Zeitschrift f. Sozialwissenschaften 1906, IX. Jahrg., Heft 10, pag. 663. Referat über Leo Höfer, Biologie und Pathologie der jüdischen Rasse, Zeit=schrift f. Demographie und Statistik der Juden, II, Heft 6.

Das Märchen von der Brunnenvergiftung kam Anfang des Jahres 1348 in Südfrankreich auf (Höniger). Mit der Kunde von dem Herannahen der Pest wurden auch in Deutschland solche Gerüchte laut, die sich zwar nicht allein gegen die Juden, sondern auch gegen andere Personen, Reiche und Arme, Aussätzige und sogar gegen die Totengräber[1]) richteten, schließlich aber an den Juden hängen blieben. Wenn diese gelegentlich selbst das ihnen zur Last gelegte Verbrechen des Brunnenvergiftens zugaben, so ist das einfach eine psychopathologische Erscheinung, der wir bei den Hexenprozessen vielfältig begegnen. Die ausgestandene Angst mag leicht einmal ein schwaches Gehirn verwirrt haben! Ein derartiger Fall gab dem Lübecker Magistrat Anlaß,[2]) den Herzog Otto von Braunschweig-Lüneburg um energisches Vorgehen gegen die Juden zu bitten, da das Sterben unter den Christen wohl nicht aufhören würde, solange jene bei den Fürsten Schutz fänden. Natürlich werden den aufgeklärteren Zeitgenossen die näher liegenden Motive zur Judenhetze (Rassenhaß, Religion, Konkurrenzneid) kaum entgangen sein.

Das Erscheinen der Geißler ist für Hannover, Hildesheim, Goslar, Northeim, Alfeld und andere Orte mehr oder minder sicher gestellt. In Osnabrück dagegen ließ sie der Magistrat nicht in die Stadt hinein. (Henr. de Hervordia). Die Zeitangaben schwanken, deuten aber mehr auf das Jahr 1350. „Anno 1350 Weil das sterben noch immer anhielt, hat sich eine neue Secte erhaben, die Crützbrüder genannt."[3])

Über Vorkommen und Umfang von Judenverfolgungen bei uns liegen ebenfalls nur spärliche Nachrichten vor.[4]) Im allgemeinen scheint die Ausweisung der Juden niemals für die Dauer gewesen zu sein, denn sie kehrten immer wieder in kurzem zurück. In Goslar ließ man sie in der Pestzeit unbehelligt, sei es, daß sich der Magistrat ihrer mit Erfolg annahm, sei es, daß die Bürger von ihrer Schuldlosigkeit überzeugt waren.[5]) 1358 erwarben sie von dem Stift „uppe sunte Jürgenberge" einen Kirchhof (vielleicht, weil der alte von Pestleichen überfüllt war?).

---

[1]) Möhsen, Geschichte der Wissenschaften in d. Mark Brandenburg, Bd. II, pag. 265.

[2]) Hansarezesse, Abt. I, Bd. I, pag. 77.

[3]) Bünting, l. c. I pag. 101.

[4]) Während des Drucks dieser Arbeit erschien in der Zeitschr. d. histor. Ver. f. Niedersf., Jahrg. 1907, Heft 4 und Jahrg. 1908, Heft 1 ein Aufsatz von Riemer, Die Juden in niedersächsischen Städten des Mittelalters, der auch auf diese Frage näher eingeht.

[5]) Heineccius, l. c.

In Hildesheim wird 1351 eine Judengemeinde erwähnt, die 1389 sogar die Erlaubnis zur Anlage einer Synagoge auf bompropsteilichem Gebiet erhielt.[1]) Der Umstand, daß Herzog Ernst 1350 (24. 12.) der Stadt Göttingen die ehemalige Judenschule überläßt,[2]) gibt jedoch sehr zu denken. Besonders schlecht erging es den Juden in Lüneburg[3]) und Hameln, glimpflicher in Einbeck. Auch in Osnabrück sollen sie der Wut des Volkes zum Opfer gefallen, getötet oder vertrieben sein.[4]) Ob sie in Hannover Verfolgungen ausgesetzt waren, ist zum mindesten zweifelhaft. In der Marktkirche befand sich ehemals eine jetzt verloren gegangene Tafel mit einer Inschrift, die auf die Ereignisse des Jahres 1350 Bezug hat und in ihrer Deutung mancherlei Schwierigkeiten bietet:

Turris principium tria C numerans L et aevum,
Gratia Romana fuit et pestis triduana
Funera flens polis haec tria millia mensibus in sex,
Tunc stimulus stoicos fuit ur torquens et Ebraeos."[5])

Die ersten 3 Verse erklären sich leicht. Der Turmbau begann im Jahre 1350 während des römischen Jubel= (Ablaß=) Jahres, als eine dreitägige, d. h. in drei Tagen ablaufende Pest[6]) innerhalb der Stadt binnen 6 Monaten 3000 Tote forderte. Im letzten Vers macht vor allem das Wort ur vor torquens Schwierigkeit. Es liegt nahe, nach Analogie des folgenden tor-quens, ur-quens (qu statt gu) zu ergänzen. Jedenfalls scheint mir diese Freiheit bei derartigen Knittelversen

---

[1]) Wachsmuth, Geschichte des Hochstiftes und der Stadt Hildesheim. Hildesheim 1863.

[2]) Schmidt, Urkundenbuch der Stadt Göttingen, l. c. No. 184.

[3]) Riemer citiert darüber in der Zeitschr. d. hist. Ver. f. Niedersf., Jahrg. 1908, pag. 8 in einer Anmerkung folgende Stelle: A. D. 1350 communitas civitatis L. interfecit judeos in L. et ipsi se ipsam incenderunt.

[4]) Albert Gierse, Geschichte der Juden in Westfalen während des Mittelalters. Naumburg 1878, pag. 44.

Ich weiß nicht, auf welche Quelle sich Verfasser stützt. Die Angabe Erdmanns, l. c.: praedicta mortalitas ad cerros impingebatur aliquantulum Judaeis ex eo etiam, quod aliqui ex iisdem apprehensi confessi fuerant, quod fontes et puteos intoxicarunt. Quare per totam Alemaniam fuerunt combusti scheint mir zu allgemein. Aus der Zeit von 1350—86 liegt auch ein Bruchstück eines Osnabrücker Ratsbeschlusses über die Aufnahme von 8 Juden= familien vor, die 1386 Erlaubnis zur Anlage eines Kirchhofs bekamen.

[5]) Hannov. Mag. 1814, l. c.
Chronicon Hannoveran. consulis Bernhardi Homeister in Zeitschr. d. histor. Ver. f. Niedersf. 1860, pag. 193.

[6]) Conf. Henr. de Hervordia l. c.: ita, ut in triduo homo extinguatar; triduauus (= triduum, Zeitraum von 3 Tagen) darf nicht mit triennis, dreijährig verwechselt werden!

nicht allzu groß.[1]) Stellt man nun den Vers also um: tunc fuit stimulus urgens stoicos et torquens hebraeos, so heißt das wörtlich übersetzt: Damals trieb der Stachel die Stoifer und folterte die Juden. Stimulus, „stupff eysen, stupfelrute"[2]) ist zwar eigentlich ein Instrument zum stechen; stupfen = stäupen wird aber auch für schlagen gebraucht, „Weil die Juden verdacht wurden, als sollten sie die Brunnen vergiftet haben, sind sie an Säulen gebunden, „gestäupet", verjagt und etliche hingerichtet."[3]) Stoici bedeutet im mittelalterlichen Latein „magistri, die ein himmelrechtig leben furten". (Dieffenbach.) In der Zusammenstellung Pest, Jubeljahr, Judenverfolgung sind wohl die Geißler darunter zu verstehen. Zwar habe ich mich vergeblich bemüht, diese Bezeichnung für dieselben anderweitig in der Literatur zu finden. Dagegen läßt ein Vers aus einer kurz nach 1450 erschienenen Nürnberger Weltchronik einen Analogieschluß zu:

Anno milleno ter C quater X que noveno (1349)
Ibant gaisleri, sunt crematique judei,
Venia post magna viguit in urbe Romana.[4])

Eine sehr gelehrte, aber weit hergeholte Erklärung sieht in den Stoicis die Tempelherrn,[5]) welche durch das Ur, chaldäisch = Feuer vernichtet seien. So strenge verfuhr man mit ihnen bei uns gar nicht. Sie mußten zwar dem Orden abschwören, und ihre Güter wurden eingezogen. In Braunschweig blieb sogar ihr Hof bestehen. Außerdem stammt die Bulle des Pabstes Klemens V., welche zuerst die Aufhebung des Templerordens verfügte, schon aus dem Jahre 1312. Warum sollte man auch die Tempelherren mit den Juden in Beziehung bringen, wo doch die andere Erklärung viel näher liegt? Eine andere Frage ist die, ob der Vers überhaupt auf stadthannoversche Verhältnisse zu beziehen

---

[1]) Es war mir interessant, nachträglich in einer Anmerkung bei Mithoff, Kunstdenkm., l. c., Bd. I, pag. 65 diese Ansicht von Grotefend bestätigt zu finden.

[2]) L. Dieffenbach, Glossar. latino-germanic. mediae et infimae aetatis. Frankfurt a. M. 1857.

[3]) Rehtmeier, Braunschweig-Lüneburgische Chronik. Bd. I, pag. 693. Braunschweig 1722.

[4]) In dieser Zusammenstellung fehlt sonderbarer Weise die Pest selbst.

[5]) Chronic. Homeister, l. c.

M. David Mayer, Kurzgefaßte Nachricht von d. christl. Reformation in Kirchen und Schulen der Alt- und Neustadt Hannover, Hannover 1731, pag. 99, Anmerkung.

Stoa (oder porticus), Säulenhalle auf dem Marktplatz in Athen, wo sich die Stoifer versammelten. Daraus im übertragenen Sinne der Tempel, dem die Tempelherrn dienten. (!?)

ober nur allgemein zu verstehen ist. Herauslesen läßt sich beides. Graetz, [1]) Henne am Rhyn [2]) scheinen ersterer Ansicht zuzuneigen. Jeden= falls war das Verhalten gegenüber den Juden ein sehr wechselndes. 1371 werden sie „für ewige Zeiten" aus dem Weichbild der Stadt ver= bannt [3]) und schon 1375 wieder aufgenommen und mit der zum Schloß Lauenrode gehörigen Fischerei belehnt. [4])

Aus dem 15. Jahrhundert ist eine Reihe von Pestepidemien für unser Land von Bedeutung.

Mit dem Aufschwung der Seeschifffahrt tritt gegen Ende des Jahr= hunderts auch auf dem Festlande der den Schiffern wohlbekannte Skorbut (fortschreitende Anaemie und Rachexie mit Neigung zu Blutungen, speziell im Zahnfleisch) in größerer Ausdehnung auf und beherrscht den Krankheitscharakter bis in das 17. Jahrhundert hinein. „Es hat sich umb diese Zeit (1486) zum ersten Male die schädliche Seuche, der Schorbock genannt, eräuget und sind viel Leute damit behaftet worden." [5]) Burkhard Mithoff [6]) erwähnt unter den zufälligen Krankheiten bei der Pest ausdrücklich den „Scharbauch", der von dem Bock seinen Namen habe, denn, wie dieser stänke, röchen auch die Kranken, wenn das Zahnfleisch an den Zähnen faule.

1408 war Niedersachsen von einem doppelten Übel heimgesucht: Hungersnot infolge eines langen und harten Winters und Pest. [7])

Als im Jahre 1420 die Pest in der Grafschaft Bentheim umging, machten sich die Klosterleute zu Withmarschen, Schüttdorf und Frenswegen um die Pflege der Kranken verdient, unter ihnen der Graf Bernhard I.

[1]) G r a e tz, Geschichte der Juden, Leipzig 1863. Bd. VIII, 1. Hälfte.

[2]) O. H e n n e am R h y n, Kulturgeschichte des jüdischen Volkes, Jena 1892.

[3]) H a v e m a n n, l. c., Bd. I, pag. 638.

[4]) R e h t m e i e r, l. c., Bd. III, pag. 1850.

Höniger, l. c., sucht zu beweisen, daß, entgegen der landläufigen Annahme, die Reihenfolge der Ereignisse in Deutschland wenigstens, nicht Schwarzer Tod, Geißler und Judenverfolgungen, sondern Judenverfolgungen, Geißler und Schwarzer Tod sei. In einzelnen Fällen möchte das Erscheinen der Geißler, die sich selbst gelegentlich Judenschläger nennen, den Ausbruch der Feindseligkeiten gegen die Juden beschleunigt haben, im allgemeinen sollen aber die Verfolgungen schon vorher beendigt gewesen sein. Anderseits habe die Bulle des Papstes Clemens V. der Geißlerfahrt ein Ziel gesetzt, ehe nur die Hälfte Deutschlands von der Pest ergriffen war. Ganz überzeugend scheint mir seine Beweisführung nicht, mein eigenes Material ist aber zu lückenhaft, um zur Klärung dieser Frage etwas beizutragen.

[5]) M a n s f e l d e r C h r o n i k, l. c., Cap. 142, pag. 574.

[6]) B u r k h a r d M i t h o f f, Wie man sich für der hefftigen und tödtlichen seuche der Pestilentz bewaren sol. Erfurt 1552 (Marburg 1564).

[7]) Chronicon Riddagshusense in Meibom, l. c. Tom. III, pag. 325.

von Bentheim, gewöhnlich Pater Bernd genannt, der schließlich selbst von der Krankheit ergriffen wurde. [1]

1427 blühten die Obstbäume mitten im Winter, um Nikolaustag die Kornblumen auf den Feldern. In den Fasten 1428 brach eine heftige Pestilenz in Hannover aus, die Leichen wurden in Gruben auf dem Felde verscharrt, [2] „denn in der Pest stirbt man wie ein Unchrist und wird begraben wie ein Vieh". (Hahnen.) 1436 begann in der= selben Stadt eine dreijährige Pestzeit. [3]

1438 drang die Seuche von Süden her bis nach Thüringen vor. Im folgenden Jahr „ward eine Große Pestilentz über die ganze Welt, aber sonderlich in Brunschweig und in der Rechte." (Hannover, Hildesheim.) „Die seuche fing in der ernte ahn und wehrt bis weihnachten und die krank wurden, lagen brey tage und nechte und schlieffen und wen sie erwachten Mungen sie mit dem Tobe und hatten grosse Quall." [4] Auch Spangenberg erwähnt diese Neigung zur Schlafsucht, der wir bei der Schilderung des Englischen Schweiß' später wieder begegnen werden. Der Augustiner Propst Johann Busch in Hildesheim gibt eine kurze Notiz über ein Pestgeschwür „een grise blabber" und wundert sich, daß ein solch' kleines Geschwür so gefährlich sein solle. [5]

„1451 do was tho Luneborg grote pestilentie." [6] 1452 litt Hannover ungemein an der Pest. Das große Sterben begann im Herbst und dauerte bis um Fastnacht des nächsten Jahres. [7] Gleichzeitig waren Hildesheim, Braunschweig ꝛc. befallen, 1464 Stade und das Land Hadeln.

1472 herrschte die Pest in Einbeck und Göttingen den ganzen Sommer hindurch und im folgenden Winter kam sie nach Hildesheim und den Nachbarorten und dauerte dort über 1½ Jahr. [8] 1473 war eine

---

[1] Müller, Geschichte der Grafschaft Bentheim, Lingen 1879.

[2] Chronologia Hannoverana, Handschr. d. Kgl. Biblioth. zu Hannover.

[3] Lersch, Geschichte der Volkskrankheiten nach Berichten der Zeitgenossen. Berlin 1896.

[4] Christof Kalm, Brunsw. Cronik selb geschrieben, nach d. Manusscript b. Wolfenbüttler Bibliothek.
Citirt i. Braunschweig. Magazin 1837, chronol. Nachweisung der geogra= phischen Verbreitung der Milpest.

[5] Johannes Busch, Chronicon Windeshemense, herausgegeb. v. Grube. Halle 1886.

[6] Leibniz, Script. Brunsv. III Excerpt. Chronol. Herm. Korner ab. A. D. 1435, pag. 199.

[7] Bünting I, 117, Spangenberg, 572.

[8] Leibniz, Script. Brunsv. III, Chron. S. Aegidii.

ungewöhnliche Witterung, schon um Fasten begann die Baumblüte, die Linden hatten in der Osterzeit bis zwei Hände große Blätter getrieben und Pfingsten war die Hitze so groß, daß man das Trinkwasser um Geld kaufen mußte. (Bünting.) In Goslar starben die Kranken massenhaft, da sie selbst von ihren nächsten Verwandten aus Angst verlassen wurden. (Crusius.) An manchen Orten ließ der Magistrat die Kranken einfach verjagen oder in den Häusern einschließen, „darüber manch arm Mensch gar jämmerlich umkam und verdarb." (Bünting.) 1474 hielt die Seuche in Hameln und Lüneburg ihren Einzug.

Auch das Jahr 1484 war für die niedersächsischen Städte verhängnisvoll (vor allem für Braunschweig und Einbeck).[1] Man sah nachdem auf den Straßen wenig Leute, namentlich wenig Kinder, „wie auch alte betagte Männer bey der höchsten Weisheit gesaget, daß vormals dergleichen Sterben daselbst nicht gewesen.[2]

10 Jahre später wütete die Pest in Westfalen (Osnabrück) und im Herzogtum Bremen-Verden (Stade): nec aliud video quam multos timore pavoreque contabescere mortique favit densissimus aer.[3]

Im Anfang des 16. Jahrhunderts traten überall in Deutschland pestartige Seuchen auf. Vielfach war es nicht Beulenpest, sondern Petechialtyphus, den Häser als ihren europäischen Repräsentanten anspricht.

Das Jahr 1502 (nach anderen 1501 oder 1504) war durch Mißernte, Hungersnot, strengen Winter und heißen Sommer ausgezeichnet. An Kleidern und Geräten wurden eigentümliche Zeichen, signicula, rote Flecke in Kreuzform (nach dem Verlauf der Gewebefaser?) beobachtet, in denen die durch Furcht und Aberglauben erhitzte Phantasie die Vorboten der Pest erkennen wollte. „Im selbigen Jahr (1501) seien auch Crütze auf der Menschen Kleider in Teutschland gefallen, mancherley farb, wie roth Blutfarb und eiter farb, sonderlich auch auff die so im Trocknen verschlossen gewesen, welches ohne Zweifel, daß im folgenden 1502 Jahr großes Sterben bedeutet."[4] Wahrscheinlich wird es sich, soweit man überhaupt auf derartige Angaben Wert legen will, um Schimmelbildungen gehandelt haben. Zum Vergleich sei an die Entstehung der blutenden Hostien und ähnlicher „Wunder" durch den bacillus prodigiosus

---

[1] Leibniz, Script. Brunsv. III l. c. und Bünting I, 119.

[2] Joh. Letzner, Dasselische und Einbeckische Chronik. Erfurt 1596.

[3] Joh. Schiphoweri, Chronic. Archicomit. Oldenburgens. in Meibom, Script. Bd. II.

[4] Chronol. Hannoveran. nach Bünting I, 124.

erinnert. Die Erklärung Häsers[1]) als athmosphärische Niederschläge infolge des Ausgleichs der Luftelektrizität mit der organischen Elektrizität des menschlichen Körpers dürfte heute kaum noch Liebhaber finden.

In dieser Zeit wird das Vorhandensein der Pest aus Celle, Hildesheim, Goslar 2c. gemeldet.[2]) Von der „grot pestilenz" zu Hildesheim berichtet Johann Oldecop[3]) „und storven datmal over dusent scholer. Und de starf let sik nicht anders an, sunder dar wolden alle scholer wechstorven." Das Befallenwerden jugendlicher Altersklassen wird in einzelnen Pestepidemien — namentlich im Beginn derselben — ausdrücklich hervorgehoben.

„Anno 1516 ist eine sehr hefftige Pestilenz und groß sterben gewesen in allen Sächsischen Städten. Magdeburg, Braunschweig, Göttingen, also auch zu Northeim (Einbeck, Hildesheim) und im Lande zu Heßen. Da starbs so sehr, daß der dritte Theil der Menschen kaum an Etzlichen Enden am Leben blieb." (Lubecus.) 1520 raffte eine pestartige Seuche im Harz eine Menge Menschen hinweg. Selbst solche, die fern von menschlichen Wohnstätten in der Wildnis wohnten, blieben nicht verschont.[4])

Vom Ende der 40er bis Anfang der 50er Jahre hörte die Seuche im Lande kaum auf. In Hildesheim starben 1538 zwischen Ostern und Weihnachten 1500 Menschen, während Goslar, Hannover, Hameln, Springe besser fortkamen. Göttingen hatte 1540 in kurzem 700 Tote zu beklagen, die Bürger konnten den Schoß nicht entrichten. (Marx.) 1548 war eine große Pestilenz zu Lüneburg, „och starft to Hildesheim dat jar redlich, 49 was ein temlich pestilenzi in der olden und nienstat Hild., och up dem Barge und umme liggenden dorpen" (2000 Tote, meist Jugendliche). (Joachim Brandis d. Jg.) 1551/52 wurden Hameln und Northeim befallen (ca. 1400 Tote, Lubecus).

Von besonderer Wichtigkeit ist das Jahr 1565/66. Die Pest war aus dem Orient nach Lübeck und von da nach Hamburg verschleppt. Die Handelsbeziehungen mit dem Binnenland begünstigten die Ausbreitung bis in das Innere Deutschlands hinein. „In vellen landen, steden und

---

[1]) Haeser, Historisch. pathologische Untersuchungen als Beiträge zur Gesch. d. Volkskrankheiten. 2. Teil, Dresden und Leipzig 1841, pag. 5, Anmerkung.

[2]) Braunschweig-Magaz. 1837, l. c.

[3]) Chronik des Johann Oldecop, herausgegeben v. Karl Euling, Tübingen 1891, Bibl. d. litt. Ver. i. Stuttgart, Bd. 190.

Ebenso in Henning Brandis. Diar. l. c. im XVCVII (1507) jare was de pestilencie even geswinde in dussem ort landes.

[4]) Spangenberg, l. c. pag. 597.

dorpen heft sober middensomer her pestilentia regert, nomptlich to Hamborch, to Lupke, Wißmar, Rostke, tom Lunde uud Luneborch".[1] Im Frühjahr 1566 begann die Seuche in Hildesheim. Es sollen bei 6000 Menschen gestorben sein, und dennoch, „da it ein ende nam nnd dat stervent upgehört hatte, was an dem volke hin und weder kein Mangel." (Joach. Brandis.) Zahlreiche Ehen wurden geschlossen, meist zwischen Witwen und Witwern. Bei dem großen Andrang der Brautpaare soll auf der Neustadt sogar einmal ein unrechtes Paar kopuliert sein.

Man will in Not= und Kriegsjahren öfters eine Zunahme des Geschlechtstriebs, größere Fruchtbarkeit der Frauen 2c. bemerkt haben. Die Erklärung dafür liegt auf der Hand. Die Zunahme der Eheschließungen ist aber einfach darauf zurückzuführen, daß durch das Wegsterben vieler Erbberechtigter größere Vermögen in einer Hand vereinigt wurden und so die Gründung einer Familie ermöglichten, deren Wert die Zeit der Not doppelt schätzen lehrte.

In Hannover nannte man diese Pest später die „große" Pest im Gegensatz zu der milder verlaufenden „kleinen" Pest des Jahres 1609. Man mußte auf dem Nikolaifriedhofe 3—4 Leichen in e i n Grab legen, was bei der Zahl der Opfer (4000, bis zu 26 an einem Tage!) kein Wunder war.[2] Northeim verlor 992 Einwohner und selbst das kleine Ülzen deren 800.[3] Auf den Straßen wuchs Gras, aller Handel und Wandel hatte aufgehört. In Hameln dauerte die Pest fast 2 Jahre an.

Während der Jahre 1575/78 verbreitete sich eine Pestepidemie von Konstantinopel aus fast über ganz Europa. Die Verschleppung geschah augenscheinlich von vielen Seiten zugleich, sowohl durch Schiffe, als im Landverkehr. In Osnabrück wütete die Pest von Ostern 1575 bis Herbst 1577.[4] Wolkenbruchartige Regen leiteten den Sommer ein; auf den Straßen häuften sich Kot und Unrat. Nach den Aufzeichnungen des Rats starben in den 3 Jahren 4436 Menschen, im Sommer 1576 oft 30—40 an einem Tage. Auch Haustiere wurden von der Seuche ergriffen. 1577 kam die Pest nach Goslar und forderte allein von Johannis 1578 bis Ende des Jahres 2600 Tote. Die Sterbelisten aus

[1] Oldecop, l. c. pag. 585.
[2] Wüstefeld, Sanitäre Einrichtungen, l. c.
   Bünting III, 74.
[3] M. Schilling, Histor. Grundriß d. Stadt Ülzen, Lüneburg 1785.
   Janicke, Gesch. d. Stadt Ülzen.
[4] Stüve, Gesch. d. Stadt Osnabrück, 1816.
   Burm, Osnabrück, seine Geschichte, Bau= und Kunstdenkmäler, 1901.

ben Ämtern der Goslarer und Hildesheimer Gegend weisen dagegen wenig Todesfälle auf, mehr schon aus Zellerfeld. In Einbeck wurden 1580 mehrere Tage hintereinander je 10, 12 auch 15 Pestleichen beerdigt.[1]) Herzog Julius führte mit großem Verständnis eine strenge Sanitätspolizei im Sinne der Kontagionisten durch, wovon später die Rede sein wird.

Das letzte Jahrzehnt des zur Neige gehenden Jahrhunderts brachte wieder ungewöhnliche Witterung. In Goslar fror es 1597 noch um Pfingsten, dann trat Dürre und Teuerung ein, und am Ende des Sommers war die Pest da (mit 30—40 Sterbefällen pro Tag, am 27. 8. sogar 42). Die Gruben bei Andreasberg wurden teilweise verlassen.[2]) In Göttingen starben innerhalb 5 Monaten 2500 Bewohner, in Einbeck 1518.[3]) Noch schlimmer sah es in Hildesheim aus. Von Mitte Sommer bis Weihnachten gingen 4247 zu Grunde. Die Wohlhabenden verließen die Stadt. Eine andere Quelle beziffert die Verluste gar auf 6000 und mehr.[4]) „Ist auch große theuerung gewesen, alle umbliegende Dörfer und stede anhero verfuget umb brotkorn, dahero 1 malter 5 thaler golten." Alfeld büßte von seinen 1800 Einwohnern wieder 524 ein. (Heinze.) Ähnlich war es in Münden.

Als die Pest in Braunschweig und Hildesheim bereits erloschen war, hielt sie Neujahr 1598 noch ihren Einzug in die Stadt Hannover. Man hatte an den Toren vergeblich Wacht gehalten, um sich ihrer zu erwehren.[5]) Bei der eiligen Bestattung der zahlreichen Opfer (über 2000) ist ein Fall wie der folgende nicht in das Reich der Fabel zu verweisen: Ein vornehmer Bürger war an der Pest gestorben. Der Prediger Erythropel an der Marktkirche ließ den Deckel des Sarges noch einmal öffnen, um den Freund zu sehen. Da richtete sich der vermeintliche Tote mit den Worten auf: „Kuck, guden Dag Herr Magister!"[6]) Der Nikolaikirchhof mußte um das Doppelte vergrößert werden. (Chron. Hannov.) Ebenso genügte in Hameln der Kirchhof am Münster nicht, die Menge der Leichen aufzunehmen. (Sprenger.)

---

[1]) Joach. Brandis, pag. 173.
[2]) Honemann, l. c. II.
[3]) Joach. Brandis, l. c., pag. 418.
[4]) Leibniz, Script. Brunsv. III, XII Fragm. Chronic. Hildesh., pag. 262. Vielleicht sind die Todesfälle aus der Umgegend mitgezählt?
[5]) Rehtmeier, l. c. II, pag. 1485.
[6]) Hoppe, Geschichte der Stadt Hannover, 1845.

Das 17. Jahrhundert begann mit schweren Epidemien, die während der unheilvollen Zeit des 30jährigen Krieges ihren Höhepunkt erreichten.

Die Jahre 1603—1605 zeichneten sich durch strenge Winter und heiße, trockene Sommer aus. Nachdem sich die Pest in der Umgegend von Lüneburg hin und wieder gezeigt, traten 1603 auch in der Stadt selbst vereinzelte Fälle auf. Bis ins folgende Jahr scheint sie nach dem Zeugnis des damaligen Stadtphysikus Tobias Dornkreil[1]) relativ gut= artig verlaufen zu sein. 1605 änderte sich aber ihr Charakter, so daß sie „gleichweiß als hätte man Gifft eingetrieben, eilend zu dem Hertzen tritt und plötzlich die Leute hinreumet."

In diesem Jahr klagt auch Bischof Philipp Sigismund,[2]) „welcher gestalt leider die abscheuliche Krankheit der Pest abermals bei Uns in Unser Stadt Osnabrugk eingerissen" und ließ drei allgemeine Bettage ansagen.

Im Lande Wursten hielt sie drei volle Jahre an.[3]) Auf ein vor= übergehendes Nachlassen nach ihrem ersten Auftreten (1605) folgte eine um so schnellere Weiterverbreitung durch Gegenstände, die aus einem ausgestorbenen Hause in Lübingworth geraubt waren. Die Zahl der Opfer betrug im ganzen 3530. Davon entfallen allein 1500 auf das Kirchspiel Otterndorf. In Wanne verwandte man wegen Mangel an Holz den Kirchenboden zu Särgen.

Die nächsten Jahre brachten Epidemien an verschiedenen Orten. In Hildesheim starben 1608 zwar nur 23 Personen daran, „weil die Lufft allezeit guet und nicht inficirt gewesen."[4]) Seit Ostern 1609 häuften sich aber die Todesfälle (ca. 2452) derart, daß die Regierung nach dem Schloß Steuerwald und das Domkapitel auf das Schloß Marienburg verlegt wurde. Mit dem großen Sterben ging wieder ein Sittenverfall einher: superest paucis memoranda calamitas inferioris Saxoniae: per cujus regiones hoc anno grassata pestis, magnam

---

[1]) Tobias Dornkreil, Von der angehenden und hin und wieder grassierenden Pestilenz dieses 1603 Jahres. Hamburg 1604, dito 1605.

Ob der während der Pestepidemie in Leipzig (1680) als Verfasser von „Leipziger Pestschabe und Gottesgnade" genannte Dornkreil ein Nachkomme des obigen ist?

[2]) Osnabrücker Staatsarchiv, Histor. Ver., B. III, 42.

[3]) D. W. B. Haderiologia historica, d. i. histor. Bericht von dem Land Hadeln ꝛc. Hamburg 1722.

Dito Scherder, l. c.

[4]) Fragm. Chron. Hildes., l. c. Näheres s. b. Machmer, l. c.

mortalium multitudinem absumpsit. Urbem Hildesiensem non sine multis funeribus eadem lue correptam foeda insuper contagio morum infecerat.[1] Am furchtbarsten litt die Stadt Braunschweig, während Hannover glimpflich fortkam.[2] Verden verlor 1610 über 3000 Einwohner.

1611 wurde das Eichsfeld heimgesucht, vor allem Heiligenstadt (ca. 300 Tote), aber auch Duberstadt und Osterode a. Harz.[3] Zudem brachten die Truppen Herzogs Georg aus Schweden eine neue Krankheit, „die schwedische Hauptkrankheit" (Typhus?), zu einem „Beutepfennig" mit, gegen die der Leibmedikus Conrad Mithoff in Celle auf Befehl des Fürsten ein „geringes Bedenken, wie man sich nächst göttlicher Hülfe vor dieser gifftigen Krankheit praeservieren und sie curiren sol", verfaßte.[4] 1612 hatte Norden, die älteste Stadt Ostfrieslands, große Verluste.[5]

Die Zeit der schwersten Not aber brach während des 30jährigen Krieges über Niedersachsen herein. Handel und Wandel lagen darnieder. Die Fluren waren verwüstet. Ziegeunerbanden und Schnapphähne (die sog. Harzschützen) durchzogen das unglückliche Land, um zu räubern, was die beutegierige Soldateska etwa übrig gelassen. Die herrschende Geldnot zeitigte die leichte Kippermünze, Schreckenberger oder Goslarer Bargroschen, die schließlich der Ärmste nicht mehr nehmen mochte. In den enggebauten, winkligen Städten drängten sich Kriegsvolk und Flüchtlinge aus der Nachbarschaft zusammen. Was Wunder, wenn der Tod unter dieser durch Kriegsnot, Teuerung und Seuchen heimgesuchten Bevölkerung eine furchtbare Ernte hielt! Neben Lagerfieber, Typhus und Ruhr spielte wieder die Pest ihre verderbliche Rolle. Es schien, als ob sich die Natur selbst gegen das Land verschworen hätte. In dem dürren, heißen Sommer 1623 waren furchtbare Hagelschauer häufig. Im Amt Kalenberg wurden im Mai mehrere Tage hindurch Schwärme von Ungeziefer und großen blauen Fliegen beobachtet, die aus Südwesten (vom Deister her) nach Nordosten flogen. (Chronl. Hannov.) Diese Angabe ist insofern interessant, als man ja heutigentags den Insekten eine große Bedeutung bei der Übertragung von Infektionskeimen (namentlich bei der Malaria!) zuschreibt. Recht naiv dagegen klingt der Zusatz des Chronisten: „Nach der Lohischen Schlacht seyn die flüchtigen

[1] Annales Paderborn. III, pag. 705.
[2] Rehtmeier, l. c. III, pag. 1178, Wüstefeld, Sanitäre Einrichtungen, l. c.
[3] Cit. nach Lersch, Seuchen i. 30jähr. Kriege.
[4] Max, Gesch. von Grubenhagen, l. c.
[5] Görges, Volksb. III, 214.

Soldaten also durch das Land zu Braunschweig und um Hannover gelaufen, denselben Strich als vorgemelte Fliegen im Majo gezogen." Besonders schlimm sah es am Harz aus.[1]) Im Dezember 1624 fing die Pest in Clausthal an, hielt sich aber während der kalten Jahreszeit in mäßigen Grenzen, bis sie mit Eintritt der warmen Witterung ihre volle Wut entfaltete. Über 1200 Menschen, einmal sogar 190 in einer Woche, sanken ins Grab. Die übrigen Bergstädte hatten anfänglich weniger zu leiden, sowohl was Heftigkeit als Dauer der Krankheit anlangt. Nach Lautenthal kam sie im April 1625 durch einen erkrankten Kriegsmann, in Osterode hielt sie vom 6. 9. 1625 bis Schluß des Jahres 1626 an. Allein in den Kirchenbüchern der St. Ägidiengemeinde sind 1500 Todesfälle, davon 250 im September 1626, verzeichnet. Das Auftreten der Pest in Goslar veranlaßte den Magistrat zu verständigen Maßnahmen und zur Berufung auswärtiger Ärzte: Hermann Gobbeus und Heinrich Wolf. Trotzdem gingen 1625/26 3000 Menschen zugrunde und die Not steigerte sich noch, als nach der Schlacht bei Lutter a. Bbge. verwundete kaiserliche Soldaten in die Stadt gebracht wurden.[2]) In Andreasberg und Einbeck werden die Verluste auf 700 bezw. 1000 angegeben. (Max.)

Ebenso fürchterlich war es auf dem Eichsfeld: Duderstadt hatte ca. 2000, Heiligenstadt allein im September 1626 über 200 Tote. (Lersch.)

Während der Jahre 1624/26 litt Hannover fast ununterbrochen unter der Pest. Sie begann Ende Juni 1624 und hatte Mitte Juli erst 4 Häuser befallen. Zwischen Jacobi und Ägidien wurde sie aber so bösartig, daß kaum einer der in dieser Zeit Erkrankten mit dem Leben davonkam. Da die Nachbarschaft nicht verseucht war, wurde die Stadt sehr gemieden. Viele Bürger zogen auf die Dörfer, etliche davon verfielen nach der Rückkehr doch noch dem Tode. 1626 sollen gar zwei Drittel der Bewohner umgekommen sein, so daß selbst die dänische Besatzung ausrückte. Man schaffte die Leichen ohne Sarg, in Stroh gewickelt, auf den Kirchhof.

Gronau büßte damals mehr als zwei Drittel seiner Bevölkerung ein (700), Hameln 1143, Ülzen, wohin sie 1625 durch einen Ziegelmeister verschleppt war, etliche 100,[3]) desgleichen Hildesheim. In Lüneburg erreichte die Seuche erst 1628 ein Ende. Hier herrschte, wie an

---

[1]) Honemann, l. c., III.
[2]) Heineccii Antiquitat. Goslarens. l. c., pag. 557.
[3]) Schilling l. c.

anderen Orten, zugleich eine bösartige Ruhrepidemie. Nach Osnabrück kam der erste Erkrankungsfall im Mai 1625. Da ein Pesthaus erbaut war, konnte die Weiterverbreitung anfänglich beschränkt werden. Im August verschlimmerte sich das Übel jedoch trotz aller Vorsichtsmaßregeln und kostete einem Dritteil der Bürgerschaft das Leben.

Eine furchtbare Leidenszeit brach über Göttingen herein, als Tilly von Münden her am 7. 6. vor den Toren erschien. Zwei Monate trotzte die wehrhafte Stadt dem Ansturm der kaiserlichen Truppen. Aber Ruhr und Pest räumten unter den Belagerten mehr auf, als die Kugeln des Feindes, fast täglich wurden 50—60 Leichen beigesetzt.[1] Im benachbarten Dransfeld starben 100 Menschen, „und war die Stadt so wüste, daß man einen halben Tag vor der Tür sitzen konnte und keinen Menschen zu sehen bekam."[2]

Nach der Schlacht bei Lutter a. Bbge. fielen die Städte und Dörfer meist nach kurzer Gegenwehr den Liguisten in die Hände. Nur Nienburg hielt 6 Monate aus, bis Mangel an Pulver und Proviant und die Pest die dänische Besatzung zur Übergabe zwangen.

1636 wurde Hannover zum letztenmal heimgesucht. Während hier nur einzelne Häuser infiziert waren, richtete sie auf dem Eichsfeld große Verheerungen an. (Heiligenstadt)[3], zwei Jahre später auch in Dannenberg a. b. Jezel.[4]

1656 drang die Pest, wahrscheinlich von Polen her, nach Deutschland vor (Bremen). Februar 1657 brach in Braunschweig eine Epidemie aus, die im September ihren Höhepunkt erreichte, und deren Verlauf der Stadtarzt Lorenz Gieseler beschrieben hat.[5] Auch Hildesheim galt als verdächtig,[6] wenigstens sollen im Juli einzelne Pestfälle auf der Neustadt vorgekommen sein. Eine Verordnung Georg Wilhelms von Br.-Lbg. vom 18. 7. verbot daher den Hildesheimern den Eintritt in die Stadt Hannover ohne Gesundheitspaß. Aber erst am 9. 11. bequemte sich der Magistrat dazu, das Vorhandensein der Pest einzugestehen, nachdem seit Mitte September der Verkehr von den Nachbarstädten längst eingestellt

---

[1] A. Tecklenburg, Geschichte von Göttingen u. Umgegend. Hannover 1897.

[2] Havemann l. c., III.

[3] Hoppe l. c., pag. 131.

[4] Maneke, Topogr.-histor. Beschreibung der Städte, Ämter und adlichen Gerichte. Celle 1858. Bd. I, Fürstentum Lüneburg, pag. 197.

[5] Auszug nach Häser abgedruckt in Hallers Biblioth. medic. III, pag. 136.

[6] O. Schnell, Die Pest zu Hildesheim i. Jahre 1657. Zeitschr. d. Harzvereins für Geschichte und Altertumskunde, Bd. XXVII, 1894, pag. 285.

war. Am 21. 1. 1658 konnten endlich die 5 Hildesheimer Ärzte erklären, daß sie keinen Pestkranken mehr in Behandlung hätten. Inzwischen waren aber auch 988 Menschen der Seuche erlegen. Die Nachbarstädte nahmen daher den Verkehr erst allmählich wieder auf. Die Sterblichkeit des Jahres 1657 überstieg nach Doebner[1]) die Durchschnittszahl der Todes=fälle von 1650—79 (ohne das Pestjahr!) um mehr als das Doppelte. (552 gegen 228.) Seitdem ist Hildesheim von der Pest verschont ge=blieben. Im Sommer 1682 mußte Duderstadt wieder darunter leiden, da die benachbarten sächsischen und kurbrandenburgischen Staaten heimge=sucht waren.

Eine nicht minder große Gefahr drohte dem Lande im Jahre 1712, als Friedrich IV. von Dänemark im Kampf mit der Krone Schweden mit seinen Truppen aus dem verseuchten Holstein gegen die Festung Stade zog. Während der Belagerung starben hier 1600 Menschen, in Otterndorf (1713) über 350. Obwohl die Seuche nach Haeser ihren Weg bis in die Gegend von Braunschweig fand und Harburg, Celle und einige kleinere Orte, wie Melle, Bienenbüttel, Fallingbostel u. a. ergriff, gelang es, dank den außerordentlich strengen und umsichtigen Vor=kehrungen (ähnlich wie in den Jahren 1680/82) ihrer Weiterverbreitung Einhalt zu gebieten.

Im Winter 1715 brach in Celle, von der Neuen Straße aus=gehend, ein hitziges Fieber aus, dessen Pestcharakter nicht ganz sicher ist. Es sollte durch Kleider und Gebrauchsgegenstände eingeschleppt sein.[2])

Für die Folge gehörte die Pest in den hannoverschen Landen der Geschichte an.

Bis in das 15. Jahrhundert hinein ist von allgemeinen Maßregeln zur Bekämpfung der Pest kaum die Rede. Wenn der Magistrat 1473 an einigen Orten die Kranken einfach in ihren Häusern einschließen nnd verkommen ließ, stimmt das eigentlich wenig mit dem von der Geistlichkeit in Szene gesetzten kirchlichen Eifer. Anderseits war bei dem Leichtsinn und Unverstand der Bevölkerung eine gewisse Strenge sehr am Platz. Manche, die mit der Seuche behaftet waren, gingen absichtlich unter die Leute, in der Meinung, „da sie andere anstecken könnten, sie alsbann ihrer Plage entledigt würden." Luther[3]) weist in seiner

---

1) Zeitschrift des Harz=Vereins ꝛc., XXV, 1892, pag. 321.

2) Spangenberg, Celle, histor.=topogr. ꝛc. l. c.

3) Anlage zu Haeser, ...

Schrift, „ob das Sterben zu fliehen sei," auf die Mahnung des alten Testaments hin, die Aussätzigen aus der Gemeinschaft ihrer Mitmenschen zu bringen. Doch solle man sie nicht in der Not verlassen, „auff daß also die gifft bei zeitten gedämpfet werde, nicht alleyn der eynigen person, sondern der ganzen gemeyn zu gut."

Die ersten Anfänge einer staatlich geregelten Abwehr stammen aus Italien.[1]) 1485 wurde in Venedig ein Gesundheitsrat zur Überwachung der einlaufenden, pestverdächtigen Schiffe eingesetzt und 1504 mit weitgehenden Befugnissen über Leben und Tod ausgestattet. Wahrscheinlich waren auch schon Pestlazarette auf den benachbarten Inseln vorhanden.

Die braunschweigisch-lüneburgischen Fürsten lernten die Quarantäneeinrichtungen in Italien kennen und führten sie in ihren Ländern ein.[2]) „Da man aber in diesem Punkt große Nachlässigkeit geübt, haben die übelberichteten Untertanen das ihnen Ungewohnte ungern gelitten."

Das häufige Auftreten der Pest war im 16. Jahrhundert für die Städte ein Grund mit zur Anstellung von Stadtärzten. Von diesen wurden zur Aufklärung der Bürgerschaft Belehrungen über das Verhalten bei der Pest, sogenannte Pestordnungen oder Pestspiegel, verfaßt. Auch auswärtige Ärzte und medizinische Fakultäten (z. B. Helmstädt) sandten derartige Gutachten, wie sie sich in den meisten Stadtarchiven finden dürften, mit der Hoffnung auf eine Belohnung ein.[3])

Einige Beispiele aus der Mitte des 16. bis zum ersten Drittel des 17. Jahrhunderts sind:

1. Burkhard Mithoff, Wie man sich für der hefftigen und tödtlichen Seuche der Pestilentz bewaren sol. Erfurdt 1552 und Marburg 1564.

2. Hector Mithoff, Kurzer Bericht, wie man sich in diesen sterbensläufften verhalten sol, zu Ehren, nutz und fromm unser Gemeine zusammengezogen. Hannover 1577.

3. Gerasius Marstaller, Kurzer und einfältiger Bericht, wie man, so viel Gott gefällig, sich für der grausamen und schrecklichen Pestilentz bewaren oder so man damit behafftet sie vertreiben möge. 1597 (datiert vom 10. 10. 1573!).

---

[1]) Hecker, Die großen Volkskrankheiten des Mittelalters, gesammelt und herausgegeben von A. Hirsch, Berlin 1865.

[2]) Onno Klopp, Leibniz, III, pag. 320.

[3]) Peters, Hannov. Geschichtsbl. 1901 l. c., pag. 351.

4. Gerasius Marstaller, Kurtze Summa, wie man sich in Pestilentz Zeiten zu versorgen unb in der Not verhalten sol. (in Reime gefaßt.) Ulssen 1577.

5. Johann Botelius, 1577 conf. Calenberg Des. 21, B. XII, No. 1.

6. Abel Sylvius unb Henricus Schröber, Kurtze Haus=taffel, wie sich ein jeder in itzigen gefährlichen zeiten der Pestilentz ver=halten sol usw. Ulssen 1596.

7. Tobias Dornkreil, Von der angehenden unb hin unb wieder grassierenben Pestilentz dieses 1603 Jahres. Hamburg 1604.

8. Tobias Dornkreil, Kurtzer Bericht, wie man der itzt regierenden Pest mit Verleihung Göttlicher hülffe heilsam begegnen möge. Hamburg 1615.

9. Mathaeus Backmeister unb Johann Ehlers, Wie man der jetzt einschleichenden Pest durch Gottes Gnabe heilsam begegnen usw. möge. Lüneburg 1625.

10. Hermann Gobbeus unb Heinrich Wolf, Goslar 1625. cit. nach Heineccii Antiquit. Goslarens.

Fremde aus verseuchten Orten wurden nicht in die Stabt gelassen. Die Wachen an den Toren haben barauf zu sehen „baß niemanb durffte zu unb hineinkommen, auch keiner wolte noch mußte unsre Bürger weber Man noch Weib noch gesinbe beherbergen." (Chronol. Hannov. a. 1566.) Die Obrigkeit sorgt für Beseitigung von Unsauberkeiten auf Gassen unb Höfen unb sperrt die Häuser der Erkrankten ab ober bringt sie in ab=seits gelegene Lazarette. So wurden in Hameln beispielsweise die Warten als Pestlazarette benutzt. In Lüneburg ließ der Magistrat 1565 bei eintretender Pestgefahr ein Quarantänehaus auf der Breiten Wiese vor dem Barbowiekertor errichten.[1] Dasselbe geschah in Münben 1611 auf bem Gottesacker vor dem Obertor,[2] in Celle 1628 an bem Kl. Hehlen.[3] Die Pfleger tragen weiße Stäbe, bamit sich die Begegnenden vor=sehen können. Eigens bestellte Totengräber besorgen die Beerbigung der Verstorbenen, die möglichst schnell unb bei Nacht geschieht. Man ver=bietet „Haußgesellschaften"[4] unb Volksansammlungen auf Märkten, in Schulen, Herbergen unb Babestuben unb weißt auf die Möglichkeit der

---

1) Vogler, Lüneburger Johannisblatt 1859, pag. 15. Die Gebäude dienten im 17. nnd 18. Jahrhundert zur Unterbringung von Geisteskranken.

2) M. Lotze, Geschichte der Stadt Münben. 1878.

3) Sprenger, Hannov. Geschichtsbl. 1907, pag. 269.

4) Celle, Des. 65, P. Manbat über Maßregeln gegen b. Pest.

Übertragung durch Haustiere, namentlich Hunde und Katzen, die in allen Winkeln herumschweifen, hin.

Ausführliche Bestimmungen finden wir in den von Herzog Julius unter Beirat seines Leibarztes Johann Bokelius getroffenen Anordnungen „gegen die weibliche Krankheit der Pestilenz."[1]) Sie sind für die Folge vorbildlich geworden. Die Pesthäuser werden durch ein weißes Kreuz bezeichnet, wobei bemerkt ist, wann die Seuche angefangen, und wieviele im Hause daran gestorben. Die Überlebenden sollen sich 4 Wochen lang „einheimisch" halten und durch andere pflegen lassen, und wenn sie innerhalb dieser Zeit gesund bleiben, noch weitere 6 Wochen mit einem weißen Kreuz auf Brust und Rücken herumgehen und „sich der Leute und der Kirche enthalten".

Die Kleider der Verstorbenen werden verbrannt, die der Kranken — in den Städten durch die Ratsverwandten, auf den Dörfern durch die Bauermeister — für 6 Wochen investiert und aufbewahrt. Keinenfalls dürfen sie an Landläufer und Bettler verschenkt werden, weil dadurch die Seuche verschleppt werden könne. Nicht ohne Grund beklagen sich 1609 die „schutzverwandten" Juden in Peine,[2]) daß sie durch die ihnen als Pfand ins Haus gebrachten Kleider in große Lebensgefahr kämen und bitten, ihnen „bis zu beßrer Gelegenheit" einen Unterschlupf in anderen Orten des Stiftes Steuerwald und Peine zu gewähren.

Die aus dieser Zeit vorliegenden Volksschriften und Belehrungen, von denen oben einige Beispiele aufgeführt sind, ähneln einander sehr. Sie waren sowohl zum Gebrauch von Ärzten und Apothekern als für Laien, „sonderlich solche, die keinen Medicum oder Barbirer bei sich haben", bestimmt und geben ein interessantes Bild der ärztlichen An-schauungen über die Krankheit. Die Bewohner infizierter Häuser sollten dadurch in Stand gesetzt werden, ohne die Nachbarschaft durch Rats-holung zu gefährden, sich nach Anleitung der Schrift die nötigen Medi-kamente durch dazu bestellte Personen vor das Haus bringen zu lassen.

Von den einfacheren Mitteln werden die Bestandteile nach bürger-lichen Gewichten zum Zweck häuslicher Bereitung angegeben. Marstaller verspricht auch, jedermann auf Begehren seine Verordnungen Wort für Wort mitzuteilen.

---

[1]) Calenberg Des. 21, B. XII, No. 1.
[2]) Hildesh. Landesarchiv, Bd. IX, 61. L., Abschn. 6, No. 1. Kaiser Karl IV. hatte durch die goldene Bulle 1356 den Fürsten das Recht zur Auf-nahme von Juden verliehen. Letztere zahlten dafür ein „Schutzgeld" und wurden von den Landesherren aus diesem Grunde oftmals gegen die christliche Bevölkerung geschützt.

Einzelne Unterweisungen zeichnen sich durch volkstümliche Fassung und durch Kürze aus. Dahin gehören die Pestspiegel Hektor Mithoffs (1577) und Dornkreils (1605), das in Reime gebrachte Merkblatt Marstallers (1577) und die Haustafel der Physiker Abel Sylvius und Heinrich Schröder (1596). Die ausführliche „zu ehr und nutz des löblichen niedersächsischen Kreis gestellete" Abhandlung Marstallers (1597) dürfte ihres Umfangs und gelehrten Beiwerks halber wohl mehr für Ärzte bestimmt gewesen sein.

Die Anordnung des Stoffs ist bei allen die gleiche: Verhütung, Zeichen der Krankheit und Kur. Burkhard Mithoff widmet fast die Hälfte seiner Schrift der Besprechung der Prophylaxe. Ein Wochenzettel gibt sogar für jeden Tag ein Medikament und eine Diätvorschrift an: „sich für der Krankheit hüten, ist das edelste und beste teil in diesem Buche." „Das fürnehmste stück der praeservation ist die Bus- und besserung seines sündlichen Leibes" (6), denn, wer sich versündigt an dem Herrn, fällt dem Arzt in die Hände. Furcht und Traurigkeit machen bei Kleinmütigen oftmals „impressiones und bereiten solche Leiber, das Gifft besto eher zu empfangen" (2). Marstaller bekennt sich zu dem Standpunkt Luthers und hat daher dessen Schrift seiner Abhandlung beigefügt. Zur Erbauung der Seelsorger, Medici und anderer, die nicht fliehen mögen, druckt er auch einen Brief eines Braunschweiger Pfarrers an den Hofprediger Eilhard Segebode in Celle ab, worin es u. a. heißt: „So laßt doch den Teufel schrecken, scheißt jm ins Maul mit seiner Pestilentz." Dornkreil dagegen faßt seinen Rat vorsichtiger Weise in den Worten zusammen:

> Wenn hin und wieder in der Grentz,
> Einreißt die tödtlich Pestilentz,
> Die drey Wörter dir helffen zwar,
> Fleuch' bald, weich' fern, kehr' langsam dar.

Als besonderes Schutz- und Trostmittel gilt der Psalm 91. „Wer unter dem Schutze des Höchsten sitzet" ... denn, „er errettet mich vom Strick des Jägers und von der schädlichen Pestilenz." Ein Kantor Andreas Crappius hatte 1580 diesen Psalm in Musik gesetzt,[1] bittet aber um Entschuldigung, daß er sich in diesen traurigen Zeiten auf die Musik verlegt habe: ut inter arma belli tempore silent leges pacis, ita inter funera pestis sacra arma musae artes videlicet liberales quiescunt.

Um den Körper gegen Ansteckung widerstandsfähiger zu machen, muß man sich der Mäßigkeit in Essen und Trinken und der Reinlichkeit

---

[1] Medizinalia des Bürgermeisters Homeister, Hannov. Stadtarchiv.

befleißigen, unreine Luft, „die alle Menschen an sich ziehen und darin alle Befleckung von den Kranken und ungesunden Örtern vermischet werden", meiden und gewiſſe Mittel, „die das Herz ſtärken und vor inwendiger Infection bewahren" gebrauchen. Oft heißt es, daß die Luft, gottlob, noch nicht vergiftet ſei. Man dachte ſich nämlich, daß die Seuche zunächſt durch „Anklebrigkeit" d. h. durch Übertragung von Perſon zu Perſon entſtehe (Kontagioniſten); erſt, wenn das Übel weiter eingeriſſen, ſchob man es der verderbten Luft zu. (Miasmatiker.) Kontagioniſten und Miasmatiker ſind hier alſo nicht grundſätzlich geſchieden. Zur Reinigung der Luft ſollen auf den Straßen und in den Kaminen Feuer von Wachholder, Eichen= und Kienholz [„da man auff den Dörfern, ſonderlich im Lüneburger Lande mit leuchtet" (1)] unterhalten, die Wohnungen mit aromatiſchen Kräutern, Wachholder, Thymian, Lavendel und Rosmarin ausgeräuchert oder mit den entſprechenden Eſſenzen beſprengt werden. Die Reichen nehmen ſtatt deſſen „köſtlichere Pulver und Küchlein" aus der Apotheke.

Zeichen für das Verdorbenſein der Luft gibt es mancherlei: ein durchſchnittener, friſcher Laib Brot aufgehängt, ſetzt Schimmel an, Milch und aufgebrochene Eier verderben bald, Hühner, denen man den morgens aus dem Gras geſammelten Tau zu trinken vorſetzt, verenden. Ebenſo bedenklich iſt es, wenn Stubenvögel, die zur Bewegung der Luft ſehr dienlich ſind, eingehen. Spinnen ziehen das Gift in den Winkeln an; wenn ſie aber groß und fett ſind, muß man ſie beiſeite ſchaffen.

Als vorbeugende, innere Mittel dienen verſchiedene Peſtillenzpillen und die Allerweltsmittel Theriak und Mithridat. Ein gutes Präſervativ iſt auch ein Gebäck, biscoct[1]) (= Bisquit) mit Wermut, Alant, Raute, Salbei vermengt und mit Eſſig oder „anderen fürtrefflichen Wäſſern" angeſetzt. [2])

Abelius Sylvius überſandte 1589 der Prinzeſſin Catharina von Dannenberg „ein recept vonn den gifft pulver vonn ottern", gedörrte Schlangen zu Pulver verrieben: „hiervonn glebet man einem menſchen ½ gr. zum bier oder wein, iſt aber ein menſch inficiret, ſo muß mann im eſſig eingeben undt ein wenig Salpeter darunder miſchen".[3])

---

[1]) Calenberg Des. 21, B. XII, No. 1.

[2]) Celle Des. 44, XXIV, No. 8.

[3]) Die Vorſchrift zur Gewinnung des Otternpulvers lautet: „Der die otter fangen will, muß deß pulvers zuvor einn nehmen im bier undt die otter beim Kopff faßen mith der linken Handt, mit der rechten muß man die otter wohl drucken undt ſtraufen durchauß, ſo ghet das gifft herauß, weiß und gelb. Das muß man ſo lange thun biß nichts mehr heraus gheit. Dann abgewaſchen undt Jnn einenn haffen gethan der rauh iſt mith einer gehobenn ſturzen auff Feuer geſetzet ſo er-

In Minden braut 1597 der Scharfrichter ein Gegenmittel zusammen: „Im Auftrage der Rathsmannen dem Meister Gregor gedahn 5 Quartier Branntwein, daß er den Herrn etwas daraus mache für die Pestilentz". (Lotze l. c.)

Perlen, rote Korallen, Edelsteine, Gold, Quecksilber in einer Kapsel werden als Amulette auf der Haut getragen. Burkhard Mithoff emp= fiehlt, Blasen ziehen zu lassen. Man muß sie aber so lange offen halten, als die Pest währt oder, falls die erste geheilt, eine zweite machen „und sol bis den ertzten eine sonderliche hülffe sein, das die nicht mit diesem ungemach behafft werden". Zum Aufziehen der Blasen verwendet man das Kraut vom Hahnenfuß, Abkochungen von Seife, Taubenmist und Feigen oder einen Teig, dem Mercur. sublimat. beigemengt ist.

Die Ansteckungsfähigkeit ist nach Konstitution und Temperament verschieden. Jugendliche (zwischen 10—30 Jahren) und schwache Personen erkranken leichter, ebenso solche, die von Natur zum Schwitzen neigen und offene Schweißlöcher haben, da die vergiftete Luft besto eher ein= dringen könne. Sanguiniker werden eher angesteckt als Cholerische, diese eher als Melancholische usw. Blutsverwandtschaft prädisponiert „wegen der Gleichheit und Verwandtnuß mit den inficirten Leibern".[1]

Besondere Vorsichtsmaßregeln haben Ärzte, Prediger und Krankenwärter zu beachten.[2] „Je getreulicher sie ihre Pflicht erfüllen, besto näher sind sie dem Tode. Unter allen menschen dienen sie jederman und erfarn gemeinlich den grössten Undank, doch sol ihr lohn groß im Himmel sein". Wer von Amtswegen Pestkranke besuchen muß, soll die Kleider aus= räuchern, sein Gesicht mit Rautenessig besprengen, die Nasenlöcher oder die „Pulse" (um daran zu riechen) mit Rautensaft, Edelbalsam 2c. be= streichen und Bitterwurzeln, Zebern, Angelica im Munde zerkauen. Im Krankenzimmer werden zu ihrem Schutz Räucherkerzen angezündet. Die Wärter ölen sich die Hände und Arme ein, damit der giftige Schweiß nicht anhafte, schaffen die Entleerungen des Kranken unverzüglich beiseite, und scheuern die gebrauchten Geschirre mit scharfen Laugen aus. (7.) Als Kleidung empfehlen sich für sie glatte Stoffe, Seide und Leder.

---

stiden sie. Seien sie feist undt haben eyer so muß man sie heraußthun, schneidens auff und nemen die eyer undt das Feist herauß. Thun sie wieder Inn den haffen undt rüttelt selbiges damit es nicht anbrennt biß es gar dürr wirdt dann stoß manns zu pulver undt siebe es durch."

[1] Anmerkungen zu Johann Bokelius' Pestordnung, ohne Verfassernamen und Jahreszahl.

[2] Bericht, wie sich die Pfarrherrn in jetzigen Sterbsläufften verhalten sollen 2c. in Calenberg, Des. 21, B. XII, No. 1.

Die Schilderung der Krankheit besteht meist nur in der Aufzählung der Hauptsymptome: Kopfweh, Angst zum Herzen, Bedrückung um die Brust, Veränderung der gewöhnlichen Farbe, Hitze und Kälte, inwendige Brunst und Hitze, viel Erbrechen, „Walgerung", Abscheu vor Speisen, viele und ungewöhnlich schlaffe Beulen „plecken und blattern". (2.)

Eine schlechte Prognose geben: Bewußtlosigkeit, verfallenes Aussehen, kalter Schweiß, dicker Urin, grüner Stuhl, schwarz-grünliche Blattern. (7.) Je mehr und je größere Beulen, desto mehr Hoffnung, daß die Natur stark und der Kranke am Leben bleibe. (2.)

Die Behandlung richtete sich nach den hervortretenden Symptomen. Oberster Grundsatz ist, sofort nach Ausbruch der Krankheit damit zu beginnen: Semel enim pereunti nulla suffragia prosunt. (2.) Natürliche Absonderungen (Schweißausbruch, Erbrechen, Durchfälle) dürfen nicht gestillt werden, da die Natur auf diese Weise den Giftstoff heraus zu bringen sucht. Dagegen ist die Schlafsucht im Anfang zu bekämpfen, „damit der Gifft nicht überhand nehme". (2.) Der eine leitet die Kur mit einem Brech- oder Abführmittel ein, der andere gibt dem Schwitzen den Vorzug. Über den Aderlaß herrscht keine Einigkeit. Im allgemeinen soll er nur bei starken Personen und innerhalb der ersten 12—24 Stunden gemacht werden. Wo Aderlaß oder Schröpfen nicht angebracht, sind die oben erwähnten Blasen von Nutzen, und zwar peripherwärts von den vorhandenen Bubonen, z. B., sitzt der Bubo in der Achselhöhle, am Unterarm in der Gegend der Pulsader, falls in der Weiche, an den Fußenkeln 2c. Hierbei sei daran erinnert, daß man neuerdings bei septischen Erkrankungen, z. B. Wochenbettfieber, von derartigen künstlichen Eiterungen einen gewissen Erfolg gesehen haben will, der auf die Anregung der Leukozytenbildung und Phagozytose zurückgeführt wird.

Den Verlauf der Kur schildert ein Vers Marstallers, wie folgt:

„Brich dich, eröffne bald den Leib,
Im warmen bett das gifft vertreib,
Gebürt es dir, die Adern laß,
Nimm den Schweistrank und schwitz mit was.
Erzeugen sich die Beulen auch,
Leg bald darauff nach gemeinem brauch,
Was sie macht reiff und öffnet bald." ...

Die Zahl der Arzneimittel ist Legion. Es war eben die Zeit, wo man alles Heil für den Kranken aus der Apotheke erwartete. Die meisten der bereits bei der Prophylaxe genannten Mittel: Mithridat, Theriak, ferner das Pulvis Bezoardi, die Latwerge das Gülden-Eis, [1]) Scordium (Knoblauchskraut) und viele andere kehren noch in den Pest-ordnungen des 18. Jahrhunderts wieder.[2]) Das ist weiter nicht ver-wunderlich, war man doch bis in das letzte Jahrzehnt unseres Zeitalters auf eine rein symptomatische Behandlung der Pest angewiesen. Erst die Schutz- und Heilimpfungen mit dem Haffkine- und Yersinschen Pest-serum haben uns neue Bahnen eröffnet, wenn auch die Akten über den Wert dieser Sera noch nicht abgeschlossen sind.

Zur möglichst schnellen Erweichung der Pestbeulen finden allerlei Zugpflaster und Breiumschläge Anwendung. Die in letzteren wirksame Wärme wurde auch wohl durch aufgelegte, lebende Tiere (Hunde) oder lebenswarme, tierische Organe (z. B. Lungen vom Lamm) ersetzt. Man reißt Tauben und Hühner mitten auseinander und bindet sie warm und frisch auf die „Geschwelle". Ein Hahn wird am Stert gerupft, mit Salz eingerieben und mit zugehaltenem Schnabel (!) auf die Beule ge-setzt. Stirbt er, so kommt ein anderer an die Reihe, bis einer am Leben bleibt, „dann ist das Gift heraus". (3.) In ähnlicher Weise werden getrocknete Kröten verwandt, die dabei aufschwellen sollen und sofort in die Erde vergraben werden müssen. Reife Bubonen läßt man „zeitlich aufhauen" und längere Zeit offen halten, damit sie rein auseitern. Die Heilung geschieht aber selten ohne Wundarzt, „darumb verachte die edle Kunst nicht". (2.)

Daß jemand, der die Pest überstanden hat, zum zweiten Male er-krankt, „ist wider die Vernunft und tägliche Erfahrung". (7.) Die Genesenen müssen mäßig leben, besonders alle „Speiß die da rögen" meiden und dürfen frühestens 14 Tage nach vollkommener Gesundheit an die Luft gehen.

---

[1]) Vorschrift des elect. de ovo s. bei Peters, Hannov. Geschichtsbl. 1901, pag. 351.

[2]) Von den bei Burkhard Mithoff gegen die skorbutischen Zufälle bei der Pest angeführten Heilkräutern ist das Chelidonium minus ohne Zweifel mit Ficaria verna identisch. Eine Beschreibung und Abbildung findet sich in Mathiolus, De plantis epitome, aucto a J. Camerario, Frankfurt 1586, pag. 403. Das andere „Bockskraut" Tragus dioscorides? bietet größere Schwierigkeiten hinsichtlich der Bestimmung. Es ist ein sempervivum, wächst auf alten Mauern und steinigem Boden (besonders bei Hildesheim), hat statt der Blätter „kleine körnlein", trägt „subtil Fenchelsblümlein", jedoch von weißer (statt gelber) Farbe und „schmecket nicht scharff wie Mauerpfeffer". Dies weist im Verein mit der recht rohen Zeichnung Mithoffs m. E. auf eine Sedum-Art hin, wahrscheinlich Sedum album.

Anmerk. d. Verfassers.

Die vorgehends geschilderten Maßnahmen lassen erkennen, wie man im Laufe des 16. Jahrhunderts immer mehr von dem alten fatalistischen Grundsatz, die Pest einfach als eine Strafe Gottes hinzunehmen, abkam. In dieser Hinsicht sind auch die Eingangsworte einer Verordnung Herzogs Wilhelm, des letzten Fürsten aus dem Hause Harburg=Lüneburg, vom 30. 5. 1626 charakteristisch:[1] „Obwoll wir uns aus heiliger göttlicher schrifft wol bescheiden, das dergleichen seuche und Krankheitten als eine heimsuchung und bestrafung vielfältiger sünde durch Gottes gerechten zorn gemeiniglich verhängt werden, und wir allerseits dahero seiner all= gewaltigen handt stille halten müssen und derselben nicht entgehen können, So entsinnen wir uns jedennoch gleichwoll dabey, das solche infectionen auch aus natürlicher ursachen ihren ursprung nehmen und dahero durch dienliche natürliche dazu verordnete mittel, gutte auffsicht und gewahrsam verhüttet und gemieden werden können."

Während der Wirren des 30jährigen Krieges sind zwar keinerlei Fortschritte in der Bekämpfung der Pest zu verzeichnen. In den Verordnungen der zweiten Hälfte des 17. Jahrhunderts finden wir dagegen schon die Hauptgesichtspunkte der modernen Seuchengesetz= gebung berücksichtigt. Dadurch, daß die Landesregierung selbst die Sache in die Hand nimmt, wird es ermöglicht, die Bestrebungen auf einen weiteren Kreis auszudehnen und ihrer Befolgung einen größeren Nach= druck zu verleihen. Man erkennt, daß es immerhin noch leichter ist, die Pest von einem Orte fernzuhalten, als ihrer Herr zu werden, wenn sie einmal ausgebrochen, und legt daher das Hauptgewicht auf die Be= wachung der Grenzen und die Verhütung der Einschleppung durch Reisende, Waren= und Briefverkehr. Diese Maßnahmen der „Bannisierung" er= streckten sich sowohl gegen verseuchte[2] als gegen pestverdächtige[3] Orte und bedeuten für die betroffenen eine schwere Beeinträchtigung ihres Handels. So erklärt sich das Vertuschungssystem des Hildesheimer Magistrats 1657.

Als in den Jahren 1680/82 die Pest in den benachbarten chur= sächsischen und brandenburgischen Provinzen grassierte, wurden die Grenzen gegen diese Länder gesperrt und die Verkehrsstraßen einschließlich der Flußläufe von Ausschußknechten und Milizsoldaten bewacht. Einen ähnlichen Militärkordon zog die churmainzische Regierung auf dem Eichsfeld beim Ausbruch der Pest in Duberstadt (Juli 1680). (Wolf l. c.)

---

[1] Hannover, Des. 74, Amt Harburg, Reg. V, 6, No. 1.

[2] Hildesheim, Braunschweig 1657.

[3] Osterode, Clausthal 1682.

Wer die durch Strohwische markierten Grenzen überschritt, wurde zurück-
geprügelt oder gar mit dem Tode bedroht.

An der Elbe patrouillierten Tag und Nacht Berittene auf und ab
und hielten alle Passanten und die Schiffe und Holzflöße auf dem
Strome an.[1]) Wenn sie jemanden ertappten, der keinen Paß „mit dem
Zeichen des Pferdes" bei sich hatte, so lieferten sie ihn an das Amt oder
die nächste Wache ab. Die Grenzbewohner erhielten ein gewisses Abzeichen,
um auf die Nachbardörfer oder in die Kirche gehen zu können, da sonst
zu viele Pässe nötig wurden. Damit sich aber niemand aus Mangel
ohne oder gar mit einem falschen Passe behülfe, erfolgte die Ausstellung
und Unterzeichnung unentgeltlich.

Den Reisenden waren bestimmte Grenzorte zur Passage vorgeschrieben,
an allen anderen Orten wurden sie durch die Wachen zurückgewiesen.
Die Pässe trugen den Vermerk, daß ihre Inhaber innerhalb 40 Tagen
keinen infizierten Ort berührt und gesund abgereist seien, auch keine Kleider,
Perrüquen und Sachen bei sich hätten, die sie an solchen Orten getragen,
es sei denn, daß dieselben mittlerweile durchgeregnet und ausgewittert
wären. Die Verzeichnisse der durchpassierenden Fremden gingen an einen
eigenen Kommissarius in Hannover.

Die Einführung der Gesundheitspässe wird auf Italien, wahrscheinlich
um das Jahr 1527, zurückgeführt, doch verallgemeinerte sich ihr Gebrauch
erst um die Mitte des 17. Jahrhunderts (Hecker). Der Zeitraum von
40 Tagen (= Quarantaine) ist nicht willkürlich gewählt, sondern knüpft
an die Lehre von den kritischen Tagen. Das Ende der sechsten Woche
bezeichnet den Übergang der akuten, hitzigen Krankheit in das chronische
Stadium. Da die Inkubationszeit bei der Pest nicht über eine Woche beträgt, begnügt man sich heute im allgemeinen mit einer 8tägigen Quarantäne.
Der Pestbazillus hat nämlich — unter den verschiedensten Bedingungen aufbewahrt — eine durchschnittliche Lebensdauer von höchstens einer Woche, nur
im Auswurf hält er sich länger, war z. B. noch am 10. Tag sicher infektiös,
am 16. dagegen nicht mehr.[2]) Im Blut und Harn sind Bazillen sogar
noch 4—6 Wochen nach Ablauf des ersten Fieberstadiums gefunden.

Grenzwächter und Torschreiber[3]) waren auf strenge Befolgung ihrer

---

[1]) Hannover, Des. 74, Amt Bledede, Loc. 92, No. 5.

[2]) Scheube, Pest, citiert nach Eulenb. Realencyklopäd. d. Gesamt. Mediz.
1898, Bd. XXII.

[3]) „Obgleich an denen Grenzen bereits die Examinierung der Pässe geschehen,
so ist doch nichts desto minder vor denen Stadt-Thoren, ehe die Reisende eingelassen
werden, solche Untersuchung zu wiederholen." Georg Ludwigs Verordnung d. d.
4. 8. 1710.

Inftruktionen[1]) verpflichtet, fie follten keine andere Perfonen an ihre Stelle fubftituieren, „fich des Geföffs entäußern, aller Befcheidenheit gebrauchen und die Paffagiere nicht mit groben Worten anfahren." Herannahende Fremde mußten auf Anruf in einer Entfernung von 20 Schritten ftehen bleiben und fich der Inquifition unterziehen, widrigenfalls fie Gefahr liefen, fofort erfchoffen zu werden. Wer auf Nebenftraßen ins Land eingedrungen war, kam, wenn er zum mindeften glaubhaft nachweifen konnte, daß er an keinem infizierten Ort gewefen, ins Gefängnis. Verdächtige wurden in abgelegenen Häufern und Scheuern oder eigens erbauten Baracken auf dem Felde bewacht, ficher überführte follten ohne Prozeß arquebufiert, ihre Habe, Pferde und Wagen verbrannt werden.

Als Quarantänehäufer wurden bei den Grenzorten „in zimblicher Diftanz" vom Dorfe Hütten, mit Pallifaden und einem tiefen Graben umgeben, errichtet; der Wachtpoften hatte Befehl, auf alle heimlich Herausfchleichenden zu fchließen.[2]) Die Koften für diefe Veranftaltungen trieben die Ämter durch Kontribution ein.

Unverhoffte Razzien fahndeten in Herbergen und ähnlichen Unterfchlüpfen für fahrendes Volk auf fremde Bettler, Juden und Zigeuner, um fie über die Grenze zu treiben.

Eine Verfügung an die Ämter vom 10. 2. 1673[3]) befiehlt, „ob follten fich in der Nachbarfchaft einige Krankheiten eräugen, welche nicht alleyn ziemlich gifftig feyn, fondern auch ferner umb fich greifen", darauf zu achten, daß in Krügen oder anderen Häufern niemand aufgenommen werde, „fo entweder bereits krank oder dem Anfehen nach mit etwas behaftet ift." Auch 1680 (und 1712) mußten Pfarrherrn und beftellte Medici und Chirurgi wöchentlich einen Kranken- und Totenzettel einreichen, damit die Obrigkeit rechtzeitig etwaige infizierte Häufer abfperren

[1]) Beifpiele diefer Inftruktionen: „18. 10. 1680."

„Unterricht, wonach bei jetziger beforglicher Peftgefahr ein jeglicher fowohl an den Grenzen und Päffen als i. Lande fich achten." Hannover 1710. (Hofbuchhandlg. v. Ammon), Stadtarchiv.

„Ausweis u. Verordng., wornach jedes Ohrts in hiefigem Hoch-Stifft beftellte Obrigkeit wie auch deffen Einwohner u. Unterthanen, fonderlich aber die an den Päffen u. Grenzen gefetzte Auffeher, Schreiber, Wächter 2c. Gegen die Reifende ihrer Perfohnen halber fowohl, als auch wegen der mit fich führende Waaren 2c. denen ausgegangenen und verkündigten Peft-Edictis gemäß zu verhalten haben. Hildesheim 1713. Die Hildesheimifchen Verordnungen find feit 1680 mit den churhannoverfchen faft ident. Hildesh. J. No. II, Fasc. 3.

[2]) Hannover, Des. 74, Gifhorn, Arch. No. 1308, No. 5.

[3]) Hannover, Des. 74, Amt Wölpe. Medicinalia.

könne. Spätere Verfügungen (6. 3. 1723, 26. 11. 1796) schärfen es den Predigern wiederholt ein, von jeder anscheinend epidemischen Krankheit dem Amte Meldung zu machen, das seinerseits den Landphysikus oder in Ermangelung dessen einen andern Arzt mit der Untersuchung betraut. Zur Aufklärung des Volkes erhielten Pastöre, Schullehrer, Bauermeister ein Exemplar der gedruckten Verhaltungsmaßregeln: „Als auch der Bauer öfters so gesinnet, daß er lieber crepiret als auf seine Kosten Hülfs-Mittel suchet und gebrauchet, so haben sich die Magistrate nicht daran zu kehren, noch vorhero die Patienten und deren Angehörigen zu befragen, ob sie einen Medicum oder Medicamenta verlangen, sondern sofort dazu zu thun." Alle Verordnungen wurden überdies nach alter Sitte von der Kanzel verlesen.

Die allgemeine Anzeigepflicht der Ärzte datiert erst seit dem 6. 2. 1835 (§ 8).[1)]

Erkennung und Unschädlichmachung der ersten Fälle gelten ja auch heutigentags als vornehmste Pflicht!

Die Frachtgüter, „Krahm oder Drucken-Guht", unterlagen an den Grenzen und Stadttoren einer ähnlichen Prüfung wie die Reisenden. Was nicht zurückgefahren werden konnte, mußte „außerhalb unserm Lande" wenigstens 7—8 Tage in freier Luft ausgewittert werden.[2)] Die Einführung giftfangender Waren, wie Kleider, Betten, Wolle, Federn, Pelzwerk war überhaupt verboten.

Briefe und Pakete aus banniserten Gegenden wurden über einer Flamme von Wachholder ausgeräuchert. So ließ Herzog Christian Ludwig 1663 die Ausräucherung verdächtiger Briefschaften „mit diensamen Kräutern und Spezibus" in einer Bretterhütte vor den Toren seiner Residenzstadt Celle vornehmen.[3)] Da sie hierbei „durch gewisse Zangen und Instrumente, die zu dero Behuf verfertiget", geöffnet werden mußten, wurden 1680/82 besondere Bestimmungen zur Wahrung des Briefgeheimnisses getroffen. Die aus wirklich infizierten Orten stammenden Sendungen und alle Briefe, „so mit Seiden umwunden und befestiget", fielen der Vernichtung anheim.

Weit strenger noch gestalteten sich die Abwehrmaßregeln während der Jahre 1709—13 wegen der Pest in Preußen, Pommern, Polen, in den dänischen

---

[1)] Hannover Des. 104, II, 9, 5. O. Epidemien No. 33.
[2)] Verordng. Anton Ulrichs v. 22. 8. 1709 i. Hannover Des. 74, Verden, Fach 85, No. 18.
[3)] Celle Des. 23, XIIb, No. 1.

und holsteinschen Landen. Als in der Nachbarschaft der Festung Stade 1712 unter den dänischen Truppen und in einigen schwedisch-bremischen Dörfern eine heftige Seuche ausgebrochen war, wurden wieder an der Elbe und Aller Posten ausgestellt und Brücken und Übergänge militärisch besetzt. Die auf den Grenzflüssen befindlichen Fahrzeuge blieben Nachts angeschlossen. Strohwiepen und Pfähle mit schwarzen Tafeln bezeichneten die Grenzen. Auf den Tafeln stand in weithin lesbarer Schrift: „Diejenigen, welche sich von infizirten oder der Pest halber verdächtigen Orten einschleichen, sollen ohne Gnade am Leben gestrafft und erschossen werden." An der Postierung entlang aufgerichtete Galgen dienten außerdem allen „Contravenienten, Falsariis und Friedensbrechern"[1]) als eindringliche Warnungszeichen. Die Betteljuden sollten, auch wenn sie im Besitze eines Gesundheitspasses im Lande betroffen würden, „in die ärgsten Hundelöcher geworfen, mit Wasser und Brot gespeiset, auch sonst übel tractiret und per Schub herausbefördert werden, damit sie sich nicht gelüsten ließen, wieder zu kommen." Besonders scharf verfuhr man mit den dänischen Überläufern. Sie wurden durch Vorhalten des Gewehres gezwungen, sich nackt auszuziehen, um ihre Kleider verbrennen zu lassen. Wer sich nicht gutwillig bequemt, auf den sollten Feuer gegeben werden, darauf der Körper mit einem Bund Stroh beworfen, dieses angezündet und der Leichnam mittelst langer Haken in eine tiefe Grube gezogen und verscharrt werden. Leute, die auf Schleichwegen die Grenze überschritten, wurden in den Quarantänehäusern bewacht und durch die Tortur befragt, „auf wessen Vorschub sie ins Land gekommen."

Daß man es nicht bei leeren Drohungen bewenden ließ, zeigt eine wahrscheinlich aus dieser Zeit stammende Geschichte, die sich im Amt Meinersen zutrug.[2]) Zwei Männer aus einer Pestgegend fallen der Polizei in die Hände. Sie werden ausgezogen, ihre Kleider verbrannt. Darauf taucht man die Unglücklichen an einer Schlinge ein paar Mal in die Oker unter, nicht anders, als ob sie ersäuft werden sollten, und gibt ihnen notdürftige Kleidung mit dem Bedeuten, daß sie nun genügend gesäubert seien, um vor dem peinlichen Halsgericht ihr Todesurteil zu empfangen. Zur Vollstreckung des Urteils werden sie am siebten Tage unter Beobachtung

---

[1]) Hannover Des. 74, Bledede, Loc. 92, No. 1.

[2]) O. E. Niemeyer, Criminalverbrechen, peinliche Strafen und deren Vollziehung, besonders in älteren Zeiten, aus den Criminalakten des kgl. hannov. Amts Meinersen. Lüneburg 1824, pag. 154. Akte ohne Jahreszahl datiert vom 14. 8., Vollstreckung des Urteils 20. 8.

aller Formalitäten — rücklings und angesichts des Scharfrichters auf einem Wagen sitzend und unter dem Totengesang der Schuljugend — nach der Richtstätte gebracht, an den Galgen geknüpft und „rechtschaffen" ausgestäupt. Erst nachdem sie alle Todesangst gekostet, wird ihnen die auf Landesverweisung lautende Begnadigung verkündigt. Dieser Ausgang befriedigte die zahlreich versammelte, schaulustige Menge so wenig, daß die armen Schelme nur mit Mühe unter dem Geleit von 20 Ausschußknechten an die Grenze gebracht werden konnten.

Die Pässe der Reisenden mußten von sechs zu sechs Tagen von neuem avisiert und „mit dem Pferd" gesiegelt werden. An den Grenzorten wurde sogar ein Eid über die Identität des Paßinhabers, Richtigkeit der Angaben, Herkunft der mitgeführten Waren ꝛc. verlangt.

Das Militärkommando stand unter dem Befehl des Generalmajors v. Klinkowström in Ottersberg. Zur „Respicirung der übrigen Vorfallenheiten" war der Drost v. Scheitern in Verden eingesetzt. Alle Berichte, u. a. die über die Tätigkeit der an der Grenze stationierten Pestärzte, gingen unter der Bezeichnung „Contagions=Sachen" an das Geheimratskollegium in Hannover.

Von dem Verfahren, was zu geschehen hat, wenn die Pest unmittelbar droht oder gar ausgebrochen ist, handeln zahlreiche Erlasse. Ein Beispiel für die strenge Durchführung solcher Maßregeln hatte der Duderstädter Magistrat beim Auftreten der Pest im Sommer 1682 gegeben. Er ließ die Kranken von den Gesunden absondern und ihre Häuser verschließen, den Hausrat herausschaffen und verbrennen, baute ein Pestlazarett auf dem „Sülbich", stellte Pestärzte,[1] =Wundärzte und =Krankenwärter an.

Ähnliches geschah in Celle 1715.[2] Die Stadt wurde vom 23. 1. bis 26. 3. für den Verkehr gesperrt und ein Sanitätskollegium errichtet, das sich alle Tage auf dem Rathaus versammelte. Aus Hannover berufene Pestärzte, =Wundärzte und =Krankenwärter nahmen sich der Kranken an; die Genesenen kamen in Quarantäne vor das Hehlentor, das Hausgerät wurde auf dem Mühlenkamp gereinigt oder verbrannt. So gelang es, die Seuche auf ihren Herd zu beschränken. Die drohende Gefahr war für Hannover der Anlaß, ein Pestlazarett, „das neue Haus", zu erbauen, das aber niemals seiner eigentlichen Bestimmung diente.

---

[1] Valentin Puriz, vergl. Wolf l. c.

[2] Spangenberg Celle l. c.

Die Bezeichnung der Pesthäuser durch ein weißes Kreuz und die Absperrung durch Wachen blieb bestehen. Als Krankenzimmer wird ein luftiges Gemach, möglichst im oberen Stockwerk und ohne gewirkte oder wollene Tapeten, welche leicht Unreinlichkeiten annehmen, empfohlen. Die Krankenwärter müssen durch Wachs gezogene, mit einem weißen Kreuz versehene Gewänder tragen und ihre Gegenwart auf den Gassen rechtzeitig durch Pfeifen bemerkbar machen. Es gilt als gefährlich, mit Wärtern und Totengräbern anders als unter freiem Himmel zu sprechen und auch dann nur „etliche Schritte davon entfernt und vom Winde abgewandt". Aus der gleichen Ursache darf man die Fenster gegen infizierte Häuser nicht öffnen, soll im Gegenteil noch alle Ritzen verkleben. Gewerbetreibende mit täglichem Handverkauf haben darauf zu achten, daß nicht jedermann in ihre Häuser laufe, und werfen das vereinnahmte Geld sofort in Salzwasser. Jeder Hausvater, besonders auf dem Lande, hat sich beizeiten mit Nahrungsmitteln und geeigneten Medikamenten auf ein Jahr zu versorgen und sogar Tannenholzbretter zu Särgen bereit zu halten. Hauskatzen werden einfach totgeschlagen, Hunde angebunden oder im Hause gehalten. Um eine Weiterverbreitung des Ansteckungsstoffs durch das Austreiben des Viehs zu vermeiden, wurden draußen vor den Toren Viehställe gebaut. Vieh aus Pesthäusern muß mindestens dreimal durch tiefes Wasser gejagt werden. Man räuchert wieder fleißig mit Feuern aus harzreichem Holz, Schwefel, Pech u. bergl., reinigt Kanäle und Straßen mit „Springwasser". „Wenn aber in solchen Zeiten einem Menschen ein böser Geruch oder Ekel untergeht und ihm davon das Maul voll Wasser läuft, so hüte er sich, daß er solches nicht herunterschlucke, speye es fleißig aus, rieche an Rauten, Angeliken und Präservativbalsam."[1]) Das war wenigstens vernünftiger als der Rat, den der Augsburgische Stadtphysiker Raimund Minderer in seiner Medicina militaris 1640 gab, indem er das Einatmen von Abtrittsgeruch und Bocksgestank als Gegenmittel gegen die Pest empfahl!

Alle diese Verhaltungsmaßregeln sind wieder in Form von „Unterrichten" zusammengefaßt und im Druck erschienen:

1) Kurzer doch nützlicher Bericht, wie ein jeder bei jetziger grassirender Seuche sich verhalten soll. Braunschweig 1657. Empfohlen in: Ordnung E. E. Sambt Raths der Stadt Hildesheimb, wornach man sich bei jetzigen Lebensläufften zu achten. 13. 10. 1657.

---

[1]) Verordnung von 1680. Lüneb. Const. T. III, Kap. IV.

2) **Chriſtian Bußman**, Gewiſſe Anleitung, wie man ſich in Peſtilenzzeit mittelſt Gottes Hülfe verwahren und ohne zuthun oder gegenwart eines Medici mehrentheils ſelbſt curiren ſoll. Hannover 1657.

3) **Kurzer Unterricht** von der gifftigen anklebenden Seuche 2c. auff Anordnung und Befehl d. hoh. Landes Fürſtlichen Obrigkeit auf=geſetzt. Hannover 1657, ohne Verfaſſer=Name.

4) **Johann Behrens**, Kurzer und nothwendiger Bericht, wie man ſich gegen die itzige geſchwinde anfallende Peſt verwahren und verhalten ſoll. Zell 1657.

5) **Heinrich Wolff**, Kurzer und nothwendiger Bericht, wie bey jetziger geſchwinder eingeriſſener Peſt ein jeder auf dem Lande und anderswo, da abermal kein Medicus gegenwärtig, durch Göttliche Hülff praeſerviren auch theils curiren könne. (Mit Anhang über die Ruhr). Duderſtadt 1660.

6) **Kurze Nachricht**, wie ſich in Peſtzeiten und wenn die Rothe Ruhr graſſiret, die Landleute durch geringe Mittel praeſerviren und curiren können. Zell 1681. Lüneb. Conſtit. T. III. Kap. IV.

Die ärztlichen Belehrungen bieten kaum etwas Neues. Unter den vorbeugenden Mitteln werden die Fontanellen erwähnt, „da ſie dem Körper überflüſſige humores entziehen und man befunden, daß diejenigen ſelten mit der Peſt behafftet werden, welche Fontanellen am Leibe haben". (2 und 6.) Hinſichtlich der Amulette mag es jeder „nach ſeiner Erfahrung und auf eigene Gefahr" halten. Bei der Behandlung werden Schwitz=kuren bevorzugt, Karbunkel mit dem Eiſen ausgebrannt. Im Anhang ſind die Medikamente mit der Taxe aufgeführt. Arme erhalten ſolche auf Koſten des Magiſtrats oder des Amts unentgeltlich.

1712 wurden auch Betſtunden ausgeſchrieben, während deren aller Handel und Wandel ſtill lag. Wer nicht zur Kirche gehen konnte, mußte wenigſtens, wenn bei Ableſung des Peſtgebets die Betglocken ertönten, auf die Knie fallen. 1714 fand am 9. Sonntag nach Trinitatis ein feierlicher Dankgottesdienſt ſtatt.

Die Geneſenen blieben 6 Wochen abgeſondert. Wo Häuſer und Sachen verbrannt werden mußten, erhielten die Bewohner („ſo ſich nicht böswillig angeſteckt hatten") ſpäter Erſatz. Bei dem Niederbrennen der Häuſer beobachtete man die Vorſicht, die Nachbarhäuſer abzureißen oder wenigſtens die Strohdächer abzudecken. Für die Betroffenen wurde am 10. 3. 1713 eine Kollekte veranſtaltet.

Wie man mit den Überlebenden aus einem verſeuchten Hauſe verfuhr, zeigt ein Protokoll vom 21. 7. 1712 aus dem Dorfe Welle, Amt Har=

burg.[1]) Der alte Vater und eine Magd waren allein in einem solchen Hause übrig geblieben. Für beide und den behandelnden Chirurgen wurden auf einer Anhöhe, 40 Schritt vom Ort und 25 Schritt untereinander entfernt, drei Hütten erbaut. Sobald deren Einrichtung fertig, verlassen sie um Mitternacht nackend (!) das Haus und begeben sich in die mit dem Nötigsten versehenen Baracken. Türen und Fenster des Hauses und der Brunnen im Hof werden nach ihrem Auszug vernagelt. Der Landphysikus schreibt die Diät vor, das Kochen besorgt der Chirurg (!), wenn sie etwas wünschen, sollen sie rufen, aber so, daß der Wind nicht von ihnen zur Wache wehe. Übrigens starb der Chirurg bald darauf als Opfer seiner Berufspflicht an der Pest.

Seit Ende des 18. Jahrhunderts wandte man der Sicherung der Nordseeküste gegen die Einschleppung ansteckender Krankheiten aus überseeischen Ländern größere Aufmerksamkeit zu. Meist handelte es sich dabei um Pest oder Gelbfieber, deren Ausbruch von den Konsulaten gemeldet wurde. Die Anordnungen geschahen im Einverständnis mit den interessierten Uferstaaten, Hamburg, Bremen, Oldenburg. Bewaffnete Wachtschiffe hatten den aus verseuchten Gegenden kommenden Schiffen die Einfahrt in die Elbe, Weser und Ems zu verwehren, es sei denn, daß sich dieselben über die Abhaltung einer geeigneten Quarantäne ausweisen konnten. Hierzu dienten Beobachtungs- und Reinigungsanstalten, erstere für „verdächtige", letztere für „infizierte" Schiffe. Die Dauer der Quarantäne schwankte zwischen 8—30 Tagen.

1812 ließ die ostfriesische Provinzialregierung wegen der Pest in Nordafrika die Weserküste von dem Otterndorfer Landwehrbataillon bewachen.[2]) Im Lande Wursten behalf man sich 1821[3]) an Stelle dieser Strandwachen, die bei der Ausdehnung der zu bewachenden Küste (4 bis 5 deutsche Meilen von der Leher bis zur Hamburger Grenze) ein zu großes Militäraufgebot neben der entsprechenden Anzahl von Wachthäusern erfordert haben würden, damit, daß einer der Deichgeschworenen oder sonst ein zuverlässiger Mann dreimal des Tages den Deich bestieg und nach Schiffen und Strandgut Ausguck hielt. Bezüglich der gestrandeten Schiffe galten strenge Bestimmungen. Besonders gefährliche Güter, wie alte Kleider, Wäsche, Betten durften überhaupt nicht aufgefischt werden, giftfangende, Wolle, Häute, Pelze, neue Kleider, Papier nur

[1]) Hannoversche und Cellische Landesconst. u. Polizeiverordngn., P. Pestcontagion. Hannov. Stadtarchiv.

[2]) Hannover, Des. 80, Landdrostei Stade, No. 713, Vol. II.

[3]) Ebenda, No. 716, Vol. I.

mittelft Halen und ohne förperliche Berührung. Auch follte fofort eine
Wache dabei gefetzt und die Obrigfeit benachrichtigt werden. Schiff=
brüchige famen, nach einem Reinigungsbad und mit frifchen Kleidern
verfehen, in ein abgelegenes Haus unter ärztliche Auffichť.

Der englifche Schweiß.

Im Sommer des Jahres 1529 verbreitete fich eine Krankheit über
Deutfchland, die bis dahin auf England befchränkt war und dort bereits
dreimal große Verheerungen angerichtet hatte, der „Englifche Schweiß".[1]

Naturgemäß wurden zuerft die Seeftädte, Hamburg (28. 7), Lübeck,
Bremen (31. 7) und die benachbarten Küftengebiete, Oftfriesland,
Herzogtum Bremen=Verden, das Land Hadeln, befallen. Im Auguft
finden wir die Seuche an den verfchiedenften Orten des Landes: in
Lüneburg, Celle, Hildesheim, Alfeld, Gronau, Hannover, Göttingen,
Einbeck.[2]

Der Ausbruch der Krankheit war oft fo gefchwinde, „dat men im
velde bale mufte ftorten und fweten."[3] Am erften Tage erkrankten eine
oder zwei Perfonen, am nächften Tage fchon 50—100 und den dritten Tag
lagen 400 und mehr darnieder, beifpielsweife in Alfeld 300 (Joach. Brandis
b. Jg.). Manche fonnten fchon nach wenigen Stunden zu ihrer Arbeit
zurückfehren, in bösartigen Fällen erfolgte der Tod innerhalb 12 bis
24 Stunden. Wer die erften 24 Stunden überlebte, „fam gemeiniglich
davon".[4]

In der Regel verfchwand die Krankheit nach 14 Tagen aus dem
befallenen Ort, in Hildesheim wütete fie aber 2 Monate[5] lang und in
Verden famen noch nach dreimonatlicher Dauer vereinzelte Todesfälle vor.[6]

Über den Verlauf finden fich einige Angaben in den Schilderungen
eines zeitgenöffifchen Schriftftellers, des Mönches Bodo im Klofter Clus
bei Gandersheim.[7] Auf einen anfänglichen Schüttelfroft folgte „heißer
Angft=Schweiß und harter Schlaf". Nach Hecker fprechen manche Züge
für einen befonders bösartigen Petechialtyphus, während Gelenkfchmerzen
und Neigung zu Herzaffektionen mehr auf eine rheumatifche Natur hin=

---

[1] Hecker, Der englifche Schweiß, Berlin 1834. Epidemien in England:
1486, 1507 und 1517.

[2] Letzner, Chronif l. c.

[3] Eggerif Beninga, Volledige Chronigf von Oftfriesland. Emden 1723.

[4] Bünting II, pag. 39.

[5] Oldefop l. c., pag. 165.

[6] Haefer, hiftor.=pathol. Unterf. l. c.

[7] Leibniz, Script. Brunsvic., T. II, pag. 366.

beuten. Der Sommer 1529 wird allgemein als sehr feucht und ungesund angegeben: „noch vele ander seltzamer ungehorten kranckheiten, die den sommer sweveden." (Joach. Brandis b. Jg.)

Die Behandlung ähnelte den noch heute vielfach auf dem Lande üblichen Fieberkuren. Die Ärzte wußten nicht viel zu raten und empfahlen „Rosen in Essig gelegt" zur Erquickung. „Dat om dat swet nicht inslage", ließ man den Kranken in einer „kameren, dar nein vel lucht und wint in weigen konde",[1] tüchtig schwitzen, indem man ihn mit Haufen von Federbetten oder Pelzwerk bedeckte und ängstlich jedes „Lüfftlin" fernhielt. „Bißweilen legten sich die anderen, so gesund waren, oben drüber hin und beschwerten ihn dermassen, daß er weder Arme noch Beine regen können"[2] und förmlich in Schweiß erstickte, „de nicht so flitich gewaeret wurden und von summigen to heet avergedecket, sturven". (Beninga.) Eine andere Behandlungsart bestand darin, den Kranken während der ersten 24 Stunden am Einschlafen zu verhindern, indem man ihn umhertrug oder wenigstens öfters auf die Seite wälzte, an den Haaren zog, in die Ohren kniff ꝛc. (Bodo.) Nach Ablauf dieser Zeit wurde er mit gewärmten, reinen Kleidern versehen an ein Feuer gesetzt und mit frischer Kost, Eiern, Fleisch und Fisch gelabt.

Daneben vergaß das Volk nicht, Gott in seiner Bedrängnis anzurufen: „man helt in allen steden bedemissen, ginch mit dem hilligen lichnam umme bei stat."[3] Es war die Zeit, als die lutherische Lehre die Gemüter bewegte. Bei Gelegenheit einer solchen Bittprozession in Göttingen (24. 8.), wo man öfters 5, 7, 8 Leichen in ein Grab legte, zeigte es sich, wie tief die Reformation schon Wurzel gefaßt hatte.[4] Als die Prozession unter dem Gesang lateinischer Hymnen in die Gronerstraße einbog, fand sie dort die Wollenweber versammelt, die mit lauter Stimme Luthers Passionslied „Aus tiefer Not schrei ich zu dir" (Psalm 130) anstimmten und sich auf keine Weise Einhalt gebieten ließen. In Friedeberg in der Neumark sagte dagegen ein Pfarrer auf offener Kanzel, Gott habe die Welt mit einer neuen Krankheit gestraft, weil sie

---

[1] Oldecop l. c., pag. 164/165.

[2] Spangenberg l. c., pag. 623.

[3] Diese Prozessionen haben in jener unwissenden Zeit ohne Zweifel etwas Rührendes an sich, doch mögen sie durch die damit verbundenen Menschenansammlungen auch zur Weiterverbreitung der Seuchen beigetragen haben. Man wird unwillkürlich an die Vorkommnisse in Italien bei Gelegenheit des letzten großen Vesuvausbruchs erinnert, nur daß man heutigentags in erster Linie ein tatkräftiges Handeln erwartet.

[4] Zeit- u. Geschichtsbeschreibung, l. c. III. Bd., 3. Cap., § IX. pag. 333 u. ff.

eine neue Lehre und Glauben angenommen, wenn sie bei dem alten
römischen Glauben verharre, würde die Krankheit wohl wieder aufhören.
(Hahnen l. c.)

Syphilis und Prostitution.

Ausgangs des 15. Jahrhunders wird die Syphilis bei uns zum
ersten Male erwähnt. Die Chronologia Hannoverana schreiben darüber:
„1493 ist ein unerträglich heißer Sommer gewesen und hat sich nach
Verzeichnis Doctoris Achillis Gasheri die schädliche Krankheit der
Franzosen zum ersten Male in Deutschland gezeiget."[1])

Das gradezu epidemische Umsichgreifen der Krankheit[2]) mit ihren
unberechenbaren Folgen für die Nachkommenschaft lenkte die Aufmerksamkeit
der Obrigkeit auf sich. So gebot der Magistrat in Hildesheim 1498,
„dat be behaft weren mit den franzoisen pocken, scholden in oren wonigen
bliven, wente dat se gesunt weren, unde ses weten darna.[3])

Ueber die Behandlung der Syphilis schweigen sich unsere Quellen
aus. In den Homeister Handschriften des hiesigen Stadtarchivs findet
sich ein (niederdeutsch mit Übergang des Plattdeutschen in das Hochdeutsche)
geschriebenes Blatt „Unbericht wo man dat holdt Guaicacium vor
Krankheit der Franzosen gebruken schall." Zunächst wird die Herstellung
des „Stark-" und „Schwach"-Wassers beschrieben, das jeden sechsten Tag
neu angesetzt werden muß. Die Kur dauert 30 Tage und erfordert am
Anfang und in der Mitte eine gründliche Purgation. Neben dem Trinken
unglaublicher Mengen des Wassers läuft die Sache auf Fasten und
Schwitzen hinaus, und dabei soll der viel geplagte Patient noch ein
Vierteljahr Diät halten, freundliche Kurzweil treiben, sich nicht ärgern
und nichts hören, was ihn schwermütig mache. „So er dies 2—3
Monate befolgt, sei er ohne Sorge, daß er jemals wieder etwas von der
Krankheit bemerken werde". Das Guajakholz ist noch heutigentags in
den Species lignorum und in einigen ausländischen Spezialitäten enthalten, sonst aber durch die Radix Sarsaparillae (Zittmannsches Dekokt)
verdrängt.

---

[1]) Ähnlich bei Rehtmeier, l. c. pag. 836: „Um diese Zeit (1495!), als
Kaiser Maximilian mit Ludovico Gibboso, Könige von Frankreich und mit den
Venedigern Krieg geführet, haben die Landsknechte die abscheuliche und schädliche
Seuche der Franzosen mit aus Franken gebracht, welche, weil sie dieselbe von den
Franzosen bekommen, auch den Namen also behalten."

[2]) Erfahrungsgemäß sind Infektionskrankheiten in Ländern, die bis dahin
davon verschont geblieben, besonders bösartig. Kleinere Epidemien von Syphilis
(syphilis insontium) kommen gelegentlich in Glashütten durch gemeinsamen
Gebrauch der Rohre zum Glasblasen vor.

[3]) Diarium des Henning Brandis, pag. 151.

Mit der Bekämpfung der Venerie ging eine Umwälzung auf dem Gebiet der Sittenpolizei einher, wozu allerdings auch die Reformation ihr Teil beitrug. Die in früheren Zeiten ergangenen Verordnungen gegen die Prostitution hatten keinen eigentlich sanitären Charakter, sondern bezweckten als Abschreckungsmaßregeln lediglich eine reinliche Scheidung zwischen Hure und ehrbarer Frau. Die Dirne war schon äußerlich durch ihre Kleidung gekennzeichnet, sie mußte am Rande der Stadt wohnen (borde, daher die Bezeichnung bordell) und durfte sich nicht öffentlich in Gesellschaft sehen lassen: „Ok en schal neyn beruchtigt frume to beyre in huse ebber tapherne gan unde dar tolage mit felsschup sitten." (Göttinger Statut v. 24. 10. 1445, l. c. pag. 176.) Auf der anderen Seite suchte man die Frauenehre gegen Übergriffe zu schützen. So verbietet das Nienburger Stadtrecht das „bolderbönische Umwerfen und Entblößen der Jungfrauen beim Tanz." In Hannover mußte selbst bei Hochzeitsfeierlichkeiten auf dem Rathause ein Ratsverwandter zur Beaufsichtigung anwesend sein!

Seit der Reformation werden die Dirnen nicht mehr in der Stadt geduldet und strenge Strafen für gewerbsmäßige Unzucht und Kuppelei („Hausen und Hegen der Bübinnen") ausgesetzt.[1] Die Hannoversche Stadtkundigung von 1536 und 1544[2] — und ähnlich die Einbecker Polizeiordnung von 1573 — befiehlt kategorisch, „daß der uneheliche Beischlaf gänzlich abgeschafft und unzüchtige Weiber, die sich nicht bessern, aus der Stadt verwiesen werden." Nach den Lauenburger Statuten des Herzogs Franz[3] wurden die Dirnen, wenn sie jemand „unverwarnt" mit der Franzosenkrankheit angesteckt hatten, mit Staupenschlägen aus= getrieben oder nach Gestalt der Sache härter am Leibe gestraft. Außer= dem waren die Badestuben als Gelegenheit zur Unzucht verrufen, woher sich z. T. die geringe Achtung schreibt, die man den „babstovern" zollte.[4] „Dieweil auch zur Unzucht nicht wenig anreitzung und ursach, auch ergernis giebt, daß in den gemeinen (gemeinsamen) Babstuben die Manns= und Frawens Persohnen so hart bey undt durcheinandersitzen, welches auff der Cantzell gestraffet worden, so wird solches auch billig abgeschaffet, alß an anderen Orten durch ganz Teutschland gebräuchlich." (Lüneburg 13.1.1591.)[5]

---

[1] Vergl. die Reichspolizeiordnungen von 1548 und 1572.
[2] Phil. Manele, Extracte der hannoverschen Stadtkundigungen de dato 1536 und 1544 in Puf., Observ. IV App. pag. 218.
[3] Statuta civit. Lauenburgici. Puf. Obs. III App. pag. 339.
[4] Bodemeyer, Hannoversche Rechtsaltertümer, Göttingen 1857. „Wasser= träger" (der Mann, der in den Bädern das Wasser zuträgt) war beinahe gleich= bedeutend mit Kuppler. Zedler. Bd. II pag. 1059.
[5] Der Stadt Lüneburg Niedergerichtsordnung. Puf. Obs. III, App. pag. 380.

Der Beschränkung des illegalen Geschlechtsverkehrs dienten ferner die „Unzuchtsbrüche", zu denen noch Kirchenbußen und Entschädigungen an die „Geschwächte" kamen. Die Unzuchtsbrüche, für den Mann doppelt so hoch als für die Frau, waren in der Regel da fällig, „wo das Kind zuerst die Wand beschrien"; in anderen Gegenden z. B. im Lande Reh= bingen fielen sie dem Ort zu, „an dem das delictum carnis comittiret." Es ist oftmals ein recht erbauliches Schauspiel, zu sehen, wie eine hohe Obrigkeit die Geheimnisse der Liebe beschnüffelt, damit ihr das Geld nicht entgehe.[1] Im Wiederholungsfalle und bei Armen suchte man die Gelüste des Fleisches durch Gefängnis bei Wasser und Brot, Karren= schieben und Landesverweisung zu dämpfen. Eine besondere und gerecht= fertigte Aufmerksamkeit verwandte der Göttinger Magistrat auf liederliche Frauenzimmer wegen der jungen Studenten. Beim Militär wurde jeder, der außer der Ehe eine Beischläferin hielt, streng bestraft.[2]

Die Eigentümlichkeit des hannoverschen Heereswesens, die Kavallerie der Kostenersparnis halber bei den Bauern einzuquartieren, trug zur Verseuchung des platten Landes mit Syphilis erheblich bei. Ganze Familien, selbst Kinder, erkrankten, so daß an manchen Orten die Abhaltung der Spinnstuben untersagt wurde. Die Regierung suchte dem Übel nach Kräften zu steuern, indem sie Ärzte und Militärchirurgen mit der Untersuchung und Behandlung der Venerischen (und Krätz= kranken)[3], die Prediger mit der Verabreichung von Arzneien beauftragte. Die Amtsbedienten mußten auf solche Personen fahnden und von den Einwohnern die Kosten eintreiben.

Die französische Occupation brachte die Konzessionierung und Kaser= nierung des Dirnenwesens im modernen Sinne. Die Franzosen, von jeher Meister der Galanterie, setzten sich leichter über die Bedenken einer oft falsch angebrachten Moral hinweg, indem sie mit den realen Verhältnissen des Lebens rechneten. Bei einem Heere, das lange im Felde, zumal in Feindes Land, steht, ist die Zunahme von Ausschweifungen und Geschlechts= krankheiten unausbleiblich. Die eingeschriebenen Dirnen wurden daher verpflichtet, sich ihren Besuchern gegenüber durch ein ärztliches Gesundheits= attest, das nicht älter als 8 Tage sein durfte,[4] auszuweisen und hatten für Übertragung von Geschlechtskrankheiten strenge Bestrafung zu erwarten.

---

[1] Doch ließ man den concubitus anticipatus in favorem matrimonii in Gnaden durchgehen, was jeden Kenner ländlicher Sitten beruhigen dürfte.

[2] Kriegsartikel von Herzog Friedrich (1647), Georg Ludwig, für die sämtl. Br.-Lbgschen Truppen v. 4. 5. 1790, No. 216.

[3] Siehe Kap. IX, Militärsanitätswesen.

[4] Charte de santé, Grotefend'sche Sammlung, Stadtarchiv Hannover.

Leider darf nicht verschwiegen werden, daß sich die Frauen durchaus nicht ablehnend gegen die Liebenswürdigkeiten der Eindringlinge verhielten. Man zählte in Hannover ganze Straßen, wo kein Dienstmädchen frei von den Spuren französischer Zärtlichkeit war![1]) Da in der Residenzstadt mit einer durchschnittlichen Garnison von 2500 bis 3000 Mann, die fast täglich ab- und zumarschierten, ein Hospital für venerische Mädchen Bedürfnis wurde, verfügte die französische Regierung am 12. 11 1807 die Errichtung eines solchen im Gebäude der ehemaligen Tierarzneischule am Klevertor.[2]) Die Kosten der baulichen Instandhaltung (ca. 4000 Francs pro Jahr) trug die Stadt, das Mobiliar wurde dem Militärhospital entnommen. Die Zahl der Kranken schwankte und schwoll nach größeren Truppendurchmärschen an, den ärztlichen Dienst versah anfänglich ein Hospitalchirurg Thomas, seit 1812 der auch als Schriftsteller bekannte Dr. W. Blumenhagen.[3]) Seit 1811 wurden die Freudenmädchen je nach der Wohlhabenheit mit einer monatlichen Abgabe von 1/3 Taler, 1/2 Gulden, 3—6 Mariengroschen zu den Kosten herangezogen. Die hannoversche Regierung behielt die Anstalt später bei und gliederte sie 1833 dem städtischen Krankenhaus in Linden als besondere Station an.

Auch in anderen Städten, beispielsweise Celle, fand eine ärztliche Überwachung statt.[4]) Ein übereifriger Polizeikommissar empfahl dort sogar einmal, zwei leichtfertige Mädchen „mit Eklat aus den Toren herauszubringen." Das stimmt mit den Anschauungen jener Zeit, wie sie Patje schildert: „Die Devoten verfolgten eine geschwächte Jungfrau von einem Winkel der Stadt in den andern und brachten sie zur Verzweiflung, die nicht selten mit dem Kindsmord endigte."[5])

---

[1]) Hartmann, Gesch. v. Hannover, l. c. pag. 429.

[2]) Hannover Des. 51, No. 70, 85.

Spilker, Histor. topograph. statistische Beschreibung d. kgl. Residenzstadt Hannover. Hannover 1819, pag. 396 u. ff.

Ein provisorisches Lokal befand sich früher hinter der Mauer in den sog. „Baraden".

[3]) U. a. Verfasser der Novelle: Hannovers Spartaner. Rekl. Univ. Bibl. Nr. 1002.

[4]) Hannover Des. 51, No. 70.

[5]) Patje, l. c. Diese Worte Patjes geben mir Anlaß zu einer persönlichen Bemerkung. Die moderne Sittlichkeitsbewegung zeigt, daß wir auf diesem Gebiet in unserem Zeitalter der Humanität und Aufklärung noch beinahe ebenso rückständig sind. Auf der einen Seite eine Genußsucht, die nur dem Tage lebt, Heuchelei auf der anderen, im besten Falle ein gleichgültiges Übersehen dessen, was nun einmal nicht zu ändern ist. Die Natur hat die Ausübung der Geschlechtsfunktion in das Belieben des Menschen gestellt, aber sie fügte die Sinnlichkeit hinzu, um die Erhaltung der Art zu fördern.

Im Jahre 1825 machte sich eine erschreckende Überhandnahme der Syphilis in allen Ständen der Hauptstadt bemerkbar. Allein beim Militär waren 109 Venerische.[1]) Eine ärztliche Kommission, Leibarzt Stieglitz und Leibchirurg Wedemeyer, wies nach, daß die Ansteckung in den seltensten Fällen von den zweimal wöchentlich untersuchten Kontrollmädchen ausging, vielmehr auf Rechnung der geheimen Prostitution zu schieben sei.[2]) Als sich die Anwohner einer übelberufenen Straße (Gr. Wolfshorn) mehrfach über das Dirnenwesen beschwerten, vertrat die Polizeidirektion die verständige Anschauung, falls man die Existenz öffentlicher Mädchen für nötig halte, müsse man ihnen auch einen Aufenthaltsort anweisen, und sofern die Anlage von Bordellen nicht beliebt werde, bleibe nichts Anderes übrig,

Erziehung und Beispiel und das Bewußtsein, daß jede außereheliche Befriedigung des Geschlechtstriebes mit einer sittlichen Degradation des Weibes verbunden ist (Baumann, sittl. Ausbildg. Cap. X b. Einführung in die Pädagogik), lehren die Begierden bekämpfen. Oft jedoch wird die Enthaltsamkeit zur Qual, ein Zustand, den Guy de Maupassant einmal mit großer psychologischer Feinheit geschildert hat: „Seine Seele war keusch, doch wohnte sie in einem herkulischen Körper und sinnliche Bilder begannen seinen Schlaf und seine Nächte zu beunruhigen." („Die kleine Roque." Rell. Univ. Biblioth. No. 4424.) In dem Augenblick jener impulsiven Erregung, die ein Rest der Brunft des Tieres ist, wird selbst ein Mensch, gesund an Körper und Geist, nicht immer als Sieger hervorgehen. Wenn die Natur erst selbst eine Schranke gesetzt hat, ist es leicht, die Verirrungen der Liebe zu schmähen! In stolzem Pharisäerdünkel machen die Sittlichkeitsfanatiker gar keinen Unterschied zwischen Prostitution und Liebe und sehen in dem gefallenen Weib nicht die schutzbedürftige Frau und Mutter, sondern nur die verabscheuungswürdige Sünderin. Möchten sie doch bedenken, daß tausende ihrer Mitschwestern nur ihre Schande besser zu verbergen wußten, und für ebenso viele der Mangel an Gelegenheit fast der einzigste Schutz ihrer Tugend war! Auf einem der letzten Sittlichkeitskongresse hatte ein Pastor die Kühnheit, zu behaupten, die Sorge um das Wohl der unehelichen Mutter sei eine Schmach für unsere eigenen Mütter und Töchter. Wie verträgt sich das mit den Lehren dessen, der der reuigen Ehebrecherin vergab?! Da fallen mir ein paar Simplizissimus Verse ein (11. Jahrg. 1906, No. 36):

„Sie werden für mich beten
Und mir mit ihren frommen
Und leeren Worten kommen
Und dann mich hinterher
Tief in den Boden treten,
Als wenn ein Stein ich wär.

Nie lassen sie es bleiben
Mein Lebtag mir zu sagen,
Daß ich in jungen Tagen
So tief in Sünden stand.
Sie werden es mir schreiben
Aufs Grab noch in den Sand."

[1]) 1829 war dagegen kein einziger syphilitischer Soldat der Militärbehörde bekannt.
[2]) Hannover, Des. 104 a. Polizeisachen, Landdrostei Hannover, Stadt Hannover.

als sie in abgelegene kleine Straßen zu verweisen. Übrigens spräche aus den Beschwerden der Nachbarn häufig nur der Neid, daß die Wirte dieser Quartiere höhere Mieten erzielten! Das O. M. C. befürwortete 1848 die Errichtung von Bordellen, da in ihnen bei genauer ärztlicher Überwachung die Ansteckungsgefahr weniger zu fürchten sei.[1])

Influenza.

Den ersten sicher beglaubigten Influenzaepidemien des 16. Jahrhunderts (1510, 1557, 1580[2]) kann man vielleicht eine ältere Notiz aus der Sachsenchronik anreihen:[3]) „Anno 1404 was ene grot Pestilentz im Sachsenland, dat vele olde Lübe störven och Junge midde, wente de loge[4]) was, an Haufte an Snove, dat vele Lübe dampeden unde stickeden van Qualster i. e. Sliem und unflade, dat word den Lüben so klibber in dem Live, dat se des nicht utklösen können, so dat daran vel Lübe mösten starven." Dasselbe bestätigt Spangenberg[5]) für Thüringen, Sachsen und den Harz, Scherder für das Land Habeln. Die anscheinende Bösartigkeit wäre durch eine begleitende Pneumonie, die namentlich Kindern und Greisen gefährlich zu werden pflegt, erklärlich.

Relativ gutartig war die Pandemie des Jahres 1580: „und was selben dat men einen darna horde, be it nich scholde gehat heffen," aber „selben was einer daran gestorven, be velichte to vele unbeinliche arstenie[6]) dar to gebrucket habbe". (Joach. Brandis b. Jg.) Der Verlauf erinnert ungemein an die große Epidemie von 1889. Die Krankheit setzte im Herbst „umme michaelisdag"[7]) ein. Sie begann mit Frost oder Hitze und Schwindel, dann entstand Schnupfen, Husten und Heiserkeit „und vel one ut den hovede in den hals dat se ok darinne smarten und wehetage habben." Nach 3—4 Tagen war gewöhnlich alles vorüber. Die Ärzte nannten die Krankheit, die sich „wie ein Pfeil" über ganz Europa verbreitete, catarrhus epidemicus, im Volksmund hieß sie „Bremerpipp".[8])

---

[1]) Calenberg, Des. 8, Nachtrag 31, Huren.
[2]) Eulenburg, Realencyclopädie der Heilkunde, 3. Aufl., Bd. XI.
[3]) Jürgens, Hannoversche Chronik, 1907, l. c.
[4]) Loge bedeutet eigentlich die Lungenseuche beim Vieh.
[5]) Spangenberg, l. c. pag. 511.
[6]) „Die zur Ader ließen, starben gemeiniglich", Chronologia Hannoverana.
[7]) Bünting: in diesem 1580 Jahr den 10. Sbr. seyn schreckliche Chasmata und Fewerstrahl am Himmel gesehen durch das gantze sachsen Land, nicht lange danach ist eine allgemeine seltsame ungewöhnliche Hauptkrankheit erfolget.
[8]) Pipp soll mit dem lateinischen pituita = Schleim, Schnupfen zusammenhängen, Pips bedeutet auch eine mit Lähmigkeit verbundene Geflügelkrankheit, was auf die nervösen Symptome der Influenza hindeuten würde.
Bremerpipp von Bremen herkommend, analog Nürnberger, spanischer Pipp.

Aus dem 17. und 18. Jahrhundert sind eine Reihe von Epidemien bekannt geworden. Wenn Redecker von einem „Flußfieber" spricht,[1] an dem Anfangs Dezember 1732 in der Stadt Hannover über 12000 Menschen krank lagen, so daß die Ärzte Tag und Nacht keine Ruhe hatten, so ist das meines Erachtens auch weiter nichts als eine Influenza. Zu dieser Zeit war übrigens auch schon der heutige Name gebräuchlich. In einem Brief an den Stadtrat Heiliger vom 28. 7. 1788 entschuldigt sich Freiherr v. Knigge wegen verspäteter Rückgabe von Schriften mit einem Anfall von „Influenza".[2]

Ruhr.

Zu den alljährlich in den Sommer- und Herbstmonaten mit mehr oder minder großer Heftigkeit auftretenden Infektionskrankheiten gehörte die Ruhr, auch Rotwehe, Blut- oder Hofgang genannt. Besonders bösartige Epidemien werden aus dem Jahre 1599 aus Lüneburg, Ülzen, Hildesheim und Nachbarschaft (wo allein ca. 500 Menschen starben),[3] 1679/81 aus Osnabrück, dem Amt Calenberg, vom Eichsfeld, 1736/39 ganz allgemein und während des siebenjährigen Krieges aus Göttingen, das damals überhaupt als Seuchenherd bekannt war, Lüneburg und vielen anderen Orten berichtet.

Gewöhnlich herrschten mehrere ansteckende Krankheiten zugleich, die in einem gewissen Typus alternierten, wie Roederer und Wagler in ihrer klassischen Arbeit über das Schleimfieber gezeigt haben.[4]

In älterer Zeit sind die Verhaltungsmaßregeln bei der Ruhr häufig den Pestvorschriften beigefügt, denen sie in der Art ihrer Abfassung sehr ähneln. An Stelle der Magistrate übernahm Ende des 17. Jahrhunderts die Landesregierung die Fürsorge.

Für das Jahr 1599 liegt ein ärztliches Zeugnis des Lüneburger Stadtphysikus Tobias Dornkreil vor, das die Natur der Krankheit richtig

[1] Redecker, Hannoversche Chronik, pag. 915, Stadtarchiv.

„Fluß" (= Katarrh) bezeichnet also ein Hauptsymptom der Krankheit, während man heutzutage unter Flußfieber die Malaria versteht wegen ihres örtlichen Vorkommens im Überschwemmungsgebiet der Flüsse.

[2] Jürgens, Die Quellen der stadthannoverschen Geschichte. Zeitschr. d. histor. Ver. f. Niedersächs. Jahrg. 1897, pag. 402.

[3] Fragm. chron. Hild., Leibniz, Script. Brunsv. III, pag. 262: „a. 1699 im blutgang fünffhundert gestorben, ist endlicher dan die peste. Hat bald ein ganz halbjahr gewehret nnd ganz jämmerlich anzuhören gewesen."

[4] Roederer und Wagler, de morbo mucoso, Gottingae 1762.

Riepenhausen, Morbi epidemici etc. ab anno 1757 usque ad 1762. Gottingae et circa eam grassati. Halae 1766.

erfaßt:[1] „Unb ist nicht (allein) ein gemein verwunbnis ber bermen, welche von scharfer unb gesalzener Flüssigkeit verursachet wirb, unb mit sich bringet viel schmerzlicher stuhlgenge, bie mit fette unb stücklein ber bermen, mit blut, mit Eyter unb mit rahwen ber Schweren[2] vermenget sein, sonbern es hat auch etwas gifftiges an sich, baburch sie ankleblich ist unb baburch sie einem bem anbern kann bey gebracht werben." Als Ursachen gelten ihm Witterungseinflüsse (harter Winter, feuchtes Frühjahr, heißer Sommer), unorbentliches Leben unb ber Genuß unreifen Obstes. Die Vorbeugungs= mittel zerfallen baher in solche allgemeiner Art (Reinhalten ber Straßen, Häuser unb Betten, Räucherungen, Fortschaffen bes Stuhlgangs in ab= gelegene Gruben) unb solche persönlicher Natur, bie in bem alten hippo= kratischen Spruch: „labor, cibus, potus, somnus, venus, omnia me- diocria" gipfeln.

Arme sollen morgens nüchtern geröstetes Brot in Bier ober Weinessig getaucht ober mit Muskatnus bestreut essen ober Teeaufgüsse von Krause= minze, Eichenlaub, Tormentillenwurzel trinken. Für die Reichen werben zusammengesetzte Latwergen unb Pulver zur Vorbeugung angegeben.

Die Behanblung beginnt mit bem üblichen Aberlaß unb mit Purgieren (Rhabarber). Zum Stopfen bient süße Milch, in ber mehrmals ein glühenber Stahl abgelöscht unb barauf Tormentillenwurzel abgekocht ist. Diese kehrt, ebenso wie bas Kraut unb ber Samen bes Wegerichs, in ben aus bis zu 70 Bestandteilen hergestellten Ruhrwässern regelmäßig wieber. Daneben werben Klystiere aus Gerstenschleim empfohlen. Joachim Brandis in Hilbesheim erhielt ein solches „bar was vel talges mit gewesen zu bem enbe be bermen inwenbich zu smeren bat be scharpe fluisse besto weinichen schaben" (l. c., pag. 450).

Die Diät besteht in Schleim= unb Eiersuppen, Dörrobst, Hühner= unb Kalbfleisch ꝛc. Daß natürlich auch sympathische Mittel nicht fehlen burften, liegt in bem Aberglauben jener Zeit begrünbet. So sollte Gänserichkraut in bie Schuhe gesteckt, „bie Seuche brechen". Aus bemselben Grunbe bestrich man bie Fußsohlen mit einem Gemisch aus Krebskraut, Täschelkraut, Salz unb Essig.

Gegenüber ben einfachen unb im allgemeinen verstänbigen Ratschlägen

---

[1] Tobias Dornkreil, Von bem Hoffgang sonst Rote Ruhr ober Rote wehe genanbt. Lüneburg 18. 8. 1599.
Dito, Sendebrieff von bem jetzt regierenben Hoffgang. Uljen.
Dito, von bem Hoffgang, Hamburg 1624 (Nachbruck, ba Dornkreil schon 1605 gestorben).
[2] Rahwen = roben, Borten ber Geschwüre.

Dornkreils zeichnen sich die ganz im Banne des Galenus und Paracelsus
stehenden Ausführungen der Lüneburger Physiker Joh. Ehlers und
Wilhelm Schmidt[1]) durch eine schwulstige Gelehrsamkeit aus.

Eine landesherrliche Verordnung von 1681 befahl, in Ruhrzeiten
alle Hasel-, Wallnüsse und Spillinge (gemeine gelbe Pflaumen) vor den
Toren und Schlagbäumen anzuhalten, ins Wasser zu werfen oder sonst=
wie zu vernichten.[2])

Vor allem kam es darauf an, eine wohlfeile und bequeme
Behandlungsart für das Landvolk zu erfinnen, das ohnehin für derartige
Bestrebungen wenig Verständnis zeigte. Die gedruckten Verhaltungs=
maßregeln wurden an die Ämter, Dorfschaften, Prediger, Chirurgen und
an die Apotheken, woher der Bauer seine Medizin entnahm, verteilt.
Dafür erhob man 1681 von jedem Haus und Hof wöchentlich einen
guten Groschen als Kontribution.

1758 schickte man in Lüneburg, als infolge von Truppenanhäufungen
Ruhr und Fleckfieber ausbrachen, den Einwohnern entsprechende Merk=
blätter ins Haus.[3])

Beispiele: 1) H. Wolff, Von der allgemeinen rothen und weißen
Ruhr, Wohlmeynenblich dem Landvolk und gemeinen Leuthen zum besten 2c.
zusammengetragen. Duberstadt 1666.

2) Kurze Nachricht wie sich in Pestzeiten und wann die rohte Ruhr
grassiret, die Landleute durch geringe Mittel praeserviren und curiren
können. Zelle 1680. (Siehe oben pag. 238 No. 6.)

3) Kurzer Bericht, wie bei Durchfällen und Rohter Ruhr
zu verhalten. Hildesheim 1684. Hildesh. Landesarch. Bd. IX. 61,
Abschnitt 2.

4) Unterricht von der jetzt grassirenden roten Ruhr. Hannover
1736 und 1739. Lüneb. Constit. T. III, Kap. IV.

5) Kurzer Unterricht für den Landmann bei der Ruhr, herausgegeb.
v. Colleg. med. et sanitat., Hildesheim 1794.

Bei der Behandlung kamen alle die heute noch gängigen Mittel in

---

[1]) Kurzer Bericht v. Hoffgang 2c. durch Joh. Elerum (aus Ülzen) et Guillel-
mum Schmidium, Med. Doct. Luneburgicos bestallte Physicos et medicos der
löbl. Stadt Lüneburg. Lüneburg 1624.
[2]) Zell. 1. 8. 1681 in Hannover, Des. 74. Amt Bleckede Lec. 92 No. 6.
[3]) W. Görges, Die Stadt Lüneburg während des 7jährigen Kriegs
Jahresber. d. Mus. Ver. f. d. Fürstent. Lüneburg, pag. 77.

Anwendung: Rhabarber, Jpecacuanha, Calomel.[1]) Da der Rhabarber
allein gelegentlich stopfend wirkt, „wodurch dem Kranken eine große
Herzensangst verursachet werde," wurde ein Gemisch von Rhabarber und
Jalappe bevorzugt. An deffen Stelle trat im Anfang des 18. Jahr=
hunderts die Brechwurzel, deren Empfehlung sich auch Leibniz angelegen
sein ließ, um so mehr, als außer der Pest und den bekannten Fiebern
keine Krankheit größere Verwüstungen unter dem gemeinen Volk und im
Heere anrichte, als die Ruhr.[2]) Die Regierung riet 1718 den Apothekern
die Anschaffung der Jpecacuanha und zwar als am besten wirksam die
schwärzlichen Wurzeln derselben. Ein Pulver (30 gran für Erwachsene)
kostete 3 Groschen, „so daß man öfters mit 2 Pulvern zu 6 Groschen sein
Leben retten könne." Bei Schwangern, Kindbetterinnen und Brustkranken
griff man aber wegen der etwaigen schädlichen Folgen eines Brechpulvers
auf den Rhabarber zurück. Gegen Koliken diente „schmerzstillende
Saffranessenz". (Tr. opii crocata.)

Blattern und Impfung.

Im 17. und 18. Jahrhundert haben zahlreiche Pockenepidemien,
namentlich unter den Kindern, verheerend gewirkt. Rüling[3]) konnte für
Northeim den Nachweis erbringen, daß seit 1619 innerhalb eines Zeit=
raums von 154 Jahren der vierzehnte Teil von allen in der Stadt
Geborenen in frühester Jugend an den Blattern zugrunde gegangen war.
In dieser Zeit hatten 27 Epidemien stattgefunden, also durchschnittlich
alle 5—6 Jahre eine. Nach Faust[4]) forderten die Blattern in Hannover

---

[1]) Das Calomel (in Verbindung mit Rheum.) wandte zum ersten Male der
englische Militärarzt Pringle im pragmatischen Heere, dem auch ein hannoversches
Contingent zugeteilt war, an. Conf. Beobachtungen über die Krankheiten einer
Armee, übersetzt v. Brande, Altenburg 1772.

[2]) Leibniz, de novo antidysenterico Americano. Opp. T. II, P. 2,
pag. 110—119.
Dito, Kurzer Unterricht, auf was Art man sich der Ipecacuanha mit
großem Nutzen in den Hospitälern und sonsten gegen die rote Ruhr bedient.
14. 10. 1718, in Lüneb. Conft. III, pag. 1651.
Zimmermann, Von der Ruhr unter dem Volke im Jahre 1765, Zürich 1767.
Werlhoff zog gleich Saalmann in Münster den Salmiak vor: conf. Werlhoff et
Saalmann, Commercium de dysenteria 1761, Monasterium 1762.

[3]) Rüling, Physik. med. ökon. Beschreibung rc. d. Stadt Northeim,
Göttingen 1779, pag. 144.
1787 machten die Todesfälle an Blattern in Northeim fast die Hälfte
aller Gestorbenen aus, während in Clausthal jedes 15. Kind daran starb. Annal.
b. Churf., II. Jahrg., 2 St. pag. 99.

[4]) Faust, Zuruf an die Menschen, insonderheit in Kurhessen. Bückeburg,
14. 5. 1804. Europa hatte damals 3 Millionen Blatternkranke mit 450 000
Todesfällen, Europa 600 000 bezw. 75 000 (davon 30 000 allein in Preußen).

vor der Einführung der Kuhpockenimpfung jährlich 3000 Menschenopfer. Manchmal kamen kaum Zweidrittel oder gar nur die Hälfte der Befallenen mit dem Leben davon.[1]

Die Chinesen hatten schon vor Jahrtausenden die Beobachtung gemacht, daß die absichtlich eingeimpften Blattern milder verliefen als die natürlichen. Im christlichen Europa wurde die Schutzimpfung erst durch die Lady Mary Worthy Montagne, Gattin des englischen Gesandten in Konstantinopel, bekannt, welche sie von den Türken kennen lernte und 1719 bei ihren eigenen Kindern anwandte, während frühere Mitteilungen der griechischen Ärzte Emanuel Timone (1713) und Jacob Pilarini (1715) augenscheinlich nicht die Beachtung der Ärztewelt gefunden hatten.[2]

Im Jahre 1720 erkrankte die Enkelin König Georgs I., Anna, älteste Tochter des damaligen Prinzen von Wales, nachherigen Königs Georg II., heftig an den Blattern.[3] Dem Einfluß der Lady Montagne gelang es, die Schutzimpfung der königlichen Kinder durchzusetzen. Zur Sicherheit erprobte man aber die Sache erst an 6 armen Sündern, die nachweislich die natürlichen Pocken noch nicht gehabt hatten. Der Wundarzt Maitland impfte alle 6, 3 Männer und 3 Weiber zwischen 19—36 Jahren in Newgate mit glücklichem Erfolg. Eins der geimpften Mädchen wurde überdies nach Hertford geschickt, wo gerade eine bösartige Blatternepidemie herrschte, und blieb verschont. Der Leibarzt des Königs, Hofrat Steigerthal, sandte einen Bericht darüber nach Hannover, der im ersten Bande der Collectanea chirurgica abgedruckt ist.[4]

Bei den nahen Beziehungen zwischen England und Hannover ist es leicht verständlich, daß die Impfung schon frühzeitig auch in Hannover Eingang fand.

Am 2. 2. 1722 impfte Stabsfeldscher J. C. Wrede unter Leitung des Hofmedikus Dr. Hugo, der dem Impfling einige Tage zuvor ein Abführmittel eingab, die 3jährige Tochter eines Musketiers.[5] Zu dem

---

[1] Blatternepidemie in Otterndorf. 1779. cf. Hannover, Des. 74, Otterndorf.

[2] Harleß, die Verdienste der Frauen um Naturwissenschaft und Heilkunde. Göttingen 1830.

[3] J. Fr. Blumenbach, Ehrengedächtnis des alten Regimentschirurgen Wreden nebst einer Einleitung, vgl. Annal. d. Churf. III. Jahrg., 2 St. pag. 389.

[4] Die Inoculation der Blattern nach dem Diario des Herrn Hof-Raths und Leib-Medici Dr. Steigerthal an 6 criminellen Personen im Alter von 19—36 Jahren vorgenommen. London, 9. 8. 1721.

[5] Wrede, Von der Inoculation der Blattern. Collectanea chirurg. 1723. Observat. 49.
Derselbe, Vernünftige Gedanken von der Inoculation der Blattern. Hannover 1724.

Zwecke übertrug er die von einem Kinde aus der Nachbarschaft, „so keine bösartigen Blattern hatte," entnommene Materie auf mehrere Schnitte an den Armen und am rechten Bein und bedeckte die Stellen mit einem Verband. Unter allerlei Entzündungserscheinungen waren die Blattern am siebten Tage völlig entwickelt. Aber die Schwester des Kindes wurde angesteckt und lag gefährlich krank. Zwei spätere Impfungen — Knabe von 3, Mädchen von 10 Jahren — verliefen glatt. Wrede hat somit den Ruhm, neben dem damaligen Anhaltschen Leibarzt Joh. Theob. Eller in Bernburg (1721) als einer der ersten die Blatterimpfung in Deutsch= land, vermutlich auch im ganzen christlichen Europa mit Ausnahme Englands, ausgeführt zu haben.

Über eine 1724 am königlichen Hofe vollzogene Impfung berichtet die Rebecker Chronik folgendermaßen[1]): „dem ältesten Sohne des Prinzen von Wallis Friedrich Ludwig von Cornwall wurden die Blattern durch den Leibarzt Metelin (Maitland?) und den Professor zu Helmstedt Dr. Laurentium Heister inoculirt, welches glücklichen Effekt hatte. Man nahm die Blattern von Catharina Bock zu Kalefeld, des hiesigen Köthners Heinrich Bock und Ilsabe Wehrmanns Tochter. Der König gab selbigen Eltern auf ihre künftige Lebenszeit Freyheit von allen Domanial= Praestanten. Das Kind hätte also dadurch auch zu Glück gelangen können, starb aber wenige Jahre nachher. . . . . Zu der glücklich vollzogenen Blattern Jnoculierung wünschte der Pastor Wilhelm Rudolf König zu Wilkenburg im Amte Colbingen Glück in dem neben angeffteten carmine."

Ich kann es mir nicht versagen, eine Probe aus diesem Gedichte (gedruckt im Verlag der Hahnschen Buchhandlung, Hannover 1724) an= zuführen, welche mehr für den guten Willen als für die poetische Be= gabung des Verfassers spricht:

„Die Kunst der Ärzte ist anjetzt sehr gestiegen,
Was Aeskulap, Galen nicht wußten zu besiegen,
Das weiß Herr Metelin, das weiß Herr Heister wol,
Wie er durch gute Cur der Noht abhelffen sol.
Wenn der Gesunde sich ins Krankenbett muß legen,
Und durch die Kunst verschafft, daß Blattern dann sich regen,
Wenn Heister schneidet, brennt und also Kranke macht,
So wird durch seinen Witz Gesundheit wieder bracht."
u. f. w.

---

[1]) Rebecker, Chronik, Bd. II, pag. 837, Hannov. Stadtarchiv.

„Man hat schon längst gehör't, daß man kann Blattern kauffen,
Da muß so manches Kind hin nach den Nachbarn lauffen,
Und holen Blattern her: doch dies ist viel gethan,
Daß man sie in die Haut nun auch einsetzen kann."

Der Prinz hielt die Operation für so einfach, wenig schmerzhaft und
bedenklich, „daß man erstaunen müsse, wie es noch Leute gäbe, die
die Pocken noch nicht gehabt und sie sich doch nicht einimpfen lassen
wollten".[1] Mit der Unbedenklichkeit stimmt es jedoch nicht so ganz, da
bei der künstlichen Übertragung der Menschenblattern nicht nur auf 30
Geimpfte eine schwere Erkrankung kam, sondern auch von 100 Geimpften
mindestens einer starb und die Ansteckungsfähigkeit und damit die Mög=
lichkeit der Weiterverbreitung dieselbe war wie bei den echten Blattern.[2]
Jedenfalls war aber das Beispiel des Thronerben ein Ansporn
für die hannoverschen Ärzte, sich mit der Blatternimpfung zu beschäftigen,
wenn sie auch bis zur Zeit des siebenjährigen Krieges noch relativ selten
geübt wurde.[3] So stellte Röberer mit Unterstützung der kgl. Gesellschaft
der Wissenschaften eine Untersuchung über die Menschenblattern an.
Auch Hugo und Werlhoff machten gelegentlich Impfung in ihrer Praxis.[4]
Ein Dr. Kleine in Verden schreibt 1767 ganz enthusiastisch an die Re=
gierung zu Stade[5]), unter den neuen Erfindungen der Ärzte sei keine
nachahmenswerter und dem menschlichen Geschlecht heilsamer als die
Inokulation. Er selbst hat durch die guten Erfolge anderer vermutigt
Versuche gemacht und findet, daß bei gehöriger Vorsicht in der Propfung,
Leben, Gesundheit und gutes Aussehen erhalten bleiben. Pflicht der
Obrigkeit sei es, das Publikum von seinen Vorurteilen abzubringen. Die
Geistlichen sollen auf den Nutzen der Impfung hinweisen, die Beamten
vermöge ihrer Autorität auf die Untertanen einwirken und eventuell Wider=
spenstige bestrafen. Die Operation dürfe jedoch nur durch einen erfahrenen
Arzt geschehen, die Bestreitung der Unkosten müsse aus allgemeinen Um=
lagen oder anderen Fonds erfolgen, und endlich seien die Ärzte durch
Gewährung von Prämien zu ermuntern.

Die größte Zahl von glücklich Geimpften — 400 — hatte wohl
Fr. B. Lentin 1782 aufzuweisen, von denen nur sein eigenes Kind, das

---

[1] Blumenbach, l. c. conf. Voayge du Sr. de la Motrage à la Haye.
1727. Vol. II pag. 474.
[2] Eulenburg, Realencyclop. b. Heilkde. 3. Aufl. Bd. XI, pag. 465.
[3] Patje, Hannover l. c.
[4] Frensdorff, Briefe zweier hannoverscher Ärzte an Albrecht v. Haller.
Zeitschr. d. histor. Ver. f. Niedersf. 1891. pag. 103.
[5] Hannover, Des. 80. Landdrost. Stade, 699.

zugleich mit den natürlichen Pocken angesteckt war, starb.[1] Auch bei
ihm spielte die Innehaltung einer gewissen Diät eine Rolle. Er machte
einen seichten Schnitt am Arm „an der gewöhnlichen Fontanellenstelle",
zog den vom Pockeneiter nassen Faden einige Male in der Wunde hin
und her und ließ ihn der Länge nach und mit einem Pflaster bedeckt darin
liegen. In der dadurch erzielten Eiterung sah er „die allersichersten
Auswurförter" für die noch im Blute und in den Säften befindliche
Pockenmaterie, zumal es nicht gleichgültig sein könne, wo dieser Giftrest
hingerate, durch welche Wege er ausgeschieden werde oder ob er gar im
Körper zurückbleibe und langwierige Geschwüre 2c. mache.

Die Ausführung der Impfung war durch keine obrigkeitliche Verordnung beschränkt, was um so auffälliger, als sonst die Ausübung
ärztlicher und wundärztlicher Tätigkeit der Konzession und Kontrolle des
Staates unterstand. So beschwerte sich 1777 ein Dr. Brave in Verden,[2]
daß der Apotheker Wallenberg in Rotenburg, Kinder ohne gehörige Vorbereitung und Vorsicht impfe. Die „Beamten" von Rotenburg erwiderten
auf eine Anfrage der Geheimräte in Stade, W. müsse doch wohl vorsichtig
verfahren, da er so gute Resultate habe, zudem sei die Operation so einfach
und erfordere keine andere Vorbereitung, als daß sich die Kinder einige
Tage der Fleischnahrung enthielten, die bei den armen Bauern und
Bürgern schon von selbst wegfalle.

Einen gewaltigen Fortschritt in der Impffrage bedeutete die auf
praktischer Erfahrung beruhende Mitteilung Jenners von der Schutzkraft der Kuhblattern (14. 5. 1796).

Bereits annähernd 30 Jahre früher hatte ein Amtmann Jobst
Böse in der Göttinger Gegend die gleiche Beobachtung gemacht und sogar
öffentlich beschrieben,[3] ohne daß ein Arzt davon Notiz nahm. Er
sagt darin von der Seuche des Livius, „da sie oft bei Menschen und
Tieren gemeinsam war und Livius sie einmal ausdrücklich scabiem nennt,[4]

---

[1] H. Fr. Benj. Lentin, Beobachtungen der epidemischen und einiger spora-
discher Krankheiten im Oberharz vom Jahre 1777 bis incl. 1782. Dessau u. Leipzig 1783.
[2] Hannover, Des. 80. Landbst. Stade, 699.
[3] Allg. Unterhaltungen v. Jahre 1769. Göttingen b. Rosenbusch. 1769. St. 39.
Böse hatte Vorgänger in dem Pächter Jensen u. dem Schullehrer Plett i. Holstein (1761).
[4] Die für die Geschichte der Blattern hochwichtigen Stellen bei Livius
finden sich im Buch IV, Kap. 30: defectus alibi aquarum circa torridos
fontes rivosque stragem siti pecorum morientium dedit; scabie alia
absumta: vulgatique contactu in homines morbi, et primo in agrestes
ingruerat servitiaque, und Buch XLI, Kap. 21: pestilentia, quae priore
anno in boves ingruerat, eo verteret in hominum morbos. Qui inciderant,
haud facile septimum diem superabant; qui superaverant, longinquo,
maxime quartanae, implicabantur morbo. Servitia maxime moriebantur.
Die Bezeichnung scabies wird verständlich, wenn man bedenkt, daß die Pocken
beim Abheilen stark zu jucken pflegen.

so werde ich an die hier im Lande nicht unbekannten Kuhpocken denken, die für Milchbirnen und andere Leute, die mit Kühen umgehen, noch heutigentags ansteckend sind. Im Vorbeigehen muß ich doch sagen, daß hier zu Lande die Leute, die Kuhblattern gehabt haben, sich gänzlich schmeicheln, vor aller Ansteckung von unseren gewöhnlichen Blattern ge= sichert zu sein, wie ich selbst, wenn ich mich genau nach dieser Sache er= kundiget, mehrmal von gar reputirlichen Personen gehört habe".

Ein großes Verdienst um die Einführung der Kuhpockenimpfung in Hannover erwarb sich der Hofchirurg Chr. Friedr. Stromeyer, [1]) der auch seinen Freund Dr. Ballhorn dafür interessierte und ihn veranlaßte, das grundlegende Werk Jenners [2]) ins Deutsche zu übersetzen. Im Mai 1799 machte er die ersten Kuhpockenimpfungen, die aber mißlangen, da die von Jenner geschickten Lanzetten rostig geworden waren. [3]) Zu den Impfungen im Jahre 1800 diente noch Lymphe von Jenner und Pearson, später nur hannoversche. Bald konnten sie schon über 700 Impfungen berichten, die um so nötiger waren, als damals noch jedes fünfte Kind lu Hannover an den Pocken starb. Beide hatten das Glück, von ihren Geimpften keinen erkranken oder gar sterben zu sehen.

Trotzdem meinte Hofrat Faust in Bückeburg, die Erfahrungen gegen= über „der alten, erprobten, freundlichen Blatterninoculation" seien noch zu gering, und es könne vorkommen, daß die Jennersche Methode als Modesache bald der Vergessenheit anheimfalle. [4]) Bald nachher wurde er aber ein begeisterter Anhänger derselben und hat durch Flugschriften (f. o.) und vor allem durch seinen berühmten Gesundheitskatechismus in allerdings schrullenhafter Übertreibung zu ihrer Verbreitung beigetragen. [5])

1801 faßten Stromeyer und Ballhorn ihre bisherigen Erfahrungen in einer größeren Arbeit zusammen, welche 1000 Impfungen und 26 interessante Fälle bespricht.

Das an sich lobenswerte Bestreben, der Kuhpockenimpfung schnelle und allgemeine Verbreitung zu verschaffen, zeitigte die merkwürdigsten Vorschläge. So verlangte ein Ungenannter im Hannov. Magazin 15. 12. 1800, die Vaccination möge den Ärzten genommen und den Eltern anvertraut werden! Dr. Schwarz in Verden geißelte diesen

[1]) Fr. L. Stromeyer, Erinnerungen. l. c. Bd. I, 28 u. ff.
[2]) Jenner, an inquiry into the causes and effects of the cowpox or variolae vaccinae 1799.
[3]) Hannov. Magazin 1800. St. 15 u. 16.
[4]) Desgl. 1800. St. 58 u. 59.
[5]) Lebensbilder aus der Mappe eines Greises. l. c. Bd. I, pag. 264 u. ff.

Vorschlag [1]) mit den Worten, „wenn schon Mißerfolge infolge fehlerhafter Inokulation bei den Chirurgen vorkommen, wie erst beim gemeinen Mann." Vielmehr solle ein Arzt einen bestimmten Distrikt des Landes auf öffentliche Kosten bereisen und den Prediger unterweisen, der es dem Schullehrer zeige. Dieser unterrichtet den Schulzen oder die Hebamme. [2]) Das heißt doch, den Teufel mit Beelzebub austreiben!

Tatsächlich verbreitete sich die Kuhpockenimpfung schnell über das Land, so daß die Blattern merklich nachließen. [3]) Die Ärzte suchten eben durch Wort und Schrift dafür Stimmung zu machen. So empfiehlt sich im Heiligenstädter Wochenblatt vom 23. 5. 1801 der Landphysikus Lembke aus Duderstadt in einem längeren Artikel als Impfarzt, nachdem er Anfang des Jahres durch die Göttinger Professoren Arnemann und Wartenberg Kuhpockeneiter erhalten und die ersten 100 Impfungen glücklich vollzogen habe. Er verspricht, die Kinder armer Leute unentgeltlich zu impfen und überhaupt einen jeden davon zu überzeugen, daß „ihn nicht Interesse, sondern der Wunsch zur Verbreitung einer so großen Wohltat als die Kuhpocken sind, beizutragen", leite.

Während bis dahin der Staat der Schutzimpfung indifferent gegenüberstand, erschien am 4. 3. 1803 die erste Verordnung, in welcher den Untertanen die Impfung empfohlen und dieselbe damit gewissermaßen staatlich anerkannt wurde. Zwar erachtete man ein öffentliches Interesse noch nicht insoweit vorliegend, als eine Zwangsmaßregel ausgeübt und deren Durchführung auf die Staatskasse abgewälzt werden sollte, aber es war wenigstens eine sachverständige Ausführung durch konzessionierte Ärzte, Leib-, Hof- und sonstige in Eid und Pflicht stehende Chirurgen gewährleistet. Allen anderen Wundärzten und Personen ist sie hinfort bei 10 Talern Strafe verboten, falls sie nicht Zeugnisse über hinlängliche Geschicklichkeit von seiten des Physikus beibringen können. Ärzte und Wundärzte werden außerdem auf die Verwendung echter Kuhblatternmaterie vereidigt. Dies waren die Hauptbeweggründe zum Erlaß der Verordnung, da einmal die Unterscheidung der echten und unechten Kuhblattern bei ihrer großen Ähnlichkeit ein sachverständiges Wissen voraussetzt

---

[1]) Hannoversches Magazin 1801, pag. 1068.

[2]) 1806 betrieb eine Hebamme in Holzerode (Amt Bovenden) die Impfung. Das Colleg. medic. in Kassel verbot ihr dies bei einer Strafe von 5 Gulden für jeden Fall und benachrichtigte den kurhessischen Landphysikus, Hofmedikus Dr. Jäger in Göttingen. Hannover, Des. 74, Göttingen K. D. III a general. No. 2. Amt Bovenden.

[3]) Leider waren in den Akten keine zahlenmäßigen Angaben zu finden.

und anderſeits eine ärztliche Unterſuchung und Überwachung der Impflinge geboten war. Grade die Ausübung durch unberufene Hände und die daraus herrührenden Mißerfolge hatten der Impfung vielfach in den Augen der Bevölkerung geſchadet.

Die Taxe für die Impfung wurde auf 12 Mariengroſchen, für die Nachſchau auf 6 Mariengroſchen (bez. 16 und 8 Schillinge in Bremen=Verden) feſtgeſetzt. Dazu kamen die Reiſekoſten bei Vornahme außerhalb des Wohnſitzes des Arztes. Arme hatten Anſpruch auf unentgeltliche Impfung. Die Phyſiker berichten über etwaige Impfſchäden und Erkrankungen an echten Blattern an die Ämter, welche ihrerſeits alljährlich die Impftabellen an das Staatsminiſterium einſenden.

Der Eintritt der Fremdherrſchaft ſchob die weitere Behandlung der Impffrage aufs Ungewiſſe hinaus. Die preußiſche Interimsregierung verteilte eine gedruckte „Aufforderung an die Einwohner des preußiſchen Staats, beſonders an den Landmann, betr. die Impfung der Schutzblattern", Berlin, 25. 4. 1805. worin empfehlend ſtand, daß der Monarch ſeine eigenen Kinder habe impfen laſſen.[1]

Noch weiter ging die franzöſiſche Regierung. Ein Erlaß des Königs Jérome vom 13. 5. 1808 und deſſen Emanation durch den Präfekten des Weſerdepartements vom 28. 10. befiehlt,[2] daß in den öffentlichen Lehranſtalten und den Werkſtätten der Handwerker niemand ohne eine vom Arzt ausgeſtellte Beſcheinigung, daß er entweder die natürlichen Blattern überſtanden habe oder mit Kuhpocken geimpft ſei, angenommen werden ſolle. Man erkennt darin unſchwer den Vorläufer der allgemeinen Zwangsimpfung. Beim Ober=Sanitätskollegium zu Braunſchweig wurde durch Reſkript des Präfekten des Oderdepartements vom 4. 5. 1808 ein eigener „Zentralausſchuß zur allgemeinen Verbreitung der Schutzblattern" ernannt. Beſondere Impfausſchüſſe beſtanden außerdem in Hildesheim, Helmſtedt, Goslar. Die Impfärzte „medicins vaccinateurs" mußten ſich hier bezüglich ihrer Kenntniſſe ausweiſen und empfingen gegen Zahlung von 6 guten Groſchen eine gedruckte Inſtruktion vom Zentralausſchuß in Braunſchweig.[3]

Nach Wiederherſtellung der alten Landesherrſchaft ſchlug Stieglitz am 16. 10. 1814 der kgl. churf. proviſoriſchen Regierungskommiſſion die Bildung eines „General=Vaccinations=Committes" vor.[4] Dieſe aus

---

[1] Hildesheim, Des. 10. VIII. No. 18.
[2] Hannover, Des. 104, II, 9, 5. N. Schutzblattern. Generalia 2.
[3] Hannover, Des. 51. No. 74.
[4] Hannover, Des. 80. Landdroſt. Stade. 699.

Sachverständigen bestehende wissenschaftliche Behörde hatte auf alle mit dem Impfwesen zusammenhängenden Dinge im In= und Ausland zu achten, darüber an der Hand der Generallisten der Geimpften an das Ministerium zu berichten und dafür zu sorgen, daß zu allen Zeiten, besonders während der Impfmonate (Mai und Juni), Kuhpockenlymphe an die Ärzte gesandt werden könne. Der Sekretär, ein in der Residenz ansässiger Arzt, besorgte den Versand, revidierte die Impflisten und wurde dafür mit 100 Talern aus der Generalkasse besoldet. Hansen, Lodemann, Stromeyer, Heine, Mühry und Stieglitz waren die ersten Mitglieder der Kommission.

Am 24. 10. 1815 wurde die Verordnung von 1803 erneuert und zugleich bestimmt, daß die Prediger und Schullehrer sämtliche Kinder, deren Eltern oder Vormünder nicht bescheinigen können, daß dieselben schon die natürlichen oder Schutzblattern gehabt haben, solange von Schule oder Kinderlehre zurückhalten, bis der Nachweis erbracht ist. Geschieht dies nicht bald, so ist die Obrigkeit zu benachrichtigen, damit gegen die säumigen Eltern und Vormünder die gesetzlichen Strafen wegen Entziehung der Schulpflicht verhängt werden können.

Von da ab war es nur ein kleiner Schritt bis zur gesetzlichen Einführung des allgemeinen Impfzwanges, und doch bedurfte es noch einer ganzen Reihe von Jahren, während deren die Frage nach der ärztlichen wie rechtlichen Seite eingehend erwogen wurde, ehe sich die Regierung entschließen konnte, die letzten Konsequenzen aus ihrem bisherigen Verhalten zu ziehen.

Der erste Antrag auf eine allgemeine Verordnung bei Pocken= epidemien und gesetzliche Einführung der Impfung geschah durch die Landtagsversammlung vom 13. 5. 1816.[1]) Stieglitz hielt Zwangsmaßregeln für gerechtfertigt, wünschte, daß alle Kinder bis zum zweiten Lebensjahr geimpft würden und bei Ausbruch einer Blatternepidemie überhaupt Jedermann, der die Blattern noch nicht gehabt habe. Der König war entschlossen, auf diese Vorschläge einzugehen und überließ dem Ministerium d. J. das Weitere.

Dieses entledigte sich seiner Aufgabe dadurch, daß es Rund= fragen über die bisherigen Erfahrungen an die Provinzialregierungen erließ und sich durch Vermittlung der Gesandschaften über das Impf= wesen in anderen Staaten unterrichtete. Das gutachtlich befragte G. V. C. betonte, daß die Kuhpocken ihre durch die Er=

---

[1]) Hannover, Des. 104, II, 9, 5. N. Generalia 2.

fahrung bewiesene Schutzkraft gegenüber den natürlichen Blattern auch beibehielten, wenn der Impfstoff unzählige Male von Mensch zu Mensch übertragen werde.

Von den Gutachten der Landdrosteien liegt mir nur das von Stade vor (f. o.). Es seien Fälle vorgekommen, daß sich Eltern weigerten, ihre Kinder impfen zu lassen, direkte Zwangsmittel wären aber nicht angewandt. Die Ärzte hätten sehr mit der Indolenz der Bevölkerung zu kämpfen. Ein Familienvater gab z. B. dem Arzt, der ihm dazu riet, zur Antwort, seine Kinder seien in Gottes Rat, man dürfe Gott nicht vorgreifen. Der Erlaß einer allgemeinen Verordnung bezüglich sämtlicher Kinder in den ersten Lebensjahren fände noch durchgehends Bedenken, die erfolgreiche Durchführung hänge hauptsächlich von dem regen Eifer der Lokalbehörden ab.

Ein Konsistorialausschreiben vom 20. 6. 1816[1]) ermahnte die Prediger des ganzen Landes, im Verkehr mit der Gemeinde auf das von der göttlichen Vorsehung gewiesene Mittel zur Sicherung der Gesundheit und des Lebens der Kinder hinzuweisen.

Auch das Justizdepartement hielt auf Anfrage die Einschränkung der persönlichen Freiheit der Untertanen durch die Impfung für juristisch gerechtfertigt (f. o.). Im britischen Parlament hatte ein Redner, Wilberforce, einmal gesagt: „Die Regierung ist es dem Volke schuldig, es gegen dieses pestartige Übel (Blattern) zu schützen und darf nicht dulden, daß ein Kind eine ganze Nachbarschaft ansteckt." Ähnlich schreibt Scherf:[2]) „Jede Freiheit des einzelnen Menschen, die dem öffentlichen Wohl nachteilig werden kann, darf durch Gesetze eingeschränkt werden."

Da im ersten Jahr der Vaccination alle Kinder bis zum 14. Lebensjahre geimpft werden sollten, wurden die Kosten auf ca. 60 000 Taler Conv.-M. veranschlagt. Diese Summe setzte sich zusammen aus der Renumeration der Impfärzte (von 4 bez. 6 guten Groschen), der Besoldung von 150 Talern für den Arzt an dem Lymphinstitut und 100 Talern für den Sekretär des G. V. C. In den nächsten Jahren ermäßigte sich diese Summe auf ca. 7800 Taler.

Am 24. April 1821 erschien endlich die kgl. Verordnung, wonach von Anfang des Jahres 1821 an jeder Untertan verpflichtet war, die seiner Obhut anvertrauten Kinder impfen zu lassen. Gleichzeitig wurden

---

[1]) Hannover, Des. 104, II, 9, 5. N. Generalia 1.
[2]) Scherf, Archiv d. Med. Polizei. Bd. IV, Abt. 2.

die näheren Umstände, Zeit und Ort, Bezahlung, Strafen ꝛc. festgesetzt. Die Impfung war auch jetzt noch nicht ohne weiteres unentgeltlich, sondern mußte von vermögenden Eltern mit 4 resp. 6 guten Groschen (inkl. Nachschau!) bezahlt werden. Ein Teil der Kosten war also durch Erniedrigung des Honorars einfach auf die Schultern der Ärzte abgewälzt! Als Distriktsimpfärzte fungierten meist die Physiker.[1] Die Nachschau fand am 7., 8., 9. Tag statt. Bei 4—5 Schnitten an jedem Arm mußten mindestens 2 Pocken aufgegangen sein, von deren Beschaffenheit jedesmal eine genaue Beschreibung verlangt wurde. 1832 glaubte man die Schutzkraft der Impfung durch eine Vermehrung der Impfschnitte auf 8—10 zu erhöhen.

Der Impfarzt für die Alt- und Neustadt Hannover und die Bezirke und Ortschaften im Umkreise von einer Stunde — anfangs Krause, seit 1833 Schneemann — hatte unter Beilegung eines jährlichen Gehalts von 150 Talern (seit 1846 200 Taler) und des Genusses der gesetzmäßigen Gebühren aus den öffentlichen Impfterminen die Pflicht, stets eine hinlängliche Menge frischer Lymphe bereit zu halten. Wenn sich Ärzte in entfernteren Gegenden die Lymphgewinnung angelegen sein ließen, sollten ihnen ebenfalls die durch die Versendung entstehenden Unkosten vergütet werden. Zur Aufbewahrung und Versendung der Lymphe empfahl Stabsarzt Thaberger Kapillarröhrchen, die in der Mitte kugelig aufgetrieben waren.[2]

1833 (6. 6.) wurde bei Ausbruch einer Pockenepidemie nicht nur die Impfung der bisher noch nicht Geimpften verlangt, sondern auch derjenigen Personen, bei welchen sie schon eine Reihe von Jahren zurücklag. Zu einer eigentlichen Revaccination ist es dagegen, abgesehen von der bei den Militärpflichtigen üblichen, niemals gekommen. Noch 1847 äußerte sich das O. M. C., die Revaccination in der Armee lasse sich nicht auf die Zivilverhältnisse übertragen, da die Impfsache hierdurch etwas Gehässiges bekäme.[3]

Natürlich fehlte es bei den gelegentlichen Mißerfolgen und hie und da auftretenden Blatternerkrankungen nicht an Impfgegnern, welche in Vorurteilen befangen und durch mangelnde Einsicht und falsche Beobachtungen verblendet sich gegen den staatlichen Zwang auflehnten. An dieser Agitation waren auch Ärzte beteiligt. So machte 1856 ein

---

[1] Instruktion s. Knopf, l. c., pag. 96.
[2] Hannoversches Magazin 1821. St. 1—3.
[3] Hannover, Des. 104, II, 9, 5 A, Med. Generalia No. 42.

Dr. Winter in Lüneburg eine längere Eingabe an das Ministerium wegen Aufhebung des Impfzwangs, von der das O. M. C. sagte, das Einzigste, was dem Verfasser zuerkannt werden müsse, sei die Tatsache, daß die Impfung nicht bei allen Konstitutionen dauernden Schutz verleihe. 1866 wurde auch die Vermischung der Lymphe mit Glyzerin nach der Methode des Geheimrats Dr. Müller in Berlin erprobt, die auf der Erfahrung beruht, daß bei Übertragung tierischer Kontagien nicht die Quantität, sondern die Qualität entscheidet, doch waren die Resultate keine günstigen. [1])

Cholera. [2])

1817 hatte die Cholera zum ersten Mal ihr uraltes Heimatland, das Mündungsgebiet des Ganges und Brahmaputra überschritten und 1823 sogar schon europäischen Boden berührt. [3]) Während sie aber damals auf die nächste Umgebung Astrachans beschränkt blieb, zog sie 1830, aus Bengalen kommend, unaufhaltsam von Osten nach Westen weiter.

Der Ausbruch der Cholera in Moskau (Nov. 1830) machte die hannoversche Regierung aufmerksam, und das Kabinetsministerium beriet dieserhalb mit der A. P. B. Dringender wurde die Gefahr, als die Cholera durch den polnisch-russischen Krieg und die nachlässige Handhabung der Quarantäne russischer Seits begünstigt nach Polen, Preußen und einigen Ostseehäfen übergriff. Im Mai 1831 sah man sich daher in Hannover zu Vorsichtsmaßregeln auf der Ems und Weser veranlaßt und trat mit den Uferstaaten Oldenburg, Hamburg wegen der Sicherung der Elbe in Unterhandlung. In betreff der Anlage einer gemeinsamen Quarantänestation — auf Juist-Westerland, das sich wegen seiner isolierten Lage empfahl, im Winter aber keinen genügend sichern und geräumigen Ankerplatz bot [4]) — kam keine Einigung zustande. Dafür sollten Schiffe aus verseuchten Ostseehäfen die Reinigungsanstalten in Christiansand und Ranzoë, solche aus verdächtigen Häfen oder mit gefährlicher Ladung (Lumpen, rohen Häuten) die Observationsquarantäne in Curhaven aufsuchen. [5])

Die Ufer der Unterelbe, Unterweser und Ems und die Nordseeküste wurden mit zahlreichen Infanterieposten, denen Kavalleriepatrouillen zur

---

[1]) Hannover, Des. 104, II, 9, 5. J. Med. Generalia No. 14.
[2]) Die Choleraakten des Minist. b. J. Des. 104 a II, Vol. V, 1—221 umfassen 14 Gefache und sind im folgenden einfach mit den entsprechenden Nummern bezeichnet.
[3]) Eulenburg, Realencyclopädie d. Heilkunde. 3. Aufl., Bd. IV, 551 u. ff.
[4]) No 221 und Hannover, Des. 80. Landdrost. Stade. 716. Protokolle der Bremer Konferenz vom 5.—18. 7. 1831.
[5]) No. 46.

Unterſtützung beigegeben waren, beſetzt. Neben der Inſel Norderney lag ein Wachtſchiff, auf den oſtfrieſiſchen Inſeln waren Infanteriebetachements ſtationiert. Die Elblinie von Artlenburg bis Schnackenburg — ca. 15 Meilen — bewachte eine Brigade unter Oberſt v. Düring, deſſen Haupt=quartier ſich in Dannenberg befand.[1] Die ſüdöſtliche Landesgrenze galt durch die muſterhaften Einrichtungen Preußens hinlänglich geſichert, doch wurden wegen des Betriebes giftfangender Handelsgegenſtände auch auf der Oberelbe Vorſichtsmaßregeln (Einführung von Geſundheitsſcheinen ꝛc.) getroffen.

Anordnung und Überwachung aller auf die Cholera bezüglichen Angelegenheiten waren einer beſonderen Zentralbehörde oder Immebiat=kommiſſion anvertraut:[2] Generalfeldzeugmeiſter v. Decken als Vorſitzender, Landbroſt v. Dachenhauſen, Hofrat und Leibarzt Stieglitz, Leibarzt Lodemann und Regierungsrat v. Delbrich. Sie verkehrte mit den Land=broſteien direkt, nur die Verhandlungen mit auswärtigen Staaten gingen über das Miniſterium d. J. An Stelle des anfänglichen kargen Dis=poſitionsfonds von 500 Talern wurde ihr ein Kredit auf die General=ſteuerkaſſe eingeräumt. Die Sitzungen fanden im Hauſe des Hofbaurats Laves an der Friedrichſtraße ſtatt.

In den bedrohten Gegenden wurden Ortscholerakommiſſionen[3] unter Mitwirkung der Polizei, des Schulzen und des Phyſikus oder eines anderen Arztes bez. Wundarztes eingeſetzt, für den Fall des Eindringens Landbroſteien und Lokalbehörden inſtruiert und Lazarette, Quarantäne=einrichtungen vorgeſehen. Bekanntmachungen an das Publikum warnten vor unnötiger Sorge auf der einen, Unbotmäßigkeit auf der andern Seite, gaben Ratſchläge hinſichtlich der Lebensweiſe, Erkennung der erſten Symptome, Notwendigkeit ſchleuniger Zuziehung ärztlicher Hülfe und ordneten die Anzeigepflicht jedes verdächtigen Falles an.[4]

---

[1] Sichart, Geſchichte der kgl. hannoverſchen Armee, Bd. V, pag. 370.
[2] Kgl. Beſtätigung vom 8. 7. 1831, Beginn ihrer Tätigkeit a. 19. 7. 1831, Einſtellung derſelben a. 11. 1. 1832. Conf. No. 1 und 2.
[3] Inſtruktion bei Ausbruch der Cholera vom 18. 6. 1831 und 26. 6. 1832. Knopf, l. c. pag. 114 u. ff.
[4] Rocker, Bewährte Vorſchrift wider die Furcht vor der Cholera, Celle 1831 (in Verſen über das Horaziſche: rebus angustis animosus atque fortis appare.)
Bezin, Vorſchriften, wie man ſich beim Herannahen und während der Cholera zu verhalten. Osnabrück 1831.
Conradi, Einige Worte zur Beruhigung über die Cholera an ſeine Mit=bürger ꝛc. Göttingen 1831.
Hofmedikus Schwarz, dito i. Einbecker Wochenblatt vom 14. 9. und 8. 10. 1831 u. a. m.

Die Ärzte Stromeyer, [1]) Holscher, [2]) Schneemann und der Architekt
Ebeling begaben sich im August im Auftrage der Immediatkommission
in Choleragegenden, um dort die nötigen Maßnahmen zu studieren, und
unternahmen nach ihrer Rückkunft Inspektionsreisen im Lande zur Prüfung
der getroffenen Einrichtungen. [3]) Spangenberg hielt den Zöglingen der
kgl. chirurgischen Schule (ca. 40) Vorlesungen über die Cholera, damit
es nicht an ausgebildeten Ärzten fehlte. [4])

Preußen hatte mit seiner strengen Absperrung schlechte Erfahrungen
gemacht, obwohl nicht zu leugnen, daß es dadurch gelang, die Provinz
Schlesien relativ lange frei zu halten. Man entschloß sich aber erst allmählich zur Zurückziehung des Militärkordons, um den Anschein zu vermeiden, als ob der Regierung nach dem Befallenwerden der Hauptstadt
Berlin (August 1831) das Schicksal des übrigen Landes gleichgültig sei.

In Hannover sah man das Truppenaufgebot mehr als Sicherheits-
maßregel zur Verhütung von Widersetzlichkeiten an, versprach sich dagegen
weniger eine wirkliche Abschließung des Landes davon, wenn schon die
Elbe dieses Bestreben einigermaßen begünstigte. Für ankommende Fremde
wurden an der Ostgrenze, z. B. in Harburg, Dannenberg, Schladen
mit notdürftigen Wohnungsgelegenheiten versehene „Contumazanstalten"
errichtet, deren Personal aus Arzt, Wache und Hülfspersonal bestand.
Zum Austausch von Lebensmitteln befanden sich dabei sog. „Rastelle",
d. h. hölzerne Schuppen, welche durch eine doppelte Schranke in 3 Ab-
teilungen geschieden waren, die eine nach der gesunden Seite, die andere
nach der abgesperrten gelegen, die Mitte für den aufsichtführenden Beamten
bestimmt. Waren und Briefe wurden mit Chlordämpfen ausgeräuchert,[5])
die Quarantänezeit war auf 20 Tage festgesetzt, während Preußen nur
5 Tage verlangte. Da die Inkubationszeit der Cholera zwischen einigen
Stunden bis zu 3 Tagen beträgt, ist in den Contumazanstalten kein
Erkrankungsfall über den dritten Tag hinaus vorgekommen. Die lange
Absperrung war für die Truppen bedenklich, für Handel, Industrie und

---

[1]) Stromeyer, Skizzen und Bemerkungen von einer Reise nach Danzig
und dessen Umgebung, Dez. 1831, und Lebenserinnerungen, l. c. Bd. II.

[2]) Holscher, Mitteilungen über die afiatische Cholera, Oktober 1831.

[3]) Die Landdrosteien Osnabrück und Aurich bereiste Physikus Bezin in Osnabrück.

[4]) Nr. 45.

[5]) Im Anfang des 19. Jahrhunderts wurden von England und Frankreich
aus Räucherungen mit Dämpfen von Mineralsäuren Mode. Stieglitz empfahl 1806
die oxygenisierte Salzsäure, die nach Moreaus Versuchen verdorbene Luft am schnellsten
reinige. Die Herstellung geschieht nach der Formel:
$$Mn\ O_2 + 2\ Na\ Cl + 2\ H_2\ SO_4 = SO_4\ Na_2 + SO_4\ Mn + 2\ Cl + 2\ H_2O.$$

Staatseinnahmen nachteilig. Dennoch ließ sich die Regierung trotz mancher Gegenvorstellungen nicht herbei, sie wenigstens auf 12 Tage zu beschränken. Allein die Couriere von Gouvernements, Gesandschaften und Behörden durften mit einer 5tägigen Contumaz passieren.[1]

In alle dem spiegeln sich die widersprechenden Anschauungen über das Wesen der Cholera wieder. Die Ärzte hatten bislang keine Gelegenheit gehabt, diese Krankheit kennen zu lernen. Die Tatsache, daß Leute trotz inniger Berührung mit Cholerakranken gesund blieben, veranlaßte manche von ihnen, die Ansteckungsfähigkeit überhaupt zu leugnen. Jedenfalls sei sie nicht unbedingt infektiös, sondern befalle vorzugsweise solche, die dazu prädisponiert sind oder sie sich durch ihre Lebensweise (Unmäßigkeit, Trunksucht, Erkältung) selbst zuziehen. Hierin liege anderseits die Möglichkeit der Vermeidung.[2] Stromeyer sah die „Infektion der Lokalatmosphäre" als das Agens und demgemäß die Lungen als die Eintrittspforte des Giftes an. Holscher war mehr für „Contactinfektion", ob aber die Ausleerungen des Kranken, wie Elsner in Königsberg vermutete, die Krankheit vorzüglich weiter verbreiteten, mag er nicht entscheiden. In der Annahme einer persönlichen und örtlichen Disposition kamen sich Contagionisten und Anticontagionisten wieder entgegen.

Ein weitere Schwierigkeit bot die so wichtige Diagnose der ersten Fälle, die heutigentags durch die bakteriologische Untersuchung vereinfacht ist. Meist ließen erst volle Entwicklung der Symptome, Bösartigkeit, Ort der Herkunft die richtige Diagnose stellen, worüber unter Umständen viel kostbare Zeit verloren ging.

Der erste Cholerafall im Königreich (22. 10. 1831)[3] betraf einen aus Hamburg heimkehrenden Schiffer auf der Insel Krautsand. Kurz darauf erkrankten zwei Personen auf der Insel Wilhelmsburg und ein Mann in Altenwerder. Alle gehörten der geringeren Klasse an und waren mehr oder minder dem Trunk ergeben. Am 28. Oktober wurde der Ausbruch der Cholera in Lüneburg festgestellt. Bis Ende des Monats waren dort 15 Personen erkrankt, einige gestorben, am 3. Nov. 32 krank († 16), 6. Nov. 50 krank († 26), 24. Nov. 76 krank († 57). Das waren bei einer Einwohnerzahl von 12000 Menschen ungefähr soviel, als in Ostpreußen manches Dorf von 300 Bewohnern verlor! Außer Lüneburg

---

[1] No. 86. Bekanntmachung vom 15. 9. 1831.

[2] Ausschreiben an sämtliche Obrigkeiten des Landdrosteibezirks Osnabrück vom 14. 11. 1831, in No. 8.

[3] Bericht an den König in London, in No. 30.

hatte nur Buxtehude mehrere (6) Fälle zur Zeit aufzuweisen. Die Totalsumme betrug 95 (davon 59 †). Am 6. 12. war kein Cholera= kranker mehr im Lande vorhanden.[1]) Der Charakter der Epidemie ist demnach als milde anzusehen. Vielleicht bot die unwegsame Lüneburger Heide dem Fortschreiten Einhalt.

In Lüneburg[2]) gab man bei Beginn der Krankheit gern Brechmittel, darauf **Magnesia** subcarb., andere ließen Wismut nehmen, Stromeyer bevorzugte das Opium. Sonst lief die Behandlung auf Wärmezufuhr, Anregung der Herztätigkeit, Einreibungen mit reizenden Linimenten (gegen die schmerzhaften Muskelkrämpfe) hinaus. In den Akten des Ministeriums d. J. finden sich auch mancherlei wunderbare Rezepte von Ärzten und zweifelhaften Menschenfreunden.

1837 kamen vereinzelte Fälle von Hamburg aus — unter anderem wieder in Lüneburg[3]) — vor, 1848 namentlich am Harz, z. B. in Clausthal 28 (davon † 14).

Eine ganz besonders schwere Epidemie aber brachte das Jahr 1850,[4]) die vor allem das Fürstentum Göttingen=Grubenhagen betraf. Ausgangs= punkt war das Dorf Giebolbehausen, wo die Krankheit Mitte Juli durch einen Arbeiter aus Magdeburg eingeschleppt wurde und zur Zeit beinahe ein Drittel der Bevölkerung infolge eines großen Brandes obdachlos war und Mangel litt. (allgemeine örtliche Disposition!) In der zweiten Hälfte des Juli wurden die Ortschaften an der Leine zwischen Einbeck und Northeim befallen, Ende des Monats der Harz usw.

Charakteristisch ist die Verbreitung längs der Flußläufe. Vielleicht hat auch die Verbesserung der Verkehrsbedingungen, das Vorhandensein von Eisenbahnen dazu beigetragen. Seit dem Bau der ersten Strecken — Hannover=Lehrte (29. 8. 1843), Braunschweig=Celle 1844/45 — war Hannover schon mit dem Schlusse des Jahres 1847 zum Mittelpunkt des Eisenbahnverkehrs im nordwestlichen Deutschland geworden.[5]) Einer Überwachung der Bahnen geschieht aber nirgends Erwähnung.

Von allgemeinen Absperrungsmaßregeln ist in dieser Zeit überhaupt nicht die Rede. Die Ortssanitätskommissionen treten wieder in Kraft, die vorhandenen Krankenhäuser werden erweitert oder Baracken erbaut, Wärter bestellt, genaue Kontrolle über Wohnungen und Lebensmittel

---

[1]) Lüneburg war seit dem 28. 11. frei.
[2]) No. 97.
[3]) No. 217.
[4]) No. 221.
[5]) Hartmann, Geschichte von Hannover, l. c., pag. 487 ff.

geübt, aber alles möglichst, ohne die Aufmerksamkeit des Publikums zu erregen.

Das O. M. C. vertrat die Ansicht,[1] die Ansteckungsfähigkeit sei, wie eine Reihe (!) von Fällen beweise, nicht zu leugnen. Die Verbreitung erfolge durch ein Kontagiun in „miasmatisch=affizierten Gegenden" (Einfluß von Temperatur und Witterung), in n i ch t miasmatisch=affizierten Gegenden erlösche die Kraft des Kontagiums, ehe es zur allgemeinen Ausbreitung komme. Ob eine Übertragung durch dritte, anscheinend gesunde Personen möglich wäre, sei zweifelhaft. Bekanntlich mißt man grade den Mittelspersonen, sog. „Bazillenträgern", heute eine große Wichtigkeit bei.[2]

Vergleicht man die hohen Erkrankungs= und Sterblichkeitsziffern — 5615 resp. 2531 — mit den Zahlen von 1831 — 95 resp. 59 — so wird man unwillkürlich auf den Gedanken kommen, ob nicht vielleicht die Betonung derartiger theoretischer Erwägungen der Bekämpfung der Krankheit nachteilig war. Natürlich darf dabei nicht vergessen werden, daß der Charakter solcher Epidemien oft verschieden ist, und daß 1850 die Cholera grade in der ungünstigsten Zeit der größten Sommerhitze ausbrach. Das Verhältnis zwischen Morbidität und Mortalität ist trotz der längeren Dauer 1850 etwas günstiger.

In der Folge trat die Cholera an der Seeküste und in Ostfriesland (durch die „Hollandsgänger") immer wieder sprabisch auf.

Malaria.[3]

In den sumpfigen Niederungen der Küste und auf den ostfriesischen Inseln war die Malaria, hauptsächlich in der Form der Quotidiana und

---

[1] Bericht vom 13. 5. 1851, in No. 221.

[2] Sogar für den als wenig resistent geltenden Masernerreger ist eine Übertragung durch eine gesunde Mittelsperson und auf weite Entfernung neuerdings in einem Falle der Kölner Kinderklinik sicher nachgewiesen. Fr. Siegert in Münch. Med. Wochensch. 1906, No. 38.

Ehemalige Typhuskranke sollen sogar Jahrelang (vielleicht Zeitlebens) Typhusbillen ausscheiden!?

[3] Die Malaria ist als e n d e m i sch e Krankheit hier nur anhangsweise aufgenommen. Ein Consilium medicum von 1727 spricht von einem Fieber, das sich nach Temperament, Konstitution, Ernährungsweise und anderen Umständen als ephemera, intermittens, quotidiana äußert, aber nicht pro morbo contagioso maligno zu halten sei, und empfiehlt Reinigung der Gossen, Moräste, Verhütung von Wasserstockungen. Ich bin geneigt, dabei an Malaria zu denken.

Die folgenden Angaben sind im wesentlichen entnommen aus: W. O. Focke, Die frühere und jetzige Verbreitung der Malaria in Niedersachsen. Hannover 1890.

Tertiana[1]) von jeher endemisch, fehlte aber auch im Binnenlande, z. B.
zwischen Hannover und Deister, im Leinegebiet, bei Lüneburg, Osnabrück,
nicht. Am ärgsten wütete das Fieber im Jahre 1826, nachdem während
des vorausgegangenen Winters infolge großer Dammbrüche die Marschen
mit Seewasser überflutet waren. Im Lande Wursten gab es auf manchen
Höfen kaum einen arbeitsfähigen Menschen. Ein Arzt in Norden schrieb
im Herbst oft 40—50 Chininrezepte pro Tag. Man begnügte sich aber
mit wesentlich kleineren Chininbosen als heutigentags, auf den Schiffen
wurden beispielsweise Pulver zu (1 gran) 0,06 gr. vorrätig gehalten.
Etwa seit der Mitte des 19. Jahrhunderts wurde die Malaria seltener.
Regulierung der Flußläufe, Trink- und Abwässeranlagen, Reinigung der
Wassergräben, Auftreten der amerikanischen Wasserpest (Elodea canadensis)
brachten eine allmähliche Besserung.

---

[1]) 1626 behandelte der Hildesheimer Stadtarzt Dr. Jordan den kaiserlichen
Feldherrn Tilly wegen Tertiana. Hildesh. Beiträge. Bd. III, pag. 147.

Kapitel VIII.

Mineralquellen und Badeorte.

———

Allgemeine gesetzliche Bestimmungen über Gesundbrunnen waren in Hannover nicht vorhanden, wohl aber stand der Regierung die Ober= aufsicht zu.[1]) Die öffentlichen Bäder des Königreichs waren zum Teil Staatsanstalten, meist jedoch Eigentum von Gesellschaften oder Privat= personen, seltener von Gemeinden. In die erste Gruppe gehörten die Seebadeanstalten auf Norderney, das Schwefelbad Limmer und die Molkenkuranstalt in Rehburg. Regulativ und Taxe bedurften in jedem Falle der Genehmigung durch die Regierung.

Die Zeit, wann die einzelnen Mineralquellen zuerst bekannt respektive zu Heilzwecken benutzt wurden, läßt sich vielfach kaum feststellen, von anderen ist uns das Entdeckungsjahr überliefert. In der Regel waren sie den umwohnenden Landleuten in ihrer Wirkung längst bekannt, ehe sie allgemeinere Anwendung fanden.

Am ältesten wohl sind die Soolquellen, welche zur Salzgewinnung dienten und so eine wichtige Einnahmequelle für das Land bildeten, während der medizinische Gebrauch sehr viel später Mode wurde. Die Kunde von der Lüneburger Sülze geht bis in die Zeit der heidnischen Germanen vor Karl d. Großen zurück; wenigstens ist kaum anzunehmen, daß sie ihnen entgangen sein könnte, da sich auf dem nahegelegenen Kalkberge eine alte Opferstätte befand.[2]) Die Salzhemmendorfer und Salzdetfurther Quellen werden zuerst im Anfang des 12. Jahrhunderts erwähnt.[3])

———

[1]) Hannover, Des. 104, II, 9, 5. A. Gen. et Var. No. 41 und E. Bäder, No. 4.

[2]) H. S. Macrinus, Ursprung, Güthe und Gerechtigkeit der Edlen Sülzen zu Lüneburg. Lüneburg 1710.

[3]) D. Eberh. Baring, Descriptio Salae principatus Calenbergii locorumque adjacentium oder Beschreibung der Saale im Amt Lauenstein rc. 1744.

Am Ende des 15. Jahrhunderts erlangte ein „Wunderbrunnen"
bei Lüneburg großen Ruf. Er trat 1480 neben einer dem St. Gan=
golphus geweihten Kirche zutage und erhielt danach den Namen „St.
Gangolphus (oder korrumpiert Gungels=) Brunnen".[1]

„Es kahmen Lahm elende Leut
Und wurdn jhres ubels queit.
Sie liessen da den Stecken stehn
Und wagten es allein zu gehn.
Es kamen blind aus fernen Ländn
Und that sich jhre Seuch baldt wendn.
Es fundn sich da der Menschen viel,
Die gbrechlich warn ohn maß und ziel,
Welch all durch Gott in kurzer zeit
Von jhrem ubel wurdn erfrewd."[2]

Nach der Einführung der Reformation wurde die Kirche zerstört,
der Brunnen geriet in Verfall und verlor sich schließlich ganz, wie das
Volk sagte, weil ein Mörder sein blutiges Schwert darin abgewaschen
habe. 1612 brachen zwei neue Quellen (eine zum Trinken, die andere
zum Baden) hervor, die aber schon im folgenden Jahre wieder ver=
schwanden. 1646 erschienen die Quellen von neuem, „deren eine insonderheit
den Augen sehr dienlich, und ist das Wasser dieser Brunn mehrentheils
Temperirter natur, an Geschmack und Geruch hell und klar wie ein
Christall mehr Spiritualisch als corporalisch und wirdt nicht faul.
Durch den Gebrauch dieses sind über 200 Menschen, krumme, lahme,
taube, stumme, mit Steinen, Zipperlein und dergleichen Krankheiten be=
fallene Menschen wunderbar zurecht gebracht und genesen".[3] Für die
Genesenen wurde in den Kirchen eine öffentliche Danksagung abgehalten
und auch der Armen nicht vergessen. Auf einem gleichzeitigen Kupferstich[4]

---

[1] Celle, Des. 61. II. Ämter, No. 7, 25 Lüne.

[2] Wahrhafftiger Bericht von H. Gungels Brunn, der durch die krafft Gottes
vielen armen betrübten Menschen zur[gewünschten Gesundheit nicht weit von Lüne
bei der Stadt Lüneburg quillet, nebst einer Vermahnung, zween Christlichen Fragen
und Gesengen gestellet durch Fridericum Leseebergicum, Pastorem Lunensem.
Goßlar 1612.

[3] Zeiler, Topographie und eigentl. Beschreibung d. vornembsten Städte,
Schlösser auch anderer Plätze und]Örter in denen Herzogtümern Braunsch.=Lünebg.
Frankfurt a. M. 1654, pag. 150.

[4] Eigentliche Abbildung des Gnaden Brunnens so nicht weit vom Fürstl.
Amt und Kloster Lüne bey der Stadt Lüneburg von Alters d. Gungels Brunn ge=
nandt, quillet. Kupferstecher Wilhelm Schwann.

sind zwei „Trink, ein Babd, ein Augen= und ein Larirbrunnen" an=
gegeben.

Von einem Schwefelbrunnen in der Nähe von Koppenbrügge schreibt
eine sächsische Chronik vom Jahre 1531:[1] „Um das Jahr 1520 war
aus diesen Landen ein großes Laufen nach einem gewissen Brunnen in
der Grafschaft Spiegelberg. Man zog auf allen Straßen dahin. Viele
fuhren, manche wurden getragen und geschleppt. Es war um den Brunnen
wie ein Heerlager. Man hat auf einmal 2000 Menschen gezählt, die
um ihn herumgelegen haben. Etliche sind von der schmerzhaftesten Seuche
dabei gesund geworden." Baring (l. c.) unterscheidet den „Süßen Died"
in der Talsenke nahe bei dem Ort Spiegelberg und eine Schwefelquelle
in der Koppenbrügger Landwehr zwischen Koppenbrügge und Marienau.

Nicht zu verwechseln damit ist der im 16. Jahrhundert ebenfalls
Spiegelberger oder Neuer=Brunnen genannte Pyrmonter Brunnen, der,
nachdem er bereits seit 3 Jahrhunderten bekannt war, 1556 riesigen
Zulauf hatte. „Dieser Brunn ist metallisch und sawer und hat bey sich
mehr Ochers denn ander bewert Bergertz."[2] Der Besuch der Bäder
unterlag damals sehr der Mode und dem Wechsel. Ein Bad, das heute
überlaufen war, war vielleicht schon im nächsten Jahr vergessen. Äußere
Umstände, Kriegsunruhen, politische Konstellation, Anwesenheit von Fürsten
und Standespersonen und nicht zuletzt eine durch Aberglauben genährte
„Massensuggestion" spielten dabei mit. Dies wechselvolle Schicksal teilte
der Pyrmonter Brunnen mit anderen berühmten Bädern. Im letzten
Drittel des 17. Jahrhunderts kam er besonders durch die Bemühungen
des Dr. Bollman aus Hannover sehr in Aufnahme, so daß der Besuch
des Koppenbrügger Brunnens ganz zurück ging, zumal Bollmann be=
hauptete, das Wasser des letzteren sei zu „corrosivisch".

1513 wird eine Salzquelle bei Forste (Amt Herzberg) ohne nähere
Angabe erwähnt.[3]

Aus dem ersten Drittel des 17. Jahrhunderts stammt der Sauer=
brunnen bei dem Dorfe Sallan oder Lose (Amt Lüchow) 1620, ebenso

---

[1] Hannov. Magazin. 1770, St. 94.

[2] Gründlicher wahrhafftiger Bericht von dem neu gefundenen Wunderbrunnen
in der Grafschaft Spiegelberg zwo meilen wegs gelegen von Hameln a. d. Weser.
M. D. LXI.

Ebenso: Burkhardus Mithobius, Beschreibung des newen gefunden Brunns,
in welchem der allmächtig Gott täglich seine Gaben und gutthat reichlich dem menschen
erscheinen läßt . . . gelegen in der Grafschaft Spiegelberg zwo meilen wegs von
Hameln.

[3] Calenberg, Des. 8. D. Herzberg No. 40.

wie der Gungelsbrunnen dadurch bemerkenswert, daß er zeitweise versiegte und wieder erschien (1652, 1681).[1] Pfingsten 1681 fanden sich täglich an 50 gebrechliche Leute bei der Quelle ein, und „etliche wurden von solchem Wassertrinken ihrer mengel entlediget". Noch 1799 versuchte Landphysikus Jugler, die Quelle wenigstens für die umwohnenden Landleute nutzbar zu machen.[2]

1646 entstanden „unvermutlich" nächst dem Dorfe Müssleringen (Amt Stolzenau) unweit Nenndorf 3 Heilbrunnen,[3] „anfangs einer, kurtz darauff noch zween und also drey sonderbare Heilbrunnen, wobey viel hohes und niedrigen Standes Personen nicht allein sich eingefunden und sich deren bedient, sondern auch nach erhaltener ziemlichen Gesundheit die Lahmen ihre dabey auffgehencte Krücken hinterlassen, und neben übrigen, deren etzliche hundert vielfach breßhafft gewesen, aber gesund worden, nach täglich gehaltenen Predigten Gott öffentlich vor erhaltene Gesundheit dancken lassen. Welches also bis in den Wintermonat selbigen Jahres gewähret, da die Brunnen ihre Krafft mehrentheils verloren." Ähnlich ging es übrigens auch dem weit berühmteren Hornhäuser Brunnen.

Über eine 1648 bei Timmern im Osnabrückschen zu Tage getretene Schwefelquelle hat der damalige Pastor Jacob Veltmann in Dissen Aufzeichnungen gemacht. Sie geriet aber bald in Vergessenheit, so daß die 1766 mit der Untersuchung beauftragten Beamten der Saline Rothen= felde kaum noch die richtige Stelle anzugeben wußten.[4]

Der Rehburger Brunnen ist 1690 durch den Amtshauptmann Ahrens bekannt geworden.[5] In einem Schreiben an die churfürstliche geheime Kammer zu Hannover berichtet er von einer Quelle, die „sieder Menschen gedenken her daselbst gangbar gewesen, ohne daß jemand von derselben Wirkung einige Notiz gehabt, welche denn einige Ausländer durch den Genuß des Wassers ruchbar sollen gemacht und gar neulich unter die Leute zu Anfang desselben sollen gebracht haben; dahero denn auch ein großer confluxus hominum dabey zu zeiten sich einfindet, und viele schwache und Kranke dabey sich auffhalten und des Wassers genießen."

---

1) Celle, Des. 61, II Ämter 24, Lüchow No. 51½, Zeiler l. c., pag. 143.

2) Hannover, Des. 93, Amt Lüchow.

3) Zeiler l. c., pag. 193.

4) Einige Nachrichten über den Gesundbrunnen und Badeort zu Timmern, in Mitt. d. histor. Ver. f. Osnabr. Bd. II, 1850, pag. 161 u. ff.

5) Geschichte des Bades Rehburg in der Broschüre über Dr. H. Lehrekes Sanatorium f. Hals= und Lungenleidende, Bad Rehburg.

Während des 18. Jahrhunderts, als man die Heilkraft der natürlichen
Wässer mehr kennen und beachten lernte, häufen sich die Funde, ohne
daß die meisten eine mehr als lokale Bedeutung hatten. Schließlich
wurde jedes Wasser als „Gesundbrunnen" angesehen, wenn es nur einige
mineralische Bestandteile enthielt. Beispiele für viele sind der Heiligerbrunnen, der auf dem eisenhaltigen Moorboden der Eilenriede entspringt
und eine Quelle im Keller des Jägerhofs, die Ähnlichkeit mit der Rehburger Eisenquelle haben sollte!

Für die Jetztzeit kommen höchstens noch die Schwefelquellen von
Limmer und Bentheim in Betracht, während Rehburg weniger durch
seine Quellen als durch seine klimatischen Vorzüge als Luftkurort berühmt
wurde.[1]

Die Auffindung der Quellen war fast durchweg dem Zufall
überlassen. Salzquellen lockten das Vieh an, vor allem Ziegen und
Wildschweine, die besonders lüstern nach Salz sind. Darauf wird z. B.
die Entdeckung der Soolquellen bei Lüneburg, Salzhemmendorf zurückgeführt.

Am ehesten noch wurden die Umwohner auf die Schwefelquellen aufmerksam, da sie sich schon durch den Geruch, namentlich bei feuchtem
Wetter, verrieten. In dieser Hinsicht ist eine Stelle aus einer Schrift[2]
des berühmten Meißener Arztes und Mineralogen Georg Agricola bemerkenswert: In Hildesheimio duo sunt fontes male olentes: quorum
alter ad arcem Steuerwaldam effluit ex marmore, olente putridi
ovi virus, gustu suavis nec insalubris, sed si quis jejunus eum
biberit, ructus cit marmoris triti odorem exhalentes . . . alter fons
in Hildesheimio sulfuratus a jam dicto abest ad mille passus juxta
Hasdam pagum, qui odorem foedum emittit, qualis est pulveris
bombardae extincti. Odor ille ei qui longe abest a loco, indicat
fontem. Saporem etiam habet odori non dissimilem, aqua istius
fontis lapides in alveo rivuli jacentes limo obducit: qui dersasus

---

[1] Im Archiv für Pharmazie 1843, Heft 5, pag. 507 u. ff. riet auch ein
Dr. Borkmann, Schwindsüchtige in den Oberharz zu schicken. Erstlich sei die Schwindsucht unter den Eingebornen, die dort von Jugend auf gelebt haben, ungemein
selten, und zweitens könne die Krankheit bei genügend langem Aufenthalt unter
sonst günstigen Bedingungen zur Heilung kommen.

[2] G. Agricola, De natura eorum quae effluunt ex terra. Basileae
1546. Lib. I. Auch abgedruckt in einem 1558 zu Benedig erschienenen Werk
desselben Verfassers „de balneis".
    Eine andere Schrift „de fontibus medicatis" ist nach Reinhold Hofmann,
„Dr. G. Agricola, Ein Gelehrtenleben aus dem Zeitalter der Reformation", Gotha
1905, nicht überliefert.

et exicatus sulfur est. Der Schwefelsumpf bei Limmer war den Einwohnern längst vor der Entdeckung durch Erhard (1779) bekannt. Ein besonders starker Schwefelgeruch galt ihnen als Zeichen eines nahen Wetterumschlages, auf das man bei den Feldarbeiten Rücksicht nahm. Die Bentheimer Schwefelquelle machte sich durch unaufhörliches Brodeln bemerkbar „und hat man öfters nicht ohne Verwunderung wahrgenommen, daß die tieff verwundet und verletzte Hirsche zu derselben ihre Zuflucht nehmende wiederumb in wenig Tagen hergestellet seyn."[1])

An einige Quellen knüpfen sich sagenhafte Berichte wunderbarer Heilungen in der Art, wie sie Burkhard Mithoff von der Pyrmonter erzählt. So soll der Eisensäuerling an der Uhlenmühle bei Verden von einem Manne entdeckt sein, der jahrelang an Magenkrampf litt und sich auf dem Wege zur Stadt ermüdet an der Quelle niederließ, um seinen Durst zu stillen. Nach dem Trinken verspürt er schon Besserung, was ihn veranlaßt, das Wasser weiter zu gebrauchen und den Verdener Arzt Dr. Trumph auf die Quelle aufmerksam zu machen.[2]) Eine ähnliche Sage wird von dem Rehburger Brunnen erzählt, wonach ein Hirt einen alten Beinschaden mit dem Wasser wusch und geheilt wurde.[3])

Eine gewisse Überlegung wenigstens leitete den schwedischen Leibarzt Dr. Straggenstierna bei der Entdeckung der Heilquellen nahe dem Kloster Lüne, ca. 1/2 Meile vom St. Gungelsbrunnen.[4]) Er war als erfahrener Brunnenarzt „schon über 30 Jahre mit mineralischen Wassern umgegangen" und hatte in verschiedenen Ländern, „sonderlich aber in Schweden anno 1700 drey herrliche mineralische Sauer= und Heilbrunnen erfunden, so

---

[1]) Joh. H. Cohausen, Benthemocrene d. i. Kurtze Abhandlung von der in der Graffschaft Bentheim zwar von undenklichen Jahren herfürquillenden antjezo aber durch fürtreffliche Wirkung mehr und mehr in Beruff kommenden Gesundheitsbrunnen. Coesfeld 1713.

Schütte, Physikal.-chem. Versuche oder Beschreibung des Bentheimer Gesundbrunnens, Hannover 1766.

[2]) Sendschreiben des Herrn Hofmedicus Dr. Brave in Verden an seine Freunde von dem Gesundbrunnen und Bade nebst d. Gutachten der medic. Fakultät. Bremen u. Stade 1786.

[3]) Gade, histor. geograph. stat. Beschreibung d. Graffschaft Hoya u. Diepholz. Hannover 1901, pag. 443.

[4]) Samuel Straggenstierna, Kurzer Bericht von dem neuerlich beym Closter Lüne 2c. erfundenen Sauer= und Heilbrunnen. Anno 1715 im Juli. Lüneburg.

Dito, Continuation von einigen Curen 2c. durch den Gesundbrunnen bei Lüne. Hamburg, 1715 im September Monath.

von der Zeit an ungemeine fast unglaubliche Curen gethan." Auf einem
Spaziergange mit seinem Freunde Dr. Feder aus Lüneburg meint er
beim Anschauen des Erdreichs, „es kömmt mir so vor, als wenn hier ein
Eisen minera etwan möchte verborgen liegen", und als er etliche kleine
Quellen gewahr wurde: „hier ist gewiß ein mineralisch-martialisches
Waſſer zu finden." Die Unterſuchung beſtätigte ſeine Vermutung und
er benutzte die Gelegenheit, die Heilkraft des Brunnens „wegen ſeiner
Schorbutiſchen und Hypochondriſchen Paſſionen" am eigenen Leibe zu
erproben, obwohl er urſprünglich beabſichtigt hatte, deswegen nach
Pyrmont zu reiſen. In einem zweiten Traktat (ſ. o.) vom September
1715 ſpricht er von einem Schwefelbrunnen, „über welchen Ihro Durch=
laucht die verwittibte Herzogin ein Hauß bauen laſſen," einem Victriol=
Bad= und kleinen Brunnen.

Der Botaniker Erhard aus Hannover fand im Sommer 1779 auf
dem Wege von Linden nach Davenſtedt eine reiche Salzflora (Glaux
maritima, Semolus Valerandi, Arenaria rubra marina, Cineraria
palustris etc.), die ihn auf das Vorhandenſein von Kochſalzquellen
hinführte. Am 15. November desſelben Jahres entdeckte er, dem Geruch
folgend, die Limmer Schwefelquelle, wobei er gleich an Ort und Stelle
in dem Waſſer und an den weißlichen Inkruſtationen des Bodens und
der Pflanzen durch die Bräunung eines ſilbernen Dreigroſchenſtücks den
Schwefelgehalt nachwies.[1]

Auf die Kunde von den heilkräftigen Quellen ſtrömen zuerſt die
Landleute der näheren Umgebung herbei. Nach auswärts wird das
Waſſer in Tonnen und Fäſſern verſchickt, in denen es dem Verderben
um ſo eher ausgeſetzt iſt, als man die Öffnungen einfach mit Stroh
oder Gras verſtopfte. Straggenſtierna meinte daher, es ſei von Übel,
dem Kranken den Gebrauch der Geſundbrunnen weit von der Quelle zu
empfehlen, da das Waſſer auf dem Transport die beſte Kraft verliere.

Zu längerem Aufenthalt an der Quelle bringen die Wohlhabenden
Zelte mit, die Ärmeren erbauen ſich Hütten aus Laubholz. Noch 1750

---

[1] Anzeige von einigen bey Hannover befindlichen Salzquellen und einem
allda neulich entdeckten Schwefelbrunnen. Hannov. Magazin 1779. St. 94,
pag. 1490 u. ff.

Baring l. c. I, 192, Anmerk. erwähnt 1744 einen Brunnen bei Limmer, nicht
weit von der Windmühle belegen, „ſo mit Steinen umfaſſet". „Und ſoll der Land=
mann ſich desſelben in Krankheiten und Zufällen bedienen, zumahl da ein reines
Waſſer der geſundeſte Trank vor die Menſchen." Letztere Bemerkung und die
Faſſung des Brunnes machen es unwahrſcheinlich, daß darunter die von Erhard
entdeckte Schwefelquelle zu verſtehen ſei.

mußte die Regierung in Rehburg im Interesse des Forstes durch Errichtung von Bretterhäusern dagegen einschreiten. Männlein und Weiblein hausen in paradiesischer Unschuld durcheinander und es entwickelt sich ein „Babeleben", wie es mutatis mutandis bis auf unsere Zeit geblieben! Nicht umsonst ging dem Amtmann zu Callan 1652 der Befehl zu, den Brunnen wohl in Acht zu nehmen, „daß keine leichtfertigkeit, untugentt ja schande und laster möge getrieben werden."[1] Am alten Spiegelbergerbrunnen war schon frühzeitig ein Hospital als Herberge vorhanden (Baring). Auch die Klosterleute beim Kloster Lüne boten ärmeren Kranken ein Unterkommen (Straggenstierna).

Das geheimnisvolle Hervorquillen des Wassers aus dem Erdinnern hat seit alters die Phantasie des Menschen angeregt und die Vorstellung einer gütigen Wassergottheit, der „Nymphen", gezeitigt, wie die Inschrift am Heiligerbrunnen sagt: Fonti inest numen, hospes venerare liquorem. Die christliche Kirche eignete sich diese Vorstellung in ihrem Sinne an und benutzte das Zusammenströmen der Kranken zu religiösen Zwecken.

In der Kirche bei dem alten Spiegelbergerbrunnen befand sich ein wundertätiges Marienbild, an den Wänden waren Krücken und Stäbe der Geheilten aufgehängt (Baring). Im Amt Neuhaus am Fuße des Rieleberges auf der „Wingst" war eine Quelle, deren Wasser gegen den Johannistag[2] als besonders heilkräftig galt, so daß in katholischen Zeiten dort Gottesdienst abgehalten wurde.[3] Dasselbe wird von einer Quelle im benachbarten Lande Hadeln, zwischen Oster- und Wester-Wanna, aus dem Ende des 17., Anfang des 18. Jahrhunderts berichtet.[4] Der Prediger erhielt für seine Predigt am Johannisabend einen Taler aus

---

[1] Geschichte des verseigten Heylbrunnens bey Callan im Amte Lüchow. Annal. d. Churlde. 5. Jahrg., pag. 336.

[2] Johannistag und Walpurgisnacht haben im Volksglauben eine besondere Bedeutung. Die katholische Kirche weihte den Tag der Sommersonnenwende der Erinnerung an die Taufe Johannes des Täufers. Das Johannisbad spielte namentlich in Süddeutschland und am Rhein eine große Rolle und führte zu allerhand Mißbräuchen, welche die lutherische Kirche als eine von den Heiden übernommene Einrichtung verdammte. Vergl. Martin, Deutsches Badewesen in vergangenen Tagen. Jena 1906, pag. 20 u. ff.
In Osterode a. Harz war es Sitte, am Ostermorgen vor Sonnenaufgang ein Bad zu nehmen, welches gegen Grind und andere Gebrechen helfen sollte, vergl. Journal in und für Deutschland, Jahrgang V, 1788.

[3] Annal. d. Churlande. Jahrg. VII, pag. 559 und Jahrg. VIII, 2 St., pag. 16.

[4] Scherder. Hadeln l. c.

der herrschaftlichen Amtslasse. Der Brauch kam aber ab, da durch das zusammengelaufene Volk viel Unfug verübt wurde. Ein Johannisbrunnen vor der Stadt Einbeck war seit dem 15. Jahrhundert gegen Fieber und storbutischen Ausschlag geschätzt und begeisterte noch 1715 den Rektor Joh. Joachim Schützler zu einem lateinischen Gedichte.[1]) Vielleicht gehört hierher auch ein „Heiliger Brunnen" zwischen Jühnde und Scheden, nach welchem 1565 viele Kranke aus Sachsen und Westfalen wallfahrteten, sodaß die umliegenden Felder mit den Zelten der dort kampierenden Fremden besäet waren.[2])

Wir sehen also auf der einen Seite einen Aberglauben, der mit dem Einfluß übernatürlicher Kräfte rechnet, auf der anderen ein kindliches Vertrauen auf die Allmacht Gottes, wie sie sich dem einfachen Menschen in der Natur am ehesten offenbart:

> „Die alten Weiber sagen wol,
> Daß Wasser rückwärts giessen sol,
> Wer durch das Bad gesund wil sein
> Und frey erret von aller pein.
> Pfui dich, der du die Göttlich gnad,
> In diesem Brunn durch Teuffells Raht
> Wilt brauchen mit Abgötterey
> Und deiner grossen Teuffeley.
> All Teuffeley Mensch soltulahn,
> Wenn du biß Bad wilt fangen an,
> Demütig dich für beinen Gott,
> Von hertzem klag ihm beine Noht,
> Er wol, sofern dirs nützlich ist,
> Dir Hülff senbn zu dieser frist.
> Darauff im Glauben fest getrost
> Der Leib fein züchtig wird entblößt
> Wasch sich gebültig fein und still
> Und wart was ihm Gott geben wil." (Leseberg l. c.)

Der Kur des Leibes soll eine Reinigung der Seele vorausgehen. Ein langes „Brunnengebet" des Skraggenstierna erfleht den Segen des Herrn, daß sich der Kranke nicht durch Mißbrauch der heilsamen Gabe verlustig mache und nicht murre, falls die Genesung ausbleibe.

---

[1]) Schützler, Vollständige Beschreibung von der völligen Ablauff u. anderen Merkwürdigkeiten der Leine ꝛc., 1715.

[2]) Willigerod, Münden l. c., pag. 301 und Göttingische Zeit- und Gesch.-Beschr., Bd. II, Kap. 1, § 13.

Durch den Ruf der Genesenen werden Obrigkeit und Ärzte auf die Heilquellen aufmerksam. Man sucht dieselben durch Gitter und Überdachung vor Verunreinigung und durch Nachgraben und Ableiten gegen das Eindringen wilden Wassers zu schützen und setzt einen Brunnen= meister zur Aufsicht ein. Die Regierung mahnt zur Vorsicht und Sorgfalt beim Gebrauch, beauftragt auch wohl Sachverständige mit der Untersuchung. 1646 schreiben „Canzler und Rhätte zu Zell" an den Amtmann in Lüne, [1] „alsobald etliches Wasser aus beiden Brunnen, jedoch jedem absonderlich schöpffen und selbiges in großen Krucken oder Gläsern, so viel Ihrer Zweien in tragkiepen tragen können, nach Ebstorff bringen zu lassen, da es dan der Haubtmann Wieters anhero wirbt hinschaffen lassen. Dan auch daneben verzeichnen, welches Wasser aus jedem Brunn unbt mit Zuziehung Doctoris Johann Evers, was ein jedes für cräfft unb operationes hatt, auch wie es zu gebrauchen 2c." Den 1705 bei Osterobe entdeckten Gesundbrunnen mußte eine Kommission bestehend aus dem Bergmedikus Dr. Spangenberg und Dr. Ch. J. Alberti, den „Geschworenen" und dem Osteroder Pastor besichtigen. [2] Später wurden auch Fakultätsgutachten eingeholt. (Einbeck, Verden, Limmer, Rehburg 2c.) Die weiteren Veranstaltungen blieben der Ortsobrigkeit und Privaten überlassen.

Die Untersuchung der wirksamen Bestandteile war bis Ende des 18. Jahrhunderts sehr primitiv, so daß es nicht immer klar ist, in welche Klasse man die Heilquellen einreihen soll. Als einfachste Mittel dienen Aussehen, Farbreaktionen durch Zusatz von Galläpfel= und Veilchentinktur, Geruch (beim Schwefel), Geschmack, Wirkung auf Nieren= und Darm= tätigkeit, Schwarzfärbung des Stuhlgangs (durch Eisen) 2c. Zeichen besonderer Kraft sind, wenn das Wasser nicht faul wird, im Winter nicht einfriert, [3] keine Lebewesen enthält uub in größerer Menge getrunken „den Kopf einnimmt und einen als halbtrunken macht."

In dieser Hinsicht ist ein Gutachten des Apothekers Heinrich von Eingen über den Gesundbrunnen bei Kirchdorf (Amt Uchte) lehrreich, [4] so daß ich es wörtlich hierher setze:

„Auf Erfordern des Herrn Ambtman Klamprings habe von dem zu Kirchdorf entstandenen Gesund= und Heylbrunnen berichten wollen,

---

[1] Celle, Des. 61, II Ämter, 25 Lüne No. 7.
[2] Calenberg, Des. 9. Grubenhagensche Städte, Osterobe 49.
[3] Cohausen, Bentheim l. c.: „Der grausahme im Jahr 1709 gewesener Frost und Winter=Kälte hat denselben in Eiß nicht versetzen können".
[4] Hannover, Des. 74. Amt Uchte. VIII, F. Fach 41, No. 1.

daß bey der Quelle und in wollverwahrten Bouteillen ein subtiler
Schwefelhafter Geruch daran zu spühren, welche aber sehr flüchtig, in=
dessen wenn daß Waßer eine weyle offen gestanden oder nicht wollverwahrt
bald verzehrt. An Geschmack ist es sehr reyn und klar und am Nach=
geschmack süßlicht. Nach einiger experimentierung habe gefunden, daß
durch Destilliren und Abrauchung nichts davon zu spühren, durch Zu=
gießung eines Alcali zeiget es eine röthliche Farbe, welches auch wan
Schwefel nur in Waßer gethan und ein alkali dazu kombt geschiehet.
Durch acida und volatilia wird es aber nicht verändert, so verändert
es auch die Tinctura violarum nicht, welche sonst leicht durch acida
und alcalia an der Farbe verändert wird, und extrahiret den Grün Ton
auch sehr schön, welches eine Anzeige, daß weder alcali und acidi
darinnen, sondern ein subtiles zweifelhaftes flüchtiges Wesen, zumahl
auch die Trinkenden, wenn vieles nach einander getrunken wird als
taumlicht und trunken davon werden und nach einiger Motion eine
merkliche wärme und schweiß darauf empfinden: So urtheile, daß es
als ein von allen Crubitäten reines Waßer, vermittelst seines flüchtigen,
die scharffen Salzigten theilchen im Geblüt auflöset, in serum ver=
wandelt und durch den Schweiß und Urin, welches auch stark treibet,
austreibet, wie denn Exempel bezeugen, daß es im Scorbut und andern
vom verdorbenen Geblüt herrührenden Krankheiten, bösen Krebsschäden,
Epilepsie, Gicht, Contracturen, Blöden Augen, Steinschmerzen, Bruch=
schäden p. p. durch Gottes Gnade herrliche Würckung gethan." 5. 6. 1727.

Die erste Anwendung der Mineralquellen war natürlich eine
rein empirische. Das Waßer wird kritiklos innerlich wie äußerlich ge=
braucht, da die Leute meinen, was anderen in ähnlichen Fällen geholfen,
müsse auch ihnen helfen. Die überschwänglichen Erzählungen angeblich
Geheilter führen den Quellen Kranke der verschiedensten Art, des Leibes
und der Seele zu: Lahme, die auf Wagen herangefahren wurden, ver=
lassen zu Fuß den heilsamen Wunderbrunnen, Blinde werden sehend,
Stumme erlangen den Gebrauch der Stimme, Taube den des Gehörs
wieder. Die ganze Umgebung und veränderte Lebensweise, der Anblick
zahlreicher Mitleidenden machten sicherlich einen gewaltigen Einfluß auf
das Gemüt des Kranken, sodaß uns manche wunderbare Heilungen
glaublicher erscheinen. Bei anderen handelte es sich wohl nur um vor=
übergehende Besserungen oder um Selbsttäuschung oder gar absichtlichen
Betrug.

Allmählig lernte man aus der Erfahrung die spezifischen Wirkungen
der Wässer kennen. 1646 wurden beim Gungelsbrunnen schon Augen=

und Larirbrunnen unterſchieden. Dann prüfen die Ärzte die Angaben der Kranken nach und ſtellen die Indikationen zum Gebrauch auf. Denn, „wie der wundertätige Teich Bethesda zuvor von einem Engel bewegt werden mußte, um ſeine Kraft zu entfalten, alſo müſſen auch jene von einem verſtändigen Medico verordnet und dirigiert werden, wenn ſie ihre von Natur eingegoſſenen Kräfte zum gewünſchten Effect bringen ſollen". (Cohauſen.)

In unſerer Gegend haben zuerſt im Anfang des 18. Jahrhunderts Ärzte über Geſundbrunnen geſchrieben, Cohauſen 1713 (Benthemocrene), Straggenſtierna 1715. (Lüne), Trumph. 1744. (Uhlenmühle bei Verden). Die Ausführungen Cohauſens und Straggenſtiernas enthalten einen genauen Kurplan. Der Brunnenarzt beſtimmt Zahl und Anwendungs= weiſe der Bäder und die Menge des zu trinkenden Waſſers. Man ſoll Morgens mit nüchternem Leibe baden, vor dem Einſteigen den Körper trocken abreiben, das Haupt wohl bedecken, erſt nach und nach tiefer hineingehen, ſich im Bade „ſittſam und ſtill" verhalten und bei Zeiten wieder herausgehen. Zur Unterſtützung der Kur gehören Regelung der Diät und des Stuhlgangs und angemeſſene Körperbewegung:

„Willſtu, daß dir der Brunnen ſoll zeigen gute Krafft,
Eſſe, trinke, thue, ſehe nur, was Fröhlichkeit dir ſchafft."

(Cohauſen).

Bei aller Begeiſterung für die von ihm entdeckte Quelle führt Straggenſtierna doch eine Reihe von Leiden an, bei der ſie mehr ſchadet als nützt, als z. B. die Luſtſeuche, „der die keuſchen Waſſernymphen nicht gewogen ſind," Lungenſchwindſucht, innere Eiterungen und Geſchwüre, angeborene Krankheiten[1]) oder ſolche, die veraltet, oder bei ſchwächlichen und alten Leuten ſich finden, „deren innerliche Wärme, ſo das Waſſer in actum oder Gang bringen muß, vorbey"[2]) ꝛc. Auch die Schwanger= ſchaft bildet eine Contrainbication, „da das Waſſer die monatliche Zeit ſtark treibet." Die Wirkung hängt alſo ab von der Art der Krankheit, der Komplexion des Kranken und nicht zuletzt von der Dauer der An= wendung, denn „da es etliche nicht hilfft, iſt die Urſache, das ſie nicht lange darinnen baden, und zu ſehr davon eilen".[3])

---

[1]) Im Gegenſatz dazu berichtet der Apotheker v. Eingen aus Kirchdorf von einem Kind, das auf beiden Ohren taub geboren, durch Gebrauch des Brunnens auf einem Ohr ſoweit „reſolviret", baß es wieder hören konnte.

[2]) Das Alter iſt nicht nach Jahren, ſondern nach Conſtitution und Temperament zu bemeſſen!

[3]) Burkhard Mithoff, l. c., ſ. o.

Der in den kgl. Gärten in Herrenhausen angestellte Botaniker Erhard hatte auf seinen mannigfachen botanischen Exkursionen Gelegenheit, die Mineralquellen des Landes, kennen zu lernen. Er teilt sie in einer 1784 erschienenen Zusammenstellung [1]) in die drei Klassen der Gaswässer (Kohlensäure-, Erdalkali- und Eisenhaltige Sauerbrunnen) Schwefel- und Salz(Kochsalz)=Wässer und zählt, soweit sie uns hier interessieren, folgende Quellen auf:

1) Gaswässer: die Rehburgerquelle, ein schwach erdig=salinisches Wasser; eine Quelle auf dem Deister bei Bredenbach; die ziemlich stark kohlensäurehaltige Eisenquelle an der Uhlenmühle bei Verden; eine unbedeutende zwischen Bederkesa und Figgemühle. [2])

2) Schwefelwässer: Schwefelbrunnen im Limmerholz; Spiegelberger-brunnen bei Koppenbrügge; eine sehr wasserreiche Quelle bei Hasede im Hildesheimschen.

3) Salzwässer: bei Lüneburg, Davenstedt, Münder, Elbagsen, Salzhemmendorf, Salzderhelden, Sülbeck, Salzdethfurt, Salzgitter.

Diese Reihe läßt sich, außer den bereits im Text genannten, um einige weitere vermehren: meist erdig=salinische Wässer mit Eisengehalt bei Düshorn (Walsrode), Einbeck, Hibbingen (Rotenburg); Schwefelquellen bei Northeim, Winslar (Rehburg) 2c.

Ende des 17. Jahrhunderts war Pyrmont das besuchteste Fürstenbad. 1681 wird unter den 40 Fürstlichkeiten der Saison auch Herzog Ernst August von Hannover erwähnt. Als er Kunde von einem ähnlichen Brunnen im eigenen Lande erhielt, ging er 1692 mit seinem ganzen Hofstaat, den Prinzen und Kanzlern nach Rehburg, wo ein großes Zeltlager aufgeschlagen wurde. Durch seine wiederholten Besuche kam das Bad schnell zu Ansehen. Nach dem Tode des Kurfürsten zogen sich aber die Gäste zurück, da zu wenig für Bequemlichkeit gesorgt war. Die ersten amtlichen Protokolle stammen aus dem Jahr 1722 vom Amtmann Ludewig. 1742 ließ sich Stadtphysikus Dr. Körner aus Nienburg für die Dauer der Kurzeit in Rehburg nieder. Er berichtete sehr günstig an die Kammer und machte Vorschläge über Fassung und Abhaltung des wilden Wassers. Die Quelle kam aus zwei eingehauenen Höhlungen des Loccumerberges, zu denen ein Stollen führte. [3])

---

[1]) Hannov. Magazin. 1784. St. 2, 3 und 64. Baldinger, Neues Magazin für Ärzte, Bd. VI.
[2]) Annalen der Churlande. 8. Jahrg., pag. 36.
[3]) Joh. Gottl. Kühn, System. Beschreibung der Gesundbr. und Bäder Deutschlands. Breslau und Hirschberg 1789.

1750 ließ die Landesherrschaft Holzbaracken aufschlagen und ein Badehaus (für 20 Bäder), wohin die Quelle durch ihr natürliches Gefälle geleitet wurde, errichten. Die Erwärmung des Badewassers geschah in großen Pfannen.[1]) Die Bäder wurden in 3 Klassen, zu 15, 9 und 6 mgr. verabreicht. Zur Plantierung, Anlage von Gebäuden und Alleen bewilligte König Georg II. 7000 Th. Um die Ansiedelung in der Nähe zu erleichtern, gab die Regierung die Baustellen gegen einen geringen Grundzins unentgeltlich her und gewährte Freiheit von Einquartierung und Servis (1752), eine Vergünstigung, die für die nächsten 12 Jahre galt. Die Bauvorschriften verlangten eine gute Treppenanlage und eine Höhe der Stockwerke von mindestens 14—15 Fuß. Im Anfang des 19. Jahrhunderts betrug die Zahl der Feuerstellen 16 mit 145 Seelen.

Der Besuch war inzwischen derartig gewachsen, daß zwei Badeärzte fungierten. Es waren gegen 700 Kranke anwesend, gegen Ende des 18. Jahrhunderts stieg ihre Zahl auf 1000. Verschiedene Neuerungen geschahen auf Grund von Gutachten der Hofmedici Hugo und Berger, die chemische Untersuchung führte Andreä aus. 1770 wurde ein großes Badehaus erbaut, dem 1786 ein massives folgte. Seit 1770 wirkte Hofmedikus Dr. Chr. Weber als Brunnenarzt, der durch persönliche Liebenswürdigkeit und Tüchtigkeit die Anstalt förderte. Auch für allerhand Lustbarkeiten (Musik, Tanz, Feuerwerk) war gesorgt.

1800 entdeckte Apotheker Usinger beim Dorfe Winslar eine Schwefelquelle. Das Wasser derselben wurde in Tonnen zum Badehaus geschafft.[2]) Das Resultat einer erneuten chemischen Untersuchung durch den Bergkommissar Westrumb (1800/01) hat Lentin bekannt gemacht.

Die unsichere politische Lage während der Fremdherrschaft brachte naturgemäß einen Rückschritt. Der damalige erste Brunnenarzt Hofmedikus Dr. Biedermann wollte das Bad um 1000 Fr. jährlich pachten, das französische Gouvernement ging aber nicht darauf ein in der Befürchtung, daß der Pächter, um die Pacht herauszuschlagen, an den Unterhaltungskosten der Gebäude 2c. sparen würde.

1841 wurden die Kurmittel des Bades durch eine vom Medizinalrat Dürr nach dem Muster der Kreuther Anstalt befürwortete Molkenkur-

---

[1]) Hannover, Des. 51. No. 91 und 94.
   Verschiedene Aufsätze i. Hannov. Magaz., Jahrg. 1809, St. 46.
   „   „   „   1810, St. 44.
[2]) Hannover, Des. 51, No. 94.

anſtalt erweitert, 1860 Konverſationsräume ꝛc. angebaut.[1]) Beſondere Anerkennung verdienen die Wohltätigkeitseinrichtungen in Bad Rehburg, um ſo mehr, als die Regierung lange Zeit hindurch einen anſehnlichen Jahreszuſchuß (1000 T. u. mehr!) zahlen mußte. Seit 1769 war es ausdrücklicher Befehl, armen Kranken auf Koſten der Brunnenkaſſe gewiſſe Vergünſtigungen zu gewähren, die aber in der Regel auf die ſtille Zeit, Juni, zweite Hälfte des Auguſts und September beſchränkt waren. Perſonen aus dem geringen Bürger= und Bauernſtande bekamen je nach Bedarf fünffache Unterſtützung: freie Wohnung, Bäder, Medizin, ärztliche Behandlung und freiwillige Gaben der Kurgäſte. Vorbedingung waren Armenſchein und ärztliches Zeugnis. Während der weſtphäliſchen Zeit entſtand in dem dafür beſtimmten Fonds ein Deficit, ſobaß die Heimatsgemeinden eingreifen mußten. In den verſchiedenen Bekannt= machungen werden die gebotenen Vorteile angezeigt. Nach der Zuſammen= ſtellung von 1756 hatten die Gemeinden (reſp. der Kranke, ſofern er dazu vermögens) Hin= und Rückreiſe, die- Arzneien (mit 25% Rabatt) zu bezahlen und einen Zuſchuß von 3 Thalern für kleine Ausgaben zu gewähren.

Der Verbener Brunnen iſt wahrſcheinlich ſchon im 17. Jahr= hundert bekannt geweſen, aber zuerſt 1744 von Dr. Trumpf erwähnt. Auf Veranlaſſung des Dr. Kleine ließ der Magiſtrat die Umgebung planieren, und die Quelle einfaſſen: pro incolumitate humana et medendis mendis corporis.[2]) (1768). Der Beſitzer der Uhlenmühle baute ein Haus zur Beherbergung der Brunnengäſte.[3]) Nach der chemiſchen Analyſe Weſtrumbs urteilte die mediziniſche Fakultät in Göttingen, (15. 12. 1785), daß die Quelle als Übergang zu ſtärkeren bei Lungenkrankheiten, Gicht ꝛc. wohl zu empfehlen ſei. Die Anwendung geſchah vorzugsweiſe in Form von Bädern, welche Dr. Brave 1785 ein= geführt hatte, weniger zum Trinken.

Ebenſo diente das Oder haltige Waſſer einer Quelle bei Düshorn (Fallingboſtel) zum Baden und bei Augenſchäden.[4]) Im erſten Drittel des 18. Jahrhunderts ſollen ſich dort zeitweiſe mehr als 300 Kranke

---

[1]) Bäder=Album der kgl. preußiſchen Domänenverwaltung 1906, pag. 137.

[2]) Hannov. Magaz. 1768. St. 35, pag. 463/64.

      „   „   1770. St. 42, pag. 658.

[3]) Hannover, Des. 51, No. 92, Präfekturbericht vom 7. 12. 1811.

[4]) Braunſchweig. Anzeigen. 1746. St. 26, pag. 1240.

     Taube, Beiträge z. Naturkunde d. Herzogt. Lüneburg, 1769, pag. 229.

versammelt haben. Thaer, damals Physikus in Walsrode sprach ihr alle
Wirkung ab und hielt sie für gewöhnliches Moorwasser.

Eine Quelle, ähnlich dem Pyrmonter Eisensäuerling, mit dem man
damals alle derartigen Quellen in unserer Gegend gern verglich, wurde
1752 vor dem Altendorfertor bei Einbeck entdeckt, geriet aber durch den
Krieg in Vergessenheit, bis sie 1764 beim Ablassen des Ilmebetts aber=
mals gefunden wurde.[1] Eine Untersuchung des Leibmedikus Vogel in
Göttingen ergab, daß sie wegen ihres allzuflüchtigen und nicht sehr
starken Gehalts nur an Ort und Stelle getrunken werden könne und
auch zum Baden geeignet sei. Eine genauere Analyse rührt von
Dumênil her (1803).

Neben einer 1774 im Amt Wittlage (Osnabrück) gefundenen
Mineralquelle wurde ein Badehaus aufgeführt, dessen Kosten teils durch
Subskription teils durch Bewilligung der Landstände auf die Landeskasse
aufgebracht wurden.[2]

Über die Schwefelquelle bei Bentheim mögen einige kurze
Notizen genügen, da sie als Domäne des Fürsten von Bentheim streng
genommen nicht hierher gehört. Sie entspringt eine gute Viertelstunde
von dem alten Stammschloß der Grafen von Bentheim in mitten eines
prächtigen alten Hochwaldes und ist im Anfang des 18. Jahrhunderts
von dem Münsterschen Leibarzt J. H. Cohausen und einigen anderen
Ärzten untersucht und danach auf Befehl der Landesverwaltung mit einem
Brunnengehäuse umgeben. Später wußte der Landdrost v. Ompteda
auch die hannoversche Regierung dafür zu interessieren, und Hofmedikus
Schütte veröffentlichte eine Schrift (s. o.), bei deren Abfassung er
Werlhoff und den Leydener Professor Gaub um Rat anging. 1810
bestätigte Hufeland die vorzügliche Kraft der Bentheimer Schwefelquelle,
die verdiene, besser gefaßt und mit schicklichen Bädern versehen zu werden,
zumal in der Umgegend und in ganz Holland nichts Ähnliches existiere.

Der Kirchdorfer Schwefelbrunnen im ehemalig hessischen
Amt Uchte hatte viel Zuspruch aus dem Bremen= und Oldenburgischen.[4]
In der ersten Zeit fanden sich an 20 „ausländische Wagens" und über
200 Kranke dabei ein. Nach den Freiheitskriegen erbaute die Gemeinde

---

[1] Einbecker Stadtarchiv, G. D. Polizei I Generalia.
Hannov. Magaz. 1805. St. 76, pag. 1703.
[2] Hannover, Des. 104, II, 9, 5. E. Landdrostei Osnabrück, No. 1.
[3] Osnabrücker Staatsarchiv, Act. Comitial. Bentheim III, Juv. 42.
[4] Hannover, Des. 74, Amt Uchte, VIII. F. 41, No. 1.

ein Badehaus und verpachtete es an den Arzt Dr. Eberlein. Die Regierung gab nichts dazu her, erlaubte aber, daß die für Verpflegung der alliierten Truppen 1813 erhaltenen Gelder, ca. 900 Taler, zum Bau verwendet wurden. Ein Müller in der Nachbarschaft ließ ein zweites Badehaus aufführen. Der Küster des Dorfes, Piepenbrink, legte sich für die Anstalt mächtig ins Zeug, was ihm von oben eine Rüge eintrug „weil es sich nicht mit seinem geistlichen Stande und dem Unter= richten von 140—150 Schulkindern vereinige."

Die Schwefelquelle bei Limmer wurde bald nach ihrer Entdeckung durch Ehrhard gefaßt und 1784 an zwei Stellen in größerem Umfange nachgegraben und vertieft.[1]) Mit der Herstellung von Trink= und Bade= anlagen begann seitdem die Benutzung. 1793 wurden beide Quellen zu einer einzigen vereinigt. Wassermenge und Schwefelgehalt waren wechselnd und von der Witterung abhängig. Die ergiebigeren, von der Natur mehr begünstigten Nenndorfer Quellen[2]) mit ihren besseren Bequemlich= keiten bildeten von Anfang an eine scharfe Konkurrenz. Dagegen hatte der Limmerbrunnen die Nähe einer großen Stadt für sich.

Der ersten oberflächlichen Untersuchung Erhards folgte 1789 eine sehr eingehende durch den Apotheker Andreae, welche Zimmermann als Meisterstück unbefangener scharfsichtiger Prüfung bezeichnet, später solche durch den Leibchirurgen Lange[3]) und die Chemiker Murray, Westrumb und Bachhaus. Zimmermann bediente sich des Wassers in seiner aus= gedehnten Praxis gern und mit gutem Erfolg, und seinem Einfluß ist die schnelle Aufnahme bei Ärzten und im Publikum zu danken. Anderseits mahnte er aber zur Vorsicht in der Beurteilung, denn „alle mit diesem Wasser gemachten Curen beweisen nichts, sobald zu gleicher Zeit auch andere Mittel gebraucht sind." Weit skeptischer noch urteilte Hofmedikus Wichmann.

1792 genehmigte der König den Bau einer Badeanstalt für die Armen und Invaliden. Die Bestimmungen über die Freibäder gleichen den für Rehburg erlassenen. Die westfälische Regieruug plante auch die Errichtung eines Militärhospitals, doch unterblieb die Ausführung des

---

[1]) Hannover, Des. 79, Bad Limmer No. 1.

[2]) Bereits 1646 von Agricola erwähnt, im 18. Jahrhundert von dem alten Heim, einem bekannten Berliner Arzt, untersucht und durch Gutachten der medizinischen Fakultät in Rinteln empfohlen.

[3]) Lampe, Nachrichten und Bemerkungen über die Limmer Badeanstalt 1779—1801.

Plans.[1]) Nach den Freiheitskriegen brauchten viele kranke und ver= wundete Soldaten das Bad. Es gab damals 3 Wirte in Limmer, welche Fremde logierten.

Die Hauptblüte des Bades fällt in den Anfang des 19. Jahr- hunderts, nachdem Christ. Friedr. Stromeyer (1796) zum Badearzt ernannt war, eine Stelle, die er bis zu seinem Ableben (1826) bekleidete.[2]) Während dieser Zeit wurden jährlich an 6000 Bäder verabreicht. Stromeyer suchte durch passende Auswahl der Fälle den Ruhm des Brunnens zu wahren und die Wirksamkeit durch Einführung einer kräftigen Douche ꝛc. zu steigern.[3]) Es kamen Patienten aus Hambnrg und Bremen, die Geheilten ließen ihre Krücken zurück, die eine Zeitlang als Erinnerungszeichen im Vorsaal des Badehauses aufgehängt blieben. Kurz vor seinem Tode (1824) wurde eine neue Quelle entdeckt, deren Schwefelgehalt sich durch Überdecken dem der alten gleichstellen lassen sollte.

Mit dem Aufblühen Nenndorfs ging der Besuch in Limmer zurück. Die immerhin bescheidenen Reize der Umgebung vermochten auf die Dauer modernen Badegästen nicht zu genügen.

Am „verlorenen Turm", ca. $1/4$ Stunde von Northeim, trat 1804 aus einem zum Auffangen der Bergwässer dienenden Teiche eine Schwefel- quelle hervor, welche verschiedentlich beschrieben ist.[4]) Redderfen meint, daß man früher auf das Vorhandensein von Schwefel nur nicht geachtet habe, weil das schwere Schwefelwasser zu Boden sinke. Tatsächlich wurde beim Ausschlämmern eines dieser Teiche 1747 bemerkt, daß die aus= gebrachte Erde weißlich=gelb und übelriechend sei.

Die Soolquellen am längsten bekannt, sind bei uns am spätesten zu öffentlichen Bädern benutzt. Tabernämontan hat in seinem „New Wasserschatz"[5]) die vielseitige Anwendung der Salzwässer gegen äußere und innere Schäden in Form von Waschungen, Bähungen, ja selbst Klystieren gerühmt.

---

[1]) Hannover, Des. 61. No. 95 Limmer.
[2]) Stromeyer bezog als Badearzt 250 Taler Gehalt.
[3]) L. Stromeyer, Erinnerungen l. c. Bd. I, 71 u. ff.
[4]) Hannov. Magazin 1804, St. 8 und 1807.
  Dito, F. Redderfen, Beiträge zur Gesch. d. merkwürdigen Schwefelbr. bei Northeim. Einbeck 1808.
  Calenberg, Des. 8. Städte: Northeim 101.
[5]) Jocob. Theod. Tabernaemontanus, New Wasserschatz d. i. von allen heylsamen Metallischen Mineralischen Bädern und Wässern. Frankfurt a. M. 1605.

Als im Sommer 1814 Dr. Stief in Lüneburg,[1] dem Beispiel der Salinen zu Halle und Schönbeck im Magdeburgischen folgend, einige Badezimmer bei der Saline errichtete, war noch keine Soolbadeanstalt im Lande bekannt. Ein früherer Plan während der westphälischen Zeit war an dem Widerstand der Zollbehörde, die Nachteile für den Staatssäckel befürchtete, gescheitert. Im ersten Jahre benutzten 112 Personen aus Lüneburg und der Nachbarschaft die Anstalt, im nächsten Jahre kamen schon Fremde. Zur örtlichen Behandlung von Gelenkleiden, Lähmungen 2c. erwies sich eine Dusche als zweckmäßig. Hofmedikus und Stadtphysikus Münchmeyer[2] baute die Indikationen zum Gebrauch weiter aus: dreifache Wirkung und zwar auf Haut, Kreislauf und Nervensystem.

Leibarzt Vogel in Rostock, der Begründer der ersten deutschen Seebadeanstalt in Dobberan, verglich sie mit den Seebädern und empfahl ihre Anwendung als milden Ersatz derselben.[3] Anderseits erkannte schon Wurzer, Professor in Marburg,[4] daß eine künstliche Auflösung von Kochsalz durchaus nicht mit natürlicher Soole gleichzusetzen sei, denn die Grundwirkung sei mehr „von der eigentümlichen Mischung, dem inneren Leben und dem dadurch bewirkten lebendigen Totaleindruck auf den menschlichen Organismus" bestimmt, als von dem vorherrschenden Bestandteil. Das erinnert an die modernen Anschauungen der Balneologie über die Wirkung der Radioaktivität mancher Heilwässer.

Die Überhandnahme der Hautkrankheiten, Krätze 2c. nach den langen Kriegsjahren brachten die Soolbäder schnell in Aufnahme.

Einen therapeutischen Effekt versprach man sich auch von den Erdölquellen, deren schon 1546 Agricola einige in den braunschweiglüneburgischen Landen erwähnt. Das aus der Erde quillende Bitumen oder Erdpech war unter verschiedenen Namen: petroleum, oleum terrae, bitumen liquidum, maltha, axung macrocosmi als Panace der Landfahrer und Kurpfuscher gegen alle möglichen Krankheiten in Gebrauch. Die Ärzte wandten es „wegen seiner penetranten Hitze" nicht gern innerlich an, obwohl 10—15 Tropfen „in obstructione mensium"

---

[1] Stief, Über Anlage Einrichtung und Wirkungsart der Solbäder, im Hannov. Magazin 1815.

[2] Hannov. Magazin 1817. St. 46—48, 1820. St. 46 u. ff.

[3] Vogel, Handhabung zur richtigen Kenntniß und Benutzung der Seebadeanstalt zu Dobberan. Stendal 1819.

[4] Wurzer, Über die Soolbäder zu Nenndorf. Leipzig 1818.

unb auf Baumwolle geträufelt bei Zahnweh wirkſam ſein ſollten.[1]

1730 kam im Gerichte Linden eine Ölquelle, in ber ſich ein „balſamiſch=ö̈hligter liquor" fand, beim Landvolk im großen Ruf.[2] Die hannoverſche Regierung forderte bie Leibärzte Hugo unb Steigerthal auf, ſeine Eigenſchaften zu prüfen unb feſtzuſtellen, ob unb in welchen Zufällen man ſich ſeiner ohne Gefahr bebienen könne. Sie erklärten, es handele ſich um gemeines ſchwarzes Steinöl (petroleum nigrum graveolens), bas äußerlich von erfahrenen Chirurgen mit Vorſicht gebraucht werden möge, trugen aber Bebenken, es wegen ſeiner durch= bringenben, hitzigen Kraft einem Menſchen, inſonberheit einem Kranken, innerlich zu verorbnen. Auf Werlhoffs Vorſchlag wurde eine bement= ſprechenbe Warnung burch ben Druck veröffentlicht. (31. 8. 1730.) Ob barunter bie von Agricola (l. c.) beſchriebene Quelle zu verſtehen iſt, ſcheint mir zweifelhaft.[3]

Ähnlich erfreuten ſich bie Erbölquellen zwiſchen Ebemiſſen unb Debenſen, Amt Meinerſen ſeit Jahrhunberten großer Beliebtheit bei ben Lanbleuten.[4] In Peſtzeiten wurde bas „Ebemiſſer Fett" zum Räuchern benutzt, inbem man einige Tropfen auf glühenbe Kohlen goß. Innerlich half es gegen rote Ruhr unb kaltes Fieber, äußerlich bei roſeartigen Ausſchlägen. Es beförberte bas Milchen ber Kühe unb biente als — Wagenſchmiere. Die Gewinnung aus ben mit Waſſer gefüllten Felslöchern war recht primitiv. Man ſtrich mit Beſen aus lockeren Binſen über bie Oberfläche ber Fettſchicht unb ſtreifte bas an= haftenbe Erböl mit ber Hanb ab. Das Waſſer mußte banach ausge= ſchöpft werben, ba ſonſt ber Gegenbruck besſelben bas weitere Ausfließen bes Fettes aus bem Felſen hinberte. Die tägliche Ausbeute einzelner Gruben betrug ſo 30 Pfunb. Stabtphyſikus Biermann in Peine intereſſierte ſich für bie Sache unb veranlaßte eine chemiſche Unterſuchung, bie als Beſtanbteile Erbpech, Schwefel unb ein flüchtiges bem Bernſteinöl verwanbtes Oel ergab. Bierman empfahl bie Anwenbung bei Arthritis

---

[1] Valentini, Natur= unb Materialienkammer, pag. 33.

[2] Calenberg, Des., Gericht Linden No. 8.

[3] Die Stelle bei Agricola lautet: „bitumen aliud in nigro rufum (ſchwärzlich rötlich) sicut id quid effluit a fonte, qui est in radice montis Desteri distans ab Hanovera circiter quindecim millia pass. versus meridiam non recta, sed ad occasum (an ber Südweſtſeite bes Deiſters, Rennborf??), quod bitumen clarissimae fontis aquae innatat, aliquid purpureo colore splendet."

[4] Biermann, Die Erbölquellen bei Ebemiſſen, im Hannov. Magazin 1820. St. 56, 57 unb 82. Hannov. Magazin 1831. St. 77.

nach Analogie des von englischen Ärzten bevorzugten Aqua picea Berklayi („Wasser, das über Theer gestanden,"). 1840 überreichte Dr. Barkhausen in Hildesheim der Regierung eine lange Abhandlung darüber, die A. P. B. hielt aber den Gegenstand nicht für so wichtig.[1])

Auf die künstlichen Bäder näher einzugehen, lohnt nicht der Mühe. Namentlich am Harz entstanden eine Reihe von Kaltwasseranstalten und Fichtelnadelbädern.[2])

Eine kurze Erwähnung verdienen die „Eisengranulir= bäder" Lentins. Damals wurden die Silbererze nach einer neuen Methode mit Eisengranalien beschickt. Zur Darstellung dieser Granalien ließ man schmelzendes Eisen in Wasser laufen, wobei es sich in Millionen von kleinen Stückchen absonderte. Da das Ganze eine Zeitlang mittels langer Rührhaken in Bewegung gehalten wurde, ging Eisen in Lösung. Das brachte Lentin auf den Gedanken, das abgelassene warme, eisen= haltige Wasser zu Bädern bei Nervenschwäche und Lähmungen zu ver= wenden.[3]) Auf Empfehlung Zimmermanns ließ die kurfürstliche Kammer und Berghauptmannschaft Clausthal in Gittelde Badehäuser errichten.

Wasser, „darinnen glühendes Eisen oder Stahl abgelöschet", wurde übrigens schon seit alters von griechischen und arabischen Ärzten, aller= dings weniger zum Baden als zum Trinken, empfohlen. Tabernaemontanus führt dafür zahlreiche Beispiele an: „Es kömpt zu hülff dem un= vermöglichen Mann zu denen ehelichen Werken", aber die Weiber, „die zu der Empfängnus und zum Kinderzeugen ungeschickt sind, sollen sich davor hüten, denn, ein solch Wasser, vornehmlich das Schmiedewasser, stettig getrunken, sonderlich nach der monathlichen Reinigung, machet sie unfruchtbar". (!)

Die Wohltat der S e e b ä d e r wußte man bereits im Altertum zu schätzen. Um so mehr ist es verwunderlich, daß die Gewohnheit des Seebadens im Laufe der Zeit gänzlich vernachlässigt wurde. Am ehesten noch kam sie in England, durch die insulare Lage des Landes begünstigt, wieder auf, später auch in Frankreich und Dänemark.

Der erste Gedanke, etwas Ähnliches in Deutschland zu schaffen, stammt von dem Pastor Janus auf Juist, der auf Grund eigener Erfahrungen und durch die Beobachtung an anderen veranlaßt 1783 eine Vorstellung an das ehemalige Medizinalkolleg Ostfrieslands richtete. Sein Vorschlag hatte aber keinen Erfolg, da die von dem M. C. befragten Ärzte der

---

[1]) Hannover, Des. 104, II, 9, 5. E. Bäder.

[2]) Über die Anwendungsweise der Bäder vergleiche: Marcard, Über die Natur und den Gebrauch der Bäder. Hannover 1763.

[3]) Hannov. Magazin 1780. St. 64.

Provinz sich augenscheinlich nicht viel davon versprachen. Erst der Göttinger Mathematiker Lichtenberg brachte die Sache von neuem in Fluß. Er hatte die Einrichtungen des englischen Seebades Deal kennen gelernt, im Göttinger Kalender 1793 (Dietrichs Verlag) beschrieben und dabei die Frage aufgeworfen, warum Deutschland noch kein öffentliches Seebad habe.

Nachdem 1794 in Dobberan an der Ostsee unter Vogel das erste deutsche Seebad eröffnet war, stieß der Wunsch, auch an der Nordsee ein Seebad zu besitzen, bei den friesischen Ständen, die gern mit dem Gelbe knauserten, nicht mehr auf so großen Widerstand. Der Vor=sitzende Graf v. Knyphausen setzte es durch, daß der Provinzialphysikus v. Halem zur Orientierung nach Dobberan gesandt wurde. Beinahe hätte sich aber die Sache noch der Kosten halber zerschlagen, auch hatte v. Halem Mühe, die Stände von dem Plan einer Seebadeanstalt am Nordbeich abzubringen, da er mit Recht der Insel Norderney[1]) den Vorzug gab.

Wie der höhere Salzgehalt und stärkere Wellenschlag der Nordsee einen Unterschied in der Wirkung bedingen, so erforderte die täglich zweimal eintretende beträchtliche Flut eine abweichende Anordnung der Vorrichtungen zum Baden. Denn, am Strande oder außerhalb der Deiche würden diese bald ein Raub der Wellen werden. Das führte zur Anschaffung von Badekutschen (anfänglich 2, 1821—27, 1836—68). Dieselben dienten zum Auskleiden, einzelne hatten einen Fallschirm, unter dem gebadet werden konnte. Als beste Gegend zum Baden empfahl sich der mit dichtem weißem Sand bedeckte West= und Nordweststrand, der allmählich zum Meere abfällt.

Gleich zu Anfang 1800/01 wurde ein Konversationshaus und ein Gebäude für warme Seebäder erbaut. In letzterem befanden sich Wannen aus glasierten Fließen, eine große Dusche und ein Raum zur Schwefelinhalation nach dem Vorbild der Anstalten in Rehburg und Limmer. Bis zu der Anlage einer Röhrenleitung im Jahre 1836 mußte das nötige Wasser in Fässern herangefahren werden. Die Stelle des Bademeisters versah der auf der Insel wohnende Wundarzt und Geburtshelfer.

1800 waren schon 250 Badegäste anwesend, und das Jahr 1804

---

[1]) Fr. v. Halem, Die Insel Norderney und ihr Seebad. Hannover 1822.
C. C. Reins, Die Insel Norderney nach ihrem früheren und gegenwärtigen Zustand. Hannover 1863. (Darin auch die Literatur!)
Bäder-Album b. kgl. preuß. Domänenverwaltung, pag. 145 u. ff.

galt als „brillante" Saison. Aber, als sich im nächsten Jahr v. Halem aus Gesundheitsrücksichten zurückzog, hatte sein Nachfolger Dr. Usen aus Norden nur 25 Kurgäste. In dieser Zeit blieb jeder, der nicht dringend mußte, lieber zu Haus. Außerdem lastete die Kontinentalsperre infolge der Zwistigkeiten zwischen Frankreich und England schwer auf der Insel. 1811 wurden die Gebäude der Anstalt als Kasernen benutzt, und eine Schanze zum Schutz der Besatzung bei einer etwaigen Landung der Engländer angelegt.

Nachdem durch den Wiener Frieden Norderney an Hannover gefallen war, bemühte sich die neue Landesherrschaft, das Bad wieder in die Höhe zu bringen. Sie ermunterte die Einwohner zum Bau von Häusern, leistete Vorschüsse zur Anschaffung von Möbeln 2c. und ließ 1818 ein Logierhaus aufführen. 1822 gab es 135 Häuser, in denen 264 Zimmer mit 343 Betten zu vermieten waren. Die Provinzial-stände verzichteten auf ihre Rechte an die Anstalt. Dieselbe wurde 1819 als Staatsanstalt erklärt, in allen Teilen verbessert, auch ein eigener Badekommissar bestellt. In den Jahren 1837/38 erstand ein zweites großes Logierhaus, in welchem die hannoversche Königsfamilie fast all-jährlich abgestiegen ist. 1844 erfolgte der Neubau des Badehauses. Demgemäß hob sich der Besuch des Bades immer mehr (1825 — 245, 1846 — 2310, 1865 — 2815 Personen inkl. der Passanten). Die Badeärzte waren nur für die Saison verpflichtet, auf der Insel zu wohnen. Mühry, der eine heute noch lesbare Monographie über die Wirkung der Seebäder[1]) schrieb und Flügge z. B. hatten ihren Wohnsitz in Hannover. Erst 1853 ließ sich ein Dr. Wiedasch dauernd auf der Insel nieder.

Die Seebadeanstalten auf Borkum und Spikeroog waren in Privat-besitz. 1847 hatte das Amt Esens einen von der Landbrostei Aurich unterstützten Antrag, zur Hebung der Lage der Insulaner eine öffentliche Anstalt auf Spikeroog zu gründen, eingebracht, war aber von der Re-gierung abschlägig beschieden worden.[2])

---

[1]) K. Mühry, Über das Seebaden und das Norderneyer Seebad. Han-nover 1836.

(M. unterscheidet eine psychische, tonisierende und resolutorische Wirkung und gilt mit als Begründer der Klimatotherapie.)

[2]) Hannover, Des. 104, II, 9, 5. E. Bäder, Lbbst. Aurich.

Kapitel IX.

Militärsanitätswesen.

A. Bis zur Convention von Artlenburg 1803.

Von einzelnen Anfängen abgesehen, kann man in Deutschland erst bei den Landsknechtheeren unter Maximilian I. und seinem Nachfolger Karl V. von einem einigermaßen ausgebildeten Sanitäts- und Feldlazarettwesen sprechen.[1]) Mit der Errichtung der stehenden Heere im 17. Jahrhundert werden diese Einrichtungen allgemeiner.

Allen voran gingen Brandenburg-Preußen. Schon der Begründer des Hohenzollernhauses Friedrich I. nahm in den Hussitenkriegen 1427/29 Ärzte, Feldscherer, Apotheker und Spitalwagen mit ins Feld. Im Heere des Großen Kurfürsten begegnen wir einem Mathäus Gottfried Purman, der das Heer auf seinen mannigfachen Zügen begleitete und die reichen Erfahrungen einer zwölfjährigen Dienstzeit in mehreren interessanten Werken niederlegte. Friedrich Wilhelm I. machte die 1723 gegegründete Charité für die Ausbildung des chirurgischen Personals nutzbar und hob die Stellung der Feldscherer, indem er Holzendorff zum Generalchirurgen, Leibchirurgen und Mitglied der Akademie der Wissenschaften ernannte. Die Fürsorge Friedrich d. Gr. spricht sich in zahlreichen Erlassen aus. Unter seinem Nachfolger erfolgte — hauptsächlich auf Betreiben des großartigen Organisators Dr. Goercke, dem man den ehrenvollen Beinamen eines „Soldatenpflegers" gab — 1795 die Gründung der Pepinière u. s. f.

Von einer derartig aufsteigenden Entwicklung ist in Hannover bis zum Anfang des 19. Jahrhunderts wenig zu spüren. Obwohl die

---

[1]) A. L. Richter, Geschichte des Medizinalwesens der kgl. preuß. Armee. Erlangen 1860.

Knorr, Entwicklung und Gestaltung des Heeres-Sanitätswesens der europäischen Staaten. Hannover 1880.

hannoverschen Truppen an zahlreichen Feldzügen ehrenvollen Anteil nahmen, kamen doch die dabei gemachten Erfahrungen dem Militär-sanitätswesen weniger zu Gute, da die Kriege meist nicht zum Schutz und Nutzen des Vaterlandes, sondern außer Landes und in fremdem Sold und Interesse geführt wurden.

Aus ökonomischen Gründen wurden alle auf das Feldlazarettwesen bezüglichen Einrichtungen, Ernennungen der Feld-Ärzte und -chirurgen beim Stabe, der Hospitalchirurgen, Verwalter und sonstigen Hospital-bedienten erst beim Aufbruch ins Feld getroffen. Dieser Mißstand weist m. E. unverkennbar auf englischen Einfluß hin. In England erfreute sich das Heer von jeher keiner großen Beliebtheit, es dauerte überhaupt lange, bis ein stehendes Heer Mode ward. Wie man im Frieden wenig Wert auf die Gesundheitspflege der Truppen legte, war auch für den Krieg nichts vorgesehen, sondern hier wie dort die ärztliche Fürsorge den Regimentern überlassen (sog. „Regimentssystem").

Gegenüber diesen unleugbaren Mängeln ist die frühzeitige Fürsorge der Braunschweig-Lüneburgischen Fürsten für die in ihrem Dienste invalide gewordenen Soldaten um so mehr anzuerkennen, als man sich selbst in Preußen dieser Pflicht ungleich später erinnerte.

Natürlich darf man bei einem Vergleich mit der aufstrebenden Großmacht Preußen nicht die geringeren Hülfsmittel des Landes und die numerische Schwäche des Heeres außer Acht lassen. Die Stagnation in der inneren Entwicklung während des ganzen 18. Jahrhunderts machte sich auch auf diesem Gebiete geltend. Am Schluß des Jahrhunderts war man daher beinahe ebensoweit als am Anfang. Es gab bei den Regimentern Regiments- und Kompagniechirurgen, die seit der Errichtung des Collegium chirurgicum zu Hannover wenigstens ihre Befähigung durch eine Prüfung nachzuweisen hatten. Aber für ihre wissenschaftliche und praktische Aus- und Fortbildung war bei dem Mangel größerer Hospitäler wenig gesorgt. Dagegen boten die chirurgischen Schulen in Hannover und Celle einen gewissen Ersatz für die in anderen Ländern gegründeten militärärztlichen Bildungsanstalten.

Ein von dem Generalstabschirurgen C. Wrede unternommener Ver-such, junge Feldscherer durch Herausgabe der Collectanea chirurgica (s. o.) zu litterarischer Tätigkeit zu ermuntern, endigte mit dem Eingehen des Jahrbuches nach zweimaligem Erscheinen. Immerhin erkannte König Georg I. diese Bestrebungen an und sandte einige Feldscherer zur weiteren Ausbildung nach Paris und London, wo die Chirurgie auf einer ungleich höheren Stufe stand als in Deutschland.[1]) Auch die von dem preußischen Generalchirurgen Schmucker herausgegebenen „vermischten chirurgischen Schriften" (1774 und ff.) enthalten Beiträge hannoverscher Militärchirurgen, z. B. des Regimentschirurgen Evers in Hannover (s. o.) und des durch seine Darmnaht bekannten späteren Bergchirurgen Rambohr in Zellerfeld.

Erst die Erfahrungen der Freiheitskriege und die Bemühungen von Männern wie Kohlrausch, Stieglitz, Christ. und L. Stromeyer u. a. m. schufen die Grundlagen, auf denen das hannoversche Militärsanitätswesen zu einer Vollendung emporwuchs, die es sogar für andere Staaten vorbildlich werden ließ.

Das militärärztliche Personal.

Während in früherer Zeit die waffenfähige Mannschaft nur im Kriege aufgeboten wurde, errichtete Herzog Ernst II. 1592 in Celle zum Schutze seiner Person und seines Schlosses eine ständige Wache, die Ende des 17. Jahrhunderts in die Fußgarde einverleibte Schloßkompagnie, welche man nach Sichart[2]) als den Anfang der stehenden Truppen ansehen kann. Den eigentlichen Stamm der hannoverschen Truppen bilden jedoch jene 6 Regimenter, die Herzog Georg 1631 dem König Gustav Adolf von Schweden zuführte. Der Leibarzt beziehungsweise -chirurg des Fürsten versah zugleich den ärztlichen Dienst bei seiner Umgebung ähnlich den Stadtärzten, wie sie die fehdelustigen niedersächsischen Städte für ihre Söldlinge anstellten.

In der Ordenance vom 30. 1. 1638[3]) werden auch die Feldscherer angeführt, und zwar einer bei der Kompagnie zu Pferde mit monatlich 3 Taler Gage, der hinter dem Quartiermeister und den Korporalen zusammen mit dem Musterschreiber und Schmied rangiert, während die 4 Feldscherer der Infanterie mit 7 Talern monatlich zwischen Profoß und Profoßleutnant stehen. Im Quartier erhalten sie neben Logis und Lagerstätte nur Holz, Licht und Salz. Wenn sich die Untertanen von letzterer Verpflichtung durch ein sog. „Servisgeld" loskauften, standen dem Feldscherer, gleich dem Korporal, Schmied, Sattler und Trompeter

---

[1]) Veröffentlichungen aus d. Gebiet d. Milit. Sanitätsw., herausgegeb. v. d. Mediz. Abt. d. kgl. preuß. Kriegsministeriums. Köhler, Kriegschirurgen und Feldärzte Preußens und anderer deutschen Staaten im 17. und 18. Jahrhundert. T. 1. 1899, Heft 13.

[2]) Sichart, Geschichte d. kgl. hannoverschen Armee, Hannover 1866 (Bd. I, 1631—1705).

[3]) Sichart l. c. I, 85.

im Sommerhalbjahr 9 mgr., im Winterhalbjahr 13½ mgr. zu. Dies zeigt, wie gering man ihn einschätzte. Es war nämlich der niedrigste Satz, denn nur die gemeinen Reiter und Knechte hatten überhaupt keinen Anspruch darauf. Außerdem blieben ihm auch körperliche Strafen nicht erspart.

Einen eigentlichen militärischen Rang besaßen die Feldscherer nicht, die Annahme war lediglich Sache des Obersten. Das Reglement des Herzogs Ernst August vom 11. 4. 1690,[1] „wonach sich bey Unserm Militair-Etat ein jeder zu richten", bestimmt, daß die Obristen die Regimentsquartiermeister, Adjudanten, Sekretäre, „Regimentsfeldscherer", Wagenmeister und Profosse ernennen und bestellen mögen.

Im Kriege wurden den Regimentsfeldscherern gewöhnlich mehrere Gehülfen beigegeben. Die Besoldung schwankte nach der Höhe der Subsidiengelder.[2]

Die höheren Stellen beim Stabe wurden nur in Kriegszeiten besetzt. Das Fehlen eines Medizinalstabes war aber sehr zum Nachteil einer einheitlichen Organisation. Darin brachte auch die Vereinigung der hannoverschen und cellischen Truppen 1705 keine Änderung, da dieselben im wesentlichen gleich formiert waren. Die Empfehlung geeigneter Personen ging von den Leibärzten aus, die Anstellung erfolgte durch die Kriegskanzlei. Neben ihren eigentlichen Pflichten lag den Stabsmedicis und -chirurgis die Prüfung der Feldscherer ob. Die erste derartige Prüfungskommission bildeten die in der Ordenance vom 27. 5. 1713[3] „wornach Sr. churf. Durchlaucht zu Br. Lbg. aus Englischem Soldt gestandenes und nunmehro nach dem Rhein Marchirendes Corps vom 1. Juni 1713 ab zu verpflegen", genannten Hof- und Feldmedikus Wolff, Ober-Hospitalchirurg Kannengießer und Stabsfeldscherer Wrede.

Ein Garnisonmedikus, Dr. Alruß in Harburg, wird zum ersten Male 1717 erwähnt. 1739 gab es deren 4 (in Hannover, Harburg, Ratzeburg, Stabe.) Die Ordenance vom 23. 8. 1717[4] führt auch Garnisonchirurgen in Ratzeburg, Celle und Nienburg auf. Der-

---

[1] Hannover, Des. 47, I, 260, No. 11. Besetzung vacirender Offiziers-Plätze.

[2] Über die verschiedene Berechnung des Solds vergleiche Sichart, II, 188. Nach dem Brabant'schen Fuß zerfiel das Jahr in 8 lange Monate à 6 Wochen oder 42 Tage und einen kurzen Monat zu 4 Wochen.

[3] Hannover, Des. 47 II, 6. Die Feldmedici werden zum ersten Mal offiziell im Staatskalender von 1749 aufgeführt!

[4] Hannover, Des. 47, II, 6.

artige Stellen waren in Preußen schon unter dem Großen Kurfürſten vorhanden, und zwar lag dem Garniſonmedikus die Behandlung der Offiziere
in inneren Krankheiten und die Durchführung ſanitärer Maßnahmen bei
Epidemien ob. (Richter l. c.) In Hannover ſcheinen ſie mehr für ſanitäts-
polizeiliche Zwecke beſtimmt geweſen zu ſein, wofür auch der Umſtand ſpricht,
daß ſie aus den Reihen der Phyſiker entnommen wurden. Ihre Tätigkeit war aber durch die Eiferſucht der Militärwundärzte beſchränkt. [1]
Wegen Mangel der Medici war nämlich den bei den Regimentern be-
ſtellten Chirurgen bei S. K. M. Truppen — weiter aber nicht — die
Vornahme innerer Kuren geſtattet. (ſ. o.)

Im letzten Drittel des 18. Jahrhunderts, als ſich die Chirurgie allmählich von der Barbierzunft emancipierte, kam an Stelle der ominöſen
Bezeichnung Feldſcherer (— oder wie Gehemma gar ſpottend ſagte:
Fellſcherer —) der Name Chirurg auf, eine Standeserhöhung, welche
die Feldſcherer der preußiſchen Armee den Bemühungen Thebens (1790)
verdanken.

Die Pflichten der Feldſcherer im einzelnen werden durch die verſchiedenen im Laufe des 18. Jahrhunderts für die churfürſtl. hannoverſche
Armeen erlaſſenen Dienſt- und Haushaltungsreglements beſtimmt. [2]

Der Regimentsfeldſcher (bez. -chirurg.) wurde in der Regel
auf Vorſchlag des Regimentschefs von der Kriegskanzlei ernannt, nach
vorgängigem Examen vereidigt und dem Oberſt ſubordiniert, dem er in allen
dienſtlichen Obliegenheiten wie jeder Kompagnieoffizier verantwortlich iſt.
In wiſſenſchaftlichen Dingen berichtet der Oberſt an den kommandierenden
General, der von der Kriegskanzlei Verhaltungsmaßregeln empfängt.
Der Regimentchirurg ſtand im Offiziersrang, trug den ſämtlichen
Offizieren geſtatteten Überrock und bildete mit dem Regimentsquartier-
meiſter, Adjutanten, Profoſſen und Auditeur (die aber nur im Kriege
vorhanden waren) den Mittelſtab.

Neben ſeiner Gage — durchſchnittlich 18—20 T. im Monat —
(und den nötigen Pferderationen bei der Kavallerie) erhielt er ein ſog.
„Bedengeld“. Es war dies ein Soldabzug, der den Unteroffizieren und
Gemeinen in Abſtufungen von 1—4 mgr. monatlich gemacht wurde,

---

[1] Hufel. Journal d. pract. Heilkunde. 1825. St. 1.
[2] Haushaltungsreglement für die churbraunſch.-lüneb. Cavallerie de 1764
und 1784.
Haushaltungsreglement für d. churbraunſch.-lüneb. Infanterie de 1765 u. 1786
in Hannover, D. D. 37. (Manuſkripte.)
Zugler, M. Geſetze, l. c., pag. 60 u. ff., Stchart, l. c.

wofür sie zweimal wöchentlich rasiert wurden. Hierzu hielt sich der
R. Ch., anfangs aus seiner Tasche zwei Gesellen, die er aus den
Beckengeldern und den ihm vom kommandierenden General etwa be=
willigten vacanten Gemeinen Gagen besoldete. Diesen Brauch schaffte
erst das Haushaltungsreglement von 1765 ab.

Zu den Pflichten des R. Ch. gehörten Behandlung der Kranken, Erstattung
der vorschriftsmäßigen Rapporte an den Oberst oder kommandierenden Offizier,
Aufsicht über die Truppengesundheitspflege[1]), Anleitung der Kompagnie=
chirurgen, soweit solche vorhanden, und die Bereitung der Arzneien.
Zu diesem Zweck mußte er einen kleinen Medizinkasten führen, der
„möglichst aus erster Hand bezogene Simplicia, keine unnütz kostbahren,
jedoch gute, würksame Medicamente", enthält und vom Stadt= und Land=
physikus unter Zuziehung eines Majors revidiert wurde. Dazu kamen
Atteste über Invalidisierung von Offizieren und Soldaten und seit 1787
auch über die Dienstfähigkeit der Rekruten.

Als Vorbedingungen der Tauglichkeit forderte der braunschw. lüne=
burgsche Feldmedikus Conrad Bartholdus Behrens 1689,[2]) passendes
Alter, (zwischen 17—45 Jahren!), Abhärtung von Jugend auf, Freisein
von Krankheitsanlagen wie Schwindsucht, Scharbock, Podagra, Fallsucht
usw. und freiwillige Annahme des Kriegsdienstes, „denn bey denen zum
Kriege Gezwungenen wird immer eine melancholische Furcht seyn, welche
die Feuchtigkeit eines solchen Leibes zu einer sonderlichen Qualität dis=
poniret". Auch tue jeder, der zu Felde ziehe, gut, wenn er zuvor
seinen Leib und Geblüt durch Purgieren, Brechen, Aderlassen
und Schwitzen von allen schädlichen Flüssen reinige. Noch im
7jährigen Kriege wurde übrigens die hannoversche Armee durch Wer=
bungen vervollständigt. Im Fall der Not, wenn die Werber nicht schnell
genug liefern konnten, mußten die Rekruten vom Lande aufgebracht werden.

Das preußische Dienstreglement für die Infanterie vom 11. 3. 1762
sprach nur im allgemeinen davon, zu visitieren, „ob die Kerls gut und
zu Kriegsdiensten capabel", erst 1788 findet sich die Bestimmung, daß
die Regiments= und Bataillonsfeldscherer die angeworbenen Leute unter=
suchen sollen (Richter l. c.). In Hessen mußte nach der Verordnung

---

[1]) Kontrolle der Kasernen, Wachtstuben und Arreste, Reinlichkeit des Körpers
und des Anzugs, der Jahreszeit angemessene Kleidung ꝛc.

[2]) Conrad Bartholdus Behrens, Consilium oder rätliches Gutachten, wie
ein Soldat im Felde für Krankheiten sich hüten, und denselben zur Noht begegnen
könne. Hildesheim 1689. Gewidmet den Herzögen Rudolf und Anton Ulrich
von Br.=Lbg.

vom 10. 12. 1762 jeder Feldscherer oder andere Chirurg, nötigenfalls die ordentlichen Stabt= und Amtschirurgen diese Besichtigung unentgeltlich vornehmen. [1]) Dabei werden 21 Punkte aufgezählt, welche besonders zu beachten sind.

Die Kompagnie= (bez. Schwadrons=)feldscherer oder =chirurgen gehörten mit dem ebenfalls nicht in der Kompagnierolle ver= zeichneten Stabstrompeter und Pauker und dem nur im Kriege vor= handenen Profoß und Steckenknecht zu dem kleinen oder „Unterstab". Sie mußten sich selbst kleiden — schlichter blauer Rock mit Kragen und Aufschlägen derselben Farbe, Unteroffizierstreffen und Kamisol in der Farbe des Regiments — und bei der Kavallerie beritten machen. An= nahme und Entlassung standen im Belieben des Regimentschirurgen, der jedoch die Genehmigung des Obersten einzuholen hatte, „die nicht ohne erhebliche Ursache zu versagen ist." Sie wurden von den Feldmedicis und =chirurgis geprüft, vom Oberst vereidigt und dem R. Ch. unter= stellt, den sie bei der Behandlung der Kranken, Anfertigung der Arzeneien usw. unterstützen und unter dessen Verantwortung vertreten. Wo irgend Gelegenheit vorhanden, sollten sie anatomische und chirurgische Demonstrationen fleißig besuchen. Wenn auch in der Friedensordenance keine Besoldung vorgesehen war, wurde doch seit 1765 bei jedem Bataillon ein Kompagniechirurg gehalten, der aus der sogenannten kleinen Regimentskasse 7 T. Gage und 18 mgr. für „Seife und Tücher" behuf des Rasierens empfing.

Wenn das zweite Bataillon nicht mit dem ersten in e i n e r Garnison lag, wurde für dieses ein besonderer Bataillonschirurg aus der der Zahl der Kompagniechirurgen angesetzt, der dem R. Ch. in jeder Weise Rechenschaft schuldete.

Krankenversorgung im Frieden.

Anspruch auf freie Kur und Medizin hatten alle Gemeinen und im Unteroffiziersrang stehenden Militärpersonen, in schweren Fällen und bei ansteckenden Krankheiten auch die Frauen und Kinder der Soldaten. Die Verpflegung geschah von der Gage, sofern nicht der R. Ch. eine Zulage für nötig erachtete, die aber, um Mißbräuche zu vermeiden, dem Kranken niemals in bar verabreicht wurde.

Die Kosten für Medizin und sonstige Verpflegung wurden bei der Kavallerie aus den „Kompagniekassen" bestritten und auf alle gleich= mäßig verteilt, „weil es ein besonderlicher Nachteil ist, wenn die Medizin

---

[1]) Grandidier, hessische Med. Gesetze, l. c.

mit dem Regimentschirurgo zu einem monathlichen Quanto für jede Compagnie bedungen wird." Dieser Kasse lag zugleich die Anschaffung der Stiefel, Seitengewehre, Ausrüstungsgegenstände für Mann und Pferd ob.

Bei der Infanterie bestand eine eigene „Medizinkasse",[1] deren Einflüsse vornehmlich aus dem „Medizingeld", welches monatlich vom Sold stehen blieb, (1 mgr. für den Gemeinen, 2 mgr. Corporal, 3 mgr. Unteroffiziere) und aus den „Wachtgeldern" herrührten. Die Beurlaubten mußten nämlich ihre Wachen mit Geld ablösen, und Unteroffiziere, Corporale und Gefreite bekamen auf Strafwache nur den Sold eines Gemeinen. Der Überschuß fiel an die Medizinkasse, daher auch der Name „Passirkasse". Da Beurlaubungen und Garnisonwachdienst im Kriege fortfielen, wurde die Kasse während dieser Zeit geschlossen.

Den Offizieren, besonders den Kompagniechefs war die Obacht der Kranken ausdrücklich anbefohlen.

Die Verpflegung erfolgte in der Regel im Quartier, für die transportablen Kranken war beim Stabe des Regiments eine Stube eingerichtet. Lazarette entstanden erst am Ende des 18. Jahrhunderts, z. B. 1790 das große Militärhospital am Klevertor in Hannover.

In gefährlichen und schwierigen Krankheiten konnte der R. Ch. auf Kosten des Regiments einen Arzt hinzuziehen. Die großen Kerls Friedrich Wilhelm I. von Preußen wurden auch öfters von ihren Hauptleuten zu Privatärzten geschickt, da sie dem Staat viel Geld kosteten. Dafür bekam aber der Feldscherer Arrest oder gar die Fuchtel.

Die Urlauber sollten sich möglichst an den nächsten Militärchirurgen wenden, solche außer Landes bedurften eine Bescheinigung der Ortsobrigkeit, um Kur- und Arzneikosten ersetzt zu erhalten. Die Schwierigkeit der Kontrolle führte zu manchen Mißbräuchen und zur Übervorteilung der Medizinkassen. Öfters war die Konsultation beim Arzt nur ein Vorwand, um einem Hausgenossen billig Medizin zu verschaffen.[2]

Feldsanitätswesen.

Im Kriege wurde den Regimentern ein Medizinkasten mitgegeben. Hierzu erhielt in der Regel jedes Infanterie- und Dragonerregiment 80 Taler und ein Reiterregiment 40 Taler.[3] Eine „Vorschrift

---

[1] Haushaltg. regl. d. Infant. 1765, Cap. 10.
Die Kasse hatte außerdem die „zur properté gehörigen Dinge" zu übernehmen.

[2] Hannover, Des. 40, X 90 d.

[3] Sichart, l. c. II, 204.

wegen des Feldt Medizin Kastens de anno 1715[1])" lautet: „in diesem Jahr seyen alle regimenter sich marschbereit zu halten beordert, aber von solchen regimentern seyn zu dieser Zeit nur 4 marschiret und hat ein jedes Behuf des Regimentsfeldtkastens bekommen 50 Taler, einigen Regimentern ist alljährlich ein Gewisses bloß beim Antritt eines neuen Marsches gereicht, nicht, wenn sie in Campagne lagen."

Um den Chirurgen ein Modell an die Hand zu geben, wonach sie sich richten könnten, ließ Generalstabschirurg J. C. Wrebe 1721 die Beschreibung eines solchen Kastens im Druck erscheinen.[2]) Es werden ca. 100 Mittel, meist Pulver, Spezies, Salben und Pflaster — darunter das gebräuchlichste emplastr. defensivum rubrum — aufgezählt. Unter den oft sehr kompliziert zusammengesetzten Mitteln finden sich mancherlei Merkwürdigkeiten z. B. ein liquor stypticus mit urin. hominis bereitet und ein ungt. nervinum aus Menschen- und Hundekot und Terpentinöl ꝛc. Daran schließt sich eine Gebrauchsanweisung und die Aufzählung der nötigen Instrumente zur Blutstillung und Amputation und zum Herabstoßen von Fremdkörpern in die Speiseröhre, Lanzetten, Catheter ꝛc. Auch das Sektionsbesteck ist nicht vergessen. An Verbandsachen sind aufgeführt: Binden, „Carpei", Leinwand, Heede, „pappene Schinbeln" ꝛc.

Das Werkchen wurde von dem Sohn des Verfassers, D. Justus Wrebe, später neu herausgegeben und wesentlich vermehrt.[3]) Der Titelkupfer zeigt den geöffneten Feldkasten mit Gefachen und Auszügen. Auf die Beschreibung folgt ein Verzeichnis von über 300 äußerlichen und inneren Mitteln, die sich für eine Feldapotheke eignen, nebst ihrer Zubereitungsart. Ein weiterer Abschnitt enthält das Wichtigste aus der Anatomie, Chirurgie und praxis militaris interna zur Wiederholung und zum Feldgebrauch. Interesse bietet davon eigentlich nur die Behandlung der Verletzungen, wobei auch auf Improvisationen — z. B. Herstellung eines Tourniquets aus einem Schlüssel

---

[1]) Hannover, Des. 47, II, 6.

[2]) Wohleingerichteter Feldkasten denen sämtlichen bey Sr. Kgl. Maj. von Groß-Brittanien und Churfürstl. Durchlaucht zu Br.-Lbg. ꝛc. hiesigen Teutschen Trouppen stehenden Chirurgis, insonderheit denen Neu Angehenden zum Besten, wohlmeynentlich herausgegeben von J. C. Wreden, Leib- und General-Stabs-Chirurgen, Hannover 1721. Nachdruck 1730.

[3]) D. Just. Wrebe, Kurzer Unterricht vom chirurgischen Feldkasten. Hannover 1743 und 1757.

(Die Ausgabe von 1757 ist von dem Helmstedter Stadtphysikus Dr. v. Hagen besorgt.)

und einem Strumpfband — hingewiesen wird. Ein Anhang ist für Chirurgen bestimmt, die nicht im Felde gewesen sind.[1]

Auch Leibniz[2] gibt eine Aufzählung der für die Soldaten geeigneten Arzeneimittel: „infusio Tabaci. Antimonalia, Büchsenpulver samt additis putredini resistentibus (-fäulniswidrige Mittel) und antifebrilia, keine bessere cordialia für ihn als Wein oder Caneel oder präparierten Zucker mit Zitronensaft; praeservantia ein wenig Branntwein und die Wachholderkörner; den Durst zu löschen sal prunellae item was aus Limonien oder Zitronen bereitet, deren alsdann contra malignas febres vortrefflich.“

Der Aufenthalt im Felde mit seinen vielerlei Schädlichkeiten, den ansteckenden Krankheiten, die mehr Opfer erfordern als alle Kriegsverwundungen, erheischte besondere Aufmerksamkeit.

Gefürchtet waren vor allem die Ruhr, typhöse und kalte Fieber und die verschiedenen Arten des Wundfiebers. Bei der Belagerung von Nauplia auf Morea (August 1687) wütete die Pest so heftig unter dem hannoverschen Kontingent, daß fast sämtliche Offiziere erkrankten und manche Kompagnien nur noch 20 Mann zählten.[3] Man mußte sich Ärzte von andern Hülfsvölkern borgen, da die eigenen — Dr. Dammann und Blanchestre — an der Pest starben. Auf Befehl der Kriegskanzlei verfaßte E. Wrebe 1730 einen „kurzen Unterricht, wie man in der Rohten Ruhr und denen Fiebern sich zuverhalten.“[4] Nach der Schlacht bei Dettingen (1743) lagen in dem Dorf

---

[1] Beispiele solcher Feldkasten sind u. a.:
1) Fabricius v. Hilden, Reiskastenverzeichnuß der Arzneyen und Instrumente, mit welchen ein Wundarzt im Feldt soll versehen seyn. Basel 1615 (zweite Auflage des Feldarzeneibuchs v. J. 1613).
2) Dito in Purman l. c.
3) Joh. Schmidt, Neuer Medicin. u. Chirurg. Feldkasten, Augsburg 1635, 2. Auflage 1722.
Vergleiche auch:
Reymund Minderer, Medicina militaris, Augsburg 1640.
Conrad Barthold. Behrens, Rähtliches Gutachten l. c. 1689.
A. Gehemma, Offizier Feldapotheke, Berlin 1688.
Jos. Schauer, Pharmacopoea militaris, Erfurt und Leipzig 1759.

[2] „Etwas aus Leibnitzes Manuskripten das Kriegswesen betreffend“, in Hannov. Magazin 1822, St. 92.

[3] K. Schwencke, Geschichte d. hannov. Truppen in Griechenland 1685—89. Hannover 1854.

[4] Vergl. auch Conr. Barth. Behrens, de morbis exercitus Brunsvigo-Luneburgici in Hungaria a. 1685. Hildesiae 1685.
Er verwirft bei der Malaria die Chinarinde wegen der vielen Nebenwirkungen und Recidive.

Fechenheim unweit Hanau außer den Verwundeten 1500 Kranke, die größtenteils an der Ruhr litten. [1]

Neben der Sorge für die Kranken und Verwundeten galt es, die Gesunden vor den schädlichen Einflüssen des Kriegslebens zu schützen. Die Kriegskommissare und Offiziere haben auf die gute Beschaffenheit der Lebensmittel zu achten. Alles Fleisch soll vor und nach dem Schlachten besichtigt, kein Schweinefleisch gegessen werden und in den Zelten Gelegenheit zum Abkochen vorhanden sein. Unreines und kaltes Wasser läßt man vor dem Genuß durch klaren Sand laufen oder „durch ein linnen Tuch sieben", auch sucht man es durch Zusatz von Salz oder Essig unschädlich zu machen. Leibmedikus Ebell in Celle empfahl statt dessen einen Löffel voll eines Pulvers aus präpariertem Salpeter, gebranntem Hirschhorn, Anis, Süßholz und Zucker (Behrens l. c.) Auf dem Marsch, der möglichst in die frühen Morgenstunden verlegt wird, und bei heißem Wetter löscht ein Schluck Branntwein besser den Durst als kaltes Wasser „da solches insgemein hitzige Hals= und Brustkrankheiten verursachet." Im Lager sollen die Leute nicht zu dicht bei einander campieren und den Lagerplatz von Abfall und Exkrementen reinhalten.

Wieder ist es Leibniz, der die Wichtigkeit solcher hygienischen Maßnahmen, für deren Befolgung die Offiziere durch ihr Beispiel einzutreten haben, betont: [2] „Das beste Mittel zu der Conservation der Soldaten ist, daß sie nicht aus dem geschlossenen Trupp gehen und zum wenigsten, da es erlaubet, auszugehen, jedesmal rottenweise beisammen bleiben müssen, da dann der Gefreite, so über die Rotte gesetzt, Acht über das so verboten halten muß, damit die Soldaten ja mit Saufen des faulen Wassers, Genießen der unzeitigen Früchte, übermäßigem Weintrinken und auf andere Weise nicht zu Schaden kommen, auch muß dieses auf schärfste in Acht genommen werden, wenn einige rothe Ruhr oder andere ansteckende Krankheit gespürt wird, daß die Kranken alsbald von den Gesunden gesondert werden [3] Item, daß einer, der seine Nothdurfft thun will, solche wie die die Türken thun, jedesmal verscharre oder dafür ein Loch in die Erde machen müsse, denn dieser Unflath ist sowohl schädlich als beschwerlich. Es wird auch nöthig seyn wegen weißen leinen Zeugs,

---

[1] J. Pringle, Beob. über d. Krankheiten einer Armee, übersetzt v. Grebing. Altenburg 1754, pag. 26.

[2] Hanov. Magazin 1822 St. 92.

[3] Behrens ließ sie in Hütten bringen, die einen Musketenschuß vom Lager entfernt waren.

auf reine Hemder und Unterhofen eine Ordnung zu machen, hamit die Soldaten von Ungeziefer nicht geplaget werden." (Einstreuen von Saffran, Behrens l. c.)

Strenge Ahndung findet die Trunksucht. Während der Predigt, Betstunde und des öffentlichen Gottesdienstes mußten Kollationen, Gastereien und Gesöff unterbleiben. Offizieren, welche dagegen= handelten, wurde die halbe Löhnung gekürzt, Gemeine wurden einige Stunden mit dem Pfahl oder hölzernen Pferd bestraft.[1] „Wäre derowegen löblich, daß man die Trunkenen im Lager vor andern exemplarisch abstrafen liesse, nicht allein als Verächter ihrer Gesundheit sondern als meineydige, denn wie kann einer, cui in venas discessit deditus ardor, consequitur gravitas membrorum, praepediuntur crura vacillanti, tardefecit lingua, madet mens, nant oculi, seine Devoir verrichten?!" (Behrens l. c.).

Ein weitverbreitetes, wenn auch harmloses Übel im Heere war die Krätze. Selbst Offiziere und Ärzte blieben nicht davon verschont. Hatte doch der gelehrte Balbinger, der während des 7jährigen Krieges als preußischer Feldmedikus in den schlesischen Lazaretten und von 1773 bis 1782 als Professor der Medizin in Göttingen wirkte, 1762/63 über ein Jahr daran zu leiden. Das war bei den verschiedenartigen Anschauungen über das Wesen der Krankheit und den daraus resultierenden Behandlungs= methoden kein Wunder. Balbinger selbst machte alle möglichen Kuren durch und kam durch heftige Geschwürsbildungen und schlaflose Nächte derart herunter, daß er sich nur noch mit Kampfer und Chinarinde hin= hielt. Die endliche Linderung seines Leidens glaubte er dem Aufstreuen von pulverisierter Chinarinde auf die Geschwüre zu verdanken![2] 1786 wies Wichmann in Hannover die längst entdeckte Krätzmilbe als Krankheits= ursache nach.[3]

Als im Korps des Generals v. Wallmoden=Gimborn 1796 die Krätze in erschreckendem Maße überhand nahm, wurde der Hof= und Feldmedikus Schröder von der Kriegskanzlei mit den Erhebungen darüber

---

[1] Kriegsartikel Herzogs Friedrich v. Celle und des Kurfürsten Georg Ludwig zc.

[2] Balbinger, Von den Krankheiten einer Armee.

[3] Wichmann, Aetiologie d. Krätze. Hannover 1786, 2. Aufl. 1791. „Die wahre Krätze entsteht nie von selbst, steckt allein durch Berührung an, höchst wahr= scheinlich entsteht diese allein von Milben und zwar von Milben einer gewissen Gattung."

betraut.[1]) Er konstatierte, es sei eine nur durch äußere Ansteckung übertragbare Hautkrankheit, die nie aus inneren Ursachen entstehe. Daher erübrige sich eine besondere Diät, und der Soldat könne bei seiner gewohnten Lebensweise bleiben, wenn er nur das in dieser Krankheit mit allem Fug und Recht in bösem Rufe stehende Schweinefleisch meide! Reinlichkeit des Körpers, der Wäsche und des Lagerstrohs, wöchentliche ärztliche Untersuchung, Absonderung der Kranken und eine unter Aufsicht eines Unteroffiziers mit Schwefelsalbe vorzunehmende Einreibungskur[2]) (sog. englische Methode) seien die besten Mittel zur Bekämpfung.

Alle oberen Militärärzte, einschließlich der Regimentsfeldscherer der Infanterie, wurden im Kriege beritten gemacht, um sie möglichst schnell zur Hand zu haben. Der Regimentschirurg führte ein Packpferd oder eine mit zwei Pferden bespannte Karre zum Transport des Medizinkastens mit. Vakanzen an Kompagnie- oder Schwadronsfeldscherern waren nicht gestattet. Die Versorgung der Kranken außerhalb des Hospitals geschah aus dem Medizinkasten und auf Kosten des Regiments. Bei der Bagage wurden Krankenzelte mitgeführt, die in der Regel nur auf dem Marsche in Gebrauch kamen.

Im Beginn einer Schlacht hatte sich der Regimentschirurg mit seinen Gehülfen, dem Regimentstambour, den Hoboisten und einem besonders beauftragten Korporal an einer geschützen Stelle zum Verbinden bereit zu halten und dem Oberst von seinem Standort Meldung zu machen.[3])

Zum Transport der Verwundeten ins Hospital dienten aus der Umgegend requirierte Bauernwagen und die Brotwagen der Regimenter.[4]) Das waren einfach hölzerne Kasten auf einem Rädergestell ohne Federn, die, notdürftig mit Stroh bedeckt, dem Verwundeten

[1]) Hannover, Des. 41. X, 90 a.
   Ein Konsistorialausschreiben v. 20. 6. 1816 befahl den Predigern, auf die leichte Ansteckbarkeit der Krätze und die Notwendigkeit ärztlicher Behandlung hinzuweisen. Kranke Kinder sollen vom Schulbesuch und Konfirmandenunterricht ausgeschlossen werden, Arme unentgeltliche ärztliche Hülfe erhalten. 1840 erschien ein „Unterricht über die Krätze" im Druck, Hannover, Des. 74, Celle.
[2]) An 4 aufeinanderfolgenden Abenden wurden wechselweise je ein Unterarm bez. Unterschenkel bis zur Ellbeuge resp. Kniebeuge eingerieben und der eingesalbte Teil am anderen Morgen gründlich abgeseift. Das Volk gebrauchte auch die graue Salbe.
[3]) Jugler, Mediz. Gesetze, l. c. pag. 60.
[4]) Michaelis, über d. zweckmäßige Einrichtung von Feldhospitälern, Göttingen 1801. pag. 162 u. ff.

auf schlechten Wegen und in der Eile, wenn der Feind in der Nähe stand, viele Qualen bereiteten. Ließ man den Deckel darauf, so boten sie für zwei Schwerverwundete Platz, nahm man ihn ab, so ließen sich 4, zur Not auch 6 Leichtverwundete darauf unterbringen. Abgesehen von der Unbequemlichkeit, bot diese Art der Beförderung eine große Gefahr insofern, als die Wagen nicht genügend von Ansteckungsstoffen gereinigt werden konnten, wenn sie z. B. von Ruhrkranken u. dergl. benutzt waren. Während des Revolutionskrieges 1793/95 wurden von einigen hannoverschen Regimentern nach englischem Muster angefertigte größere, verdeckte Wagen auf Federn angeschafft, die 6—8 Kranke, einen Wundarzt und Wärter aufnehmen konnten. Ein solcher Wagen kostete in Hannover 172 Taler.

Die Verlegung der Kranken aus den Hospitälern besorgte gewöhnlich der Train.

Die Unterkunftsräume für Kranke und Verwundete wurden den Umständen entsprechend ausgewählt, freigelegene Gebäude, womöglich mit fließendem Wasser in der Nähe, bevorzugt. In das untere Stockwerk kamen die Schwerverwundeten mit Verletzungen an den Beinen 2c., in das obere Fieberkranke und Bettlägerige.

Leibniz nannte die Lazarette wegen der Anhäufung von Fieber= kranken ein seminarium mortis oder thesaurus infectionis und empfahl statt dessen getrennte Baracken.[1]) Derartige Baracken, mit einfachen Holz= pritschen und Strohsäcken ausgestattet, waren schon während des Winter= aufenthalts der hannoverschen Hülfstruppen in Zante 1686/87 im Gebrauch. (Schwencke s. o.) Auch der englische Militärarzt R. Broklesby bediente sich ihrer im 7jährigen Krieg und Bilguer führte sie im preußischen Heere ein.

Im Türkenkriege 1685 rühmt Behrens die von den braunschweig= lüneburgischen Fürsten in Ungarn errichteten Krankenanstalten als Muster für andere „hohe Häupter und Creyse". Sehr wenig ent= gegenkommend aber zeigte sich in derselben Zeit die Republik Venedig gegenüber den in ihrem Dienst stehenden Hannoveranern, obwohl

---

[1]) G. Fischer, Der Philosoph Leibniz über Baracken, Deutsche Zeitschr. für Chirurg. Bd. XIX 1884 pag. 135.

Wie recht Leibniz damit hatte, zeigt u. a. auch eine Zusammenstellung des rheinischen Merkurs, Jahrg. 1816, No. 240. Im Herbst 1813 starb in einigen Hospitälern jeder zweite, in den meisten aber der dritte oder vierte Verwundete bezw. Kranke. Da nun die Verluste in der Schlacht 5, höchstens 8 Prozent betrugen, so war der Auf= enthalt im Hospital hinsichtlich der Lebensgefahr 4—6 mal gefährlicher oder mit anderen Worten gleichbedeutend, als ob der Soldat an 4—6 Schlachten teilge= nommen hätte.

fie nach § 11 bes Vertrages vom 13. 12. 1684 fich verpflichtet hatte, die Kranken und Verwundeten in die Hospitäler oder nach anderen Orten zu schaffen, welche bequem und mit allen Bedürfnissen zu billigen Preisen versehen seien.[1] Es bedurfte verschiedener Drohungen des Herzogs Ernst August, seine Truppen zurückzuziehen, um die knauserigen Krämer an ihre Pflicht zu erinnern. Gegen Ende des spanischen Erbfolgekrieges, zu dem Kurfürst Georg Ludwig und Herzog Georg Wilhelm von Celle dem Erbstatthalter der Niederlande ihre gesamte Truppenmacht zur Verfügung gestellt hatten, weigerten die oberrheinischen Städte gar den durch Hunger und Krankheit arg mitgenommenen Truppen die Anlage von Hospitälern aus Furcht vor Weiterverbreitung ansteckender Krankheiten.

Errichtung und Verlegung der Hospitäler im Felde geschah auf Anordnung des kommandierenden Generals. Beim Vormarsch wurde ein kleines fliegendes Hospital abgezweigt, welches der Armee folgte, während das rückwärts gelegene große Hospital die schwerer Verwundeten und langwierigen Kranken aufnahm. Sobald die Regimenter ins Feld rückten, gingen die Hospitalschreiber mit dem Apothekenwagen, den nötigen Einrichtungsgegenständen und einem Kommando zur Bedeckung und Aufrechthaltung der Ordnung voraus.

Näheres über den Betrieb der Hospitäler ergibt das erste eingehende Hospitalreglement Georgs II. ($\frac{9.}{20.}$ 3. 1744), „wonach sich die sämbt- liche bey dem Hospital vor Unsere Teutsche Truppen angesetzte Bediente zu achten haben."[2] Aufgenommen und auf Kosten des Hospitals „gegen den bey Unserer Kriegscasse gemachten werdenden Abzug" verpflegt werden alle Unteroffiziere, Gemeinen, Trainknechte, Handwerker und die beim Hospital angesetzten Aufwärter. Offiziersburschen, Marketender 2c. erhalten das Benefizium des Hospitals nur unter gewissen Umständen, müssen jedoch Medikamente und Verpflegung bezahlen. Zu= und Abgang wird in be- sondere Listen eingetragen, die mit denjenigen der Regimenter überein- stimmen müssen. Auch „ist es Uns daran gelegen und Wir verwenden zu dem Ende so große Kosten, damit die in Unserm Dienst erkrankende und blessirt werdende Soldaten nicht Hülfloß gelassen, vielmehr zur Be- lohnung ihrer Treue und Beförderung Unseres Dienstes auf das sorg= fältigste und baldigste zur Wiedererlangung ihrer Gesundheit verholfen werden, und wie es hierunter nebst der Göttlichen Hülfe, auf den Unserem Hospital vorsetzten Medicum und Oberhospitalchirurgen, wovon jenem

---

[1] Schwenke, l. c. pag. 124 uub 182, Anlage.
[2] Hannover, Des. 47, I, 386.

die Innerlichen diesem aber die äußerlichen Curen und etwann nöthige Operationes vornehmlich anvertraut sind, dann auch auf die ihnen nach= gesetzten und ihrer Direction lediglich unterworffenen Hospitalchirurgos und =apotheker hauptsächlich ankommt, hiernägst denen anzuwendenden Mitteln und Medicamenten, die Unserem Hospital=Verwalter und denen ihm untergebenen von ihm allein dependirenden Hospital=Schreibern zu beschaffen obliegende Verpflegung zu Hülffe kommen muß. So wird nicht allein jedweder hierdurch ernstlich erinnert, an fleißiger, sorgfältiger und getreuer Ausrichtung seines Amts, und derer Uns daraus geleisteten theuren Pflichten, mit Beyseitesetzung alles unzeitigen Hochmuths, Ergetzes, Herrsch=, Zank= und strafbahren Gewinnsucht, auch allen sonstigen ohn= erlaubten Nebenabsichten, bey Vermeidung Unserer Ungnade und Ahndung, überhaupt nichts ermangeln zu lassen."

Der Medicus ist Direktor und als solcher in allen ärztlichen An= gelegenheiten lediglich dem kommandierenden General und der Kriegs= kanzlei verantwortlich, ähnlich wie der Hospitalverwalter (s. u.) in Bezug auf das Ökonomische dem Feldkommissariat. Er besucht die Kranken täglich, bestimmt die Verteilung derselben unter die Hospital= chirurgen und die Absonderung der mit ansteckenden Krankheiten Be= fallenen, trifft und überwacht die nötigen Verordnungen, begutachtet den Ankauf der Medikamente. Alles dies geschieht mit Zuziehung des Ober= hospitalchirurgen, „der nächst doch nebst dem Medico dem Hospital fürstehet". Natürlich fallen in seinen Bereich in erster Linie die Blessierten und äußerlich Kranken. Die Hospitalchirurgen machen die Verbände und geben die Medikamente ein. Sie sind in ihrem Eid besonders vermahnt, mit den Medikamenten nicht verschwenderisch umzu= gehen, sondern „nach geschehener Verbindung" das Übriggebliebene an den Apotheker wieder abzuliefern.

Als Pfleger wurden Mannschaften von den Bataillonen und aus dem Invalidenkorps abkommandiert, während man früher dazu die Capitaines D'Armes, alte Soldatenweiber oder Rekonvalescenten ver= wandte. Sie erhielten wöchentlich einen Taler und bei Beerdigungen ein „douceur".

Eine wichtige Persönlichkeit beim Hospital war der kommandierende Offizier, dessen Befugnisse durch eine eingehende Instruktion geregelt werden. Er ist zwar nicht direkter Vorgesetzter, hat aber bei den täglichen Beratungen in allgemeinen — also nicht ärztlichen — Dingen die erste Stimme, entscheidet bei Stimmengleichheit, sorgt für die Innehaltung der Disziplin, Aufbewahrung der Monbierungsstücke der Kranken im

20*

Interesse des Regiments, Aufnahme des Nachlasses Verstorbener, recht-
zeitigen Abgang der Rekonvaleszenten ꝛc., berichtet über die Invaliden
und requiriert das Fuhrwerk bei Verlegung des Hospitals.

Um zu verhindern, daß die Rekonvaleszenten nicht gleich wieder
durch Diätfehler Rückfälle bekamen, legte man die Hospitäler möglichst
entfernt von den Truppenquartieren an. 1797 wurden nach dem Zeugnis
des Oberhospitalchirurgen Richter wöchentlich 80—100 Mann aus dem
Hospital entlassen, wobei kaum 4—5 Tage vergingen, ohne daß nicht
mindestens der vierte Teil schwer krank zurückgebracht wurde.[1] Man
gab ihnen daher Löhnung und Brot nicht auf einmal, sondern in kleinen
Portionen (etwa alle 3 Tage) und stellte die Menage unter Aufsicht
eines Unteroffiziers.

Sobald die Zahl der Kranken wächst und ein zweites Hospital nötig
wird, teilen es der Medicus und Oberhospitalchirurg dem kommandierenden
General mit, der einen Regimentsfeldscherer (mit einer schriftlichen Instruktion!) und die erforderlichen Kompagnie- resp. Hospitalchirurgen,
Schreiber und Apothekergesellen beordert.

Mit geringen Zusätzen und Verbesserungen ist das Hospitalreglement
von 1744 bis zu den Freiheitskriegen maßgebend geblieben.[2]

1757 (2. 4.) gaben Hof- und Feldmedicus Chüden und Ober-
hospitalchirurg Guckenberger das Personal für ein Hospital, welches die
Kranken einer Armee von 4000 Mann aufnehmen soll, unter Berücksichtigung der Notwendigkeit, das Hospital eventuell teilen zu müssen,
folgendermaßen an:[3] 1 Feldmedicus, 3 Albemedici (aus der Zahl der
jungen Ärzte), 1 Ober- und 1 Vize-Oberhospitalchirurg, 16 (—20)
Hospitalchirurgen, 1 Feldapotheker, 1 Provisor, 4 Gesellen und 2 Jungens,
2 Hospitalverwalter, 8 Hospitalschreiber, 2 Hospitalprediger, 2 Unter-
stallmeister oder Schaffer, 2 Sergeanten, 4 Korporale, 2 Aufseher und
100 Krankenwärter. In den auf die unglückliche Schlacht bei Hastenbeck
folgenden Monaten lagen aber in den Hospitälern an 3000 Kranke,
wobei ein Medikus mehr als 400 zu versorgen hatte![4]

---

[1] Hannover, Des. 41, X, 90 a 1.

[2] Additamentum zur Hosp.-Ord. de 1744 vom 14. 8. 1793.
Erneutes Reglement, nach welchem sich die den Feldhospitälern vorgesetzten
Bedienten und die übrigen Offizianten zu richten haben, Hannover 28. 4. 1795.
Hannover, Des. 9 f. XII No. 1 a.

[3] Hannover, Des. 47, I, 386. Durchschnittlich rechnete man, daß bei der
Armee der zehnte Teil krank war.

[4] Nach Michaelis (l. c.) konnte ein Arzt höchstens 150—180 Kranke genügend
versehen, vorausgesetzt, daß er zu kleineren Verrichtungen einen Gehülfen hatte.

Nach Chübens Tod übernahm auf Empfehlung Werlhoffs der Stadt- und Landphyſikus Leporin aus Nienburg die Direktion des Feldhospitals, „ſo lange die Campagne bauere". Er legte bei der Prüfung der Hospitalchirurgen weniger Gewicht auf theoretiſche Kenntniſſe als auf das judicium directivum. Denn, der Mangel daran räche ſich beſonders dann, wenn ſie mit einer Anzahl von Patienten zurückgelaſſen, ohne Aufſicht arbeiten müßten. Einzelne gingen freiwillig oder mit Unterſtützung der Kriegskanzlei zur Vervollkommnung ihrer chirurgiſchen Kenntniſſe nach Berlin. Der Aufenthalt daſelbſt war aber während des Krieges ſehr koſtſpielig, da wenig Publica und dafür beſto teuerere Privatvorleſungen gehalten wurden.

Für die Offiziere, die ſich bislang auf eigene Koſten in den Hospitälern verpflegen laſſen mußten, ſetzte Georg II. 1762 eine Summe von 4000 Talern aus.[1]) Bei der Menge von Kranken und Verwundeten kam jedoch auf den einzelnen nicht viel dabei heraus. Nach dem Haushaltungsreglement von 1784 wurde ihnen wenigſtens im Kriege freie Kur, Medizin und Quartier ohne Abzug in den Hospitälern gewährt.

Die Soldaten dagegen ließen Gage und Brotgeld zu Gunſten der Hospitalkaſſe ſtehen. Als am 25. 12. 1758 im Subſidienvertrag mit England die Hospitäler auf Rechnung des engliſchen Kommiſſariats übergingen, behielt dieſes bis zur Beendigung des Krieges nur den Sold ein, ſobaß die Hospitaliten das Brotgeld plus machten. Trotzdem waren die engliſchen Hospitäler bei den Regimentern wenig beliebt, da man meinte, baß Kranke, die borthin gebracht würden, nicht wiederkehrten![2])

Invalibenweſen.[3])

Die braunſchweig-lüneburgiſchen Fürſten waren die erſten in Deutſchland, welche für ihre invaliden Soldaten ſorgten. In Preußen hatten dieſe noch während des erſten Jahrhunderts ſeit Errichtung des ſtehenden Heeres höchſtens das Recht, ein Handwerk ohne Beeinträchtigung durch die Innungen zu treiben. Im übrigen waren ſie einfach auf Betteln angewieſen.

Herzog Georg Wilhelm von Celle und Kurfürſt Ernſt Auguſt von Hannover machten beide eine Stiftung zur Belohnung „der in Unſern Kriegsdienſten bleshirten oder ſonſt zu Schaden gekommenen Preßhafften oder auch wegen Alters zu weitere Dienſtleiſtungen untüchtig gewordene Soldaten, woburch dieſelbe nicht allein ihrer geleiſteten treuen Dienſte

---

[1]) Sichart III, 1, pag. 225.
[2]) Sichart IV, 185.
[3]) Sichart I, 342 und Hannover Des. 47, I, 277 b.

einigermaßen ergetzet, sondern auch andere in unsere Kriegsdienste sich zu begeben, so viel williger gemacht werden mögen."[1])

Georg Wilhelm ließ 1680 in Celle ein Haus erbauen, zu dem er ein Kapital von 6000 Taler hergab. In diesem St. Wilhelmshospital fand gegen Attest des kommandierenden Generals oder des General= kommissars eine beschränkte Anzahl „ganz Preßhaffter" Aufnahme und Verpflegung. Anderen, die sich bei Angehörigen aufhielten, wurde ein gewisses monatliches Gnadengeld gewährt. Alljährlich fand eine Nach= untersuchung statt, „in was Stand die Leuthe sich finden, ob sie des Almosen noch bedürfftig oder berogestalt gewesen, daß sie wieder Dienst thun, oder sonsten ihr Brod verdienen können." Das durch Zinsanlage, Strafgelder und Vermächtnisse vermehrte Kapital genügte aber auf die Dauer nicht. Daher erging am 12. 11. 1689 die Verordnung, daß von der monatlichen Gage allen Unteroffizieren und Gemeinen auf jeden Taler 3 Pfennig zu Gunsten des Hospitals abgezogen werden sollten. Als weitere Vergünstigungen der Hospitalinsassen kamen hinzu: Weide= berechtigung für eine bestimmte Zahl von Rindvieh, Brennholz usw. Anstatt sich nun „eines Gott wohl gefälligen Lebens und Wandels zu befleißigen und die Gaben, welche ihnen täglich gereichet werden, mit gehöriger Danksagung zu genießen, hat ein und der andere dann oftmals entgegengehandelt und zu Zänkerey und Widerwärtigkeiten Anlaß ge= geben."[2]) Es wurden daher, um den alten Kriegern Würfel= und Kartenspiel, Saufen und liederlichen Lebenswandel abzugewöhnen, fleißig Bet= und Bibelstunden abgehalten. Anfangs waren 15—20 In= validen im Hospital untergebracht, seit 1750 30, zu Zeiten noch mehr. Da aber durch eine Barentschädigung einer größeren Anzahl geholfen werden konnte, verfügte Georg III. 1779 die Aufhebung des Hospitals.

Kurfürst Ernst August führte am 1. 5. 1695 ein ähnliches In= validengeld ein, nachdem schon im Vorjahr den Truppen daraufhin ein Abzug gemacht war. Die Hospitalkasse blieb in dieser Form bis 1833 bestehen. Die Invaliden wurden in kleinen Landstädten Springe, Münder, Pattensen, Elbagsen untergebracht und seit 1766 bestimmten Bataillonen zugeteilt.[3]) Solche, die „vor dem Arzt lagen" erhielten einen kleinen Zuschuß.

Georg Ludwig erschloß der Hospitalkasse eine neue Einnahmequelle

---

[1]) Zelle, 12. 11. 1689, Hannover, 1695.

[2]) Reglement „wornach die in dem ohnweit St. Jürgen erbauten neuen Soldaten=Hospital St. Wilhelm genand zu verpflegende Soldaten sich zu achten."

[3]) Sichart, III, pag. 66.

durch Erbschaften, die dem Fiskus verfallen waren, und durch die „Duodecimalgelder", wonach jedem Hof= und Staatsbeamten bei Neuanstellung oder Avancement der erste Monat seiner Gage gekürzt wurde.[1]) Diese Verpflichtung ist erst durch das 1852 in Kraft tretende Staats=dienergesetz abgelöst.

Anspruch auf Invalidenversorgung hatten Unteroffiziere und Soldaten, die „in Unsern Kriegsdiensten entweder blind oder ganz lahm oder sonst solchergestalt durch empfangene blessuren gebrechlich gemacht worden, daß sie nicht mehr dienen und sich selbst hegen und pflegen können", und zwar wurden die Invaliden von dem vormaligen Cellischen Regimentern dem Hospital in Celle, diejenigen von den hannoverschen den Hospitälern zu Springe und Münder überwiesen oder mit Geld abgefunden.

An der 1762 gegründeten Offizier=Witwen= und Waisenkasse hatten auch die Militärchirurgen teil. Die Sperrgelder der Stadt Hannover nach dem 7jährigen Krieg und die englischen Pensionen seien nur bei=läufig erwähnt.[2]) Der aus freiwilligen Beiträgen gebildeten, für die Hinterbliebenen von in den Feldzügen 1793/95 gefallenen Soldaten be=stimmten Militär=Witwen= und Waisensozietät erwuchs später durch den in England gesammelten Fond des „Waterloo Subscription Committee" ein bedeutendes Kapital, womit viel Segen gestiftet wurde.[3])

B. bis zur Annexion durch Preußen 1866.

Die unglückliche Konvention von Artlenburg brachte die Auflösung der hannoverschen Armee. Von 1803 bis 1813 ist Hannover — ab=gesehen von der vorübergehenden Besetzung durch Preußen im Jahre 1806 — in französischem Besitz gewesen.

Während der Fremdherrschaft wurden die vorhandenen Militär=hospitäler in Hannover, Celle, Rienburg und Hameln vom Feinde benutzt und deren Inventar aus Landesmitteln erhalten und ergänzt. Da ihre Zahl aber bei weitem nicht den Bedürfnissen genügte, wurden an verschiedenen Orten Krankenstuben für die französischen Truppen errichtet.[4]) Die Einrichtung derselben war Sache der Gemeinden, die Verpflegung geschah auf Kosten des Landes, durfte aber inklusive Arztlohn nicht mehr be=tragen als im nächsten Hospital. Die deutschen Ärzte erhielten ihre

---

[1]) Manuskripte D. D. 6. pag. 134 ff.

[2]) Hannover, Des. 47, II, 65.

[3]) Gurlt, Die freiwillige Krankenpflege, i. Eulenburg, Realencycl. Bd. XII, 672

[4]) Hannover, Des. 49. XVI, 12 No. 4.

Bezahlung, unabhängig von der Medizinaltaxe, nach einem in jedem Falle von dem Verpflegungsausschuß des Landesdeputationskollegiums festzusetzenden geringeren Satz. Für die in den Quartieren selbst verpflegten Kranken wurde überhaupt nichts vergütet.

Die heillose Beamtenwirtschaft der Commissaires ordonnateurs, welche, sehr zum Schaden des französischen Militärsanitätswesens, den Hospitalärzten die Hände band, führte natürlich in Feindes Land erst recht zu Übergriffen aller Art. Die Lieferung der Lazarettbedürfnisse wurde einfach im Ganzen an den Mindestfordernden übergeben, der sich durch schlechte Ware schadlos zu halten suchte. Die Hospitalangestellten verschanzten sich bei vorkommenden Mißbräuchen hinter ihrer Instruktion. Arzenei= und Weinverschwendung aus den Apotheken waren ungeheuer. Man setzte die tägliche Fleischration der Kranken auf 1 Pfund fest, gleichgültig, ob sie Fleisch essen durften oder nicht.[1]

In der Stadt Hannover befand sich 1804/1805 ein Magazin general des hopitaux, in das alle auf Requisition gelieferten Hospitalbedürfnisse abgeführt wurden, um daraus die Lazarette mit dem Erforderlichen zu versehen. Auch hier waren Unterschleife an der Tagesordnung. Die Anstellung deutscher Aufseher brachte einige Besserung. 1803—1806 hatte der Kriegskommissar Dr. Hartmann die Hospitalsachen zu bearbeiten und einen monatlichen Generalbericht (über Zahl und Ernährungsweise der Kranken, Zustand der Gebäude und Effekten. Verbesserungsvorschläge ꝛc.) einzureichen, Officier de santé en chef war Aubry, ordonnateur en chef Michaux, agent principal Briant.

1805 wurde in der Residenzstadt Hannover ein Hospital für geschlechtskranke Mädchen eingerichtet, da sich ergab, daß unter den durchmarschierenden französischen Garden die Zahl der Venerischen dreifach größer war als die der Fieberkranken, Blessierten und Krätzigen. Für letztere war ein Lokal im alten Marstall vorgesehen.[2]

Nach der Proklamierung des Königreichs Westfalen übernahm ein Kaufmann Isaak Bonte aus Magdeburg die hannoverschen Militärhospitäler von der französischen Regierung auf eigene Rechnung.[3] Mit den ihm gegen ein geringes Taxat überlassenen Hospitaleffekten schaltete er nach Gutdünken und gab so das, leider nicht vereinzelte, Beispiel eines Deutschen, der sich das Unglück des Vaterlandes zu gewinnsüchtigen Zwecken nutzbar machte! Nach der Wiederherstellung der rechtmäßigen

---

[1] Hannover, Des. 49. XVI, 12 No. 20.
[2] Hannover, Des. 51, No. 85, Vol. I.
[3] Hannover, Des. 47, III 165.

Landesherrschaft wurden die Angestellten dieses Unternehmers verjagt und das Mobiliar — ohne Unterschied, ob aus früherem hannoverschem Besitz oder ob von Bonte angekauft — von den Alliierten benutzt und 1814 vom Kriegskommissariat für landesherrliche Rechnung versteigert. Der geschäftskundige Hebräer aber klagte auf Entschädigung.

Doch schon in der Zeit der tiefsten Erniedrigung bereitete sich die Wiedergeburt des Volkes vor. Zahlreiche Angehörige der aufgelösten hannoverschen Armee folgten dem Rufe des Königs über das Meer, um in der Fremde gegen den Landesfeind Napoleon zu kämpfen. So entstand die deutsch=englische Legion, von deren Waffenruhm die Schlacht= felder in fast allen Ländern Europas zeugen.

In England lag noch am Ende des 18. Jahrhunderts das Militär= sanitätswesen sehr im argen. Einzelne Männer hatten allerdings schon eine Besserung angestrebt. J. Pringle, der spätere Leibarzt Georgs III., ver= vollkommnete während der Feldzüge in Flandern und Deutschland die Einrichtung der Feldhospitäler, indem er den Hauptwert auf eine ver= nünftige Hygiene legte. Graf Stair, der englische Oberfeldherr im pragmatischen Heere, erwirkte sogar eine Bestimmung im Sinne der Unverletzlichkeit der Verwundeten und des ärztlichen Personals, wie sie ca. 100 Jahre später die Genfer Konvention forderte. Leider gerieten Pringles Mahnungen später in Vergessenheit, ein Umstand, der sich unter der Ungunst der Verhältnisse (anstrengender, schlafraubender Dienst, Witterungseinflüsse ꝛc.) im Krimkrieg bitter rächte und zu einem völligen Versagen der sanitären Einrichtungen führte. [1]

Vor allem aber schuf J. Hunter, der Bruder des bekannten Ana= tomen William Hunter, eine Organisation, die bis dahin völlig fehlte. So wurde 1796 aus dem ärztlichen und wundärztlichen Personal der Armee ein Korps gebildet und der Leitung eines aus Ärzten und Wund= ärzten bestehenden „Sanitätsrats" unterstellt. Wenn die Befugnisse dieser Behörde auch schon 1810 auf die Person eines „Generaldirektors" über= gingen, gab sie doch das Muster für die Armeemedizinalbehörde in Hannover ab. Bis 1813 waren zwar die älteren englischen Militärärzte in gleicher Weise wie die Offiziere angestellt („commissioned officers"), die jüngeren jedoch nur widerruflich beauftragt („warrant officers").

---

[1] Knorr, l. c.
Roth, Über militärärztliche Gesundheitspflege mit besonderer Rücksicht auf militärärztliche Schulen und die Ausführung hygienischer Grundsätze in der englischen Armee. Militärärztl. Studien. Neue Folge. Berlin 1868.

Jedes Bataillon von 500 Mann aufwärts hatte einen Oberwundarzt (surgeon) und zwei Assistenzwundärzte (assistent surgeon).[1]) Verwaltung und Verpflegung der Kranken in den Hospitälern waren schlecht, die Pflichten der einzelnen Chirurgen zu wenig abgegrenzt, die jungen hospitales mates vereinigten „bei größter Verantwortung, aber geringstem Wissen" eigentlich alle Geschäfte in sich.[2])

Anfangs wurden die hannoverschen Chirurgen, welche sich zum Dienst meldeten, im Auftrage des army medical board office von Keate geprüft, und wenn sie nicht bestanden, zurückgeschickt oder vorläufig als hospital mates, deren Anstellung Sache des inspector general of foreign hospitals Dr. Besturne war, verwandt.[3]) Da sie aber dieselbe Besoldung empfingen wie vordem in der hannoverschen Armee, sah man 1806 von einer Prüfung ab, „as long as they remain with the Legion and are not proposed for another Corps in the British Service or for Promotion". Besondere Schwierigkeiten bereitete ihnen die Unkenntnis der Sprache und der Sanitätsvorschriften der britischen Armee. Es wurden daher die Rechnungsbücher der Regimentshospitäler, die monatlichen Krankenlisten und täglichen Diättabellen mit deutschen Erklärungen versehen.[4]) Über den inneren Sanitätsdienst bei der Legion fehlen nähere Angaben. Einmal im Monat fand eine Untersuchung der Mannschaften auf Krätze und Geschlechtskrankheiten statt. Wer sich nicht freiwillig meldete und darauf ins Hospital kam, mußte den Kameraden die versäumten Wachen bezahlen.[5])

Ein beispielsweise für die Expedition des Generals Joh. Moore gebildeter Medizinalstab bestand aus: inspector chief, deputy inspector, 2 physicians, 4 staff surgeons, purveyor, deputy purveyor, apothecary, 10 hospitales mates.[3])

Bei der Organisation der hannoverschen Armee nach Aufhebung der Fremdherrschaft im Jahre 1813 wurde das englische System nach verschiedenen Richtungen für das Militärsanitätswesen vorbildlich. Die Bestimmungen über das Tagebuch, die Inspektion, die Instruktion

---

[1]) Instructions to regimental surgeons, 3. Aufl., London 1808.

[2]) Sinnoth, Observations, tending to shew the mismanegement of the medical departement in the army, tho which is annexed a representation of the system adopted in the hanoverian service, London 1796.

[3]) Hannover, Des. 38 D, 7 Varia B, No. 38.

[4]) Hannover, Des. 38 D, 7 Varia B, No. 75.

[5]) Schwertfeger, Geschichte der königl. deutschen Legion, Hannover 1907, Bd. I, pag. 57.

des Hospitalunteroffiziers u. a. m. sind, zum Teil wörtlich, den Instructions to regimental surgeons entnommen.[1]

Auch die durch Erlaß des Herzogs von Cambridge vom 30. 12. 1813
errichtete Armeemedizinalbehörde (A. M. B.)[2] lehnt sich, wie
gesagt, an das erwähnte Vorbild an. Sie bestand aus 3 Mitgliedern
— zur Zeit der Gründung: Stieglitz, Heine, Chr. Stromeyer —,
welche die Geschäfte kollegialisch führen und nicht auf Lebenszeit gewählt,
sondern den Umständen nach ersetzt werden sollen. Ihre Befugnisse
(Instruktion vom 24. 1. 1814) gleichen ungefähr denjenigen, welche in
anderen Ländern dem Generalstabsarzt zukommen: Aufsicht über den
Gang und die Beschaffenheit aller Medizinalangelegenheiten der Armee
unter Leitung des Generalkommandos beziehungsweise der Kriegskanzlei;
Äußerung über etwa erforderliche Neuerungen; Vorschläge zur Besetzung
ärztlicher Vakanzen, Prüfung der Wundärzte bei der Beförderung; Aufsicht über die Feldapotheke; Begutachtung der Anträge auf Pensionierung.
Beim Kriegsgericht gibt sie ihr Urteil über Zurechnungsfähigkeit, Simula-
tion, Schwere bezw. Tötlichkeit von Verletzungen, nach Maßgabe der Akten
oder auf Grund eigener Beobachtung. Sie bestimmt den Direktor des
Generalhospitals (s. u.), ohne an Rang und Anciennität gebunden zu
sein, empfängt die vierteljährigen Medizinrapporte und monatlichen
Krankenlisten und stellt daraus einen Generalrapport für die Kriegskanzlei zusammen.

Die nächstliegende Aufgabe der A. M. B. bei ihrer Gründung lag
in der Sorge für die im Felde kämpfenden Truppen. Denn, in jenen
Tagen der Begeisterung, als zahlreiche Freiwillige zu den Fahnen strömten,
und sich allerorts die private Wohltätigkeit regte, gewann die Nation ein
erhöhtes Anrecht, die Gesundheit ihrer unter den Fahnen stehenden
Söhne geschützt zu sehen.[3]

Nach der Schlacht bei Leipzig wurden, dem Beispiele Preußens
folgend, Landwehr- und Landsturmbataillone (30 an der Zahl) errichtet,
die nach den Landschaften, aus denen sie stammten, benannt waren.
Jedes ins Feld rückende Landwehrbataillon von 600 Mann erhielt einen

[1] Hannover, Des. 42, C, X, Med. a. generalia, No. 1.
Dienstinstruktion für Militär-Ärzte.
Verordnung über den chirurg. Militär-Dienst in Friedenszeiten, Hannover
24. XII. 1818.

[2] Hannover, Des. 42, C, X, Med. a. general., No. 7.
Hannover, Des. 47, C, X, a. 17.
Hannover, Des. 104, II, 9, 5, A. Med. General., No. 20a.

[3] Schmidt-Ernsthausen, Studien über das Feldsanitätswesen. Berlin 1873.

Affiftenzwundarzt mit 31 Talern und einen Unterwundarzt mit 15 Talern Gage, je 3 Bataillone zufammen einen Oberwundarzt mit allen Kompetenzen diefer Charge bei der Linie, während die Landwehrleute in der Heimat an die Zivilärzte verwiefen wurden. Die Dienftzeit der Ärzte bei der Landwehr follte in der Regel nur für die Dauer des Krieges gelten und die fpätere Niederlaffung als Zivilarzt erleichtern.[1] So wurde es auch in Preußen gehandhabt, die Bezahlung war aber eine fchlechtere (12—20 Taler).

Frauenvereine führten Verbandftoffe, Geld und Liebesgaben an befondere Sammelftellen ab, ein Ungenannter ftiftete 1815 6000 Exemplare der Flugfchrift des Bückeburger Arztes Dr. Fauft „An Soldaten über Heilung der Wunden" u. f. f.[2]

Für das aus 15000 Mann beftehende Armeekorps des Generals v. Wallmoden war das Hospitalperfonal, wie folgt, zufammengefetzt: an der Spitze ein mit dem Rechnungswefen vertrauter höherer Offizier als Generalinfpektor, ein Oberhospitalmedicus und ein Oberhospitalchirurgus, beide mit Oberftleutnantsrang und 100 Talern monatlich, 5 Stabs-chirurgen mit Majorsrang und 80 Talern monatlich zur Aufficht über die betachierten Hospitäler oder als Brigadeärzte, 10 Hospitalchirurgen mit Leutnantsrang und 31 Talern, 10 Hospitalchirurgengehülfen, d. h. junge Leute, die fich zu Affiftenz- beziehungsweife Hospitalchirurgen ausbilden wollen, ein Provifor mit 2 Gehülfen, Sekretäre, Schreiber, Offizierswache und Unterperfonal (Köche 2c.). Die Chirurgen der ehemaligen hannoverfchen Armee hatten als Bewerber um diefe Stellen den Vorzug, mußten fich aber einer Prüfung durch Geheimrat Kohlrausch und Hofmedicus Münch unterziehen, wobei man darauf Rückficht nahm, ob fie bereits Operationen von Wichtigkeit verrichtet hatten.

Aus dem Generalinfpektor des gefamten Medizinalwefens der Feld-armee v. Haffel, dem Oberhospitalchirurgen Spangenberg und Oberhospital-arzt Kohlrausch wurde ein „Comittee des Feldhospitals" gebildet, deffen Tätigkeit fich nach der Inftruktion vom 20. 6. 1814 auf alles, was mit dem Hospital zufammenhängt, erftreckte. In wiffenfchaftlichen Dingen urteilte der Generalinfpektor natürlich nicht mit, fieht aber darauf, daß die Unterfuchung ordnungsmäßig angeftellt wird. Auf feinen Infpektions-reifen befichtigte das Komitee auch die fanitären Einrichtungen der

[1] Hannover, Des. 42, C, X, No. 7.
[2] Hannover, Des. 41, Varia, No. 30.
[a] Hannover, Des. 104, II, 9, 5, A. Med. Generalia, No. 20a.

russisch-deutschen Legion und des hanseatischen Korps, da diese von Hannover bezahlt wurden.

Spangenberg empfing wöchentliche, ausführliche Berichte von allen Garnisonen und Truppenabteilungen des Armeekorps und berichtete seinerseits an den kommandierenden General (alle 8 Tage), an die A. M. B. (alle 14 Tage) und an die Kriegskanzlei (alle 4 Wochen). Bei Vorhaltungen gegenüber den Wundärzten sollte er den Ton wissenschaftlicher Berichtigung und Belehrung oder wohlwollender Ermahnung wahren. Erst, wenn das nicht fruchtet, war er zum Befehlen ermächtigt, worauf eventuell die Abberufung des betreffenden Wundarztes erfolgte.[1]

Der Oberchirurg beim Regiment sorgte für das Fortschaffen des Medizinkastens, wozu ihm ein Mann und ein Pferd gestellt wurden. Ein Unteroffizier diente als Schreiber und Verwalter und übernahm auch die Aufsicht, wenn das Regiment ein eigenes Hospital errichtete.

Dazu erhielt 1815 jedes Bataillon in den Niederlanden 15 Betten.[2] In den Bataillonsspitälern wurden nur leichtere Kranke, deren Krankheit nicht über 5—6 Tage dauerte, verpflegt; schwerere kamen in das Generalhospital, wo sich auch das Hauptmagazin befand. Zur Fortbildung der jungen Ärzte in den Generalhospitälern dienten Vorlesungen über Anatomie und Physiologie und klinische Unterweisungen an der Hand der Krankenjournale. Ebenso wurden die Musiker instruiert, mit dem Tourniquet umzugehen, Blut zu stillen, leichte Verbände anzulegen und Verwundete schonend zu transportieren.

Da Spangenberg dem Hauptquartier folgen mußte, trat Oberwundarzt Holscher an die Spitze des Generalhospitals in Antwerpen. 1815 ging auch K. M. Langenbeck zur Armee und leistete namentlich nach der Schlacht bei Waterloo wertvolle Dienste. Die umfassende Darstellung der Schußwunden in seiner Nosologie und Therapie der chirurgischen Krankheiten, Göttingen 1825 ist das Resultat dieser kriegschirurgischen Erfahrungen.

Das hannoversche Kontingent blieb bis Januar 1817 in verschiedenen feindlichen Orten in Garnison und hatte im Überschwemmungsgebiet der Condé sehr an fieberhaften Krankheiten (Malaria und Typhus) zu leiden. Durch ein Abkommen zwischen dem Herzog von Wellington und dem französischen Kriegsminister Duc de Jelter [Commission mixte zu Canbry, 11. 5. 1816[3])] ging die Ökonomie der Hospitäler auf die französische

---

[1] Hannover, Des. 41. XXI. O. No. 29.
[2] Hannover, Des. 42. C. X. 1.
[3] Hannover, Des. 41. XXI. O. Baria No. 28, Bol. II.

Regierung über. Dieselbe stellte Lokal und Betten und zahlte pro Mann 15 Sous täglich. Nach dem Friedenstraktat sollte für die General-hospitäler Einrichtung und Verpflegung, für die Bataillonshospitäler dagegen nur Lokal und die gewöhnlichen „vivres" von seiten des französischen Gouvernements gewährt werden.

Das Lob, welches Sinnoth 1796 dem hannoverschen Militär-sanitätswesen gespendet hatte, wurde von dem englischen Oberinspektor Dr. Besturne von neuem bestätigt.[1]

Einfachheit, Ordnung und Sparsamkeit neben humaner Sorge für die Kranken und wissenschaftlicher Geist des militärärztlichen Korps sind die Grundsätze, welche sich die A. M. B. in der Folge zur Richtschnur machte.[2] Dafür sprechen unter anderem die Vorschriften zur gründlichen Abfassung der Gutachten (24. 11. 1826), die Instruktion über die Unter-suchung der Militärdienstpflichtigen, die Aufforderung zur physikalischen Untersuchung der Brustorgane, Durchführung der Revaccination, Be-handlung der Krätze nach der englischen Methode, Einrichtung der Feld-apotheke, Verpflegung der Kranken, Isolierung der akuten Exantheme, Einführung der einschläfrigen Bettstellen ꝛc.

Zur Durchführung derartiger Bestimmungen bedurfte man natürlich eines wissenschaftlichen, auf Universitäten gebildeten Ärztestandes, während Preußen trotz der Reorganisationen von 1807/09 einen Troß kläglich besoldeter und demgemäß geringschätzig behandelter Kompagniechirurgen bis 1840 beibehielt.

Nach den Freiheitskriegen erhielten bewährte junge Militärärzte, die nur auf chirurgischen Schulen studiert hatten, Stipendien zum Besuch der Landesuniversität.[3] Das war schon aus dem Grunde nötig, als man die Militärärzte zu Offizieren gemacht hatte. Sie hatten Rang und Kompetenzen der Frontoffiziere, lebten mit ihnen auf kameradschaft-lichem Fuße und nahmen an dienstlichen Zusammenkünften und Ehren-gerichten als stimmberechtigte Mitglieder teil. Die Hoffähigkeit — als Stabsoffizier oder nach Erlangung des goldenen Dienstkreuzes — wurde

---

[1] Hannover, Des. 41, XXI, O, Varia, No. 28, Vol. I.
[2] Die militärärztlichen Dienstvorschriften sind vom Oberstabschirurgen Dr. Backmeister in den Jahren 1849—51 gesammelt, wozu er als Direktor des General-hospitals (und Nachfolger Spangenbergs) die beste Gelegenheit hatte und in vier handschriftlichen Exemplaren (Kriegsministerium, Generaladjutantur, Armeemedizinal-behörde, Generalhospital) erhalten und den nachfolgenden Ausführungen vielfach zu Grunde gelegt.
Hannover, Des. 47, C, X, a. No. 17.
[3] Hannover, Des. 47, III, 26.

ihnen zwar von Ernst August entzogen, aber von Georg V. 1856 wiedergegeben.[1])

Der militärärztliche Etat war numerisch der schwächste unter allen deutschen Staaten. Von der Infanterie blieb außerhalb der kurz dauernden Exerzierperiode nur ein kleiner Teil in der Garnison beisammen, und die Kavallerie war einzeln auf dem Lande verteilt. Im Frieden gab es nur Oberwundärzte und Assistenzwundärzte.[2]) 1846 waren 48 ausgebildete Ärzte vorhanden, 17 Ob. W. Ä., davon 8 mit dem Charakter als Stabsarzt und Majorsrang (800 Taler Gage), die übrigen mit Hauptmannsrang (700 Taler), 31 A. W. Ä. mit Premierleutnantsrang, die 6 ältesten mit 400 Talern, die übrigen 25 mit 300 Talern.[3]) 1855 wurde die Zahl der A. W. Ä. noch vermehrt, was aber die Avancementsbedingungen verschlechterte. Ein A. W. Ä. konnte 28 Jahre dienen, ehe er Ob. W. Ä. wurde, und letzterer bekam erst nach 35 jähriger Dienstzeit Alterszulage, und dann war Karriere und Gehaltserhöhung vorbei.[4]) Die von Stro- meyer geplanten Verbesserungen kamen infolge der Ereignisse des Jahres 1866 nicht mehr ganz zur Durchführung.

Als Vergünstigung war den bei den Truppen angestellten Wundärzten, welche die Doktorwürde auf der Landesuniversität erworben hatten, die unbeschränkte Zivilpraxis ohne weiteres, den auf anderen Universitäten promovierten nach Ablegung einer Prüfung vor der A. M. B. erlaubt. Die nicht Promovierten mußten sich im allgemeinen mit der Vornahme äußerer Kuren begnügen.[5]) Namentlich die Wundärzte der Kavallerie hatten auf ihren Dienstreisen nach entfernten Ortschaften, wo Kranke ihres Regiments lagen, oft Gelegenheit, die Behandlung der Landleute zu übernehmen. Diese sparten dadurch Geld und Weitläufigkeiten und wurden von den Pfuschern ferngehalten. Für den Zivilarzt war dies natürlich eine unerwünschte Konkurrenz, die sich aber minderte, je mehr sich die Allgemeinärzte mit der Chirurgie befaßten. 1820 gestattete das Kabinettsministerium auch einigen bei der Reduktion der Armee auf Wartegeld gesetzten Ob. und A. W. Ä. auf ihren Antrag, daß sie, „solange als sie auf Wartegeld ständen, sich der ihnen für die Dauer

[1]) Stromeyer, Lebenserinnerungen l. c. Bd. I, 102, Bd. II und „Bericht über die Vorschläge auf dem Gebiet des Lazarett- und Militärsanitätswesens" vom 1. 1. 1867 in Veröffentl. a. d. Geb. d. Mil.-S. l. c. Heft 27, Anlage 4, pag. 289.

[2]) Im Geschäftsbericht der A. M. B. von 1814 heißen sie Oberchirurgen und Assistenzchirurgen.

[3]) Jorde, Medizinalwesen l. c., pag. 51.

[4]) Hannover, Des. 48, IX 10, II.

[5]) Hannover, Des. 42, C, X, a. generalia, No. 8.

des Militärdienstes erteilten Erlaubnis zur Verrichtung innerer und äußerer Kuren bei den Einwohnern jede Klasse ihres Aufenthaltsortes zu erfreuen haben sollten." Das bezog sich auf 2 Ob. W. Ä. und 21 A. W. Ä., das Wartegeld betrug für jene 13 Taler, für letztere 7 Taler monatlich.

Die dienstliche Stellung der Militärärzte entsprach anfangs dem in der englischen Armee durchgeführten Prinzip der Gleichmäßigkeit mit den betreffenden Offiziersgraden. Hinsichtlich der Gagen standen sie sich noch besser. So betrug die Feldgage der Ob. W. Ä. in den Jahren 1813—16 60 Taler, die der Kompagniechefs 50 Taler, 1816 wurden beide auf 50 Taler festgesetzt. Seit 1835 blieb das Einkommen der Militärärzte etwas hinter dem der Frontoffiziere zurück, bis es 1856 wieder eine Auf= besserung erfuhr. Bei jedem Infanterie= oder Kavallerieregiment, das über 800 Mann stark ist, wurde ein Ob. W. Ä. und zwei A. W. Ä., bei solchen unter 800 Mann (wie es bei der Kavallerie die Regel) je ein Ob. W. Ä. und ein A. W. Ä., ersterer mit dem Range des jüngsten Kapitäns, letzterer mit dem Rang des jüngsten Leutnants angestellt. Mit Rücksicht auf die hohen Kosten des ärztlichen Studiums und den späteren Dienstantritt bestimmte aber das Dienstreglement von 1824, daß die A. W. Ä. gleich Premierleutnantsrang erhielten und hinsichtlich der Pensionierung 5 Jahre vordatiert wurden. Denn, seitdem wurde Niemand mehr zum Militärarzt vorgeschlagen, der nicht in Medizin und Chirurgie im ganzen Umfang geprüft war und Zeugnisse über Geschicklichkeit und sonstiges Betragen aufzuweisen hatte. Der Rang war ein sogenannter „stehender", indem der Arzt ohne Rücksicht auf die Zeit seiner Ernennung hinter dem jüngsten Offizier des betreffenden Ranges zu stehen kam.[1]

In wissenschaftlicher Hinsicht unterstanden die Militärärzte der A. M. B., in allen dienstlichen Verrichtungen dem Kommandeur. Der Ob. W. Ä. und der jüngste A. W. Ä. waren in der Regel dem Stabe beigegeben, der detachierte A. W. Ä. empfing seine Instruktion vom Kommandeur und seinem vorgesetzten Ob. W. Ä. Die Behandlung der Kranken lag im allgemeinen dem Ob. W. Ä. ob, der A. W. Ä. hatte ihn hierbei zu unterstützen, die Arzeneien zu bereiten und kleinere chirurgische Verrichtungen zu leisten, während zum Setzen von Klystieren, Blutigeln und dergl. Krankenwärter angelernt wurden. Ebenso war in jeder

---

[1] Hannover, Des. 48, IX, No. 11.
Oberstabschirurg = Oberstleutnant,
Stabschirurg = Major,
Oberwundarzt = Kapitän,
Assistenzwundarzt = Premierleutnant.

Kompagnie ein Mann zum Rasieren angestellt, den die Mannschaften selbst bezahlen mußten.

Um die Tätigkeit der Militärärzte zu kontrollieren, wurde ihnen zur Rechtfertigung ihrer Kurmethoden und zur wissenschaftlichen Anregung die Führung eines Tagebuchs über die Kranken befohlen.[1]) Die A. M. B. konnte jederzeit die Einsichtnahme desselben verlangen, beispielsweise, um sich bei Beförderungen über die Fähigkeiten des Arztes zu informieren. Die monatlichen Listen der Quartierkranken und Hospitaliten enthielten Berichte über Zahl und Art der Kranken, Epidemien und Sektionen. In den Krankenrapporten der Hospitäler wurde bei Kranken, die länger als 3 Monate lagen, eine kurze, bei solchen über 6 Monate eine ausführliche Begründung beigefügt.

In der Erwägung, daß die Sektion der beste Prüfstein für das diagnostische und therapeutische Können des Arztes ist, suchte die A. M. B. die Sektion aller verstorbenen Militärpersonen durchzusetzen. In einem besonderen Falle hatte sich der Quartierwirt eines Ulanen der Sektion in seinem Hause widersetzt.[2]) Das Ministerium d. J. ging aber auf die Vorstellung des Generalkommandos beziehungsweise der A. M. B., einen Zwang auszuüben, nicht ein, weil ein solcher den Widerwillen der Landleute gegen die Leichenöffnung und damit gegen die Einquartierung überhaupt erhöhen würde, es auch öfters an einem paßlichen Raume fehle oder gar Ansteckungsgefahr zu fürchten sei. Man begnügte sich also damit, den Wunsch auszudrücken, daß es gern gesehen würde, wenn Offiziere und Wundärzte durch vernünftige Vorstellungen die Hausbesitzer zur Einwilligung zu überreden versuchten.

Wenn sich ein Mann krank meldete und keine augenblickliche Hülfe nötig war, wurde ein Unteroffizier oder Korporal mit ihm zum Ob. W. A. geschickt.[3]) Dieser notiert Name und Krankheit, bemerkt, ob der Kranke ins Hospital muß oder nicht, und gibt die Diätvorschriften. Der Unteroffizier veranlaßt das Weitere bei der Kompagnie, der Kranke bleibt dienstfrei, bis ihn der Arzt von der Liste streicht.

Unentgeltliche Hülfe kam nach D. R. Kap. XIX § 2, 1824 allen im Dienst stehenden oder mit Sold beurlaubten Unteroffizieren und Mannschaften, sowie deren Frauen und Kindern zu. Auch die Offiziere, nicht aber ihre Familien, hatten Anspruch auf unentgeltliche Behandlung.

---

[1]) Hannover, Des. 42, C, X, a. generalia, No. 1.

[2]) Hannover, Des. 104, II, 9, 5, A. generalia, No. 2. Generalordre vom 18. VI. 1819.

[3]) Dienstreglement von 1824, Kap. XIX, § 10—11.

Jedenfalls mußte der Ob. W. A. bei Inanspruchnahme anderweitiger Hülfe davon Kenntnis erhalten.

Auch den Soldaten war die Zuziehung eines Zivilarztes erlaubt, aber sie mußten ihn und die von ihm verschriebenen Medikamente selbst bezahlen. Diese Bestimmung hatte sich wohl in Erinnerung an die Zeit der Freiheitskriege erhalten, als wegen der Verwendung der Militärärzte im Felde die Mannschaften in der Heimat auf die Zivilärzte angewiesen waren. Backmeister hielt aber ihre Aufhebung im Interesse des Dienstes für geboten.

Schon vor der Fremdherrschaft gab es in mehreren Städten der althannoverschen Provinzen Militärhospitäler, so in Hannover, Celle, Nienburg und Hameln. Nach dem Erscheinen des Dienstreglements von 1824 wurde es auf Wunsch des Königs und den Forderungen der Hygiene entsprechend immer mehr zum Grundsatz, die Kranken von den Gesunden zu trennen und selbst leichter Erkrankte den Hospitälern zuzuweisen.[1] Die Kasernenkrankenstuben verschwanden größtenteils. Statt dessen hatten Garnisonstädte, welche mit dem Stabe eines Regiments oder Bataillons belegt waren, die Pflicht, ein Lokal für die Kranken zur Verfügung zu stellen.[2] Seit 1813 befand sich in Hildesheim ein Militärhospital in einem zum Magdalenenkloster gehörigen Gebäude, für Lüneburg wurde 1825 ein Neubau vor dem Ratruppertor genehmigt.

Die Militärhospitäler zerfielen in 4 Klassen: 1. Das Generalhospital in Hannover. 2. Die Garnisonhospitäler in Städten, wo mehrere Truppenteile zusammen lagen, wie Celle, Hildesheim, Lüneburg, Osnabrück, Stade und Verden, durchschnittlich zu 24 Betten. 3. Die Bataillonshospitäler in Göttingen, Einbeck, Goslar, Hameln und Nienburg zu je 12 Betten. 4. Die Krankenstuben mit 6 Betten für kleinere Detachements. Während das Generalhospital dem Generalkommando unterstellt war, unterstanden die Garnison- und Bataillonshospitäler dem Kommandanten bezw. Kommandeur, die sich durch die Inspektionsoffiziere regelmäßig informierten.

Als allgemeine Grundsätze bei der Anlage der Lazarette galten: gesunde Lage an der Grenze der Stadt,[3] womöglich in der Nähe von fließendem Wasser, gutes Trinkwasser.

---

[1] Hannover, Des. 42, C, Real. X, Med. a. general. No. 1.

[2] Hannover, Des. 48, III, 165.

[3] Gegen die Verlegung des Militärhospitals zu Osnabrück in das Innere der Stadt protestierten 1858/59 der Magistrat und die Bewohner der benachbarten Straßen vergeblich, da das betr. Haus von dem Generalstabsarzt für gut befunden war. conf. Hannover, Des. 104, II, 9, 5. Lbdst. Osnabrück, Stadt Osnabrück.

Die Aufnahmefähigkeit war auf 2—3% der Truppenstärke berechnet, konnte aber bei Epidemien bis zu 5% erhöht werden. Lüneburg, Nienburg und Einbeck hatten ca. 30 Betten zur Verfügung, Celle, Northeim und besonders Stade genügten den Anforderungen nicht. Das größte und luftigste Zimmer war für innere und Fieberkranke, ein zweites für chirurgische und venerische, das dritte für krätzige, ein viertes, entlegenes für ansteckende Kranke bestimmt, dazu kamen Wirtschaftsräume, Armatur- und Magazinkammern. Als Luftkubus der Krankenzimmer verlangte Backmeister bei chronischen Krankheiten 500, Fieber 600, ansteckenden Krankheiten 700 Kubikfuß pro Mann. Die Betten enthielten Strohsack, Kopfpfühl, Laken und wollene Decken und sollten wenigstens $1/2$ Fuß auseinander stehen. Darüber war eine Tafel mit dem Namen des Kranken und der Bezeichnung der Krankheit (in lateinischer Sprache) angebracht. Die Kranken bekamen Kleidung mit Ausnahme der Schuhe im Hospital geliefert. 1814 wurde ihnen noch der ganze Sold zur Bestreitung der Verpflegungskosten abgezogen, seit 1817 dagegen der tägliche Abzug auf 7 Pfennig von je 1 Taler 1 ggr. der monatlichen Löhnung festgesetzt und bei Invaliden die Pension eingehalten.

Mit der ärztlichen Leitung wurde ein Militärarzt ohne Rücksicht auf Rang und Dienstalter betraut. Alle Ärzte waren aber zur Konsultation und Hülfeleistung bei Operationen verpflichtet. Die Aufsicht und Verwaltung des Inventars hatte ein Hospitalunteroffizier unter sich. Die Krankenwärter wurden in der Regel nach englischem Muster den Regimentern entnommen, doch konnten auch entlassene Soldaten und Zivilisten als solche angestellt werden. Eine Hausordnung bestimmte den täglichen Dienstgang. An den beiden ärztlichen Visiten des Dirigenten und des A. W. A. nahm der Hospitalunteroffizier teil. Er zeichnete die Diätvorschriften auf und las sie nach Beendigung der Visiten in den Stuben laut vor.

Eine Sonderstellung nahm das 1790 gegründete Generalhospital in Hannover ein. Es war einmal Krankenanstalt für die Garnison und für besonders schwierige Fälle, die von anderen Regimentern zur Beobachtung und Behandlung geschickt wurden, und anderseits Bildungsanstalt für junge Militärärzte, ähnlich der Charité in Berlin. Die Direktion lag in der Hand eines hohen Militärarztes (Wedemeyer, Spangenberg, Backmeister, Stromeyer), die anderen Wundärzte der Garnison wechselten alle 2 Monate im Hospitaldienst ab. Stromeyer legte besonderen Wert auf diese Ausbildung und suchte sie durch gründliche Untersuchungsmethoden, Krankenstatistiken und Anwendung von nur erprobten Maßnahmen zu förbern.[1]) Auf seine Veranlaffung mußten die A. W. A. vor der Prüfung zum Ob. W. A. 2 Jahre lang eine Hausarztstelle am Generalhospital bekleidet haben. Über solche, die dies nicht hatten, wurden Erkundigungen bei Professoren und Kollegen eingezogen.

Die Zahl der Betten betrug 80, ein gemietetes Nebenhospital konnte ebensoviel faffen. In der Glockfee befand fich außerdem ein Lokal für 8 Blatternkranke. 1856 wurde der Neubau an der Adolfstraße fertig, in dem Stromeyer die Fortschritte der Technik und Hygiene (Ventilation, Waffertlofetts, absolute Trennung der Wirtschafts= und Krankenräume) zur Durchführung brachte.[2])

Neben der Behandlung der Kranken gehören zu den Obliegenheiten des Militärarztes das Rekrutierungsgeschäft, das Verfahren bei der Pensionierung und die allgemeine Truppengesundheitspflege.

Nach der Verordnung „über die Verpflichtung der Untertanen zum Militärdienst und die dabei eintretenden rechtlichen Verhältniffe, Carlton House 14. VI. 1820“ war Werbung gegen Handgeld nicht mehr statthaft, freiwilliger Eintritt oder Loskauf durch Stellvertreter erlaubt.[3]) Wenn letzterer innerhalb drei Monaten dienstunfähig wurde, mußte ein neuer gestellt werden. Die Komplettierung erfolgte nach Distrikten vor einer Kommiffion, bestehend aus einem Distriktskommiffar, Militärkommiffar, Magistrat (oder Gerichtsherrn) und Militärwundarzt. Die Unterfuchung konnte auch durch einen Zivilarzt vorgenommen werden, der aber nicht im Aushebungsdistrikt wohnen darf, und falls er nicht Physikus ist, beeidigt werden muß. Jedes Jahr wurden diejenigen, welche im ver= gangenen Jahr das 20. Lebensjahr zurückgelegt hatten, unterfucht. Im Anschluß daran fand die Lofung statt. Die Dienstzeit ging vom 20.—26. Jahre, im Krieg vom 19.—30. Das Aushebungsgefeß vom 23. 2. 1843 änderte diefe Bestimmung dahin ab, daß die Militärdienstpflicht vom 20.—27. Lebensjahr dauern und die siebente Klaffe die außerordentliche Kriegsreferve bilden follte.

---

[1]) Stromeyer, Lebenserinnerungen l. c., Bd. II, 347. Vgl. auch deffen Maximen der Kriegsheilkunst, Hannover 1855—66, in deren zweiter Auflage die vorzüglichsten Soldatenkrankheiten geschildert sind.

[2]) Beschrieben in der „Zeitschr. d. Vereins hannov. Architekten“, Jahrg. 1859. ferner vergl. Stromeyer, Über die Typhusepidemie im Generalhofpital, 1854—55.

[3]) Hempel, Handbuch der Kriegshygiene, Göttingen 1822, Vorwort von Langenbeck.

In der Instruktion vom 30. 11. 1822 werden 54 Fehler angegeben, welche dienstuntauglich machen.[1]) Gestellungspflichtige, die sich durch Selbstverstümmelung dem Dienst zu entziehen suchten, wurden auf ihre Kosten im Lazarett behandelt, und falls sie die Dienstfähigkeit wieder erlangten, auf volle 7 Jahre ohne Anspruch auf Beurlaubung und Beförderung eingestellt. Ärzte, die sich bestechen ließen, hatten Kassation oder Zuchthausstrafe zu gegenwärtigen. Eine neue Instruktion für die Rekrutenaushebung erschien am 30. 11. 1854 nach der Bearbeitung von Backmeister und Stromeyer. Um ihre Wirkung zu erhöhen, ließ man jährliche statistische Zusammenstellungen über das Resultat der Musterung unter den Militärärzten zirkulieren.

Im Einstellungstermin wurden sämtliche Dienstpflichtige nochmals untersucht, ehe sie an die Regimenter abgingen.

Das Militärpensionsgesetz vom 29. 4. 1817[2]) machte den Anspruch auf Pension von einer Dienstbeschädigung oder einer Verwundung vor dem Feind abhängig. Dabei heißt es aber ausdrücklich: „Der Unteroffizier oder Soldat kann eine Pension nicht als ein Recht fordern, solche ist vielmehr fernerhin immer nur als Gnade anzusehen". Anfänglich wies man die Invaliden sämtlich zur Untersuchung an die A. M. B. in Hannover, seit 1823 wurde in entfernteren Garnisonen eine Kommission aus zwei Militärärzten oder einem Militärarzt und einem Stabt- oder Landphysikus damit betraut.[3]) Zur Einleitung des Verfahrens war ein vorläufiges Gutachten des bisher behandelnden Militärarztes und ein Zeugnis des Kommandeurs über dienstliche Führung und Zivilberuf des Empfohlenen nötig. Das Resultat der Untersuchung, ob dauernd invalide oder noch so weit besserungsfähig, um die Erwerbung des Lebensunterhalts zu ermöglichen, wurde der A. M. B. zur Prüfung eingesandt. Nach der Schlacht bei Langensalza mußten auf diese Weise 580 Mann begutachtet werden.

---

[1]) Hannover, Des. 47, C, X, s. 17. Man vergleiche damit das von Dr. Goerde ausgearbeitete preußische Reglement vom 12. 3. 1813.

[2]) Hannover, Des. 104, II, 9, 5, A. Med. General. 20 a. Instruktion für den Regimentskommandeur betr. die Empfehlung invalider Unteroffiziere und Gemeiner zur Pension und das bei deren Verabschiedung zu beobachtende Verfahren.

[3]) Hannover, Des. 42, C. X, s. Nr. 1. Instruktion für Ärzte und Wundärzte, welche beauftragt werden, den Gesundheitszustand der auf Pension Anspruch machenden Unteroffiziere und Soldaten zu untersuchen und zu beurteilen. Aus d. Milit. penf. depart. d. kgl. Kriegskanzlei v. 19. 5. 1823. Dazu: „Übersicht der körperl. Gebrechen und Krankheiten, welche zu fernerem Milit. Dienst entweder allein unfähig machen oder auch zugleich zur Pension berechtigen".

Nach den Freiheitskriegen trat auch in Hannover eine menschen= würdigere Behandlung der Soldaten durch die Vorgesetzten ein. Eine Generalorbre vom 23. 5. 1818 schaffte das Gassenlaufen ab, eine spätere vom 14. 7. 1820 ließ den Gebrauch des Stockes in Friedenszeiten fort= fallen (Hempel l. c.).

Die Mortalität der hannoverschen Armee war durchschnittlich günstiger als die anderer Heere. Eine Statistik, welche allerdings nur den kurzen Zeitraum von 3 Jahren (1845—47), barunter aber das besonders ungünstige Jahr 1846,[1]) umfaßt, ergab für die Infanterie 8,15%, Artillerie 7,33%, Kavallerie 6,77%. Haupttobesursachen waren Typhus, Schwindsucht und Entzündungen. Das günstige Verhältnis der Kavallerie ist auch in anderen Heeren beobachtet.

Die eintretenden Rekruten wurden geimpft und auf einige Tage vom Dienst dispensiert. Die Lymphe wurde von den Kindern der Militärpersonen entnommen, Familien, welche dies nicht zugaben, verloren den Anspruch auf freie ärztliche Behandlung und Arznei.

Alle 14 Tage oder wenigstens einmal im Monat fanden ärztliche Untersuchungen der Mannschaften statt, die besonders das Vorhandensein von Geschlechtskrankheiten, Krätze, Augenentzündungen und die Reinlichkeit des Körpers überhaupt im Auge hatten. Ansteckende Krankheiten wurden dem Kommandeur oder der Zivilbehörde angezeigt, die Kleidungsstücke der daran Verstorbenen durch Dämpfe gereinigt oder vernichtet.

Dazu kamen öftere Inspektionen der Quartiere, Kasernen, Wacht= stuben und Gefängnisse durch die Ob. W. Ä. Stromeyer gab bei dem Bau der Welfenplatzkasernen sein Urteil ab und veranstaltete im Herbst 1854 eine vierwöchige Rundreise durch alle Garnisonen, über deren Er= gebnis er an das Kriegsministerium ausführlich berichtete.[2])

Eine besondere Tätigkeit entfalteten die Truppenärzte während der Herbstübungen und in den Kantonnements.[3]) Dieselbe erstreckte sich auf die Gesundheitsverhältnisse des Lagers und in den Kanton= nierungen, auf das gehörige Verhalten der Leute auf dem Marsche, bei Feldbienstübungen und im Lager und auf die Besorgung der Kranken in den Krankenzelten oder in den an den Kantonnierungsorten errichteten Krankenstuben. Bei der Auswahl des Lagerplatzes ist die Beschaffenheit

---

[1]) 1846 war das letzte allgemeine Not= und Hungerjahr unserer Gegend.

[2]) Stromeyer, Lebenserinnerungen, Bd. II, l. c. 346.

[3]) Hannover, Des. 42, C, X, a. No. 1. Vorschriften über den Dienst der Ob. W. Ä. und A. W. Ä. der Regimenter in den Übungslägern und Kantonnierungen, 16. 9. 1826.

des Bodens, des Wassers, die vorherrschende Windrichtung, Vorhandensein ansteckender Krankheiten in der Nachbarschaft zu beachten. Treten letztere im Lager selbst auf, so muß der Militärarzt die Ursache erkunden, auf sofortige Entfernung der Kranken und schlimmstenfalls auf Verlegung des Lagers bringen. Die Soldaten sind über Diätvergehen (Schädlichkeit des kalten Trunks und frischen Obstes, Lagerung auf feuchtem Boden), verständige Abkühlung nach der Rückkehr ins Lager, Reinlichkeit des Körpers und der Wäsche zu belehren. Auf dem Marsche schlägt der Ob. W. A. dem Kommandeur einen vor Wind und Sonnenbrand geschützten Platz zum Ausruhen vor, achtet auf regelmäßige und gute Verpflegung und hält sich überhaupt stets in der Nähe der Truppen, damit er bei Unglücks= fällen und plötzlichen Erkrankungen schnell zur Hand ist.

Auch die Mäßigkeitsbestrebungen der vierziger Jahre fanden beim Militär Eingang und zeitigten bessere Erfolge als alle strengen Be= stimmungen früherer Zeit. Wenigstens sagt Böttcher (s. o.): „während sonst bei großen Übungen alle Augenblicke einer schlapp wurde, hatte jetzt der Arzt wenig zu tun und konnte fast immer im Graben sitzen und ruhig seine Zigarre rauchen."

Dem Ob. W. A. war ein dienstfreier Mann als Ordonanz und ein Packpferd zum Transport der Arzneivorräte beigegeben. Die chirurgischen Instrumente gehörten dem Regimente eigen, konnten aber auch leihweise für die Dauer der Übungen aus dem Magazin ent= nommen werden.

Die Nachfüllung der Medizinkörbe mit Arzneien, deren das Verzeichnis ca. 50 anführt, und mit „kleinen Heilmitteln" als Schienen, Bruchbändern, Suspensorien, Binden etc. geschah aus der sogenannten Feldapotheke, welche ihre Entstehung einem Provisorium verdankt.[1] Nach der Schlacht bei Waterloo war nämlich der reiche Bestand der englisch=deutschen Legion an Arzneien, Bandagen und Instrumenten nach Hannover gebracht. Statt nun die Vorräte einfach aufzubrauchen, beschloß man durch regelmäßige Ergänzung der Abgänge ein ständiges Magazin zu errichten, das sich in der Folge so bewährte, daß es z. B. in Sachsen Nachahmung fand. Ein Oberfeldapotheker mit 2 Gehülfen besorgte den Ankauf aus Fabriken, Prüfung der Medikamente, Buch= führung und Versendung an die Regimenter. Präparate wurden, soweit als möglich, im eigenen Laboratorium hergestellt. Der zweite Gehülfe

[1] Ausschr. d. Kriegskanzlei vom 18. 1. 1819.
Stromeyer, Lebenserinnerungen l. c., Bd. I, 105.

fertigte zugleich die im Generalhospital verschriebenen Rezepte an. Über den Verbrauch legten die Regimenter jährlich Rechnung ab.

Die während der Freiheitskriege üblichen geflochtenen und mit Leder überzogenen Medizinkörbe hatten sich eigentlich nicht bewährt.[1]) Beim Traben wurden die Gläser durcheinandergeschüttelt und zerbrachen leicht. Wenn der Korb an der einen Seite abgehängt wurde, rutschte der andere mit herab. Das Herausnehmen der Vorräte war gleichfalls umständlich, sobaß die Körbe bei eiligem Rückzug öfters an den Feind verloren gingen. Kohlrausch schlug daher 1814 längliche, mit Leder beschlagene Kasten vor, die an der Außenseite Schubladen für die nötigsten Uten= silien (Scharpie, Baumwolle) hatten. General Röttger hielt in den Jahren 1822/23 an der alten Anordnung fest, indem er sich auf den Rat des Ob. W. A. Schmersahl verließ, dem die im Peninsularkrieg ge= brauchten, von Maultieren getragenen englischen Packkörbe vorschwebten.[2]) Die Erfahrungen des Feldzuges 1848/49 erwiesen von neuem die Übel= stände, welche dem Transport mittelst Packpferden anhaften. Erstlich waren zum Aufladen drei Mann nötig, einer um das Pferd, ein zweiter um den ersten Kasten zu halten, während der dritte den anderen Kasten befestigt. Anderseits eigneten sich nur Pferde schwerer Rasse dazu, um ein Gewicht von 180—300 Pfd. (inkl. zweier Tragbaren) zu tragen. Die Verminderung des Gewichts durch Reduktion der Medikamente konnte aber zu unliebsamen Weiterungen führen. Eine mit der Prüfung der einschlägigen Verhältnisse in der preußischen, sächsischen, bayerischen und französischen Armee betraute Kommission schlug daher zweirädrige, von zwei Pferden (im Fall eins versagt) gezogene Karren vor, die oben die schnell gebrauchten Erquickungsmittel 2c., unten wollene Decken, Stroh= säcke, Eßgeschirre mitnahmen.

Zur Aufnahme der Kranken im Lager hatte jedes Bataillon ein Zelt für leichtere Erkrankungen (Mandelentzündungen, Diarrhöen, Quet= schungen 2c.) bei sich. In den Kantonnements dienten Häuser oder Scheunen diesem Zweck; Schwerkranke wurden unter Angabe der bisherigen Behandlungsweise in das nächste Hospital transportiert. Behandlung und Verpflegung in den Zelten erfolgte nach dem Lagerreglement unter Be= rücksichtigung einer entsprechenden Diät, Nichtbettlägerige erhielten leichte Beschäftigung im Freien. Bei gutem Wetter schlug man die Zeltwände in die Höhe; zum Ableiten des Regenwassers wurde ein Graben um das Zelt gezogen.

---

[1]) Hannover, Des. 41, XXI, f. No. 26.
[2]) Hannover, Des. 48, IX, No. 4, Vol. II ad Lit. B.

Am Schluſſe der Exerzierzeit reichte der dienſttuende Ob. W. A.
reſp. A. W. A. einen ausführlichen Bericht über den Geſundheitszuſtand
des Bataillons ein.[1])

Das Fehlen eines eigenen Krankenträgerkorps ſtellte ſich mit
der Zeit als ein fühlbarer Mangel heraus.[2])

Während des Feldzuges in Italien 1797 hatte der franzöſiſche
Armeechirurg Percy ein Krankenwärterbataillon, bataillon d'infirmiers
ins Leben gerufen.[3]) Die Mannſchaften „brancadiers" waren mit zer-
legbaren Tragbahren (brancards) ausgeſtattet und ſollten bis in die
Feuerlinie vorgehen, um den Verwundeten Hülfe zu leiſten. Im Verein
mit dem von Larrey verbeſſerten Krankentransportweſen hat dieſe Einrichtung der franzöſiſchen Armee in den Feldzügen am Anfang des 19.
Jahrhunderts weſentliche Dienſte geleiſtet. Auf Veranlaſſung des Feld-
marſchalls v. Radetzky wurde auch bei der öſterreichiſchen Armee eine
ähnliche Sanitätskompagnie gebildet, die in Bayern Nachahmung fand.

1851 hatte der hannoverſche Artillerieleutnant Tellkamp Gelegenheit,
die öſterreichiſchen Einrichtungen kennen zu lernen. Eine zur Prüfung
ſeiner Vorſchläge unter dem Vorſitz des Generalleutnants v. Prott ein-
berufene Kommiſſion, der auch Oberſtabschirurg Dr. Bachmeiſter angehörte,
beſtimmte den Wirkungskreis der Sanitätskompagnie folgendermaßen:
Tätigkeit während des Gefechts, Errichtung von Nothospitälern, Transport der Verwundeten in dieſelben oder in die Feldhospitäler und Beerdigung der Gefallenen. Dagegen ſollte der Dienſt in den Hospitälern
ausgeſchloſſen und den Krankenwärtern vorbehalten ſein.

Bei der Aufſtellung der Kompagnie 1853 wurde das Werkchen des
k. k. öſterreichiſchen Militärarztes Dr. Riegler zum Unterricht empfohlen,
obwohl die Abbildungen häufig recht naiv und wegen ihrer Kleinheit für
den Laien wenig verſtändlich ſind.[4]) Dem Buch Bachmeiſters[5]) machte
man mit Recht den Vorwurf, daß es zu breit angelegt ſei und die
Sanitätsſoldaten nach dem Abgang vom Militärdienſt leicht zum Pfuſchen

---

[1]) Hannover, Des. 47. C. a. 17.
Hannover, Des. 48. IX. No. 11.

[2]) Hannover, Des. 48. IX. Vol. I u. II ad Lit. B.

[3]) Knorr, l. c.; Kriegschir. und Feldärzte, l. c., Heft 27; Stromeyer, Lebenserinnerungen, Bd. II.

[4]) Dr. Ludwig Riegler, Nothülfe unter Soldaten bei plötzlichen Unfällen
und Gefahr des Lebens und der Geſundheit, Wien 1851. Die Nothülfe bei Vergiftung iſt beſpielsweiſe durch einen Lazarettgehülfen illuſtriert, der dem Vergifteten
den Schlund mit einer Feder kitzelt!

[5]) Bachmeiſter, Handbuch für Sanitätsſoldaten, Braunſchweig 1852.

verleiten könne. Statt dessen erhielt die kürzere Instruktion des A. W. A. Dr. Oelfers[1]) den Vorzug. Der theoretische Unterricht wurde an Skeletten, Tafeln 2c. gezeigt. Dazu gab jedes Infanteriebataillon 5 Mann ab (d. h. im ganzen 100),[2]) deren jährliche Übungen im Juli stattfanden. Der mobile Bestand der Kompagnie betrug 292 Mann.

Stromeyer setzte auch eine Verbesserung der alten, schwerfälligen Krankentransportwagen durch. Die neuen hatten eine Protzverbindung zwischen Vorder- und Hinterteil, um auf dem Fleck wenden zu können. Da sie aber in der Fahrt starke Schwankungen machten, sind sie wenig nachgeahmt (z. B. in Baden).

1854 trat die neue Formation endgültig in Kraft und erregte das Interesse des Königs und auswärtiger Staaten.[3])

Die Bemühungen Backmeisters um die Verbesserung des Militär-sanitätswesens setzte Stromeyer mit um so gewichtigerem Nachdruck fort, als er sich der besonderen Gunst des Königs erfreute. Für ihn wurde 1854 eigens die Stelle eines Generalstabsarztes der Armee im Range eines Obersten geschaffen.[4]) Er hatte unter Leitung des Kriegs-ministeriums die Beaufsichtigung des Medizinalwesens der Armee, der Krankenanstalten und sonstigen militärischen Gebäude. Er war, vor-behaltlich anderer Bestimmungen, Direktor des Generalhospitals, Chef sämtlicher Militärärzte, machte Vorschläge zur Bestallung, Beförderung und Entlassung derselben, gab Anregung zu wissenschaftlicher Fortbildung und ahndete Verstöße durch Rüge und Verweis. Als Adjutant war ihm ein A. W. A. beigegeben (1866 Dr. Bodemeyer).

Der A. M. B. verblieb die wissenschaftliche Prüfung aller in das Armeemedizinalwesen fallenden Maßregeln, die Entscheidung über Militär-

---

[1]) Oelfer, Anweisung für die Sanitätsmannschaften. Hannover 1854 (ohne Abbildungen).

[2]) Nach Sichart, l. c., V pag. 296: 1 Hauptmann, 3 Leutnants, 1 Arzt, 8 Unteroffiziere, 13 Korporale, 1 Trompeter und 100 Gemeine.

[3]) Roth, Militärärztl. Studien 3. „Über Sanitätskompagnien mit besonderer Rücksicht auf die kgl. hannoversche Sanitäts-Kompagnie und deren Übungen im Juli 1863.“ Berlin 1864.

[4]) Hannover, Des. 42. C. X. a. 7. Allg. Verfüg. a. d. Armee v. 29. 4. 1854, „Erweiterte Befugnisse des Generalstabsarztes“. Stromeyer hatte folgende Kompetenzen:

Gage . . .	2000
Varia . .	250
4 Rationen .	320
3 Portionen .	81
Sa.	2651 T.

dienſttauglichkeit und Penſionsfähigkeit in höchſter Inſtanz, Prüfung der
Ärzte und Apotheker, Feſtſtellung der Rechnungen für erkrankte Militär=
perſonen von Civilärzten und Apothekern. Sie ſollte künftig mit dem
Generalſtabsarzt an der Spitze aus zwei vom Kriegsminiſterium ernannten
Oberwundärzten, denen nach Befinden andere Ärzte beigeordnet werden
können, beſtehen. Infolgedeſſen ſchied Kohlrauſch aus.

Nach den Beſtimmungen des deutſchen Bundes vom 11. 7. 1822
bildeten die Hannoveraner zuſammen mit dem braunſchweigiſchen Kon=
tingent die erſte Diviſion des 10. Armeekorps.[1]) Das gewöhnliche
Kontingent der Bundesſtaaten war urſprünglich auf ein Prozent der
Bevölkerung angeſetzt, wozu noch das Perſonal des Armeefuhrweſens, der
Feldbäckerei und der Sanitätsanſtalten kam.[2])

Für das einfache hannoverſche Kontingent waren 64 Militär=
Ärzte, 14 Chirurgen, für das verſtärkte 86 Militär=Ärzte und 21
Chirurgen erforderlich.[3]) Die geſamte Diviſion hatte 3 fliegende
Hospitäler zu je 250 Betten, b. h. entſprechend dem 24. Teil der
Truppenſtärke ins Feld zu ſtellen, wovon Braunſchweig ein Drittel über=
nahm.[4]) Als Transportmittel waren jeder Abteilung 4 vierſpännige
Hospitalwagen beigegeben. Das ſtehende Hospital war unter Einſchluß
der Nichtkombattanten auf den 20. Teil, b. h. auf 1000 Mann ver=
anſchlagt und wurde von Hannover allein geſtellt. Im Fall des Krieges
erläßt das Kriegsminiſterium im Einverſtändnis mit dem kommandierenden
General ein beſonderes Hospitalreglement und beſtimmt den dirigierenden
Arzt beim großen Hospital (D. Regl. 1824, §§ 53/54).

Bei der 1848/49 in Schleswig=Holſtein kämpfenden Brigade leitete
der Ob. W. A. des Gardejägerbataillons Dr. Backmeiſter den ärztlichen
Dienſt. 1864 dagegen hatten die hannoverſchen Ambulanzen keine
Gelegenheit zum Eingreifen. Generalarzt Stromeyer ſchickte daher die
Ärzte zu ihrer Information nach Schleswig und Flensburg.[5])

Die raſche Aufeinanderfolge der Ereigniſſe in jenen verhängnisvollen

---

[1]) Die zweite Diviſion umfaßte Oldenburger, Hanſeaten, Mecklenburger, Dänen
und Bückeburger. Der mobile Beſtand des X. Armeekorps betrug 41 000 Mann.

[2]) W. v. Haſſel, Geſch. d. Königreichs Hannover. T. 1. (1813—48),
Bremen 1866.

Jacobi, Der Militär=Etat des Königreichs Hannover, Hannover 1831.
Spätere Abänderungen betr. ſiehe: Sichart, l. c. V, 272.

[3]) Hannover, Des. 47. C. X., a. 17. Medizinalverfaſſung im Kriege.

[4]) Hannover, Des. 48. IX. Vol. I u. II ad Lit. B.

[5]) Stromeyer, Lebenserinnerungen, l. c., Bd. II und Hannover, Des. 48.
IX. No. 4.

Junitagen des Jahres 1866 stellte an das Sanitätswesen der Armee die höchsten Anforderungen, denen es sich im ganzen gewachsen zeigte. Schon am 17. Juni gingen die Ausrüstungsgegenstände für ein Feld= hospital zu 400 Betten und die Sanitätskompagnie mit 16 Transport= wagen für Verwundete ab. Von dem Krankenträgerkorps wurde je ein Zug den vier Brigaden zugeteilt, während 40 Mann bei dem fliegenden Hospital verblieben. Am Tage der Schlacht sind in Kirchheiligen 300, in Langensalza und Merxleben über 1000 Verwundete versorgt. Zweck= mäßig erwiesen sich auch die Zeltbaracken Stromeyers, die ein nach beiden Seiten abfallendes Dach mit Dachreitern hatten und statt der Fenster in der oberen Hälfte der Seitenwände zum Aufklappen eingerichtet waren. [1]

Nach der Schlacht entstanden an zahlreichen Orten des Königsreichs Vereine zur Pflege der Verwundeten und Unterstützung der Hinter= bliebenen. [2] Bislang war für die Organisation der freiwilligen Hülfe in Friedenszeiten gar nichts vorgesehen, obwohl schon 1863 ein auf An= regung des Philanthropen Henri Dunant erlassener Aufruf des Comité de secours pour les militaires blessés die Bildung derartiger Vereine empfohlen hatte. Die A. M. B. meinte damals, [3] durch die Errichtung der Sanitätskompagnie sei schon viel geschehen, wenn auch jeder weitere Schritt im Interesse der Humanität Anerkennung verdiene, und schlug die Entsendung des Dr. Oelkers zu den Verhandlungen in Genf (26. bis 29. Oktober 1863) vor. Der am 22. 8. 1864 abgeschlossenen Genfer Konvention ist Hannover aber nicht beigetreten. [4]

Unter dem Protektorat der Königin Augusta von Preußen fand Ende November 1866 eine Konferenz zur Besserung des Kriegssanitäts= wesens statt. Von den Teilnehmern dieser Konferenz wurden schriftliche Berichte eingefordert. Hierbei hat Stromeyer nochmals hervorgehoben, was ihm von den hannoverschen Einrichtungen gut und nachahmens= wert erschien. [1]

[1] Rimmle, Kriegschirurgen und Feldärzte, l. c., Heft 24, 1904.
[2] Gurlt, Freiwillige Kriegskrankenpflege, aus Eulenburg, Realencyclop. der Heilkde. 3. Aufl., Bd. XII, pag. 672.
[3] Hannover, Des. 104, II, 9, 5. Med. generalia 85.
Die Vorschläge der Genfer Konvention (d. h. Unverletzlichkeit der Verwundeten und des Heilpersonals, Organisation freiwilliger Hülfe) waren durchaus nichts Neues. Gurlt wußte in seiner Monographie „Zur Geschichte der internationalen und freiwilligen Krankenpflege im Kriege", Leipzig 1873, aus drei Jahrhunderten bei beinahe allen zivilisierten Nationen 291 Verträge dieser Art zusammenzubringen.
[4] Von deutschen Staaten trat 1864 nur Baden bei, 1865 folgten Preußen und Mecklenburg=Schwerin, 1866 (zum Teil schon während des Ausbruchs der Feindseligkeiten) Württemberg, Hessen=Darmstadt, Bayern und Sachsen.

Kapitel X.

Fürstliche Leibärzte.

Die Leibärzte gehören neben den Stadtärzten zu den ersten studierten weltlichen Ärzten in unserer Gegend. Sie hatten promoviert und nach damaliger Sitte Studienreisen in das Ausland, nach Italien, Frankreich, England, Holland unternommen. Dies wurde auch wohl bei der Anstellung direkt zur Bedingung gemacht. „So sich Magister Johann Botelius will zu unserm gnädigen Herrn dem Fürsten zu Lüneburg vier Jahr lang vor einen Physicum verpflichten und fürderst in Italiam oder Frankreich ziehen und daselbs ein halb oder ganz Jar sein practicam haben auch in solcher Zeit gradem Doctoratus annehmen will, So wollen J. F. G. Im zur Hülffe solcher aufrichtung zweyhundert Daler geben."[1] Dagegen besaß der Sekretär und Leibarzt des letzten Grubenhagenschen Herzogs Philipp II., Johann Bentheim, keinen akademischen Grad.[2] Das will wenig besagen gegenüber der Tatsache, daß am Hofe Königs Friedrichs I. von Preußen sogar ein Scharfrichter zur Würde eines Leibarztes emporgestiegen war (s. o.).

Die Leibchirurgen versahen in älterer Zeit zugleich das Amt des Leibbarbiers.[3] Ein Meister Jacob zu Herzberg wird 1558 „fürstlicher Leibbalbirer" und 1567 Leibarzt des Herzogs Ernst von Grubenhagen genannt. Später wurden sie den Reihen der Regimentsfeldscherer entnommen. Ihr Ansehen stieg, je mehr die Chirurgie zu einer gleichberechtigten Wissenschaft heranwuchs.

---

[1] Celle, Des. 44. III. B. 17. Bestallungsurkunde des Joh. Botelius gez. Heinrich d. Jg. von Wolfenbüttel und Wilhelm d. Jg. von Lüneburg. 19. 6. 1561.

[2] Max, Gesch. d. Fürstentums Grubenhagen. Hannover 1863, pag. 92 ff.

[3] In dem Befehl an Leibbarbirer Felix Schindelern wegen Übersendung des Herzog Christian abgenommenen Arms 1623 wird immer die Anrede „Du" gebraucht. Conf. Calenberg, Des. 22. XXI. No. 2.

Die Hofhaltung der Fürsten aus dem Hause Braunschweig-Lüneburg war bis in das 17. Jahrhundert hinein eine recht einfache.

Der Leibarzt nahm neben dem Hofprediger eine Vertrauens= stellung ein. Seine nahen Beziehungen zum Fürsten erzeugten bei den patriarchalischen Zuständen jener Zeit ein gewisses Freundschaftsverhältnis, seine vielseitige, auf Universitäten des In= und Auslandes erworbene Bildung und eine durch weite Reisen gereifte Erfahrung und Menschen= kenntnis verliehen ihm ein geistiges Übergewicht über seine Umgebung, sobaß er auch in Fragen der hohen Politik herangezogen wurde.

Über seine dienstlichen Pflichten geben die Bestellungsurkunden Auskunft: Er muß — sofern er in der Residenz selbst wohnt — alle Morgen beim „lever" des Fürsten zugegen sein und erforschen, „ob seines rahts und chur von nöten".[1] „Insonderheit soll er auf Unser Fürstl. Leibesconstitution und Vermögenheit gute fleißige achtung haben, deren Natur, Eigenschaft und Zustands halber sich ferner mit gehörigem Fleiß erkundigen, was er zur erhaltung unser Leibes Gesundheit diensamb be= finden wirdt, solches uns zeitig und offenhertzig erinnern oder da uns Göttlicher Verhängnuß nach einige Krank= oder Leibesschwachheit zustoßen solte, mit getreuer Sorgfalt die dagegen dienlichen medicamente ver= ordnen, deren zubereitung auf der apoteken in Persohn beiwohnen, dafern er auch einiges gefährliches symptoma und zufall bey uns vermerken würde, so hat er solches unsern geheimbten Rähten bei Zeiten zu ent= decken — sonsten aber zu verschweigen bis in seine sterbgruben, — daß noch einer oder nach Gelegenheit wohl mehrere erfahrene Medici dazu erfordert werden mögen, und zu erinnern, sich mit denselben gründt= und verträglich über solchen uns zu gestandenen Zufall zu vernehmen." Außerdem lag ihm die Beaufsichtigung der Hofapotheke[2] und die Be= handlung der Hofbienerschaft ob. Soweit es ohne Vernachläßigung des allerhöchsten Dienstes möglich war, durfte er auch „den Rähten und sonsten unsern Bedienten, wie den andern vornehmen redlichen guten Leuten zur Handt gehen." (s. o.) Bei Reisen nach auswärts hatte der Leibarzt zuvor die Genehmigung des Fürsten einzuholen und Orte mit ansteckenden Krankheiten zu meiden.

Die Besoldung schwankte in großen Grenzen und bestand in einem festen Gehalt und Bezügen an Naturalien, deren Wert oft recht be= trächtlich war. Während Burkhard Mithoff 1539 vom kalenbergischen

---

[1] Calenberg, Des. 22, II 1. No. 28. Bestallg. für D. Konerbing, Han= nover 1649.

[2] „wenn wir hiernegst ein eigen corpus Apotheci anrichten werden".

Hof in Münden nur 6 Malter Roggen und 2 Ochsen[1]) und vom Land=
grafen von Hessen 100 Gulden, Hofkleidung für sich[2]) und seinen
Diener und, wenn er im Dienst war, notdürftige Zehrung empfing,
hatte Hermann Konerding bei Herzog Friedrich Ulrich 1620[3]) 600 T.
Gehalt neben 10 T. zur Hausmiete, 1 Fuder Roggen, 1 Fuder Gerste,
1 Tonne Butter, einen feisten Ochsen und 2 fette Schweine; Johann
Behrens bei Herzog Christian 1633[4]) 200 T. in bar, freies Wohn=
haus (oder 25 T. zur Hausmiete), 15 Gulden lübecklisch an Holzgeld,
freie Hofkleidung und 70 T. Kostgeld für seine Person, 10 T. Kleider=
und 37½ T. Kostgeld für den Diener, einen Ochsen, 4 Hammel,
Schweine zc. Als Pension ließ ihm später Georg Wilhelm „wegen
seines hohen Alters, und daß er wohl nicht mehr reisen könne, einen
ehrlichen Unterhalt vermachen“. Noch eingehender sind die Bezüge des
Dietrich Konerbings unter Herzog Georg Wilhelm spezifiziert:[5]) 300 T.
Gehalt, 50 T. Hausmiete, 40 T. Holzgeld halbjährlich zahlbar, ferner
von den Kornböden= und Hofküchenschreibern jährlich gegen Quittung zu
verabfolgen: 18 Malter Korn, 1 Fuder Gerste, ½ Tonne Butter,
1 Ochsen (oder statt dessen 16 T.), 3 feiste Schweine, 4 Hammel, 3
Himpten Erbsen, 3 Himpten Salz, dazu für den Diener, den er im
Hause zu halten hat: 3 Malter Roggen, 9 Himpten Gerste, 2 fette
Schweine, 2 Schafe, 20 Pfd. Butter, 3 Schock Käse und 1 Himpten
Salz. Auch sollte er im Falle dauernder Dienstunfähigkeit „nach dem
im Hause eingeführten Herkommen mit einem austräglichen Deputat“
bedacht werden, das auf seine Witwe überging.

Zum ersten Mal wird 1507 ein Leibarzt im Dienste des Herzogs
Erich I. erwähnt, Georg Hofstetten, „den wir anheut dato zwey Jahrlang
negst nacheinander volgend wo wir so lang allhie in diesen Landen sein
und bleiben, zu unserm leybarzt bestellt und aufgenommen haben.“[6])
Derselbe erhielt für seine Dienste 25 Gulden rheinisch.

---

[1]) Peters, Heilkunde in Hannover, l. c. Hannov. Gesch.=Bl. 4. Jahrg. 1901.
pag. 341.

Johann Mellinger mußte sich 1625 als Leibarzt des Bischofs Ferdinand
in Hildesheim mit einem Fuder „markgiebigen“ Korns begnügen, Hildesh. Landes=
archiv. Bd. IX, 61 T. Absch. I No. 6.

[2]) „Die Doctores bey Hofe gingen in Sammet und Seide.“ Spittler, l. c.
Bd. I, pag. 333.

[3]) Calenberg, Des. 22, II, II C 4.

[4]) Celle, Des. 44. III B. 9.

[5]) Calenberg, Des. 22, II 1. No. 28. In der Bestallungsurkunde steht
Theodoricus statt Dietrich.

[6]) Calenberg, 22 l. c. gegeben zu Thaur (Turin??) 16. 12. 1507.

Ein späterer Nachfolger von ihm war Dr. Burkhard Mithoff, ein Glied jener berühmten Familie, die eine ganze Reihe von Gelehrten, Ärzten und Juristen hervorgebracht hat.[1]) Burkhard Mithoff (geb. 1501 in Neustadt a. Rbg., gest. 1564 zu Münden) studierte in Rostock, Erfurt und Marburg nacheinander Philosophie und Medizin und lehrte eine Zeitlang an letzterer Hochschule als Professor der Medizin, Astronomie und Mathematik, bis er 1539 an den Hof der kalenbergisch-göttingenschen Herzöge nach Münden kam. Nach dem Tode Erichs I. (1540) diente er dessen Witwe, der Herzogin Elisabeth, zugleich als ärztlicher und politischer Berater. In Erfurt bereits mit der lutherischen Lehre vertraut geworden, unterstützte er den von der Herzogin als Reformator für das Fürstentum Calenberg berufenen Hofprediger M. Ant. Corvin und stand auch mit Philipp Melanchthon in Briefwechsel.

Sein Sohn Hektor Mithoff (geb. 1532, gest. 1607), Stadtphysikus in Hannover, erfreute sich der besonderen Gunst des Herzogs Wilhelm d. Jg. von Celle, der 1582 sogar als Gast in seinem Hause weilte. Er war 8 Jahre bei Erich d. Jg. und 27 Jahre bei Wilhelm d. Jg. und dessen Sohn Ernst.

Von den beiden Söhnen Hektors folgte ihm der jüngere, Konrad Mithoff (geb. 1575, gest. 1633) als Leibarzt in Celle. Er setzte die Doktorlinie der Familie fort, während der ältere, Hektor II., die Kanzlerlinie begründete. Durch Konrads Verdienste um das Fürstenhaus gelangte die bürgerliche Linie der Mithoffs in den Besitz des Grubenhagenschen Lehens. 1617 nahm er an der Vermählungsfeier Herzogs Georg mit der Herzogin Anna Eleonore, Tochter des Landgrafen Ludwigs I. von Hessen teil.

Johann Bokelius (geb. 1535, gest. 1605) stand von 1561—1572 im Dienste der Herzöge Wilhelm d. Jg. von Lüneburg und Heinrich d. Jg. von Wolfenbüttel. Unter Herzog Julius beschäftigte er sich mit der Verbesserung des Medizinalwesens und der Bekämpfung der Pest. Aus dieser Zeit stammt auch ein Briefwechsel, den er mit dem cellischen Kanzler Dr. Joachim Müller über politische Angelegenheiten führte.[2]) 1575 berief ihn das Vertrauen seines Fürsten als ersten Lehrer der Medizin nach Helmstedt, und 1601 finden wir ihn als Stadtphysikus in Hamburg, wo er wiederum eine Pestordnung verfaßte.

---

[1]) H. W. H. Mithoff, Mitteilungen über die Familie Mithoff. Hannover 1881. Der älteste nachweisbare M., ein Johannes Mythove, war um 1340 im Göttingischen begütert. Unser Burkhard M. ist der dritte dieses Vornamens.

[2]) Celle, Br. Arch. 21, B. XIV, 9, Nr. 12.

Einen interessanten Einblick in die ärztliche Tätigkeit bei Hofe gewähren die Schilderungen Hoogewegs[1]) von der Krankheit Herzogs Wilhelm d. Jg. in Celle, jenes unglücklichen Fürsten, dessen Regierung ohne seinen frühzeitigen geistigen Verfall von großem Segen für das Land hätte sein können.[2])

Die ersten Anfänge der Krankheit[3]) zeigten sich im Herbst 1577. Noch ehe man über das zu beobachtende Verfahren recht klar war, — die Räte scheuten sich nämlich, den Herzog wider seinen Willen fest zu halten — trat im Anfang des folgenden Jahres eine scheinbare Besserung ein. Auf einer Reise nach Gifhorn 1582 brach aber die Geistesverwirrung von neuem aus. Der Fürst irrte planlos auf den Straßen umher, erregte Mitleid und Befremden bei seinen Untertanen: „wie man es mit S. F. G. hielte, deß müßten sich Räthe, Junker und Diener billig schämen." Nach langem Hin und Her kam auf Verwenden befreundeter Fürsten beim Kaiser am 27. 8. ein Vertrag zu stande, laut dessen sich der Herzog verpflichtete, „in seinem gewöhnlichen Gemache zu bleiben und sich nach Gutachten und Rat der Medicorum (Johann Mellinger und Hektor Mithoff) im essen und trinken mäßig zu verhalten." Eine erneute Verschlimmerung begann im Herbst 1587 und führte schließlich zum Tode (20. 8. 1592).

Die Ärzte hatten bei der Widersetzlichkeit des Kranken einen schweren Stand. Wo ihre Überredungskunst versagte, traten die Theologen (M. Christof Fischer und Eilhard Segebode) ins Mittel. Öfters wird der Herzog ermahnt, die Ratschläge der Herren des geistlichen Ministeriums und der Medici zu beherzigen. Der ständig in Celle anwesende Leibarzt Johann Mellinger scheint von dem Fürsten nicht ernst genommen zu sein, denn er mußte sich allerhand weit getriebene Scherze von ihm gefallen lassen. Bei allen wichtigen Gelegenheiten wurde Hektor Mithoff aus Hannover hinzugezogen, gelegentlich auch ein Dr. Gerhard Buisman und Dr. Schröter aus Jena,[4]) einer der berühmtesten Ärzte seiner Zeit. Gelegentlich einer solchen Konsultation (Februar 1589) gerieten die Ärzte in Meinungsverschiedenheiten über die Behandlungsweise. Schröter war für fortiora medicamenta, aber als man sich schließlich nach seinem Wunsch auf die

---

¹) Hoogeweg, Fürst und Hof zu Celle während der Krankheit Wilhelm d. Jg. (1578—92). Zeitschr. d. hist. Ver. f. Niedersf., Jahrg. 1902, pag. 348 ff.

²) Heimburger, Wilhelm d. Jg., Ein Lebens- und Zeitbild. Celle 1857.

³) Vielleicht eine Paranoia. Planloses Umherirren, Verfolgungsideen, Exzesse in baccho lassen auch an eine alkoholische Psychose denken.

⁴) Allgem. deutsch. Biographie. Bd. XXXII, pag. 568.

Anwendung des Antimons geeinigt hatte, wollte der Herzog bis Pfingsten überhaupt keine Medizin einnehmen. In einem späteren Protokoll (Juni 1589) wird das Verhalten der cellischen Ärzte getadelt, weil die fremden Autoritäten infolge solcher Unstimmigkeiten unverrichteter Sache abziehen müßten.

Mellinger hat sich auch auf anderem Gebiet betätigt. Schon während seiner Studienzeit in Jena und Wittenberg (1572—75) hatte er eifrig der Mathematik obgelegen.[1] Dieser Neigung folgend gab er „um 1600" einen Atlas des Fürstentums Lüneburg heraus.[2] Die Zeichnungen sind roh, „mit der Feder gerissen," augenscheinlich durch Schrittmessungen und mittelst Kompaß aufgenommen. Der historische Wert des Atlasses beruht darin, daß er der erste seiner Art für das Fürstentum Lüneburg war und die Lage der damaligen Ämter und Ortschaften angibt. Im ganzen sollen 5 Exemplare vorhanden sein, das Original, dem Herzog Ernst gewidmet, wird im kgl. Staatsarchiv zu Hannover aufbewahrt. Damit stimmt das Exemplar der Göttinger Universitätsbibliothek fast genau überein, während das in der kgl. Bibliothek zu Hannover verschiedene Abweichungen aufweist und jüngeren Datums sein soll.

Ebenfalls eine berühmte Ärzte- und Gelehrtenfamilie ist die der Konerding's. Ein Henning Konerding war 1522—27 Bürgermeister in Hildesheim, sein Sohn Henning Arzt daselbst und in Braunschweig

---

[1] Über die Lebensschicksale des Johannes Mellinger habe ich keine sicheren Angaben auffinden können. Der Name weist auf Süddeutschland hin. Im Amt Weimar existiert ein Ort Mellingen a. d. Ilm. Gewisse Anzeichen machen es wahrscheinlich, daß die Familie aus dem Thüringischen stammt. Nagler (Neues allgem. Künstlerlexikon, Bd. IX, München 1840 pag. 87) führt einen Maler Johann Mellinger aus Halle an und setzt hinzu: „es gibt auch einen Joh. M. oder Melenger, der 1588 eine Charte von Thüringen bekannt machte, vielleicht derselbe." Dabei liegt eine Verwechslung mit unserem Joh. M. nahe. 1634 wird ein Dr. med. Joh. M. (geb. 1600, gest. 1657) zum Bürgermeister seiner Vaterstadt Hildesheim gewählt, dessen Vater Stadtphysikus daselbst und dessen Großvater cellischer Leibarzt und ein berühmter Mathematikus war (Leichenpredigt M. Ruperti Othonis, Hildesheim 1657). Ein Joh. M. wirkte während des Pestjahrs 1597 als Stadtarzt in Hildesheim, ein gleichnamiger erhielt 1625 eine Anstellung bei Bischof Ferdinand, „seinen Räten und Kanzlären" (Hildesh. Landesarchiv Bb. IX, 61. I., Absch. I No. 6). Vielleicht ist damit derselbe Joh. M., „der Arzeny Doctor und hiesiger Stadt bestallter Medicus" gemeint, dem das Domkapitel a. 30. 4. 1631 eine Obligation über 500 Taler ausstellte (Domstift Hildesh. IV, 3265).

[2] Die Vermessung und Kartierung des Fürstentums Calenberg begann unter Ernst August 1697 durch den Ingenieur de Villiers. conf. Schuder, Kunst und Kunstdenkmäler der Fürstentümer Calenberg und Lüneburg 1636—1727, Hannover und Leipzig 1905, pag. 46.

(Joach. Brandis d. J.). Deſſen Sohn Hermann (geb. 1562, geſt. 1622)[1]), „ſo groß glücke und einen guiben namen habbe,“ praktizierte in Braunſchweig und Hildesheim, trat 1608 in den Dienſt des Grafen von Schaumburg und wurde nacheinander Leibarzt bei den Herzögen Heinrich Julius, Philipp Siegmund und Friedrich Ulrich von Braunſchweig=Lüneburg. Seine Söhne Dietrich (geb. 1611, geſt. 1684)[2]) und Herman (geb. 1619, geſt. 1669)[3]) ſtudierten gleichfalls in Helmſtedt und bildeten ſich durch Reiſen ins Ausland. Dietrich lebte eine Zeitlang als Adlatus des däniſchen Leibarztes Henning Arniſäus (ſ. o.) in Kopenhagen, promovierte 1638 in Padua und begab ſich im folgenden Jahre nach Hildesheim, wo Herzog Georg, der Stammvater der hannoverſchen Kur=fürſten und ſpäteren Könige von England, Hof hielt, der ihn in ſeinen Dienſt nahm. Als der Nachfolger des Herzogs, Chriſtian Ludwig, nach dem Tode Friedrichs das Fürſtentum Lüneburg übernahm, konnte ſich Konerding nicht entſchließen, nach Celle überzuſiedeln. Er blieb daher in Hannover bei Georg Wilhelm und ging erſt mit dieſem 1665 nach Celle. Als beſondere Ehrung wurde ihm das Dekanat des Stifts Barbowiek zu teil. Seine Konſultationsreiſen führten ihn bis nach Berlin an den brandenburgiſchen Hof. Ein Sohn, Chriſtian Arnold Konerding (geb. 1650, geſt. 1675)[4]), brachte es ſchon frühzeitig zum herzoglichen Leibarzt, ſtarb aber bald nachher an der Schwindſucht. Der jüngere Bruder Dietrichs, Herman, kommt hier weniger in Betracht, da er den Wolfenbüttelſchen Herzögen ſeine Dienſte widmete. Für ſeine Tüchtigkeit ſpricht u. a. der Umſtand, daß ihm Profeſſuren in Rinteln und Helmſtedt angeboten wurden, die er aber ausſchlug, um in Braunſchweig zu bleiben.

Eine Schweſter von Dietrich und Hermann Konerding war an den celliſchen Leibarzt Dr. Johann Behrens aus Hildesheim (geb. 1596, geſt. 1674)[5]) verheiratet, aus deſſen Familie vor allem der gelehrte Conradus Bartholdus Behrens (geb. 1660, geſt. 1736)[6]) zu nennen iſt. Conradus Bartholdus Behrens diente 1685 als Feldmedicus bei den braunſchweig=lüneburgſchen Truppen in Ungarn, war Mitglied der

---

[1]) Leichenpredigt von Superintendent Joh. Wegner, Braunſchweig 1622.
[2]) „ „ von Joh. Binder, Zell 1684.
[3]) „ „ vom Hofprediger Daetr. Brandanus, Wolfenbüttel 1671.
[4]) „ „ „ „ J. A. Horſt, Zell 1678.
[5]) Joh. Behrens behandelte auch den Herzog Friedrich Ulrich, der am 11. 7. 1634 an den Folgen eines doppelten Schenkelbruchs ſtarb, Havemann l. c. II, 605.
[6]) Jöcher, Gelehrtenlexikon.

kaiſerlichen Akademie der Wiſſenſchaften in Wien, ſeit 1712 braunſchweig=
lüneburgiſcher Leibarzt und durch ſeine hiſtoriſchen Neigungen mit Leibnitz
befreundet und in brieflichem Verkehr. Eine Schrift über die Langlebigkeit,
worin er nachweiſt, daß die Verlängerung des Lebens eine Chimäre ſei,
da Gott der menſchlichen Natur ein Ziel geſetzt habe, verwickelte ihn in
eine literariſche Fehde mit dem gleichfalls aus Hildesheim gebürtigen
Münſterſchen Leibarzt Johann Heinrich Cohauſen (geb. 1665, geſt. 1750).[1]
Dieſer meinte, es gäbe wohl verſchiedene Mittel dafür, aber erbliche
Anlagen und Krankheiten unterbrächen das Leben vor der Zeit. Behrens
ſah darin fälſchlicherweiſe das Zugeſtändnis einer Univerſalmedizin und
ſuchte ihn durch eine Gegenſchrift zu widerlegen.[2]

Am Hofe Ernſt Auguſts finden wir als Leibärzte
Brand Auguſt Konerding, Conſiſtorialrat Dr. Rüdiger von Weſthofen
und Chriſtian Ludwig Kotzebue, als Leibchirurgen den Ober=Feldſcherer
La Roſe. In Venedig hatte der Herzog 1680—1689 einen italieniſchen
Arzt Gianmatteo Alberti, der in den Verhandlungen mit der Republik
Venedig wegen Überlaſſung von Truppen zum Kampfe gegen die Türken
den Unterhändler machte.

Ernſt Auguſt erfreute ſich bei allen ſeinen Reiſen und Kriegsſtrapazen
einer vortrefflichen Geſundheit. Seit dem Jahre 1695 nahmen aber
die Körperkräfte merklich ab.[3] Es ſtellten ſich dyspeptiſche und nervöſe
Beſchwerden mit Schwindelanfällen ein,[4] die der Kunſt der Ärzte trotzten.
Auch eine Badekur in Wiesbaden half nichts. Daher wurden eine Reihe
von auswärtigen Ärzten konſultiert, Leibarzt Dr. Joh. Chriſtof Ebel
aus Celle (geb. 1652, geſt. 1727, 1680 Leibarzt in Celle, 1708 in
Hannover),[5] der Lübecker Stadtphyſikus Dr. Hankenius, Dr. Schraber
aus Amſterdam, Dr. Bernhard Albin aus Frankfurt a. d. O. und ein
Dr. Gieſe, „ſo ein ſecret hatte.“[6] Ebel blieb faſt das ganze Jahr 1697

[1] Beauvois, l. c.

[2] Selecta medica de medicinae natura ac certitudine, medicis
eorumque requisitis etc. Frankfurt u. Leipzig 1708. Außer den beim Militär=
ſanitätsweſen erwähnten beiden Schriften wäre noch zu nennnen: Selecta diaete-
tica seu decretis ac convenientia ad sanitatem vivendi tractatus. Hildes=
heim 1710.

[3] Personalia oder chriſtl. Lebenslauf, Hannover 1698.

[4] Weſthofen faßte ſeine Beobachtungen dahin zuſammen: approbire alſo per-
turbirte digestion im Magen und übel conſtituirten Nervenſaft. Wahrſcheinlich
hat man darunter eine Arterioſclerose zu verſtehen.

[5] J. P. Manecke, Genealog. Schauplatz, II Teil, Anhang.

[6] Calenberg, Des. 22, No. 3.

hindurch in Hannover. Die Kur des Dr. Hankenius schien anfänglich gut anzuschlagen, sobaß verschiedentlich beim Magistrat in Lübeck um Verlängerung seines Urlaubs gebeten wurde. Schrader und Albin gaben auch schriftliche Gutachten ab. 1697 beliefen sich die Ärzte- und Apothekerkosten auf 5408 T. 6 ggr., eine für jene Zeit recht ansehnliche Summe. Davon erhielt Ebel 2400 T., Hankenius 1230 T.

Natürlich fehlten auch die Quacksalber nicht. Ein Kaufmann Du Nort aus Hamburg gab Tropfen, die der Kranke getreulich, jedoch ohne Erfolg einnahm. Außerdem lebte am Hof eine Zeitlang ein wunderbarer Schwärmer und Sonderling Franciskus Mercur v. Helmont,[1]) den Leibniz wegen seiner Schrullen nicht leiden konnte. Auch die Kurfürstin Sophie sagte von ihm, er wisse selbst nicht, was er wolle, sandte ihn aber trotzdem zu ihrer Schwägerin Anna Marie Louise von der Pfalz nach Düsseldorf, „um ihr durch ein remedi ein kindt zu machen."[2])

Sophie pflegte ihren kranken Gemahl mit großer Hingabe und Sorgfalt, ward es aber schließlich müde, alle die Quacksalbereien mit anzusehen. Sie hielt die Ärzte insgesamt für „Charlotans", die viel räsonieren und doch nicht raten können, was man im Leibe habe.[3]) „Undt ist es ein betrübte sach, wan man in so viel Doctoren hände felt, die nach der regel curiren, um kein reproche ein von dem andern zu haben, undt nicht nach der raison oder der Nott, die sie vor augen sehen undt hilft oft ein alt Weib remedi, da man experiens von hatt, mer, als was alle Doctoren geben."[4])

Unter den Leibärzten zeichnete sich Westhofen[5]) (geb. 1646, gest. 1727) durch Neigung zur Mystik aus, was zum Teil auf seine Vorbildung zurückzuführen sein mag. Er war nämlich ursprünglich von seinem Vater, einem evangelischen Geistlichen in Hamm, zum Theologen bestimmt, hatte auch auf verschiedenen Universitäten theologische Studien getrieben, sich aber zugleich der Medizin zugewandt. Es mag ihm allenfalls noch hingehen, wenn er mit der Verabreichung „diensamer" Arzneien wartet, „bis die Äquinoctien vorbey und Frühlingsluft zu hoffen, da

---

[1]) Abelung, Geschichte d. menschl. Narrheit, 3 T. Leipzig 1787.

[2]) Briefe d. Kurfürstin Sophie von Hannover a. d. Raugräfinnen und Raugrafen zur Pfalz. Herausgegeben von Bodemann v. 5. 5. 1697, pag. 164.

[3]) u. [4]) Briefe d. Kurfürstin, pag. 220 u. 346.
Vergl. auch: „Aus den Briefen der Herzogin Elisabeth Charlotte von Orleans an die Kurfürstin Sophie Dorothea von Hannover." II. Bd. No. 548. „Es stünde besser um die Welt, wenn sie von den drei Charlatans: Pfaffen, Doktoren und Advokaten befreit würde."

[5]) Leichenpredigt von Pastor Ragenbusch, Hamm 1727.

Zeit und Wetter bißher zu dero effect noch unbequem gewesen." Die an seine überschwänglichen Glückwünsche zur neunten Kurwürde geknüpften Wortspiele über die Zahl 7 und 9[1]) lassen jedoch wenig von der damals einsetzenden naturwissenschaftlichen Aufklärung — Fortschritte in der Medizin, Erfindung des Mikroslops, Entdeckung des Blutkreislaufs rc. — verspüren.

Die Erlangung der Kurwürde erforderte einen dem Ansehen des Hauses entsprechenden Hofstaat. Ernst August führte daher ein genau ge= regeltes Hofzeremoniell ein und setzte nach dem Reglement vom 1. 8. 1696 die Rangordnung der Hofchargen fest.[2]) Hierbei werden die Leibärzte nicht erwähnt.

In Celle war 1680 gelegentlich eines von Dr. Ebel wider die Hof= gerichtsassessoren erhobenen Präcedenzstreites entschieden,[3]) „daß sie den fürstlichen Räten nachgehen und sich nicht in deren ordinem mengen sollen, es sei denn, daß sie wegen alters und sonderlicher meriten mit dem titulo Raht begnadiget und in numerum der Rähte zu treten privi= legiret worden. Man beobachte überall die Ordnung, wonach die theologi vor den Juristen, diese vor den medicis, diese vor den philosophis ihre classem constituiren."

Eine Verordnung Georg Wilhelms vom 24. 3. 1711 bestimmte,

---

[1]) In dem Brief an Kurfürst Ernst August vom 22. 3. 1693 heißt es: „Man ist strittig, ob die achtmonathliche geburt lebhaft (lebensfähig) sey, doch spielt man darüber meist nur mit Worten. Darf ich aufs wortspiel bei der achten Chur= zahl (Kur=Pfalz „rudolfinische Linie") achten, daß gleich wie zwey mahl vier acht machen also Selbige nur durch zwey beieinandergesetzte 4 oder vier und vierzig jahr (1648—92) bestanden, auch zeither (seit) dem teutschen Friedensschluß (1648) der vitalität des Röm. Reichs sehr nachgetrachtet und dem Rhein alß beßen reicher lebensader die Krafft gewaltsam gehindert, So muß ich nur vielmehr glück zu= wünschen weil diese neuende Majestät des Röm. Reichs (9. Kurwürde) Ew. Churf. D. eben zu der Zeit verherrlicht, da Sie den großen Climacterium Ihrer sieben= mahl neun lebensjahr glücklichst überleben. Den siebenjährigen Climacterium eignen die alten sophi dem Körper, den neunjährigen aber dem Geiste zu, daß der leib jede 7 jahr neue befestigung und beym siebenmahl siebenden seine volle höhe und stand erreicht. Der geist aber muntere sich neu jedes neuende jahr und stehe zu seiner vollmacht vom siebenmahl neuenden bis zum neuenmahl neuenden. O so woll Der, der die 7 planeten durch ein dreyfaches drey wunderbarlich führet und durch solche 7 und 9 dieß große rund, Himmel und Erde mächtigst regiret, E. Ch. D. bey antritt dieser neuen Churwürde an leib und geist mit neuenbem segnen und gnädigen grünben."

[2]) Malortie, Der Hannoversche Hof unter dem Kurfürst Ernst August und der Kurfürstin Sophie. Hannover 1847.

Ed. Vehse, Geschichte der Höfe des Hauses Braunschweig=Lüneburg in Teutschland und England. 3. Teil, Hamburg 1853.

[3]) Celle, Des. 44. III. B. 40.

daß die wirklichen Leibmedici nach der achten Klasse immediate folgen und eine besondere Klasse bilden sollen, also allen anderen Klassen voraufgehen. [1]

Mit der Vergrößerung der Hofhaltung wurde von dem eigentlichen Leibmedicus, der sich der Person des Fürsten widmet, der Hofmedicus, dem die Behandlung der Hofbediensteten anvertraut ist, getrennt. Diese Einteilung blieb bestehen, selbst als die Landesfürsten als Könige von England nur vorübergehend in Hannover residierten.

Der erste Staatskalender von 1737 führt Leib- und Hofärzte bezw. -chirurgen nach dem Dienstalter gemeinsam unter dem Oberhofmarschallamt an. [2] Im zweiten Drittel des 18. Jahrhunderts gewann die Würde des Oberkämmerers eine größere Bedeutung am Hof. [3] Da er den persönlichen Dienst beim Kurfürsten hatte und Vorgesetzter der kurfürstl. Kammer (Kämmerer, Kammerjunker rc.) war, fallen naturgemäß auch die Leibärzte in seinen Machtbereich. Dagegen werden die Hofmedici dem Hofmarschall zugeteilt, welcher das Hofceremoniell leitet und den Hofkavalieren Anweisungen gibt.

Eine kgl. Verordnung vom 3. 7. 1821 verlieh den Leibmedicis und beeidigten Hofmedicis die Hofuniform: blauer Rock mit scharlachroten Krägen und Aufschlägen, Epauletten, weiße Weste und dito Beinkleider, und dabei war die Stickerei für erstere derjenigen der fünften, für letztere derjenigen der sechsten Rangklasse entsprechend. Später wurden auch die Leibchirurgen in die sechste und die Hofchirurgen in die siebente Klasse gesetzt. Sie zählten alle zum Hofstaat, aber nicht zu den Hofkavalieren.

Die Zahl der Leibmedici war gering. Sie empfingen, so weit sie in Hannover wohnten (erster und zweiter Leibarzt) eine Besoldung von zirka 900 Talern. Infolge der besseren Bezahlung sämtlicher Hofbeamten nach dem 30 jährigen Krieg kamen die Bezüge in natura, Hofkleidung

---

[1] Die 8. Klasse umfaßte: Kammerjunker, Oberstleutnants, Korpsräte, Hof- und Kanzleiräte.
Die 9. Klasse: Hofjunker, Majors, Consistorialräte, Hofgerichtsassessoren.
Die 10. Klasse: Titularräte, außerordentliche Assessoren. Malortie, l. c.

[2] Georg Steigerthal, Hofrat und Leibmedicus.
Aug. Ludolph Hugo,
Ernest Wolff,
Ludolph Chappuzeau, } Leibmedici.
Aug. la Rose,
Werlhoff, } Hofmedici.
Ebel,

[3] Malortie, Beiträge. Heft 5. Hannover 1866.
Malortie, Beiträge. Heft 6. Civiluniformen. Hannover 1872.

und dergl. in Fortfall. Die Hofmedici waren bis auf einige wenige nur charakterisiert.[1] Ihre Zahl schwankte. Nach dem Staatskalender von 1761—68 sind es 12, 1769/74—15, darunter der als Begründer der wissenschaftlichen Landwirtschaftskunde berühmte Thaer in Celle (geb. 1752, gest. 1828) und die Göttinger Professoren A. G. Richter, R. A. Vogel (Herausgeber der ersten medizinischen Zeitschrift in Deutschland) und Ph. A. Schröber. 1803 werden sogar 25 Hofmedici aufgeführt. An Spezialisten begegnen wir dem Geburtshelfer Max Roeberer, Hof= okulisten Völkers (1749—54), Hofzahnarzt Hirsch (1801).

Während des 18. Jahrhunderts spielten die Leibärzte, Männer wie Hugo, Werlhoff, Zimmerman, Wichman, Marcard, Lentin u. a. im geistigen und gesellschaftlichen Leben der Hauptstadt eine große Rolle. „Daß die verhältnismäßig kleine Stadt ausreichte, um Männern solcher Art eine gedeihliche Stätte für ihr Wirken zu bereiten, hing mit der Anwesenheit eines begüterten Adels, einer intelligenten und wohlhabenden Beamtenschaft zusammen, besonders aber damit, daß, ungeachtet der Landesherr nicht in Hannover residierte, der Hofstaat aufrecht erhalten blieb." (Frensdorff l. c.).

P. G. Werlhoff (geb. 1699, gest. 1727[2]), aus einer Helmstedter Gelehrtenfamilie stammend, war zuerst praktischer Arzt in Peine und kam 1725 auf Anraten Hugos nach Hannover, wo er bald zu den gesuchtesten Ärzten der Stadt gehörte. Er hat sich große Verdienste um die Begründung der medizinischen Fakultät in Göttingen erworben und seinen Namen an die von ihm zuerst beschriebene Morbus maculosus Werlhoffii geknüpft. Seine Gedichte können dagegen nur literarischen und kulturhistorischen Wert beanspruchen.

Der Schweizer Zimmerman (geb. 1728, gest. 1795) wurde 1782 durch Verwendung Hallers nach Hannover berufen. Seine impulsive, zu wechselnden Stimmungen neigende Natur, übertriebene Empfindlichkeit und Eitelkeit brachten ihn öfters in schwere Konflikte. Bekannt ist seine Begegnung mit Goethe und Friedrich d. Gr., welch' letztere dem Freiherrn v. Knigge, Verfasser des „Umgang mit Menschen" zu einer boshaften Satire Anlaß gab. Am treffendsten spiegelt sich Zimmermans Charakter in dem Buch „Von der Einsamkeit" wieder, während er durch sein

---

[1] Frensdorff, Briefe zweier hannov. Ärzte, l. c. Zeitschr. d. hist. Ver. f. Niedersf. 1901, pag. 103.

[2] Die biographischen Notizen sind meist nach d. allg. deutsch. Biogr. zu- sammengestellt.

schöngeistiges Buch „Von der Erfahrung in der Heilkunde" 1763/64 die Medizin dem Verständnis gebildeter Laien näher zu bringen wußte. J. E. Wichmann (geb. 1740, gest. 1802) war als hervorragender Diagnostiker geschätzt. Er suchte die diagnostischen Methoden zu vervollkommnen und dem von den Ärzten damals noch vielfach verspotteten Perkussionsverfahren des Wiener Arztes Auenbrugger Eingang zu verschaffen.[1]

Am wenigsten paßt in diese glänzende Gesellschaft Fr. Leb. Lentin (geb. 1736, gest. 1804),[2] da er dem höfischen Leben keinen Geschmack abgewinnen konnte. Dagegen ist er das ideale Vorbild eines Arztes, der unter den Mühen und Sorgen der Praxis seine geringe Mußezeit der Wissenschaft opfert! Zahlreiche Abhandlungen, die von guter Beobachtungsgabe und praktischem Blicke zeugen, sind die Früchte dieses Fleißes.

Stieglitz (geb. 1767, gest. 1852), dessen wir im Vorhergehenden häufig gedacht haben, legte besonderes Gewicht auf die ätiologische Diagnose und bekämpfte daher Brownismus und Homöopathie.

Unter den bekannteren Leibärzten und -chirurgen des 19. Jahrhunderts sind zu nennen: Chr. Fr. Stromeyer (geb. 1761, gest. 1826), unter dem das Schwefelbad Limmer seine Blütezeit hatte; G. Fr. Mühry (geb. 1774, gest. 1824), der sich gegen den absoluten Schutz der Kuhblattern aussprach; dessen Sohn, der Vorkämpfer für das Seebad Norderney; ferner der geschickte Operateur Spangenberg (geb. 1780, gest. 1840) und der früh verstorbene, pathologische Anatom Webemeyer (geb. 1792, gest. 1823).

Holscher (geb. 1792, gest. 1852) widmete sich nach den Freiheitskriegen der Augenheilkunde und gründete 1819 ein Augenheilinstitut, das er in den Dienst der öffentlichen Wohltätigkeit stellte. Da die Regierung mit Zuwendungen knauserte, suchte er — wie es in England Mode war — Privatkreise durch Veröffentlichungen z. B. im Hannoverschen Magazin für seine Bestrebungen zu interessieren. Mitte der 30er Jahre schloß sich ihm Sanitätsrat Flügge an. Legate und gelegentliche Zuwendungen ermöglichten das Fortbestehen dieser segensreichen Anstalt, in der arme Blinde aus allen Teilen des Königsreichs Rat und Hülfe fanden. Während der Revolution 1848 geriet Holscher in das demokratische Fahrwasser und wurde sogar Bürgergeneral.[3]

[1] Wichmann, Ideen zur Diagnostik, Hannover 1794/1802, 3 Bde., vergl. auch Wüstefeld, Hannov. Ärzte im 18. Jahrh. l. c.

[2] Lentins Leben ist von seinem Sohne in d. Supplementbb. zu den „Beiträgen der Arzneiwissenschaften" beschrieben.

[3] Stromeyer, Lebenserinnerungen, l. c. Bd. II.

Einen würdigen Abschluß in der Reihe hervorragender Ärzte und Gelehrten macht L. Stromeyer (geb. 1804, gest. 1876), dessen Andenken bis in die Gegenwart hineinragt. Als Arzt, Lehrer und Forscher gleich bedeutend, hat er auf dem Gebiet der Orthopädie[1]) und der Kriegschirurgie bahnbrechend gewirkt.

Die meisten der Genannten waren seit Lentin auch als Lehrer an der chirurgischen Schule in Hannover und als Mitglieder der A. P. B. tätig.

Zur Zeit der Annexion 1866 setzte sich der ärztliche Hofstaat Georgs V. aus den Leibmedicis Geh. Ob. Medizinalräten Dr. Baring und Kaufman, dem Hofmedicus Medizinalrat Dr. Lohman und den Hofchirurgen Medizinalrat Dr. Hahn und Oberstabsarzt Wellhausen zusammen.[2])

---

[1]) Stromeyer, Beiträge zur operativ. Orthopädie oder Erfahrungen über die subcutane Durchschneidung der Muskeln und Sehnen, Hannover 1838.

Erste Durchschneibung der Achillessehne (wegen pes equino-varus) am 28. 2. 1831.

[2]) Staatskalender 1866.

Namenverzeichnis.

Quellen und Darstellungen
zur
Geschichte Niedersachsens.
Band XXVII.

Justus Möser

als

Staatsmann und Publizist.

Von

Otto Hatzig.

Hannover und Leipzig
Hahnsche Buchhandlung
1909.

Quellen und Darstellungen

zur

Geschichte Niedersachsens.

Herausgegeben

vom

Historischen Verein für Niedersachsen.

Band XXVII.

Justus Möser

als

Staatsmann und Publizist.

Von

Otto Hatzig.

Hannover und Leipzig
Hahnsche Buchhandlung
1909.

Justus Möser

als

Staatsmann und Publizist.

Von

Otto Hatzig.

———— ◆ ————

Hannover und Leipzig
Hahnsche Buchhandlung
1909.

Druck von Aug. Eberlein & Co., Hannover.

Meinen Eltern

gewidmet.

Vorwort.

Justus Möser, einer der originellsten und volkstümlichsten Schriftsteller Deutschlands, hat selten die ihm gebührende wissenschaftliche
Schätzung erfahren. Denn da der Reichtum seines Wesens sich schrift=
stellerisch nur in den Mußestunden einer überaus weiten, bislang
unbeachteten praktischen Betätigung und daher, abgesehen von der
„Osnabrückischen Geschichte", nur in der Form einzelner kurzer Aufsätze
entfalten konnte, so stellt er sich in keiner dieser zahlreichen Schriften
vollständig dar, wenn auch dem Kenner aus jeder die ganze Lebendigkeit,
die Vielseitigkeit und Gründlichkeit des Autors entgegenblickt.

Setzt schon danach eine gerechte Würdigung Mösers eine um=
fassende Kenntnis seiner Werke voraus, so muß doch bei ernsthaften
Arbeiten, die mit dem Material genügend vertraut erscheinen, m. E.
zweierlei vermißt werden. — Zunächst wo die Untersuchung einer nach
irgend einem modernwissenschaftlichen Gesichtspunkt ausgewählten Gruppe
von Aufsätzen Mösers vorgenommen wurde, schob man diesem nicht nur
heimlich die jene Auswahl bestimmende Fragestellung unter, sondern man
übersah auch, zum Teil gerade deswegen, ihre Stelle im Zusammen=
hang aller Schriften Mösers. — Diesen aufzudecken hätte noch
am ersten einer auch die schriftstellerische Tätigkeit würdigenden bio=
graphischen Gesamtanschauung gelingen können. Aber das biographisch
so wertvolle „Leben Justus Mösers" von Nicolai geht auf die Masse

---

¹) Aus der Möser-Literatur sei L. Rupprechts Arbeit „Justus Mösers
soziale und volkswirtschaftliche Anschauungen in ihrem Verhältnis zur Theorie und
Praxis seines Zeitalters" (Stuttgart 1892) genannt, deren zweiter Teil die volks=
wirtschaftlichen Anschauungen des Osnabrücker Staatsmannes im großen und ganzen
geschickt zusammenfaßt; verfehlt aber ist der Vergleich der sozialen Anschauungen
Mösers mit denen seiner Zeitgenossen: er bringt einerseits den inneren Zusammen=
hang der Möserschen Ideen nicht genügend zur Anschauung und konstruiert einen
zu schroffen Gegensatz der Vergleichsobjekte, den der Vertretung mittelalterlich=
ständischer und moderner Gesellschaftsordnung.

der von Möser behandelten Gegenstände nicht genauer ein, und Abeken gelangte nicht zu einer einheitlichen Gruppierung der publizistischen Leistungen desselben. Dabei erkannte Abeken, daß seinem biographischen Versuch die Kenntnis davon fehle, „was den wirkenden Staatsmann betrifft". Und an diesem Mangel kranken nicht nur die Biographien Mösers, sondern auch die Beurteilungen desselben als Schriftsteller. Denn die meisten Aufsätze Mösers wurzeln in der Breite seiner öffentlichen, besonders der staatsmännischen Tätigkeit.

Wenn ich nun vorzugsweise auf Grund reichhaltiger unveröffentlichter Akten zum erstenmale die praktische Tätigkeit des Osnabrücker Staatsmannes betrachte, so hoffe ich mit meiner Arbeit jene beiden angedeuteten Lücken schließen zu können. Zweitens möchte ich einen Beitrag zu einer Möserbiographie geben. Drittens erweitert sich diese Betrachtung der Zeit der vollen Mannesjahre Mösers und der Höhe seines äußeren Wirkens zu einer Totalansicht des regen politischen Lebens in einem deutschen geistlichen Kleinstaat im 18. Jahrhundert.

Die zeitliche Begrenzung auf die Jahre 1764—1783 hat ihre sachliche Berechtigung darin, daß in diesen Zeitraum zugleich die vormundschaftliche Regierung für den minderjährigen Osnabrücker Bischof Friedrich von York und Mösers Direktion und Mitarbeit an den Intelligenzblättern fallen, nur in ihm jene Wechselwirkung staatsmännischer und publizistischer Tätigkeit besteht. Innerhalb dieses Zeitraumes mußte deswegen aber auch eine sachliche Beschränkung auf die Osnabrücker „Landtagshandlungen" geübt werden. Denn zu der außerhalb derselben stehenden Verwaltungstätigkeit der Regierung oder Mösers nimmt auch des letzteren Publizistik kaum Stellung. Jener zurückgestellte Teil der Möserschen Bemühungen sei wenigstens genannt: seine Beratung und publizistische Unterstützung des Welfenhauses in dessen Ansprüchen auf die Regierungsführung, die Auflösung der verwickelten Verhältnisse, die die Aufhebung des Jesuitenordens schuf, die Mitarbeit seiner geschickten Feder in den archidiakonalischen Streitigkeiten, sowie zuletzt seine Reform des Osnabrücker Schulwesens. Der Umfang des Themas „Justus Möser als Staatsmann und Publizist" sei durch die Angabe der eingehaltenen Grenzen von vornherein scharf umrissen.

Möchte es mir gelungen sein, die Fäden aus dem bunten Maschennetze der Osnabrücker Landtagsarbeit zu lösen, die Hauptlinien der Gesetzgebung und Verwaltung hervortreten zu lassen — ein eigenes Programm Mösers, dem er in den Verordnungen und Reskripten Folge gab, aus deren Wechselwirkung mit den publizistischen Meisterstücken seiner Feder nachzulesen —, und in dem Zusammenarbeiten von Mitteln der Gesetzgebung und Verwaltung auf der einen, der literarischen Macht auf der anderen Seite den wirkenden Staats= mann zu zeigen.

Otto Hatzig
Dr. phil.

———————

Herrn Geh. Hofrat Prof. Dr. Erich Marcks, Herrn Prof. Dr. Hermann Oncken und den Herrn Beamten des Königlichen Staats= archivs in Osnabrück sage ich für die Anregung zu dieser Arbeit, freund= lichen Rat und bereitwillige Unterstützung meinen herzlichen Dank.

D. V.

Inhalt.

Abkürzungen.

St.-A. Osn. Abschn.	Staatsarchiv Osnabrück, Abschnittsarchiv.
St.-A. Osn. L.-A.	Staatsarchiv Osnabrück, Landesarchiv.
R.-A.	Archiv der Osnabrücker Ritterschaft, deponiert im Königlichen Staatsarchiv in Osnabrück.
Mösers s. W.	Justus Mösers sämtliche Werke. Neu geordnet und aus dem Nachlasse desselben gemehrt durch B. R. Abeken, 10 Teile, Berlin 1842/43.
cod. const. Osn.	Codex Constitutionum Osnabrugensium oder Sammlung von Verordnungen, gemeinen Bescheiden, Reskripten und andern erläuternden Verfügungen, welche das Hochstift Osnabrück betreffen. 2 Teile in 4 Bänden. Osnabrück 1783 und 1819.

Einleitung.

Politisches Leben im Bistum Osnabrück seit dem westfälischen Frieden und die Anfänge der öffentlichen Tätigkeit Justus Mösers.

Der westfälische Friede hatte die Selbständigkeit der Reichsstände innerhalb ihrer Gebiete zugegeben, und das Nebeneinander von Territorien souveräner Herren, von kräftigen Mittelstaaten und kraftlosen Kleinstaaten, denen die Unantastbarkeit des Friedensinstrumentes eine künstliche Bedeutung verlieh, ergab „ein Monstrum einzig in seiner Art". Der Osnabrücker Justus Möser, der 1781 die deutsche Litteratur und Sprache gegen das Urteil des großen Preußenkönigs mit Würde und Freimut verteidigte, kennzeichnete in dieser Apologie auch den politischen Zustand des deutschen 18. Jahrhunderts, wie er als Frucht des Friedens erschien, mit Hinblick auf das zielbewußte Zusammenfassen der Landeskräfte in den westlichen Großmachtsstaaten: „und wir haben höchstens nur Vaterstädte und ein gelehrtes Vaterland, was wir als Bürger oder als Gelehrte lieben. Für die Erhaltung des deutschen Reichssystems stürzt sich bei uns kein Curtius in den Abgrund."[1] Ihn, den Historiker und Staatsmann, der den Wandel der deutschen Reichs= verfassung durch die Jahrhunderte verfolgte, ließ das Endergebnis unbefriedigt; auch diejenigen gemeinsamen Einrichtungen, die den Frieden überdauerten, taten ihren Aufgaben nach seinem Urteil nicht Genüge.[2] Am Reichstage fand er Verständnislosigkeit für wirtschaftspolitische Fragen, und der schleppende Gang der Rechtsprechung an den höchsten Gerichts= höfen führte ihn zu einem „Vorschlag zum bessern Unterhalt des Reichs= kammergerichts".[3]

Ein Danaergeschenk hatte der Friede dem Hochstift Osnabrück zugedacht, das entscheidend auf die Verfassungsverhältnisse desselben wirkte. Ihre Entwicklung hatte sich bis dahin folgendermaßen gestaltet:[4] Die Osnabrücker Bischöfe hatten durch Erwerb von Gogerichten und Kirchen= vogteien ihre Landeshoheit geschaffen. In ihren Kämpfen erwuchsen ihre Helfer als Landstände, das Domkapitel, die Stiftsministerialen (Ritterschaft)

---

[1] Mösers s. W. IX, p. 139.
[2] Mösers s. W. I, p. 283. II, 32.
[3] Mösers s. W. II, 74.
[4] M. Bär, Abriß einer Verwaltungsgeschichte des Regierungsbezirks Osnabrück.
(Quellen und Darstellungen zur Geschichte Niedersachsens Bd. V. 1901), p. 1f.

und die Stadt Osnabrück, bezw. später die Städte. Die Drosten als Befehlshaber der Grenzburgen und Verwalter des bischöflichen Gutes waren in die Stelle von Vertretern des Bischofs in militärischer und administrativer Hinsicht aufgerückt. Ihr Verwaltungsbereich, das Amt, umfaßte räumlich einen oder mehrere Bezirke der zu allgemeinen Land= gerichten umgewandelten Gogerichte, an deren Spitze die Gografen standen. Das Amt zerfiel in Vogteien, die sich örtlich an die Kirchspiele anlehnten, und denen Vögte vorgesetzt waren. Die Stiftskanzlei fungierte als zentrale Verwaltungs= und oberste Justizbehörde.

Abgesehen davon, daß sich bald nach dem westfälischen Frieden die Scheidung der Kanzlei in das Geheime Ratskollegium und die Land= und Justizkanzlei vollzog, bot noch die Verwaltungsorganisation des 18. Jahr= hunderts das gleiche Bild. Die Änderung, die der westfälische Frieden hineintrug, betraf den Inhaber der Landesherrschaft. Das Haus Braunschweig=Lüneburg hatte nämlich beim Friedensschluß versucht, da es sich für den Verlust mehrerer Koadjutorien schadlos halten wollte und doch in seiner Hoffnung auf den Anfall des Bistums Minden getäuscht war, wenigstens dem Bischof Franz Wilhelm von Wartenberg sein Bistum Osnabrück abzugewinnen. Es kam jedoch nicht zur vollen Säkularisation des Hochstiftes, sondern der Vorschlag der Schweden auf eine Alternativregierung zwischen einem evangelischen Landesherrn aus dem Hause des Herzogs Georg von Braunschweig=Lüneburg und einem katholischen Bischof fand Aufnahme in das Friedensinstrument. Die Immerwährende Kapitulation (capitulatio perpetua) vom 28. Juli 1650 regelte als Ausführungsverordnung die kirchlichen Besitzrechte beider Konfessionen und die Leitung des Kirchenregiments.[1]

Die Bestimmungen der Jahre 1648—50 schlugen dem Lande zum Schaden aus. Die Eifersucht der um ihre politischen Rechte stets besorgten Stände hielt ängstlich daran fest, und obwohl es weder das Domkapitel noch das Haus Braunschweig=Lüneburg an Versuchen fehlen ließen, die durch die capitulatio perpetua geschaffene Stifts= verfassung zu beseitigen,[2] so blieb jenes Gesetz doch bis zum Ende der

---

[1] cod. const. Osn. I, p. 1635—1660. — Fredmann, Die capitulatio perpetua und ihre verfassungsgeschichtliche Bedeutung für das Hochstift Osnabrück (1648—1650) i. Mitteil. d. histor. Ver. Osnabrück Bd. XXXI (1906), p. 129—203. Bär a. a. O. p. 3—5.

[2] Rörholz, Die Wahl des Prinzen Friedrich von York zum Bischof von Osnabrück und die Regierung des Stiftes während seiner Minderjährigkeit. Münstersche Dissertation 1908, p. 1—6.

Selbständigkeit des Stifts in Geltung. Zwar diente es zur Verminderung der konfessionellen Streitigkeiten, daß die Oberaufsicht und Jurisdiktion im Kirchen= und Schulwesen für die Protestanten und Katholiken getrennt und zur Vertretung der evangelischen Interessen das Konsistorium ge=schaffen wurde.[1]) Mußte aber nicht die Trennung der Kirchspiele in katholische und protestantische, wonach in jedem, von wenigen gemischten abgesehen, nur einer Konfession die öffentliche Religionsübung zustand, lästig empfunden werden, wenn sich etwa bei zunehmender Bevölkerung die Konfessionsverhältnisse verschoben?[2]) Vor allem nährte die verfehlte Einrichtung der Wechselherrschaft den Haber unter den Ständen und die Animosität der jeweiligen Opposition gegen den Landesherrn. Die Be=deutung dieser unglücklichen Auskunft für das öffentliche Leben des Stifts kann daher nicht zu gering angeschlagen werden. Sie wurde das Hemmnis vieler ehrlicher Absichten.

Und doch war der Stellung des Landesherrn gegenüber den Ständen indirekt eine Stärkung durch die capitulatio perpetua zugewachsen, indem diese ihnen nicht das Recht der Gesetzgebung zusicherte. Schon der erste Braunschweig=Lüneburger beschränkte die Anteilnahme der Stände an derselben auf ein „rätliches Gutachten."[3]) Der Widerspruch ruhte jedoch nicht, und als 1737 Klemens August zwei Verordnungen über Aktenversendung und Moratorien aus eigener Machtvollkommenheit erließ, bat ihn die Ritterschaft, in Zukunft kein Gesetz mehr ohne die Zuziehung sämtlicher Stände zu erlassen.[4]) Klemens August schlug die Forderung ab. Um so gereizter war daher die Ritterschaft, als derselbe Fürst gegen ihren Protest, jedoch mit Zuziehung des Domkapitels und der Städte 1748 zwei ihre eigenen Interessen berührende Verordnungen über Fideikommißgüter publizierte. Sie beschloß, dies als ein „continuirendes attentatum" beim Reichshofrat anzuzeigen und die Aufhebung der Ver=ordnungen nachzusuchen.[5]) Dort war der Prozeß gut aufgehoben, und als 1766 und 1767 die nachsitzenden Stände sich zu verschiedenen Malen

[1]) Fredmann a. a. O. p. 171 und 186 f. Bär a. a. O. p. 4.
[2]) Die capitulatio perpetua läßt es nicht „unentschieden", wie Fredmann a. a. O. p. 184 meint, „ob in einem Kirchspiele, das nach dem Vollmarschen Durchschlage einer Konfession zugesprochen war, auch die Angehörigen der anderen einen öffentlichen Gottesdienst verrichten durften." § 21 ist deutlich genug, siehe auch Bär a. a. O. p. 4.
[3]) Fredmann, p. 170, Bär, p. 43.
[4]) Kurfürstl. Resolution 2. Dez. 1737. cod. const. Osn. I, p. 351.
[5]) R.=A. 642, p. 15, 26, 31, 36, 41, 346, 351, 356.

um eine Erklärung des Königs Georg III. über die Mitarbeit der Stände an den Landesverordnungen bemühten und wenigstens ihr von Ernst August I. zugestandenes „rätliches Gutachten" bestätigt haben wollten, vermied jener einen ihn für die Zukunft bindenden Bescheid mit der Ausrede, daß erst der Ausgang des Prozesses erwartet werden müsse.[1])

Vor der vormundschaftlichen Regierung dieses Königs für seinen Sohn, den minderjährigen Bischof Friedrich von York, hatte sich in Osnabrück seit Franz Wilhelm von Wartenberg viermal der Wechsel der Landesherrschaft vollzogen, und mit einem Ständetum, das in seinen Parteien das gleiche blieb, hatten zwei katholische und zwei evangelische Landesherren sich in die oft unerquicklichen Zustände des Stifts einleben müssen. Die Regierungen der beiden Braunschweig-Lüneburger sind kräftiger und vorteilhafter für das Stift gewesen als die der beiden katholischen Bischöfe. Vor allem kennzeichnet die letzteren eine allerdings auch von dem ersten Welfen geübte starke finanzielle Inanspruchnahme des Stiftes. Karl von Lothringen (1698—1715), ein Günstling des kaiserlichen Hofes, ließ sich von den Osnabrückern Ständen jährlich 126000 Taler bewilligen. Klemens August, der als Erzbischof von Köln und Bischof von Münster, Paderborn, Hildesheim und Osnabrück in Bonn residierte und selten das letztgenannte Bistum aufsuchte, empfing aus demselben ein Subsidium von 108000 Talern, während Ernst August II. mit einem solchen von 91000 Talern vorlieb nahm.[2]) Die lange Regierungszeit Klemens Augusts (1728—1761) brachte dem Stifte, zum Teil wegen der politischen Stellungnahme des einflußreichen Fürsten, mancherlei kriegerische Unruhe während des polnischen und österreichischen Erbfolgestreites und während des siebenjährigen Krieges.[3]) Unter ihm gingen auch die zur Diözese Osnabrück gehörigen Gebiete des Stiftes Münster endgiltig verloren. Hatte nämlich das Domkapitel 1667 ohne Vorwissen Ernst Augusts I. die Jurisdiktionsrechte in denselben verkauft, und Ernst August II. deswegen mit den nachsitzenden Ständen gegen das Domkapitel und das Stift Münster einen Prozeß angestrengt, so hatte sein Nachfolger als Bischof von Münster und Osnabrück kein

---

[1]) Desideria der nachsitzenden Stände vom 27. Jan. 1766, 9. April 1766 und 31. Jan. 1767 nebst den königlichen Resolutionen auf dieselben. cod. const. Osn. I, p. 369—376.

[2]) Jahresdurchschnitt nach St.-A. Osn. Abschn. 92, 61.

[3]) J. E. Stüve, Beschreibung und Geschichte des Hochstifts und Fürstentums Osnabrück. Osnabrück 1789, p. 485—462.

Verlangen, einen gegen ihn selbst gerichteten Prozeß weiter zu verfolgen.¹) Allein, das letzte Jahrzehnt Klemens Augusts wies noch nützliche Bemühungen für das Stift auf, nämlich die Errichtung einer Brandassekurationsgesellschaft und zur Verbesserung der Kriminaljurisdiktion den Bau eines Zuchthauses und das Ansetzen eines Kriminaljustitiars.

Sehr viel lebendiger als die Regierungsführung der katholischen Landesherren war die der beiden Welfen, Ernst Augusts I und II. Diese energischen Fürsten aus einem aufstrebenden Hause standen dem Bistum auch dadurch näher, daß sie schon früh zur Herrschaft desselben bestimmt und in norddeutschen Verhältnissen aufgewachsen waren. Bischof Ernst August I. (1661—1698) residierte von 1662—1680 in Osnabrück, ehe er zur Regierung in den kalenbergischen Landen gelangte und dort durch eine zielbewußte Politik die Größe des hannoverschen Kurhauses begründete. Seine beiden wichtigsten Maßnahmen im Stift Osnabrück erfolgten zu Beginn seiner Regierung. Damals schuf er die Behörde des Geheimen Rates für die Erledigung der wichtigsten Regierungsangelegenheiten und der Kammersachen und führte 1667 den sog. Monatsschatz ein. Dadurch wurde an die Stelle des bisherigen Viehschatzes eine regelmäßige, auf die vier Höfeklassen gelegte Steuer gesetzt, die allerdings nicht von den zeitigen Umständen der Personen absah, sobaß mit deren Änderung eine Entlastung der Prägravierten erforderlich wurde.²) Die Regierung Ernst Augusts II. (1716—1728), des jüngsten Sohnes dieses Bischofs, ist bei der nächsten Generation in rühmlicher Erinnerung geblieben. Möser hat ihm in den „Patriotischen Phantasien" durch die vielen Hinweise auf seine lobenswerten Bestrebungen für die Landeswohlfahrt ein Ehrendenkmal gesetzt und sogar den Versuch einer Geschichte dieses Landesherrn unternommen.³) Ernst August II. setzte ein unermüdliches Streben für das Beste seines nur kleinen Landes ein, und er residierte auch durch die volle Dauer seiner Regierung in Osnabrück. Unter ihm wurde das Recht der osnabrückischen Eigenbehörigkeit in der Eigentumsordnung zusammengefaßt und ein früher Anstoß zur Markenteilung gegeben.

---

¹) Fr. Lodtmann, Des Domkapitels Streitigkeiten mit Ernst August II., Ritterschaft und Städten i. Mitt. b. histor. Ver. Osn. Bd. X (1875), p. 201—244.

²) Bär a. a. O. p. 66 ff.

³) Allerdings nicht vollendet: Mitteilungen aus der Geschichte Ernst Augusts II. Aus Mösers Papieren. Mitt. b. histor. Ver. Osnabrück Bd. I (1848), p. 1—26.

Jedoch gerade ihm wurde die reine Freude der Tat getrübt, und manche Hoffnungen welkten in den ununterbrochenen Streitigkeiten des Domkapitels mit ihm und den beiden nachsitzenden Ständen.[1]) Am heftigsten stieß er mit dem Domkapitel wegen der Erweiterung der archidiakonalischen Gerichtsbarkeit zusammen, die selbst den katholischen Bischöfen zu weit ging. Indem das Domkapitel aber solche Streitig= keiten an den Reichshofrat zog, verschaffte es sich bei dem schleppenden Gang der Prozesse den Vorteil, daß diese den Landesherrn, so auch hier Ernst August II. überlebten. „Die schneidige Art, welche die durch langjähriges Wachstum gefestigte Eiche westfälischer Art fällen sollte, stumpfte nach wenigen Schlägen ab und entfiel der ermattenden Hand." Derselbe westfälische Starrsinn, dazu das Hängen an der Observanz und die Furcht vor dem aus tatsächlichen Vorgängen hergeleiteten Präjudiz war gegebenenfalls auch den nachsitzenden Ständen eigen. Wenn unter Ernst August II. die zumeist aus rheinischen und münsterischen Abligen bestehende, katholische erste Kurie der Landstände opponierte, so reichten, wenn auch in matterer Form, die evangelischen nachsitzenden Stände unter Klemens August ihre Gravamina ein. Die Ritterschaft strengte wegen der Fideikommißgüterverordnung und die Stadt wegen des Zuchthausbaues einen Prozeß gegen die Landesherrschaft an.

Der Gegensatz der Stände untereinander einerseits und dieser gegen den Landesherrn war nur der schärfste und weittragendste Ausdruck des durch die Friedensbestimmungen sanktionierten Zwiespalts im Lande. Wie die Mitglieder der Land= und Justizkanzlei zur einen Hälfte evangelisch, zur andern Hälfte katholisch sein mußten,[2]) so setzte sich die Aufmerksamkeit auf den Glauben beim Vergeben der übrigen Ämter fort und auch in den Familien, die das Material hierzu lieferten.

In der Stadt Osnabrück, die aus der Erinnerung an die frühere Bedeutung ihren Stolz schöpfte und eine allerdings nicht zur Reichs= unmittelbarkeit ausgewachsene Selbständigkeit im Stift besaß, war eine beträchtliche Anzahl von Familien ansässig, deren Namen durch mehrere Generationen einen guten Klang bewahrten und immer aufs neue in den Akten jener Zeiten wiederkehren. Zu diesen gehörte die Familie

---

[1]) Lodtmann a. a. O.

[2]) capitulatio perpetua art. 49.

Möser.[1]) Sie stammte aus der Kurmark. Am Ende des 16. Jahrhunderts war ein Georg Möser Ratsverwandter in Brandenburg an der Havel. Sein Sohn Zacharias, der die Leiden der Belagerung und des Brandes der Stadt Magdeburg miterlebte, wandte sich von dort nach Kiel, wo er als Rektor tätig war. In gleicher Eigenschaft brachte er die zweite Hälfte seines 80 jährigen Lebens in Hamburg zu. Dessen Sohn Johann, Justus Mösers Großvater, war erster Prediger an der Marienkirche in Osnabrück. In dieser Stadt wirkte auch Justus Mösers Vater, Johann Zacharias, der Kanzlei= und Konsistorialdirektor. So war Justus Möser, der am 14. Dezember 1720 geboren wurde, ein echt Osnabrücker Kind. In diesen fünf Generationen zeigt sich öfters dasselbe Gepräge des Wesens. Von der tiefen Religiosität des Vaters und Großvaters wird uns berichtet, und auch die reiche schriftstellerische Tätigkeit des Rektors Zacharias legt davon Zeugnis ab. Stehen nun zwar bei Justus Möser im Vorder= grunde seiner Äußerungen über Religion und Kirche diejenigen, die aus dem Interesse des Staatsmannes an beiden herfließen, und zollte er ent= gegen den Verkündern einer natürlichen Religion der positiven Religion schon deswegen seine Achtung, weil er ihre Notwendigkeit für das staatliche und sittliche Leben als unabweisbar erkannte, so kann doch auch über seine eigene Glaubensstellung kein Zweifel bestehen; er bekannte sich zum positiven Christentum und dessen Erlösungsgedanken.[2]) Wir wissen ferner von den Mitgliedern dieser Familie, daß sie bis auf Johann ein hohes Alter erreichten. Ein imponierendes Äußeres wird dem Kanzleidirektor und in humorvollen Erzählungen auch dem Sohne nachgerühmt. Dazu gesellte sich ein lebhaftes Temperament, das auch schon bei dem Groß=

---

[1]) Joh. Friedr. G. Lodtmann, „Genealogie der Möserschen Familie.“ Osnabrück 1866.

Georg Möser.
|
Zacharias (1601—1681).
|
Johann (1663— 1710).
|
Johann Zacharias (1690—1768).
|
Justus (1720—1794).

[2]) F. Blandmeister, „Justus Möser, der deutsche Patriot, als Apologet des Christentums“ (Heidelberg 1885) sagt: „Jede Zeile der patriotischen Phantasien verdankt ihr Dasein der lebendigen und bewußten Überzeugung von dem unver= gleichlichen sozialethischen Wert des Christentums.“ Dieser ganz unhaltbare Satz führt den Verfasser auch zu Irrtümern im einzelnen. Das Verdienst der Schrift ist, einen gültigen Beweis für Mösers Glaubensstellung erbracht zu haben.

vater begegnet. Er ließ seinem Zorn die Zügel schießen, wenn er von der Kanzel gegen die Jesuiten wetterte oder mit dem Rat der Stadt in Konflikt geriet. Dagegen blieb der Kanzleidirektor, ein Mann von aus= gezeichnetem Wissen, vor allem in der Jurisprudenz, trotz der ererbten Heftigkeit stets Herr seiner selbst. Durchaus harmonisch war das Gleich= maß von Temperament und Schaffen bei Justus. Sein regsames Wesen machte ihn vor allem fähig zum Geschäftsmann, der in der Vielseitigkeit seines Wirkens vollkommene Ruhe und Würde besaß und in dieser Sicher= heit des Auftretens das Vertrauen gegensätzlicher Parteien genoß. Wie ganz anders zersplitterte sich die Lebhaftigkeit seines Bruders Zacharias in einem unsteten, von Projektenlust erfüllten Leben! Er war fürwahr eine problematische Natur, während Justus sich allen Sätteln gerecht erwies, den Beruf, den er immer ergriff, zu weiten verstand. \

Seine reichen Fähigkeiten entwickelten sich in einer eigenartigen, für ihn höchst ehrenvollen Ämterhäufung. In einem Lande mit verwickelten Verfassungsverhältnissen wuchs er auf, und schon früh mochte der der heimischen Rechte und Gewohnheiten kundige Kanzleidirektor den Sohn damit bekannt machen, der in den Knabenjahren mit seinen Jugend= freunden das Gerichts= und Advokatenwesen zum Gegenstand der Unter= haltungsspiele nahm,[1]) und schon zuvor als Zwölfjähriger einer Neigung folgte, die später in dem ernsten Werke des gereiften Mannes auflebte, wenn er nämlich höchstgewichtig eine gelehrte Gesellschaft mit seinen Kameraden gründete und sich selbst bei der ihm früh eigenen Beredsam= keit die Anfertigung der wöchentlichen Anzeigen vorbehielt.[2]) Dazu mochte die an landschaftlichen Reizen und historischen Erinnerungen reiche Osnabrücker Gegend die Phantasie anregen; der lebhafte Jüngling erfuhr mancherlei Beeinflussung aus der Lektüre fremder Litteratur, aus dem Umgang mit Frauen und guten Freunden.

Nach seiner Universitätsbildung ergriff er den Advokatenberuf.[3]) Wenn dieser nach seinen späteren Ausführungen die blühende Pflanz= schule sein müßte, worin der Staat die Männer erziehe, die ihm dereinst in wichtigen Ehrenstellen dienen sollten, so stellte er auch hohe Forderungen, daß nämlich „der Advokat ein großes Herz für Witwen und Waisen, einen edlen Muth gegen mächtige Unterbrücker und alle Eigenschaften eines

---

[1]) Mösers s. W. X, p. 88f.

[2]) Mösers s. W. X, p. 9 u. 88.

[3]) Noch 1761 steht Möser in der Advokatenliste des Osnabrücker Stifts= kalenders, nicht mehr seit 1763 (1762 lag mir nicht vor).

geschickten, reblichen und feurigen Mannes haben . . . ., Eifer für Unschuld und Freiheit des Geistes besitzen müsse."[1] Da seine Praxis, die er „mit Leidenschaft" ausübte, diesem Ideal entsprach, erwarb er sich Zutrauen. An Freimut ließ er es nicht fehlen, und er allein wagte es, sich der Parteisachen gegen den allmächtigen bischöflichen Statthalter von Kerssenbrock anzunehmen.[2]

1744 wurde Möser ritterschaftlicher Sekretär[3] und auf Empfehlung der Ritterschaft 1747 advocatus patriae.[4] Als Dreißigjähriger erhielt er 1751 einen Auftrag von Kurhannover, den der Vater zu Gunsten des Sohnes abgelehnt hatte. Die hannoversche Regierung beabsichtigte nämlich damals, die Grafschaft Bentheim in Pfandschaft zu nehmen, und der junge Möser empfahl sich durch einen Bericht über die öffentlichen Verhältnisse der Grafschaft.[5] Im Jahre 1753, als der Pfandschaftskontrakt zustande kam, wurde Gerlach Adolf von Münchhausen hannoverscher Kammerpräsident. Schon früher dem Kanzleidirektor Möser günstig gesinnt,[6] bot er jetzt dessen Sohn eine mit 800 Talern dotierte Amtsadvokatur in Celle an.[7] Möser war nicht abgeneigt, in hannoversche Dienste zu treten. Die Evangelischen in der Ritterschaft baten jedoch, ihnen und den übrigen Protestanten im Stift

---

[1] Mösers s. W. III, 52.

[2] Nicolai, Leben Justus Möser in Mösers s. W. X, p. 24f.

[3] Nicht 1742, wie Abeken (Mösers s. W. X, p. 24) angibt; Möser leistete den Diensteid am 21. Jan. 1744. R.-A. 489, p. 4f. Übrigens war M. auch im Oktober 1742 nach Göttingen gegangen, wo er sich noch im Juni des nächsten Jahres aufhielt s. „Eine Reliquie von J. Mösers Vater" i. Mitt. d. histor. Ver. Osnabrück Bd. IX, p. 369.

[4] St.-A. Osn. Abschn. 259, 6 und R.-A. 642, p. 122f. .

[5] „Ein Bericht von Justus Möser über die öffentlichen Verhältnisse der Grafschaft Bentheim vom Jahre 1750". Mitteil. d. hist. Ver. Osnabrück IX (1870). p. 356—368. Die Jahreszahl 1750 für Mösers Bericht ist falsch; siehe Briefe der hannoverschen Regierung an J. J. Möser in der Bibliothek des Ratsgymnasiums in Osnabrück hs. A. LXV. 4. Juli 1751 gez. Münchhausen und 15. Juli 1751 gez. Steinberg.

[6] R.-A. 699, Briefe des Geh. Rats v. Münchhausen in Hannover an Prof. Ayrer-Göttingen und an Rat Möser-Osnabrück.

[7] St.-A. Osn. L.-A. B. 238; daß Möser in den ersten Jahren des siebenjährigen Krieges von G. A. v. Münchhausen die Stelle eines Oberappellationsrats angeboten worden ist, wie Nicolai a. a. O. p. 26 sagt, vermag ich aus Akten nicht zu belegen und vermute bei Nicolai eine Ungenauigkeit in der Angabe des Anerbietens und der Zeit.

den gewandten Sachwalter zu lassen. Der so Umworbene pflichtete ihrer Meinung von seiner Unersetzlichkeit mit berechtigtem Stolze bei und schlug das Anerbieten aus, obwohl er sich in dem damals katholisch regierten Osnabrück keine Hoffnung auf eine ähnliche Laufbahn machen durfte, wie sie ihm in Hannover eröffnet worden wäre. Drei Jahre später wurde er Syndikus der Ritterschaft[1]), und während des siebenjährigen Krieges, als das Land abwechselnd von Franzosen und Engländern heimgesucht wurde und unter den Kontributionen und Naturallieferungen seufzte, glitt ein großer Teil der Landesgeschäfte in seine Hände, weil er allein die Ruhe und weite Umsicht in dem aufreibenden Hin und Her besaß, sowie die Gewandtheit und den diplomatischen Takt, um die Gewalthaber, von denen das schutzlose Stift sich nur des Schlimmsten zu versehen hatte, von der rechten Seite zu nehmen. Auf der Reise nach Marburg etwa, auf der er dem Herzog Ferdinand von Braunschweig mit einem in Eile verfaßten, humorvollen Geburtstagskompliment aufwartete, ersparte er seinem Stifte 100000 Taler.[2]) Die Stände bewilligten ihm 1761 zum Dank für das unermüdliche Einsetzen seiner Fähigkeiten, wo es immer die Landeswohlfahrt galt, einen jährlichen Ehrensold von 200 Talern für zeitlebens,[3]) und das Domkapitel übertrug ihm 1762 das Amt des Kriminaljustitiars.[4])

Die weiten Reisen, die Möser als Landesdeputierter während des Krieges unternahm, entwickelten seinen Geschäftssinn. Vor allem wurde der Aufenthalt in London, wo er mehrere Monate als Vertreter seines Staates wegen der Liquidationen der Landesforderungen an das englische Kriegskommissariat selbständig · unterhandelte, für ihn bedeutend. Die kleine Welt, die sich seinem offenen Beobachtungsgeist darbot, hinterließ die stärksten Eindrücke, und wenn die Kriegsjahre für alle Manifestationen seiner Persönlichkeit der große Wendepunkt seines Lebens wurden, so war insbesondere für seine Betätigung im politischen Leben der Winter 1763/64 entscheidend, als sich auch im Bistum Osnabrück nach langen Wirren eine neue Ordnung vorbereitete.

---

[1]) Nicht 1755, wie Nicolai a. a. O. p. 186 angibt. Möser leistete den Diensteid am 14. Jan. 1756, R.-A. 643, p. 45.
[2]) R.-A. 643, p. 853.
[3]) R.-A. 643, p. 422.
[4]) St.-A. Osn. Abschn. 328, 13 u. 259, 7. Das Patent ist vom 3. Febr. 1762. Als Justitiar erhielt Möser ca. 585 Taler, nämlich aus der Stiftskasse 300 Taler und aus den Domänen 133 Taler nebst einem Korndeputat im Wert von 102 Talern.

Kapitel I.

Justus Möser als führender Staatsmann während der vormundschaftlichen Regierung für den minderjährigen Osnabrücker Bischof Friedrich von York (1764—1783).

1. Justus Mösers Dienstverhältnisse und Wirkungskreis seit 1764.

a) Die neue Regierungseinrichtung.

Mit dem Tode Klemens Augusts am 6. Februar 1761 war der Osnabrücker Bischofssitz einem Prinzen aus dem Hause Herzog Georgs von Braunschweig-Lüneburg frei geworden.[1] König Georg III. von England hatte entgegen den klaren Bestimmungen der Immerwährenden Kapitulation durch das Publikandum vom 5. Januar 1763 den Stifts-eingesessenen die Übernahme der Administration des Landes bekannt gegeben, da das Stift nicht imstande sei, sich selbst zu schützen,[2] und den Geheimen Legationsrat von Schele und den Oberappellationsrat von Lenthe zur Administrationsführung bevollmächtigt. Das Domkapitel protestierte gegen diesen Schritt, wie gegen die späteren Eingriffe des Königs in seine kapitulationsmäßig gegründeten Rechte, vermochte sich aber als der schwächere Teil nicht durchzusetzen.

Schon damals nahm Möser jene Mittelstellung eines Vertrauten beider Parteien ein.[3] Er fand sogleich bei v. Lenthe ein offenes Ohr. Seine Gutachten waren der Administrationskommission höchst will-kommen, und in der wichtigen Streitfrage mit dem Domkapitel beriet er

---

[1] C. v. Meier, Hannoversche Verfassungs- und Verwaltungsgeschichte 1680—1866. Leipzig 1898. I, p. 105 f. Bär a. a. O. p. 16 f. — Über die Streitig-keiten des Domkapitels mit dem König nach dem Tode Klemens Augusts berichtet Körholz a. a. O. Danach hat Georg III. zuerst sogar beabsichtigt, Osnabrück als säkularisiertes Gebiet dem Kurfürstentum Hannover einzuverleiben.

[2] Zuvor die Schreiben an die Stände und an das Domkapitel. Das erste ist vom 26. Nov. 1762, nicht vom 20., wie v. Meier und Bär angeben; das zweite vom 11. Dez. 1762.

[3] Ich gebe über die Tätigkeit Mösers bis 1764 nur die notwendigsten Belege, da ich seine Stellung während des Krieges zum Gegenstand einer besonderen Abhandlung nehme. Seinen Anteil an dem Streit über die Regierung hat bereits Körholz a. a. O. berührt.

die neue Regierung und verteidigte später deren Ansprüche in öffentlichen
Druckschriften. Als aber diese die Übernahme der Administration in dem
Publikandum vom 5. Januar 1763 mit ihrer Besorgnis um das durch Un-
achtsamkeit der letzten Regierung und durch Schuldenlast überanstrengte
Land begründete, verfaßte Möser die gemeinsame Eingabe der drei Stände
an den König,[1]) in der sich diese, so lieb auch der Ritterschaft und der
Stadt das neue evangelische Regiment war, gegen den unberechtigten
Vorwurf verwahrten.

Am 27. Februar 1764 wurde Friedrich von York, der zweite Sohn
Georgs III., im Alter von sechs Monaten zum Bischof von Osnabrück
postuliert. Für die bis zum 20. Lebensjahre währende Minderjährigkeit
eines aus dem Hause Braunschweig=Lüneburg postulierten Bischofs kam
die Regierung dem Domkapitel zu;[2]) der minderjährige Bischof konnte
dieser kapitularischen Regierung einen oder zwei Räte beiordnen.[3])
Georg III. hat durch sein Patent vom 18. Mai 1764[4]) eine solche
Regierung „verordnet", aber eben dadurch gezeigt, daß er eine von ihm
„dependente" Regierung des Kapitels wünschte, wozu sich dieses nicht
bereit finden ließ, da eine solche Forderung aus der capitulatio nicht
abzuleiten war. Der Streit zwischen dem König und dem Kapitel lief
so aus, daß in den fast 20 Jahren der Minderjährigkeit des
Prinzen=Bischofs der König „als Vater und Namens des postulierten
Bischofs des Hochstifts Osnabrück, Unsers Prinzen Friedrichs Liebden",
wie im Eingang der Verordnungen geschrieben wurde, durch die mit zwei

---

[1]) Vom 12. Jan. 1763. Kopie R.=A. 643, p. 687—694; daß Möser der
Verfasser der Eingabe, wird R.=A. 643, p. 611 gesagt. Dieser gemeinsame Protest
der drei Stände gegen die schroffe Form und den Vorwurf der königlichen Bekannt=
machung ist ergänzend zu Körholz a. a. O. p. 31 zu nennen, der dort sagt: „Die
Verkündigung rief im ganzen Stift keine Widerrede hervor, nur das Domkapitel
protestierte feierlich".

[2]) capitulatio perpetua art. 33.

[3]) Zu Fredmanns irrtümlicher Interpretation d. Art. 23 d. capitulatio
perpetua s. Anlage 1.

[4]) cod. const. Osn. I, p. 1775. Unrichtig berichten J. E. Stüve a. a. O.
p. 471 und gleichlautend Bär a. a. O. p. 17, daß Georg durch das Patent vom
18. Mai 1764 die vormundschaftliche Regierung den Geheimen Räten allein über=
tragen habe. Er hat vielmehr dem Domkapitel einen allerdings den Rechten des=
selben nicht entsprechenden Anteil eingeräumt, von dem dieses daher keinen Gebrauch
machte. S. Körholz a. a. O. p. 126.

hannoverſchen Regierungsräten beſetzte Behörde des Geheimen Rates die
Regierung führen ließ.

Das Vermittlungsorgan zwiſchen dem Geheimen Rat und dem
Könige, wie bislang ſchon zwiſchen dem letzteren und dem hannoverſchen
Miniſterium, war die deutſche Kanzlei in London,[1]) die von einem
Mitglied des hannoverſchen Miniſteriums dirigiert wurde. Seit 1762
hatte Burghard Chriſtian v. Behr den wichtigen Poſten bei der aller=
höchſten Perſon inne, ein Schwager jenes v. Lenthe, dem Möſer in Osna=
brück näher getreten war, und der dieſen kurz vor deſſen Abreiſe nach
London im Herbſt 1763 aufgefordert hatte, mit ihm in die künftige
Landesregierung einzutreten. v. Behr, der die Kenntniſſe und Fähigkeiten
Möſers ſchätzen lernte und ihn zum Freunde gewann, war ſehr bereit,
den Antrag v. Lenthes zu wiederholen und die Bedenklichkeiten aus dem
Wege zu räumen.[2])

b) Juſtus Möſer wird Konſulent.

Möſer prüfte die beiden ihm hierzu eröffneten Vorſchläge vom
15. November 1763 noch in einem Londoner Promemoria vom 1. Fe=
bruar 1764.[3]) Er lehnte es ab, unter Aufgabe ſeiner bisherigen Ver=
bindungen lediglich in königliche Dienſte überzugehen und im Regierungs=
kollegium einen Charakter und Beiſitz zu erhalten. Dagegen entſchied er
ſich für den zweiten Vorſchlag, nach dem er unter Beibehaltung ſeiner
bisherigen dienſtlichen Verhältniſſe die Stelle eines „Conſulenten"
erhalten ſollte,[4]) jedoch ohne einen beſonderen Charakter, wie auch ohne
Sitz und Stimme im Kollegium. Er verſprach ſich von ſeiner neuen
Tätigkeit mehr Erfolg, wenn er zugleich ſtändiſcher Beamter bleiben
konnte, da ſeine Einflußſphäre dann größer wäre. I „Ich ſehe auch keine
Collision, da ich als Justitz-Rath bloße Criminalia, als Advocatus
Patriae Gränß= und Schatzungsſachen, als Ritterſchaftlicher Syndicus
aber lediglich der Consulent dieſes Corporis bin und ihre Rechts=Sachen
zu beachten habe."I Der König war damit einverſtanden und ernannte
Möſer am 6. April 1764 zum Konſulenten mit einem Anfangsgehalt

---

[1]) v. Meier a. a. D. p. 170 ff.
[2]) St.-A. Osn. L.-A. B. 552 Manualakten v. Behrs.
[3]) Körholz a. a. D. p. 84 irrtümlich 1. März; St.-A. Osn. Abſchn. 259, 7,
Stück 1—23.
[4]) „Der Plan, welcher hiebey zum Grunde zu legen wäre, würde ohngefehr
eben derſelbe ſeyn, worauf in Sr. Königl. Mt. Landen ein Amts-Advocat beſtellet iſt"
aus Möſers Promemoria.

von 400 Talern. Mösers neue Stellung wird am besten aus der von ihm selbst aufgesetzten Eidesformel ersichtlich, „daß er Sr. Königl. Majestet treu und gewärtig seyn, Allerhöchstderoselben dero Hauses und Prinzen Gerechtsame und Interesse an und in dem Stifft Oßnabrück so offt und wo es nötig seyn wird gegen männiglichen besonders aber gegen das Dom Capittel wahren, beachten und zu Rechte vertheidigen, die ihm von Sr. Königl. Majestet Ministerio, sowie Allerhöchstderoselben Bevollmächtigten zu Oßnabrück dieserhalb geschehende Aufträge treulich ausrichten, sein rechtliches Gutachten so offt solches von ihm erfordert wird, schrifftlich oder mündlich ertheilen, die nöthigen Rechts-Ausführungen nach seinem besten Fleisse entwerfen, dasjenige was ihm vertrauet werden wird, niemanden weder jetzt noch künftig offenbaren, sondern mit ins Grab nehmen, und überhaupt alles dasjenige thun, handeln und verrichten wolle, was einem redlichen Consulenten und advocaten Sr. Königl. Majestet dero Hauses und Prinzen Bischofes, so viel das Stifft Oßnabrück und die dahin einschlagende Angelegenheiten betrifft, eignet wohl anstehet und gebühret." Nach der Eidesleistung am 7. Juni 1764 gab Möser zu Protokoll, daß in allen Fällen, in denen das Interesse des königlichen Hauses mit den Gerechtsamen des Stifts oder der Ritterschaft kollidieren würde, er als advocatus patriae und ritterschaftlicher Synbikus die Feder nicht führen dürfe, und darin kein Rat von ihm verlangt werden solle.

c) Der Londoner Kreis.

Möser erhielt als Rat den weitgehendsten Einfluß auf die Regierungsgeschäfte, und seine Gutachten waren das wertvollste Material für den Geheimen Rat. Möser schrieb an Nicolai über seine neue Stellung, daß er vom Könige dem kleinen Bischof zugeordnet und schlechterdings instruiert sei, in allen Sachen sein Gutachten vorher abzugeben.[1]) Nur wenige Männer in Osnabrück waren in die Londoner Absichten eingeweiht. In den ersten Jahren der vormundschaftlichen

---

[1]) Diese Briefstelle umschreibt wohl nur den Konsulentenauftrag Mösers und setzt nicht neben demselben noch eine zweite, geheime Instruktion voraus. Denn in Mösers Mitteilung über seine Audienz beim König in einem Brief an v. Lenthe vom 6. März 1764, dessen Inhalt allerdings nicht als erschöpfend angesehen zu werden braucht, verlautet nichts davon, St.-A. Osn. L.-A. B. 552, und auch sonst unterstützen die Alten nicht die Annahme eines zweiten Auftrags. — v. Bar, der den Konsulentenauftrag allerdings nicht kannte, meinte noch Nicolai, der sich auf jene Briefstelle stützte, widerlegen zu können, indem er Mösers maßgebenden Einfluß erst aus seinem Referendariat ableitete. Mösers s. W. X, p. 31 u. 94.

Regierung gehörten zu biefem Kreis v. Lenthe, die beiden Regierungsräte v. b. Busſche und v. Ende, ſowie der Rat Möſer und der General= leutnant v. Schele. Als v. b. Busſche 1772 als Miniſter nach Hannover ging, rückte v. Ende in die erſte Stelle der Regierung ein. Die zweite Stelle erhielt Frh. Riedeſel zu Eiſenbach, deſſen Nachfolger 1780 v. Arnswaldt wurde. Ihr aller Vorgeſetzter aber, der Geheime Rat v. Behr in London, ſtand, bis er 1771 als Kammerpräſident nach Hannover ging, nur mit v. b. Busſche und Möſer in ſtändigem Briefwechſel.[1]) Seine Briefe waren zumeiſt nur erläuternde Begleitſchreiben zu den auf die Osnabrücker Regierungsberichte erfolgenden Reſkripten des Königs. Möſer ſchrieb er auch über deſſen litterariſche Arbeiten und war in den Briefen an dieſen ihm vertrauteren Empfänger mitteilſamer als gegen v. b. Busſche. Wenn dann Möſer über irgend etwas vor den Regierungsräten informiert war, gab v. Behr wohl den Rat: „Ew. Wohlgebohren wißen aber von allem dieſem nichts. wen Denen Selben waß davon geſaget wird, ſo hören Sie es mit einem langen Geſichte an; ziehen falten, und überlägen es, ſo guth ſie können.“[2]) — Neben Möſer ſtanden in der leitenden Schar die beiden Regierungsräte v. b. Busſche und v. Ende. Mit letzterem kamen ſowohl Möſer als auch die Stände 17 Jahre hindurch gut aus. Schwer hielt dies zunächſt bei v. b. Busſche.[3]) Wohl trat dieſer mit dem redlichſten Eifer für das königliche Intereſſe in die Geſchäfte ein. Aber ſchon im September 1765 ſchrieb v. Behr an Möſer: „es thut gemeiniglich am wenigſten, der alles ſelbſt thun will; ich bedaure dies bey dem genannten; inzwiſchen bitte ich Gedulb zu haben.“ Der hypochondriſche Herr beſaß nicht die gewinnende Art, um ſich in die Osnabrücker Verhältniſſe ſchnell einzuleben. v. Behrs Korreſpondenz mit Möſer war ihm ein Dorn im Auge, und wohl mit Recht vermuteten v. Schele und Möſer, daß v. b. Busſche die Regierungsführung für ſich

---

[1]) Briefe v. Behrs an v. b. Busſche, ca. 150, 5. Febr. 1765 bis 27. Okt. 1771, St.=A. Hannover, Calenb. Briefs=Archiv Des. 15, Perſonalakten v. Behrs Nr. 4. Briefe an J. Möſer, ca. 90, aus den Jahren 1765—1768 und 1771, Handſchriftenſammlung St.=A. Osnabrück, Manuſkript 87. v. Behr ließ ſich einige Monate im Jahre 1768 und in den Jahren 1769 u. 1770 in ſeinem Londoner Poſten vertreten (v. Meier a. a. O. I, p. 177), ſodaß aus dem Ausſetzen des Briefwechſels während dieſer Zeit ein Briefverluſt nicht zu erſchließen iſt.

[2]) Brief an Möſer 11. Okt. 1765.

[3]) Briefe v. Behrs an Möſer vom 27. April, 19. Aug., 3. Sept., 2. Nov. 1765, 27. Okt. 1766.

und seine Hannoveraner reservieren wolle. Sein schroffes Auftreten war wenig geeignet, der neuen Landesherrschaft Freunde zu erwerben. Eine geringfügige Streitfrage nahm er 1767 zum Anlaß, die Kanzlei hochfahrend zu behandeln und ihr eine beleidigende Zurechtweisung zu geben.¹) Die Stadt beabsichtigte im Herbst 1766 eine Beschwerdedeputation nach London zu senden. Alles dies war Anlaß, daß — wohl auf Scheles Rat — der inzwischen zum Celler Oberappellationsgerichtspräsidenten avancierte v. Lenthe auf des Königs Wunsch dem Landtag von 1768 beiwohnte.²) Die persönlichen Reibereien wurden mit der Zeit durch die Übereinstimmung der Londoner Freunde in sachlichen Fragen überwunden, und v. d. Bussche blieb bis 1772 in Osnabrück. Zum Segen für das Land war sein Verhältnis zu Möser gut, und er suchte diesen schon 1767 zur Teilnahme an den Regierungssitzungen zu bewegen.³)

d) Justus Möser wird Referendar.

Möser ging erst im folgenden Jahre auf das Verlangen ein, als das Referendariat in der Regierung frei wurde. Auch als Referendar⁴) erhielt er weder Sitz noch Stimme im Regierungskollegium, was er schon 1764 ausgeschlagen hatte, da er zugleich in ständischen Diensten bleiben wollte. ¡ Das Patent vom 29. März 1768⁵) verpflichtete ihn zur Teilnahme an den ordentlichen und außerordentlichen Regierungssitzungen und gab ihm den Vortrag in allen Regierungsangelegenheiten, „insonderheit aber in Religions und publiquen, gedachtes Hochstift betreffenden, bey dem Reichs=Convent, oder bey dem Kayserl. Reichs Hofrath und dem Reichskammergericht, oder sonst vorkommenden Sachen und Angelegenheiten, welche etwa von der Osnabrückischen Land und Justiz Canzley, dem Consistorio, officialatgericht, von denen Archidiaconis, auch Beamten, Gografen und sonst an die Osnabrückische Regierung gelangen." ¡

Die Ämter des Referendars und des ritterschaftlichen Syndikus waren die beiden Stellen, von denen Möser im politischen Leben seines Heimatsstaates fortan wirken konnte. Eine weitere Staffel gab es in

---

¹) St.=A. Osn. L.=A. B. 552.
²) Brief v. Behrs an v. Lenthe 18. Nov. 1767, ebb.
³) St.=A. Osn. Abschn. 259, 8.
⁴) Möser wurde nicht 1768 Geheimer Referendar, wie Nicolai a. a. O. p. 22 angibt, sondern erst 1783.
⁵) Originalausfertigung in der Bibliothek d. Ratsgymnasiums in Osnabrück, hs. A. LXXIII.

seiner Laufbahn nicht mehr. Wohl bachten seine Freunde an höhere
Titel und Zulagen zu seinem Gehalt. Er selbst gelzte nicht darnach.
Erhielt er als Referendar 350 Taler zu seinem Konsulentengehalt,[1]) so
folgte 1769 eine Zulage zu letzterem von 200 Talern auf besonderen
Wunsch v. Behrs.[2]) Möser schrieb dem Freunde, es sei ihm an einer
solchen nichts gelegen, da er genug habe und doch nicht mehr als einen
Pudbing auf den Tisch bringen lassen werde. Auch möge man ihn ja
mit Titeln und Hörnern verschonen, indem er das Recht durch einen
Zaun zu kriechen nicht daran geben wollte.[3]) Als man ihm 1778 aus
Anlaß seiner großen Verdienste in der Abwicklung von Geschäften, die
sich aus der Aufhebung des Jesuitenordens ergaben, den Charakter
„Geheimer Justizrat" verleihen wollte, lehnte er ab,[4]) und erst am Ende
der Minderjährigkeitsregierung ließ er sich die Ernennung zum Geheimen
Justizrat und Geheimen Referendar gefallen.[5]) Es war am
Abschluß einer Epoche, in der Möser auf die trefflichste Art das zu
Beginn der Minderjährigkeitsregierung gegebene Versprechen des Königs
erfüllt hatte, diese dem Lande nützlich und erprießlich zu machen.

Bei den reichen Gaben Mösers und seinem starken Schaffensdrang
läßt sich die Frage nicht abweisen, ob es ihn nicht aus der engen
Welt seines Staates hinausgezogen hat? Der Dreißigjährige
wäre wohl gern in die größeren Verhältnisse des benachbarten Kurstaates
hineingewachsen. Er lehnte jedoch damals den an ihn ergangenen Ruf
ab, da er die Hoffnungen zu fühlen begann, die man auf ihn setzte.
Als er sobann während und nach dem Kriege dem Landesherrn und den

---

[1]) S. Patent; über Mösers Gehälter in öffentlichen Diensten s. Anlage 2.
[2]) Brief von Behrs an einen der beiden Regierungsräte 19. Mai 1769,
St.-A. Osn. Abschn. 259, 7, St. 46b.
[3]) Mösers s. W. X, p. 33—35.
[4]) St.-A. Osn. Abschn. 259, 8, Regierungsantrag 4. Dez. 1778 und kgl.
Reskript 22. Dez. 1778; letzteres mitgeteilt Mösers s. W. X, p. 96f.
[5]) St.-A. Osn., Personalakten Mösers. Patent v. 16. Aug. 1783 mitgeteilt
Mösers s. W. X, 97f. nebst dem Handschreiben d. Bischofs 10. Aug. 1783.
Original desselben i. Osn. Städtischen Museum, Osnabrücker Zimmer, Möserkasten.
Sonderbarerweise gibt der Osn. Stiftskalender, der Möser unter der Regierungs-
rubrik als Rat u. Regierungsreferendar seit 1769 führt, ihm unter den Rubriken
advocati patriae und Criminalgericht das Prädikat Geheimer Referendar. Selbst
Möser vertraute Männer wie v. Ende und v. Riedesel fallen oft in diesen
Fehler, während die offiziellen Schreiben den richtigen Titel bringen, für den in
diesem Falle auch das Patent ausschlaggebend bleibt.

Ständen unentbehrlich wurde, war er seinem Stifte vermählt. Es wurde ihm die Stätte seiner Geburt zur Heimat seiner ausgereiften Persönlichkeit. Er liebte den heimischen Boden, die gesunde, derbe Art seiner Bauern, Bürger, auch des Adels, und aus Mösers Wiedergabe des leichtfertigen Spottes eines durch Westfalen reisenden Gaskogners[1] über diese „vernünftigen Menschen", die emsig vor sich hin arbeiten, unter denen man weder Narren noch Genies antreffe, die ihre Seelen bloß mit gesunden Wahrheiten füttern und eine gute Predigt lieber als eine Oper hören, klingt der Ton des Liedes einer späteren Landsmännin:

> Hat jeder doch sein eignes Blut
> Und seiner eignen Heimat Segen.

So war Mösers Wesen eng verknüpft mit allem, was die rote Erde trug. Und er selbst wurde der unermüdliche Schilderer des westfälischen Bauerntums, er zeichnete mit seinem unerschöpflichen Humor die verschiedenartigsten Seiten des bürgerlichen Lebens. Er lehrte die guten Sitten aus alter Zeit bewahren, pries in launigen Erzählungen Arbeit und Familienleben und spottete über ein luxuriöses Gesellschaftsleben mit seinen Modenarrheiten: „Das Leere der glänzenden Freuden" müßte dem „Notwendigen in seiner Vollkommenheit" weichen.

Allein für die Zufriedenheit des Wirkens im engen Kreise kam noch ein anderes hinzu. Das Kraftbewußtsein des Geistes, der die Geister lenkt, war Mösers echter Bescheidenheit nicht fremd. Wohl begehrte es nichts für sich, aber im Wirken war es überaus fruchtbar. Wie Möser mit Ungeduld die Abreise von London herbeisehnte, um in den heimischen Verhältnissen den Platz einzunehmen, der ihm allein offen blieb, so verband er dann die ihm übertragenen Ämter in sich zu einer beherrschenden Gesamtkraft im Staate.

---

2. Mösers politische Führerschaft in Osnabrück.

a) Möser als Geschäftsmann.

Als Regierungsreferendar hatte Möser den Vortrag in allen Regierungsangelegenheiten. Dabei zeigte sich die bewunderungswürdige Art seines lebhaften Geistes und seines unermüdlichen Fleißes darin, daß er sogleich jede neue Materie in den Kreis seiner Gedanken zwang

---

[1] Mösers s. W. II, 46.

und sich nicht nur darauf beschränkte, die Richtlinien für die Tätigkeit der Regierung zu geben, sondern bei den wichtigen Sachen durch die Ausarbeitung im einzelnen sich ihrer Durchführung versicherte. Bei den Neuschöpfungen der Regierung, wie in dem täglichen Kleinkram der Eingaben von Behörden und schlichten Landleuten bewies er die gleiche Sorgfalt. Stets blieb er der gerechte Verwaltungsmann, der nicht allein nach dem Ruhm des Gesetzgebers strebte. In den meisten Fällen war den Regierungsräten nur das Geschäft vorbehalten, Mösers Konzepte zu signieren. Über die Peinlichkeit, mit der er seine Vorträge, Gutachten und die Resolutionen auf die Eingaben besorgte, ließ er den auch über die Osnabrücker Regierungsart spottenden Gaslogner also sprechen: „Was würde es auch für eine erschreckliche Arbeit sein, alle Krankheiten zu untersuchen, alle Sachen selbst einzusehen, und so wie euer Herr M... thut, bei jedem Ja und Nein, was er auf die eingekommenen Vor- stellungen setzt, mit einem Buchstaben noch besonders zu bemerken, ob das Nein piano, andante, andantino, grave, forte, piacevole, grazioso, oder staccato und alla breve ertheilet werden soll."[1] /

Infolge des bestimmenden Einflusses Mösers auf seine Umgebung gestaltete sich der Verkehr der Regierung mit der Londoner Kanzlei äußerst bequem. Die Regierungsberichte begleiteten die in Osnabrück abgefaßten Landtagspropositionen, sowie die auf die Stände- diktaturen oder sonst erlassenen, ebenfalls in Osnabrück verfertigten Reskripte des Königs mit Erläuterungen, und die Akten schienen sodann nur deswegen über den Kanal zu gehen, um mit dem Namenszug des Königs versehen zu werden. Gleichwohl verfolgte v. Behr fleißig die Osnabrücker Sachen; aber er befand sich zumeist mit Möser in Überein- stimmung und setzte großes Vertrauen in ihn. In nur wenigen Fragen, etwa hinsichtlich der Bewilligung des Subsidiums, zeigte man in London größere Selbständigkeit. Obwohl Möser kein Votum in der Regierung hatte, so ließen ihn die Regierungsräte doch, wenn sie zweierlei Meinung waren, den Ausschlag geben. Jedoch nach einer geringen Differenz — über eine Thran- und Lichtrechnung! —, die v. Riedesel 1776 mit v. Ende hatte, wünschte ersterer eine feste Norm, wie bei Gleichheit der Stimmen zu verfahren sei. v. Riedesels Meinung war, im Zweifelsfall stets Möser entscheiden zu lassen, und v. Ende hielt es nicht für

---

[1] Hier stand im Intelligenzblatt 2. Januar 1773 „so wie der Cardinal Mazarin that". Die Umänderung in den Patriot. Phantas. II, 46 läßt erkennen, wie Möser oder seine Tochter die Stelle verstanden haben wollten.

erforderlich, darüber in London anzufragen. „Da ich in die großen Kenntniffe und vielen guten Eigenschafften unfers lieben Herrn Geheimen Referendarii ein befonderes Zutrauen fetze, fo bin ich auch ohne höhere Anweifung gern zufrieden, in causis dubiis mit Ew. Hochwohlgeb. auf ihn zu compromittiren, wie fchon offt gefchehen ift." Als auf v. Riebefels Wunfch der Londoner Befcheid dennoch erfordert wurde, war das Minifterium v. Alvensleben nicht geneigt, bedingungslos dem Vorfchlag zuzuftimmen, fondern behielt fich in den wichtigften Sachen die Entfcheidung felbft vor.[1])

Mofers ftaatsmännifche Begabung kam am vollften in der jähr= lichen Landtagsarbeit zur Entfaltung. Schon 1764 bereitete er die Einberufung des erften Landtages der vormundfchaftlichen Regierung vor, was um fo forgfältiger gefchehen mußte, da das Domkapitel dem König das Recht dazu nicht zugeftehen wollte.[2]) Er lieferte dann den Entwurf einer erften Landtagspropofition auf das Jahr 1765, der vom König faft in feinem ganzen Tenor gebilligt wurde. So blieb es auch fortan. Die Landtagspropofitionen und die auf die Ständebiktaturen gegebenen königlichen Refkripte[3]) waren ftets „mit Zuziehung des Raths Mofer" oder „von befagtem Rath Mofer felbft" angefertigt, und die Regierungsberichte an den König vergaßen nicht darauf hinzuweifen.[4]) Die Landtagspropofitionen enthielten in programmatifcher Kürze in den erften Jahren eine Summe von Wünfchen Mofers, die er zum Teil fchon in den Jahren zuvor dem Domkapitel und fpäter v. Lenthe vor= getragen hatte. Erft nachdem ein großer Teil derfelben erfüllt war, befchränkten fich gegen 1783 die Regierungsvorlagen auf wenige größere Fragen. Der Stil diefer Schriftftücke ift belebt von dem warmen Eifer, mit dem Mofer feine Ideen vertrat.

Denn was in den Landtagspropofitionen als das Programm der Regierung erfchien, war aus Mofers Initiative hervorgegangen.

---

[1]) St.=A. Osn. Abfchn. 254, 21.

[2]) St.=A. Osn. L.=A. B. 242, „Mofers Gedanken wegen eines aus= zufchreibenden Lehn= und Landtages" i. d. Reg.=Ber. 17. Juli 1764.

[3]) Die landesherrlichen Propofitionen, die Diktaturen als das Ergebnis der ftändifchen Beratung und die den Landtag abfchließenden tgl. Refkripte nebft den Regierungsberichten zu diefen drei Arten von Akten find für die Jahre 1765—1783 vereinigt i. St.=A. Osn. L.=A. B. 242, 243, 243a, 244.

[4]) Die Nachweife dafür erbringen faft vollftändig die in voriger Anmerkung genannten Regierungsberichte, erftere fehlen allein betreffs der tgl. Refkripte aus den Jahren 1765—1767, 1772 und 1775.

Jedes der einzelnen Aktenkonvolute des Geheimen Rates über die gesetz=
geberischen Arbeiten des Landtags beginnt mit einem Gutachten
Mösers. Diese Propositionen und Gutachten sind als die Staats=
schriften des führenden Mannes anzusehen, und besonders die letzteren,
die mehr in das Detail gehen, zeigen eine Vertrautheit mit dem Stoffe
und eine Beherrschung desselben, überall Klarheit des Gedankens und
Ausdrucks, die deren reifste würdig neben den „Patriotischen Phantasien"
erscheinen lassen.

Überaus beträchtlich war die gesetzgeberische Arbeit der 20 Jahre
der Minderjährigkeitsregierung. Zum Erfolg trug bei, daß man die
Stände in ihrer Empfindlichkeit betreffs ihres vermeintlichen Rechts der
G e s e t z g e b u n g schonte. Man zog sie stets zur Beratung der Verord=
nungen hinzu. Zwar bei dem Versuch der Stände, sich ihr Recht
bestätigen zu lassen, griff die Regierung zu einer Ausflucht. Ungleich
versöhnlicher dachte hier Möser, der den allerdings abgelehnten Satz in
dem Entwurf des königlichen Reskripts geschrieben hatte: „Se. Königl.
Majestät werden löbl. Stände räthliche Meinung allezeit gern ver=
nehmen. [1])

Möser stand in beiden Lagern. Auch als s t ä n d i s c h e r S y n=
d i k u s betrieb er in der Ritterstube die Erfüllung der Absichten, die er
in den Propositionen der Regierung ausgesprochen hatte. Gerade er
war geeignet, die Regierungsvorlage den Ständen mundgerecht zu machen,
und er wußte am besten, wo er an den eignen Forderungen nachlassen
konnte. Zudem befriedigte er das Selbstgefühl der Stände, indem er
sie Anstoß zu Neuerungen geben ließ. In den drei großen Desiderien
der nachsitzenden Stände aus den Jahren 1766 und 1767 wurden
Fragen der Landespolizei, des Handels und Kreditwesens erörtert, Ver=
besserungen der Justizverfassung und die Anlage eines Intelligenzblattes
vorgeschlagen. Hier lagen der Regierung Schriftstücke aus Mösers
Feder vor, wie auch in manchen Gutachten ähnlichen Inhalts und über
den Leinwandhandel [2]) und die Wollmanufaktur, [3]) die als Beitrag der
Stände zu der Landtagsarbeit figurierten. So mußte Möser in vielen

---

[1]) Nur zum Teil gedruckt mit den königlichen Reskripten cod. const. Osn. I,
p. 369—376. — Mösers Konzepte der drei Desiderien vom 27. Jan. und 9. April
1766 und 31. Jan. 1767 R.=A. 644, p. 325—339, 441—444, 659—665;
die königlichen Reskripte dazu R.=A. 644, p. 361—366, 459—461, 667—671.
Mösers Konzept des ersten Reskripts St.=A. Osn. L.=A. B. 242.

[2]) R.=A. 644, p. 682/84, dazu p. 518.

[3]) R.=A. 644, p. 1783/89.

Küchen kochen, wie er an Nicolai schrieb,[1] und in seinem kleinen Staate maître Jacques spielen. Er legte etwa das Desiderium vom 27. Januar 1766 in der Ritterstube vor, erhielt hier wie im städtischen Kollegium die Billigung desselben und schrieb als Konsulent der Regierung die Antwort des Königs darauf.

Daß Möser das Amt in einer Regierungsbehörde mit dem in einer landständischen Kurie vereinigen konnte, mußte in Osnabrück um so sonderbarer berühren, als das letzte Jahrhundert an dem nie ruhenden Haber zwischen Landesherrn und Landschaft gelitten hatte. Als der Anwalt der Unterdrückten hatte er sich zuerst einen Namen gemacht, die Ritterschaft und die Protestanten sahen in ihm ihren besten Sachwalter, die Stände lernten während des Kriegs seinen besonnenen Rat kennen, und die neue Regierung konnte dieses einsichtigen und versöhnlichen Mannes nicht entraten. So erlangte er die Ämter und gewann die Herzen seiner Osnabrücker. Seine Gelehrsamkeit, die liebevoll dem Studium der heimischen Geschichte, ihrer Verfassung und Rechte zugewandt war, paarte sich mit väterlicher Fürsorge für den Landmann. „Vor dem sogenannten gemeinen Manne, dem steuerbaren Landmanne ließ er sich nie verleugnen".[2] Der Geheimrat trat selbst in das Haus des Landmannes, und im alten Lehnstuhl sitzend unterhielt er sich mit dem Bauer.[3] Rechtschaffenheit und Berufstreue zeichneten ihn im hohen Maße aus. Dem edelsten Charakter und den trefflichen Gaben seines Verstandes dankte er das Vertrauen aller Teile. So vermochte er nach seinem Amtsjubiläum 1792 an Nicolai zu schreiben: „ich kann mit Wahrheit sagen, daß mich in den fünfzig Jahren Vieles erfreuet, Wenig betrübt und Nichts gekränkt habe, ungeachtet ich in sehr besonderen Verhältnissen stehe, indem ich Herrn und Ständen zugleich diene, für diese die Beschwerden und für jene die darauf zu ertheilenden Resolutionen gebe, et sic vice versa. Aber was kann man nicht, wenn man ein langjähriges Vertrauen für sich hat?"[4] Er war der stets sorgende und allgeliebte Patriarch seines Heimatstaates geworden.

---

[1] Brief v. 1. Juli 1779, Mösers s. W. X, p. 162.

[2] W. Stüve, Über Möser und dessen Verdienste ums Vaterland u. s. w. Osnabrück 1798, p. 14.

[3] Mösers s. W. I (Abekens Biogr.), p. 59.

[4] Brief v. 6. April 1792 Mösers s. W. X, p. 199. Mösers Amtsjubiläum ist merkwürdigerweise zwei Jahre zu früh gefeiert worden, da er erst 1744 ritterschaftlicher Sekretär geworden war.

»Auch die Art seines äußeren Auftretens trug zu dem Erfolg seines Wirkens bei. „Sein mündlicher Vortrag war einnehmend, nie mit gesuchten Worten geschmückt: Aber Sanftmuth, Bescheidenheit, Präcision und eine gewisse gefällige Laune gaben ihm eine Kraft, wodurch alles, was Möser vortrug, eine gewisse Art von Originalität erhielt. Er suchte nie zu gefallen, sich nie auszuzeichnen und gefiel eben deswegen immer."[1]) Vor allem aber gewann er durch die unverwüstliche Güte und Heiterkeit seines Gemütes. „So wie alles im Möserschen Hause einem heitern Frühlingsmorgen glich; so heiter war es auch immer um den geschäftigen Möser, wenn er für das Wohl des Vaterlandes arbeitete".[2]) Gerade bei den Landtagsgeschäften in einem Kleinstaate, die sich in der Residenzstadt abspielten, wo die politisch einflußreichen Männer in bauerndem geschäftlichen und gesellschaftlichen Verkehr standen, mußte der friedliebende, vermittelnde Charakter Mösers von großem Gewicht sein. |

Seine Geschäftsgewandtheit mag an zwei Beispielen gezeigt werden, die uns schon mitten in die Landtagsverhandlungen der ersten Jahre führen.

Der Vergleich mit der Stadt wegen des Zuchthauses.

Um die Harmonie unter den Ständen herzustellen, war die Regierung darauf bedacht, durch einen gütlichen Vergleich den alten Streit auszutragen, der zwischen der Stadt einerseits und der Landesherrschaft und den vorsitzenden Ständen andererseits wegen des Zuchthausbaues in der Neustadt bestand.[3]) Im Jahr 1753 hatten die letzteren sich für den Bau eines Kerkers in der Stadt Osnabrück ausgesprochen. Zugleich war die Errichtung einer neuen Behörde zur Voruntersuchung der Kriminalfälle, eines Kriminalgerichts, bestehend aus einem Justitiar und einem Aktuar, geplant. Eine bessere Inquisition der Strafgefangenen und eine schnellere Erledigung des Strafverfahrens war durch diese Einrichtung ermöglicht, da die Kanzlei als oberste Kriminalbehörde die Voruntersuchung bislang mangels eines eigenen Gefängnisses in der Stadt nur durch die Gografen und die Beamten auf den Ämtern hatte vornehmen lassen können. Die Stadt hatte heftig gegen den Beschluß, vorzüglich gegen den Bau innerhalb der Stadt protestiert, in der sie die volle Strafgerichtsbarkeit besaß. Ihr so streng gehütetes merum imperium, ihre Gerecht-

---

[1]) Stühle a. a. O. p. 20.
[2]) Stühle a. a. O. p. 13.
[3]) Z. Vorgeschichte J. E. Stüve a. a. O. p. 448—450. St.-A. Osn. L.-A. B. 294, Reg.-Ber. 17. Jan. 1767.

fame glaubte fie gefährbet. Als barauf ein Prozeß beim Reichskammergericht von ber Stadt angeftrengt war, hatte bie beklagte Partei gegen
Hinterlegung einer Kaution.burch Urteil vom 18. Mai 1754 bie Zu-
laffung bes Baues erlangt, ber bann auf bem Plaze ber von ben Jefuiten
angekauften Auguftinerkirche begonnen wurbe. Der Krieg hinberte bie
Bollenbung bes Baues, als Spital unb Magazin fanb er mehrmals
Berwenbung, bis mit bem Frieben ber Wunfch nach einem Gebrauch
ber neuen Einrichtung erwachte.

Möfer, ber bamals bereits Kriminaljuftitiar war, erhielt von ber
Regierung ben Auftrag, in ihrem Namen mit ber Stadt zu verhanbeln.
Diefe ließ fich jeboch zur Annahme ber in ber Inftruktion genannten
Punkte nicht bereit finben.[1] Wo Möfer felbftänbiger hanbeln konnte,
wurbe bie Bahn fchneller frei. Denn in bas Bergleichsprojekt,[2]
bas bie Ritterfchaft von ihm erbeten hatte, willigte bie Stadt fogleich
ein. Als aber bas Projekt ber Regierung vorgelegt wurbe, erblickte
biefe barin einen Eingriff in ihre lanbesherrlichen Gerechtfame, ba es in
ber Form eines Bergleichs zwifchen ber Stadt unb ber Ritterfchaft
abgefaßt fei. Möfer wies ben gereizten Borwurf beftimmt in einem
Promemoria vom 7. April 1767 zurück.[3] Es ift bies eines jener
Stücke, bie uns ben aufrechten Mann unb zugleich beffen biplomatifchen
Takt zeigen. Möfer hatte nämlich inzwifchen am 31. März 1767 von
ber Regierung eine zweite Inftruktion zur Berhanblung erhalten,[4] bie
noch nicht bie von Möfer in bas erwähnte ritterfchaftliche Bergleichsprojekt
aufgenommenen Zugeftänbniffe enthielt. Unb boch beruhte fchließlich auf
biefem ber Bergleich, ber am 15. Mai 1767 vom König genehmigt unb
am 29. Mai von ber Stadt akzeptiert wurbe.[5] Über bie Rechte ber
Stadt an bem Kerker, über Zeugenverhör, über Exekutionen, über bie
Akzifefreiheit ber im Zuchthaufe konfumierten Waren einigte man fich
balb. Strittig blieb bis zulezt, ob ber Juftitiar unb Aktuar, falls fie
nicht fchon auf anbern freien Plätzen ober in ben zum Zuchthaus
gehörigen Gebäuben wohnten, von ber Magiftratsgerichtsbarkeit unb ben
bürgerlichen Laften frei fein follten. Es war Möfers Berbienft, eben in
jenem Promemoria bem König zur Nachgiebigkeit in biefem Punkte zu
raten, ber ihm von vornherein am wichtigften erfchienen fein mag,

---

[1] Reg.-Ber. 6. Febr. 1767, St.-A. Osn. L.-A. B. 243.
[2] R.-A. 644, p. 176.
[3] Reg.-Ber. 1. Mai 1767, St.-A. Osn. L.-A. B. 243.
[4] Reg.-Ber. 1. Mai 1767.
[5] Ebb. u. cod. const. Osn. I, p. 697—702.

enthielt er doch eine Frage, deren rechtliche Natur ihn ungemein anzog. Er wollte von der hergebrachten Freiheit der Landesbedienten von den städtischen Lasten keinen Schluß auf die neu geschaffenen Ämter des Justitiars und Aktuars zulassen und vertrat den Satz „gemeine Gründe müssen gemeine Lasten tragen." Die neuen Ämter kämen dem ganzen Lande zu gut, und so müßte, falls deren Inhaber persönlich frei von Lasten sein sollten, die Stiftskasse an ihrer Stelle zahlen: „Man mag die Sache auch von einer Seite betrachten, von welcher man will; so ist gar kein Grund zu finden, warum die Stadt allen und jeden Landesherrlichen Bedienten die Freyheit von den bürgerlichen oneribus zu laßen schuldig seyn sollte. Dem ganzen Hochstifte, nicht aber einem einzelnen Orte oder Flecken kann die Verbindlichkeit wohl aufgeleget werden, diejenigen Personen, so in des Herrn oder des Landes Dienste sind, die Freyheit zu verschaffen. Ein jeder einzelner Ort braucht nur seine eigene oder die zu seinem Bezirk gehörige Bediente frey zu laßen." Der Bau des Zuchthauses, der insgesamt 60000 Taler kostete,[1]) konnte nach dem Vergleich vollendet und benutzt werden. Zum Entgelt für die Bereitwilligkeit des Osnabrücker Magistrats bewilligte der König den beiden städtischen Landräten eine Salarerhöhung und der Stadt eine kleine Kriegsschuldenvergütung.[2]) Möser wiederholte im Mai 1769 vor der Öffentlichkeit die Rechtmäßigkeit der städtischen Forderung in dem Aufsatz „von der Steuerfreiheit in Städten, Flecken und Weichbildern.[3])

Der Schuldenabtrag.

Wurde so ein alter Streit gütlich geschlichtet, so war in den ersten Jahren der neuen Regierung die Bewilligung des subsidium principis ein Zankapfel, der auf dem Landtage die Gemüter erhitzte. Bei dem Für und Wider hinsichtlich der zu bewilligenden Summe standen nach Mösers Urteil weniger sachliche Erwägungen in Frage, vielmehr entluden sich an diesem Gegenstande die persönlichen Antipathien in den Reihen der Ständemitglieder.[4]) Denn die Gesamtforderung des Königs für den jungen Bischof war nur gering. Die 55000 Taler, die Friedrich von York im Jahresdurchschnitt von den Ständen erhielt, waren eine bescheidene Summe im Verhältnis zu den Anforderungen Klemens Augusts.

---

[1]) Brief Mösers a. Nicolai 1782, Mitt. b. hist. Ver. Osn. Bd. XXXI (1906), p. 254.

[2]) R.-A. 644, p. 667—672 u. 675—677.

[3]) Mösers s. W. I, 39.

[4]) St. A. Osn. L.-A. B. 553, Reg.-Ber. 3. Febr. 1770.

Die übrigen Mittel der Stiftskaſſe wurden für die Hebung der Landes=
wohlfahrt frei. Schon die Landtagsproposition von 1765 eröffnete den
Ständen die Abſicht des Königs, während der Minderjährigkeit des
Biſchofs die aus dem letzten Kriege herrührende Schuldenlaſt des Landes
zu tilgen. Zweimal jedoch kam es wegen des Schuldenabtrags zu
Konflikten zwiſchen dem König und den Ständen. Im Jahre 1766[1])
überlieferte das engliſche Kriegskommiſſariat 100000 Taler an die
Stiftskaſſe, die die Stände völlig auf den Schuldenabtrag verwenden
wollten, während der König, um ein höheres Subſidium zu gewinnen,
nur einen Abtrag von 60000 Talern guthieß, weil ſonſt die Kapitalien
der auswärtigen Gläubiger aus dem Lande fließen oder bei Rückzahlung
an Einheimiſche ein Geldüberfluß im Lande entſtehen würde. Gegenüber
dieſen Einwürfen des königlichen Reſkripts, die v. d. Busſche[2]) ſaden=
ſcheinig genug fand, ſetzten die Stände ihren Willen durch. Möſer ver=
faßte die ſtändiſchen Deſiderien vom 1. März und 8. April 1766.[3])
Das erſte wies auf den Geldmangel im Lande, die fallenden Grundſtücks=
preiſe und die ſteigenden Zinſen hin. Das zweite Stück war kräftiger.
Vor allem ſeien die Gelder vom Kriegskommiſſariat doch als Entgelt für
die im Kriege verlangten Leiſtungen eingekommen und dürften im
Intereſſe der Untertanen von den Ständen nur zur Erſtattung der
damals aufgenommenen Schulden verwandt werden. „Der Vortheil oder
Schade einiger Gläubiger, wovon noch über die Hälffte Ausländer und
der Überreſt Kaufleute, wenigſtens keine ſchatzbare Unterthanen ſind, mag
ſchwerlich gegen jene groſſe Bewegungs=Urſachen in einen überwiegenden
Betracht gezogen werden, indem in jedem Lande der ſchuld= und ſchatz=
tragende Unterthan, welcher kenntlich den größten und wichtigſten Theil
der Einwohner ausmacht, die erſte Rückſicht; und die Befreyung von
Schulden alle Begünſtigung in Rechten verdienet.“

Den zweiten Zuſammenſtoß in der Schuldenſache brachte das Jahr
1770. Da damals noch 228000 Taler von der letzten Kriegsſchuld
abzutragen waren, und die Minderjährigkeit noch 13 Jahre dauerte, ſo
wünſchte der König in dieſer Zeit einen jährlichen Abtrag von 17500 Talern.[4])

---

[1]) Landtag 1766 St.=A. Osn. L.=A. B. 242.

[2]) Gutachten deſſelben: Ob es anzurathen, mit dem Abtrag der Stifts
Schulden, der vorhin gefaßten Abſicht gemäß, fortzufahren. St.=A. Osn. L.=A. B. 553.

[3]) Möſers Konzepte dieſer beiden Stücke K.=A. 644, p. 425—428 und
p. 483—489.

[4]) St.=A. Osn. L.=A. B. 244, Reſkr. 2. März 1770.

Die Stände erklärten,[1]) daß man im einzelnen von ben Umständen ber Stiftskaſſe abhängig ſei. Das Domkapitel[2]) fand es insbeſondere „präjubicierlich", bas Quantum zum voraus auf mehrere Jahre zu beſtimmen, während bie Ritterſchaft ben König an ſein eigenes Verſprechen erinnerte, möglichſt ſchnell bas Land von ber Schulbenlaſt zu befreien.[3]) Dieſen Standpunkt vertrat ſchon zu Anfang ber Regierung Möſer,[4]) ber im übrigen auch ben kleinen Haber zu beſeitigen ſuchte. Auf ſein Zureden gab ber König 1770 ben Ständen ein wenig nach. Dieſe trugen dann ſelbſt im folgenden Jahre, wie Möſer zuvor verſichert war,[5]) auf einen feſten Satz an, ſobaß bie nächſten 4 Jahre je 22000, bie weiteren vier Jahre je 24000 Taler abgetragen werden ſollten. Damit erklärte ſich ber König einverſtanden.

Im ganzen wurden von 1765—1779 bie Schulden aus bem letzten Kriege in Höhe von 488000 Talern abgetragen,[6]) nach Möſers Schätzung[7]) 600000 unter Berechnung ber Vergütungen für Lieferungen. Dazu kamen für Verzinſung ber obigen Summe noch 200000 Taler.

So wertvoll bereits bie Verhandlungen über bieſe beiben Gegen= ſtänbe ſinb, um Möſer als ben geſchickten Unterhändler, als ben verſöhn= lichen unb aufrichtigen Sachwalter beiber Parteien erkennen zu laſſen, — es wird an ihnen noch nicht ſeine publiziſtiſche Bebeutung offenbar; unb boch vollenbet erſt ihre Betrachtung bie Einſicht in ben beherrſchenben Einfluß Möſers auf bie geſetzgeberiſchen Arbeiten bes Osnabrücker Lanbtags.

b) Möſer als Publiziſt.

Möſer, ber als Referenbar unb Syndikus, als ber Vertrauens= mann ber Regierung unb ber Stände ſeinen Wünſchen in Verwaltung unb Geſetzgebung Ausbruck verleihen konnte, ſchuf ſich einen weiteren Hebel ſeines Einfluſſes in ben „Wöchentlichen Osnabrückiſchen Anzeigen."

---

[1]) Stbe.·Antwort 29. März 1770 ebb. Konzept Möſers R.·A. 644, p. 1419—1422.

[2]) Resol. Kev. Capituli 15. Juni 1770 ebb.

[3]) Resol. Ord.-Equestr. 26. Juni 1770. Möſers Konzept R.·A. 644, p. 1441—1444.

[4]) S. a. Briefe v. Behrs a. Möſer a. a. O. 14. Febr., 14. März, 21. März, 18. April 1766.

[5]) St.·A. Osn. L.·A. B. 553, Reg.·Ber. 28. April 1770 a. b. Geheimen Räte, Brief Möſers an v. b. Busſche 16. Juni 1770.

[6]) S. Anlage 3.

[7]) Mitt. b. hiſtor. Ver. Osnabrück Bb. XXXI, p. 253.

Ihre Entstehung war ganz sein Werk. Durch den Mund der nachsitzenden Stände stellte er in dem von ihm verfaßten Desiberium vom 27. Januar 1766 als 10. Punkt dem König vor, „wie es zu Erreichung anderer guter Absichten höchst nützlich seyn wird, daß gleichwie in allen benachbarten Ländern also auch in hiesigem Hochstift ein Intelligenzblatt eingeführt werde, worin auch besonders alle proclamata, discussiones und moratoria, welche sonst nicht allemahl zu jedermanns Wissenschaft kommen, einzurücken seyn werden."[1]

Demgemäß erging das „Publikandum wegen eines in diesem Hochstift auszulassenden Intelligenzblattes" vom 1. September 1766,[2] welches als die erste Aufgabe der neuen Wochenschrift die Mitteilung der landesherrlichen Verordnungen und Ausschreiben und die Publikation der gerichtlichen Nachrichten in Aussicht stellte. Wegen einer wissenschaftlichen Beilage wollte man sich noch nicht fest binden, hoffte jedoch von Zeit zu Zeit kurze Stücke mitteilen zu können, die zur Verbesserung des Polizeiwesens, der Wirtschaft des Landes, insbesondere der Landwirtschaft Anleitung geben könnten.

Möser, der die Direktion des Intelligenzblattes und die Zensur übernahm und sich der mannigfachen Arbeit in der uneigennützigsten Weise unterzog,[3] versorgte mit seiner gewandten Feder vorzugsweise die Beilagen mit Aufsätzen. So entstanden jene reifen Gebilde von verschiedenem Umfange, denen das sorgsame Meditieren die vollendete Klarheit, der Charakter des Mannes aber jene anschauliche Lebendigkeit und Frische des Tons verlieh. Sein köstlicher Humor[4] begleitete so oft als munterer Geselle die ernste Forderung. Möser zieht die Register der Ironie, der Satire. Der scherzende Plauderton des liebenswürdigen Gesellschafters wechselt mit dem vollen Pathos des Patrioten und Staatsmannes.

Unter den wechselnden Formen der äußeren Hülle birgt sich ein bedeutender Inhalt.[5] Die kleinen Freuden und Leiden des Alltags

---

[1] cod. const. Osn. I, p. 871.

[2] cod. const. Osn. I, p. 918f. anm. 10.

[3] St.-A. Osn. Abschn. 154, 11—13.

[4] J. Riehemann, Der Humor in den Werken Justus Mösers. Mitteil. d. histor. Ver. Osn. Bd. XXVI (1902), p. 1—106.

[5] „A.— Justus Möser, der erste deutsche Publizist und die Osn. Intelligenzblätter." Deutsche Monatshefte, I. Jahrg. (1873), p. 303—312. Der Verfasser nimmt p. 310 irrigerweise Mösers Autorschaft für alle Aufsätze der Osnabrücker Intelligenzblätter in Anspruch und wundert sich dann wohl mit Recht,

erhalten unter Mösers Betrachtung ein gewisses Gewicht. Nützliche
Wahrheiten, die ihm von der Erfahrung des täglichen Lebens an die
Hand gegeben wurden, suchte er auf eine einbringende Art zu predigen.[1])
Vor allem aber wurden die durch die Landtagspropositionen aufgeworfenen
Fragen hier erörtert, oft sogar durch die Wochenschrift vorbereitet.
Allgemeine, philosophische Abhandlungen hielt Möser von dem Blatte
fern.[2]) Lokale Bedürfnisse sollten darin zur Sprache kommen, was der
engeren Heimat Wohlfahrt betraf, Ausdruck verliehen werden. Wie sehr
ihn dabei die in England erworbenen Erfahrungen bildeten, kann nicht
übersehen werden. Von diesem Lande sagte er: „der geringste Mann macht
hier das allgemeine Wohl zu seiner Privatangelegenheit. Alle Satyren,
Komödien und Sittenlehren, ja oftmals auch die Predigten stehen mit
dem Staatsgeschäfte in der genauesten Beziehung."[3]) Und nach diesem
Vorbilde beabsichtigte er, sich in der Wochenschrift mit den „öffentlichen
Staatsangelegenheiten" zu befassen, die „tägliche Geschichte der Zeit,
worin wir leben, woran wir selbst Theil nehmen," zu behandeln und
daran seine Lehren zu knüpfen.

Wie der Stoff auf die heimischen Verhältnisse beschränkt ist, so
bedingen diese zum Teil die Methode der Möserschen politischen Schrift-
stellerei. Hierhin rechnete Möser die Deklamation seines Vortrags, die
der verständige Leser schon von selbst in Abzug bringen würde, die aber
doch ein gutes Mittel bleibe, kleinen vernachlässigten Wahrheiten eine
solche Größe zu geben, daß sie im Gesamturteil nicht übersehen würden.[4])
Auch vermochte Möser oft nicht, auf das von ihm erstrebte Ziel mit aller
Schärfe hinzuweisen. Er meinte, daß eine so geartete politische Schrift-
stellerei sich nur da hervorwagen und auf Erfolg rechnen könne, wo
schon eine in Bezug auf ihre Rechte empfindliche Staatsbürgerschaft vorhanden sei. Er dachte dabei an England; sein kleiner Staat war ihm
nicht ein solcher „Tummelplatz für die Heldentugenden." Die Liebe
und das Vertrauen seiner Mitbürger erschien ihm als seine größte Kraft,
und er mußte sich hüten, seine wahre Meinung so vorzutragen, daß er

---

daß Goethe „dies mannigfaltige Durcheinander" ein geistiges Ganze nennt. Aber
Goethes Ausspruch geht weder auf die Aufsätze der Intelligenzblätter in ihrer
gesamten ursprünglichen litterarischen Form, noch gehören alle Aufsätze dieser Wochenschrift der Feder Mösers, geschweige denn den „patriotischen Phantasien" zu.

[1]) Brief an Nicolai 20. Febr. 75, Mösers s. W. X, p. 156 f.
[2]) Mösers s. W. X, p. 109 f.
[3]) Mösers s. W. III, 24.
[4]) Mösers s. W. II, 67.

damit läftig fiel. Er griff zu mancher Wendung, die ihm, wenn er für ein größeres Publikum geschrieben hätte, zu klein geschienen haben würde. Die Schwierigkeit sah er in dem geringen politisch intereffierten Publikum. Er mußte in den Reihen der Ständemitglieder wirken, und er wagte zu viel, wenn er zu augenscheinlich hinter den von den Ständen und dem Landesherrn vorgetragenen Gründen ihrer Meinungen die wahren, von nicht eingestandenen Sonderintereffen diktierten Nebenabsichten hätte beleuchten wollen. So griff er zu dem, was er das pro und contra seiner Vortragsmanier nannte. Er stellte die Punkte, worin Landesherr und Landschaft verschiedener Meinung waren, gesondert heraus. „Oft nahm ich denjenigen, die sich in ihre eigne Gründe verliebt hatten, und sich bloß diesen zu gefallen einer neuen Einrichtung widersetzten, die Worte aus dem Munde, und trug ihre Meinung noch beffer vor, als sie solche selbst vorgetragen haben würden; diese beruhigten sich dann entweder mit der ihnen erzeigten Aufmerksamkeit, oder verloren etwas von der Liebe zu ihren Meinungen, deren Eigenthum ihnen auf diese Weise zweifelhaft gemacht wurde. Oft durfte ich auch die Gründe für eine Sache nicht geradezu heraussagen, um nicht da als Advocat zu erscheinen, wo ich als Richter mit mehrerm Vortheil sprechen konnte; und bisweilen mußte ich mich stellen, als wenn ich das Gegentheil von demjenigen glaubte, was ich wirklich für wahr hielt, um gewisse dreiste Gründe, die in einer andern Stellung mir und meiner guten Absicht höchst nachtheilig gewesen sein würden, nur erst als Zweifel ins Publikum zu bringen." Möser verstand es meisterhaft, diese Methode zu handhaben, und wenn er auch schonte, er vergab der inneren Würde nichts.

Mösers publizistische Tätigkeit in dem von ihm angelegten Intelligenzblatte entfaltete sich am reichsten in der Zeit seiner Direktion dieser Wochenschrift von 1766—1782.[1]) Diese Zeit ihrer größten Fruchtbarkeit war zugleich die der vormundschaftlichen Regierung, in der Möser als Referendar und Syndikus tatsächlich den Herrscher ersetzte. Geschäftliche und publizistische Tätigkeit standen dabei in steter Wechselwirkung, und die Auffätze in den Intelligenzblättern waren Glieder in der Kette der Landtagsarbeiten.

Andererseits spiegeln sie die persönliche Natur des Mannes und seine volkswirtschaftlichen und sozialtheoretischen Ansichten wieder. Die

---

[1]) Mösers s. W. III, Vorrede. III, 24. X, p. 170, Brief an Nicolai vom 24. Januar 1778.

[2]) Mösers s. W. IV, Vorrede.

Theorien, die Möser als Publizist vertrat, ließ er nun als Geschäfts=
mann fruchtbar werden. Er schrieb darüber: „Da mich mein Beruf in
die glückliche Verbindung gesetzt hat, daß ich jeden guten Vorschlag zur
Wirklichkeit bringen kann, so habe ich es auch gewissermaßen nöthig er=
achtet, die Gemüther zu den Landesverordnungen vorzubereiten, die ich
nach meinen Grundsätzen entwerfe und zur Ausführung bringe."[1]) Diese
Grundsätze machen eben die dreigeteilte Theorie Mösers aus,
und die Gesetzgebung zur Zeit der Minderjährigkeit des
Bischofs Friedrich von York erscheint gruppenweise auf
je ein Kapitel derselben bezogen.

Hiernach ergeben sich für das Thema „Justus Möser als Staats=
mann und Publizist" drei weitere Hauptteile der Darstellung:

1. Justus Möser und der Osnabrücker Bauer.
2. Justus Möser und der Osnabrücker Gewerbfleiß.
3. Justus Möser und die Osnabrücker Nebenwohner.

---

[1]) Brieffragment Mösers s. W. X, p. 257.

Kapitel II.

Justus Möser und der Osnabrücker Bauer.

Die bäuerliche Gesetzgebung im Hochstifte Osnabrück bewegte sich seit dem Aufkommen geldwirtschaftlicher Verhältnisse in zwei Bahnen.

Es sprach sich in ihr einerseits die arge Notlage des bäuerlichen Besitzes aus, die der dreißigjährige Krieg aufs höchste gesteigert hatte. Es wurde über den Erlaß der Zinsrückstände, über die Art des Schuldenabtrags verordnet und auf das Wiederbesetzen wüster Erbstätten und deren Unveränderlichkeit im ganzen gehalten.[1] Andererseits hatte eine aus Gutsherrn bestehende Landschaft das regste Interesse, ihre Rechte über die Eigenbehörigen zu fixieren. Seit 1583 wurden einzelne Fragen des sog. Osnabrücker Eigentumsrechts, das auf einer die Eigenbehörigkeitsverhältnisse in binglicher und persönlicher Hinsicht beurteilenden Landesgewohnheit ruhte, durch Landtagsabschiede und Landesverordnungen entschieden, so in Bezug auf das Schuldenmachen und die Auslobungen.[2] 1722 kam dann die alle Eigenbehörigkeitsverhältnisse zusammenfassende Eigentumsordnung zustande.[3] Das im Interesse der Gutsherrn verfaßte, harte Gesetz hatte die für den Staat wichtige Richtung auf die Erhaltung der Bauerngüter. Wenn man aber bedenkt, daß zur Zeit der Abfassung des Gesetzes nur $3/5$ von den in den Kirchspielen des Hochstifts Osnabrück gelegenen Erbstätten eigenbehörig waren,[4] so erscheint die geringe Sorge für die von personenfreien Besitzern bewirtschafteten Stätten um so greller.

Das Recht der Eigenbehörigkeit und das ländliche Schuldenwesen, insbesondere der Eigenbehörigen, bildeten auch den Ausgangspunkt für die bäuerliche Gesetzgebung auf den Osnabrücker Landtagen von 1765—1783.

---

[1] cod. const. Osn. II, Nr. 42, 66, 357 u. I, p. 1113—1116.

[2] Struckmann, Praktische Beiträge zur Kenntnis des Osnabrückischen Eigentumsrechtes. Lüneburg 1830—35. Einleitung, p. 1—20.

[3] cod. const. Osn. II, Nr. 734.

[4] Siehe Anlagen 4 u. 5.

1. Ländliches Kredit- und Schuldenwesen.

---

a) Die Abäußerung.

Das 18. Kapitel der Eigentumsordnung handelte von der Abäußerung (Diskussion), die es als die auf den Antrag des Eigentumsherrn erfolgende, gerichtliche Entsetzung des eigenbehörigen Kolonen von seiner Stätte bestimmte. Ihre rechtmäßigen Ursachen wurden als causae unicae, causae aggravantes nnd Ursachen dritten Grades unterschieden, je nachdem eine Ursache für sich allein zur Äußerung genügte oder zwei oder drei erforderlich waren. Die beiden letzteren bestanden in Vergehen und Versäumnissen des bäuerlichen Wirtes, die mit einer ordentlichen Wirtschaftsführung unvereinbar waren; hierzu traten die Fälle, daß der Kolon dem Gutsherrn sein Recht böswillig aufsagte und mit der Kontribution zwei Jahre im Rückstande blieb. In der vagen Bestimmung dieser Ursachen lag insofern ein Mangel, als sie dem Gutsherrn die Möglichkeit der Abäußerung erleichterte.

Schärfer waren die causae unicae umrissen: Der Eigenbehörige konnte vom Erbe entsetzt werden:

1. wenn er dasselbe bis zur Höhe seines Wertes mit Schulden belastete,

2. wenn er seine Kinder ohne Vorwissen des Gutsherrn auslobte,

3. bei dreijährigem Rückstande der gutsherrlichen Pächte und Dienste,

4. wenn er ohne gutsherrlichen Konsens heiratete und eine fremde Person auf das Erbe brachte, die sich dazu weder durch einen Freibrief ihres vorigen Gutsherrn noch durch die Auffahrt qualifiziert hatte,

5. wenn er sich einem „schändlichen Hurenleben" ergab.

Beim Diskussionsprozesse wurde summarisch verfahren. Unter Angabe der Abäußerungsursachen suchte der Gutsherr bei dem Richter, unter dessen Gerichtszwang die Stätte lag, um Generalarrest und Prädialbiskussion nach. Die Gläubiger wurden edictaliter vorgeladen und mußten die Gültigkeit ihrer Forderungen darlegen. Der

Kolon wurde über die Abäußerungsursachen vernommen. Leugnete er
solche, so mußte der Gutsherr innerhalb Monatsfrist den Beweis erbringen.
Gegen ein ergangenes Abäußerungsurteil gab es kein Suspensivmittel.
Unter den Wirkungen der Abäußerung waren vier von be=
sonderer Bedeutung. Zunächst mußte der Wehrfester binnen 6 Wochen
mit Frau und Kind die Stätte verlassen. Der Gutsherr war verpflichtet,
das Saatkorn, welches der Eigenbehörige im letzten Jahr geborgt hatte,
und den Lieblohn der Bedienten von diesem Jahr zu bezahlen. Drittens
wurde den nicht erschienenen Gläubigern ewiges Stillschweigen auferlegt.
Die „unbewilligten Gläubiger" wurden ganz von dem Hofe abgewiesen,
da durch ein vom Gutsherrn nicht bewilligtes Darlehn ein Recht am
Kolonate nicht erworben wurde.

Das 18. Kapitel der Eigentumsordnung war gegen das Herkommen
sehr hart, und in den nächsten Jahren nach dem Erscheinen derselben
wuchs die Zahl der Diskussionsprozesse beträchtlich.[1]) Klemens August
bestimmte daher in einem Erlaß an die Gografen vom 30. März 1729,[2])
daß künftig bei Diskussionen die Billigkeit der Schärfe des
Gesetzes vorgezogen werden solle. Wie eine solche ungenaue
Bestimmung schon an sich bedenklich war, so hatte sie insbesondere die
schädliche Wirkung, daß sich nunmehr die Äußerungsprozesse wegen der
vielen Einreden der Eigenbehörigen in die Länge zogen. Die Ritterschaft
sah dies ungern und widerstrebte einer weiteren Änderung des 18. Kapitels,
konnte aber nicht hindern, daß auch das Moratorienreskript von 1737,
durch welches das sog. Stillestandswesen in feste Formen gebracht wurde,
die Härten jenes Kapitels zu mildern suchte.[3])

Während über den Ausbau des Stillestandes die Vorschläge der
Regierung den Ständen in den 60er Jahren vorlagen, trugen diese 1766
auf ein verkürztes Diskussionsverfahren an.[4]) Schon im Jahre zuvor hatte
sich Möser der Regierung gegenüber „in puncto discussionum"[5])

[1]) Struckmann a. a. O. Einleit, p. 17.

[2]) cod. const. Osn. I, p. 1002—1006.

[3]) cod. const. Osn. I, p. 1006—1009.

[4]) Ständediktatur 27. Jan. 1766, St.=A. Osn. L.=A. B. 242.

[5]) St.=A. Osn. Abschn. 68, 16. Gutachten über die Diskussionen und
Ausheurungen:

1. Gutachten Mösers „in puncto discussionum" 3. Sept. 1765.

2. Undatiertes Gutachten, das sich gegen die Reskripte von 1729 u. 1737
wendet und von den Folgen der übermäßigen Ausheurung verschuldeter

geäußert, indem er von einer historischen Betrachtung ausging. Früher hätten die Gutsherrn in Schuldsachen ihrer Leibeigenen die Gläubiger zu einem sog. Erbtage geladen. Dort seien die Schulden zu Protokoll gebracht, und wenn diese zu einer Abäußerung hinreichend gewesen seien, dasselbe dem Richter zum Urteilsspruch übergeben worden. Jedoch habe der Gutsherr auf dem Erbtag auch den Antrag auf Kapitalsnachlaß und einen „zinsfreien Stillestand" den Gläubigern stellen können. Möglich sei das Verfahren noch, aber eben nicht mehr gebräuchlich. Denn da der Gutsherr keine Gerichtsbarkeit habe, so sei sein Arrest für die Gläubiger des Leibeigenen nicht bindend; falls man ihm diesen zugestehe, so werde er nur zu sehr mit seinem verschuldeten Leibeignen zum Nachteil der Gläubiger davon Gebrauch machen. Hierin liege auch der Grund, weswegen man das Abäußerungserkenntnis nie dem Gutsherrn überlassen dürfe. Möser mußte darauf hinweisen, da das Begehren der Gutsherrn auf die Beseitigung der gerichtlichen Form ging. Gleichwohl empfiehlt sein Gutachten eine gewisse Erneuerung der alten Erbtage, zielt damit jedoch auf den Stillestand, bei dessen Besprechung der hier ruhende Faden aufgenommen werden muß. Betreffs der Veränderung des Diskussionsprozesses aber machte Möser so wenig in diesem wie in einem zweiten Gutachten von 1766 Vorschläge. In dem letzteren nahm er auf die Klagen des Drosten v. d. Bussche über die erschwerte Abäußerung Bezug und sprach sich für die Aufhebung des Milderungsreskripts von 1729 aus, wobei jedoch deren Ursache scharf betont werden müsse, „weil solches von den Richtern und Leibeigenen auf eine dem Lande und dem Gutsherrn höchstgefährliche Art mißbraucht werde". Denn die Gründe, die einst zu demselben geführt hatten, billigte er, und er reichte keineswegs den Gutsherrn die Hand zu Konzessionen, die auf eine Verschärfung des 18. Kapitels gingen. Der Satz „überhaupt sollte jedes Unvermögen dem Hofe vorzustehen die Entsetzung oder Abäußerung nach sich führen"[1] floß aus einer andern Quelle, — daß nämlich jeder Hof tüchtig zum Reihedienst, zu den öffentlichen Lasten sein müsse; er geißelte den „liederlichen Wirt", da Möser ja auf der andern

---

Höfe handelt. Als Verfasser ergibt sich nach Nr. 8 Albr. Ludw. v. d. Bussche, Drost der Ämter Grönenberg und Wittlage-Hunteburg.

3. Undatiertes Gutachten Mösers, das sich auf Nr. 2 bezieht. Da Möser hierin auf seinen Antrag vom vorigen Landtag verweist, der in Nr. 1 (1765) vorliegt, so ist es 1766 geschrieben.

4. Zweites Gutachten v. d. Bussches.

[1]) Mösers s. W. I, 23.

Seite beftrebt war, das Krebitwefen des Bauern fo zu orbnen, baß ein tüchtiger Wirt nicht leicht unb unverfchulbetermaßen in jenes Unvermögen falle.

Demgegenüber bebeutete das im folgenben Jahr übergebene ftänbifche Gutachten[1]) in feiner neuen Faffung ber Abäußerungs= urfachen nichts weniger als eine Rückfichtnahme auf bie Eigenbehörigen. Es waren Verfchärfungen, baß es bas Abfchlagen von Eichen= unb Blumenholz als unica causa angefehen wiffen wollte, wenn ber Beftanb bes Nutzholzes baburch um ein Sechftel geminbert würbe, unb ben Kolon fchon bann entfetzen, wenn bie Zinfen ber Schulben ein Viertel von bem ausmachten, was ein Erbe ungefähr zur Heuer bringen könnte. Nach ber Kritik bes Kanzleigutachtens[2]) verwarf bie Regierung ben ftänbifchen Antrag.

Viele Jahre waren bie Stänbe noch mit biefer Materie befchäftigt, inbem bie Regierung auf ben Abfchluß einer Verorbnung brängte. Die überaus beträchtlichen Vorarbeiten bazu kamen jeboch über ein minutiöfes Herumfeilen an ben einzelnen Urfachen nicht hinaus, unb allein Möfers Vorfchläge enthielten originelle Gebanken. In ben „Betrachtungen über bie Abäußerungs= unb Abmeierungsurfachen",[3]) bie er im Oktober 1771 in ben Intelligenzblättern gab, entwickelte er großzügig bie Forberung, bie Abäußerung aus bem knappen Rahmen ber Eigenbehörigkeit heraus= zuheben unb aus ben Pflichten herzuleiten, bie jebem fchatzpflichtigen Untertan gegen ben Staat oblägen, wozu man „bem Eigenthumsrechte feine wahre alte, aus bem urfprünglichen Contract unter Lanbesbefitzern hervorgehenbe philofophifche Geftalt" geben müßte. Möfers Theorie ber allgemeinen Abäußerungsurfachen ruhte auf bem Grundfatz: „jeber reihepflichtige Hof ift in Gefolge bes gefellfchaftlichen Original= contracts eine Pfrünbe bes Staats", mit anbern Worten: „es gibt kein Eigenthum unterm Amte." Hieraus folge eine bis zum Recht ber Abäußerung reichenbe „beamtliche Lokalkontrolle" über bie freien Amts= fäffigen, — parallel ber vogteilichen Befugnis bes Gutsherrn hinfichtlich feiner Eigenbehörigen, kraft welcher biefer „gleichfam von obrigkeitlichem Amtswegen bahin fieht, baß fein Leibeigner nicht gegen bas Wohl bes Staats wirtfchafte". Die Abäußerung würbe fomit bie Verbannung eines unwürbigen Mitgliebes aus ber reihepflichtigen Gefellfchaft fein,

---

[1]) R.=A. 644, p. 635—641.
[2]) Vom 28. Februar 1767, bas erft 1771 ben Stänben vorgelegt wurbe. St.=A. Osn. Abfchn. 168, 16.
[3]) Möfers f. W. III, 65.

und die Bedingungen, welche die letztere zu ihrer Erhaltung und Ver=
teidigung eingegangen sei, würden die allgemeinen, für Freie und Leibeigne
geltenden Abmeierungsursachen bestimmen. Erst an diese schlössen sich
die besonderen Entsetzungsursachen für den Leibeignen, da dieser in einer
doppelten Verbindung stände, „wovon die erste sich auf das Wohl des
Staats, die andere aber auf einen Pachtcontract zwischen ihm und seinem
Gutsherrn gründet." Möser knüpft seine Forderung an historische Be=
trachtungen an und bedient sich einer einfachen Konstruktion zum Ver=
ständnis der Abäußerungsursachen, das man sich durch deren einseitige
Herleitung aus dem engen Begriff der Erbpacht erschwere. So lasse sich
etwa die 5. Diskussionsursache nur daraus erklären, daß dem Staat
daran gelegen sei, die gemeine Reihe und mit derselben Ackerbau und
Amtssässigkeit in Ehren zu erhalten.

Gegenüber diesem Aufsatz beschränkte sich Mösers Gutachten vom
10. Januar 1775,[1]) das für die Landtagsarbeit bestimmt war, auf eine
neue Fassung des 18. Kapitels der Eigentumsordnung.
Es wurde vom Domkapitel mit unwesentlichen Zusätzen versehen und
1776 von den vorsitzenden Ständen der Regierung überreicht. Es
enthält in vier Artikeln eine straffe Zusammenfassung der Abäußerungs=
ursachen. Der „liederliche Haushalt" des Leibeignen ist der Begriff
der Verknüpfung für die causae aggravantes, zu denen das Ver=
nachlässigen der Hofgebäude, das Verhauen des Bauholzes, die Ver=
säumnis des Ackerbaus und der Mangel an Vieh und Gerätschaften
gerechnet werden. Im zweiten Artikel wünscht Möser eine gelindere
Betrachtung des dreijährigen Rückstandes der Pächte und Dienste. Im
dritten Artikel, der von den Schulden handelt, hält er den Abäußerungsfall
dann für gegeben, wenn deren Höhe dem Werte der Hofgebäude und des
Feld= und Viehinventars gleichkomme. Nur der Nachweis, daß ein
Drittel der Anleihen zu der Stätte Notdurft verwendet oder mehr als
drei Viertel vom Vorgänger übernommen seien, entschuldige. Die Städter
verwarfen beide Artikel, da sie ihnen zu mild erschienen. Dazu ver=
weigerten sie einer in dem dritten Artikel enthaltenen Tendenz ihre
Anerkennung: „Der ganz neu erwählte Satz, daß dem Eigenbehörigen
nicht nur in Ansehung des ganzen Vieh= und Feld= inventarii, sondern
auch der Gebäude gleichsam ein völliges Dominium also zugeeignet
werden sollte, daß deßen unbewilligter Gläubiger darauf eine Versicherungs=
rücksicht nehmen könne, ist sehr bedenklich."

---

[1]) R.=A. 496.

Am Widerspruch der Städter scheiterte die Vorlage. Tiefer war die **dauernde Erfolglosigkeit** begründet. Möser hatte schon vorher auf dieselbe hingewiesen, ohne jedoch bei der dem ersten Eifer folgenden Resignation stehen zu bleiben. Hierfür spricht der Aufsatz „einige allgemeine Betrachtungen über die vorseienden Verbesserungen des Außerprozesses"[1] vom 8. Januar 1774. Dessen erster Teil wird durch den späteren Titel gekennzeichnet: „Die Abmeierungen können dem Hofesherrn nicht überlassen werden." Kein Freier, so führt Möser aus, werde einen eigenbehörigen Hof übernehmen und sein Geld in fremde Gründe stecken, wenn er durch bloße Willkür des Gutsherrn seines Vermögens beraubt werden könne; andererseits fände ein Leibeigner nur Krebit, wenn der Gläubiger durch die **gerichtliche Form der Abäußerung** gesichert sei. Übernimmt Möser so das ihm passend Erscheinende aus dem 18. Kapitel der Eigentumsordnung und knüpft daran den Wunsch, daß der Richter nie zum Ausrichter der gutsherrlichen Willkür werden möge, so bezieht sich der zweite Teil des Aufsatzes auf das Verhältnis jenes Kapitels zum Milderungsreskript von 1729: „Es liegt so wenig an der Milde als an der Strenge der Ursachen, daß wir mit den Abäußerungen nicht fortkommen können, sondern in der Mannigfaltigkeit der Umstände, welche eben und dasselbe Verbrechen bald vergrößern und bald verkleinern." Zwar findet er die Rücksicht auf die „Moralität" der Handlung gegenüber dem Tatbestande durchaus billig, und es scheint ihm noch nicht das stärkste Bedenken zu sein, wie weit erstere gehen dürfe. Aber daß der **Billigkeitsentscheid** in das **Ermessen des Richters** gestellt worden ist, läuft **seiner Rechtsanschauung** zuwider. Und das sonst so probate Mittel der Hinzuziehung und Rechtsprechung durch sog. Achtsleute[2] mag er hier nicht empfehlen, da diese in einer Sache,

---

[1] Mösers s. W. III, 64.

[2] Möser hat am deutlichsten in dem Aufsatz „Über die Art und Weise, wie unsre Vorfahren die Prozesse abgekürzt haben" darüber gesprochen, Mösers s. W. I, 51: „Überhaupt aber kommen wir hier auf die beiden Arten Streitigkeiten zu endigen. Die erste ist: daß ein ebenbürtiger und genosser Mann nach seinem Gutdünken sage, wie es sein soll; die andre: daß ein Gelehrter, der den Partheyen so wenig ebenbürtig als Genoß ist, sage, was die Gesetze auf den streitigen Fall verordnet haben." „Es ist der menschlichen Freiheit unendlich viel daran gelegen, daß beide Arten nicht vermischt werden." „Die gefährlichste Wendung aber, welche wir zu befürchten haben, ist nun diese, daß ungenossen Richtern eben die Macht gegeben werde, welche vordem die genossen hatten." Mösers s. W. III, 68: „Der Richter ist kein Gesetzgeber, sondern ein Knecht des Gesetzes".

in der sie mit dem Schuldner ein gemeinsames Interesse gegen den Gutsherrn verbände, nicht als unparteiisch angesehen werden könnten. Überdrüssig gibt Möser es auf, die Maschen des Gewebes zu bessern, und entwirft mit kühnem Strich ein neues Muster: „Das sicherste Mittel unter allen würde sein, die etwaige Besserung, welche ein Leibeigener in dem Hofe hat, meistbietend zu verkaufen, und ihn und die Gläubiger mit dem daraus erhaltenen Gelde abzufinden. Alsdann bedürfte es gar keiner besonderen Abäußerungsursachen, sondern man verführe mit dem Leibeigenen wie mit den Freien, wenn sie ihre Schulden nicht bezahlen können." Der Käufer gäbe sich leibeigen, der Gutsherr erhalte aus dem Kaufpreis den Weinkauf vorab und habe das Näherrecht zur Annahme der Stätte zum höchsten Preis. Was Möser hier als Heilmittel verlangt, ist nichts anderes als die Einführung des Verkaufs des eigen= behörigen Kolonatrechtes. Er wurde drei Jahre später auf dem Landtag in Vorschlag gebracht, nachdem alle Bemühungen um eine Änderung des Diskussionsprozesses ergebnislos geblieben waren.

b) Stillstand und Ausheurung.

Fruchtbar waren dagegen die Bemühungen der Regierung auf dem Gebiete des Schuldenwesens außer dem Diskussions= falle.[1])

Jedoch ehe wir darauf eingehen, ist eine Betrachtung der Stellung der Gläubiger und der Art ihrer Forderungen gegenüber dem eigen= behörigen Schuldner nach dem osnabrückischen Rechte erforderlich. Der eigenbehörige Kolon haftete dem Gläubiger zunächst und stets für sich und seine Erben an der Stätte persönlich,[2]) d. h. mit seinen Mobilien und den von ihm neuerworbenen Grundstücken, über die noch nicht der Sterbfall gegangen war.[3]) Die Schulden waren entweder be= willigt oder unbewilligt. Bestand die gutsherrliche Einwilligung, so besaß der Gläubiger damit ein dingliches Recht am Kolonat, das nicht erlosch, wenn der Kolon und sein Geblüt vom Erbe entsetzt wurden. Die unbewilligten Gläubiger dagegen waren auf den persönlichen Anspruch beschränkt.[4]) Ihnen blieben die Kinder des Kolonen nicht mehr ver=

---

[1]) Strudmann a. a. O. Beitrag XI.
[2]) Eigentumsordnung cap. IV, §§ 8 u. 11.
[3]) Eig.=O. cap. XV, §§ 4 u. 5.
[4]) Eig.=O. cap. IV, §§ 8 u. 11, cap. XV, § 3.

pflichtet, wenn biefer feines Erbes entfetzt war,[1]) auch bann nicht, wenn eines berfelben vom Gutsherrn ex nova gratia auf bas Erbe gefetzt wurbe.[2]) Die Verordnung vom 30. März 1666,[3]) bie auf bas allgemeine Danieberliegen, bie Überfchulbung ber bäuerlichen Stätten nach bem breißigjährigen Kriege Rückficht nahm, beftimmte, baß in Privatfchulb- fachen aller fchatzpflichtigen Untertanen ben Gläubigern bie Exekution nur wegen ber Zahlung ber rückftänbigen Zinfen eines Jahres zuftehe. Kapitalsabtrag follte nur foweit ftatthaben, baß ber Schulbner zum Tragen ber gemeinen Laften imftanbe blieb. Die Eigentumsorbnung cap. IV, § 9 bezog fich hierauf, hob aber bie Einfchränkung ber Exe- kutionen für ben Fall auf, baß ber Schulbner fich mit bem Gläubiger wegen Abfinbung bes Kapitals auf gewiffe Termine geeinigt hätte. Durch eine unglückliche Interpretation bes erwähnten Paragraphen ber Eigentumsorbnung wurbe fpäter bie burch bie angezogene Verorbnung von 1666 befchränkte Exekution ber Gläubiger nur auf bie unbewilligten Gläubiger bezogen, unb ben Moratorienverorbnungen[4]) war biefe Interpretation völlig geläufig, wenn fie bie bewilligten Gläubiger burch einen von ihnen felbft nicht erteilten Stilleftanb für nicht gebunben erachteten. Diefes Vorrecht ftanb fobann allen privilegierten Forberungen[5]) zu, zu benen außer ben bewilligten Schulben bie Darlehn von „Kirchen, Schulen, Armen," fowie geborgtes Korn, ausftehenber Lieblohn ber Be- bienten u. f. w. gehörten, felbft wenn fie nicht ausbrücklich bewilligt waren.

Oft war in früheren Zeiten ber Überfchulbung, auch ber momentanen Zahlungsunfähigkeit bes Schulbners beim Anbringen ber Gläubiger bie Abäußerung gefolgt, bie ftets im Intereffe bes Gutsherrn lag, ba er baburch einen burch keine Zahlungsforgen gebrückten Wehrfefter auf bas Erbe bekam. Durch bas Refkript von 1729 war ber übermäßigen unb unbilligen Anwenbung biefes harten Rechtsmittels gefteuert. Die Gerichte gaben einer Abäußerungsklage kaum noch ftatt. Wenn jetzt beim An- bringen mehrerer Gläubiger bie Exekutionen berfelben bie orbentliche Wirtfchaftsführung bes Bauern ober bie Befriebigung ber übrigen Gläubiger in Frage ftellten, fo erkannte ber Richter auf Generalarreft unb fuchte bie zur Konvokation gelabenen Gläubiger zu einem Kapitals-

---

[1]) Klöntrug, Alphabetifches Hanbbuch ber befonberen Rechte unb Gewohn- heiten bes Hochftifts Osnabrück. 3 Teile Osn. 1799. III, p. 162.

[2]) Ebb., p. 166.

[3]) cod. const. Osn. I, p. 995.

[4]) Schon bas Refkript von 1737, befonbers bie Veo. 6. April 1768, § 4.

[5]) Struckmann a. a. O. Beitrag XI, p. 11 f.

nachlaß oder doch einem zinsfreien Stilleſtand zu bewegen. Er nahm die Stätte in Adminiſtration und verheuerte zur Erzielung eines höheren Überſchuſſes einen Teil der Pertinenzen. Daß die Richter den Stilleſtand bevorzugten, mochte nach dem Vorwurfe der Gutsherrn zuweilen in dem Bezug der reichen Sporteln gegründet ſein, die die mehrjährige Admini= ſtration abwarf. Auch ſonſt mußte das Silleſtandsverfahren und die Befriedigung der Gläubiger als wenig geregelt gelten. Um deren Sicherheit war es dazu noch ſchlecht beſtellt, wenn ein fauler Wirt während des Stilleſtands abwirtſchaftete.

Zum Schutz gegen die Unzulänglichkeit der bisherigen Einrichtung wurde das Moratorienreſkript vom 23. April 1737 erlaſſen. Es bezieht ſich in ſeinem erſten Teil auf die freien Güter, die bei Zahlungsunfähigkeit des Beſitzers zum Konkurs gezogen werden konnten. Wenn ſich hier die Mehrzahl der Gläubiger für einen Stilleſtand hinſichtlich des Kapitals= abtrags entſchied, ſo konnte die Minorität noch immerhin Kaution ver= langen, damit Kapital und Zinſen ungefährdet ſeien. Für die eigen= behörigen Stätten beſtand die Sicherheit der Gläubiger, falls dieſe nicht insgeſamt auf die beſondere Stellung einer ſolchen Kaution verzichteten, in der „ſtücksweiſen Ausheurung". Die Heuergelder wurden den Gläubigern in der Reihenfolge ihrer Rechtsanſprüche vom Richter aus= geteilt, nach deſſen Erkenntnis auf Stilleſtand jeder weitere Anſpruch nachträglich ſich meldender Gläubiger ruhte.

Dieſem Reſkript erklärten die Gutsherrn offen den Krieg, ohne jedoch unter Klemens Auguſt dagegen etwas ausrichten zu können. Die alte Klage wurde wieder gehört, daß die Gerichte ohne gutsherrlichen Konſens zu Konvokationen und Ausheurungen ſchritten und durch ihre teure Adminiſtration das Erbe am Auftommen hinderten. Der Droſt v. d. Buſſche[1]) war der Wortführer: nun triumphierten die unbewilligten Gläubiger; „ſie entblöſſen die Wehre mit völliger Hülfe des Richters von aller Hofgewehr, verheuren das Land, entziehen dem Gutsherrn den Genuß ihrer praestandorum in natura, ja ſetzen denſelben auf viele Jahre aus aller activitaet die Auffarth und Sterbfälle auf gehörige Weiſe zu ziehen". v. d. Buſſche verlangte die gutsherrliche Einwilligung zu den Konvokationen und den Abtrag von Geldern in der Höhe deſſen, was ein Gut „nach haushälteriſchen Principiis" abwerfen könne. Möſer hatte zuvor in dem Gutachten in puncto discussionum[2]) einen ähnlichen Vorſchlag gemacht

---

1) S. oben p. 39 Anm. 5.
2) Ebd.

und glaubte mit einer Wiederherstellung der alten Erbtage helfen zu können, indem er die Ausheurung des Erbes und die Hebung der Einkünfte ganz in die Hände des Gutsherrn gelegt wissen wollte. Hierauf trug die Landtagsproposition von 1766[1]) an, und die Stände brachten den Gegenstand auch schnell zur Verabschiedung, da der Schaden der der Schuldentilgung zu wenig entsprechenden gerichtlichen Form offenbar war. Die Verordnung vom 9. Mai 1766[2]) untersagt den Gerichten die Ausheurung der eigenbehörigen Stätten, deren Administration, sowie die Hebung der Einkünfte ohne Vorwissen des Gutsherrn. Das Gericht übernimmt diese Geschäfte nur dann, wenn der Gutsherr sie ihm von vornherein überläßt, oder ein Vergleich zwischen Gutsherrn und Gläubigern in zwei Monaten nicht erzielt wird, auf Grund dessen sonst der Gutsherr die Ausheurung, Administration und Hebung der Einkünfte vornehmen würde. Denn das konnte nicht zugegeben werden, daß Mehrheitsbeschlüsse auf den gutsherrlichen Konvokationen die Minderheit der Gläubiger verpflichteten, weil auf diese Weise dem Gutsherrn auf dem Erbtage — und deren verblaßte Form war diese gutsherrliche Konvokation — eine gewisse Gerichtsbarkeit zugelegt worden wäre, wovor Möser bringend gewarnt hatte.[3]) Aber selbst beim Mißlingen des Vergleichs kann sich der Gutsherr noch am Termin der gerichtlichen Ausheurung zur Admini= stration bereit erklären. Dazu fügten die nachsitzenden Stände,[4]) daß der Beweis für die Rechtmäßigkeit seines Gebotes „schwerlich anders geführet werden könne, als daß die Stätte zuforderst Stücks=weise, wo die Oerter darnach beschaffen sind an den Meistbietenden ausgeheuret und hiernächst dem Gutsherrn die Wahl gelassen werde, ob er dieselbe vor eben denselben Preis in concreto behalten wolle". Den Überschuß der Hofeseinkünfte gibt der Gutsherr dem Gericht zur Verteilung an die Gläubiger. Die Pächte und Dienste stehen dem Gutsherrn in natura zu. Die Tätigkeit des Gutsherrn hat keineswegs die Folge der Anerkennung der unbewilligten Gläubiger. Die nachsitzenden Stände schoben noch in die Verordnung ein, daß wenn der Schatz nicht abgeführt würde, der Vogt sich an die Heuerleute halten, zweitens die Markgenossen und die Bauerschaft an dem Heuermann des Wohnhauses ihren Reihemann behalten sollten.[5])

---

[1]) St.=A. Osn. L.=A. B. 242.
[2]) cod. const. Osn. I, p. 1018—1017.
[3]) S. oben p. 39 Anm. 5.
[4]) R.=A. 644, p. 401—406 Mösers Konzept.
[5]) Ebd.

Damit war der erste Schritt getan. Zwei kleinere, alle schatzbaren Untertanen betreffende Verordnungen zum Schutz der Hofbesitzer brachte das folgende Jahr 1767. Die eine betraf den Verkauf der Früchte auf dem Felde.[1] Von den Gläubigern gedrängt, gab mancher die Saat unter dem Werte ab. Dementgegen erklärte die Verordnung jeden solchen Verkauf für null und nichtig, der nicht unter gerichtlicher Kontrolle an den Meistbietenden erfolge, widrigenfalls der zuwiderhandelnde Gläubiger sogar seines Kapitals verlustig gehen solle. Mösers Kritik[2] an diesem Gesetze lautete: „Es ist gefährlich Gesetze zu machen, die wenn man einem übel will, sofort der Rache die Hand bieten," da die gericht= lichen Sporteln den Schuldner vielleicht noch mehr als ein harter Gläubiger drücken würden. Die zweite Verordnung[3] bezog sich ebenfalls auf den Wucher, und zwar insoweit er sich bei dem sog. Tobbau zeigte. Es war beim Versetzen von Ländereien üblich, daß der Gläubiger nicht nur die Nutzung zog, sondern daß der Schuldner sich obendrein zum Pflügen der versetzten Ländereien verpflichtete. Hinsichtlich des Ertrags wurde nun bestimmt, daß der Gläubiger, wenn die Nutzung und das Pflügen zu Geld gerechnet würden, nicht mehr als 5 Prozent genießen dürfe. Möser hielt die Tilgung des Kapitals durch den Tobbau,[4] den er wie auch den Verkauf der Saat auf dem Felde eher erleichtert zu sehen wünschte, für ein probates Mittel[5] im ländlichen Kreditverkehr.[6] Da dies nun auf feste Prozente beschränkt worden war, so wünschte Möser eine andere Form der Amortisation,[7] daß nämlich der Landmann nicht anders als zu 6, 7 oder 8 Prozent borgen dürfe und so sein Darlehn allmählich tilgen müsse. Dieser Vorschlag erforderte jedoch eine größere Sicherheit für den Gläubiger, die man durch die Anlage von Hypothekenbüchern bestellen könne. Dem ist Möser noch weiter nachgegangen; alle nicht eingetragenen Schuldverschreibungen müßten sodann als nichtig gelten.[8] Vor allem aber war ihm die Anlage von Hypothekenbüchern die Voraussetzung für die Wiedereinführung

---

[1] cod. const. Osn. I, p. 1157f.
[2] Mösers s. W. II, 22.
[3] cod. const. Osn. I, p. 1115f.
[4] Mösers s. W. II, 19.
[5] S. oben p. 39 Anm. 5.
[6] Rupprecht a. a. O. p. 116f.
[7] Mösers s. W. II, 19.
[8] Mösers s. W. II, 20.

des Rentenkaufes,[1]) den er unter Verwerfung des Zinskontrakts als die allein zulässige Art der hypothekarischen Verschreibung auf ländlichen Grundbesitz empfahl. Nichts sei der Existenz einer bäuerlichen Wirtschaft und damit dem Staatsinteresse mehr zuwider als das Recht der Gläubiger eines Landmanns auf Kapitalskündigung. „Der Eigentümer eines Guts kann zu der Erbe nicht sagen: Gieb mir nach einem halben Jahre so viel Geld wieder, als ich für mein Gut ausgelegt habe". Möser hielt die Furcht für unbegründet, daß der Kredit durch die Einführung des Rentenkaufs wegfalle,[2]) und erwartete sogar, „daß die Rentenverschreibungen oder die Obligationen ohne Löse mit zur Cirkulation kommen und die Stelle des baren Geldes vertreten würden".[3])

Wird durch den Rentenkauf der Gläubiger allein an die Rente oder ein Nutzungsäquivalent gewiesen, so gab Möser „noch ein Mittel"[4]) eines solchen „beständigen Stillestandes", der nach dem Muster des Reichshofs zu Westhoven darin bestehen solle, daß ein Bauer nur so viel Schulden machen dürfe, als mit zweijährigen Früchten bezahlt werden könnten, und keine Pfändung sich weiter als auf den Überschuß der Früchte erstrecken dürfe, welcher nach Abzug der gemeinen Auflagen und der guts- oder zinsherrlichen Gefälle übrigbleibe.

Die Reihe der hier dargelegten Gedanken bezieht sich gleichmäßig auf Freie und Leibeigene. Wenn in ihnen die Beziehung auf die Stillestandsgesetzgebung zuweilen zurücktritt, so beschäftigt sich mit derselben um so mehr eine Reihe von Aufsätzen zum ländlichen Kreditwesen aus den Jahren 1768—1772, in denen sich ein allseitig verfolgtes, mit historischen Lichtern versehenes Programm Mösers ausspricht. Wenn es sich in der Gesetzgebung auch um die Leibeignen handelt und auch Mösers Betrachtungen zumeist von diesen ausgehen, so ist es in dem tiefsten Kern seiner Anschauungen gegründet, daß er zu allgemeinen Forderungen für alle schatzpflichtigen Hofbesitzer gelangt.

----

[1]) Mösers s. W. II, 18.

[2]) Wohl mit Recht bei der im Osnabrückischen vorzugsweise auf Grundbesitz beschränkten Anlagemöglichkeit des Kapitals. Daher ist Rupprechts Betrachtung a. a. O. p. 112 f. als Kritik der lediglich in Bezug auf heimische Verhältnisse vorgetragenen Gedanken Mösers nicht am Platze.

[3]) Rupprecht a. a. O. p. 113 f.

[4]) Mösers s. W. V, 27.

An erster Stelle steht der Aufsatz „vom Gläubiger und landsässigen Schuldner".[1]) Seine Einteilung entspricht der des Moratorienreskripts von 1737.[2]) Er geht von der Überschuldung eines bäuerlichen Besitzes aus. Sei dieser frei, so komme es zum konkursmäßigen Verkauf. „Man würge Bürgen und Schuldner und helfe dem Gläubiger". Die Gesetzgebung habe nun nicht für den Fall gesorgt, daß die Gläubiger eines Leibeignen diesem keinen Stillestand gewähren, der Gutsherr aber zur Abäußerung entweder nicht schreiten wolle oder auch mangels genügender Ursachen nicht könne. Hier sei weder das Vieh im Stalle noch das Korn auf dem Felde gegen die Pfändung der Gläubiger sicher. Das Hofgewehr des Bauern müsse daher eisern gemacht werden, d. h. das Feld= und Viehinventar dürfe nicht pfandbar sein. Möser selbst bekennt, es sei eine andere Frage, ob der Bauer dann noch Krebit erhalte, und mit seiner Folgerung treibt er die Erörterung auf die Spitze, daß nämlich in Ermangelung jeglichen Krebits der Gutsherr dem Kolonen alle Mittel zur Ackerbestellung geben müsse. Damit werde allerdings die bisherige Dispositionsbefugnis des letzteren, das Gut bis zu einem Drittel seines Werts zu verschulden,[3]) fortfallen, der Gutsherr für ihn die Steuern bezahlen müssen, und so verwandle sich der westfälische Eigenbehörige in den mecklenburgischen Leibeignen.[4]) Ist der Vorschlag betreffs des Hofgewehrs hier noch nicht ganz durchgeführt, so hat Möser später, über die Betrachtung des Stillestands hinausgehend,[5]) die staatliche Notwendigkeit eines solchen zu erweisen gesucht. Seine Erfahrung lehrt ihn, daß ein solches in allen Ländern bekannt sei, wo die Ackerhöfe nicht mit Leibeignen besetzt seien.[6]) Durch historische Untersuchungen erklärt er den Mangel eines gesetzlich geschützten Hofgewehrs bei den Leibeignen[7])

---

[1]) Mösers s. W. III, 68.

[2]) Die ursprünglichen Titel der beiden in diesem Aufsatze d. Patriot. Phantas. zusammengefaßten Abhandlungen sind „Vom Gläubiger und Schuldner", „Von dem leibeigenen Schuldner".

[3]) Diese Befugnis bestand, da erst die Verschuldung der Stätte in dieser Höhe als causa aggravans im Diskussionsfall galt, Eig=Ordn. cap. XVIII, § 5; s. a. Mösers s. W. III, 61, wo er in seiner Ansicht vom sächsischen Liten diese Befugnis aus der Drittelfreiheit des Zweidrittelknechtes herleitet.

[4]) Mösers s. W. III, 68; s. a. oben p. 39 Anm. Nr. 5.

[5]) Mösers s. W. III, p. 266.

[6]) Ebd.

[7]) Mösers s. W. III, p. 265.

unb begründet mit ber Schatzpflichtigleit auch ber Leibeignen unb bem staatlichen Anspruch auf Reihetüchtigleit auch ihrer Höfe bas Recht auf Gewährung eines solchen. „Denn bas Hofgewehr ist biejenige geheiligte Rüstung, womit jeber Unterthan zum gemeinen Dienst allezeit in bienst= unb marschfertigem Stanbe sein muß unb wovon lein Stück fehlen barf". Die Forberung bes Hofgewehrs besteht unter allen Umständen für Möser; wie er sie weiterhin für bie Verbesserung bes bäuerlichen Krebitwesens fruchtbar machen will, erhellt genauer erst auf zwei später zu erörternben Gebieten.[1]) Zu lonstatieren ist auch hier wieder bie gemeinsame Be- hanblung für Leibeigne unb Freie. Denn bem bie Schatzung ber Unter= tanen erhebenben Staat ist bie Betrachtung bes Rechts ber Person nicht bie funbamentale.

Ein anberer Vorschlag Mösers tritt in einer eigenartigen historischen Verbrämung auf. Möser erwägt „Gebanlen über bie Mittel, ben über= mäßigen Schulben ber Unterthanen zu wehren".[2]) Er legt bar, baß nach mosaischem Recht jeber Israelit so viel Gelb auf seine Person leihen burfte, als er in 6 Jahren abverbienen lonnte. Auf gleiche Weise habe er bie Erbnutzung seiner Länbereien verkaufen lönnen, jeboch auch nur auf gewisse Zeit. Unb mit vollem Recht: benn eine „ewige Personal= altion" gegen einen länblichen Schulbner sei eine verberbliche Übertragung aus bürgerlichen Krebitverhältnissen. Wie Moses also ein Erlaßjahr aller Schulben gesetzt habe, so forbert Möser eine zeitliche Beschränkung bes Stilleftanbs. Die Kürze minbere bie Verwaltungsloften, unb ber Schulbner sehe ein Enbe seiner Not. Auch müßten nach mosaischem Rezept bie Heuererträge ber letzten Jahre eines Stilleftanbs bem Schulbner selbst zur Inftanbfetzung seines Hofgewehrs zugesprochen werben. Sobalb allerbings bie Verhältnisse eines Schulbners so schlecht seien, baß bie Gläubiger auf ben burch bas Erlaßjahr beschränkten Stilleftanb nicht eingehen würben, so habe sich ber Schulbner bies selbst zuzuschreiben, unb bie Weigerung ber Gläubiger müsse bann Abäußerungsursache sein. „Nur müssen sie es bey bem Capitalfreyen Stilleftanbe bewenben lassen; unb wenn sie einen Zinsfreyen Stilleftanb, ober wohl gar einen Stille= stanb mit Nachlaß bes Capitals suchen, in ihren öffentlichen Vorlabungen so wenig eine Parentation als eine Leichenprebigt forbern. Denn ber=

---

[1]) Nämlich bei seinen Forberungen ber persönlichen Freiheit unb bes Verlaufs bes eigenbehörigen Kolonatrechts.

[2]) Mösers s. W. I, 23.

4*

gleichen Schuldner sollten ohne Geläut unter den Generalarrest begraben werden".[1]

Hinsichtlich der Konvokationen hatte Möser auch einen in der Osnabrücker Gerichtsverfassung liegenden Fehler zu geißeln. Besonders auf Grund der capitulatio perpetua konkurrierten in der Zivilgerichtsbarkeit erster Instanz mit den ordentlichen Gogerichten das Offizialatgericht[2] und die Archidiakonatgerichte;[3] dazu traten die Land- und Justizkanzlei und für die Eingesessenen der Städte und Flecken die Stadt- und Fleckenrichter.[4] Zwischen diesen konnte der Gläubiger wählen, und ein Schuldner geriet in die schwerste Bedrängnis, wenn ihn seine Gläubiger von verschiedenen Seiten ansprachen. „Es kommt eine Pfändung aus Osten, eine andre aus Süden, eine dritte aus Westen und eine vierte aus Norden, ohne daß ein Richter, der solche erkannt hat, von dem andern etwas weiß. Jeder glaubt, 25 Taler könne und müsse er bezahlen; und der gute Landmann nachdem er solchergestalt par force gejaget und ermüdet worden, muß es geschehen lassen, daß der eine ihm seine Pferde, der andre seine Kühe nimmt, und der dritte mit seinen Früchten davon gehet". Trotz vieler Bemühungen war es nicht gelungen, die Ansprüche der beiden geistlichen Gerichte auszuschalten, da die Rücksicht auf den konfessionellen Frieden ein energisches Vorgehen erschwerte. Möser hielt sogar nur die Gogerichte für die berufenen Instanzen in Konvokations- und Diskussionssachen und mühte sich um die Forderung eines einzigen Schuldrichters.[5] Er befürwortete wohl die Sammlung aller Unter-

---

[1] „Die Ursachen der häufigen Convocationen". Diesen Aufsatz der Intelligenzblätter vom 31. März 1770 möchte ich Möser zuschreiben. Hierfür spricht a) der Stil, vergl. etwa Mösers s. W. III, 68; b) der Inhalt: die Verwerfung des Zinskontrakts, die Erwähnung der die bäuerlichen Grundstücke vertretenden Bankblätter, vergl. Mösers s. W. II, 18, die Klage über die vier konkurrierenden Gerichte nebst der Forderung eines einzigen Schuldrichters; c) ergänzend der Umstand, daß die 1722 erschienene Eigentumsordnung auf 1724 datiert ist, was ein andermal in Mösers Gutachten vom 5. Dez. 1767 vorkommt, St.-A. Osn. L.-A. B. 557.

[2] Capit. perp. art. 19, cod. const. Osn. I, 1645 u. Fredmann a. a. O. p. 194.

[3] Capit. perp. art. 6, cod. const. Osn. I, 1642 u. Fredmann a. a. O. p. 191/94.

[4] Bär a. a. O. p. 31—42, Abschn. Gerichtsverfassung, und die einschlägigen Stellen bei Klöntrup a. a. O.

[5] S. oben p. 39 Anm. Nr. 5; Mösers s. W. III, 69, V, 27, II, 19.

tanen in örtlich geschlossene Sprengel, deren Vorsteher allein die Pfändung bestimmen solle,[1]) wie es noch bei dem Meierhof zu Differ aus alter Zeit bewahrt sei.[2])

Als den einen Grundton der Ausführungen Mösers haben wir den Satz erkennen können: der reihepflichtige Hof muß stets zum Tragen der auf ihm ruhenden öffentlichen Lasten tüchtig bleiben. Dazu klang als Oberton: ein ausgeheuertes Erbe ist aber in der Tat nicht gehörig besetzt.[3]) Nun war durch die Verordnung vom 9. Mai 1766 die „stückweise Ausheurung" keineswegs beseitigt, wenn es dem Gutsherrn auch freistand, unter Umständen den Kolon zur Zeit der Abministration allein wirtschaften zu lassen. Dies war aber wenig üblich, da der Gutsherr nur gegen die Auflage eines hohen Ertrags die Abministration erhielt.[4]) Mit Rücksicht auf die durch das Moratorienreskript von 1737 verursachte „stückweise Ausheurung" widersprach auch Möser der damals von der Regierung geplanten Publikation desselben. Dabei fehlte es nicht an Meinungsverschiedenheiten und Ressortkämpfen.[5]) Der König aber willfahrte gegen die Regierung und Kanzlei dem Gutachten Mösers, sodaß das Reskript wie bisher nur als Anweisung für die Richter bestehen blieb. Möser widmete dem Heuerwesen mehrere eingehende Untersuchungen, in denen er auch die Schäden der beim Stillestand vorgenommenen stückweisen Ausheurung aufdeckte. Eine geschlossene Betrachtung,[6]) die aus den Reihen der Gutsherrn stammte, und die Möser[7]) durchaus billigte, hatte der Drost v. d. Bussche gegeben. Er verglich darin das Einst und Jetzt. Bislang hatte der Edelmann, der meist nicht selbst Landwirt war, seine Äcker und Wiesen im ganzen zur Heuer ausgetan, wie es auch auf den Domänen gehalten wurde, auf den hohen Heuerpreis war sein äußeres Auftreten eingestellt, und auch die meist weitläuftigen Bauernwirtschaften mußten damit rechnen, die vorgeschobenen Ländereien gut zu verheuern. Nun aber führte das durch

---

[1]) Mösers s. W. II, 20.
[2]) Mösers s. W. V, 27.
[3]) Mösers s. W. I, p. 225.
[4]) Einleit. der Beo. 6. März 1777, s. unten.
[5]) Reg.-Ber. 17. Nov. 1767 nebst Kanzleigutachten St.-A. Osn. L.-A. B. 244; vgl. Reskr. 27. Nov. 1767 St.-A. Osn. Abschn. 155, 5, St. 7; Mösers Gutachten 5. Dez. 1767 ebenda St. 8; Reg.-Ber. 15. Dez. 1767 St.-A. Osn. L.-A. B. 657; vgl. Reskript 15. Jan. 1768 St.-A. Osn. Abschn. 155,5, St. 11.
[6]) S. oben p. 39 Anm. Nr. 6.
[7]) Ebenda.

die ſtücksweiſe Ausheurung vermehrte Angebot von Ländereien ein Sinken
der Heuerpreiſe herbei, und ein Heuerproletariat wuchs empor. Abgeſehen
von dem weiteren Schaden, daß während der Ausheurung der Erbe der
Stätte ſelbſt als geringer Heuermann dem Gutsherrn ſchwerlich die ſog.
ungewiſſen Gefälle einbrachte,[1]) ſchuf das Heuerproletariat eine ſtarke
Gefährdung des ländlichen Krebits.[2]) Geringe Kötter und Heuerleute
aus Nebenhäuſern, die keine eigene Spannung hielten, wurden durch
einen geringen Preis gereizt, Ländereien zu heuern. Jedoch gleich bei
der Ackerbeſtellung haperte es. Die Beihülfe der vollauf beſchäftigten
andern Bauern konnten ſie ſchwerlich gewinnen, zu Pferden und Acker=
gerätſchaften gelangten ſie erſt durch ein Darlehn, und der geringſte
Unglücksfall warf ſie um. Während der Adminiſtration wurde zuletzt
der Boden erſchöpft. „Man rupft von den Höfen, was man kann, und
denkt, wenn die Heuerjahre um ſind, ſo mögen Diſteln und Dornen den
Grund bedecken". „Überall fehlt die Liebe zu dem geheureten Grunde,
mit ihr die Sorge für eine Nachkommenſchaft, und mit dieſer der edle
Trieb zur dauerhaften Verbeſſerung". Vor allem aber kann für Möſer
ein ausgeheuertes Erbe nicht als reihetüchtig gelten. Denn zu dem
Reihedienſt ſeien weder jene „kleinen Quäler, die ihren Acker nicht be=
ſtellen, ſondern nur umkratzen" imſtande, noch der auf die Poſition eines
Heuermannes beſchränkte Kolon. Auf dieſe Weiſe würden dann diejenigen,
die noch gut ſtänden, durch vermehrten Reihedienſt zu Grunde gerichtet.[3])

Soweit Möſers Kritik und Forderungen. Als eine Repetition
ſeiner Gedanken entwickelte ſich das, was die Geſetzgebung
der nächſten Jahre auf die ſtets erneute Anregung ſeiner
Landtagspropoſitionen[4]) hin zur Verbeſſerung des Stille=
ſtands ſchuf. — Der Umſtand, daß vier Gerichtsbarkeiten konkurrierten,
wurde von den bewilligten Gläubigern, die an einen von ihnen nicht
erteilten Stilleſtand nicht gebunden waren, vorſätzlich mißbraucht, und ſo
der von einem Gericht ausgeſprochene Stilleſtand durch die von einem
andern Gericht zugelaſſenen Pfändungen geſtört.[5]) Die Verordnung

---

[1]) Möſers ſ. W. III, 61.
[2]) Möſers ſ. W. III, 62.
[3]) Möſers ſ. W. III, 62.
[4]) St.=A. Oſn. L.=A. B. 242, 243, 243 a, 244.
[5]) Möſers Aufſatz „Urſachen der häufigen Convocationen", ſ. p. 52 Anm. 1.

vom 6. April 1768[1]) wies nun alle Gläubiger an das Gericht, das des
Schuldners Vermögen unter Generalarrest gestellt hatte. Die unbewilligten
Gläubiger mußten sich den Nachlaß ihrer Forderungen gefallen lassen,
dem die Majorität zugestimmt hatte, und ihre Bezahlung erfolgte aus
dem Überschuß der Heuergelder. Unter die bewilligten Gläubiger, die,
wenn sie sich vor der Verkündigung des Stillestands meldeten, unver=
züglich ihre Bezahlung vom Richter verlangen konnten, wurden nicht
mehr die „Kirchen, Schulen und Armen" gerechnet. Zuletzt wurde den
Darlehn, die dem Schuldner während des Stillestands bei Unglücks=
fällen gewährt waren, ein Vorzugsrecht eingeräumt. — Die Forderung
des einzigen Schulbrichters war zuerst erfüllt, wenn auch nicht in jenem
von Möser selbst kaum erhofften Maße, daß einheitliche Gerichtszwänge,
etwa der Gogerichte, hergestellt worden wären.

Die übrigen Wünsche Mösers wurden erst nach fast einem Jahrzehnt
durch die Verordnung vom 6. März 1777[2]) befriedigt. Danach sollte
keine Konvokation mehr ohne gutsherrlichen Konsens erfolgen, und die
stückweise Ausheurung unter Aufhebung des Moratorienrestripts nur
noch dann statthaben, wenn der Schuldner die verlangte Kaution nicht
bestellen konnte. Das Quantum, das für die Gläubiger aufzubringen
war, wurde auf Verlangen der Mehrheit der Gläubiger nicht mehr durch
ein Ausbieten zur Heuer im einzelnen, sondern nach dem Taxat des
Vogts und zweier Achtsleute bestimmt; wenn die Gläubiger eine
Sicherheit verlangten, so wurde sie mit der Anweisung auf die Früchte
einzelner Ländereien bestellt,[3]) die der Schuldner selbst zu bebauen hatte;
jedoch wurde der Verkauf der Saat nicht zugelassen, wenn der Eigen=
behörige die Zahlungsquote bar erlegte. Der Stillestand selbst sollte mit
der Abfertigung der unbewilligten Gläubiger nicht beendet sein, sondern
der Generalarrest noch einige Jahre fortdauern; keinesfalls aber wurde
ein Stillestand über 20 Jahre zugebilligt, und ein Schuldner, der etwa

---

[1]) Cod. const. Osn. I, p. 1017 20; Mösers Entwurf der Verordnung
St.=A. Osn. Abschn. 155, 5, St. 20 mit den nachträglich am Rande eingetragenen
Zusätzen; diese gesondert als „Unmaßgebliche Erinnerungen" Mösers, St. 19. Über
die weitläuftigen Vorarbeiten siehe Reg.=Ber. 18. und 25. März 1768, L.=A. B. 557;
Kanzleigutachten R.=A. 644, p. 845—852; R.=A. 644, p. 885 f.

[2]) Cod. const. Osn. I, p. 1165—1169. Ihr liegen zu Grunde die Erklärung der Stände von 1776, St.=A. Osn. L.=A. B. 244 und Mösers Entwurf,
St.=A. Osn. Abschn. 53, 34 St. 21.

[3]) Mösers s. W. II, p. 120 u. III, p. 372.

darüber hinaus der Wohltat eines Stilleſtands bedürftig war, als reif zur Abäußerung erachtet. Damit war Möſers Forderung eines Erlaßjahrs der Schulden, die in ſo ſonderbarer Form aufgetreten war, zuzweit bis ins einzelne erfüllt.[1]) Und wenn drittens im Eingang der Verordnung die ſtücksweiſe Ausheurung beſeitigt wurde, ſo erſchien viertens im Schluß das Verbot, das Hofgewehr zu verpfänden und zu verkaufen.[2])

Möſer konnte auf die Verbeſſerung des Stilleſtandsverfahrens mit Befriedigung blicken.[3]) Gleichwohl ſah er darin nicht das letzte Mittel, um den überſchuldeten Höfen aufzuhelfen. Er nannte das Stilleſtands= weſen vielmehr ein „widerſinniges Gemiſche, woran die Geſetze nun und zu ewigen Tagen umſonſt flicken werden".[4 u. 5]) Daher trat er noch während des Landtags von 1777, der das letzte Stilleſtandsgeſetz ver= abſchiedet hatte, mit dem ihm am nächſten liegenden Wunſche hervor, den er in den Intelligenzblättern ſchon wiederholt angedeutet hatte.

c) Konkurs freier Güter und der Antrag auf die geſetzgeberiſche Einführung des Verkaufs des eigenbehörigen Kolonatrechts.

Hören wir nach der Betrachtung der für die Eigenbehörigen geltenden Stilleſtandsgeſetzgebung ein Wort Möſers über den freien Schuldner: „Wo die Handlung blühen ſoll, muß die richterliche Hülfe ſich weder durch die Thränen der Witwe noch durch das Geſchrei der Waiſen aufhalten laſſen. In London, Amſterdam, Hamburg und Bremen kennt man keinen Stilleſtand, den Richter und Obrigkeit erteilen. Es iſt ein Raub, den der Richter begeht, wenn er einem Gläubiger das Seinige vorenthält, oder Schuld daran iſt, daß es ihm vorenthalten werde."[6]) Dieſe Sätze ſprechen ein wenig ſchroff die Forderung unverzüglicher Rechtshülfe zu Gunſten des Gläubigers aus und laſſen die billige

---

[1]) Sie iſt alſo keineswegs „nur ob ihrer Originalität intereſſant", wie Rupprecht a. a. O. p. 115 f. meint.

[2]) § 8 der Verordnung.

[3]) Möſers ſ. W. III, p. 245 f.

[4]) Möſers ſ. W. III, p. 367 f.

[5]) Von den Ergänzungs= und Ausführungsbeſtimmungen über Moratorien ſeien noch genannt die Verordnungen und gemeinen Beſcheide vom 10. Mai 1771, 29. Nov. 1771, 10. Aug. 1772, 29. Dez. 1774, 23. Febr. 1775, 17. Okt. 1782. Möſers Konzepte derſelben im St.=A. Osn. Abſchn. 155, 5 und 267, 31.

[6]) Möſers ſ. W. III, p. 357.

Rückſicht auf den Schuldner vermiſſen, die im Eingang der am 20. No=
vember 1777 publizierten Konkursordnung ¹) empfohlen wird. Die
letztere war das Werk fünfjähriger Bemühungen, nachdem die Stände
1772 auf eine Klaſſifikationsordnung der Gläubiger freier und eigen=
behöriger Schuldner angetragen hatten.²) Das umfangreiche Geſetz
zerfällt ſachlich in zwei Teile (§§ 17—39 und §§ 1—16, 40—45), die
auf eine getrennte Urheberſchaft des Kanzleidirektors Hartmann ³) und
des Referendars Möſer ⁴) zurückgehen.

Die Befriedigungsordnung der einzelnen Gläubiger (§§ 17—39)
iſt für einen von der bäuerlichen Scholle lebenden Staat oder in Möſers
Sprache für eine Kompagnie reihepflichtiger Höfe geſchaffen. Das
Prioritätsverfahren unterſcheidet fünf Klaſſen nach dem Maße unterſchieben,
als einzelne Forderungen einen Vorrang vor den andern bei der Be=
friedigung aus der Aktivmaſſe genießen. Jedoch ergibt ſich letztere aus
dem geſamten gegenwärtigen Vermögen des Schuldners erſt nach Abzug
bevorzugter Poſten. Hierhin werden Gegenſtände, die dem Gemein=
ſchuldner nicht gehören und ſich nur in ſeinen Händen befinden, zweitens
die Rückſtände der auf Grund und Boden haftenden Schatzungen, Laſten,
Pflichten und Abgaben gerechnet. Unter das Abſonderungsrecht fallen
ferner die Schulden, die an dem Nachlaß des Erblaſſers haften, ſowie
die Erbgelder, die der Anerbe den Miterben zahlen muß, und zuletzt die
Fauſtpfänder. Sodann folgen in fünf Klaſſen:

1. Begräbniskoſten, Arzt= und Apothekerrechnung, der rückſtändige
Lieblohn der Bedienten,

2. Pflug= und Säelohn, geborgter Hanf= und Leinſamen, die zur
Inſtandhaltung des Wohnhauſes hergeliehenen Gelder, der Brautſchatz
der mit ihrem Gatten nicht in Gütergemeinſchaft lebenden Ehefrau,

3. Hypotheken u. ſ. w.

Auf die Klaſſifikationsordnung beſchränkte ſich der Kanzleidirektor
Hartmann, ohne das Konkursverfahren zu berühren, das allerdings nur
für Freie gelten konnte. Möſer ſchrieb daher den zweiten Teil der
Konkursordnung (§ 1—16; 40—45) darüber, „wie und wodurch be

---

¹) Cod. const. Osn. I, p. 1170—1196; vgl. Klöntrup a. a. O. Art.
Konkursprozeß und Ordnung der Gläubiger.
²) St.=A. Osn. L.=A. B. 244.
³) Hartmanns Entwurf einer Klaſſifikationsordnung, St.=A. Osn. Abſchn.
257, 35, St. 4.
⁴) Möſers Gutachten, ebenda St. 6.

concurs eröfnet und auf welche Art derselbe geführet,[1) und was denen von dem Schuldner mehrentheils absque cessione bonorum angestelleten convocationibus für eine Einrichtung und Würkung zu geben".[2]) Darin trat er der Übereilung entgegen. Ein Konkurs schatzpflichtiger Güter solle nicht leichtfertig und um geringer Forderungen willen gestattet werden. Daher solle in dem Falle, daß der Schuldner an Mobilien nicht mehr pfandbar sei, von dem Richter ein „Vorbescheid" für Schuldner und Gläubiger anberaumt und dabei festgestellt werden, ob der schatzpflichtige Untertan so mit Schulden beschwert sei, daß die Gläubiger ohne Subhastation der Stätte nicht befriedigt werden könnten. Anderenfalls solle der Richter einen Vergleich herbeiführen, auf Stillstand oder Kapitalsnachlaß antragen.

Möser hatte sich um die neue Konkursordnung sehr verdient gemacht, die er gleichwohl im Prinzip nicht billigen mochte. Er fand es am Konkursprozeß überhaupt tadelnswert, daß Gläubiger, die nur Personal= forderungen an den Schuldner hätten, schon einen Konkurs erregen könnten. Denn dies führe oft zu einem unzeitigen Verkauf der Güter, sobaß selbst die im Besitz von Vorzugs= und Pfandrechten befindlichen Gläubiger gefährdet würden. Wieviel vorteilhafter stellte sich ihm der Außerprozeß[3]) des alten deutschen Rechts dar, den er in drei Aufsätzen besprach[4]). Dieser habe darin bestanden, daß ein Gläubiger, der das Grundstück seines Schuldners aufbieten und verkaufen lassen wollte, sich zuerst ein Pfandrecht an demselben habe erwerben und zweitens nach erlangtem Pfandrecht die vorangehenden Gläubiger, wenn das Pfand nicht für alle hinreichte, habe ausbezahlen müssen; erst dann hätte drittens dem Gläubiger das Gut von dem Richter aber nicht anders als mit dem Vorbehalt zugeschlagen werden können, daß der Schuldner es binnen einer gewissen Zeit zurückerwerben könnte. Es liege darin keine Härte gegen die jüngeren Gläubiger, da diese zuvor von dem äußernden Gläubiger aufgefordert seien, durch Übernahme seiner Forderung an seine Stelle zu treten, und erst, wenn sie sich dessen weigerten, bei der richterlichen Ein= weisung des neuen Eigentümers in das Gut leer ausgingen. — Ten

---

[1]) Erster Teil des Gutachtens.

[2]) Zweiter Teil des Gutachtens.

[3]) Stüve, Geschichte des Hochstifts Osnabrück II, p. 577 f. setzt die Ver= wirrung des osnabrückischen Außerrechts durch das Eindringen des römischen Hypothekenrechts in das 16. Jahrhundert.

[4]) Mösers s. W. V, 12 (ao. 1769), III, 58 (1777), IV, 56 (1778).

Verluſt des Außerprozeſſes bringt Möſer mit der Einführung des Zins-
kontraktes in Zuſammenhang[1]). Er erwähnt gern die alten Zeiten, da
es für jedes Gut nur einen Richter, ebenſo Hypotheken-, Grund- und
Flurbücher gegeben habe und der Schuldner für das geliehene Kapital,
das er jederzeit zurückzahlen konnte, dem Gläubiger eine Rente zunächſt
in Früchten und ſpäter in Geld angewieſen habe. Das unkündbare
Kapital habe der Gläubiger zumeiſt durch Verkauf des Rentenbriefes an
einen Dritten zurückerhalten, und er habe, wenn der Schuldner läſſig im
Zahlen geweſen ſei, nur zur Selbſthebung der Rente gelangen können.
Daher ſei ein Außerprozeß allein mit Einwilligung des Schuldners
möglich geweſen. — Am liebſten wäre es Möſer, wenn der Rentenkauf
und der Außerprozeß zugleich wieder auflebten. Ein hübſches erläuterndes
Phantaſiebild dieſer Verknüpfung bietet er mit der Erinnerung an jene
alte deutſche Kolonie von 100 Höfen zu je 40 Morgen[2]). Jeder Morgen
ſei durch ein Blatt im Buch der öffentlichen Bank repräſentiert geweſen,
und der Landmann habe, je nachdem er Geld gebraucht habe, ein oder
mehrere Blätter nebſt einer gewiſſen Nutzung verkauft. Sei die letztere
ausgeblieben, ſo habe der Gläubiger die obenerwähnte Selbſthebung erhalten, „weiter kann er nicht kommen[3]). Will er jetzt ſeines Schuldners
ganzen Hof von 40 Morgen haben, ſo muß dieſer ihm das Recht, diejenigen, welche die 39 übrigen Blätter haben, ausbezahlen zu mögen,
abtreten; und damit kann er erſt den ganzen Hof erlangen. Man kann
ſich ſchwerlich einen ſchönern und feinern Plan zum Beſten der Landeigenthümer gedenken.“

In die Nähe der Subhaſtation freier Güter rückt Möſer die Abäußerung eigenbehöriger Kolonen: „Den Verkauf freier Güter kann
man ebenfalls eine Abäußerung nennen. Ein Beſitzer geht davon ab,
und der andere wieder darauf“.[4]) Hier iſt der Begriff der Abäußerung
in jener weiteren Ausdehnung angewandt, die Möſer 1771 in ſeiner
Betrachtung der allgemeinen Abäußerungsurſachen verlangt hatte. Danach
ſollte die Abäußerung zu einem Rechtsmittel des Staates gegen jeden

---

[1]) Möſers ſ. W. IV, 56, V, 12 und II, 18.

[2]) Möſers ſ. W. II, 18.

[3]) Der äußernde Gläubiger konnte das Gut nur im ganzen erwerben.
Irrig iſt daher die Bemerkung Rupprechts a. a. O. p. 114, daß Möſer hier in
einer ſeinen ſonſtigen Anſichten widerſprechenden Weiſe „einer ſehr großen Mobili-
ſierung das Wort redet.“

[4]) Möſers ſ. W. III, p. 258.

schatzpflichtigen Untertan werden, der nicht mehr als reihetüchtig zu
gelten habe. Jetzt bestimmt er als die Sicherheit des Staats für die
Reihetüchtigkeit den sog. Freistamm, der die Gebäude auf dem Hof
und das sog. Hofgewehr umfassen soll.[1]) Und zu diesem Freistamm
erweitert Möser folgerichtig das Eigentum des Eigenbehörigen. Als die
notwendige Grundlage der Reihetüchtigkeit müsse jener unpfandbar sein,
seine vollkommene Verschuldung aber unbedingt die Abäußerung nach
sich ziehen. Sodann werde der Hof zur freien Besetzung gegen Erlegung
der Freistammsgelder aufgelassen, welche unter die eingetragenen Gläubiger
nach der Ordnung zu verteilen seien. „Die Abäußerung wird gleichsam
ein gemeiner Verkauf des Freistamms".

Die gleichermaßen für Eigenbehörige und Freie erhobene Freistamms=
forderung bildete von den mannigfachen Vorschlägen Mösers zur Ver=
besserung des ländlichen Kreditwesens, besonders der Eigenbehörigen, die
Brücke zu dem letzten, der ihm allein ein Genüge tat, zum Antrag auf
den Verkauf des eigenbehörigen Kolonatrechts.[2]) Schon 1768
hatte er erwogen,[3]) ob ein Gutsherr nicht am besten seine Höfe mit
Vorbehalt gutsherrlicher Pächte und Dienste verkaufen lasse, so oft deren
Besitzer sich Schulden halber nicht mehr darauf halten könnten. Wie er
über die Ausführung dieses Vorschlags dachte, hatte er in zwei Aufsätzen
ausgesprochen,[4]) und ein gleiches verlangte während des Landtags von
1777 die Ritterschaft, daß nämlich der Käufer sich eigen geben und die
auf dem Hofe ruhenden Schulden übernehmen, zweitens der Gutsherr
10 Prozent der Kaufsumme statt der Auffahrt, die Gläubiger aber den
Rest erhalten sollten und daß drittens dem Gutsherrn das Näherrecht
verbleibe, um eventuell das Gut nach seinem Gefallen zu besetzen.[5])

Überraschend und lockend zugleich erschien der Vorschlag den
Ständen. Das Hin und Wider über ihn kristallisierte um zwei Punkte,
deren Zusammenhang mit dem Verkauf des Kolonatrechts von Möser

---

[1]) Mösers s. W. III, 62 (ao. 1772).

[2]) Struckmann gibt a. a. O. Beitrag XI, p. 40—64 den Abdruck der
„Landtagshandlungen über den concursmäßigen Verkauf des Colonatrechts aus den
Jahren 1777 und 1792." Mit der Regierung ist darüber nicht verhandelt, daher
keine Belege im St.-A. Osn. L.-A. B. 244, siehe aber R.-A. 498 Beilagen 7 a
und 15.

[3]) Mösers s. W. III, 61.

[4]) Mösers s. W. III, 61 (ao. 1768) p. 257 und III, 64 (ao. 1774) p. 314.

[5]) S. oben p. 81.

bereits im Intelligenzblatt erörtert worden war. Zunächst beburfte es aufs neue ber theoretischen Verteidigung des Hofgewehrs, da das städtische Kollegium feine alten Einwendungen[1]) erhob. Es hielt ein Eigentum des Eigenbehörigen am Inventar feines Hofs für unvereinbar mit ursprünglicher Knechtschaft. Unb nicht nur hier, fonbern auch bei vielen Gutsherrn war bie Anwendung des römischrechtlichen Begriffs servus auf ben Eigenbehörigen unb bie scharfe Betonung bes in ber Eigentums= orbnung stehenben Satzes quicquid servus acquirit, acquirit domino[2]) gang unb gäbe.[3]) Dagegen hatte Möser bie feine historische Auseinander= legung des Unterschiedes zwischen bem mecklenburgischen Leibeignen unb bem osnabrückischen Eigenbehörigen gegeben.[4]) Wie in biefer bem Osnabrücker Hofbesitzer zu Zeiten Karls des Großen bie Stelle zu= gewiesen wirb, baß er „ohne Mittel" zur gemeinen Verteibigung gezogen worben unb ursprünglich ein mit einem Hofgewehr ausgerüsteter Wehr= fester gewesen fei, fo erscheinen bem aus ber Vergangenheit zugleich Be= lehrung schöpfenben Historiker bie alten Zeiten „genug gerechtfertigt, wenn bie neueren nach fünfhundert Jahren zu ben alten Grundsätzen wieber zurückkehren müssen." Jetzt würbe nach langer Durchlöcherung des karolingischen Systems ber Beitrag zur Verteibigung als Gelbsteuer wieber von jebem Hofe geforbert. Daher müsse ber Staat zu einem erneuten Schutz ber Wehrfester unb ihres Hofgewehrs beitragen.[5]) Mit ausbrücklicher Berufung auf Möser bebiente sich bie Kanzlei biefer Aus= führungen gegen bie Städter, als fie ihr Gutachten zum ritterschaftlichen Antrag vorlegte.

Eine weitere Verwandtschaft des Kanzleigutachtens mit Mösers Ansicht zeigt sich zweitens in Rücksicht auf bie Bestimmung ber ungewissen Eigentumsgefälle, bie schon hier baraufhin zu betrachten ist, baß fie als bie Vorbebingung des Kolonatrechtsverkaufs angesehen unb gewünscht wurbe. Denn ohne biefe würbe kein vermögenber Freier sich mehr zum

---

E. oben p. 42.

E. etwa Eigentumsorbnung Kap. XI, § 2.

[3]) E. oben p. 39 Anm. Nr. 5 unb Mösers f. W. III, 61.

[4] Mösers f. W. III, 61.

[5]) Indem Möser außerbem das Erbrecht des Bauern am Hofe in bem „väterlichen Bau unb Besserung" gegrünbet fein läßt, verteibigt er eben biefen Freistamm gegen ben Sterbfall, ba ja fonst das Erbrecht des Anerben bem Gutsherrn heimfallen würbe. Mösers f. W. III, p. 286—289.

Kauf eines eigenbehörigen Gutes bereit finden laffen.[1]) Die Kanzlei betonte, daß die in dem ritterschaftlichen Antrag gesetzte Parallele von der Subhaftation freier Güter und dem Verkauf des eigenbehörigen Kolonatrechts als Basis die Gleichheit der Laften für Freie und Leibeigne verlange. Solange aber der Eigenbehörige durch die ungewiffen Gefälle zur Schuldenaufnahme genötigt werde, dürfe er in Schuldfachen nicht in gleicher Weife wie der Freie angefaßt werden.[2])

Die Hemmniffe, die Mösers Abfichten entgegenstanden, find bei diefen Beratungen deutlich erkennbar. Denn der ritterschaftliche Vorschlag[3]), der nach Inhalt und Stil als von Möfer verfaßt zu betrachten ift, enthält nur den einen feiner Wünfche. Hier mußte der Syndikus, der im Auftrag von Gutsherrn schrieb, den andern Wunsch, der auf die Fixierung der unbestimmten Eigentumsgefälle ging, unterdrücken.[4]) Indem nun die Kanzlei die Vertretung des letzteren gegen den ritterschaftlichen Vortrag übernahm, bildeten die Beratungen in ihrer Gesamtheit die Verknüpfung von Elementen, die bei Möfer zuvor bestanden hatte.

Aber über Verhandlungen kam man nicht hinaus, und die Verbindung mit der Reform der Eigenbehörigkeit hinderte, daß der durchgreifendfte Plan zur Verbefferung des bäuerlichen Krebit= und Schulden= wefens angenommen wurde. Die Gefetzgebung über biefen Gegenstand schloß 1777 im wefentlichen ab, ohne daß Möfer feine Erfolge in derfelben mit der gefetzgeberifchen Einführung des Verkaufs des eigen= behörigen Kolonatrechts hätte krönen können.

Als beren Vorausfetzung galt ihm eben die Bejahung der Frage: find die ungewiffen Eigentumsgefälle zu fixieren? Es war zugleich die Frage nach der Exiftenzberechtigung der Eigenbehörigkeit überhaupt.

[1 u. 2]) Diefelbe Anficht hatte Möfer fchon 1770 mit ähnlichen Worten geäußert, Mösers f. W. III, 66: „Wie mancher reicher Freier wird einen gut= herrlichen Hof annehmen, wenn er nicht mehr befürchten darf als ein Leibeigner behandelt zu werden" und „bie Obrigkeit wird gegen einen üblen Wirth mit aller Strenge verfahren können, wenn ihm einmal die Entfchuldigung benommen ift, daß er zu Bezahlung der ungewiffen Gefälle feinen Hof in Schulden ftürzen, fein Land verfetzen und fein Holz verhauen müffe."

[3]) Mösers Konzept unauffindbar.

[4]) Siehe den folgenden Abfatz biefes Kapitels.

2. Von der Eigenbehörigkeit zum Meierrecht.

---

a) Abschaffung der unbestimmten Eigentumsgefälle.

Schon am 10. April 1770 hatte die Regierung an sämtliche Beamte die Umfrage gerichtet, ob es nicht gut sein würde, die ungewissen Eigentumsgefälle auf ein gewisses Jahrgeld zu setzen.[1]) Das Interesse des Landesherrn erheischte eine Normierung dessen, was die Gutsherrn von ihren Eigenbehörigen fordern konnten[2]), und nur als Dekoration gruppierte sich um dieses Motiv dasjenige, was Möser unter „Religion, Sittenlehre, Mode, Ton, Satyre" zusammenfaßte[3]).

Die unbestimmten Eigentumsgefälle, auch Himmelsgefälle genannt, standen als Wirkungen der persönlichen Seite der Eigenbehörigkeit im Gegensatz zu den aus dem Kolonatrecht entspringenden bestimmten Pächten und Diensten.

Die Auffahrt oder der Weinkauf[4]) heißt in der Eigentumsordnung[5]) „ein gewisses Geld, so dem Gutsherrn von demjenigen, welcher fremd zur Stätte kommt und dieselbe vermöge Erbrechts nicht praetendiren kan, accordirter maßen gegeben wird, gegen dessen Zuzahlung der fremde Contrahent an die von dem Gutsherrn ihm offerirte Güter ein jus quaesitum erlanget". Weinkauf zahlte also nur die aufheiratende Person, nicht der Anerbe. Hinsichtlich der Höhe der Auffahrt

---

[1]) Sl.-A. Osn. Abschn. 53, 35 St. 4.

[2]) Aus demselben Grunde hinderte Möser in dem Gutachten über die osnabrückischen Zehnten von 1778 den unter dem Vorwande einer alten Abgabe unternommenen Versuch, das Landeigentum stärker zu belasten. S. Mösers s. W. IV, 67 und hs. b. histor. Ver. Osn. B. IV, 38: Mösers Gutachten über die osnabrückischen Zehnten. — Da sich nämlich die Absicht regte, den Zehnten als zehnte Garbe vom Felde zu ziehen, wies Möser nach, daß die Zehnten von Anfang an nicht vom Felde gezogen, sondern in festen Korn- und Geldleistungen entrichtet worden seien. Mehr noch als dieser historische Einwand galten ihm die „höheren Gründe," daß nämlich jede Steuer ihr natürliches Maß an dem Bedürfnis habe, wozu sie gefordert worden sei, jedenfalls aber ihr Wesen und Wachstum verliere, sobald sie in die Hände eines Privatmannes komme, was obendrein als eine Veruntreuung öffentlicher Gelder anzusehen sei.

[3]) Mösers s. W. III, p. 335.

[4]) Struckmann a. a. O. Beiträge Nr. III u. IV. Von der Heirath und Auffahrtsbedingung des Anerben oder Wehrfesters.

[5]) Kap. V, § 1.

war keine beftimmte Ordnung gefetzt, jedoch follte der Gutsherr den Kolon „nicht über die Gebühr befchweren"[1]).

Die Beerbteilung[2]) war das gutsherrliche Recht am Vermögen des Leibeignen nach deffen Tode[3]). Der Sterbfall nach Ritterrecht be= deutete den gefamten beweglichen Nachlaß des Verftorbenen, während die von diefem neuerworbenen Immobilien zu Pertinenzen der Stätte wurden[4]). Er wurde oft mit Geld bedungen. Sehr viel milder war der Sterbfall nach Hausgenoffenrecht.

Die Freilaffung der eigenbehörigen Leute, die nicht durch den Befitz einer eigenbehörigen Stätte an das perfönliche Eigentum gebunden waren, konnte der Gutsherr nicht verweigern. Dafür wurde der Freibrief bedungen, deffen Preis ebenfalls auf Vereinbarung beruhte[5]).

Zuletzt ift der auf das perfönliche Eigentum gegründete, oft zu Geld gefetzte Zwangsdienft zu nennen, der eine Verpflichtung der eigenbehörigen Kinder darftellte, als Knecht oder Magd ein halbes oder ganzes Jahr dem Gutsherrn zu dienen, jedoch nicht für alle Eigenbehörigen galt[6]).

Die Fixierung diefer unbeftimmten Gefälle hatte Möfer fchon 1768 vorfichtig angeregt[7]), und er ließ fich ausführlicher darüber hören, als die Regierung 1770 ihre Umfrage erließ. An einer Einzelheit wird offenbar, wie wenig Möfer dabei nur der kühle Rechner am Regierungs=

---

[1]) Kap. V, § 4.
[2]) Strudmann a. a. O. Beitrag XVII, p. 187.
[3]) Eig.=O. Kap. IV, § 6 und Kap. XI, § 1.
[4]) Ebd. Kap. XI, § 2 und Kap. XV, §§ 4 u. 5. — Nur hierauf bezieht fich der auch von Möfer citierte Satz: was der Eigenbehörige erwirbt, erwirbt er dem Herrn. Die von Knapp, Grundherrfchaft und Rittergut, p. 164 Möfer zugefchobene Behauptung, „daß dem Osnabrückifchen Leibeigenen nicht geftattet war, etwas Eigenes zu erwerben" ift mir unbekannt. — Es fei hier jedoch darauf hin= gewiefen, daß der Eigenbehörige im Intereffe des Sterbfalls zwar in der Difpofitionsbefugnis über fein bewegliches Vermögen befchränkt war. Letzteres durfte er unter der Bedingung fofortiger Übergabe nur bis zur Hälfte verfchenken, Eig.=O. Kap. XV, § 3. Die von ihm neuerworbenen Immobilien aber konnte er zu Lebzeiten wieder veräußern, Eig.=O. Kap. XI, § 2 und Kap. XV, § 5; f. a. Möfers f. W. IV, p. 312 u. V, p. 157. Von Todes wegen durfte der Eigen= behörige nichts verfchenken.
[5]) Eig.=O. Kap. VIII, §§ 1 u. 4.
[6]) Ebd. Kap. XIII, § 10.
[7]) Möfers f. W. III, 61.

tiſche war, welche Anteilnahme er an dem perſönlichen Wohl des Bauern nahm, wenn er etwa gegen den Zwangsdienſt äußerte: „grauſam iſt es, daß ein guter Vater ſein ſechzehnjähriges Mädchen dem Muthwillen der Köche und Bedienten bloßſtellen muß"[1]). Wie ſtark erſcheint nicht auch in dem „ländlichen Trauerſpiel" der „Abmeierung"[2]) das warme Mit= leid und das fühlende Herz dieſes echten Bauernfreundes.

Jedoch mit ſtärkeren Argumenten mußte er im Intelligenzblatt erſcheinen, wenn er überreden wollte[3]). So wies er darauf hin, daß die Zahlung eines regelmäßigen Jahrgeldes dem Bauern leichter falle als die einmalige Ablieferung eines größeren Kapitals. Dabei verlören auch die Gutsherrn nicht; es ſei ſogar vorteilhaft, daß ein zeitiger Herr ſolcher Eigenbehörigen nicht die Gelegenheit habe, zum Schaden ſeines Nachfolgers Auffahrten, Sterbfälle und Freibriefe im voraus bingen zu laſſen und dieſem ſolchergeſtalt das Geld vor der Naſe wegzuziehen. Er nennt es ein trauriges Recht, beim Sterbfall nach Ritterrecht den armen Waiſen die ganze elterliche Erbſchaft zu nehmen; und wenn auch die meiſten Gutsherrn ſchon deswegen dies Recht nicht ſtreng handhaben, weil ihr Kolon bann nur ſchwer wieder zu Kräften komme, ſo bleibe es doch immerhin „ein unnöthiges und ſchädliches Schreckbild, das die Leib= eigenen in beſtändiger Furcht und vom Erwerben zurückhält". Die Feſtſetzung der Auffahrts= und Freibriefsgelder befürwortet er auch des= wegen, weil der Mangel einer feſten Norm zahlreiche Prozeſſe veranlaſſe.

Die andern Gründe Möſers ſind bereits erwähnt, und nach allem iſt ſeine Stellung klar genug, wenn auch manches Wort des Verfaſſers der patriotiſchen Phantaſien aus Unkenntnis ſeiner Vortragsmanier zunächſt mißverſtanden werden kann und das Leibeigentum zu verteidigen ſcheint.

Stellte Möſer das Staatsintereſſe in den Vordergrund ſeiner Er= örterungen, ſo ſuchte er zweitens und brittens den Vorteil der Gutsherrn und Eigenbehörigen ans Licht zu ziehen. Dieſe Dreiteilung der Be= trachtung befolgten die auf Möſers Aufſatz aus dem Kreiſe der Guts= herrn erfolgenden Erwiderungen. Gegen den wohlerrichteten Turm der Möſerſchen Beweisführung ſchwirrten die verſchiedenartigſten Geſchoſſe[4]). Die Gutsherrn fühlten ſich teilweiſe in ihren Intereſſen verletzt; jedoch

---

[1]) Möſers ſ. W. IV, 66.
[2]) Möſers ſ. W. II, 21.
[3]) Möſers ſ. W. III, 66.
[4]) Nützliche Beilagen zu den Osnabr. Intelligenzblättern vom 25. Aug., 6. Okt., 8. Dez. 1770.

gerabe barauf nahmen sie kaum Bezug; sogar ihr von Möser hervor=
gehobener Vorteil wurde anerkannt. Umsomehr betonteu sie die ihrer
politischen Gesinnungsart entsprechende Ansicht über den Schaben, der
bem Staat aus einer solchen Veränderung zuwüchse; denn es schwände
die gutsherrliche Autorität, und das staatliche Interesse der Reihe=
tüchtigkeit der Höfe fände keinen Rückhalt mehr an dem gutsherrlichen
Nutzen. Vor allem würde der Eigenbehörige leiden. Denn während
bisher das gemeinschaftliche Interesse von Eigenbehörigen und Gutsherrn
die letzteren zu Repräsentanten der ersteren gemacht habe — und man
sah zu jener Zeit die zumeist aus Gutsherrn sich zusammensetzenden
Stände als die „Repräsentation der Eigenthümer bei allen Steuer=
bewilligungen" an[1]) — so würde diesen in Zukunft der Antrieb fehlen,
Steuererhöhungen zu widersprechen. Mösers Saatkorn war hier auf
schlechten Boden gefallen.

Auch innerhalb der Regierung, bei der Domänenverwaltung,
begegnete seine Absicht Schwierigkeiten. Die Ämter schickten die erforberten
Extrakte aus den Amtsrechnungen über die Himmelsgefälle der landes=
herrlichen Eigenbehörigen zwar ein[2]), aber die Begleitschreiben, aus denen
die Regierung die eigene Ansicht der Drosten und das Ergebnis ihrer
Nachforschungen über die „Sentiments der Bauern" zu erfahren wünschte,
waren überaus unlustig und mager. Der Landrentmeister Weberlind
unternahm sogar während der Verhandlungen den Versuch, die ungewissen
Eigentumsgefälle zu erhöhen mit der Begründung, daß die Kammer,
welche auf die persönlichen Dienstleistungen der Eigenbehörigen wegen
mangelnder Verwendung verzichtet hatte nnd dafür feste Geldsätze empfing,
sich für den Minderertrag durch die Erhöhung der ungewissen Eigentums=
gefälle schadlos halten könne. Wenn Möser auch die Ausführung dieser
Absicht abwandte und dafürhielt, daß der Landesherr den übrigen Guts=
herrn im Maßhalten vorangehen und die ländlichen Untertanen so viel
wie möglich gegen Privatabgaben schützen müsse, so wurde ihm doch nur
allzusehr die vorläufige Erfolglosigkeit seiner Bemühungen offenbar[3]).

---

[1]) Mösers s. W. III, p. 270.

[2]) St.=A. Osn. Abschn. 53, 35. Man gedachte den Jahresdurchschnitt der
von 1720—1769 eingekommenen Himmelsgefälle jedes Hofes als festes Jahrgeld
anstatt der unbestimmten Gefälle zu setzen.

[3]) Möser schrieb am 4. März 1773 ein „Erfordertes Gutachten über die
Frage In wie fern es einem zeitigen Landesherrn zu rathen sey die Eigenthums=
gefälle zu steigern". Das so bezeichnete Stück 1 in St.=A. Osn. Abschn. 53, 32

Da schon die von der Regierung erwogene Ansetzung eines festen Jahrgeldes anstatt der unbestimmten Eigentumsgefälle die Eigenbehörigkeit durchaus verändern und in ihrem eigentlichen Wesen sogar vernichten mußte, so ist es nicht weiter befremdend, daß die Regierung sich einige Jahre später in einem einzelnen Falle zur völligen **Aufhebung der Eigenbehörigkeit** entschloß[1]). Sie hatte dazu gern den Anlaß genommen an der Bitte eines Kammereigenbehörigen, des Kolonen Schulte zu Aselage im Amte Fürstenau, der für sich und seine Familie die Freiheit begehrte. Sie schrieb darüber 1779 an den König[2]): „Je einleuchtender inzwischen der Vortheil ist, den eine persönliche, obzwar annoch eingeschränkte Freyheit der Unterthanen nach sich ziehen wird, indem die Sicherheit, daß dasjenige was einer durch seine Arbeit erwirbet, ihm und den seinigen verbleibe, den Fleiß und die Betriebsamkeit, zum allgemeinen Besten vermehren muß, desto mehr hat man von Regierungswegen gewünschet, das Werk in einzelnen Fällen befördern, und allmählig solche Beyspiele geben zu können, welche andern Gutsherrn zur Nachfolge dienen mögten". Die Verhandlungen wurden dadurch erleichtert, daß der Besitzer des stattlichen Bauernhofs, von dem durchschnittlich 20 Taler im Jahre als Himmelsgefälle gezogen wurden, 2000 Taler als Ablösungskapital zahlte und die Kammer also in überreichem Maße ihren Vorteil fand. Der Ablösung erkannte v. Ende überhaupt den Vorzug vor der Festsetzung eines Jahrgeldes zu — ob mit Recht, ist zu bezweifeln; denn was hier ein Großbauer vermochte, war vielen doch nur durch die Aufnahme eines größeren Kapitals möglich.

Inwieweit das Beispiel der Regierung bei den Gutsherrn Nachahmung fand, läßt sich nicht feststellen; schwerlich ist eine breite Wirkung zu vermuten[3]). Jedenfalls aber hatten Mösers Anregungen zur Abschaffung der Eigenbehörigkeit den Weg geebnet. Als die Regierung den Fall Schulte dem Domkapitel zur Begutachtung vorlegte, begegnete die quaestio an keinem Bedenken mehr. Jedoch zuvor wollten die Domherrn das quomodo, die Regelung des Kolonatrechts, erfahren, da sie wohl

---

ist abhanden gekommen. Mösers Konzept ist jedoch erhalten geblieben i. d. Bibliothek d. Ratsgymnasiums zu Osnabrück. Auf dieses Mösergutachten antworten die von Wedekind gemachten „Anmerkungen" vom 18. März 1778, St.-A. Osn. 53, 32, St. 2.

1) St.-A. Osn., Abschn. 53, 35.
2) Reg.-Ber. 11. Juni 1779, St.-A. Osn., L.-A. B. 414.
3) **Stüve**, Über die Lasten des Grundeigentums und Verminderung derselben in Rücksicht auf das Königreich Hannover. Hannover 1830, p. 70 f.

befürchteten, daß neben der persönlichen Freilassung die Beseitigung der gutsherrlichen Gebundenheit des bäuerlichen Besitzes geplant werde, was die Regierung indessen nicht beabsichtigte.

b) Verwandlung der Erbesbesetzung mit Eigenbehörigen in freie Erbpacht.

Wie aber dachte sich Möser das Verhältnis zwischen dem Grundherrn und dem nach Aufhebung der Eigentumsgefälle oder deren Fixierung nur noch pacht- und dienstpflichtigen Erbpächter? Da es an einem lokalen Rechte freier Personen an gutsherrlichen Stätten im Osnabrücker Lande fehlte, so versuchte er zu zeigen, wie sich die Lücke ausfüllen lasse.[1]) Er hielt es für erforderlich, daß die Beziehung zwischen einem Gutsherrn und einem freien Erbpächter weit genauer bestimmt werden müßte als zwischen jenem und seinem Leibeigenen, deren beiderseitiger Vorteil in der Schonung und Billigkeit bestände.[2]) Die Eigentumsordnung, von der er sich wegen der praktischen Brauchbarkeit seiner Vorschläge nicht zu weit entfernen durfte, schien ihm im wesentlichen als Richtschnur für das neue Besitzrecht passend.[3]) Und der „wahre deutsche Meiercontract", den er entwarf, baute sich auf altem Grunde auf.

Das Besitzrecht der Eigenbehörigen[4]) war nach dem allerdings wörtlich nicht ausgesprochenen Sinne der Eigentumsordnung ein erbliches dingliches Recht am Kolonate, dem eine auf die Erhaltung gutsherrlicher und staatlicher Ansprüche gerichtete Erbfolgeordnung zugehörte. Gegen Entrichtung der Pächte und Dienste, die nicht erhöht werden durften, und unter der Bedingung der Erhaltung der Substanz des Guts stand dem Eigenbehörigen — unter gutsherrlichem Konsens — das Dispositionsrecht über das Kolonat zu. Die Beschränkungen der Dispositionsbefugnis ergaben sich aus dem gutsherrlichen Obereigentumsrecht; im Zusammenhang damit trat auch das Recht der Geschwister des Anerben beschränkend ein.

Diese doppelte Rücksichtnahme einerseits auf das Besitzrecht, andererseits und im besonderen auf die Stellung der Miterben beobachten

---

[1]) Mösers s. W. IV, p. 307.

[2]) Mösers s. W. IV, p. 309.

[3]) Mösers s. W. IV, p. 310.

[4]) Struckmann a. a. O. Beitrag XVIII, Natur und Umfang des Colonatrechts, p. 48—87.

die beiden Abhandlungen Mösers zu der obenerwähnten Aufgabe: „Das Schreiben einer Gutsfrau, die Freilassung ihrer Eigenbehörigen betreffend" erschien 1775[1]), „Was ist bei Verwandelung der bisherigen Erbesbesetzung mit Leibeignen in eine freie Erbpacht zu beachten?" 1778.[2]) Wie sollte danach das Besitzrecht der Bauern an gutsherrlichen Stätten beschaffen sein?

Möser ließ die Pächte, Dienstleistungen und Lieferungen an den Gutsherrn bestehen, ferner den Konsens des Gutsherrn bei den Verfügungen des Kolonen, soweit es sich zunächst um Kontrakte, Bürgschaften, Prozesse, das Fällen und den Verkauf des Bauholzes handelte. Hinsichtlich des letzteren machte Möser Zusätze, da ihm hier die Eigentumsordnung ungenügend erschien. Die Verpflichtung zur ordentlichen Wirtschaftsführung und das Verbot der Veränderung der Substanz schließen sich an. Alle Verstöße gegen dieselben müßten Gründe der Abmeierung sein. Zuletzt übernahm Möser aus der Eigentumsordnung den gutsherrlichen Konsens zu den familienrechtlichen Verfügungen des Kolonen, so bei der Erbesbesetzung, zur Heirat, bei der Bestellung von Auslobungen und Leibzucht. Es erfahren mithin Sätze der Eigentumsordnung eine von erheblichen Umbildungen freie Aufnahme. Es ist wohl zu merken, daß dieselben, soweit sie hier als wesentlich in dem von Möser aufgestelltem Plan besprochen wurden, mit den Normen des Meierrechts in den niedersächsischen Territorien sich decken.[3]) Einer eingehenden Besprechung würdigte Möser sodann die Nachfolge in das Gut und die Erbansprüche. Hier drängte er auf die Rechtsauffassung, daß das Kolonatrecht dem Anerben nicht ipso jure zustehe, daß vielmehr die sog. „Behandung" statthaben müsse. Danach habe der Anerbe wohl einen persönlichen Anspruch auf Übertragung des Kolonats, während doch das Recht am Kolonat erst dann erstehe, „wenn der Gutsherr dem Anerben das Gut behandet".[4]) Zweitens dürfe der Brautschatz, den die Braut oder der Bräutigam in den Hof bringe,

---

[1]) Mösers s. W. II, 55.

[2]) Mösers s. W. IV, 63.

[3]) s. Wittich, Die Grundherrschaft in Nordwestdeutschland. Leipzig 1896. p. 19—61.

[4]) Struckmann a. a. O. Beitrag III u. IV, p. 9 interpretiert auch die Eigentumsordnung von 1722 in diesem Sinne. Jedenfalls entspricht Mösers Forderung der Behandung für freie Güter der Rechtsanschauung des 18. Jahrhdts. betreffs der meierrechtlichen Succession; s. Wittich a. a. O. p. 29.

nie wieder zurückfallen, sondern müsse ebenso untrennbar mit dem Hof verbunden werden wie drittens der Teil des Allobialvermögens, den Möser als Bau, Besserung und Hofgewehr anspricht. Wir haben früher schon gesehen, wie Möser dafür eingetreten war, daß diese Vermögensstücke Eigentum sogar des Eigenbehörigen sein müßten. Er macht sie hier zum Allob des aus der Eigenbehörigkeit in das Behandungsrecht eintretenden Kolonen, um sie nur noch fester an das steuerpflichtige Bauerngut zu knüpfen. Unzertrennlich dazu gehören viertens die Zuschläge aus der Mark. Wir besitzen auch zu diesen vier Punkten die Analoga im Meierrecht. Wie Möser und die Gesetzgebung sich zu den sog. Auslobungen stellten, wird noch gezeigt; Möser stellt die Norm auf, daß mit der Abfindung jeder weitere Anspruch der Verwandten erlösche.

Alle diese Bestimmungen für die zwar in gutsherrlichem Verbande befindlichen, aber nicht eigenbehörigen Güter konnte Möser bei der Freilassung des Eigenbehörigen Schulte in dessen neuen Kolonatkontrakt zusammenfassen. Hier liegt einer der besten Erfolge Mösers vor, in der sog. „Behandung" wurde dem Osnabrücker Lande ein neues Kolonatrecht für freie, aber gutsherrlich gebundene Stätten mitgeteilt, und durch die Veröffentlichung des Kolonatkontrakts im Intelligenzblatt[1]) allen Privatgutsherrn im Lande ein Muster gegeben.

Aus dem Kolonatkontrakt sei neben dem bisher Aufgeführten noch einiges erwähnt. Es erscheint in ihm ein „Weinkauf" in der Höhe eines jährlichen Pacht- und Dienstgeldes, der zugleich mit der „Behandungsgebühr" von jedem neuen Besitzer bezahlt werden soll. Die Eigentumsordnung ließ einen Weinkauf nur von der fremd auf die Stätte kommenden Person bezahlen; fremd war ihr der Zusatz in dem neuen Kolonatkontrakt, daß der Anerbe, wenn er unvermählt blieb, den Weinkauf geben mußte.

Zweitens zahlte der Kolon Schulte einen Schutztaler für seine Zugehörigkeit zur landesherrlichen Hobe. Möser, der sich um die Erkenntnis der „Hyen, Echten oder Hoben" verdient gemacht hat[2]), die als Antiquitäten noch in seine Zeit ragten, wollte das alte Institut der Hobe zeitgemäß auffrischen als einen genossenschaftlichen Verband der Bauern unter gutsherrlicher Leitung zum gemeinschaftlichen Beistand

---

[1]) Nützliche Beilagen zu den Osn. Intelligenzblättern 1789, St. 20—22, s. a. Mösers s. W. IV, 64. Klöntrup a. a. O., Art. Behandung.

[2]) Mösers s. W. III, 67.

in den geringen Nöten des Lebens. In dem Schußverein der Erbpächter eines Gutsherrn unter deffen Schußgerechtigkeit sollten die freien Leute unter sich durch Schiedsfreunde kleinere Streitigkeiten ausmachen, und ein gemeinsamer Advokat, den der Gutsherr ihnen bestelle, ihre Prozesse besorgen und sie vor Winkeladvokaten bewahren.[1] „Die juristischen Quacksalber sind nicht so beschrieen wie die medicinischen; aber sie sind eben so dreist, und oft eben so gefährlich".[2] Wenigstens hielt Möser eine solche Bevormundung der geringeren Klassen für eine billige Ehren= pflicht des Gutsherrn.

In einer solchen Verbindung ließen sich die patriarchalischen Be= ziehungen zwischen dem Gutsherrn und seinen Pächtern aufrecht erhalten und in einem jeden Bauern das Ehrgefühl wecken und stärken. Eine Gutsfrau, die Möser hier mit regster Anteilnahme von derartigen Unter= nehmungen berichten läßt, teilt mit, daß ihr Mann sich bei der Freilassung seiner Eigenbehörigen jeglichen Strafzwanges begeben habe in der Erwägung, „den Seinigen ein richtiges Gefühl der Ehre beizubringen und sie durch dieses zu guten Haushältern und vermögenden Pächtern zu machen, die ihm das Seinige mit dankbarer Freude geben sollen". Auch ist die Gutsfrau nicht dafür, den Bauern die Umwandlung der Naturaldienste in Geldleistungen aufzudrängen. Jedoch dies sind schon mehr oder weniger entbehrliche Ausschmückungen zu der von Möser an= gestrebten Bildung eines neuen Kolonatrechts.

Wir konnten in zwei Stufen beobachten, daß Möser von der Eigenbehörigkeit losstrebte und dann nach seinen Ideen ein Besitzrecht für solche grundherrlichen Stätten gestaltete, die von personenfreien Bauern besessen wurden. Er ging dabei von dem Osnabrücker Eigentums= rechte aus; was er so fand, trieb auf das in den niedersächsischen Territorien übliche Meierrecht zu. Mösers Schaffen ist jedoch nicht etwa eine sklavische Nachahmung des Vorbildes, das ihm der benachbarte Kur= staat gab, vielmehr erwächst diese Annäherung aus dem ureigensten Quell Möserscher Anschauungen. Die Gleichheit entsteht durch den gleichen Winkel der Betrachtung, in den sowohl Möser als auch das Institut

---

[1] Mösers s. W. III, 55 u. Hedemann, Die Fürsorge des Gutsherrn für sein Gesinde. Festschrift zu J. Dahns 50. Doktorjubiläum 1905, p. 192 u. 202. Treffend referiert H. Mösers Gedanken: „eine in Erinnerung an die alte Ver= teidigungspflicht dem modernen Leben angepaßte Beistandspflicht des Herrn im unblutigen Gefecht".

[2] Mösers s. W. IV, 66.

des Meierrechts das Bauerngut einstellt: es ist die Würdigung der staatswirtschaftlichen Bedeutung desselben.

Wir erbringen den Beweis hierfür, indem wir in die Betrachtung von Mösers Theorie eintreten. Von ihr aus läßt sich auch der noch nicht behandelte Teil der bäuerlichen Gesetzgebung am besten verstehen.

---

3. Mösers bäuerliche Theorie „Freiheit und Eigentum" und sein Antrag auf „beamtliche Lokalkontrolle".

Die Abhandlungen Mösers zur bäuerlichen Gesetzgebung schürzen sich in dem Knoten einer Theorie, die Möser „Freiheit und Eigentum" benannte. Sie ist gewissermaßen das erste Kapitel seiner vollständigen sozialen Theorie, die in drei Kapitel zerfällt, entsprechend der von Möser angenommenen Entstehung der sozialen Gliederung in drei Etappen. Wenn hier von einer Gesamttheorie Mösers und der Einteilung derselben in drei Kapitel gesprochen wird, so ist darauf hinzuweisen, daß Möser selbst keine systematische Darstellung derselben unternommen hat. Der beschränkte Raum der Intelligenzblätter hätte dies kaum zugelassen, und kein öffentliches Bedürfnis nötigte zu einer in einem Zuge fortlaufenden, gleichmäßigen Behandlung aller sozialen Ideen des leitenden Beamten. Noch am meisten hat Möser die Gedanken des ersten Kapitels in eins zusammengefaßt und dabei die Ansatzpunkte eines zweiten und dritten Kapitels aufgewiesen, die ein anderes Mal zur Besprechung kamen. Der Zusammenhang der Vorstellungen, in so vielen Aufsätzen sie auch verstreut sein mögen, bleibt daher klar, und man braucht es nicht zu bedauern, daß der phantasievolle und praktische Staatsmann, der so oft und reichlich aus dem Füllhorn seiner politischen Gedanken austeilte, den Inhalt nicht auf einmal vergab. Eine Rekonstruktion der gesamten Theorie Mösers, die seine Aufsätze durchleuchtet und die Summe seiner Vorschläge als ein Ganzes zusammenhält, ist möglich und wird soweit erlaubt sein, als sie sich des Mangels einer von Möser selbst unternommenen Zusammenfassung bewußt bleibt und die Beziehungen der einzelnen Teile, wo sie etwa schattenhaft sind, in diesem Lichte läßt.

Möser verkannte keineswegs den Wert der „Theorie"[1]) für den Staatsmann; aber dieses Programm müsse aus der Sonderbetrachtung

---

[1]) Mösers s. W. IX, 5.

des Objekts hervorwachſen; zum wenigſten dürfe der Politiker ſich von jenen „idealiſchen Fanalen" blenden laſſen, die ſo hoch ſtehen, daß kein Steuermann ſie entdecken und ſich danach richten könne. Er befürchtet, daß die jungen Leute, die danach auszuſehen angewieſen werden, bei dem geringſten Wölkchen ihr Schiff auf Klippen führen werden, und er erklärt: „Aus wirklichen Begebenheiten ſchließt ſich oft richtiger als aus gar zu hohen Vorderſätzen". Und dem Staatsmann half der Hiſtoriker, der aus breiteſter Kenntnis der heimiſchen Geſchichte ſchöpfte. „Wenn ich daher auf eine alte Sitte oder alte Gewohnheit ſtoße, die ſich mit den Schlüſſen der Neuern durchaus nicht reimen will, ſo gehe ich mit dem Gedanken: Die Alten ſind doch auch keine Narren geweſen, ſo lange darum her, bis ich eine vernünftige Urſache davon finde, und gebe dann (jedoch nicht immer)[1] den Neuern allen Spott zurück, womit ſie das Alterthum und diejenigen, welche an deſſen Vorurtheilen kleben, oft ohne alle Kenntniſſe zu bemüthigen geſuchet haben".[2]

Am beſten führt der Aufſatz „Der Bauerhof als eine Actie be= trachtet"[3] in Möſers bäuerliche Theorie ein: Hier wird der Staat als Staatskompagnie angeſchaut, unter dem Bilde einer Aktiengeſellſchaft, deren Vorteil und Schaden ſich gleichmäßig auf die einzelnen Land= aktionäre verteilen. Die von den Landaktionären zu getreuer Hand ge= haltenen Landaktien, „wovon die Compagnie den Handel führet", ſind von dem übrigen Allobialvermögen geſondert.[4] Solange nun in älterer Zeit die Landaktie als die die Kompagnie allein intereſſierende Sache erſcheint, von der der perſönliche Heeresdienſt geleiſtet wird, iſt auch nur mit ihr Freiheit, Ehre und Recht verbunden. In dieſem Rahmen wäre ein „Recht der Menſchheit" ſo widerſinnig wie etwa ein Aktionär ohne Aktie. Ein Menſch im Staate ohne Aktie gilt als Knecht, der weder die Laſten noch die Vorteile des Landaktionärs hat. Allmählich haben die geſteigerten Aufgaben der Kompagnie eine Erhöhung des Aktienkapitals erfordert; jetzt erhält auch derjenige das „Recht eines Actioniſten", der von ſeinem baren Vermögen oder Verbienſt zuſchießt. Die letzten Einlagen

---

[1] Dieſe Klammer iſt nicht nur beim Zitieren, ſondern auch bei der Be= urteilung Möſers oft unter den Tiſch gefallen.

[2] Möſers ſ. W. V, p. 144.

[3] Möſers ſ. W. III, 63.

[4] Bauerngut im Rechtsſinn und wirtſchaftlichen Sinn könnte gemäß der von Wittich a. a. O. p. 23 f. gebrauchten Terminologie geſchieden werden.

waren zubritt die Personensteuern, und erst damit wurde jeder „Mensch"
ein Mitglied der erweiterten Staatskompagnie und Territorialuntertan
genannt.

Für die Staaten, deren Steuerlast vorzugsweise auf dem bäuer=
lichen Grundeigentum ruht, bleibt auch fernerhin die Rücksicht auf die
Landaktie am wichtigsten. Diese ist nun identisch mit dem mansus,
dem alten Wehrgut, das als ganzes und geteilt sich in den Vollerben,
Halberben und Viertelerben erhalten hat. Die geringeren Besitzer, die
Marktötter und Brinksitzer, wurden, soweit sie in der ersten Epoche der
staatlichen Entwicklung schon vorkamen, nicht berücksichtigt und fielen in
die Brüche; sie gehörten nicht zur Kompagnie, sondern waren, solange
diese allein auf Landaktien gegründet war, Knechte, und Leibeigentum
hieß ihr Recht der Menschheit.[1])

Auf dieser Grundlage hat Möser aufgebaut, wo er ein Bild der
geschichtlichen Entwicklung der sozialen Gliederung geben wollte. Das
Idealbild einer solchen Kompagnie ist ihm die karolingische Ver=
fassung. Bei dem Zeitalter des großen Kaisers weilen seine Gedanken
mit besonderer Vorliebe. „Man kann die Periode Carls des Großen
die güldne nennen, und wer die Capitularien dieses Mannes ohne
Rührung lesen kann, wer seine Sorgfalt für den gemeinen Land=
eigentümer, ohne von einer bewundernden und erkenntlichen Andacht auf
seine Kniee gerissen zu werden, lesen kann, der muß das Herz eines
Finanzpächters haben".[2])

Die Verpflichtungen der Aktien bleiben stets dieselben, auch wenn
das „Personenrecht" ihrer Besitzer sich ändert. Auf das letztere ist zu=
nächst nicht die geringste Rücksicht zu nehmen, wenn ein dauerhaftes und
vollständiges Bürger=, Bauer= oder Landrecht entworfen werden soll.
Das „Sachenrecht" muß in einem allgemeinen Landrecht der Kern sein,
und sein Prinzip ist die staatliche Bedeutung des Wehrgutes. Das
Sachenrecht bestimmt die „Materie von den Contracten", wonach dem
Aktionär jede Befugnis über die Aktie fehlt, die deren Wesen verändern
würde. Erst der dritte Teil des Landrechts würde das Personenrecht
sein. Was Möser über das letztere etwa in dem obengenannten Aufsatz
ausführt, lehnt sich an die in der „Osnabrückischen Geschichte" gewonnene
„Tabelle, wie die Menschen unter den Sachsen eingeteilt wurden".[3])

---

[1]) Mösers s. W. V, 38.
[2]) Mösers s. W. V, 21.
[3]) Möser, Osn. Gesch. I, § 44.

Zum Schluß kommt Möser zu der Frage, ob der Staat die am Sterbfall erkenntliche „Angehörigkeit", das Leibeigentum, dulden könne. Er hält hier mit dem Urteil zurück und gibt statt dessen eine kurze Darlegung der **Entstehung des Leibeigentums**.

Wir stehen mit dieser speziellen Frage aus dem Gebiet des Personenrechts bei dem wichtigsten sozialen Thema des 18. Jahrhunderts, zu dem sich auch unser Osnabrücker Patriot mit dem lebhaftesten Anteil geäußert hat. Nach seiner Meinung liegt schon in der bewunderten karolingischen Verfassung ein Zeichen, daß der Staat dem Zuge nach Leibeigentum hat nachgeben müssen. „Den ersten Anlaß zu jener Nachgebung gab vermutlich der Dienst im Harnisch. Zwölf Actien mußten einen Mann im Harnisch stellen; und nun konnte es die Compagnie zulassen, daß der geharnischte Mann nach und nach die eilf Actien, welche zu seiner Rüstung steureten, an sich brachte und nach seinem Gefallen oder nach Ritterrecht besetzte. Dieses mußte unvermeidlich erfolgen, wenn der Dienst im Harnisch zunftmäßig getrieben, und Keiner dazu gelassen wurde, sein Vater hätte denn auch schon einen Harnisch getragen. Hierdurch blieben die eilf Actien auf ewig dem Besitzer der zwölfen verpflichtet, und die Compagnie wahrte bloß den Geharnischten, ohne sich um die eilf übrigen weiter zu bekümmern".[1] Diese Ansicht hat Möser oft, nicht ohne eine gewisse Wehmut ausgesprochen. Auch einen zweiten Grund führt er an, daß nämlich die ursprünglichen Eigentümer der Höfe sich des Schutzes oder auch Schulden halber in den Dienst eines Herrn begeben und für ihre Person und Güter pflichtig gemacht hätten.[2] Neben der historischen Betrachtung stehen einige Aufsätze, die mehr in dem Kleide historischer Dichtung als wissenschaftlicher Begründung auftreten,[3] um durch jenes Mittel gewisse Ursachen, auch Vorteile des Leibeigentums in ein helleres Licht zu setzen.

Wie aber steht Möser nun zu der Forderung seiner Zeit nach Aufhebung der Leibeigenschaft? Der Mann, der in so starkem Maße für das Wohl und Wehe der ländlichen Bevölkerung empfindet, sucht die Härten der Eigenbehörigkeit zu mildern, sein Herz entscheidet unbedingt für die persönliche Freiheit. Und doch betont er,

---

[1] Mösers s. W. III, p. 308.

[2] Mösers s. W. I, 56, III, 61 und Osn. Gesch. Einleit.

[3] Mösers s. W. V, 38 und IV, 61; s. a. Rupprecht a. a. O. p. 16 f.

da er eine Mehrheit überzeugen soll, mehr den Standpunkt der Staats=
raison, der Nützlichkeit; gegenüber den auf das Recht der Menschheit
Pochenden ist seine Auffassung nüchtern. Das Leibeigentum ist ihm
unzeitgemäß. Wenn der erste Vorzug der Osnabrückischen Geschichte
Mösers und seiner vielen kleineren historischen Aufsätze in dem feinen
Verständnis für den innigen Zusammenhang von Sozial=, Heeres= und
Steuerverfassung zu sehen ist, so gewann Möser von hier aus auch die
historische Beurteilung des Leibeigentums als einer Folgeerscheinung der
veränderten Heeresverfassung, welch letztere von dem Staat ebenso erfordert
wurde, wie er jetzt das Söldnerwesen aufgenommen und auf die Steuer=
belastung des gesamten Grundeigentums zurückgegriffen hat. Dies Ergebnis
seiner Untersuchungen verbindet Möser mit einem tröstlichen Ausblick:
„Der Grund der Angehörigkeit liegt in einem wahren natürlichen Staats=
bedürfnis, das sich aber von der Zeit an verloren hat, wie der Begriff
eines Territorialuntertanen bekannt geworden ist".[1]

Mösers Betrachtung, die sich nicht ereifert, die in dem Durch=
schreiten der Landaktionäre durch das Leibeigentum den „Gang der Natur"
entdeckt, mochte außer den Grenzen des Osnabrücker Landes Befremden
erregen, ein einzelner Aufsatz ließ wohl in ihm einen Verteidiger des
Leibeigentums vermuten, und eigenartig sind oft die Farben in diesen
sorgfältig ausgeführten Gemälden verteilt. Die Lippen des Osnabrücker
Staatsmanns umspielte dann ein Lächeln. „Der wahre Kenner wird
sich durch diese Wendungen nicht irre machen lassen".[2] Galt er doch
daheim als der größte Gegner des Leibeigentums; suchte er doch eine
veränderte Stellung des Leibeigenen, die nichts anderes bedeutete als die
Aufhebung der Leibeigenschaft. Das war eben das Schlußglied in der
Kette seiner Forderungen zur Reform des bäuerlichen Schuldenwesens:
Die dahin fallenden Betrachtungen waren veranlaßt durch Mißstände des
Kreditwesens, und es durchklang sie der Grundsatz: wo Verschuldung
möglich ist, da muß auch Veräußerlichkeit möglich sein. So erscheint
der Verkauf des Kolonatrechts erforderlich — in der Form des
Freistammsverkaufs. Der Freistamm ist das dem Leibeignen, der Kredit
benötigt, zugesprochene Eigentum. Jedoch ist nur dann von einem
Eigentum wahrhaft die Rede, können nur dann dem Leibeignen auf
gleiche Art wie dem Freien die Verschuldungsfolgen zugeschoben werden,
wenn er von den ungewissen Gefällen befreit ist.

---

[1] Mösers s. W. III, 63.
[2] Mösers s. W. III, p. 4.

Möfer ließ es an offener und ehrlicher Opposition gegen das als
hinfällig Erkannte nicht fehlen, und wir glauben es ihm, daß er auf
weiterem Felde keine Rücksichten gekannt hätte; hier nötigten ihn „sehr
wichtige Lokalgründe", alle Schroffheit zu meiden. Er war Mitglied der
Regierung, er war Syndikus der Ritterschaft und genoß bei der Führung
beider Ämter allgemeines Vertrauen. Seinen maßgebenden Einfluß sah
er in der Verbindung beider Ämter gegründet, und er war sich bewußt,
daß darauf das Glück und Wohl des Kleinstaates beruhte. Durfte er
jene Quelle seiner Erfolge verstopfen, durfte er diesen Gewinn auf das
Spiel setzen?

Am fernsten stand Möfer bei seinem Eintreten für die persönliche
Freiheit den Kämpfern für das „Recht der Menschheit". Er wies ihr
heftiges Drängen ruhig ab, und ihren rationalistischen Ausführungen
gegenüber mahnte der praktische Staatsmann zum historischen Verständnis
der Sitten und Gewohnheiten der Vorfahren, zum Erfassen des Ver=
hältnisses, in dem diese zu dem „Bedürfnisse der Zeit" ständen, „als
worauf es bei aller Gesetzgebung zuerst ankömmt".[1]

Die Forderung der persönlichen Freiheit wird zu
einem wesentlichen Bestandteil des politischen Systems
Möfers. Die Träger des Staatswesens, das er zeichnet, sind bei dem
agrarischen Charakter des Osnabrücker Staates und daher gemäß der
Natur der Osnabrücker Steuerverfassung vor allem die Hofbesitzer,[2]
deren Tüchtigkeit zum Reihedienst der Staat fordert. Vor dem Per=
sonenrecht steht daher das Sachenrecht, das sich mit der Natur der
Landaktie, des Wehrgutes befaßt. „Ihr wahres Maß, ihre Erhaltung,
die Verhütung ihrer Versplitterung, ihre Wiederergänzung, wenn sie
versplittert werden, ihr Bau und Gewehr, ihre Gerechtsame in der
Mark, ihre Holzung, ihre Beschwerden, ihre Verbindlichkeit gegen den
Staat, das Amt, das Kirchspiel und die Bauerschaft, alles dieses gehört
zum Sachenrecht".[3] Wie das Sachenrecht auf die vom Staate ver=
langte Reihetüchtigkeit zielt, so gibt diese auch den zweiten tieferen Grund
für die Forderung des Freistamms. Er ist das stets erforderliche
Rüstzeug des Soldaten in der Kompagnie, der Spaten des Deicharbeiters

[1] Möfers f. W. V, 38.
[2] Möfers f. W. V, 45.
[3] Möfers f. W. III, p. 297f.

im Deichverbande. Er ist die „gerade Linie" der Möserschen Theorie, auf die er das Eigentum erweitert und beschränkt. „Der Reichsunterthan muß so viel Eigenthum haben, als er gebraucht, um sich in allen gewöhnlichen und wahrscheinlichen Fällen zu retten, aber nicht so viel, um sich selbst aus Reih und Gliedern bringen, seinen Hof zu Grunde richten und seinen Teil der gemeinen Last Andern zuwälzen zu können."[1] Die Höfe sollen daher besetzt, nicht aber verheuert sein.[2] Das Gut soll von einem Reihemann bewirtschaftet, nicht aber wie beim Stillestand lange an viele kleine Pächter ausgetan werden. Aus dem Sachenrecht ergeben sich insbesondere die Beschränkungen der Dispositions= befugnis über die Landaktie, die Möser im Staat allgemein machen will: „es giebt gar kein Eigenthum unterm Amte"; das Staatsinteresse fordert: „die Erbe ist des Staats".[3]

Das erste Kapitel der Theorie Mösers, das sich so aus seinen Ausführungen über Personenrecht und Sachenrecht nachzeichnen läßt, könnte man die Lehre von der staatsrechtlichen Natur des schatzpflichtigen Grundbesitzes nennen. Sie proklamiert die Grundherrschaft des Staats über das steuerpflichtige Eigentum, die Landaktien. Die Bezeichnung „Freiheit und Eigentum", augenscheinlich dem englischen liberty and property nachgebildet, bringt die entscheidenden Forderungen dieser Theorie zum Ausdruck. Das Sachenrecht, von dem sie ausging, formte auch das Personenrecht. Möser mußte zuerst bei der Betrachtung der all= gemeinen Abäußerungsursachen von dem Unterschied der Eigenbehörigen und Freien aus Gründen der gleichen Reihetüchtigkeit beider Teile ab= sehen. Das führte ihn dazu, die Festsetzung des Freistamms zu fordern und damit auch für den Eigenbehörigen Eigentum am Hofe zu verlangen; hieran schloß sich zuletzt sein Eintreten für die persönliche Freiheit überhaupt.

Mösers Darlegungen über die Entstehung des Staates beabsichtigen nicht den Aufweis des Staatszwecks, wohl aber bilden sie die „Theorie, daß freie Eigentümer bei ihrer Verbindung einen gewissen Teil ihrer Freiheit und ihres Eigentums aufopfern" und daß ein jeder Bauer zum Tragen der öffentlichen Lasten fähig bleiben muß, die der Staat in den Steuern, im Osnabrücker Monatsschatz, fordert, und für den Hand= und

---

[1] Mösers s. W. I, p. 219.
[2] Mösers s. W. III, 62.
[3] Mösers s. W. III, 65.

Spannbienst, zu dem er dem Amt, dem Kirchspiel, der Bauerschaft und in seinem besonderen Verhältnis als Eigenbehöriger der Gutsherrschaft verpflichtet ist.[1]) Dieser Verpflichtung kann jedoch nur der reihetüchtige Hofbesitzer nachkommen, und im Sinne der Erhaltung der Reihetüchtigkeit galten zum Teil die in der Osnabrücker Eigentumsordnung gesetzten Dispositionsbeschränkungen des Eigenbehörigen. Der selbst interessierte Gutsherr übernahm hier zugleich die Kontrolle für den Staat und äußerte den Untüchtigen ab. Die benachbarten kurhannoverschen Terri-torien kannten eine derartige Beschränkung der Dispositionsbefugnis auch für die freien schatzbaren Höfe. Alle bäuerlichen Besitzrechte, soweit sie an dem steuerpflichtigen Bauerngut im Rechtssinne bestanden, hatten sich dem Meierrecht genähert, und das Amt trug die Fürsorge für die Erhaltung dieser freien schatzbaren Höfe. In Ausübung der freiwilligen Gerichtsbarkeit verweigerten die Beamten den Konsens zu bäuerlichen Rechtsgeschäften, welche die Leistungsfähigkeit der Bauerngüter gefähr-deten.[2]) Wie anders in Osnabrück, wo Möser klagen konnte: „hier im Stifte schadet das Amt dem Eigenthume nichts. Der Inhaber eines Erbes, Halberbes oder Kottens, der sich frei gekauft hat, verschuldet sein Erbe nach Gefallen, verhauet und verwüstet es wie er will". An dem Wunsche, die Reihetüchtigkeit aller Bauern, seien sie frei oder eigen-behörig, garantiert zu sehen, an dem Wunsche der Lokalkontrolle des Amtes wird erst der Satz deutlich, daß unter dem Amtsschutz sich gar kein vollkommenes Eigentum halten könne.

Man möchte nach den Äußerungen Mösers in den Intelligenz-blättern zunächst vermuten, er habe das Osnabrücker Amt dem nieder-sächsischen Amt nachbilden wollen.[3]) Jedoch gegenüber den Befugnissen des letzteren nimmt sich der Inhalt von Mösers Forderung im Landtag recht bescheiden aus, und er gedachte auch nicht das Amt zum Träger der Lokalkontrolle zu machen.

Dieses erschien ihm für den geplanten Zweck erstens zu groß.[4]) Wie die kurhannoverschen Ämter kleiner und daher als lokale Verwaltungs-bezirke geeigneter waren,[5]) so wünschte auch Möser nicht gar zu weit-

[1]) Mösers s. W. I, 56.
[2]) Wittich a. a. O. p. 171.
[3]) Mösers s. W. III, p. 317—322.
[4] u. [5]) Das Stift Osnabrück zählte bei einem Flächeninhalt von 45 Quadrat-meilen 6 Ämter (Hunteburg-Wittlage als 1 gerechnet); die Hannoverschen Lande hatten bei einem Flächeninhalt von 512 Quadratmeilen ungefähr 130 Ämter v. Meier, a. a. O. I, p. 100 und II, p. 320f.

läuftige Amts= und Gerichtssprengel[1]) und schlug, indem er sich an die bestehende Einteilung der Verwaltungsbezirke hielt, ein „Kirchspielsamt" vor, dessen aufsichtsführender Beamter der Vogt werden sollte.

Zweitens war deswegen an eine Nachbildung des niedersächsischen Amts nicht zu denken, da im Osnabrücker Lande die Verfassungsverhält=nisse durch die capitulatio perpetua festgelegt waren. Das nieder=sächsische Amt,[2]) die wichtigste Lokalbehörde des 18. Jahrhunderts, war aus dem dreißigjährigen Kriege als das ordentliche Untergericht des platten Landes hervorgegangen[3]) und hatte neben seinen richterlichen Befugnissen als Domänenverwaltungsstelle noch abministrative und wirt=schaftliche Aufgaben zu erfüllen. Dagegen bestand im Stift Osnabrück Trennung richterlicher und abministrativer Aufgaben sowohl in den höheren als in den unteren Instanzen, und die Osnabrücker Gerichts=barkeit war bei den Gogerichten verblieben. Ein Versuch, die letztere teilweise auch den Ämtern zuzulegen, wäre von den Ständen als ein Eingriff in das Grundgesetz zurückgewiesen worden, und Möser lehnte von vornherein eine derartige Auslegung seines Vorschlags ab.[4])

Er führte sogar drittens aus, daß er nichts prinzipiell Neues wolle und nur auf Früheres zurückgreife: es hätten einmal alle schatzpflichtigen Höfe zu einer sog. Hofrolle gehört und einen Meier zum Vorsteher gehabt, dessen Hofrolle zugleich als Hypothekenbuch gedient habe, und der allein zur Pfändung befugt gewesen sei, wie es noch jetzt beim Meierhofe zu Dissen gehalten werde.[5]) Die alten Rollen seien leider zersprengt, obwohl es keinem Zweifel unterliege, daß selbst die jetzigen Sonderfreien früher zu einer Freienrolle gehört hätten.[6])

Mösers Forderungen von Hypothekenbüchern und des Schutzes der Schuldner gegen übertriebene und von mehreren Gerichten veranlaßte Pfändungen gehören schon den ersten Jahren der Minderjährigkeitsregierung an und fanden bereits Beachtung. Ihr Gegenstand kehrt hier als Inhalt der „beamtlichen Lokalkontrolle" des

---

[1]) Mösers f. W. II, 20 und oben p. 39, Anm. Nr. 5.

[2]) Wittich a. a. O. p. 145—184.

[3]) v. Meier a. a. O. II, p. 319.

[4]) Allein die Untersuchung in Kriminalfällen stand auch in Osnabrück den Ämtern zu.

[5]) Mösers f. W. V, p. 102.

[6]) Mösers f. W. III, p. 320.

Kirchspiels wieder. Diese war also in den Intelligenzblättern vorbereitet, ehe Möser sie 1783 in der letzten Landtagsproposition der Minder-jährigkeitsregierung den Ständen zur Einführung empfahl:[1]

„Unser Wunsch wäre wohl hiebey, daß für die Schatz- und reihe-pflichtigen Unterthanen in jeder Vogtey ein besonderes Buch nach Art der Hypothekenbüchern gemacht, darin ihre Schulden eingetragen, und keinem Gläubiger ein Recht zu klagen gestattet werden mögte, als in so fern er seine Forderung darin hätte eintragen lassen, weil doch, so lange es den Unterthanen, so wohl freyen als Leibeigenen, nachgesehen wird, sich heimlich in Schulden zu vertiefen, ihr gleicher Bestand in der Reihe-pflicht nie völlig erreicht werden kann, die Gutsherrlichen Bewilligungen, wie die Erfahrung zeiget, dasjenige nicht bewürken, was sie bewürken sollten, und viele Gläubiger noch immerfort gefährdet werden; wogegen, wenn ein solches Schuldbuch eingeführet würde, diese mehr gesichert, die Umstände eines jeden Schuldners so fort übersehen, alle kostbaren und weitläuftigen Convocationes vermieden, die Anleihung der Auffahrts-Gelder so fort entdecket, viele Eigenbehörigen bey guten Zeiten zu all-mähliger Abtilgung ihrer Schulden angestrenget, und vielleicht auch die Zinsen eines Jahres, welche ein Gläubiger nach diesem Buche zu fordern hätte, so fort durch den Vogt ohne gerichtliche Klage eingefordert werden könnten.“

Den Herren Ständen, denen die Beratung dieses Vorschlages oblag, war es dabei nicht recht geheuer, und da ihnen keiner nachsagen konnte, daß sie auf Neuerungen erpicht seien, so war eine Antwort bald ge-geben. „Indessen finden sich die Stände zu dieser neuen Einrichtung so wenig vorbereitet, anbey die Folgen so dunkel und die Sache selbst von so grossem Umfange, daß sie sich annoch pflichtmäßig vorbehalten müssen, derselben reifer nachzudenken und zur ferneren Überlegung zu bringen“.

Mösers Vorschlag der „beamtlichen Lokalkontrolle“ war so kaum aus den Intelligenzblättern in die Landtagsverhandlungen geglitten, um hier kläglich zu scheitern. Jedoch der Zweck der Erhaltung der Bauern-güter auf dem Wege der Gesetzgebung, für den auch sie nur ein Mittel, wenngleich das durchschlagendste gewesen wäre, war inzwischen teilweise erreicht.

---

[1] St.-A. Osn. L.-A. B. 244.

4. Zur Erhaltung der reißepflichtigen Höfe.

a) Auslobungen.

Unter die staatlichen Aufgaben zur Erhaltung der Reißetüchtig-
keit der Höfe gehörte auch die Regelung des Erbrechts auf
Bauernhöfen. Das Anerbenrecht war mehr und mehr durch die
Aufnahme des römischen Erbrechts in den ersten Jahrzehnten des 18. Jahrhunderts gefährdet worden.[1]) Anstatt auf „billige Abfindung“ pochten
die Geschwister des Anerben auf Gleichteilung und Pflichtteile, die bei
der Unteilbarkeit der Stätte zu einer schweren Schuldenlast des Hofes
führen mußten.[2]) Sogar auf die Erbteilung bei den eigenbehörigen und
sonst gutsherrlich gebundenen Gütern gewann dies Prinzip Einfluß,
obgleich hier das Erfordernis des gutsherrlichen Konsenses zur Auslobung
die gröbsten Ausschreitungen hinderte.

Auf den eingerissenen Mißbrauch machte die Regierung 1767 die
Stände aufmerksam und drang auf Bestimmungen für die reiße- und
steuerpflichtigen Höfe,[3]) — jedoch mit verschiedenem Erfolge hinsichtlich
der freien und eigenbehörigen.

Eine gesetzliche Regelung der Succession in eigenbehörige
Güter bestand in der Eigentumsordnung. Danach gebührte im Falle
der Eröffnung des Hofs zur Succession das Anerbenrecht dem jüngsten
Sohne oder, wenn keiner vorhanden war, der jüngsten Tochter, vorausgesetzt, daß der Gutsherr die betreffende Person als tüchtig ansah.[4])
Als untüchtig galt der Anerbe wegen körperlicher Gebrechlichkeit, schlechter
Lebensführung[5]) oder jugendlichen Alters.[6]) Es stand ihm jedoch eine
besondere Erkenntlichkeit zu, wenn der Gutsherr im letzteren Falle von
seinem Rechte Gebrauch machte, irgend einem der Geschwister das Kolonat
zu übertragen.

---

[1]) Mösers s. W. IV, 52.

[2]) Mösers s. W. 11, p. 272f.

[3]) Landtagsproposition 1767, St.-A. Osn. L.-A. B. 242.

[4]) Eigent.-Ordn. cap. IV, §§ 1 u. 5.

[5]) ebd. cap. IV, § 3.

[6]) ebd. cap. IV, § 2 und Struckmann a. a. O. Beitrag I, p. 21—41:
Von der Ausschließung des Anerben von der Erbfolge in die Stätte wegen seiner
Jugend.

Der Anerbe mußte seinen Geschwistern einen nach dem Ertrag der Stätte mit gutsherrlicher Bewilligung zu bestimmenden Brautschatz aus= kehren[1]) und konnte sich dieserhalb, wenn der Gutsherr zögerte, an den Richter wenden.[2])

Bei dem Mangel einer genauen Bestimmung über das auszu= kehrende Quantum mußte das römischrechtliche Prinzip die Streitigkeiten der Erben nur vermehren. Daher hatte die Justizkanzlei, an die viele Prozesse darüber gelangten, einen gewissen Modus der Verteilung aus= gebildet,[3]) der in der Verordnung vom 5. Dezember 1768 berücksichtigt wurde.[4])

Im Eingang derselben wurde auf den gutsherrlichen Konsens sowie auf die Auslobung zu gleichen Teilen an die Kinder aus erster und zweiter Ehe hingewiesen, welch' letzteren der Brautschatz allerdings vom Anerben herabgesetzt werden konnte, falls der Stiefvater als Interims= wirt schlecht gewirtschaftet hatte. — Der Anerbe erhielt das Erbwohnhaus mit Hof, Garten, Markgerechtigkeit, sowie der Leibzucht und dem Leib= zuchtsgarten[5]) und allen Nebengebäuden als besonderen Teil für sich in Ansehung der Kirchspiels= und Bauerschaftslasten. Die übrige Masse, von der die Brautschätze gegeben wurden, wurde folgendermaßen er= mittelt. Drei von den Erben erwählte Nachbarn des Anerben, die nicht in demselben Eigentum stehen durften, bestimmten den Ertragswert der von den Heuerleuten bewohnten Nebengebäude und aller zur Stätte gehörigen Äcker, Wiesen und Weiden.[6]) Dieser jährliche Ertrag der Stätte wurde unter Abzug der Zinsen für die von den Eltern über= kommenen Schulden (5 Prozent) und der jährlichen ordentlichen Abgaben als Monatsschatz, gutsherrlichen Pächte, Dienste und Zehnten kapitalisiert (100:5), und die erhaltene Summe so zwischen dem Anerben und den Miterben geteilt, daß ersterer eine „doppelte Portion" erhielt. Was die Miterben außerdem unter dem Titel einer Aussteuer oder eines Braut= wagens an Mobilien, Vieh und Korn fordern konnten, sollte ihnen in

---

1) Eigent.=Ordn. cap. XV, § 7.
2) ebd. cap. XV, § 8.
3) Gutachten des Kanzleidirektors Möser, St.=A. Osn. Abschn. 61,7 St. 1; über die Verhandlungen St.=A. Osn. Abschn. 61,7 und St.=A. Osn. L.=A. B. 242—244.
4) Cod. const. Osn. II, Nr. 1121.
5) Deren Einbeziehung i. d. Verordn. auf Wunsch d. Ritterschaft.
6) Dazu Verordn. 21. April 1781, cod. const. Osn. I, p. 1744/46 Mösers Anteil daran St.=A. Osn. Abschn. 61,7, St. 31.

Geld zum Brautschatz zugelegt werden, und zwar als ein Sechstel, wenn nur drei Kinder vorhanden wären, sonst als ein Zehntel.[1]) — Bei den Hausgenossen, die nur einen geringen Sterbfall zahlten, wurden den Miterben das Barvermögen und die nicht zum Hofgewehr[2]) gehörigen Mobilien so ausgekehrt, daß dem Anerben eine doppelte Portion verblieb.[3])

Möser war mit dieser Verordnung, an der er selbst zwar mitgearbeitet hatte, die aber vorzugsweise auf ein ständisches Gutachten[4]) zurückging, wenig zufrieden, da sie die Stellung des Anerben noch zu wenig sichere. Die Verordnung erhebe eine üble Gewohnheit, die sie habe beseitigen sollen, zum Gesetz: „So hat . . . das römische Recht erst im Jahr 1768 die deutsche Auslobung der Eigenbehörigen hier im Lande besiegt, indem es darin ein Verhältniß eingeführt hat, was nicht lange vorher ein junger Rechtsgelehrter ausgeheckt hatte, und wovon, daß es jemals einem Menschen eingefallen war, nach demselben die Abfindungen zu bestimmen, kein Beispiel vor dem Jahr 1730 zu finden sein wird".[5]). Die Beschränkung auf die „doppelte Portion" müsse zum Ruin der Höfe führen und in dem Anerben den Wunsch erwecken, lieber der Heuermann als der Kolon seines Hofes zu sein.[6])

Um daher die Abfindungen zu mindern, beantragte Möser, einen höheren Fuß, 10 Prozent, bei der Kapitalisierung des Ertrages anzusetzen.[7]) Die Absicht wurde durch die Verordnung vom 29. Juni 1779[8]) erreicht, die zwar den alten Fuß beibehielt, aber dem Anerben anstatt

---

[1]) Über die Einzelheiten Klöntrup a. a. O., Art. Auslobung, abgehende Kinder, Achtsleute; — über die Zeit, in welcher die Auslobung nachzusuchen war, Beo. 6. Juni 1769, cod. const. Osn. II, Nr. 1128.

[2]) Hier findet Mösers Forderung des Hofgewehrs zum erstenmale Aufnahme in die Gesetzgebung; s. darüber H. D. Stüve, diss. jurid. inaug. meditationes de bonis ad iustrumentum rusticum pertinentibus, vulgo Hofgewehr vocatis, sistens. Hardervici 1784.

[3]) Beo. v. 1768, § 9 u. Beo. 1779, § 2; unrichtig Klöntrup a. a. O., Art. Auslobung, 12.

[4]) St.-A. Osn. Abschn. 61,7, St. 13. Auf Mösers Anteil fallen die Einleitung der Verordnung und die §§ 4 u. 15.

[5]) Mösers s. W. IV, p. 216.

[6]) Mösers s. W. III, p. 273 n. u. III, p. 337.

[7]) Landtagsproposition 1779, St.-A. Osn. L.-A. B. 244 und Regier.-Ber. 26. Febr. 1768, St.-A. Osn. L.-A. B. 243 a.

[8]) cod. const. Osn. II, Nr. 1284.

der doppelten Portion die Hälfte des aus dem Ertrage gerechneten Kapitals zuwies und für die andere Hälfte eine nach der Kinderzahl spezifizierte Teilung zwischen dem Anerben und den Miterben festsetzte.

Eine Abfindungsordnung für die nicht leibeignen Höfe begegnete den größten Schwierigkeiten und die 1767 von der Regierung dazu gegebene Anregung zeitigte erst nach 30 Jahren einen Abschluß. Mancher Landmann hatte, um seinen Nachfolger vor dem Anspruch der auf Gleichteilung drängenden Miterben zu schützen, zu einem Fideikommiß gegriffen.[1]) Möser wies darauf hin, daß der Staat durch allgemeine Gesetze dem Untertan das geben müsse, was er sonst erst durch Majorate und Fideikommisse erwerben könne. „Es ist eine armselige Politik Familien-Fideicommisse zu Erhaltung der Stammgüter zu begünstigen, einem Vater zu erlauben, seinen Nachkommen, die er wohl segnen, aber nicht zählen kann, bis ins tausendste Glied Gesetze zu geben, und doch nicht das Herz zu haben, allgemeine Wahrheiten hieraus zu ziehen".[2]) Demgemäß legte Möser den Ständen einen Verordnungsentwurf vor,[3]) der in der Ausmittelung des aus dem Hofe fließenden Ertrags sowie in der Zuweisung einer „doppelten Portion" an den Anerben das Verfahren der Verordnung für Eigenbehörige von 1768 einhielt, obendrein dem beweglichen Gut, dem Barvermögen eine größere Beachtung schenkte und sich betreffs dieser Objekte für Gleichteilung entschied. Aber erst in der Verordnung vom 26. April 1797 fand dieser Entwurf seinen Niederschlag,[4]) was allerdings an der Verschiedenartigkeit der bäuerlichen Besitzrechte liegen mochte.

Zum Teil aber waren gewisse Forderungen Mösers, die einerseits seinem Idealbild einer bäuerlichen Verfassung sich eingliederten, andererseits bewußt aus dem Meierrecht der niedersächsischen Territorien schöpften, von den Ständen, sogar von der Kanzlei als Neuerungen einer nur allzu langen und mißtrauischen Prüfung unterzogen worden. So hatte Möser als die Instanz, vor der die über Abfindung streitenden Parteien

[1]) Mösers s. W. IV, p. 216.

[2]) Mösers s. W. IV, p. 221.

[3]) 3. Beilage z. Landtagsproposition 1770, St.-A. Osn. L.-A. B. 244; daß dieser Entwurf von Möser verfaßt ist, sagt Regierungsbericht 24. Okt. 1769, ebenda.

[4]) cod. const. Osn. II, Nr. 1540. Sie betrifft alle Höfe personenfreier Besitzer, mögen sie zu Eigentum oder zu Erbpacht, Erbzins und Winnpflicht besessen werden.

zu einem Güteverfahren gezogen werden sollten, das Amt vorgeschlagen und versuchte damit eine Anwendung seines Programms, daß dem Konsens des Gutsherrn für die Leibeignen ein Gegenstück in der Lokal= kontrolle des Amtes über die freien Amtsfässigen geschaffen werden müsse. Mochte er gerade durch diese Parallele die Befürchtung abweisen wollen, als ob dem Amt eine richterliche Befugnis zufallen solle, sie erhob sich nichtsdestoweniger.[1]) Zweitens erregte Mösers Empfehlung der im Meier= recht geltenden Erbfolgeregel „längst Leib, längst Gut"[2]) Anstoß.

Was für die Eigenbehörigen erreicht, für die Freien zunächst ver= sucht war, unternahm Möser drittens für den Abel. Hierzu schrieb er im Intelligenzblatt um die Wende des Jahres 1777/78 „über die Absteuer der Töchter der Landbesitzer".[3]) Nach einem historischen Rückblick stellt er auch für seine Zeit den Grundsatz auf, daß sich die abgehenden Kinder mit einer billigen Versorgung und einer standesgemäßen Ab= findung begnügen müßten. Was hierunter zu verstehen sei, müsse „Schiedsfreunden" im Einzelfall überlassen werden, „die auch Kinder und Güter haben, die auch wissen und fühlen, was ein Stammherr für Last habe, wenn er die Ehre seines Namens und Standes behaupten, seinen Standespflichten ein Genüge thun, die Unglücksfälle, denen die Güter unterworfen sind, tragen und seinen Geschwistern, wenn sie unglücklich werden, Ehrenhalber zu statten kommen soll".[4]) Diese Worte bezieht Möser zwar auf alle Grundeigentümer im Staate, sowohl auf die steuer= pflichtigen „Repräsentierten" als auch auf die abligen „Repräsentanten", praktisch aber hatte er als Syndikus der Ritterschaft viel leichteres Spiel in der Bekämpfung der römischen Pflichtteile. Ganz im Sinne des oben skizzierten Prinzips kam es durch seine Bemühung allein 1778 zu der Vereinbarung der Ritterschaft über die Absteuer abeliger Töchter, wonach diese „auf einen unter dem Abel landsittlichen Gebrauch" beschränkt wurde und die Bestimmung derselben in das Ermessen dreier Schieds= richter aus der Ritterschaft gestellt wurde.[5]) [6])

---

[1]) Landtag 1772.

[2]) Landtagspropositionen 1780 u. 1781, St.=A. Osn. L.=A. B. 244.

[3]) Mösers s. W. IV, 52.

[4]) Mösers s. W. IV, p. 223.

[5]) Mösers Konzept des ritterschaftlichen Desiderums vom 15. März 1777, R.=A. 498, Beilage 12. — Mösers Aufsatz „Das Herkommen in Ansehung der Absteuer und des Verzichts abliger Töchter im Stifte Osnabrück" 27. März 1777 St.=A. Osn. L.=A B. 557. Ein Abdruck desselben ohne das zugehörige Zeugen=

b) Retrakt.

In den Kreis der Verordnungen, welche vor allem das 17. Jahr=
hundert schuf, um die Bauerngüter zum Tragen der öffentlichen Lasten
in stand zu halten, gehört auch das Verbot der „Dismembration
schatzpflichtiger Stätten“. Nach der von Ernst August I. befohlenen
Katastrierung der schatzpflichtigen Ländereien beruhte seit 1667 auf dieser
Grundlage die Steuerveranlagung des sog. Monatsschatzes,[1]) die das
Steuerquantum des einzelnen nach seiner durch den Kataster angezeigten
Zugehörigkeit zu einer der vier Höfeklassen bestimmte. Neben der Un=
genauigkeit der Veranlagung, die durch das folgende Jahrhundert die
stete Ursache bedeutender Schatzremissionen war, machte sich auch der
beschwerliche Umstand bemerkbar, daß der Schatzpflichtige sich durch
Veräußerung von Pertinenzen seines Hofs der Möglichkeit beraubte, die
Lasten desselben genügend zu tragen. Wie schon zuvor den Heuerleuten
oder den Gläubigern, welchen Ländereien zur Todsaat übergeben waren,[2])
so wurde 1697 auch den Käufern von Pertinenzen einer schatzpflichtigen
Stätte eine Beitragspflicht zu dem Steuerquantum des Hofbesitzers auf=

---

verhör in Mösers s. W. IV, 53. — Mösers Konzept der „Vereinbarung der
Hochadl. Ritterschaft wegen der Absteuer der adlichen Töchter“ vom 19. März 1778
R.=A. 499, Beilage 5. Die im Wortlaut fast völlig gleichlautende königliche Be=
stätigung dieser Vereinbarung vom 16. Mai 1778 ist mitgeteilt in Mösers s. W. IV, 54.

[3]) Es ist unrichtig, Mösers Ansichten über die Regelung der Erbfolge im
Grundbesitz unter die Frage zu stellen, ob freie Teilbarkeit des Immobiliarbesitzes
oder dessen Gebundenheit das bessere sei, wie es Rupprecht a. a. O. p. 119 ff. tut.
Möser kam es nur auf die Frage an: wie muß der Gesetzgeber die Auslobungen
regeln? Er suchte Abwehr gegen die versuchte Rezeption des römischen Erbrechts,
das in der Form der sog. Zivilteilung zu gleichen Teilen in Osnabrück Boden zu
gewinnen schien und in dem Möser wegen der dadurch hervorgerufenen Schulden=
aufnahme den Ruin der Bauernhöfe sah. Von einer Gleichteilung in natura bei
schatzpflichtigen Bauerngütern war nirgends die Rede; sie war durch die Gesetz=
gebung verboten, und auf der Geschlossenheit der „Bauerngüter im Rechtssinne“
beruhte die Steuerverfassung. — Etwa aus sozialpolitischen Gründen eine Änderung
der Hufenverfassung herbeizuführen, plante Möser nie. Ebenso lagen ihm prinzipielle
Erörterungen der rein wirtschaftlichen Gründe für oder gegen die Aufteilung des
Grundbesitzes an dieser Stelle fern.

[1]) Über das Steuerwesen Bär a. a. O. p. 56 ff.; über den Retrakt
Klöntrup a. a. O. III, 119 ff.

[2]) cod. const. Osn. I, 533.

— 88 —

erlegt. Vor allem wurde den Verkäufern gegen Rückzahlung des Kauf-
preises und Vergütung der Meliorationen die Retraktsklage zugestanden
und den Richtern die Bestätigung weiterer Verkaufskontrakte, die Teile
schatzpflichtiger Ländereien betrafen, untersagt.[1] Ein Attestat der Stände
trat diesem 1726 erweiternd hinzu.[2] Jedoch zumeist unter Umgehung
der gerichtlichen Kontrolle lebten die alten Schwierigkeiten wieder auf.

Während der Kriegszeiten wurde Möser es nur allzusehr gewahr,
daß trotz der Beitragspflicht der Besitzer von Pertinenzen zur Steuer
eines schatzpflichtigen Hofbesitzers die andere Art der öffentlichen Lasten,
die Kriegerfuhren, von den freien Schatzpflichtigen nur schlecht geleistet
wurden und dadurch obendrein den Leibeigenen eine starke Überlastung
zugewachsen war, da diese wegen des strengen Veräußerungsverbots der
Eigentumsordnung ungeschwächt geblieben waren. Hier lag für ihn ein
weiterer Beweis für den Vorzug des Sachenrechts vor dem Personenrecht,
und er sprach sich daher 1769 für die beiden Grundsätze aus, daß alles,
was zur Zeit der Katastererrichtung 1667 bei einer Stätte gewesen sei,
dem Retrakt unterliegen müsse, möge es damals angegeben sein oder
nicht, und den Beweis des Gegenteils der Käufer erbringen müsse; daß
zweitens dasjenige, was eine Stätte als „Anweisung nach Erbes Gerechtigkeit aus der Mark erhält", gleichermaßen dem Retrakt zu unterwerfen
sei. Denn eine solche Erwerbung sei nicht als zufällig zu betrachten,
sondern stelle nur die Realisierung eines ideellen Anteils an der Mark
dar.[3] Die Verordnung vom 14. November 1771[4] nahm Mösers Vorschläge auf, griff auch auf das Erfordernis der gerichtlichen Bestätigung
von Grundstücksverkäufen zurück und schützte den Verkäufer gegen alle
zur Erschwerung des Retrakts geschlossenen Kontrakte.

Die Verordnung von 1771 ließ eine Frage von allerdings geringer
praktischer Bedeutung offen, deren Erörterung gleichwohl die Beharrlichkeit
erkennen ließ, mit der Möser in den Geschäften für seine Theorie eintrat.
Der Landratsschluß von 1697 hatte nämlich auf die gemeinen Rechte

---

[1] Landrathsschluß 7. März 1697, cod. const. Osn. I, p. 1116/18.
[2] Cod. const. Osn. I, p. 1120.
[3] St.-A. Osn. Abschn. 94,19,
 St. 2: Mösers Entwurf eines Reskripts an einen advocatus patriae,
7. Dez. 1769;
 St. 3: Mösers Entwurf eines Reskripts an die Kanzlei, 21. Dez. 1769;
 St. 15b: Mösers Verordnungsentwurf.
[4] cod. const. Osn. I, p. 1119 23.

hingewiesen, die den Retrakt verböten, und es entstand 1774 Zweifel darüber, ob demgemäß der Retrakt nicht vielleicht auch für die vor 1667 erfolgte Veräußerung von Pertinenzen schatzpflichtiger Höfe zulässig sei. Die von Möser abgefaßte Regierungserklärung entschied für das Jahr 1667 als Grenze der Zulässigkeit, doch nur weil die Schatzbestimmung an den Zustand dieses Jahres anknüpfe, nicht weil man sonst mit der Kanzlei auf ein vor 1667 etwa ergangenes landesherrliches Verbot hinweisen müsse. Zwar gab Möser der Kanzlei zu, daß im römischen Recht ein solches Veräußerungsverbot nicht vorliege, aber wohl in den „gemeinen Rechten", wenn man darunter die „alte Gebühr", ein „kundbares Her= kommen" verstehe. „Die Höfe oder Erbe werden im Stiffte, so wie anderwärts, in ganze halbe und Viertel Erbe abgetheilt, und nehmen in diesem Verhältnis an allen gemeinen Vortheilen und Lasten Theil. Diese Eintheilung bezieht sich nothwendig auf den contractum socialem originarium, immaßen denn auch schon in Capitularibus Caroli magni die Kriegeslasten darnach abgemessen werden .... und die Ver= binblichkeiten, so aus diesem contractu sociali originario von selbst fließen, machen das jus sociale aus". Unter diese Verbindlichkeiten gehört ihm aber in erster Linie die Unteilbarkeit der Staatsaktie, des Bauerngutes im Rechtssinne.[1]

----

[1] Hierzu aus St.=A. Cön. Abschn. 94.19,
St. 7: Mösers Gutachten zum Kanzleibericht (ohne Datum);
St. 8: Mösers Entwurf des Reskripts an die Kanzlei, 18. Aug. 1774;
St. 9: Mösers Entwurf der Regierungserklärung.

Kapitel III.

Justus Möser und der Osnabrücker Gewerbfleiß.

Hinsichtlich der gewerblichen Fürsorge verkündete schon die Landtags=
proposition von 1765 den entschiedenen Willen des Königs; denn die
Landesinbustrie war äußerst minderwertig.[1]) Aus der alten
Zeit war die Leinwand= und Tuchbereitung geblieben, doch nur als ein
matter Schimmer alten Glanzes. Im übrigen aber kannte etwa das
Amt Wittlage gar kein Gewerbe[2]), in den Gilden der Stadt Osnabrück,
der Landstädte und Flecken herrschte Unordnung, und nach dem Bericht
des Drosten v. b. Bußsche war der Wahrspruch der Armen „lieber ge=
bettelt als gearbeitet".[3]) Dazu ließ der Mangel an Absatz im großen
die Hausinbustrie verkümmern.[4]) Notwendigste Kleibungsstücke wurden
von auswärts bezogen; der Regierungsrat v. b. Bußsche berechnete etwa,
daß 230000 Taler für Hüte, Mützen, Strümpfe und Brusttücher in die
Frembe gingen.[5])

Möser war vermöge seines offenen Blicks und seiner führenden
Stellung auch auf dem inbustriellen Gebiete der beste Kenner. Er gab
sich von vornherein keinen vagen Hoffnungen über die Daseinsbedingungen
und die Entwicklungsmöglichkeiten des heimischen Gewerbes hin. Neben
den hochgespannten Forberungen des Patrioten, des Freundes deutscher
Größe, behauptete das ruhige Maßhalten des erfahrenen Verwaltungs=
beamten seinen Platz, der die Grenzen der nächsten Gegenwart kannte.
Klar genug war er sich über das Wesen der räumlichen Arbeits=
teilung,[6]) und er wies dabei vor allem auf das Moment der Ver=
erbung gewisser gewerblicher Tätigkeiten,[7]) „daß sich oft in ganzen

---

[1]) Über den Stand der gewerblichen Tätigkeit vor 1765 St.=A. Osn.
Abschn. 192,9.

[2]) ebb., St. 11.

[3]) ebb., St. 12—13.

[4]) ebb., St. 14—15.

[5]) ebb., St. 8—9.

[6]) Rupprecht a. a. O. p. 81f.

[7]) Mösers s. W. II, 25.

Gegenden eine Handarbeit von Vater auf Sohn und von Nachbar zu Nachbar auf das glücklichste ausbreite und sich gleichsam mit dem National=charakter vermische".[1]   Daher wolle es den Engländern auch nicht gelingen, der Osnabrücker Leinwandindustrie den Rang abzulaufen.[2] Umsomehr war es geboten, sich darin tüchtig anzugreifen. Die Tuch=industrie blieb dahinter zurück.   Wo es sich vollends um eine An=eignung neuer Fertigkeiten handelte, da ließ sich der Stabilität alter Lebensgewohnheiten nur mühsam Erfolg abringen.

[1] Mösers f. W. I, p. 178.
[2] Mösers f. W. I, p. 107 u. V, p. 87.

1. Die drei wichtigsten gewerblichen Unternehmungen.

a) Die Osnabrücker Leineninduftrie.

Der Leinwandhandel[1]) war in Osnabrück seit alters hergebracht. Die Hausinduftrie des Garnhafpelns und Leinenwebens bewahrte in den ftillen Wintermonaten und fonft in freien Stunden den bäuerlichen Wirt, deffen Familie und Gefinde vor Müßiggang, gab ihnen und den Heuerleuten einen erwünfchten Nebenverdienft und lieferte vor allem den wichtigften Ausfuhrartikel des Hochftiftes. Aus Hanf und Flachs wurde das Linnen oder Löwend gewonnen, und die meiften bäuerlichen Wohnungen waren Produktionsftätten desfelben. Die Fabrikation des groben, halblinnenen und halbwollenen Wollakens war örtlich auf einige Kirchspiele des Amtes Fürftenau befchränkt.

Die Landtagsverhandlungen der nächften Jahre nach dem Kriege waren zu großem Teil von dem Eifer erfüllt, mit dem die Regierung und die Stände fich der Belebung diefer Induftrie widmeten. Gemäß dem Ziel der Abfaßerleichterung und der Konkurrenzfähigkeit wurden die Fabrikation und der Abfaß des Leinens von der Landesobrigkeit geregelt. Zwei fachlich gefchiedene und zeitlich aufeinanderfolgende Teile der Gefeßgebung find damit bezeichnet, die in der Anficht fußten: erftreben wir eine gute Handelsbilanz, fo müffen wir mit unferer Ware die auswärtige Kundfchaft zufriedenftellen.

Zuerft wies die Landtagsvorlage vom Jahre 1766[2]) die Stände auf die Beförderung des Linnenhandels hin, „damit der von Gott diefem Hochftifte vorzüglich verliehene Segen in Linnen, Weben und Garnfpinnen nicht in Verfall und Abnahme gerate". Darauf erging fchon am 9. Mai 1766[3]) die „Verordnung wegen des Garn= und Linnenhandels". „Um diefe faft einzige und vornehmfte Quelle der

---

¹) Mösers f. W. V, p. 86—91; J. E. Stüve a. a. O. p. 17 u. 475.
²) St.=A. Osn., L.=A. B. 242.
³) cod. const. Osn. II, Nr. 1074.

Nahrung auf dem Lande als ein theures Kleinod zu erhalten", wurde den Landleuten vorgeschrieben, wie sie bei der Herstellung des Garns und Löwends zu verfahren hätten. Zum Haspeln des Garns durfte nur der im Kirchspiel oder in der Bauerschaft allgemein zugelassene und mit einem obrigkeitlichen Zeichen versehene Haspel gebraucht werden, und das Durcheinanderhaspeln von Garnen verschiedener Qualität wurde als Betrug geahndet. Die Länge des Garns und die Zahl der Gebinde und Fäden wurden festgesetzt. Für die Beachtung dieser Vorschriften sollte in erster Linie der Produzent einstehen, sodann der Garnsammler. Zwar weigerten sich zunächst einige der letzteren, den verlangten Eid auf die genaue Befolgung dieser Verordnung zu leisten, da es im einzelnen unmöglich sei, die Gebinde zu untersuchen. Aber die Regierung, die auf diesen Einwand hin das Reskript wegen des Garnsammler= eides aufhob,[1]) mußte in Kürze mit aller Strenge darauf zurückgreifen.[2]) Sie machte in der Verordnung drittens den Kaufmann als die letzte Hand haftbar und hielt ihn dazu an, die verschiedenen Garnsorten unter besonderen Zeichen zu führen. Über die Linnenbereitung handelte der zweite Teil der Verordnung. Da aber genaue Beobachtungen über die herkömmliche Zahl der Schiergänge und Fäden bei Hanf und Flachs noch mangelten, so wies die Regierung vorerst die Ämter und Kirchspiele an, hierin nach dem Gutachten der Kaufleute Regeln zu setzen und darüber zu wachen, daß die Leinwand nicht durch Einreiben mit Kreide und Muschelkalk geweißt würde.

Die Regierungsvorlage von 1766 besprach auch die Anlage staatlicher Leggestätten, auf denen die Leinwand mit dem Landesstempel gezeichnet werden sollte, um den Käufern eine öffentliche Bescheinigung über die Quali= täten der Ware zu erteilen. Die Stände mißbilligten jedoch diesen Zwang, da er den produzierenden Untertanen beschwerlich fallen würde.[3]) Am wenigsten angenehm fühlte sich die Stadt durch den Regierungsantrag berührt. Denn sie war stets um die Wahrung der alten Verordnung vom 20. Juli 1580[4]) besorgt, nach der alles Linnen aus dem Stifte

---

[1]) 31. Juli 1766, cod. const. Osn. II, Nr. 1076.

[2]) 14. Aug. 1766, cod. const. Osn. II, Nr. 1077.

[3]) Ständediktatur 27. Jan. 1766, St.=A. Osn., L.=A. B. 242.

[4]) cod. const. Osn. II, Nr. 41; diese Verordnung ist erneuert 24. Febr. 1595, 24. Febr. 1599, 14. Dez. 1622, 24. März 1634, 8. März 1680, 31. Aug. 1697. Eine Bestätigung ihres Leggeprivilegs erhielt die Stadt Osnabrück durch eine Nürn= berger Erklärung der Kaiserlichen und der Reichsdeputierten vom 26. Juli 1650.

auf ihre Stadtlegge gebracht werden mußte. Hieran erinnerte sie in ihrem von der Regierung eingeforderten Promemoria, [1]) das zugleich die Gründe des Verfalls der Osnabrücker Legge und des Linnenhandels im Stift beleuchtete. Sie wollte dafür vor allem die Kaufleute verantwortlich machen, und zwar deren langjähriges, heim= liches Bemühen, die Kontrolle der Stadtlegge zu umgehen. Denn auf dieser sei es immer üblich gewesen, das Linnen nach dem Maß seiner Güte als sog. Oberband, Unterband und Einband zu zeichnen und den schlechten Einschlag in Stücken guter Leinwand auszuschneiden. Hier und dort hätte nun ein Kaufmann das osnabrückische Zeichen gefälscht und eine Ware, die auf der Legge etwa nur als Einband durchgegangen wäre, als Oberband in den Handel gebracht. Schließlich habe sogar ein jeder Kaufmann gewagt, einen eignen Leggetisch aufzustellen. So habe allmählich, je mehr Linnen ohne den Stempel der städtischen Legge= behörde in den Handel gebracht sei, die auswärtige Kundschaft zurück= gehen müssen, zumal sich die solideren Kaufleute mit ihrer guten Ware dauernd auswärtigen Leggen zugewandt hätten. – Auch Möser sah den Verfall des Linnenhandels nicht in ungünstigen auswärtigen Konjunkturen gegründet, da sonst auch das preußische Tecklenburger Linnen schlecht abgehen müßte. Die letzte Ursache liege vielmehr vor der eignen Tür, und allein die schlechte Ware, die die Osnabrücker seit einiger Zeit führten, habe ihnen den Markt verdorben. Diesen Rückgang leitete er aber nicht wie die Stadt aus der Verletzung des Leggeprivilegs her, sondern umgekehrt aus dem engherzigen Kleben der Städter an demselben, das durchaus unberechtigt sei, da mit dem Verfall der Hansa auch das kommerzielle Übergewicht der Stadt im Stift verloren gegangen wäre. Die Regierung habe hierbei dem allgemeinen Interesse nicht gedient, „weil sie der Stadt nichts zu nahe sagen wollte". In lebhafter Sprache trug Möser seine Ansicht in den ersten Aufsätzen der soeben von ihm gegründeten Wöchentlichen Osnabrückischen Anzeigen vor [2]) und suchte für die biesbezüglichen Überlegungen und Absichten der Regierung ein allgemeineres Interesse bei seinen Landsleuten wachzurufen. Er kenn= zeichnete dabei die Bedeutung der Linneninbustrie für das Hochstift ohne Schönfärberei. „Spinnen und Weben sind die undankbarsten Be=

[1]) St.=A. Osn. L.=A. B. 242.

[2]) Jahrgang 1766, Stücke 1—4 (Oktober): „Abhandlung von dem Verfall des Osnabrückischen Linnen-handels und den Mitteln solchen wieder aufzuhelfen", gez. J. M.

Haßig. Julius Möser.   7

schäftigungen. Niemand kann sich leicht davon ernähren. Auf dem
Ackerbau so wohl als auf alle andre Arten von Fabriken ist mehr Vor=
theil als auf dem Spinnen. Und bloß diejenigen, welche Mangel an
andern Gewerbe, Mangel an Acker und leere Stunden in der Haus=
haltung haben, können sich mit Vortheil darauf legen. Wir befinden
uns zum Theil in diesem Falle". Das sind unsere „Vorzüge, welche
andre Völker nicht haben und gern entbehren". Zur Beseitigung der
gegenwärtigen mißlichen Verhältnisse möchte er folgende Mittel empfehlen:
1. ein brauchbares Reglement über die Güte und Breite des Linnens,
2. eine genaue Aufsicht, vielleicht vier Leggen zu Osnabrück, Bramsche,
Melle, Iburg, 3. eine Vereinigung der Linnenhändler, die vom König
ein privilegiertes Leggezeichen erhalte. Jedoch wollte Möser damit nicht
sein letztes Wort gesprochen haben; er erbat sich vielmehr das Gutachten
der Kaufleute, forderte sie zur baldigen Einsendung ihrer Bedenken und
Vorschläge auf und legte ihnen eine Reihe von Fragen vor. Allenfalls
hoffte er mit guten Verordnungen allein auskommen zu können.. Daher
bequemte er sich leicht der Tatsache an, daß die Anlage von Leggen den
Interessenten mißfallen hatte, und schrieb obendrein selbst eine zweite
Abhandlung mit dem Titel: „Also sind die Leggen, welche zur Aufnahme
des Linnenhandels in Vorschlag gebracht worden, unhinlänglich, unnütz
und verderblich".[1])

Das lebhafte Interesse der Regierung für die Linnenproduktion
hatte inzwischen anregend auf die Lokalverwaltung gewirkt, und so konnte
bereits der Landtagsproposition für das Jahr 1767[2]) ein Bericht des
Amtes Grönenberg[3]) angefügt werden, der auf den Mißwachs des Flachses
und die Mißstände des Flachsbaues überhaupt hinwies. Die Schuld
daran wurde den Kaufleuten zugemessen, die die Untertanen im letzten
Jahre schon wieder so mit der Lieferung des Flachssamens betrogen
hätten, daß viele, die nur vom Flachsbau lebten, in der Mitte des
Winters arbeitslos und unfähig wären, die öffentlichen Lasten aufzu=
bringen. Dazu komme allerdings die üble Gewohnheit der Landleute,
den Samen zu spät einzulegen. Der osnabrückische Kaufmann erscheine
daher nicht früh genug auf dem Bremer Markt und erhalte nur noch
minderwertige Ware. Diesen Vorwurf wiederholte Möser sogleich in
dem Aufsatz „man sorge auch für guten Leinsamen, wenn der Linnen=

---

[1]) Wöchentl. Osnabr. Anzeigen 1766, Stücke 11 u. 12 (Dezember), gez. M. J.
[2]) St.=A. Osn. L.=A. B. 243.
[3]) ebd.

handel ſich beſſern ſoll".[1]) Darin benutzte er zweitens die Mitteilung
des Grönenberger Amtes, daß die Neuenkirchener Bauern ſelbſt den
Samen aus Bremen bezögen, und empfahl eine zum Zwecke des Einkaufs
von Samen geſchloſſene Handelsgeſellſchaft mit allgemeiner freier Ein=
zeichnung, während er den von dem Grönenberger Amt geäußerten
Wunſch, den Samen unter Gewährung ſtaatlicher Vorſchüſſe durch einen
ſtaatlichen Kommiſſar in Bremen für die Bauern einkaufen zu laſſen,
als ein zu weitgehendes Eingreifen der Obrigkeit ablehnte. Inwieweit
das Beiſpiel der Neuenkirchener Bauern Nachahmung finden würde, hing
von dem freien Entſchluß der Landleute ab. Die Regierung beſchränkte
ſich darauf, in zwei Verordnungen vom 24. Juli 1767[2]) und 6. Juni
1769[3]) das Verhältnis zwiſchen Verleger und Produzent feſtzuſetzen. Der
Verkäufer ſollte bei Lieferung von ſchlechtem Samen auf ſummariſches
Erkenntnis dreier Sachverſtändiger dem Käufer den Preis der gelieferten
Ware, die Landheuer, Pflug=, Arbeits= und Säelohn erſetzen, andererſeits
aber, wenn er Kredit gewährt hätte, den Vorzug genießen, daß vor
ſeiner Spezialhypothek auf die Früchte des Flachſes und Hanfes alle
ſonſtigen Forderungen mit Ausnahme der Landheuer zeſſierten.

Die zuerſt erwähnte Verordnung von 1766 hatte hinſichtlich der
Linnenfabrikation nur ein Proviſorium ſchaffen können. Die Regierung
war damals noch nicht genügend informiert und überließ es den Lokal=
inſtanzen, vorläufig nach dem Herkommen der einzelnen Diſtrikte ihre
Maßnahmen zu treffen. Jedoch nur eine für das ganze Stift geltende
Verordnung konnte den Abnehmer befriedigen und die Kontrolle erleichtern.
Darauf zielte auch Möſers Gutachten,[4]) das die Stände im Juni 1767
der Regierung vorlegten: Er hatte dazu die preußiſche Leggeordnung
von 1766, das Herkommen aus den beſten Zeiten des Osnabrücker
Leinwandhandels, die Erfahrung der ſtärkſten Produktionsgebiete, Iburg,
Grönenberg, Wittlage, Hunteburg, und die Gutachten der Kaufleute
herangezogen und danach als Regel aufgeſtellt, daß für Hanf 24 Gänge
und für Flachs 25 Gänge verlangt werden müßten und auf den Gang
40 Fäden zu rechnen ſeien. Alsdann dürfe das Linnen weder breiter

---

[1]) Möſers ſ. W. I, 6.

[2]) cod. const. Osn. I, p. 1158/59.

[3]) cod. const. Osn. I, p. 1159/60.

[4]) St.-A. Osn. L.-A. B. 243; der Nachweis, daß das Gutachten von Möſer
iſt, findet ſich R.-A. 644, p. 518, wo es als ein ſolches vom Domkapitel der Ritter=
ſchaft gegeben wird.

noch schmaler hergestellt werden. Nur gerichtlich gestempelte Webekämme dürften erlaubt sein, und auf gutes und einerlei Garn müsse geachtet werden. Diese Vorschläge fanden volle Aufnahme in die Verordnung über die Breite des hänfenen und flächsenen Linnens vom 24. Juli 1767.[1]) Möser, der kein Freund der staatlichen Vielregiererei war, meinte, daß die Obrigkeit mit diesen Verordnungen genug zur Hebung der Linneninbustrie getan habe. Das schloß nicht die Frage aus, ob es weiterer Mittel bedürfe, um diesen Zweck zu erhalten. Daß öffentliche Schau= und Zeichenleggen keinen allgemeinen Beifall finden würden, hatte Möser erkannt. Zwar verlangten das Amt Grönenberg, ein Teil des Amtes Iburg und die Stadt Osnabrück bringend eine Zwangslegge, weil sonst auch ferner nach der einmal eingerissenen Ge= wohnheit das beste Linnen nach Tecklenburg gehe und den einheimischen Kaufleuten das schlechtere verbleibe, sobaß der Ruf des Osnabrücker Linnens nicht wachsen könne. Aber Möser mochte sich damals noch nicht dazu entschließen, Zwangsleggen anzulegen. Er empfahl statt dessen die Einrichtung von privaten Leggen durch die Kaufleute, was indessen weder den Beifall des Königs noch des städtischen Kollegiums fand.

Die letzte Verordnung wurde bald umgangen und viele Webekämme benutzt, die zwar die verlangte Anzahl von Gängen hatten, aber derart verlängert und in ihren Gängen erweitert waren, daß dadurch nicht nur „allerhand grobes, unebenes, loses und schlechtes Garn geschieet, sondern auch das Löwend selbst ganz los und von einer falschen Breite gemacht werden" konnte. Nunmehr wurde durch die Verordnung vom 6. April 1768 auch die Länge der Webekämme unter sog. Wroge gestellt.[2]) Bei dieser Gelegenheit zeigte sich wieder einmal im einzelnen das Gewicht, das Mösers Meinung selbst bei Erledigung minderbedeutender Angelegen= heiten hatte. Die Regieruhgsräte übersandten dem König den Ver= orbnungsentwurf später, als sonst üblich war, zur Bestätigung, da sie ihm zur Annahme desselben nicht raten wollten, ehe sie nicht mit Möser, den sie von einer Reise zurückerwarteten, Rücksprache genommen hatten.[3])

In wenigen Jahren, von 1766—1769, waren mehrere Ver= orbnungen entstanden, die vor allem in den technischen Betrieb der

---

[1]) cod. const. Osn. II, Nr. 1099.

[2]) cod. const. Osn. II, Nr. 1110; Mösers Entwurf St.=A. Osn. Abschn. 190,14, Stück 32; s. a. Mösers Gutachten vom 21. Oktober 1767, St.=A. Osn. Abschn. 190,14, Stück 18.

[3]) Regierungsbericht 18. März 1768, St.=A. Osn., L.=A. B. 242.

Linnenfabrikation eingriffen. Allerdings suchte die Regierung die Zahl der Reglements nach Möglichkeit auf ein Minimum zu setzen. Sie war es sogar, die den Übereifer der Ausführungsorgane in den Ämtern dämpfen mußte und sich gern bereit finden ließ, den Landleuten für den Hausbedarf den Gebrauch alter Webekämme[1]) und Garnhaspel[2]) zu ge= statten und solche von der Wroge frei zu lassen. Es ist wohl kein Zufall, daß diese Bestimmung durch ein ritterschaftliches Desiderium veranlaßt wurde, mithin aus Mösers engstem Geschäftskreis stammte.[3])

Die Fabrikation der Linnen nahm infolge der obrigkeitlichen Aufsicht einen starken Aufschwung; der Absatz hob sich beträchtlich, aber doch nicht in dem Maße, wie man wünschen konnte. Vieles Linnen ging noch auf auswärtige Leggen. Allerdings war zu erwarten, daß wenn erst alles einheimische Linnen, für dessen gute Qualität die besten Bedingungen nunmehr geschaffen waren, unter Osnabrücker Zeichen gehen würde, auch der Namen des Osnabrücker Linnens wieder Geltung gewönne. Wie ließ sich aber hoffen, daß der Landmann der Osnabrücker Stadtlegge oder staatlichen Leggestätten, falls solche angelegt würden, den Vorzug vor auswärtigen gäbe, die seit langem ihren guten Ruf hatten und auf denen daher bessere Preise als im Lande erzielt wurden? Der Weg, für den Möser sich vor drei Jahren noch nicht entscheiden wollte, ließ sich nicht mehr vermeiden. Um das beste Leinen nicht dem besten auswärtigen Preise folgen zu lassen, entschloß sich die Regierung für Zwangsleggen und drang in der Landtagsproposition von 1770[4]) auf die baldige An= lage von solchen. Sie verhehlte nicht die Schwierigkeiten, die auch ferner in dem Preisunterschied auf einheimischen und auswärtigen Leggen bestehen könnten. Jedoch man hoffte den Gefahren des Trotzes und Schmuggels der Landleute vorbeugen zu können: für die besten Stücke Linnen sollten nämlich Prämien ausgesetzt werden; zweitens gedachte man dem Kaufmann, der einen größeren Posten, etwa 6000 Ellen, auf heimischen Anstalten kaufte, eine gewisse Summe zu vergüten, damit er von Anfang an den gleichen Preis wie auswärts zahlen könnte. Dann

---

1) Verordnung vom 6. April 1768, cod. const. Osn. II, Nr. 1110.
2) Reskript 7. Sept. 1769, cod. const. Osn. II, Nr. 1134.
3) Mösers Konzept K. A. 644, p. 1119/1122.
4) St.=A. Osn. L.=A. B. 244.

ergab sich von selbst, daß der Produzent den Zwang verschmerzte. Die
Ritterschaft wünschte versuchsweise die Errichtung von fünf Leggen zu
Osnabrück, Iburg, Melle, Bramsche und Osterkappeln.[1]) Dies widersprach
zwar dem Privileg der Stadt Osnabrück, dem man aber schon ein
Jahrhundert zuvor entgegengehalten hatte, daß der Weg bis zur Residenzstadt einen kostbaren Zeitverlust für die Untertanen verursache. Damals
hatte sogar das Grönenberger Amt das Gespenst der Steuerzahlungs-
unfähigkeit heraufbeschworen, „wan der Leingewandt Handell zu Melle
oder sonst bequemen Orte in der nähe nicht stabilirt und die Untertanen,
welche allda bey den Handelsleuten Credit hetten, dabey conservirt
würden".[2])

Im Frühjahr 1770 wurde der erste Versuch mit der Iburger
Legge[3]) gemacht, der so vorteilhaft ausfiel, daß man zur weiteren Bequemlichkeit der Untertanen und zur Entlastung der ersten Legge nach drei
Jahren eine Nebenstelle zu Laer anlegte.[4]) Im Frühjahr 1772 kamen
die Leggen in den Ämtern Vörden, Wittlage, Hunteburg hinzu, sodaß
im Amte Vörden zu Bramsche und Vörden, in den beiden andern Ämtern
zu Essen und Osterkappeln abwechselnd Leggetage gehalten wurden.[5]) Es
folgte die Grönenberger Legge zu Melle,[6]) und zuletzt erhielt das Amt
Fürstenau die Alfhausener,[7]) die wegen der unbedeutenden Fürstenauer
Industrie von Vörden aus verwaltet wurde. Die Neuenkirchener Legge[8]),
zu deren Errichtung die dortigen Kaufleute die Kosten beitrugen, wurde
1774 bewilligt.

---

[1]) R. A. 644, p. 1221.

[2]) cod. const. Osn. II, Nr. 279, Reskript an die Kammer betreffs der
Leggeanstalten zu Osnabrück und Melle vom 14. Dez. 1669.

[3]) Leggeordnung vom 20. Mai 1770, Sammlung der Verordnungen in der
Bibliothek des Staatsarchivs zu Osnabrück; dazu Ständediktatur vom 25. Januar 1770,
St.-A. Osn. L.-A B. 244.

[4]) Publikandum vom 30. Dezember 1772, Veo. i. d. Bibl. St.-A. Osn.;
Publikandum vom 1. April 1773, cod. const. Osn. II, Nr. 1205.

[5]) Publikandum vom 24. März 1772, cod. const. Osn. II, Nr. 1187;
Verordnung vom 30. März 1772, Veo. i. d. Bibl. St.-A. Osn.

[6]) Verordnung vom 17. März 1773, Veo. i. d. Bibl. St.-A. Osn.

[7]) Reg.-Ber. 26. Juli 1774, St.-A. Osn. L.-A. B. 355; Publikandum
3. Juni 1774, cod. const. Osn. II, Nr. 1222.

[8]) Reg.-Ber. 26. Juli 1774, St.-A. Osn. L.-A. B. 355.

Für die Einrichtung und den Betrieb der Schau=
anstalten ist die zunächst nur für Iburg erlassene Leggeordnung[1]) maß=
gebend geblieben. In ihr kehrt zum Teil der Inhalt der früheren Ver=
ordnungen wieder, soweit sie die Fabrikation regelten. Die Leggebeamten
waren angewiesen, die Landleute auf die Mängel der Fabrikate auf=
merksam zu machen und ihnen auch sonst Rat zu erteilen. Sie besorgten
die Preisnotierungen mit Rücksicht auf die auswärtigen Preise, einen
billigen Profit des Käufers, die Fracht und sonstige Kosten, um den
Landmann vor Übervorteilung zu schützen. Auch sollte ein Produzent,
der Vorschüsse auf die künftig zu liefernde Ware erhalten hatte, die
gleichen Preise genießen wie diejenigen, die den Käufern ihrer Ware
nichts schuldig waren. Drittens durfte ein Käufer, dem der bäuerliche
Produzent über 100 Taler schuldete, jährlich nicht mehr als 10 Taler
an der Bezahlung des Linnens abziehen. Hingegen war es dem Schuldner
untersagt, vor Rückzahlung des ersten Vorschusses einen zweiten bei einem
andern Kaufmann nachzusuchen; noch weniger aber durfte er unter
fremdem Namen sein Linnen an einen Dritten verkaufen und damit
seinem Gläubiger den Anteil am Verdienst entziehen. Um die Kosten
der Anstalten zu decken, wurde eine geringe Schaugebühr erhoben. Mit
dem Leggezwang aber hatte es die Bewandnis, daß den Produzenten
erstens der auswärtige Markt verschlossen blieb, zweitens kein ungezeichnetes
Linnen mehr zum Kauf angeboten werden sollte, und drittens — jedoch
nur in den ersten Zeiten — den verschiedenen Leggen bestimmte Distrikte
ausschließlich zugelegt wurden.[2])

Unter der Fürsorge der Regierung war das Aufblühen des Linnen=
handels von vornherein deutlich sichtbar, und dies war zum großen Teile
Mösers Werk. Allerdings fehlte es der jungen Saat nicht an manchen
Schädlingen. Vor allem wurde die Zeichnung auf den Leggen noch oft
umgangen, sei es, daß die Kaufleute die Produzenten durch Auslobung
höherer Preise dazu veranlaßten, oder daß die Produzenten selbst die
Schaugebühr ersparen wollten.[3]) Wenn dies der Gegenstand weiterer
Verbote wurde, so vergaß man nicht, den Landmann zugleich gegen die

[1]) Verordnung 22. Mai 1770, Veo. i. d. Bibl. St.=A. Osn.

[2]) Publikandum 14. Juli 1770, cod. const. Osn. II, Nr. 1184.

[3]) Darauf wird in den meisten Verordnungen hingewiesen, besonders 3. März
1770, c. c. O. II, Nr. 1141; 14. Mai 1770, c. c. O. II, Nr. 1145; 21. März
1771, c. c. O. II, Nr. 1159; 27. Mai 1772, c. c. O. II, Nr. 1189; 3. Juli 1777,
c. c. O. II, Nr. 1258.

Übervorteilungen zu schützen, die ihm aus der Unkenntnis der Handels=
gewohnheiten von seiten der Kaufleute und Garnsammler erwuchsen.[1])
Auch durften nach der Anlage staatlicher Leggestätten keine Privatleggen
mehr geduldet werden, durch die das Osnabrücker Linnen früher seinen
Krebit verloren hatte. Als daher der Freiherr von Hammerstein=Gesmold
eine Privatlegge in Gesmold eröffnete, wozu er sich auf Grund gewisser
Gerechtsame für befugt hielt, wurde diese durch das Verbot, sie auf=
zusuchen, lahm gelegt. In dem Prozeß, den v. Hammerstein darauf
beim Reichskammergericht anstrengte, vertrat Möser die Sache der Re=
gierung „gründlich und lebhaft".[2])

Die Landtage hatten sich mit der Leinwandindustrie nach dem Erlaß
der grundlegenden Verordnungen noch oft und in dem Maße zu be=
schäftigen, wie die Bedürfnisse des Marktes neue Anforderungen stellten.
Die erwartete Mehreinnahme der Untertanen blieb nicht aus, da wegen
der Leggeaufsicht ein besseres Linnen und somit ein höherer Preis und
größerer Absatz erzielt wurden.[3]) Die Bremer und Holländer Kaufleute
gingen manchmal mit ihren Angeboten 4 bis 5 Pfennige über das Taxat
der Leggebeamten hinaus,[4]) und schon im Jahre 1775 war der Preis
für die Elle 52 Pfennige und mehr, während er vor 1770 nicht über
42 Pfennige gestiegen war.[5]) Auch der Hamburger Kaufmann trat dem
Osnabrücker Markt nahe,[6]) während andererseits aus Münster und den
anliegenden preußischen Gebieten Weber ihr Linnen auf die osnabrückischen
Leggen brachten.[7]) Die vermehrte Nachfrage machte sich in der ersten
Zeit am stärksten in der Stadt Osnabrück geltend. Da infolgedessen die
Landleute zahlreich dort hindrängten, so gewannen die Landleggen nicht
genug Gebühren, um die Kosten ihrer Unterhaltung zu decken.[8]) Die

---

[1]) Verordnung 18. April 1775, cod. const. Osn. II, Nr. 1241; Restript
13. Febr. 1777, cod. const. Osn. II, Nr. 1253.

[2]) Reg.=Ber. 22. Febr. 1774 und kgl. Restript 11. März 1774, St.=A. Osn.
L.=A. B. 355.

[3]) Reg.=Ber. 23. Juli 1773 und folgende ebd.

[4]) ebb.

[5]) Jburger Leggebericht vom 28. Febr. 1775, St.=A. Osn. Abschn. 190,40,
St. 18.

[6]) Reg.=Ber. 26. Juli 1774, St.=A. Osn. L.=A. B. 355.

[7]) Reg.=Ber. vom 7. Aug. 1777 und 26. Okt. 1779, ebd.

[8]) Reg.=Ber. vom 23. Juli 1773 und 26. Juli 1774, ebd.

Stände gewährten daher einen Zuschuß, und eine Hauptleggekasse wurde für die vier Leggequartiere Amt Iburg, Ämter Wittlage und Hunteburg, Ämter Vörden und Fürstenau und Amt Grönenberg geschaffen. Später setzte Möser es bei Regierung und Ständen durch, den Zuschuß nicht nach den ersten günstigen Rechnungsjahren sogleich zurückzufordern, sobaß die Hauptleggekasse und die Leggen selbst unabhängig von den Schwan=kungen des Marktes blieben.[1]

Nach günstigen Eingangsjahren mangelte es im Jahr 1773 infolge einer Mißernte an Flachs. Die Regierung ließ sich daher den Anbau des Hanfes angelegen sein,[2] der weniger dem Mißwachs ausgesetzt war. Im übrigen hatte sie nach der Einrichtung von Leggestätten zwar ein ständiges Augenmerk auf den Linnenhandel, aber ihr ferneres Eingreifen stellt sich nur als ein von Zeit zu Zeit erforderliches Flickwerk an dem wohlgefügten Hauptbau dar. In den Jahren 1774 und 1776 kam sie den Wünschen der Kaufleute dadurch entgegen, daß sie für das ganze Land die „Gleichheit der Maltgarnhaspel" einführte,[3] die bis dahin nach Bauerschaften und Kirchspielen verschieden gewesen waren, und indem sie die Zeichnung auf den Landleggen nach dem Muster der Stadtlegge änderte.[4] 1775 und 1779 erfolgten Verordnungen betreffs der Webe=kämme[5] und des Samenhandels.[6] Beide waren durch den Wunsch der Stadt Osnabrück veranlaßt, die den Handel dieser Artikel monopolisieren wollte und für ihren Vorschlag den Vorteil der besseren Kontrolle an=führte; die vorsitzenden Stände aber widerstrebten und setzten Mösers

---

[1] Reg.=Ver. 7. Aug. 1777, ebb.; dazu ständische Diktatur vom 17. Jan. 1778 und kgl. Reskript vom 13. Febr. 1778, L.=A. B. 244.

[2] Reg.=Ver. 4. Aug. 1775; über die Entwicklung des Linnenhandels geben vor allem die Jahresberichte der Regierung über den Zustand der Leggen und Leggekassen Nachricht, St.=A. Osn. L.=A. B. 355. Die diesen zu Grunde liegenden Konzepte und Entwürfe bieten teilweise reicheres Material, St.=A. Osn. Abschn. 190,40.

[3] Verordnung vom 29. Juni 1774, cod. const. Osn. II, Nr. 1227.

[4] Publikandum vom 18. März 1776, Beo. i. d. Bibl. St.=A. Osn.

[5] Verordnung vom 18. Mai 1775, cod. const. Osn. II, Nr. 1243; Desiderium der Stände und Reg.=Ver. 22. April 1774, St.=A. Osn. L.=A. B. 355; kgl. Reskript 6. Mai 1774, St.=A. Osn. L.=A. B. 557; Mösers Entwurf der Ver=ordnung, St.=A. Osn. Abschn. 190,40, St. 45.

[6] Verordnung vom 29. April 1779, cod. const. Osn. I, p. 1198/1200; dazu Landtagsproposition 1779 u. ständische Diktatur 23. Jan. 1779, St.A. Osn. L.=A. B. 244.

Antrag in die erste Verordnung, wonach das bisherige Erfordernis der gerichtlichen Wroge der Webekämme durch die eidliche Verpflichtung der Kammacher ersetzt wurde, nur vorschriftsmäßige Webekämme anzufertigen hinsichtlich des Samenhandels aber wurden die früheren Bestimmungen durch einige neue ergänzt, die den mancherlei Schikanen der Verkäufer und Käufer entgegentraten.

Deutlich spricht sich die Entwicklung des Linnenhandels in den Zahlen der verkauften Linnenstücke aus, deren jährliche Zusammenstellungen ohne Bedenken nebeneinandergesetzt werden können, da es sich um Stücke von annähernd gleicher Länge (80 Ellen) handelt.

Gesamtzahl[1])

der auf den Landleggen ge- zeichneten Stücke		einschließlich der Zahl der auf der Stadtlegge gezeichneten Stücke	

(in den Klammern ist die Differenz gegen das Vorjahr vermerkt).

72/73	16123			
73/74	14916			
74/75	17540			
75/76	18031			
76/77	18654			
77/78	19885	(+ 831)	27241	
78/79	20332	(— 847)	28992	(+ 1751)
79/80	19408	(— 924)	27470	(— 1522)
80/81	18177	(— 1231)	25212	(— 2268)
81/82	15475	(— 2702)	24034	(— 518)
82/83	24634	(+ 2889)	30992	(+ 6288)

Die Tabelle zeigt in den beiden ersten Daten deutlich den Einfluß des erwähnten Flachsmißwachses. Im allgemeinen wird man zwischen der Größe der Zahlen und dem inneren Wachstum des Linnenhandels kein konstantes Verhältnis annehmen dürfen. Das Gedeihen des Baumes will nicht allein aus seiner Lebenskraft, auch aus den Stürmen, die ihn bedrohen, und aus dem Entziehen von Nahrungskräften durch die neben ihm entstehenden Pflanzungen verstanden sein. Bedarf aber die gleich= mäßige Entwicklung weniger des Kommentars, und verzichte ich darauf, jeder einzelnen Schwankung deutend zu folgen, so verlangt jedenfalls der augenfällig niedrige Stand des Absatzes von 1779—1782 eine

---

[1]) Bei diesen Aufstellungen sowie bei den späteren Berechnungen stütze ich mich auf die genannten Leggen= und Leggekassenberichte, St.=A. Osn. L.=A. B. 355.

Erklärung. Diese wird zugleich wertvolles Neues in der Entwicklung der Osnabrücker Landesindustrie aufzudecken haben.

Schon das Jahr 1777/78 brachte einen beträchtlichen Rückgang im Börbener Distrikt, jedoch ohne Nachteil der Untertanen, die sich unter Anleitung unternehmender Osnabrücker Kaufleute der Verfertigung einer Art bunter Leinwand zuwandten, die bis dahin aus Leipzig und Braunschweig eingeführt worden war; sie fand sogleich einen guten Markt und brachte den Kaufleuten und Webern einen verhältnismäßig größeren Vorteil als das Löwendlinnen.[1]) Nachdem die Kaufleute anfangs 150 Webstühle mit der Fabrikation bunter Leinwand in Arbeit gesetzt hatten, gewannen 1781 schon 225 Familien ihren Unterhalt daraus.

Die **Wollakenfabrikation**[2]) hatte ebenfalls einen starken Auf= schwung genommen. Sie bestand seit den Zeiten Ernst Augusts II. in den nördlichen Kirchspielen des Amtes Fürstenau, vor allem in Ankum und Alfhausen, wo nur geringer Flachsbau getrieben wurde. An ihr verdienten vorzüglich die Heuerleute einen Nebenpfennig. Die grobe, aus Wolle und Garn verfertigte Ware hatte bei den kleinen Leuten einen sicheren Absatz, der sich sogar in das Holländische erstreckte. Die Ausfuhr nach dort, auf die es den Leitern des Staates besonders ankam, war gegen das Jahr 1770 auf 60000 Taler gestiegen, bis die Ungunst der wirtschaftlichen Verhältnisse im Jahr 1771 auch hier Stagnation und Rückgang herbeiführte. Die Produzenten erlitten Einbuße an Kundschaft, da sie wegen des höheren Preises der Wolle dazu griffen, „sich an der Ware selbst zu erholen". Andererseits verzichteten die Kaufleute darauf, die Produzenten länger mit Rohstoff zu verlegen, als diese jetzt auf fremden Märkten ihr Glück versuchten und ihnen damit den Profit an dem Verkauf der fertigen Wollaken entzogen. Dieser **Streit zwischen Hausindustriellen und Verlegern** schien die einträgliche Industrie aus der Ordnung zu bringen und zu vernichten. Die Regierung kam daher 1774 den Verlegern zu Hilfe und ordnete an, daß jeder, der Wolle und Garn auf Kredit nehme, das daraus gefertigte Wollaken nur demjenigen Kaufmann, von dem er den Kredit erhalten, verkaufen dürfe, außer wenn er inzwischen den Vorschuß zurückerstattet habe. Diese

---

[1]) Hierzu vor allem die Reg.=Ber. vom 9. Oktober 1778 und 23. November 1781, ebd.

[2]) Reg.=Ber. 7. Juni 1774, St.=A. Osn. L.=A. B. 354; Verordnung vom 27. Juni 1774, cod. const. Osn. I, p. 1161/63; Mösers Konzept derselben i. d. Akten über die Ankumer Industrie, St.=A. Osn. Abschn. 192,8, St. 7.

Maßregel hatte Erfolg, und schon im Oktober 1778 schätzte Möser, daß der Anlumer Erwerbszweig 80000 Taler dem Land eintrage.[1]

Noch mehr Kräfte als durch diesen wurden dem Leinwandhandel durch den gesteigerten Garnhandel[2] entzogen. Der Hanf= und Flachsbau war größer, als Hände zum Weben frei waren. In dem Regierungs= berichte vom 9. Oktober 1779 bemerkte Möser,[3] „daß das Garn, wofür fast ebenso viel als für Linnen ins Land kommt, stärker gesucht und theurer bezahlt worden". Es bestand daher für den Landmann die Ver= leitung, womöglich schon das Garn loszuschlagen, und es war keines= wegs aus dem Munde aller Weber gesprochen, wenn Möser in der „Osnabrückischen Geschichte" sagte[4]): „und doch webt man fort, um sich zwei Wege zur Ausfuhr zu versichern". Diesen Zweck erreichte die Re= gierung vielmehr durch ein Reskript an die Ämter vom 15. Februar 1777,[5] wodurch diese angewiesen wurden, „bey Ansetzung und Vergeleitung der Garnsammler künftig so viel immer möglich auf jedes Ortes eignes Bestes zu sehen, mithin in solchen Kirchspielen, worin das Löwend=Linnen die Haupt=Nahrung ausmacht, keinen neuen Garnsammler einiges Geleit zu ertheilen und anstatt derjenigen, so daselbst vorhanden, wenn sie ablassen, keine neuen anzusetzen".

Ferner trugen zu dem Rückgang des Absatzes die Spekulationen der Kaufleute im Sommer 1779 bei,[6] die auf der Stadtlegge den Preis der Elle über 60 Pfennige schnellen ließen. Infolge ungünstiger Schiffahrtsverhältnisse folgten plötzlicher Preisrückgang und Stocken des Absatzes. In weit stärkerem Maße schadeten jedoch die Abbindungen der holländischen Beziehungen als Begleiterscheinung des holländisch= englischen Krieges.[7] Die Wirkung war, daß viele Weber sich auf die Verfertigung schmaler und loser Linnen warfen, die allerdings gut bezahlt wurden.[8] Die Regierung zog auch diese zur Legge, ließ aber die Landleute darauf aufmerksam machen, daß der Preisrückgang für das Löwendlinnen nur vorübergehend sei, die Fabrikation guter Linnen aber

---

[1]) Reg.=Ber. 9. Okt. 1779, St.=A. Osn. L.=A. B. 355; das Konzept Mösers dazu, St.=A. Osn. Abschn. 190,40.

[2]) ebb., besonders noch Reg.=Ber. 17. Okt. 1780.

[3]) ebb.

[4]) Mösers s. W. VI, p. 78.

[5]) cod. const. Osn. II, Nr. 1253.

[6]) Reg.=Ber. vom 17. Oktober 1780, St.=A. Osn. L.=A. B. 355.

[7]) Reg.=Ber. 23. Nov. 1781 u. ff. ebb.

[8]) Reg.=Ber. 17. Oktober 1781 u. ff. ebb.

durch die Gewöhnung an minderwertige Manufakturen vielleicht dauernde
Einbuße erleide.[1]) Ein anderer Teil der Produzenten hielt seine Ware
bei den schlechten Zeiten zurück, sobaß Möser mit Recht rühmen durfte:
„Der Vorzug dieser Art Manufaktur ist, baß sie lange mit Verlust fort=
gehen und doch bestehen kann[2]) .... Wenn einige Jahre nacheinander
aller Handlohn und alle Zeit dabei verloren ginge, so würde der Landmann
doch nicht leicht von einer Gewohnheit ab= und sein Gesinde, das er
ohnedem halten muß, in den Zwischenzeiten müßig gehn lassen. Und
gegen diesen Vorzug dauert keine Fabrik in der Welt. Drei Jahre
Mißwachs schrecken den Landmann nicht ab. Aber drei Jahre hält sich
keine Fabrik ohne Absatz und mit Schaden".[3])

Bei dem Mangel an ·genauen Angaben und Notierungen aus jener
Zeit hält es schwer, den Ertragswert der Linneninbustrie und
der ihr verwandten Zweige zu bestimmen. Das Wollaken brachte
80000 Taler jährlich ein; über die bunten Linnen fehlen Angaben.
Der Garnhandel scheint mit dem Linnenhandel gleiche Bedeutung gehabt
zu haben. Für letzteren mag immerhin die Schätzung der Regierung
für das Rechnungsjahr 1778/79, das der Krise voraufgeht, angeführt
werden.[4]) Von den gezeichneten Stücken sind 1500 ausländische in
Abzug zu bringen, sobaß 27492 für die heimische Fabrikation in Anspruch
genommen werden können. Bei einem Durchschnittspreis von 18 Talern
wurden den Webern also 494856 Taler bezahlt — der hinzutretende
Verdienst der Kaufleute ist nicht zu bestimmen —, „welches fast gänzlich
als ein Gewinn anzusehen ist, indem der Hanf und Flachs im Lande
gebauet wird, und die für den Leinsamen und sonst erforderliche Ausgaben
nicht sehr beträchtlich sind".

Die Arbeiten der Regierung für den Leinwandhandel trugen also
reiche Frucht und schufen in ihm die Basis für die Wohlhabenheit und
Zufriedenheit der Osnabrücker. In dankbarer Erkenntnis dessen schrieb

[1]) Verordnung wegen der schmalen und losen Linnen vom 25. Oktober 1780,
cod. const. Osn. II, Nr. 1304.
[2]) Mösers s. W. VI, p. 87.
[3]) Mösers s. W. VI, p. 88.
[4]) Reg.=Ber. vom 26. Oktober 1779, St.=A. Osn. L.=A. B. 855; Möser gibt
als Preis des Stückes Leinwand 3—4 Pistolen (15—20 Taler) an, Mösers s. W. VI,
p. 86; J. C. Stüve a. a. O. p. 17 (ao. 1789) ca. 20 Taler. Nach obigem
Satze von 18 Talern ergiebt sich für 1783 die Summe von 556996 Talern.

fünfzig Jahre später der Osnabrücker Stüve in seiner Geschichte der Stadt Osnabrück, daß damals Osnabrück wieder wie in früherer Zeit der Mittelpunkt des Leinwandhandels geworden sei, „jetzt aber durch denselben fast einziger Sitz des Verkehrs für ganz Westphalen".[1] Da darf es nicht vergessen werden, und das hat ebenfalls die breitere Darstellung zu zeigen versucht, daß die von einem ernsten Wollen getragenen Vorschläge Mösers auch hier seinen Landsleuten den Weg gewiesen und seine Schaffensfreudigkeit und sein tiefes wirtschaftspolitisches Verständnis die maßgebenden Gewalten in Gesetzgebung und Verwaltung bestimmt haben.

Von oben her, durch Gesetzgebung und Verwaltung, wurde die Linneninbustrie aufs neue begründet. Wesentliche Ursachen für das Aufblühen des Linnenhandels treten uns daher in den wirtschaftspolitischen Maßnahmen der Regierung entgegen, die in drei Gruppen zusammengefaßt werden können:

1. Die technischen Reglements beziehen sich auf die Vervollkommnung und Einheitlichkeit der Produktionstechnik. Möser, der kein Freund der Reglementiererei war, mochte hier doch nicht die Gewerbereglements missen, und er rechnete es zu den „Grundsätzen, welche die Polizei zu beachten hat . . ., daß guter aufrichtiger Lein verkauft, das Garn richtig gehaspelt, das Linnen nach jedes Orts Regel vollzählig gewoben, und in Allem redlich verfahren werde".[2]

2. In kommerzieller Hinsicht war vor allem die Anlage von Leggen bedeutungsvoll. Erst im Verein mit dem Schauzwang konnten die Verordnungen über die Fabrikation des Linnens den auswärtigen Krebit heben. Immerhin bedeuteten die Leggen einen Zwang, zu dem die Regierung sich erst spät entschloß. Als man aber die erfolgreiche Wirkung der Leggen sah, befestigte man ihren Bestand obendrein durch die Errichtung der Hauptleggekasse. Es würde dem Geiste des merkantilistischen Zeitalters entsprochen haben, Ausfuhrverbote zu erlassen. Für seinen Kleinstaat schien Möser ein solches Vorgehen zu gewagt, da ein mächtigerer Nachbar mit stärkeren Gegenschlägen etwa antworten konnte.[3] Auf dem Verwaltungswege kam man mit geringerem Aufsehen zum Ziel. Statt eines Verbotes der Garnausfuhr erfolgte die Beschränkung der Garnsammlerkonzessionen.

---

[1] E. Stüve, Geschichte der Stadt Osnabrück. Osnabrück 1826, III, p. 312.

[2] Mösers s. W. VI, p. 89.

[3] Mösers s. W. V, 25; dazu Rupprecht a. a. O. p. 134 f.

3. Der **soziale** Teil der Verordnungen betrifft das Verhältnis von Produzenten und Händlern. Die Regierung bemühte sich, beiden Parteien gerecht zu werden. Von sozialen Mißständen, die aus einer leicht zur Härte gemißbrauchten Abhängigkeit des Produzenten vom Händler entstehen, findet sich nichts, da es sich hier nicht um ein Heer gedrückter Heimarbeiter handelte. Diese Osnabrücker Leinwand-Hausinbustriellen, die die gewerbliche Überschußproduktion ihrer Familienwirtschaften durch die Garnsammler und Kaufleute auf den großen Markt führen konnten, waren zumeist Landleute, erbansässige Bauern oder Heuerleute, die über einiges Ackerland verfügten. Zum Teil stand ihnen nicht der den Rohstoff liefernde Verleger gegenüber, sondern sie bauten auf eigener Scholle den Hanf und Flachs und trugen ein fertiges Produkt zum Verkauf auf die Legge.

b) Die Bramscher Tuchindustrie.

Der Bramscher Tuchindustrie wurde mit besonderer Sorgfalt gewartet. Denn ohne Führung ging es nun einmal nicht, da die Tuchmacher ohne kaufmännischen Blick waren uub zum Teil die aus dem Gegensatz der wohlhabenden und armen Meister entspringende Gehässigkeit den gemeinsamen Vorteil übersehen ließ.

An erster Stelle steht die „Abhandlung von der nothwendigen Anlage eines spanischen Wollenvorraths in hiesiger Stadt",[1] die am 1. November 1766 in den Osnabrücker Intelligenzblättern unter Mösers Zeichen J. M. erschien. Möser sah in dem Fleiße und der Geschicklichkeit der Bramscher Tuchmacher einen guten Nährboden für ein neues Wachstum der Tuchindustrie. „Allein die Leute sind Goldarbeiter und sie haben nur Messing. Sie müssen folglich den edelsten Fleiß und die beste Arbeit in ein undankbares Metall verwenden; und so wird ihnen alles nur halb bezahlt". Helfen lasse sich durch Verbesserung der einheimischen oder durch Einfuhr spanischer Wolle. Allein die einheimische Schafzucht möchte Möser nicht durch Verordnungen zwingen, ehe nicht sonst ein guter Anfang gemacht sei, und mehr dünkt ihm daher von der Anlage eines spanischen Wollenvorrats. Dem Verleger jedoch, der sich dazu bereit finde, müßten zwei sog. Amtsgeschworene den Preis bestimmen, damit er nicht gewissermaßen als Monopolist die Preise setze. Da Möser aber wohl sieht, daß sich auf gut Glück schwerlich ein Kaufmann damit beschäftigen wird, so schließt er zwei weitere Vorschläge an: Die Obrigkeit möge dem Kaufmann auf einige Jahre ein zinsfreies Kapital

---

[1] Nützliche Beilagen zu den Intelligenzblättern von 1766, 5. Stück.

anvertrauen ober wenigstens brittens einem ohne Vorschuß handelnden Verleger die Assekuranz leisten, indem der Staat wiederum in den liegenden Grünben und Häusern der Tuchmacher seine Sicherheit nehmen könne. Sehr beachtenswert waren die kritischen Anmerkungen, die der Regierungsrat v. b. Bussche dazu schrieb.[1]) Der britte Vorschlag sei nur haltbar, wenn der Kaufmann den Wollenpreis selbst bestimmen bürfe, wobei allerdings der Probuzent ein Opfer des wucherischen Unter=nehmers werde. Die Ausführung des zweiten Vorschlages werbe so auslaufen, baß der Verleger sich die Taschen fülle, solange er zinsfreies Kapital in Händen habe, sich barauf zurückziehe und die Tuchmacher ihrem Geschick überlasse. In beiden Fällen sei also der Probuzent be=nachteiligt. Nachbem Möser diese Gesahren erkannt hatte, lenkte er in ein anderes Fahrwasser.

Soeben, im Januar 1767, hatten nämlich die Bramscher Tuch=macher, als sie von bem Eifer der neuen Regierung erfuhren, einen größeren Vorschuß erbeten, um zur billigen Anschaffung der Wolle ein Lagerhaus zu errichten, bas die Meister auf Krebit mit Rohmaterialien versorge, während bis bahin die ärmeren Meister zur Unzeit ihre Ware für geringen Preis losschlagen mußten, um aus dem Erlös neue Wolle einkaufen zu können.[2]) Nun fehlte aber bem Bramscher Vorschlag die Einsicht barin, wie ein solches gemeinsames Unternehmen zu funbieren sei. Daher nahm sich Möser in einem größeren Gutachten vom 22. Mai 1767 der Tuchmacher an; er erhielt ein besonderes Kommissorium in dieser Angelegenheit, und die Bramscher wurden an ihn verwiesen. Sie blieben von ba ab wegen ihrer geschäftlichen Unmünbigkeit und bei dem lebhaften Interesse Mösers an dem Aufkommen der Landesinbustrie bauernd seine Schutzbefohlenen.[3])

Um den Tuchmachern auf dem Markt Ansehn und eine festere Position zu verschaffen, schloß er sie zu einer Gilbe zusammen.[4]) In

[1]) In den Manualakten v. Behrs vol. II, St.=A. Osn. L.=A. B. 553; baß dieser Aufsatz von v. b. Bussche ist, geht aus bem barauf bezugnehmenden Brief v. Behrs an v. b. Bussche vom 20. Febr. 1767 hervor, Staatsarchiv Hannover, Kalenb. Briefsarchiv, Des. 15, von Behr Nr. 4, fol. 154.

[2]) Über die Bramscher Tuchindustrie St.=A. Osn., Abschn. 220,5. Besonders zitiert werden nur größere Stücke aus Mösers Feder.

[3]) St.=A. Osn., Abschn. 220,5, St. 5, Mösers Gutachten vom 22. Mai 1767; St. 6—7, Mösers Gutachten vom 28. Aug. 1767.

[4]) ebb. St. 13, Mösers Aufstellung der Privilegsätze; St. 18, Original=privileg für die Bramscher Tuchgilbe.

dieser übten die beiden Gildemeister nebst drei Elbgeschworenen das sog. Amtsrecht, indem sie Warenvergehen straften. Eine spätere Zusatz= bestimmung des Privilegs gab dem Amte eine freiere Gildemeisterwahl, als sonst üblich war, und wies die Richter an, bei Berufungen gegen Amtsentscheide möglichst einen Vergleich herbeizuführen. Das weiter= gehende Gesuch der Tuchmacher um eine besondere Berufungsinstanz für alle Bramscher Gilden, die als sog. „Freunde" aus dem Bürgermeister und den Deputierten der Zünfte bestehen sollte, hielt Möser für bedenklich, da sie den Bramscher Bürgermeister den Fleckenrichtern von Iburg und Melle zur Seite stellen und eine neue Exemtion schaffen würde.

Einheitliche Regeln für die Tuchbereitung ließen sich jetzt leichter aufstellen. Auch hier entschied Möser für den S c h a u z w a n g, ließ jedoch die Möglichkeit offen, diese Kontrolle vom Tuchmacheramt an eine obrigkeit= liche Behörde übergehen zu lassen, wenn schon eine Minderheit der Meister sich benachteiligt fühlen sollte.

Die wichtigste Angelegenheit war die Errichtung eines L a g e r = h a u s e s. Es sollte einerseits die Meister mit Wolle verlegen und kleinere Vorschüsse gewähren, um die Abhängigkeit von einem Privatkaufmann zu vermeiden, andererseits die verfertigten Tücher zum Verkauf über= nehmen. Jedoch waren die Produzenten nicht verpflichtet, die Wolle vom Lagerhause zu nehmen oder dorthin das fertige Tuch zu liefern. Die Mehrzahl der 36 Meister wünschte zwar die Einführung eines solchen Zwangs, während nur wenige aus Abneigung gegen die als Unterhalts= kosten des Lagerhauses von den Waren erhobenen Gebühren widersprachen. Aber Möser äußerte, die Beschränkung der Bewegungsfreiheit des einzelnen sei dem Handel nachteilig, und wenn auch der künftige Erfolg die jetzt noch Widerstrebenden an das Lagerhaus ziehen werde, so müsse doch das Tor der direkten Beziehungen des Produzenten zum Konsumenten stets offen gehalten werden; „hundert Meister, wenn sie die Freyheit haben, mit ihrer Wahre nachdem solche geschauet und gestempelt worden, nach Belieben zu handeln, suchen hundert Kunden und Auswege. Der eine hat diese, der andre hat jene Connexion. Er macht Versuche zum Absatze, sucht sich auswärtige Märkte aus, die er seinem Mitmeister nicht entdeckt; bestrebt sich auch sein Gewerbe auszudehnen und findet in der Ausdehnung offt neue Mittel eine Wahre wohlfeiler zu geben, als seine Mitmeister. Allein alle diese Aussichten werden ihm abgeschnitten, wenn der Handel mit allen Wahren aus dem Lagerhause durch ein oder zwey schläfrige vielleicht partheyische Leute geführet, die Wahre des einen wie des andern nach der Nummer oder Zeitordnung abgesetzt, einer vor dem andern nicht angereizt wird".

Die Mittel für die Anlage des Lagerhauses gewann Möser aus privaten Vorschüssen; die Verzinsung des bescheidenen Kapitals von 4000 Talern übernahm die Landeskasse, die die Einlagen der Gläubiger garantierte und ihrerseits an verschiedenen gerichtlich eingetragenen Wert= objekten der Tuchmacher ihre Sicherheit nahm. Mit dem Lagerhaus wurde auch eine private Färberei verbunden, um nicht länger der Bremer Färber zu bedürfen. „Die große Handelsregel ist sonst nach hanseatischen Gesetzen: ubi confectus est pannus, ibi et tingendus".

Der Aufschwung der Bramscher Tuchindustrie, die um so wichtiger war, da Bramsche keine Ländereien hatte und auf Handel und Gewerbe sich angewiesen sah, zeitigte in den ersten Jahren 15000—20000 Taler jährlichen Absatz, obgleich die Rivalität der armen und wohl= habenden Meister[1]) den Fortschritt erschwerte. Unter den letzteren begegnen wir solchen, die mit 10 Gesellen arbeiteten. Sie legten sich auf die Verfertigung teurer Waren und nahmen in ihrem Bedarf nach größerem Vorschuß das Lagerhaus stark in Anspruch, ohne sich aber des Vorwurfs schuldig zu machen, damit dem armen Meister den Kredit vor= wegzunehmen. Viele Klagen entsprangen aus der persönlichen Antipathie gegen den damaligen Lagermeister; und es war allerdings gefährlich, daß dieser zugleich der Färbereibesitzer war und so der Versuchung ausgesetzt war, seine Vertrauensstellung im privaten Interesse zu mißbrauchen. Um des lieben Friedens willen übergab Möser die Führung des Lagerhauses einem andern Meister, nicht etwa einem „Unparteiischen", dem nach seinen Worten die Seele des Kaufmanns fehlen würde. Mit größerem Rechte konnten die wohlhabenden Meister sich beklagen, daß die kleinen Meister, die bei dem schnellen, weil zumeist an Einheimische erfolgenden Absatz ihrer billigen Waren der Verkaufsvermittlung des Lagerhauses nicht be= durften, durch ihre Stimmenmehrheit die Verkauftaxe des Lagerhauses zu hoch setzten, um den reichen Meistern den Absatz zu erschweren. Hier erreichte Möser schon 1769 die Festsetzung einer gemeinsamen Minimal= taxe des Verkaufs für alle Amtsmeister.

Da das Lagerhaus, das nicht etwa nur Speditionsgeschäft war, sondern als Kommissionsgeschäft den Einkauf der Rohstoffe in eignem

---

[1]) Zu den ersten Streitigkeiten in der Zunft s. das große Gutachten von Möser und Preuß vom 21. Okt. 1769 (Mösers Schrift), St.=A. Osn. Abschn. 220,5, St. 28; ferner die Regierungsresolution vom 17. Nov. 1769, Mösers Konzept, St.32.

Namen und den Verkauf der fertigen Waren in fremdem Auftrage be=
forgte, das Zentrum und der Stützpunkt der Bramscher Tuchinduftrie
geworden war, so war Möfer an deffen Erhaltung alles gelegen. Auch
in Anfehung der Mißftände, die fich ohne dasfelbe leicht aus der Macht=
ftellung eines einzelnen Kaufmanns als des Krebit gebenden Verlegers
der einzelnen Heimarbeiter ergeben könnten, betrachtete er das Lagerhaus
als den wahren Hort der Intereffen der Tuchweber. Nicht diefe, fondern
das Lagerhaus handelte mit den Kaufleuten, die daher nicht zu Verlegern
abhängiger Probuzenten wurden. Möfer fagte barüber: „Der Verleger
oder Kaufmann verfchlingt den Fabrifanten, wenn jener diefen unmittelbar
in feinem Zwange hat. Allein wo der Verleger einzig und allein mit
dem Lagerhaufe handelt, diefem die Wolle, crebitiert und von diefem
wiederum feine Bezahlung in Wahren empfängt, da entfteht eine Art
von öffentlicher Controlle; und wenn der Kaufmann ein Defpot werden
will, fo kann eine Landesobrigkeit ohne Zerrüttung der Fabrik zutreten,
dem Kaufmann feine eingelegte Wolle bezahlen, einen andern an feine
Stelle treten laffen, und überhaupt folche Vorkehrungen machen, welche
dem Übermuthe Ziel fetzen, ohne die geringfte Zerrüttung unter den
kleinen Fabricanten zu veranlaffen".

Das Zugreifen des Staates für die Zeiten der Not galt ihm
bemnach als erforderlich — und mit Recht. Zunächft fchien in einem
Jahrzehnt glücklichen Fortgangs, in dem die Zahl der Meifter von 36
auf 50 ftieg, das Lagerhaus felbftändiger zu werden, wenn auch die alten
Gegner es zu ftürzen fortfuhren. Diefe fchlugen etwa mit geringem
Profit ihre Tücher los, wenn jenes mit der Ware zurückhielt. Es wurde
daher aufs neue gefordert, baß nur durch das Lagerhaus verkauft würde.
Die Regierung ging jedoch nicht darauf ein, da fie die Schäden nicht
für fo bedeutend hielt, um den verhaßten Zwang einführen zu müffen.
Um fo fchärfer griff fie dagegen zu, als fich 1780 plötzlich die fchlechte
Leitung des Lagerhaufes offenbarte.[1] Hier hatten nämlich die
Schüler, die Möfer fich in Bramfche erziehen wollte, klüger als der

---

[1] Von weiteren größeren Schriftftüden Möfers feien folgende aus St.=A. Osn.
Abfchn. 220,6 erwähnt: St. 86, Konzept des Refkripts vom 10. März 1780; St. 91,
Promemoria Möfers vom 15. April 1780; St. 96, Konzept des Refkripts vom
18. Mai 1780; St. 100, Möfer-Gutachten (ohne Datum); St. 101, Bericht Möfers
vom 14. Sept. 1780; St. 105, Möfers Gutachten vom 21. Sept. 1780; St. 126,
Möfers Entwurf des Regierungsberichtes vom 1. Mai 1781; St. 162, Möfer-
gutachten Januar 1782.

Meister zu sein gedacht. In der richtigen Einsicht, daß das in den Ver=
legergeschäften angelegte Kapital ein umlaufendes sei, dachte sich Möser
die Kreditgeschäfte des Lagerhauses in den Grenzen des Lombards: auf
Grund der zum Verkaufe fertigen Waren sollte es Geld an die Heim=
arbeiter geben. Allein der unverständige Lagermeister, der „das Modell
des Iserlohnschen Lagerhauses im Sinne hatte", verwandt die Überschüsse
zu Hypothekengeschäften. Möser war über diese eigenmächtige Dummheit
sehr ungehalten: „was bey einer so besondren Fabrick, als der Iserlohn=
schen Drat Fabrick angeht, geht nicht bey Tuch Fabricken an. Der Preiß
des Drats kann erzwungen werden, weil keine einzige Stadt in der
Welt den Iserlohnern Dratziehern gleich arbeiten kann. Aber Tuch wie
die Bramscher machen, kann auf allen Dörfern gemacht werden". Das
Lagerhaus war unfähig zur Erfüllung seiner Verpflichtungen geworden;
es hatte sich so weit verrannt, daß es, zumal ein größerer Feuerschaden
im März 1781 hinzutrat, in Schwierigkeiten geriet und die Beschaffung
der Wolle ausblieb. Die Krisis wurde indessen durch einen Vorschuß,
den der König gewährte, überwunden, indem Möser persönlich die Bürg=
schaft übernahm. Im folgenden Jahr wurde sobann der Streit zwischen
den Anhängern und Gegnern des Lagerhauses beigelegt, indem sich alle
Amtsmeister über eine gemeinsame Preistare einigten. Möser hatte es
gewagt, für sein Bramscher Werk in die Bresche zu treten, während er
bamals auf die Tuchinbustrie in der Stadt Osnabrück nur wenig gab.

Die Wollenmanufaktur der Stadt Osnabrück hatte in ihrer
Glanzzeit über 2000 Menschen Brot verschafft. Das Tuchmacheramt
bestand aus 200 Meistern, und die Schäfereien der Stadt zählten
50000 Köpfe. Im dreißigjährigen Krieg wurde dieser Wohlstand ver=
nichtet, nnd zugleich erstarb der betriebsame Geschäftssinn der stolzen
Bürger. Die Tuchmacher mußten den Markt nicht mehr zu behaupten;
in der Färberei wurden sie überholt, mit der Mode hielten sie nicht
gleichen Schritt; zuguterletzt hatte die spanische Wolle der deutschen den
Vorrang abgelaufen. Als Möser sich 1771 durch der Stände Mund
für die Unterstützung des Tuchmacheramts aussprach, fristeten nur noch
sieben Meister in der Stadt kümmerlich ihr Dasein. Und doch vertrauten
einige Kaufleute, die Mösers Gesinnung teilten, auf das Wiederaufkommen
des Osnabrücker Tuchgewerbes. Während die kleinen Meister die Wolle
bislang aus zweiter Hand bezögen und auf die Bremer Färbereien an=
gewiesen seien, würden sie in Zukunft zur Anlage einer Färberei und

eines Wollenlagers schreiten können, wenn nur der König in den ersten
Jahren durch Prämien die Webstühle unterstütze. Hierzu bot Georg III.
die Hand, obwohl Möser kurz zuvor sich veranlaßt gesehen hatte, von
seinem Plane abzustehen. Denn da die Kaufleute, die den Verlag übernehmen wollten, sich plötzlich veruneinigten, war es Möser darum zu tun,
ein Lagerhaus wie in Bramsche zu errichten, und er wünschte die Über-
weisung des Zuschusses zur Verzinsung eines Lagerhauskapitals, für das
Osnabrücker Kaufleute bereits gezeichnet hatten. Diesen zweiten Vorschlag
weiter zu verfolgen, fehlte die Gelegenheit. Denn es erwies sich nur zu
bald, daß man überhaupt die Regsamkeit der Tuchmacher überschätzt
hatte, denen der Geldsegen unerwartet kam und die ihn nicht zu nutzen
verstanden. Möser stellte daher 1779 bitter enttäuscht die Subvention ein.[1]

Bessere Wirkung erzielten die Vorschüsse für die Wandmacher-
Ämter in Iburg[2] und Melle.[3] Im letzteren Flecken hatten die
Wandmacher wegen Mangel eines Verlags geringe Arbeit gehabt. Als
dann Mösers Schwiegersohn v. Voigts zugesprungen war, war das Amt
nach einiger Zeit kräftig genug, eine eigene Färberei anzulegen. Mit
staatlicher Unterstützung gelang in Osede und Ankum die Anlage von
Papiermühlen; in letzterem Ort bestand seit 1768 eine Ziegelei.[4]
Ebenfalls in Ankum, wo ja auch die Wollakenindustrie blühte, wurden
die sog. Wannen angefertigt.[5] Die dazu allein erforderlichen Rohmaterialien, Korbweiden, waren im Überfluß im Lande. Nur verstanden
sich bislang die Eingesessenen des Stifts nicht auf die Herstellung dieser
zur Reinigung des ausgedroschenen Getreides unentbehrlichen Geräte.
Sie bezogen diese vielmehr von den im Münsterschen angesessenen Wannen-

[1] Über das Osnabrücker Tuchgewerbe: Desiderium der nachsitzenden Stände
wegen Aufnahme der Wollfabriken von 1771, Mösers Konzept R. A. 644,
p. 1783/89; St.-A. Osn. Abschn. 220,8, St. 2—3, Mösergutachten vom 20. Juni 1771;
St. 8, Promemoria Mösers 10. Mai 1779; St.-A. Osn. L.-A. B. 354, Reg.-Ber.
28. Juni 1771.

[2] St.-A. Osn. Abschn. 220,6 und Abschn. 254,22.

[3] Reg.-Ber. 26. April 1776, St.-A. Osn. L.-A. B. 354; kgl. Reskript
10. Mai 1776, St.-A. Osn. Abschn. 220,8, St. 8.

[4] St.-A. Osn. L.-A B. 354, Reg.-Ber. 5. Januar 1776 und 17. Nov. 1780.

[5] St.-A. Osn. Abschn. 192,7, besonders St. 6, Mösergutachten 1773; Reg.-
Ber. 24. Juni 1774, St.-A. Osn. L.-A. B. 354; Publikandum 20. Juni 1774,
Mösers Konzept St.-A. Osn. 192,7, St. 16; Reg.-Ber. 17. Nov. 1780, St.-A. Osn.
L.-A. B. 354; Verordnung 1. Aug. 1776, Beo. i. d. Bibl. St.-A. Osn., aufgehoben
am 20. Jan. 1786, cod. const. Osn. II, Nr. 1372.

machern, die die Korbweiden aus dem Osnabrücker Lande ankauften. Es gelang Möser, die Wanneninbustrie in dem Hochstifte Osnabrück anzu=pflanzen. Von vornherein lehnte er jedoch ab, die neuen Arbeitskräfte durch ein Monopol zu stärken. Umsomehr schützte er sie durch das Verbot der Einfuhr fremder Wannen. Er hatte damit dauernden Erfolg, indem er selbst die Entwicklung dieses neuen Nahrungszweiges beobachtete und ihn gegen die vielen Mittelchen der Münsterer Wannenmacher schützte, die das neue Osnabrücker Gewerbe im Keim ersticken wollten. Schon 1786 konnte das Einfuhrverbot aufgehoben werden.

Nach der Betrachtung der Wanneninbustrie, der Anlage von Papier=mühlen und einer Ziegelei mag ein Schlußwort über die Bramscher Tuchinbustrie, parallel dem über die Leinwandinbustrie, das Eigen=tümliche ihrer Unternehmungsform herausstellen.

Mösers Fürsorge für die Bramscher war ein Versuch, das Handwerk zu erhalten, und die Formen, die dafür gesucht wurden, mußten sich den allgemeinen Bedingungen der merkantilistischen Politik überhaupt an=bequemen. Verlangte diese eine günstige Handelsbilanz und ergab sich daraus die Forderung eines großen Marktes, des Absatzes in die Ferne, so war das Handwerk dem nur wenig gewachsen: bei ihm eine zum großen Teil auf einfache lokale Bedürfnisse zugeschnittene und nach Orten verschiedene Technik, bei ihm Absatz nur in dem Verhältnis des Produzenten zum Konsumenten, bei ihm meist geringes Betriebskapital und beschränkte kaufmännische Begabung. Alles dies eignete mehr der sich daher aus=breitenden Hausinbustrie und der eigentlichen Fabrik, zu denen der Zug der Zeit über die Unternehmungsform des Handwerks hinaustrieb. Diese Vorzüge suchte Möser den Handwerkern zu verschaffen, die der einzelne aus eigner Kraft schwerlich erwarb. Daher fügte er die Bramscher Tuch=macher in die Zunftorganisation ein, deren Warenschau zu solider Technik erzog. Durch die genossenschaftliche Einrichtung eines gemeinsamen Lager=hauses wurde ein billiger Rohstoff beschafft und ein einträglicher Absatz erzielt. Durch das Kredit gebende Lagerhaus erhielt der einzelne Hand=werker leicht Betriebsmittel, und durch die Anstellung eines intelligenten Meisters als Lagermeister gewann die gemeinsame Einrichtung einen kaufmännischen Kopf.

Wir sehen hier eine genossenschaftliche Organisationsform der Unter=nehmung sich anbahnen, während die Leinwandhausinbustrie als eine herrschaftliche bezeichnet werden kann. Möglich war die erstere nur bei ben auf engem Raum nachbarlich verbunbenen Meistern, wie es ja bie Bramscher Tuchmacher waren, während ber Ausbreitung ber Hanf- unb Flachsbauer, ber Garnspinner unb Leinenweber über weite Lanbstreden bie herrschaftliche Organisation entsprach.

Diese Hausinbustrie schuf noch keine öffentlichen Mißstänbe in An- betracht bessen, baß bie Heimarbeiter nicht allein von ihr lebten, unb baß ber Staat burch Reglements unb Leggeaufsicht ben Verlegern bie Möglichkeit zu Ausschreitungen benahm. Wie leicht hätte aber in Bramsche bie Tuchfabrikation zur Hausinbustrie führen können, wo ganz anbere soziale Zustänbe vorlagen. Die Tuchmacher waren hier allein auf ben Ertrag ihres Hanbwerks angewiesen; ber einzelne Weber ohne wirtschaft- lichen Rückhalt wäre ber Gnabe unb Willkür bes Verlegers preisgegeben worben. Daß sich bie Verhältnisse so gestaltet hätten, erkennt man zur Genüge baraus, baß Möser, als er an bie Unterstützung bes Tuch- gewerbes unb bie Anlage eines spanischen Wollenlagers bachte, sich bas künftige Verhältnis bes Probuzenten zum Hänbler als bas bes Heim- arbeiters zum Verleger vorstellte. Ihn machten bie Warnung v. b. Busches unb bie eigene intimere Beschäftigung mit bem Bramscher Tuchgewerbe stuhig. Er vereinigte bie Bramscher zu genossenschaftlicher Selbsthülfe — allerbings am Gängelbanbe bes Staates. Es beburfte erst ber Erziehung, unb allein bie Zukunft konnte zeigen, wieweit jene ben geschäftlichen Blick ber Hanbwerker erweiterte.

c) Das Salzwerk zu Rothenfelbe.

Das Salzwerk zu Rothenfelbe war im Jahr 1724 von Ernst August II. angelegt worben.[1] Nach bessen Tobe erhob sich ein Streit um ben Besih, ba bas Domkapitel bie Regalitätsfrage anschnitt, wogegen sogleich Brouning, ber Geheimsekretär bes verstorbenen Fürsten, Mösers Schwiegervater, bie Ansprüche bes Hauses Braunschweig-Lüneburg geltenb machte. In bem Rezeß von 1. Oktober 1731 wurbe es bem Welfenhaus auch als Allob zugesprochen[2] unb nur ber 15. Teil bes Ertrags ber bischöflichen Kammer zugewiesen. Das Salzwerk sollte von jeber Auflage frei bleiben, ben Untertanen aber auch ber freie Hanbel mit auswärtigem Salz unbenommen sein.

---

[1] Möser, s. W. V, p. 84 unb Rohbe, Geschichte ber Saline Rothen- felbe i. b. Mitt. b. hist. Ver. Osn. Bb. XXXI.

[2] Rohbe a. a. O. p. 24—39.

Auf den Fortgang des Salzwerks hatte der Krieg erheblich gedrückt; bei der starken Inanspruchnahme der sog. Rundefuhren durch das Militär waren die Fuhrkosten für die Kohlenzufuhr von dem nahe gelegenen Borgloher Bergwerk beträchtlich gestiegen.

Die neue Regierung ging schon 1763 an die Verbesserung des Salzwerkes, und in dem ersten Jahrzehnte der Vormundschaft wurden unter Aufwendung bedeutender Baukosten für die Neueinrichtung der Siedeanlagen und unter der tüchtigen Mitarbeit des späteren Salineninspektors Lüttich der Betrieb und die Ertragsfähigkeit in hohem Maße gesteigert.[1])

Mehr als der Krieg hatte die Gewöhnung der Kaufleute an fremde Bezugsquellen dem Aufkommen des Salzwerkes geschadet. Aus Mösers Bericht vom 6. April 1769[2]) ersieht man, wie vor allem die preußische Konkurrenz zu schaffen machte. Das Salzwerk zu Rehme verkaufte in das Hochstift den Osnabrücker Scheffel zu 10 Mariengroschen, gab bei größerer Abnahme Vergünstigungen und stundete den Abnehmern gern. Der Abwehr halber kam die Verwaltung des Rothenfelder Salzwerkes dem Verlangen der Kundschaft durch die Bekanntmachung vom 25. August 1768 möglichst entgegen.[3]) Unter anderem wurde auch der Salzscheffel um ein Zwölftel gegen den sonst üblichen Osnabrücker Scheffel vergrößert und der Scheffelpreis bei stärkerer Abnahme auf 13 Mgr. gesetzt.

Die Konkurrenz ließ gleichwohl nicht nach, wenn auch das preußische Salzwerk bei seinem Scheffelpreis von 10 Mgr. an Auswärtige mit Schaden verkaufte, „als welches ihnen leicht möglich ist, da das Rehmische Salzwerk auf dem in den Königl. preussischen Landen eingeführeten und vorgeschriebenen Preise völlig bestehet, und das zum auswärtigen débit bestimmte Salz immer noch mit Vortheil verkauft, wenn der einheimische débit alle Kosten der Anlage, der Salz=beamte und der Unterhaltung allein trägt, der auswärtige aber nur blos die Kosten der Coctur ersetzt und den Taglohner in der Zeit da er müssig gehen müste, beschäftiget". Dieses preußische Verfahren empfahl v. b. Bussche[4]) jetzt für Osnabrück.

[1]) Rohde a. a. O. p. 44—49.

[2]) St.=A. Osn. Abschn. 191,4, St. 28.

[3]) Gedruckt in den Wöchentlichen Osnabrückischen Anzeigen 27. August 1768.

[4]) St.=A. Osn. Abschn. 191,4, St. 8, v. b. Bussches Konzept des Reskriptes an die Kanzlei vom 28. Januar 1769; St. 4, Mösers Gutachten dazu, hieraus das obige Zitat.

Die Stände nahmen willfährig Mösers Entwurf[1]) einer Verordnung an, die am 3. März 1769 erlassen wurde.[2]) Dadurch wurde die Einfuhr fremden Salzes „ausser dem althergebrachten Lüneburgischen und dem bey fürwährender Handelsfreyheit zugelassenen Münsterschen" verboten, den Untertanen aber zugesichert, daß der Preis nicht erhöht werden solle. Den weltlichen und geistlichen Personen und Gründen, denen Freiheit hiervon nach der capitulatio perpetua zustand, blieb sie gewahrt.

Der Preis des Scheffels, der nach der Verordnung 14 Mgr., bei größerer Abnahme 13 Mgr. und für die Kaufleute, die fuderweise über die Grenzen des Stifts handelten, 12 Mgr. betrug, wurde der Zusage gemäß beibehalten. Die Verordnung, die zunächst nur für drei Jahre galt, wurde später, 1772, 1777, 1782, auf je fünf Jahre erneuert. Um die Händler noch weiter aufzumuntern, wurde 1780 der Handel mit Rothenfelder Salz von der Auflage des sog. Trafikantengeldes befreit.[3])

Der Erfolg war überraschend. Die Salzeinnahme, die 1763 erst 16895 Taler betrug,[4]) stieg in den siebziger Jahren in die Mitte von 20000 Talern und nach 1780 in die Mitte von 30000 Talern.[5]) Der Absatz wurde nach Bentheim, Rheda, Rittberg, Steinfurt und Münster ausgedehnt.

Wir schließen auch diesen Teil mit einem Blick auf die Unter=nehmungsform. Das Rothenfelder Salzwerk ist ein modernes Ge=schäft, losgelöst von der Familienwirtschaft seines Unternehmers und seiner Arbeiter. Es ist Eigentum des Unternehmers und wird mit gelbgelohnten Beamten und Arbeitern geführt. Daß ein solcher Großbetrieb schon bestehen konnte, wird erklärlich, wenn man bedenkt, daß sein mächtiger Unternehmer das Haus Braunschweig=Lüneburg war, und daß die Osnabrücker Stände mit Rücksicht auf den Landesherrn und im Interesse des heimischen Handels gern geneigt wuren, günstige Bedingungen zu schaffen.

Das Salzwerk steht als herrschaftliche Organisation neben der Leiwandhausinbustrie, ihnen gegenüber die genossenschaftlich organisierte

---

[1]) ebb., St. 8.

[2]) Diese und die folgenden i. d. Samml. d. Veo. i. d. Bibl. St.=A. Osn.

[3]) Ausschreiben an die Ämter 13. Jan. 1780 cod. const. Osn. II, Nr. 1291.

[4]) Rohbe a. a. O. p. 49.

[5]) Rohbe a. a. O. p. 56.

Bramscher Tuchindustrie. Mit der Arbeitsteilung wird der Weg zum gewerblichen Großbetrieb beschritten, und an unsern drei Fällen haben wir Beispiele einer stufenweisen Entwicklung. Zu Bramsche bleiben die organisierten Tuchmacher in ihrer Gesamtheit der Unternehmer, in der Linneninbustrie ist es der Verleger. Der Betrieb des Salzwerks zuletzt ist mit keinem Bande mehr an die Familienwirtschaft geknüpft. An diese lehnt sich aber das Handwerk. Wie sollte es in der neuen Zeit seine Selbständigkeit bewahren?

So fragte auch Möser, der die „Simplifikation" (Arbeitsteilung) und das Entstehen der Fabriken unter die Ursachen des Verfalls des Handwerks rechnete. Sein Bramscher Versuch gehörte schon zu den Maß= nahmen zum Schutz des Handwerks.

2. Mösers bürgerliche Theorie und der Schutz des Handwerks.

Der König gewährte gemäß dem Reskript vom 22 März 1766[1]) osnabrückischen Handwerkern Reisestipendien zu ihrer Ausbildung. Diese schienen jedoch nicht immer gut angewandt zu sein, und schon 1776 klagte Möser darüber, „baß eben die erlangte Geschicklichkeit jene subjecta verführet habe, lieber einen größern Ort zu ihrem etablissement zu wählen, als in ihr kleines Vaterland zurückzukehren".[2]) Daher sprach er den Wunsch aus, diese badurch an ihre Heimat zu ketten, „baß man ihnen bei ihrem etablissement einiger maßen behülflich sey" und sie durch kleinere zinsfreie Darlehen über die Beschwerlichkeiten der Anfangsjahre eines gewerblichen Betriebes hinaushebe. Demgemäß wurden fortan Vorschüsse gewährt, deren Zahl und Höhe sich allerdings nur in mäßigen Grenzen bewegten.[3]) Vorzüglich wurden Töpfereien unterstützt, und Möser selbst ließ etwa für eine Fayencefabrik ein Kapital her. Er wußte aber nur zu gut, daß alle diese gelegentlichen Unterstützungen das Handwerk im allgemeinen wenig fördern könnten. Damit lasse sich die Armut und das geringe Ansehen besselben nicht aus der Welt schaffen;

---

1) Mösers s. W. I, p. 126.
2) Reg.=Ber. 23. Sept. 1776, St.=A. Osn. Abschn. 192,5.
3) St.=A. Osn. L.=A. B. 354; St.=A. Osn. Abschn. 192,5 u. 192,6.

möchten doch nur seine Landsleute den beherzigenswerten Rat annehmen: „reicher Leute Kinder sollen ein Handwerk lernen".[1])

Vor allem trat er für die Gilden[2]) ein, ohne sich jedoch bei der Bestätigung alter Gildebriefe oder bei der Genehmigung neuer Zünfte sklavisch an die engen Bestimmungen der alten Innungen zu halten. Es liegen aus diesen Jahren eine stattliche Zahl von Gildebriefen für Tuchmacher, Sattler, Maler, Glaser, Schwarz= und Schönfärber, Weiß= gerber, Hutmacher, Tischler, Schuster, Bäcker und Brauer vor, wodurch besonders neue und mit einem gewissen Kostenaufwande angelegte gewerb= liche Betriebe geschützt wurden. Die Konzession zum Gewerbebetriebe hing an der Zugehörigkeit zum Amt. Backen und Brauen jedoch war allen Eingesessenen des Stiftes gestattet, und hier galt nur das Verbot des Backens und Brauens zum feilen Kaufe. Der oft geübten Erschwerung des Eintrittes in das Amt, die sich in ihrer egoistischen Tendenz durch das sachliche Moment des Handwerksschutzes nicht mehr rechtfertigen ließ, wurde durch eine billige Aufnahmeordnung vorgebeugt. Die Absicht der Regierung war eben nur die, daß die Osnabrücker Gewerbetreibenden als zünftige Amtsmeister gelten, zünftige Gesellen zu halten und auch Lehrknaben zünftig zu unterweisen berechtigt sein sollten. Wenn dabei die Forderung bestehen blieb, daß der in das Amt tretende Lehrknabe „ehelich geboren und von untadelhaften Eltern entsprossen" sein müßte, so entsprach das der Bedeutung, die Möser der Ehre über= haupt beilegte. Die in dieser Zunftschranke liegende Härte suchte er in wirtschaftlicher Hinsicht wenigstens dadurch auszugleichen, daß er unehelich Geborenen als sog. Freimeistern die Ausübung ihres Gewerbes gestattete.[3])

Wir haben in den Ausführungen Mösers über die bürgerliche Ehre gewissermaßen das zweite Kapitel seiner sozialen Theorie. In ihm ist der Ausgangspunkt die Geldaktie wie im ersten Kapitel die Landaktie. An die Betrachtung der Landbesitzer, die den ersten Original= kontrakt des Staates schlossen, hatte Möser den Aufweis der staatlichen Pflichten geknüpft. Die Betrachtung der städtischen Geldaktie läuft aus auf die Forderung der sozialen Würdigung eines jeden Standes und

[1]) Mösers s. W. I, 4.

[2]) St.=A. Osn. L.=A. B. 354; St.=A. Osn. Abschn. 192 u. 220.

[3]) Die Innungsartikel der Iburger Schuster vom Jahr 1778, St.=A. Osn. L.=A. B. 354.

kommt, indem sie die politische Bedeutung eines jeden einschätzt, zu einer Rangordnung überhaupt.

Zunächst lehnt Möser den Angriff auf die Ehrenhaftigkeit des Handwerks ab, den er in dem Reichsgesetz von 1731 sieht;[1]) wie könne man nur den unehelichen Kindern den Zutritt zu den Zünften erschließen! „Ich weiß gar nicht, was die großen Politici denken; sie wollen Künste und Ackerbau heben und beschimpfen doch beides". Hier erhebe sich wieder die neumodische Menschenliebe auf Kosten der Bürgerliebe. „Aber wenn Könige und Bettler vor dem Throne Gottes einerlei Staub sind, und in der Erde von einerlei Würmern brüderlich gefressen werden, so gilt doch von dem was vor dem Thron des allmächtigen Schöpfers vor= geht, kein Schluß auf unser Gildehaus". Auf Erden „sitzt man nach der Ordnung um den Tisch, wie es die Ehre erfordert". Wenn Möser auch selbst darauf hinweist, daß in großen Städten, etwa in London, der Ehrbegriff ein anderer sei und wenn er ebenfalls die Stellung der unehelich Geborenen eine „Lücke der Civilverfassung" nennt, so gebraucht er doch vorläufig diese scharfe Abwehr im Interesse der Gilden, im Interesse des Handwerks der kleinen Städte. Denn in Anlehnung an die Korporationen der Gilden soll das Standesbewußtsein der Handwerker, soll die alte Bürgerehre wieder aufleben. Wie bei der Erörterung der Höfeverhältnisse die karolingische Verfassung, so geben hier die Zeiten der Hansa das Musterbild aus der Vergangenheit ab. Möser behauptet nun, „daß die nordischen Völker, und besonders die Deutschen die Ehre hauptsächlich mit den Waffen verknüpfen, und diejenigen auf die Dauer verachten, die solche zu tragen und zu gebrauchen nicht be= rechtiget sind". „Und so ist kein ander Mittel, als den Degen mit dem Handwerke wieder zu verbinden, um diesem Stande die nöthige Ehre zu verschaffen". Die Standesehre soll sich in der Kleidertracht dokumen= tieren, und Möser betrachtet es als eine hohe Aufgabe der Fürsten, die Bürger in Uniform zu setzen.[2])

Die gleichartige Behandlung für die Besitzer der Landaktien und Geldaktien ist offenbar, und beidemal erscheint das genossenschaft= liche Prinzip als der feste Halt für das Selbstbewußtsein des einzelnen und als Schutz. Zwar entwickelt Möser den Ehrbegriff als das Standes= bewußtsein der einzelnen sozialen Klassen besonders bei der Darstellung der Handwerksverhältnisse, indem die Handwerksehre in ihrer Anlehnung

---

[1]) Mösers s. W. II, 32 u. ff.
[2]) Mösers s. W. I, 32.

an das Gildewesen Leben empfangen und bewahren soll; aber dies hat seinen Grund nur in dem Umstande, daß Möser hier den tiefsten Abstand von dem empfand, was ihm das Handwerk bedeuten sollte, und was er im englischen Handwerk vorfand. Vergessen ist der Hofbesitzer nicht neben dem städtischen Handwerker. Auch er soll die „Vorteile einer allgemeinen Landesuniform" genießen; dabei die historische Reminiscenz: „Der römische Soldat ging lange Zeit vom Pfluge zu Felde, und vom Siege zum Pfluge. Dies erhob und erhielt die gemeine Ehre". Desgleichen sei der zünftige Meister des Mittelalters bewaffnet gewesen, und der Schutz der Städte habe in der Kriegstüchtigkeit der Zünfte gelegen. Möser zweifelt nicht daran, daß auch die Zukunft wieder zu einer militärischen Verwendung aller derer gelangen werde, die gemeine Ehre besitzen: „nichts ist gewisser, als daß nach der Wendung, welche die Sachen nehmen, in hundert Jahren die Nationalmiliz überall das Hauptwesen ausmachen und Freiheit und Eigenthum, welche sonst bei der jetzigen Verfassung zu Grunde gehen muß, von neuem befestigen werde".

, Die „gemeine Ehre" ziert eben alle, die in gleichem Verhältnis zum allgemeinen Besten steuern, und würdigt den Landeigentümer und Gewerbetreibenden, den Bürger und Bauern als politische Faktoren. Mösers Verfechtung dieses Prinzips enthält eine doppelte Abwehr. Zuerst ist es gegen die übertriebene Schätzung der D i e n s t e h r e des fürstlichen Beamtentums gerichtet[1]) und wendet sich zugleich gegen die völlige Abgeschlossenheit der einzelnen Klassen gegeneinander. Möser sieht schon darin einen Fehler, daß man bürgerliche Nahrung und Bekleidung eines öffentlichen Amtes für unvereinbar halte, während früher ein guter Bürger zugleich ein guter Kanzler hätte sein können.[2]) „Jetzt muß Alles mit lateinischen Männern besetzt sein, und das hierauf gelegte Gewicht verdunkelt Alles, was eine geläuterte gesunde Vernunft und eine langjährige Erfahrung hervorbringt, und die Behandlung der Sachen besteht in der Kunst — zu schreiben".[3]) Zum Teil aus derselben Erwägung heraus, nämlich bürgerliche Elemente in stärkerem Maße zu Ehrenämtern heranzuziehen, entspringt auch der Vorschlag, den Laien zur Rechtspflege in den Schwurgerichten zu verwenden. Mit der Diskreditierung der gemeinen Ehre durch die Diensthehre hängt es zusammen, daß Möser sich zweitens gegen die a l l g e m e i n e n Gesetze und

---

[1]) Mösers s. W. I, 24.

[2]) Mösers s. W. I, p. 114.

[3]) Mösers s. W. I, p. 70.

Verordnungen wendet, ein Vorwurf, der weniger auf die Rechts=
kodifikationen als auf die generalisierende Behandlung der Landesökonomie
gemünzt ist.[1]) Darin könne man nur die Absicht der Beamten vermuten,
die einzige Triebfeder der ganzen Staatsmaschine zu sein. Ein solches
Gebahren ziehe die traurigsten Folgen nach sich; denn je einfacher die
Gesetze würden, desto despotischer, trockener und armseliger werde der
Staat. Mit dem Despotismus aber ist Mösers Ehrbegriff, der seine
besondere Färbung eben als Standesehre gewinnt, unvereinbar; er setzt
vielmehr „jene feinste Regel der Staatsklugheit" voraus, „unterschiedene
Klassen von Menschen zu haben". „In despotischen Staaten ist der Herr
Alles, und der Rest Pöbel. Die glücklichste Verfassung geht vom Throne
in sanften Stufen herunter, und jede Stufe hat einen Grad von Ehre,
der ihr eigen bleibt".[2]) Man solle nicht etwa denken, daß diese nur
eine notwendige Triebfeder des Militärstandes sei. Ohne sie sei der
geringste Beamte, der geringste Handwerker insgemein ein schlechter
Mensch. In immer weiterem Maße verknüpft Möser die Standesehre
mit korporativen Organisationen. So macht er den „Vorschlag zu einem
besonderen Advocatencollegio", damit die Advokaten sich um so eher aller
willkürlichen und ehrenrührigen Vermischung widersetzten.[3]) Wenn über=
haupt jede große oder kleine bürgerliche Gesellschaft mehr ihre eigene
Gesetzgeberin wäre und sich weniger nach einem allgemeinen Plane ge=
staltete, so würde Möser in diesem „Reichtum in der Mannigfaltigkeit"
den wahren Plan der Natur begrüßen; von seiner Forderung, jedem
Städtchen seine besondere politische Verfassung zu geben, erwartet er
sogar eine größere politische Erziehung.[4])

Die Betrachtung der einzelnen Klassen ist nicht gleichmäßig ein=
gehend, indem die Aktualität der Probleme nicht ohne Einfluß auf ihre
Ausführung ist.[5]) In dieser nimmt daher der Adel keine bevorzugte
Stellung ein; immerhin mußte Möser in Osnabrück mit ihm als einem
wichtigen Teile der Landesrepräsentation rechnen, und obendrein kannte
er als Syndikus der Ritterschaft die Interessen des Adels genauer. Die
Besorgnis, daß dieser sich wirtschaftlich zersplittere, und die Ansicht, daß
ein Adel ohne Großgrundbesitz politisch wertlos sei, gaben ihm den

---

[1]) Mösers s. W. II, 2.
[2]) Mösers s. W. I, 4.
[3]) Mösers s. W. I, 50.
[4]) Mösers s. W. III, 20.
[5]) Mösers s. W. II, 11.

Reformvorschlag ein, daß der deutsche Adel sich nach dem englischen bilde.[1]) Seine politische Aufgabe sieht er darin, als mittlere Gewalt zwischen dem Landesherrn und der großen Masse der Staatsbürger den Despotismus fernzuhalten.[2]) Den Bauern betrachtet Möser als die erste Stütze des Staates, und er protestiert dagegen, ihn als die unterste Klasse der Menschen zu bezeichnen.[3]) Da die hier vorgetragenen Anschauungen ihren Ausgang von der Geldaltie, vom Handwerker und Bürger nehmen, so ist die Gliederung des Bürgertums besonders deutlich durchgeführt. Der Gradmesser ist der wirtschaftspolitische, und nach ihm ergibt sich die Reihenfolge: Kaufmann, Handwerker, Krämer. Es ist die merkantilistische Schätzung einer günstigen Handelsbilanz, die dem Kaufmann[4]) den ersten Platz zuweist, der im großen einheimische Produkte außerhalb des Landes absetzt, einheimische Produzenten mit Rohmaterialien versorgt und einen großen Handel von außen nach außen treibt. Der Handwerker[5]) ist „der Mann, der die Landesprodukte veredelt, an fremden und rohen die Früchte des Fleißes gewinnet, und dem Staate jährlich unsägliche Summen ersparet". Der Krämer[6]) aber ist der wirtschaftspolitisch unfruchtbare Händler mit fremden Fabrikaten, „ein Mann, der jedem Handwerke mit klugem Fleiße nachstellet, und, sobald es einigen Fortgang hat, sofort auf Mittel und Wege denkt, etwas ähnliches oder etwas anders einzuführen, wodurch die einheimische Art entbehret, gestürzet und der Vortheil in seine Hände gebracht werden kann".

Den Geist, den die bürgerliche Theorie Mösers atmet, finden wir auch in seiner Gesetzgebung und Verwaltung wieder und auch in den speziellen Wünschen, soweit er sie nicht realisieren konnte. Es sei hier nur angedeutet, daß uns das Bild des Kaufmanns in dem farbenreichen Gemälde vom Außenhandel begegnen wird, daß den Krämer die Verordnungen betreffs des Innenhandels treffen und dem Handwerk außer den schon genannten Maßnahmen auch der Schutz gegen die Warenfälschungen zugute kommen sollten.

---

[1]) Mösers f. W. IV, 55.
[2]) Mösers f. W. I, p. 223.
[3]) Mösers f. W. I, p. 232.
[4]) Mösers f. W. II, p. 37.
[5]) Mösers f. W. I, 2.
[6]) Mösers f. W. I, 4.

Diese waren damals fürwahr eine Plage, und fast erweckte es den Anschein, als ginge die Absicht der Kreisstädte und kleinen Staaten einzig und allein dahin, sich einander durch minderwertige und billige Ware den Vorteil abzujagen.[1]) Möser führte daher in Osnabrück, wo zinnerne Geräte gern gekauft wurden, durch die Verordnung vom 26. April 1769 eine Zinnprobe ein. Er erlaubte fremden Hausierern den Handel nur mit Osnabrücker Ware; Zinngießer durften sich nur in Orten, in denen Zünfte bestanden, niederlassen oder mußten ihr Gewerbe zünftig erlernt haben.[2])

In demselben Jahre machte Möser in der Erwägung, daß nur ein gemeinsames Vorgehen des ganzen Kreises die Warenfälschungen wirksam beseitigen könne, noch den bemerkenswerten Versuch, eine Vereinigung mehrerer Territorien über eine gemeinschaftliche Zinnprobe herbeizuführen. Allein die Behörde des Amtes Reckenberg, die er beauftragt hatte, mit den Nachbarstaaten deswegen in Verbindung zu treten, zeigte sich wenig geschickt und führte den Auftrag nicht aus, da ja die preußischen und münsterschen Lande vermutlich eine Zinnprobe hätten.[3])

3. Innenhandel.

Welchen Unterschied macht Möser nicht zwischen dem Kaufmann und dem Krämer schon aus merkantilistischen Erwägungen? Aber er sieht in dem letzteren auch den Verderber der einfachen Sitten der Landleute, die er durch das Angebot kostbarer, aber unnützer Ware schädigt.[4])

Der Kramhandel mit Luxuswaren.

So bestimmte ihn neben der merkantilistischen Erwägung von der Schädlichkeit des Luxus bei dem Vorschlag einer ihn beschränkenden Verordnung der Hinblick auf seine gesundheitlich und moralisch schädlichen Folgen für den Landmann; und die „Verordnung wegen des Verkaufs

[1]) Mösers s. W. I, 32.
[2]) cod. const. Osn. II, Nr. 1127; Beo. 11. Aug. 1774, cod. const. Osn. II, Nr. 1232; Mösers Konzepte der beiden Beo. in St.-A. Osn. Abschn. 225,3, St. 17 u. 56.
[3]) Reskript an die Beamte zum Reckenberg 8. Sept. 1769, Mösers Konzept St.-A. Osn. Abschn. 225,3, St. 26; Bericht des Amtes 2. Okt. 1769 ebd. St. 30.
[4]) Rupprecht a. a. O. p. 139ff.

von Wein, Brantewein, Caffee, Thee und Zucker an schätzbare Unterthanen" vom 3. März 1766[1]) richtete sich vor allem gegen die Krämer als die den Volkswohlstand schädigenden und die Sitten verderbenden Händler. Die obengenannten Waren durften von den Krämern und Gastwirten in ihrem Hause nur an Durchreisende, an schätzbare Untertanen aber nur außer dem Hause verkauft werden. Wenn die Krämer letzteren wegen solcher Waren borgten, so konnten sie die Schuld weder gerichtlich einklagen noch bei Konkursen Bezahlung erwarten. Diese Bestimmung wurde in einer Verordnung vom 4. April 1766[2]) auf geborgte goldene und silberne Treffen, Spitzen und seidene Zeuge ausgedehnt. Auch die Verabreichung von Wein und Kaffee an die ländlichen Arbeiter und das häusliche Gesinde außer bei Krankheit und an Feiertagen wurde auf das strengste geahndet.

Der Ausschluß fremder Hausierer.

Mit gleichen Erwägungen stand Möser der Krämerei und dem Hausierhandel gegenüber; immerhin kamen die Hausierer in den Verordnungen und in Mösers Aufsätzen glimpflicher davon.

Im Osnabrücker Lande war der Handel nicht mehr auf die Städte beschränkt; allerdings stand der Handel auf dem Lande nur den einheimischen Händlern zu, und noch die Verordnung vom 3. Juli 1765[3]) hatte das Verbot des Handelns fremder Hausierer außer den Jahrmärkten aufgenommen. Die Polizeiaufsicht ließ sich jedoch nur schwer üben, und da seit dem siebenjährigen Kriege die Zahl der Packenträger, wie die Hausierer auch genannt wurden, angewachsen war, erhoben sich laute Klagen der seßhaften Gewerbetreibenden in den Städten und Flecken. Möser trug dieselben in dem Desiderium der nachsitzenden Stände vom 7. April 1769[4]) vor und wiederholte darin seine schon 1767 in drei Aufsätzen der Intelligenzblätter niedergelegte Ansicht über die Packenträger.[5])

Er war auch ihnen nicht wohlgesinnt; denn sie seien ebenfalls Verderber ländlicher Sitten und verführten einen Stand, dem bislang „das Notwendige in seiner Vollkommenheit" Wahrspruch gewesen

---

1) cod. const. Osn. I, p. 1151 f.
2) cod. const. Osn. I, p. 1152 f.
3) cod. const. Osn. I, p. 1331; zuvor das Reskript an die Ämter cod. const. Osn. II, Nr. 979.
4) Mösers Konzept R. A. 644, p. 1119/22.
5) Mösers s. W. I, 36, 37, 38.

sei und es immer bleiben solle, zu unnützen Modesachen. Bald würden sie noch Komödianten nach sich ziehen, und während die westfälischen Heuerleute in Holland Torf stächen, würden demnächst die Franzosen ihren Weibern ein Ballet vortanzen und eine Opera im Kasten zeigen.

Ein zweites Unheil für das Land sah Möser darin, daß die Hausierer zumeist Ausländer seien, die durch einen wohlfeileren Preis ihrer Waren die einheimischen Manufakturen schädigten und obendrein das Geld aus dem Lande zögen. Sein Zorn war jedoch keineswegs blind. Denn mit nützlichen und unentbehrlichen Waren, die in Osnabrück nicht probuziert wurden, mochten die fremden Hausierer immerhin handeln, und in dieser Hinsicht gab Möser ihnen vor den im Stifte angesessenen Händlern den Vorzug, welch letztere bei kleinem Absatz, doch großem Lager hohe Preise fordern mußten. Hierüber ließ er die fremden Packenträger folgendes sagen: „Wir hingegen, die wir immer von einem Lande in's andre reisen und täglich Markt haben, verkaufen immer, und können um so viel wohlfeiler verkaufen, je geschwinder wir unser Kapital umsetzen".

Möser hatte in dem letzten der erwähnten Aufsätze den Vorschlag gemacht, nach dem Muster der englischen Navigationsakte jedem fremden Hausierer zu erlauben, mit den Waren, die in seiner Heimat gemacht würden, ins Osnabrückische zu kommen, den Hausierhandel mit anderen Waren aber nur einheimischen, im Lande wohnenden Untertanen zu gestatten. Diesen Grundsatz führte er in der am 22. Oktober 1770 publizierten „Verordnung wegen Einschränkung der Packenträger" aus,[1] an deren Entwurf die Stände nur zu gunsten der einheimischen Hausierer geändert hatten, daß diesen nämlich ohne besondere Erlaubnis das Hausieren zu jeder Zeit gestattet sei.[2] Das Hausieren mit „entbehrlichen Sachen", als Spitzen, gestickten Sachen, goldenen und silbernen Tressen wurde allen Packenträgern verboten und fremden Hausierern auch ferner außer an den Jahrmärkten aller Handel untersagt, falls sie nicht einen besonderen Erlaubnisschein mit Angabe der Waren, die sie handeln dürften, erhielten. Denn zum Handel mit „dem Landmanne unentbehrlichen, auch nöthigen und nützlichen Waren" sollten sie zugelassen werden,

[1] cod. const. Osn. II, Nr. 1154; daß der R. A. 644, p. 1323/30 vorliegende Entwurf von Möser ist, ergibt sich aus dem Reg.-Ber. zur Landtagsproposition 1770, St.-A. Osn. L.-A. B. 244.

[2] Der veränderte Text unter Zuziehung Mösers gemacht, Reg.-Ber. 2. Okt. 1770, St.-A. Osn. L.-A. B. 557.

soweit es Fabrikate ihres Heimatlandes wären. Im übrigen sollten Händler für fremde Waren nur die Einheimischen und die Untertanen solcher Territorien sein, in denen die Osnabrücker einen gleichen Vorzug genössen. Hingegen sollten die Packenträger solcher Territorien, in denen dem Osnabrücker der Jahrmarkt verschlossen war, in Osnabrück ebenfalls nicht zugelassen werden.

Mit dieser Verordnung konnten die fremden Hausierer zufrieden sein, da ihnen ja das Handeln mit gewissen als unentbehrlich bezeichneten Waren gestattet war, zu denen eiserne, hölzerne, irdene Waren, linnene und wollene Strümpfe, Linnen, Pulver, Gläser, Hopfen und Körbe gerechnet wurden. In der Praxis wurde jedoch die völlige Ausschließung der fremden Hausierer geübt.[1]

Wochen= und Jahrmarkt.

Die kleinen Städte des Landes lebten noch zum großen Teile von der Landwirtschaft; es bestand daher keine starke städtische Nach=frage nach den landwirtschaftlichen Nebenprodukten, und zu einem ständigen Wochenmarkt brachte es nicht einmal die Stadt Osnabrück,[2] obwohl schon Ernst August II. einen solchen geplant hatte.[3] „Der Landmann kömmt nur mit Fudern zur Stadt, und bringt im Großen, was er zu verkaufen hat". „Der Bürger hat zwar hiebey die Bequemlichkeit nicht sich täglich zu versorgen und blos vom Markte zu leben". Mösers prächtiges Sittenbild „das Pro et Contra der Wochen=märkte" aus dem Jahr 1773 sprach jedoch tröstlich auch von den guten Seiten eines solchen Mangels.[4] Die Mütter und Kinder der Landleute würden doch wenigstens nicht zu Marktläuferinnen, das Familienleben und die Einfachheit würden keinem Verderb ausgesetzt, und die Dienst=boten in den Städten müßten noch ferner sich tüchtig beim Gartenbau angreifen und würden davor bewahrt, ein weichliches, faules Zwitter=geschlecht von Gesinde zu werden. Gleichwohl räumte er ein, indem er sein Gemälde nach rousseauscher Art übertrieben nannte, daß der Wochen=markt „die glücklichste Art des Zwischenhandels unter dem Landmanne und Bürger sei".

[1] Reskript an die Ämter 25. Juni 1771, cod. const. Osn. II, Nr. 1166; dazu St.=A. Osn. Abschn. 176,3, etwa Resolution vom 14. Nov. 1774.
[2] Klöntrup a. a. O. III, p. 316.
[3] Möser, Mitteilungen aus der Geschichte Ernst Augusts II. i. Mitt. d. histor. Ver. Osn. I, p. 10.
[4] Mösers f. W. II, 57 u. 58.

9*

Die völlige Freiheit des Jahrmarkts[1]) wurde aufrecht er=
halten. „Das ist nothwendig um die einheimischen Krämer und Fabri=
kanten vom Übertheuern abzuhalten".[2]) Man suchte den Jahrmärkten
dadurch aufzuhelfen, daß zu einem Krammarkt, der sog. Kirmeß, ein
Viehmarkt gelegt, oder wo schon beide vorhanden waren, sie zeitlich ver=
einigt wurden.

Auch die Beurteilung der Wochenmärkte ist nicht frei von der
Berücksichtigung moralischer Schattenseiten, und dieses Motiv im Verein
mit rein wirtschaftlichen Überlegungen führten den Staatsmann zu einer
gewissen Geringschätzung des Zwischenhandels. Dazu mag
drittens, da das Handwerk und zum Teil deswegen der Innenhandel
gering war, der Mangel an Beobachtungsmaterial auf Mösers Urteil
gedrückt haben. Doch bewahrte er ein sicheres Verständnis für die Auf=
rechterhaltung der Handelsfreiheit gegen monopolistische Tendenzen.

Das Trafikantengeld.

Wir haben schon darauf hinweisen können, wie sehr Möser und
die Regierung Monopolen abgeneigt waren.[3]) Allerdings ließen
besondere Umstände davon absehen, und von einem Salzmonopol konnte
füglich die Rede sein. Am schärfsten hielt sonst die Ritterschaft darauf,
daß keine unberechtigten Interessen eine Belastung des Handels schufen,
in der ein Weg zu Monopolen vermutet werden konnte. Es begegnet
dabei auch auf dem Handelsgebiete ein Gegensatz Mösers zur
bischöflichen Kammer, wie ein ähnlicher später aus dem Widerstreite
politischer Forderungen und des finanziellen Interesses der Domänen=
verwaltung hinsichtlich einer bäuerlichen Frage erwuchs.

Von dem Handel auf dem platten Lande wurde außer dem
Wagenzoll nur das sog. Trafikantengeld erhoben. Andere Auflagen,
wie sie in den benachbarten Territorien als Warenzoll, als Lizent oder
Akzise bezahlt wurden, waren in Osnabrück unbekannt.[4]) Da gemäß
einer Umfrage bei den Beamten aus dem Jahre 1720 das Trafikanten=
geld als eine Folge des fürstlichen Geleitsrechts betrachtet wurde,[5]) so
hielt sich kurz nach Beginn der Minderjährigkeitsregierung die Kammer für

---

1) St.=A. Osn. Abschn. 195.
2) Mösers s. W. I, p. 307.
3) s. a. Mösers s. W. V, 96.
4) Mösers s. W. V, p. 97.
5) R. A. 644, p. 869/76.

berechtigt, eine Erhöhung dieser Abgabe in einigen Ämtern vorzunehmen. Hierüber beschwerten sich zuerst die Krämer, Höler, Bäcker und Schlächter des Kirchspiels Babbergen bei den Ständen. Sie fanden aber weder bei dem Domkapitel noch bei dem städtischen Kollegium ein offenes Ohr. Ersteres hatte nämlich an dem Vorgehen der Kammer ein finanzielles Interesse, da die Trafikantengelder einen Teil der Domänenrevenüen ausmachten, an denen es partizipierte, und das letztere war dem Handel auf dem platten Lande überhaupt abhold.[1]) Jedoch die Ritterschaft und ihr Syndikus nahmen sich der Bittsteller an und erklärten, daß das Trafikantengeld nur zum größten Nachteil der Untertanen erhöht werden könne, da der Handel auf dem platten Lande so zuletzt dem Meistbietenden zuteil werde.[2]) Obwohl der König von der Erhöhung nicht absehen wollte, so ließ Möser doch nicht locker, und während er zuerst auf die wirtschaftliche Gefahr eines Monopols hingewiesen hatte, suchte er nun die Rechtsfrage hervor. In zwei weiteren von ihm verfaßten Vor= stellungen an den König vom 4. März 1768[3]) und vom 9. Februar 1769,[4]) die im Namen der Ritterschaft übergeben wurden, wurde der Standpunkt der Kammer bestritten, daß das Trafikantengeld eine Folge des fürstlichen Geleitsrechts sei. Möser sieht in ihm nur eine alte Schreibgebühr für die Ausfertigung der Geleitspässe; unter Ernst August II. sei dieses Geld der Bequemlichkeit halber ins Kammerregister gezogen worden, ohne dadurch seinen ursprünglichen Charakter im mindesten ver= ändert zu haben. Wohl sei das Geleitsgeld, das die Juden als sog. Kammerknechte entrichteten, ein Kammergefälle, nicht das Trafikantengeld. Jede andere Handelsabgabe aber sei dem Osnabrücker fremd, und wollte man irgend eine einführen, so könne sie niemals als Kammergefälle auf= treten, denn Lizent und Akzise hätten noch stets als gemeine Auflagen von den Ständen bewilligt werden müssen. Auf Mösers Ausführungen hin verzichtete der König auf die Erhöhung des Trafikantengeldes.[5])

Ein zweiter geringerer Fall betraf das „Verpachten des Kessel= führens, Viehschneidens und Lumpensammelns", womit die Regierung beabsichtigte, den Untertanen gute Ware zukommen zu lassen und Landstreicher fernzuhalten. Durch den Hinweis auf ihre Absicht

---

[1]) Reg.=Ber. 31. Jan. 1766, St.=A. Osn. L.=A. B. 242.

[2]) L.=A. B. 242.

[3]) Mösers Konzept R. A. 644, p. 869/76.

[4]) Mösers Konzept ebb. p. 1087/94.

[5]) R. A. 644, p. 1115.

beruhigte fie die Ritterschaft und die Städter, die in drei gemeinsamen Desiderien[1]) um die Beseitigung der Verpachtung nachgesucht und ihre Besorgnis an den Tag gelegt hatten, daß etwa die Handelsfreiheit gefährdet sei.

4. Mösers patriotische Phantasien über den Außenhandel.

Die Handelsverordnungen tragen mit ihrer Abneigung gegen die Krämerei mit Luxuswaren und die Einfuhr von fremden Fabrikaten einen unverkennbaren merkantilistischen Grundzug. Charakteristisch für den Merkantilismus ist nun auch die Unterschätzung des Binnenhandels neben einem starken Verlangen nach großem Außenhandel. Die Machtmittel der Staaten wurden oft in hartem Kampfe für die Handels= beeinflussung eingesetzt. Was aber bedeutete Osnabrück, der geistliche Kleinstaat, in dem Wettstreit der Mächte? Wenn auch die größeren Erwerbsquellen des Landes durch staatliche Reglements ergiebiger geworden waren, ihr Bestand und die Ausfuhrsteigerung hingen doch stets davon ab, daß die Handelsverbindungen keinen Abbruch erlitten. Möser kannte die Gefahren genau, die etwa dem Leinwandhandel von England ge= schaffen werden konnten. Sie traten allerdings zu jener Zeit noch nicht ein, und die damalige Verbindung der braunschweig=lüneburgischen Interessen mit denen des Bistums mochte dem Handel sogar günstig sein.

Jedenfalls verzichtete Möser wegen der geringen Stellung seines Kleinstaates nicht darauf, Betrachtungen über den Außenhandel in seine wirtschaftspolitischen Aufsätze einzuschalten. Dergleichen konnte allerdings nicht von ihm in die Tat umgesetzt werden. Allein der nationale Rahmen verleiht diesen Phantasien zum auswärtigen Handel eine hohe Bedeutung. Sie sind zumeist in den ersten Jahrgängen der Wochenschrift erschienen, sie stehen unter dem ermutigenden Eindrucke eines frischen Anfangs, und es spielen in sie die lebendigen Anregungen der Londoner Reise hinein. Die Vorschläge des Patrioten sind in ihrer Darstellung von einem prächtigen Reichtum historischer Rückblicke; jedoch ihr Kern hat trotz des Hinweises auf den Glanz der hansischen Zeiten nichts von erborgter Größe. Es sind selbsteigne Forderungen von präziser Schärfe, ein feuriges Mahnen, das ins nationale Gewissen redet und Kleinmut

---

[1]) s. die oben p. 24 Anm. 1 zitierten Akten.

nicht gelten laſſen will. Die Erinnerung an die alte Größe wird von
Möſer benutzt, um das Selbſtvertrauen ſeiner Zeitgenoſſen zu wecken.

Unbefriedigung und Trauer erfüllen ihn allerdings bei nüchterner
Betrachtung der wirtſchaftlichen Zuſtände in Deutſchland. Er bedauert es
tief, daß der alte hanſeatiſche Unternehmungsgeiſt der Binnen=
ſtädte verſchwunden und dieſe gänzlich in das Schlepptau der Seeſtädte
genommen worden ſeien. Heute habe der Hamburger und Bremer den
Zwiſchenhandel gewonnen und ziehe für ſich die größten Profite, die ihm
die früheren landſtädtiſchen Handelsherren niemals gelaſſen hätten. Aber
wo iſt jetzt das alte Selbſtbewußtſein des deutſchen Kaufmanns, es mit
den fremden aufzunehmen, wo der alte Wagemut für eigene Rechnung
auf dem Weltmarkte zu handeln? Dahin muß es wieder kommen, daß
ſich der Landſtädter ſtets unterrichtet hält von den Konjunkturen auf den
Weltmarktsplätzen, dort ſeine eignen Packhäuſer und Angeſtellten hat,
zugreift, wenn er auf eigener Pflanzung in Surinam ſeinen Kaffee bauen
laſſen kann. „Iſt ihnen Oporto und Bordeaur mehr als den Seeſtädtern
verſchloſſen? Können ſie nicht eben ſo gut als dieſe ihre Faktoren in
Liſſabon und Cabir haben?"[1]) Jedoch ein Intereſſengegenſatz der Land=
und Seeſtädte iſt gar nicht einmal nötig. Sie können und ſollen ſich
ſogar in die Hände arbeiten, wenn nur die letzteren ſich auf das
Transportgewerbe beſchränken, ſich mit Packhausheuer, Beſorgungsgebühr
und Schiffsfracht begnügen. Das war auch die alte Kraft: die Hanſa
kannte ein Zuſammenwirken deutſcher Städte. Jetzt treibt hin=
gegen der Seeſtädter die Handlung wie die Alchimie und begünſtigt die
fremde Handlung.

Einen Teil der Schuld tragen allerdings die Landſtädte ſelbſt, da
ſie nicht mehr vermögend ſind, mit deutſcher Ware ebenbürtig unter
anderen Nationen zu erſcheinen. „Man würde jetzt Mühe haben, einen
einzigen ſolchen Meiſter in Ebenholz, Elfenbein und Silber wieder auf=
zubringen, dergleichen vor dreihundert Jahren in allen Städten an=
getroffen wurden."[2]) Das Handwerk ſuchte Möſer daher von den
Hemmniſſen zu befreien, und er tat in ſeinem Verwaltungsbereich ein
möglichſtes, die Landesgewerbe zu heben.

Am meiſten aber ſchreibt er den Verfall der Hanſa, der deutſchen
Handelsſtädte aus dem Gang der deutſchen Verfaſſung, dem Siege der
Territorialhoheit her. Nun ruft er: „Alſo ſollen die deutſchen Städte

---

1) Möſers ſ. W. I, 2.
2) Möſers ſ. W. I, p. 340.

sich mit Genehmigung ihrer Landesherren wiederum zur Handlung ver=
einigen."[1]) Die Territorialherren brauchen sich nicht selbst anzugreifen
und Gefahr droht ihnen von den Städten nicht mehr. Diese aber
mögen zur Selbsthülfe greifen. Der Weg ist ihm gerade recht. Auf
ihm können sich Bürgersinn und Kaufmannsgeist lebendiger entfalten;[2])
auch ist für die gemeine deutsche Wohlfahrt in Handel und Wandel am
Reichstag und an den Kreistagen nichts mehr zu erwarten. Sein
Projekt denkt Möser in Anlehnung an die Kreistage ausgeführt. „Die
Landstädte sollten hier, ohne Nachteil ihrer Mittelbarkeit, ihre eigne
Handelstaxe, ihre Kreisbörse und ihre Vereinigungen haben. Sie sollten
die Handels= und Handwerkspolizeisachen für sich abthun mögen, und
von ihren Landesherren mit dem Vertrauen beehrt werden, daß sie solche
besser als seine Krieges= und Kammerräte beurtheilen und einrichten
würden." Sein Vorschlag geht auf eine Vereinigung aller westfälischen
Städte zu einer Kreishandlungsversammlung, die, verbunden
mit einer niedersächsischen, eine gemeinsame Handelspolitik befolgen
könnte. Wenn erst der erbärmliche Zustand überwunden ist, daß jedes
Dorf auf sein Privatinteresse sieht, wenn erst der niedersächsische und
westfälische Kreis geschlossen vorgehen, dann „steht es bei uns mit allen
nordischen Reichen Handlungsverbindungen zu errichten, und Vortheile zu
bedingen und doch einige Figur in der Welt zu machen, anstatt daß wir
jetzt annehmen, was jede Nation uns zuschickt, und uns auf die schimpf=
lichste Art von allen Vortheilen verdrängen lassen müßen." Als Ausfuhr=
gebiet nennt Möser etwa die Levante, da dort noch offene Tür sei.[3])
Der geplanten Unternehmung möchte er die Form einer Aktiengesellschaft
geben, an der die Kämmereien der vereinigten Städte entweder selbst
teilnehmen oder doch wenigstens als Bevollmächtigte ihrer Bürger.

Seine Phantasien, so lebensvoll, schweifen weiter. Die Sonne
alten Glanzes, die sich in ihnen ihm strahlend erneut, zeigt ihm am
fernen Horizont die Notwendigkeit einer Kriegsflotte, einer einheit=
lichen Zollpolitik Deutschlands. „Ein sehr großer Vorschlag,
der nicht ausgeführt werden wird" betitelt er die letzte Forderung.
Mochte Möser für die nächste Gegenwart die Unerfüllbarkeit dieser
Phantasien erkennen: das Licht nationalen Eifers, das aus ihnen
strahlt, es umflutet gleichwohl die kühne Gestalt dieses echten Sohnes
deutscher Erde.

---

[1]) Mösers s. W. I, 43.
[2]) Mösers s. W. I, 32.
[3]) Mösers s. W. I, 2 u. 43.

5. Wegebau und Münzwesen.

a) Wegebau.

In ihrer Tätigkeit für Gewerbe und Handel achtete die Regierung auch auf deren allgemeine Bedingungen und ließ sich den Wegebau und die Ordnung des Münzwesens angelegen sein. Hinsichtlich beider war damals schnelle Hülfe nötig.

Nach der alten Wegeordnung vom 18. September 1713 [1]) fiel die Unterhaltung der Wege den angrenzenden Kirchspielen zu; bei größeren Reparaturen oder gänzlichem Neubau waren die benachbarten, wenn auch nicht selbst an der Heerstraße gelegenen Kirchspiele, unter Umständen sogar das ganze Amt zur Beihülfe verpflichtet. Die Materialbeschaffung geschah in der Weise, daß jeder Meier, Halbmeier oder „wer sonst mit andern zusammenspannet" „jährlich ein oder nach Notdurft zwei Fuder Steine oder Kies herbeiführen" mußte.

Im allgemeinen diente die Naturalfronpflicht der Kirchspiels=eingesessenen nur zur Wegebesserung. Die völlige Vernach=lässigung und Verwüstung während der unruhigen Kriegszeiten machte dagegen den Neubau der wichtigsten Heerstraßen erforderlich.

Diesen Notstand trug gleich die erste Landtagsproposition den Ständen vor.[2]) Möser faßte noch im Oktober 1765 die eingeforderten Berichte der Ämter über die bringlichsten Erfordernisse zusammen[3]) und verlangte, daß schon im Laufe des Winters die Vorarbeiten für den Wegebau geleistet würden, der im nächsten Frühjahr in Angriff genommen werden müsse. Neben dem Neubau besprach er auch die künftige Art der Wegeunterhaltung; er schlug vor, diese rutenweise den einzelnen Erben, Halberben und Köttern zuzuweisen. Es werde nämlich nicht an der Sorgfalt bei der Wegeunterhaltung fehlen, wenn der einzelne für seinen bestimmten Teil mit dem eigenen Beutel hafte, während sonst die Faulheit der Bauern auf die allgemeine Kasse zu sündigen pflege. Diese Änderung könne jedoch bei der Verschiedenheit der Verhältnisse nicht Gegenstand einer Verordnung sein, sondern müsse der freien Vereinbarung zwischen dem Amt und den Bauerschaften und Gutsherrn überlassen bleiben.

---

[1]) cod. const. Osn. II, Nr. 575.
[2]) St.=A. Osn. L.=A. B. 242.
[3]) Mösers Gutachten vom 18. Okt. 1765, St.=A. Osn. Abschn. 208,8, St. 1.

Von vornherein mußte mit beschränkten Mitteln gerechnet werden. Die Rundefuhren der benachbarten Kirchspiele konnten nur als eine kurze außerordentliche Beihilfe angesehen werden. Auf diesen Umstand bezog sich Möser in dem Aufsatz „Also ist es rathsamer die Wege zu flicken als neu zu machen", dessen forcierte Form gleichwohl Mösers Absicht nicht verschleiert. Da nämlich die Kosten für 1 Meile guten Weges auf 12000 Taler, unter Fortfall der Naturaldienste sogar auf 28000 Taler veranschlagt wurden,[1] so warnte Möser mit Recht, „Brücken und Wege auf gemeine Kosten und zum Druck der Untertanen anzulegen, wo sie mit der Handlung und dem Interesse des Staates in keinem Verhältnisse stehen, und für ein belustigtes Auge zehntausend mit Thränen erfüllen." Er riet an, „wo nichts als Heide ist, breite Striche zu den Wegen ungebauet liegen zu lassen, damit man die Spur desto öfterer versetzen, und sich von der Unterhaltung eines eignen Weges befreien könne", und im übrigen nur den Wegen nach der Hauptstadt und den größeren Verkehrsplätzen, wo der Verkehr die Kosten lohne, größere Fürsorge zu schenken. Die Regierung befolgte dies Prinzip der Beschränkung des soliden Baues auf wenige Straßen.[2] In der Folgezeit wurden viele hölzerne Brücken durch steinerne ersetzt, und in den größeren Ortschaften gepflasterte Wege angelegt. Vor allem aber galt das Interesse der Frankfurter Straße und dem sog. Holländischen Postweg von der preußischen Grenze des Amtes Raben über Bohmte nach Osnabrück und von da bis an die tecklenburgische Grenze. Wegen des Verkehrs nach dem Rothenfelder Salzwerk und dem Bergloher Bergbau wurde die erste Arbeit auf die Frankfurter Straße verwandt. Der Neubau der Bohmter Straße erfolgte erst, als auch die Mittel reichlicher flossen. Seit 1786 legte man Baumreihen an den Wegen an.[3]

Die Geldmittel gewann die Regierung aus dem Überschuß der Lotterie, die eigens zu diesem Zwecke angelegt wurde. Der Vorschlag ging von der Ritterschaft aus,[4] und es läßt sich auch hier die Initiative Mösers vermuten, der schon im Jahre 1755 einer Lotterie zum Besten

[1] Promemoria des Hauptmanns du Plat vom 17. Dez. 1770, R. A. 644, p. 1635—1671.

[2] actum in sessione regiminis 7. Jan. 1779, St.-A. Osn. Abschn. 208,8 St. 18.

[3] Publikandum 2. Nov. 1786, Mösers Konzept ebb. St. 46; cod. const. Osn. II, Nr. 1389.

[4] Vom 11. März 1768, R. A. 644, p. 780 u. 782.

des Zuchthausbaues vorgeſtanden hatte.¹) Die Direktion der neuen Lotterie erhielt Möſers Schwiegerſohn v. Voigts. Der Vertrieb fremder Loſe mit Ausnahme der hannoverſchen wurde den Untertanen unterſagt.²) Möſer verteibigte die Errichtung einer Lotterie gegenüber ängſtlichen Seelen.³) „Die Verſuchung zum plötzlichen Reichwerden“ laſſe ſich durch Verbote nicht erſticken. „Sollte denn nicht ein jeder Patriot wünſchen, daß dieſer allgemeine Hang zum gemeinen Beſten genutzt werden möchte. Verwandelt ſich nicht das Geld, was die Untertanen auf ſolche Weiſe verſchwenden, in einen nützlichen Beytrag, wenn es zur allgemeinen Wegebeſſerung verwendet, und denjenigen, die es ausgeben, gleichſam wieder vor die Thüre gebracht wird.“ Vor allem überlegte die Re= gierung ſo: „man gelangt durch dieſelbe an den Geldbeutel, welcher ſich ſonſt noch bis hiezu der Steueranlage einigermaßen entzogen hat.“ Die Lotteriekaſſe verausgabte in den Jahren 1768—1783 aus dem Gewinn von 18 Ziehungen 25300 Taler für Wegebauten,⁴) während die Stände ſich nur einmal zu einer Beihülfe von 2000 Talern bereit finden ließen. Weitergehende Anträge auf beſondere Wegeſteuern ſcheiterten erſt recht. Immerhin ſind ſie bemerkenswert als Verſuche, die bisherige Beſchränkung auf die Naturalbienſte zu verlaſſen. Da die Regierung hierin die Kirchſpiele entlaſten wollte und der Bau ſteinerner Brücken und gepflaſterter Wege nicht zu den Untertanenlaſten gehörte, ſo glaubte ſie 1770,⁵) „eine gemeine Collecte nach Erbes=Gerechtigkeit, ſo daß etwa ein Vollerbe einen Thaler und ein Halberbe einen halben Thaler dazu beytrage, auszuſchreiben“. Die Ritterſchaft beantragte 1780, auf die Pferde der freien und ſchatzbaren Untertanen eine breijährige Wegeſteuer in Geſamthöhe von 18000 Talern zu legen.⁶)

b) Münzweſen.

Um im Intereſſe des Krebits und des Handels vielen Prozeſſen über die Art der Zurückerſtattung der während der Kriegsjahre geliehenen Gelder vorzubeugen, ließ die Regierung durch den Referendar Hartmann

---

¹) St.=A. Osn. Abſchn. 206,2.

²) Verordnungen vom 4. Okt. 1768 und 12. Sept. 1771, cod. const. Osn. II, Nr. 1167.

³) Möſers ſ. W. I, 27.

⁴) Im beſondern für Ämter Jburg 11614, Fürſtenau 2255, Vörden 2282, Grönenberg 1181, Wittlage=Hunteburg 3127, Reckenberg 1534, für die Städte 1522, im übrigen 1762 Taler; zuſammengeſtellt nach St.=A. Osn. L.=A B. 346.

⁵) Landtagspropoſition 1770, St.=A. Osn. L.=A. B. 244.

⁶) Ständebiktatur 1780 ebb.

ein Münzreglement entwerfen; dies schrieb vor, wie die von 1758—1763 kontrahierten Schulden und die in den damaligen kurrenten Münzen aufgenommenen Kapitalien nunmehr in Gold oder in gleichwertiger Silbermünze bezahlt werden sollten, mochte es sich um Darlehen oder Kauf und Miete handeln. Die Kanzlei und die Stände akzeptierten den Entwurf; nur verlangte das Domkapitel, das damals dem König das Recht auf die Regierungsführung bestritt, die Publikation durch die Kanzlei, worauf sich die Regierung jedoch nicht einließ.[1] In letzter Stunde bereitete das hannoversche Ministerium Schwierigkeiten, dem der Entwurf vorgelegt war.[2] Es mißbilligte, daß in der Münztabelle der damalige Kurs und nicht der innere Wert der Münze zugrunde gelegt worden sei; dies sei in den kurhannoverschen Landen nicht üblich, vor allem möchte die Stiftskasse dabei Verluste erleiden.

Diese Besorgnis war allerdings verspätet; denn die Stiftsstände hatten sich wegen der großen Kriegsanleihen schon am 28. Juli 1762 mit ihren Gläubigern verglichen.[3] Sie hatten die in Kurantmünzen auf= genommenen Kapitalien in Pistolen zu fünf Talern umschreiben und die Gläubiger ein Agio zulegen lassen. Der Vergleich, der über manche Unebenheiten der Berechnung hinweghalf, war unter Mösers Mitarbeit zustande gekommen, der schon damals ausgesprochen hatte, daß nicht auf den inneren Wert der Münzen, sondern auf den damaligen von der Kaufmannschaft beglaubigten Kurs gesehen werden müsse.[4] Denn die Stiftskasse habe dadurch, daß sie nach Verrufung schlechter auswärtiger Münzen die Kurantmünzen bis 1761 für voll, von da ab allerdings mit Abzug eines Drittels angenommen und ver= ausgabt habe, einen künstlichen Wert derselben geschaffen. Die Untertanen zwar, die hierin ihre Abgaben entrichtet, jedoch teuer ihr Korn hätten verkaufen können, hätten sich nicht schlecht dabei gestanden, ebensowenig die Stiftskasse selbst, die bei dem höheren Kurs nicht in gleichem Maße wie die Nachbarlande die Last der Fouragelieferungen und Einquartierung getragen hätte. Wie viele Gläubiger aber wären nicht Beamte, die ihr Gehalt, das sie in Kurantmünzen empfangen, zu den Anleihen zur

[1] St.=A. Osn. Abschn. 143,9.
[2] St.=A. Osn. Abschn. 142,14.
[3] cod. const. Osn. I, p. 1129f.
[4] St.=A. Osn. Abschn. 143,9, Gutachten Mösers.

Verfügung gestellt hätten. Zu deren Ungunsten dürfe sich die Stiftskasse keineswegs durch Annahme eines unbilligen Prinzips bereichern.

Die gleichen Argumente stellte Möser in dem Gutachten vom 7. Oktober 1764 dem Votum des hannoverschen Ministeriums entgegen,[1]) indem er das Prinzip des Münzreglements billigte und den Nutzen der Verordnung darlegte. Sie werde zwar nur in geringem Maße für die Rechnungen der Kaufleute in Betracht kommen, da diese beim Verkauf ihrer Waren gleich den Kurs angegeben hätten. Umsomehr aber diene sie dazu, die Forderungen derjenigen Bauern gegen Verkürzung zu sichern, die für die Kirchspiele und die vakanten Bauernstätten über Gebühr Reihedienst geleistet hätten und sich mit Recht an die Reichsgerichte wenden würden, wenn das Prinzip vom inneren Wert in einem Lande gelten solle, wo der Landesherr keine Münzprobe angestellt, keinen inneren Wert bekannt gemacht und den öffentlichen Kurs bei Einnahme und Ausgabe approbiert habe. Die Forderungen dieser bäuerlichen Gläubiger für Fuhren, Einquartierungen und Lieferungen seien nicht unbeträchtlich, wenn man die in Abäußerung geratenen und ausgeheuerten Stätten im Stifte auf 1000 rechne; sie seien aber auch nicht unbillig, und allein das hannoversche Ministerium äußere Besorgnis. „Alle Gutsherrn aber, so wohl das Domcapittel als die vom Adel sind dabey intereßiret, daß diese ihre vacanten Stätten von den creditoribus durch weitläufige proceße nicht zu Grunde gerichtet werden. Und was im Osnabrückschen, wo der Bauer debitor und leibeigen ist, die aus lauter Gutsherrn bestehende Landschaft begnehmiget, davon kann man wohl zum voraus die Vermuthung haben, daß der creditor dabey am schlechtesten stehen werde".

Die Münzverordnung wurde nach dieser Fürsprache am 30. Oktober 1764 publiziert.[2]) Sie durfte gegen bereits rechtskräftige Urteile nicht angezogen werden. Früher getroffene Vereinbarungen über Rückzahlungen in Gold und guter Silbermünze sollten gehalten werden und nur ungültig sein, wenn sie den Schuldner verpflichteten, die empfangene Münze in den zur Zeit der Bezahlung gängigen Sorten abzutragen.

Auch zur Ausprägung neuer Münzen gab Möser den Anstoß mit seinem Gutachten vom 6. August 1764[3]) und entwickelte auch hier ein feines Verständnis für die Landesumstände. Das Schlagen voll-

---

[1]) St.-A. Osn. Abschn. 142,14, St. 9.

[2]) cod. const. Osn. II, Nr. 1044.

[3]) St.-A. Osn. Abschn. 143,11, St. 1.

wichtiger Münzen, wie sie der Kaufmann für den holländischen, friesischen und bremischen Markt sich wünschte, schien ihm nur mit Rücksicht auf den letzteren Erfolg zu versprechen und auch nur unter der Bedingung, daß die neue Münze, um auf dem Bremer Markt recht gangbar zu sein, sich nach dem braunschweig-lüneburgischen Münzfuß richten und auch von den königlichen Kassen angenommen werden müßte, wenn es Osnabrück nicht wie Münster und Paderborn ergehen solle, die ihre sog. Konventions= münze den Untertanen mit Strafgesetzen aufdrängen. Doch selbst dann würde die dazu erforderliche Änderung des Osnabrücker Münzfußes nur Weitläuftigkeiten, etwa beim Erheben der Landesschatzungen und sonstigen Gefälle, veranlassen, da die übliche Berechnung der Pistole zu 5 Talern wegfallen würde. Möser riet daher davon ab, neue Kurantmünzen zu prägen und hielt es für angebrachter, sich auf die Ausgabe neuer Scheidemünzen zu 1, 1/2, 1/4 Schilling[1]), sog. Landmünzen, zu beschränken, deren Vermehrung erforderlich sei, um fremde Scheidemünzen fernzuhalten und den heimischen Bedarf zu decken. Für den letzteren würden auch die Kupfermünzen der Stadt Osnabrück Bedeutung gewinnen, wenn nur die Stiftsstände und die Stadt selbst sie zum alten Kurs annähmen.[2])

Das Prägen der neuen Scheidemünzen wurde zum Teil durch Erwägungen des hannoverschen Ministeriums über etwaigen Verlust hin= gehalten. Möser blieb dagegen frischen Mutes.[3]) Er war der Ansicht,[4]) daß unter gehöriger Verrufung aller fremden Scheidemünzen eine in nicht zu großer Menge ausgeprägte Osnabrücker Landmünze sich durch ihre Notwendigkeit halten werde, dadurch sogar eine etwas unterwertig aus= geprägte Scheidemünze, wozu man doch bei einem Lande, das aus lauter Grenzen bestehe, schreiten müsse, weil sie sonst ablaufen würde. Im Jahre 1766 wurde von der Kgl. Berghandlungs=Abministration zu Hannover 12=, 6=, 4=, und 3=Pfennigstücke im Betrage von 26 000 Taler geliefert.[5])

Auch sonst sehen wir Möser in diesen Zeiten der Münzverschlechterung auf der Hut. Schon während des Krieges waren viele Münzen ver= rufen, etwa die pommerschen mit einem Greif, die braunschweig=lüne= burgischen mit einem C bezeichneten Taler, auch die unter dem Bildnis

---

[1]) Osnabrücker Taler = 21 Schillinge; 1 Schilling = 12 Pfennig.

[2]) St.=A. Osn. Abschn. 143,11, St. 2. Der Kurs der städtischen Kupfer= münzen, 5 Taler = 1 Pistole, war während des Krieges zum Teil deswegen ge= sunken, weil die Stadt selbst ihre Annahme verweigert hatte.

[3]) Mösergutachten 8. Nov. 1765 ebb. St. 17.

[4]) Mösergutachten 7. Febr. 1766 ebb. St. 43.

[5]) St.=A. Osn. Abschn. 143,11 und 142,16 u. 17.

des Fürsten von Anhalt-Zerbst geschlagenen ploenschen 8-Groschenstücke. In Münztabellen wurden die Münzsorten angegeben, die bei den Land-schatzungen angenommen wurden und allen zukamen, die jährliche Gehälter, Gefälle, Renten, Zinsen, Lieb- und Tagelohn zu erheben hatten.[1]

Das Land gegen die schlechten Münzen, vor allem gegen das minderwertige preußische Geld zu sperren, ließ Möser sich angelegen sein. Der gemeine Mann sollte kein Spiel gewinnsüchtiger Händler und Wechsler werden, die schlechtes auswärtiges Geld, das sie sich zuwiegen ließen, unter die Leute brachten, hinterher aber dessen Annahme weigerten oder den Kurs drückten. Möser reskribierte zunächst am 23. September 1765 an den Magistrat der Stadt Osnabrück,[2] seinen Kaufleuten und Wechslern zu untersagen, fremde Scheidemünzen unter 3 Mariengroschen Wert in das Land kommen zu lassen und sich in ihrem Handel für Wechsel, Linnen und andere Waren irgend eines anderen Zahlungsmittels als des Goldes und der reichsgesetz- und landesordnungsmäßigen Münzen zu bedienen. Derselbe Befehl erging an alle Ämter.[3]

In einem Gutachten vom September 1765[4] machte Möser auf die bedenkliche Erscheinung aufmerksam, daß im Schaumburgischen und Preußischen alle fremden Scheidemünzen plötzlich um 1/3 gefallen seien. „Die Ursache dieses Unwesens ist wohl, daß des ober- und niederrheinischen Kreises Fürsten und Stände alle ihre eigenen alten Münzen verrufen, des ober- und niedersächsischen Kreises Stände aber entweder ein gleiches getan oder ihren eignen besonderen Münzfuß erwählt, mithin dem west-fälischen Kreise allen ihren Unrat zugeschoben und solchen damit über seine wahre Notdurft versorgt haben, da denn die Besorgnis, daß sich zuletzt alles hier im Stifte sammeln möchte, um so viel stärker ist, je wahrscheinlicher es ist, daß auch Münster und Paderborn ihren einseitig erwählten Konventionsfuß nach und nach begünstigen werden.“ Dagegen könne auf zweierlei Weise eingeschritten werden, indem man die fremden Münzen so heruntersetze, daß sie sich eher dem Schmelztiegel als dem Stifte näherten, oder nur wenige gute Münzen für den Umlauf freilasse, diesen aber ihren Kurs bestimme. Denn auf eine westfälische Kreis-vereinigung zur Regelung des Münzwesens sei nicht zu hoffen. Der

---

[1] Verordnungen vom 11. Oktober 1759, 29. Oktober 1761, 3. März 1761, 14. September 1762, 28. September 1763 in der Sammlung der Verordnungen i. d. Bibliothek d. Staatsarchivs Osnabrück.

[2] Mösers Konzept des Reskripts St.-A. Osn. Abschn. 142,15, St. 5.

[3] Mösers Konzept des Reskripts ebb., St. 6; dazu St. 4.

[4] ebb. St. 8.

letztere Weg wurde gewählt, und neben dem allgemeinen Verbot der Einfuhr fremder Silbermünzen einige Münzsorten zu vollem Werte für den Handel zugelassen. Sie durften, solange es sich um Zahlungen unter einer halben Pistole handelte, nicht zurückgewiesen werden und wurden auch bei den Landschatzungen angenommen. Es waren dies nach der Verordnung vom 12. Oktober 1765[1]) alle fürstlich osnabrückischen, alle kurfürstlich braunschweig-lüneburgischen, die altsächsischen und alt-brandenburgischen, die Bremer Münzen und aus Münster die unter Franz Arnold geprägten $^1/_8$ und $^1/_{12}$. Anderen Münzen wie den goslarschen und den stadt-hildesheimischen wurde bis auf weiteres der Kurs gesetzt. Die übrigen noch im Lande vorhandenen Scheidemünzen wurden der freien Preisbestimmung überlassen.

Möser hielt diese Bestimmungen und gerade die letztere für ge-nügend, um auch die preußischen Münzen fernzuhalten. In dem Gut-achten vom 18. Oktober 1765[2]) hielt er daran fest nicht weiterzugehen, nicht durch ein Verbot preußischer Münzen zu provozieren und das freundnachbarliche Verhältnis zu stören. Es sei dem Untertanen an der Grenze auch nicht zu verdenken, wenn er preußisches Geld zu dem Kurse annehme, zu dem er es sogleich wieder verausgaben könne, und durch allzu strenge Warnungen bringe man den Untertanen nur um den Profit des kleinen Grenzverkehrs, um so mehr, da in Jahresfrist kein preußischer Untertan über anderes als das neue schlechte Geld verfügen werde. Immerhin ließ Möser durch die Verwaltungsbeamten zur Vorsicht mahnen.

Durch die Verordnungen wurden vollwichtige Pistolen und Dukaten, gute französische, holländische und Reichsgulden nicht betroffen;[3]) nur seit 1774 findet sich das Verbot leichter Pistolen. Das Vorgehen gegen schlechte Scheidemünzen ist in den späteren Verordnungen von 1768 und 1774[4]) schärfer geworden. Die zu vollem Wert geltenden Münzen sind nur noch die fürstlich osnabrückischen, die kurfürstlich braunschweig-lüne-burgischen, die münsterschen (Franz Arnold) und die Bremer. Der Untertan konnte vom Kaufmann sogar Zahlung in diesen bei der Landes-kasse zugelassenen Münzen verlangen.

---

[1]) Beo. i. d. Bibl. St.-A. Osn., Mösers Konzept der Verordnung St.-A. Osn. Abschn. 142,15, St. 17—19.
[2]) ebb. St. 26.
[3]) Reskript an die Beamten 19. Oktober 1765, Mösers Konzept ebb. St. 27.
[4]) Verordnung vom 12. März 1768, Beo. i. d. Bibl. St.-A. Osn., Ver-ordnung vom 12. Juli 1774 cod. const. Osn. II, Nr. 1230.

Kapitel IV.

Justus Möser und die Osnabrücker Nebenwohner.

Der Osnabrücker Landtag beschäftigte sich mit der bäuerlichen Gesetz=
gebung und dem Landaktionär, mit der gewerblichen Fürsorge und dem
Geldaktionär, drittens mit den in Mösers Theorie als „Nebenwohner"
bezeichneten Stiftseingesessenen. Fassen wir diesen Namen zugleich historisch,
so genügt er zur Bezeichnung dessen, was darunter verstanden werden
soll: es sind die Elemente der Bevölkerung, die nach und neben den
alten Bauernklassen sich ausbildeten *), insbesondere die auf dem platten
Lande. Bis gegen 1600 unterschied man in Osnabrück die Bauernhöfe
in Vollerbe, Halberbe und Erbkotten (Viertelerbe). Deren Besitzer allein
waren Gemeindemitglieder in der Bauerschaft und bildeten den Kreis
der Markgenossen. Als solche wurden sie lange von dem „späteren
Anflug", den Markköttern, Heuerleuten und Brinksitzern unterschieden, die
die Träger der Bevölkerungszunahme waren. Die Markkötter ent=
standen um 1600, als viele Bauerschaften, um drückende Lasten abtragen
zu können, sog. Zuschläge aus dem Markengrund an Fremde zum Anbau
auswiesen. Hatten diese zunächst[1]) und zum Teil auch später[2]) keine
gleichen Rechte mit den Bauern, so wurden sie doch im allgemeinen in
den Kreis der Gemeindegenossen aufgenommen[3]) und waren in der Mark=
genossenschaft stimmberechtigt.[4]) Indem sie durch den Steueranschlag

---

*) Möser rechnet unter die Nebenwohner im historischen Sinn sogar die Ein=
gesessenen von Städten, Flecken und Dörfern.

[1]) Mösers s. W. VI, p. 4: „sie haben weder Echtwort oder Wahre und
Stimme in der Gemeinheit, mithin die Regel wider sich und nicht mehr Recht als
ihnen erweislich zugestanden worden".

[2]) Noch das Reskript vom 30. Nov. 1780 trennt die Markgenossen von den=
jenigen „Markköttern, denen keine Waare in der Mark, sondern eine bloße Wohnung
mit einer Austrifft zugestanden ist", cod. const. Osn. II, Nr. 1305.

[3]) Stüve, Wesen und Verfassung der Landgemeinden und des ländlichen
Grundbesitzes in Niedersachsen und Westphalen, Jena 1851, p. 135 u. 144.

[4]) Nach der Veo. 4. Juni 1785 wurden die Stimmen der Vollerben, Halb=
erben, Erbkötter und Markkötter bei der Abstimmung über Markenteilungen im
Verhältnis von $1 : \frac{2}{3} : \frac{1}{3} : \frac{1}{5}$ gerechnet, cod. const. Osn. II, Nr. 1364.

von 1667 zum Monatsschatz verpflichtet wurden, erhielten sie im Bauern=
stand als dessen vierte Klasse ihren festen Platz. Gelegentlich werden
nun diese Marktkötter von Möser unter den Nebenwohnern aufgeführt,
zumeist und vor allem aber versteht er darunter die Heuerleute.
Die Entstehung der Heuerleute fällt zeitlich mit der der Mark=
kötter zusammen, ihr kräftigstes Wachstum aber in die Zeit, als die
Marktkötter bereits im wesentlichen eine festgeschlossene Bauernklasse aus=
machten. Wie den Bauerschaften, so fehlte es oft dem einzelnen Bauern
an Geldmitteln, und er griff in der Not zur Verpachtung eines Teils
seiner Stätte. Andererseits mußte er für ländliche Arbeitskräfte Sorge
tragen, da die hofmäßige Besiedelung keine Taglöhnerschaft ausbildete
wie in den Dörfern Niedersachsens und die junge Mannschaft lieber dem
Soldatenhandwerk als dem Pflug nachging. So verursachten das Geld=
bedürfnis und die Gesindenot zunächst die Ausbildung des Osnabrücker
Heuerwesens, das sich mit der Zeit zu der der westfälischen Erbe eigen=
tümlichen Art ländlicher Arbeitsverfassung auswuchs.[1]
    Seine Bedeutung im 17. und 18. Jahrhundert und der Wandel
der öffentlichen Meinung darüber veranschaulicht am besten der Regierungs=
bericht vom 24. Oktober 1774[2]): „Es wird in den meisten Gegenden
dieses Hochstifts der Land Haushalt und Ackerbau in der Masse betrieben,
daß die Besitzer der Höfe den wenigsten Theil ihrer Höfe selbst cultiviren,
sondern deren Bau guten Theils den Heuerleuten oder solchen Personen,
welche sich in die auf den praediis befindlichen Nebenhäuser als etwa
leerstehende Leibzuchtsgebäude und sogenannte Backhäuser einmiethen über=
lassen, mithin denenselben gewiße Garten und Feldländereyen verpachten,
und behuf ihres Viehes den Genuß der gemeinen Weide in den mehren=
teils weitläufftigen Marken verstatten. Diese nach und nach immer
weiter ausgebreitete Einrichtung hat in der That zur Bevölkerung des
Landes sehr viel beigetragen, und scheinet auch besonders aus dem Grunde
dem Hochstiffte sehr vortheilhaft zu seyn, weil solche Heuerleute, wenn
der Ackerbau bestellet ist, mithin im Anfange des Sommers sich haufen=
weise nach Holland begeben, und daselbst durch ihre Arbeit so viel
verdienen, daß sie bey ihrer Zurückkunft von der Ernte einen ansehnlichen
Überschuß an Gelde mit zurückbringen. Man hat zwar besonders im

---

[1]) P. Kollmann, Die Heuerleute im oldenburgischen Münsterlande (1898);
Kaerger, Die Verhältnisse der Landarbeiter in Nordwestdeutschland (Bd. 53 der
Schriften des Vereins für Sozialpolitik), p. 57—71.
    [2]) St.=A. Osn. Abschn. 188, 48.

Anfange des abgewichenen Jahrhunderts dafür halten wollen, daß die
Heuerleute, da selbige zu den öffentlichen Lasten nicht mit beygetragen
haben, dem Hochstiffte nachtheilig würden, immaßen durch sie die praedia
ausgesogen und besonders die gemeinen Weiden durch ihr Vieh beenget
würden, und es sind solcherhalb auf gemeinen Landtagen Verordnungen
wegen ihrer Ausschließung, soviel nemlich Ausländer betrifft, beliebet
worden. Es sind aber diese Verordnungen nicht zur Vollziehung ge=
kommen, vermuthlich weil nach und nach, und zumahl seit dem bey
veränderten modo contribuendi die Heuerleute durch den angeordneten
Rauchschatz mit zu den öffentlichen Lasten gezogen sind, sich deutlich
ergeben hat, daß ihre Beybehaltung mehr nützlich als schädlich sey".

Die Vorteile, die das Heuerwesen dem Bauernstande brachte,
erklären zur Genüge, daß auf jenes vor allem die Bevölkerungszunahme
fällt und den Heuerwirtschaften gegenüber die Zahl der neuen Hofstätten
und Ackerstellen, die zu Eigentum besessen wurden, äußerst gering ist.
Zwar scheint dem zu widersprechen, daß zu jener Zeit, auch in Mösers
Schriften, oft von einer starken Vermehrung der Anbauer oder Neu=
bauer in Osnabrück gesprochen wird und man auf Grund einer später
üblichen begrifflichen Scheidung[1]) leicht geneigt sein wird, darunter den
Teil der nicht gemeindeberechtigten Einwohner zu verstehen, der sich durch
eigenen Grundbesitz von den unangesessenen Heuerleuten unterscheidet.
Allein Mösers Zeit, die allerdings jene Unterscheidung schon kannte und
zuweilen anwandte,[2]) faßte „neue Anbaue" im allgemeinen in dem
weiteren Sinne des Worts, sodaß sowohl „ganz neue für sich entstehende
Rotten" als auch Heuerhäuser darunter begriffen wurden.[3])
Über die Zahl der Heuerleute, ihr Verhältnis zu der grundbesitzenden
Bevölkerung und damit über ihre Bedeutung lassen sich einige sichere
Angaben aus den Tabellen der Volkszählung von 1772 gewinnen.[4])
Sie zählte 10345 Hauptfeuerstätter auf, von denen ein Fünftel
den Städten Osnabrück, Wiedenbrück, Fürstenau, Quakenbrück, den

---

[1]) Stüve, Landgemeinden, p. 55 f.

[2]) So werden etwa in cod. const. Osn. II, Nr. 1402 unter Neubauern
und Brinksitzern nur die Eigentümer kleiner Köttereien verstanden; s. a. Mösers
f. W. I, 60.

[3]) cod. const. Osn. II, Nr. 1305.

[4]) St.=A. Osn. Abschn. 188, 39, 41—46. Aus diesen Tabellen habe ich in
Anlage 6 eine Übersicht über die Anzahl der Haupt= und Nebenfeuerstätten, Haus=
haltungen und Menschen gegeben.

Flecken Jburg, Melle, Börden und dem Weichbild Osterkappeln, ferner dem Adel, der Geistlichkeit und andern Schatzfreien, den Kirchhöfern (ca. 200), Brinkliegern und Neuwohnern (ca. 100) zufällt. Die große Masse machen die Erbwohnhäuser der in den Kirchspielen angesessenen schatz=pflichtigen Bauern aus, deren Bestand auch schon aus dem Jahre 1723 mitgeteilt ist und seitdem außer einer bemerkenswerten Vermehrung der Marklötter im Amte Börden kaum Verschiebungen erfahren hat.[1]) So=weit solche vorliegen, werden sie sich allein aus der Tatsache erklären lassen, daß einerseits der eine oder andere Hof zu einem höheren oder niederen Steuersatz veranschlagt und zu der entsprechenden höheren oder niederen Höfeklasse gerechnet worden ist, andererseits diese oder jene Bauernstätte aus oder in die Schatzfreiheit getreten ist. Zu diesen Haupt=steuerstätten gehören 9339 Nebenfeuerstätten, die unter dem Namen von Leibzuchten, Backhäusern, Neben= und Beiwohnungen auftreten und zum größten Teil an Heuerleute verpachtet sind; denn ein allerdings geringer Teil der Leibzuchten erfüllt seine ursprüngliche Bestimmung und dient den Eltern des bäuerlichen Wirtes als Altenteil. Auf der andern Seite ist manches Nebenhaus wie manche Hauptfeuerstätte von mehreren Parteien bewohnt, und im Durchschnitt kommen auf 5 Häuser 6 Haus=haltungen. Die Heuerleute nun verteilen sich nicht gleichmäßig auf alle Kirchspiele. Sehr oft übertreffen ihre Wirtschaften an Zahl die der bäuerlichen Wirte, in einigen Fällen bleiben sie weit dahinter zurück. Dies hat seine Ursache in dem verschiedenen Verhältnis der einzelnen Arten von Hauptfeuerstätten. Wenn etwa in den Stadtkirchspielen die Heuerhäuser auf das Doppelte der letzteren kommen, im Amte Wittlage aber das umgekehrte Verhältnis besteht, so findet diese Tatsache ihre Erklärung vor allem darin, daß in den Stadtkirchspielen die Zahl der Vollerben und Halberben die der Erbkötter und Marklötter um ein beträchtliches übersteigt, während in den Kirchspielen des Amtes Wittlage viele Marklötter angesessen sind. Diese gering begüterten Bauern waren weniger imstande, Heuerleute auf ihren Gründen anzusetzen, als die Zu=gehörigen der beiden ersten Höfeklassen. Denn jene unangesessenen Einwohner waren ja nicht bloße Einlieger, sondern Pächter von mehr oder minder umfangreichen Heuerwirtschaften, die ihren Inhabern neben der Taglöhnerarbeit bei einem Bauern oder in Holland und etwas gewerblicher Tätigkeit einen Teil ihres Lebensunterhaltes verschaffen sollten.

---

[1]) Nur für die Vogtei Langenberg kein Vergleichsmaterial.

Reichere Möglichkeit, Heuerleute anzusetzen, wurde den Bauern, auch denen der unteren Höfeklassen, gegeben, als sich ihr Sondereigentum durch die bei den Gemeinheitsteilungen ausgewiesenen Zuschläge vermehrte. Manches Vollerbe wuchs derart an, daß es mit dem darauf üblichen Haushalt seine Ländereien nicht mehr genügend bewirtschaften konnte und rationeller verfuhr, wenn es zur Heuer austat, was es an Acker, Weide, Wiese, Holzung und Plaggenmatt entbehren konnte. Die Regierung hielt es in diesem Falle jedoch für einen größeren Vorteil für das öffentliche Wohl und den Bauern selbst, wenn dieser eine Erbpacht errichte, als wenn er sich nach ihren Worten durch den Bau und die Unterhaltung überflüssiger Heuerhäuser erschöpfe und das Land von flüchtigen Heuerleuten aussaugen lasse. Die Beamten sollten daher einem eigenbehörigen Kolonen, der ein größeres Erbe besitze, den Konsens erteilen, wenn er einen Heuerkotten einem andern Eigenbehörigen seines Gutsherrn in Erbpacht geben wolle. Nicht so leicht dürfe dagegen dies den Erb- und Marktköttern zugestanden werden, da die vom Bauern bewirtschaftete Länderei eine solche Größe haben müsse, „daß das Spann Jahr aus Jahr ein seine Arbeit hat, die Wiesen mit dem Ackerland in gehörigem Verhältnisse stehen, und der übrige Haushalt seiner Bestimmung gemäß darauf geführt werden könne".[1]

Sichere Angaben über das Maß der Bevölkerungszunahme in Mösers Tagen fehlen. Jedoch kann sie gerade damals nicht gering gewesen sein, da infolge der gesteigerten gewerblichen Tätigkeit der allgemeine Wohlstand zugenommen hatte und man über die Bedeutung des Heuerwesens wesentlich günstiger zu denken gelernt hatte. Wie hatten sich doch die Zeiten darin geändert! In dem Landtagsabschied von 1608 las man etwa, „daß auf den ganzen und halben Erben, wo vorhin zwei Feuerstätten gewesen, nur die Sahlstätte und Leibzucht gestattet, auf den Kotten, wo vorhin keine gewesen, keine neue errichtet, und auf jeder Feuerstätte nur eine Partei geduldet werden sollte".[2] Und jetzt fanden sich auf vielen Bauernhöfen 2, 4, ja wohl 8 Nebenhäuser.[3]

Allein, ein reiner Vorteil war die starke Entwicklung des Heuerwesens keineswegs, und wenn schon bei den Landtagsberatungen über die Fragen der bäuerlichen Gesetzgebung Klagen über die Aufzucht eines Heuerproletariats laut wurden, so sind wichtige Teile der Gesetzgebung

---

[1] Reskript 27. März 1783, cod. const. Osn. II, Nr. 1828.

[2] Mösers s. W. I, p. 182.

[3] Mösers s. W. VI, p. 96.

und Verwaltung, die dieses Kapitel zusammenfassen mag, gerade von den Schäden und Sorgen her zu verstehen, die aus den Heuerverhältnissen stammten.

---

1. Die Getreidepolitik und die Kornnot im Anfang der siebziger Jahre.

Die Versorgung der Untertanen mit Getreide als dem notwendigsten Lebensbedürfnisse tritt uns ebenfalls als Gegenstand der landesherrlichen Fürsorge und zugleich als volkswirtschaftliches Problem in Mösers Schriften entgegen.

Die osnabrückische Regierungspraxis war schon zu Zeiten Klemens Augusts die gewesen, das Branntweinbrennen zu verbieten, wenn der Preis des Malters Roggen von 8 auf 9 Taler stieg. Dazu war mit Ausnahme eines Falles im Jahr 1749 ein ständisches Gut= achten nicht eingeholt worden. Die neue Regierung empfand es daher als einen Tort, als einige Mitglieder der Ritterschaft bei dem Verbot des Branntweinbrennens vom 31. Oktober 1765[1]) an der Nichtbefragung der Stände Anstoß nahmen und auf den genügenden Vorrat des Korns im Lande hinwiesen. Wenn man auch dem keine Bedeutung beimessen will, daß die der Regierung überreichte Beschwerde von Möser verfaßt ist,[2]) so möchte man gleichwohl seinen geheimen Anteil an derselben ver= muten, da er ja auch später es oft ausgesprochen hat, wegen Kornmangels nicht ohne Not Sturm zu schlagen. Übrigens zeigt ein Brief v. Behrs an Möser,[3]) daß man es in London richtiger gefunden hätte, zuvor die Syndici der Stände zu befragen. Die Regierung gab in der Ver= ordnung vom 18. November 1765[4]) das Branntweinbrennen von aus= wärtigem Getreide zu, um nicht durch den Fortfall der Mast die Schweinezucht zu verteuern. Aber sie verwahrte sich gegen den Vorwurf der Unrechtmäßigkeit ihres früheren Vorgehens und fand dabei Gelegen= heit, ihre Maßnahmen überhaupt zu begründen.[5]) Sie dürfe

---

[1]) Beo. i. d. Bibl. St.=A. Osn.
[2]) R. A. 644, p. 111/13, ad protoc. 4. Nov. 1765.
[3]) 23 Nov. 1765, a. a. O.
[4]) Beo. i. d. Bibl. St.=A. Osn.
[5]) Über den Streit St.=A Osn. L.=A. B. 552, Sitzungsbericht der Regierung 18. Nov. 1765.

ben hohen Kornpreis, soweit es an ihr liege, nicht zulassen. Indem sie
die Ursachen desselben aber nur in einem Kornmangel ober in dem
Zurückhalten des Getreibes durch die Kornaufkäufer erblicken könne, denen
von ben Branntweinbrennern jeber beliebig hohe Preis immer noch gezahlt
werde, hoffe sie ben willkürlichen ober durch Mißwachs in die Höhe ge=
schnellten Preis am leichtesten durch bas Zuschlagen der Branntweinkessel
herabzusetzen. Das Ansinnen, mit ben Gelbern ber Stiftslasse auswärtiges Getreide aufzukaufen, schub sie als ein letztes Mittel hinaus.
Hierzu mußte sie schon balb greifen, als bie Teuerung im Anfang
der siebziger Jahre einsetzte.[1]) Sie verbot damals aufs strengste
bas Branntweinbrennen unb bie Getreibeausfuhr in andere Länder mit
Ausnahme ber münsterschen, begünstigte bie private Getreibeeinfuhr,
untersagte ben Vorkauf, kaufte selbst nicht nur Getreide an, sondern gab
auch unentgeltliche Spenben unb weitgehende Vorschüsse an bie Kirchspiele,
Flecken, Bauerschaften unb Privatunternehmer. Wenn bas Verbot ber
Ausfuhr von einem Kirchspiel in bas andere vorkam, so war bies nur
eine vorübergehenbe verwaltungstechnische Maßregel zur genaueren Be=
stimmung ber vorhanbenen Kornvorräte.[2])

Der Eifer im kleinen erscheint auch hier lobenswert. Aber „die
kleinen Staaten bestehen aus lauter Gränzen" jammert Möser, es fehlt
zur Durchführung ihrer handelspolitischen Maßnahmen an Kraft unb
Aufsicht. Wenn seine berechtigten Forderungen an bie beutsche
Nation Wirklichkeit erlangten, so würden bie getreibereichen Zeiten
einheitliche Getreibeeinfuhrverbote unb Ausfuhrprämien für bas gesamte
Reich sehen. In Ermangelung dessen rät er zur Selbsthilfe ber reichen
Kornländer, etwa zu einer Kornhanblungskompagnie auf ber
Weser. Während er im März 1770[3]), als er bies schrieb, noch fern
ber Gefahr stand, forderte er im September[4]) zu einer Kreisvereinigung
ber Reichsstände im westfälischen Kreise auf, um gemeinsame Kornpolitik
zu treiben, etwa burchgehenbs bas Branntweinbrennen einzustellen ober
mit ben Einkünften einer Branntweinakzise bie Not ber Armen zu
linbern.

[1]) Verordnungen vom 9. Nov. u. 28. Dez. 1770, 26. April, 22. August 1771,
24. Nov. 1774, 18. Nov. 1775, 20. April 1776, sämtlich Beo. i. b. Bibl. St.-A. Csn.

[2]) Verordnungen vom 7. Febr. u. 16. März 1772 ebb.

[3]) Mösers s. W. I, 52 (24. März 1770).

[4]) Mösers s. W. I, 64 (15. Sept. 1770).

Neben biesem Hinweis auf nationales unb provinziales Angreifen
„gewisser Polizeianstalten" äußerte er sich lebhaft über die Politik, bie
bei Kornteuerung am besten einzuschlagen sei; unb seine Ansichten, bie er
ferner in ben Osnabrücker Intelligenzblättern vortrug, bürfen nicht über=
gangen werben.¹) Denn wenn er auch hier wie oben seinen Standpunkt
nicht nur auf Osnabrücker Boben nimmt, so sinb boch wesentliche Ge=
banken bieser Schriften über bie Getreibesperre auch für bas Stift
wirksam geworben. Möser bekannte sich in ihnen zu einer weber von
ben kleinen noch ben großen Nachbarstaaten befolgten Politik; man solle
bie Preise steigen laffen, wie sie wollten, unb bem Hanbel seinen völlig
freien Lauf gönnen, ohne sich von Obrigkeitswegen im geringsten barum
zu kümmern, etwa öffentliche Kornspeicher anzulegen ober Getreibeausfuhr
unb Branntweinbrennen zu verbieten. Es ist recht in seiner Art, baß
er babei auf bas Demoralisierenbe eines burch Ausfuhrverbote hervor=
gerufenen Schleichhanbels hinweist. Vor allem aber fragt er: wer wirb
es wagen, in einem Lanbe, wo staatliche Magazine ober Ausfuhrverbote
ihn hinbern, ben höchsten Fruchtpreis zu erhalten, bie Gefahr bes
niebrigsten zu stehen; wer wirb noch mit Korn hanbeln, wenn ein
Mächtiger, eben ber Staat, so oft es ihm beliebt, mit Schaben verkaufen
kann? Entschlagen wir uns boch ber kleinen Vorteile ber Getreibesperre,
wenn nur beren Fortfall uns bie privaten Kornhänbler erhalten kann!
Mögen biese ihr Korn immerhin aufschütten unb bamit auf Spekulation
hanbeln, sie geben jebenfalls bem Bauern rechtzeitig bares Gelb in bie
Hänbe. Es ist somit beffer, bie Untertanen alle zehn Jahre eine Teuerung
ausstehen zu laffen unb ihnen bafür neun Jahr sichere Abnehmer zu
verschaffen, als einmal in zehn Jahren zu sperren unb bagegen ben
Ackerleuten neun Jahre ben Markt zu verberben. Möser erachtete es
babei für gut, bie oft blinbe Erbitterung über ben „Kornwucher" burch
sachliche Darlegungen zu bämpfen, unb in bem „Schreiben eines Korn=
juben" zeigte er bie Gefahren bes Kornhanbels unb ben günstigen
Einfluß bes sog. Kornwuchers auf bie Preisbilbung. Wenn ihm banach
„ber Kornjube ein Patriot wie anbre" war, so blieb er sich boch auch
nicht im unklaren barüber, baß besonbers in kleinen Territorien unb bei
ber Schwierigkeit bes Transports bie Großhänbler bie aus bem Korn=
mangel entstehenben Nöte noch in seinem Interesse vergrößern könne.²)

¹) Mösers s. W. II, 3 (8. u. 15. Juni 1771); II, 7 (26. Sept., 3. Okt.
1772); II, 8 (27. Juni 1772); II, 9 (14. Aug. 1773).

²) Mösers s. W. II, p. 47f; Einleitung ber Verorbnung vom 7. Febr. 1772.

Nun gibt Möser zwar äußerste Fälle zu, in denen unter dem Wahrspruch omnia licent auch die Ausfuhrverbote sich rechtfertigen ließen. Die Kornteuerung der siebziger Jahre hielt er aber nicht für jenen äußersten Fall;[1] habe doch kein Land in Deutschland sich in der schrecklichen Alternative befunden, entweder Hungers zu sterben oder die Ausfuhr zu verbieten, und daher würde damals die freie Ausfuhr das Beste gewesen sein. Es boten sich auch viele Kaufleute der Regierung an, unter der Bedingung freier Ausfuhr genügend Korn für ihre Gegend zu beschaffen. Die Regierung ließ dies in den Grenzkirchspielen zu, in denen der Erfolg Mösers Forderung rechtfertigte.[2]

Wenn aber trotz dieser Gedanken, die das geistig bedeutendste Mitglied der Regierung mit der Feder vertrat, im allgemeinen das frühere System angewandt wurde, so lag dies vor allem an der Gewöhnung an Getreideausfuhrverbote und dem blinden Vertrauen der Bevölkerung auf das Zugreifen der Obrigkeit. Aus Sorglosigkeit und gewinnsüchtiger Berechnung gab der Bauer auch in Zeiten der Not das erforderliche Getreide weg. Möser selbst verkannte dies nicht und stand daher nicht mißvergnügt zur Seite, wo ihm etwas nicht ganz nach Willen ging, sondern flocht sogar in das nun einmal Vorliegende seine eigenen Gedanken.

Wie er auch sonst für eine größere Selbständigkeit der kleinen Lokalverbände eintrat und zur Selbsthilfe erziehen wollte, so forderte er in dieser Zeit der Kornnot, daß anstatt der Amts- und Landesanstalten, die am grünen Tisch mit schiefem Gesamturteil und großen Unkosten verordnet würden, jedes Kirchspiel die Versorgung seiner Ein= wohner übernehmen solle.[3] Im kleinen Kreise lasse sich das wahre Bedürfnis besser erkennen, und eine Lokalkontrolle beseitige mehr die Übelstände unruhiger Zeiten, in denen viele im Trüben fischen wollten. Gemäß diesem Vorschlag ließ die Regierung die Kirchspiele zum Teil selbst wirtschaften, indem diese dazu, was Möser allerdings für erforderlich hielt, die ersten Vorschüsse in Geld und Korn aus der Stiftskasse er= hielten. Und noch ein anderes Mittel schlug Möser vor; er fragte nämlich bei den Landräten an,[4] ob nicht die Bauern, da sie sonst

---

[1] Mösers s. W. II, p. 47ff; dieselbe Meinung wurde auch vertreten in den Verordnungen vom 12. Dez. 1771 u. 7. Febr. 1772.

[2] Mösers s. W. II, p. 53.

[3] Verordnung 16. März 1772; Mösers s. W. II, p. 29f.

[4] Mösers Anfrage 6. Dez. 1771, St.=A. Osn. Abschn. 193, 29, St. 1.

von den Heuerleuten gut hätten, ihnen jetzt beispringen sollten, sobaß jedes Vollerbe 4, jedes Halberbe 2 und jeder Erbkotten 1 Scheffel Korn in Bereitschaft halte und zu dem Preise der Kapitelstaxe abgebe, damit die Vögte davon an die Armen austeilten. Der Landrat stimmte zu,[1]) und Möser erließ die entsprechende Verordnung am 12. Dezember 1771.[2]) Jedoch war damals mancher Meier schon selbst nicht mehr im Besitz von Korn zum eignen Unterhalt[3]) und wurde von der Verpflichtung befreit.[4])

Möser entwarf auch die Instruktion[5]) für den Intendanten Bénoit, der in Bremen die Getreibeankäufe der Regierung besorgte, und sprach schon in dieser den Wunsch aus, baß der Transport des Getreides nicht allein durch die üblichen Rundefuhren, sondern auch zum Teil zu Schiff auf der Weser besorgt würde, was für die westlichen Ämter bequemer war. Der Verfasser der „Kornhandlungscompagnie auf der Weser" war den territorialen Verkehrsschranken überhaupt nicht hold. Er versuchte daher bei Gelegenheit der Kornnot im Dezember 1771 dem Berliner Ministerium die Beseitigung des Mindener Stapelrechts nahe=zulegen.[6]) Dieses ließ sich darauf zwar zur Befreiung der Getreide=frachten ins Osnabrückische bis zur nächsten Ernte vom jus stapulae et emporii bereit finden, soweit damit kein Handel getrieben würde; aber eine dauernde Aufhebung des Stapelrechts im Sinne nationaler Handelspolitik, an die Möser dachte, lag Preußen fern.

Der Ankauf des Roggens erforderte beträchtliche Summen aus der Stiftskasse, die schon durch den Schuldenabtrag und das landes=herrliche Subsidium stark belastet war. Jedoch glaubten die Stände im Frühjahr 1772 mit einer Anleihe von 15—20000 Talern auszukommen.[7]) Da aber die Teuerung über Erwarten anhielt, so griff die Regierung zu weiteren Vorschüssen zunächst in die sonstigen Depositen und in die bischöfliche Privatkasse. Aus letzterer gab der König 5000 Taler als Geschenk an die Armen.[8]) Insgesamt erforderten die Vorschüsse an

---

[1]) ebb., St. 3.

[2]) Mösers Entwurf ebb., St. 4.

[3]) Amtsberichte ebb.

[4]) Reskript an die Ämter 19. Dez. 1771 ebb., St. 6.

[5]) Das der Instruktion zugrunde liegende Gutachten Mösers und die Briefe Bénoits aus Bremen an Möser ebb.

[6]) Mösers Konzept ebb., St. 2; die Antwort, gez. v. Hertzberg, ebb., St. 52.

[7]) R. A. 493, p. 65/66.

[8]) Postskript 14. Febr. 1772, R. A. 493, Beilage 12.

Korn und barem Geld 55000 Taler;[1] hiervon waren ungefähr 15000 Taler als bauernder Verlust zu rechnen, der sich aus den unentgeltlichen Spenden, den Unkosten des wohlfeilen Verkaufs und den Ausgaben für Provistion, Fracht und Zoll zusammensetzte.

Der König hatte schon bei der Aufnahme der Anleihe die Er: wartung ausgesprochen, daß die Stände sich selbst angreifen und diese Auslagen für die schatztragenden Untertanen nicht auf deren Schultern zurückwälzen würden,[2] und ein wenig später empfahl er eine Besteuerung derjenigen, die bei fremdem Brot die Teuerung nicht empfunden hätten, besonders des Gesindes.[3] Die Ritterschaft war im Sinne des ersten Vorschlags für einen außerordentlichen Beitrag der Stände, gegen den sich die Stadt Osnabrück sträubte, da sie bei eigner Hilfe von dem Vorschußroggen nichts genossen hätte.[4] Die Regierung ant: wortete mit einem dritten Vorschlage: man möge Wein, fremden Branntwein und Luxussachen besteuern.[5] Hinter allen stand Möser, dessen „treuer Eifer" nach dem Bericht der Regierungsräte sich auch hier wieder bewies.[6] Unter erneutem Protest der Städter bewog die Ritter: schaft das Domkapitel, in einen außerordentlichen Kopfschatz zu willigen, der von allen schatzfreien mit Einschluß der in den Städten wohnenden Stiftseingesessenen zu zahlen wäre, ferner von allen Knechten schatz: pflichtiger Untertanen und endlich von allen Schatzpflichtigen, die neben dem Ackerbau auch Gewerbe und Handel trieben.[7] Die Ritterschaft, die am liebsten an ihrem ersten Plan festgehalten hätte, ließ wegen des Widerstandes der Städter auch diesen zweiten fallen und einigte sich mit den beiden andern Ständen über Kopfsteuern folgender Berufsgruppen, innerhalb deren nach der Wohlhabenheit noch 2—4 Klassen unterschieden wurden:[8] Krämer und Trafikanten (Höchstansatz: 5 Taler), Branntwein: brenner, Bäcker, Brauer, Mälzer (je 5 Taler), Müller und Mühlenpächter (6 Taler), Schäfer (1 Taler), Knechte und Mägde schatzpflichtiger Unter:

---

[1] St.-A. Osn. L.-A. B. 356.

[2] Reskript 27. März 1772, R. A. 493, Beilage 13.

[3] Landtagsproposition 1773, St.-A. Osn. L.-A. B. 244.

[4] Ständediktatur 1773 ebd.

[5] Reskript 23. Febr. 1773 ebd.; dessen Entwurf mit Zuziehung Mösers f. Reg.-Ber. 2. Febr.

[6] Reg.-Ber. 2. Febr. 1773 ebd.

[7] Ständediktatur 20. März 1773, R. A. 494, Beilage 11.

[8] Ständediktatur 28. März 1774, St.-A. Osn. L.-A. B. 244.

tanen (erftere 1 Taler, leßtere 10 Schillinge und 6 Pfennige), Heuerleute (7 Schillinge).

Das ewige Hin und Her und nun fogar die Entlaftung der
Schaßfreien war dem König zu viel, und er fchnitt die weiteren Verhandlungen mit dem Antrag ab, den Verluft durch jährliche Zahlungen
von 3000 Talern nun doch aus der Stiftskaffe zu decken.[1]) So wurden
bis 1779 die aufgeliehenen 15000 Taler abgetragen.[2])

Die Gemeinheitsteilungen.

Der hannoverfche Staat hat bei den Reformen der ländlichen Ver-
faffung im 18. Jahrhundert im Intereffe einer rationellen Landwirtfchaft
fein Augenmerk neben der Dienftabftellung auf den Domänen auf die
Gemeinheitsteilungen gerichtet.[3]) Diefe wurden jedoch im Laufe
des Jahrhunderts noch nicht durchgeführt, fondern erft vorbereitet.
Georg III. dachte befonders an die Bebauung der Lüneburger Heide; im
waldreichen Osnabrück dienten die gleichartigen Beftrebungen der Forft-
kultur und dem fog. Anbau. Ihre Entwicklung knüpft an die Namen
der drei Welfenfürften an, die auf den bifchöflichen Stuhl gelangten;
fie förderten den Ausbau des Markenrechts und die Markenteilungen.
Das Markenrecht beruhte zuvor nur auf Gewohnheit und war teilweife
in den Höltingsprotokollen aufgezeichnet. Diefe genügten aber nicht, alle
etwa vorkommenden Rechtsftreitigkeiten zu entfcheiden, und Ernft Auguft I.
fuchte daher 1671 dem offenbaren Mangel durch eine Höltingsordnung
abzuhelfen, deren Entwurf[4]) jedoch von den Ständen nicht angenommen
wurde, weil er einfeitig die landesherrlichen Marken berückfichtigte. Weiter
kam fchon Ernft Auguft II., als er die Beziehungen benachbarter Marken
ordnete.[5]) Er felbft als Landesherr feßte fich der Ordnung halber in mehr
als zwanzig Marken zum Holzgrafen ein.[6]) Schließlich gab er durch die
Verordnung vom 14. Juli 1721 die erfte Anregung zur Markenteilung.[7])
Mehrere kamen auch unter ihm und feinem Nachfolger zum Abfchluß.

---

[1]) Reftript 17. Mai 1774, R. A. 495, Beilage 11a.
[2]) St.-A. Osn. L.-A. B. 356.
[3]) Wittich a. a. O. p. 423 f.; Stüve, Landgemeinden, p. 141 ff.
[4]) cod. conft. Osn. I, p. 761—786; Klöntrup a. a. O., Markenrechte
und Höltingsordnung.
[5]) Verordnung vom 4. Febr. 1721, cod. conft. Osn. I, p. 1109 f.
[6]) Möfergutachten über die Markenteilungen, St.-A. Osn. L.-A. B. 552. vol. V.
[7]) cod. conft. Osn. II, Nr. 722.

Eine neue Epoche, ein frisches Einsetzen auf dem beschrittenen Pfade batiert von dem Eintritt Mösers in die Landesverwaltung. Schon bevor er eine amtliche Stelle in derselben inne hatte, sprach er sich in einem für die Abministrationskommission bestimmten Promemoria (Anfang 1763) für eine bessere Bewirtschaftung der großen Forsten aus und schlug Gemeinheitsteilung und private Anpflanzung vor; diese Anträge fügte er auch der ersten Landtagsproposition ein. Um zweierlei handelt es sich babei: erstens um die Verbesserung der Holzungen und zweitens um die Art der Teilung.

Auf das, was er im Forstwesen vermißte, wies Möser in einem Promemoria vom 16. Mai 1765[1]) hin. Weder über die örtlichen noch über die rechtlichen Verhältnisse der landesherrlichen Forsten bestänben genaue Register, was sich empfindlich bemerkbar machen könne; überhaupt sei eine bessere Forstaufsicht erforderlich, und dazu die Errichtung eines besonderen Forstbepartements in der bischöflichen Kammerverwaltung an= juraten. Demgemäß wurde noch 1765 eine Oberförsterstelle geschaffen,[2]) die 1778 Mösers Schwiegersohn v. Voigts mit dem Titel eines Forst= kommissars erhielt.[3]) 1766 erfolgte die in Vorschlag gebrachte Vermessung der Forsten,[4]) und seit 1774 wurde die Aufforstung der vernachlässigten Marken Gegenstand der Landtagsberatung. Deren Resultat war die Verordnung vom 30. April 1778,[5]) die die Markgenossen geteilter und ungeteilter landesherrlicher Marken anwies, die einzelnen Holzreviere nacheinander auf einige Jahre einzuhegen, damit auf allen Gründen, die entweder noch bei bestehender Markgemeinschaft zur Weide offen lagen oder auch nach etwaiger Teilung offene Weide geblieben waren, das Holz besser wachse und vom Vieh nicht beschädigt werde. Am besten konnte die Forstkultur allerdings durchgeführt werden, wenn die Teilung der Mark zu einer völligen Zerschlagung in einzelne Privatgründe unter Aufhebung sämtlicher Gerechtsame der Gemeinschaft und sonstiger Servi= täten führte.

Das Teilungsgeschäft wickelte sich jedoch nicht überall gleich= mäßig ab, wenn es auch sonst wohl den Beifall der Markgenossen fand. Die Hemmnisse erwuchsen teils aus den schwer abfindbaren Rechten

---

[1]) Kopie desselben in den Personalakten v. Voigts, St.=A. Osn.

[2]) ebb.

[3]) ebb., hier auch die von Möser entworfene Instruktion.

[4]) St.=A. Osn. L.=A. B. 218.

[5]) cod. const. Osn. II, Nr. 1268.

der Markinteressenten, teils lagen sie in Fragen der Landes- und Steuerverfassung. Was das erstere anbetrifft, so stand den populatio-nistischen Bestrebungen und den Vorteilen der Bodenkultur, die für die Gemeinheitsteilungen redeten, der Umstand entgegen, daß viele kleine Leute mit der Viehweide in den Marken rechneten und sich oft bei der Teilung für benachteiligt hielten. Zwar hinsichtlich der Abfindung der Heuerleute der eigentlichen Markgenossen, der Einmärker, konnte ein Streit nicht entstehen, da diesen ihr Anteil an der Markgerechtigkeit der Bauern-stätte, der sog. Ware, auch nach der Teilung verblieb. Aber die Aus-märker und deren Heuerleute, die gegen Erlegung eines Weideschillings in der Mark servitutberechtigt waren und nur im Verhältnis zu demselben eine Entschädigung beanspruchen konnten, machten übertriebene Forderungen geltend.[1] Gleichwohl ließ sich auf einem Mittelweg manches erreichen; denn es gab zwei Arten der Markenteilung: entweder kam nur die Holz-nutzung zur Teilung und Viehweide und Plaggenmatt blieben gemein-schaftlich, oder die ganze Mark wurde geteilt und eingefriedigt, indem die gesamten Gerechtsame als Viehweide, Plaggenmatt und Holznutzung zum Anschlag kamen. Die erstere Art schob die Auseinandersetzung mit den Ausmärkern hinaus; die letztere war aber viel vorteilhafter für die Markgenossen und entsprach, da sie den Anbau ermöglichte, mehr der Absicht der Regierung. Diese setzte daher durch das Publikandum vom 15. Mai 1778 für völlige Teilungen Prämien aus.[2] Es wurde auch bestimmt, daß, wenn der Holzgraf, die Erbexen und zwei Drittel der Markgenossen auf der gänzlichen Teilung beständen, die übrigen Mark-genossen sich derselben nicht widersetzen dürften,[3] und in der Verordnung vom 4. Juni 1785 wurde nur noch die Hälfte der Stimmen zum rechts-kräftigen Beschluß erfordert.[4]

Die Unbestimmtheit der Ansprüche der Ausmärker zeigte, wie sehr es doch an einem Markenrecht fehlte; nicht minder umstritten waren die Qualität und Quantität der übrigen Berechtigungen, welches etwa der genaue Anteil der Markgenossen, des Holzgrafen, der Erbexen an den Nutzungen der Mark sei, wie im einzelnen Jagd- und Fischereigerechtigkeit, Nutzung an Holz, Mast, Hut, Weide, Plaggen und Mooren abzufinden seien. Die juristische Literatur,[5] die sich dieser Materie bemächtigte,

[1] cod. const. Osn. II, Nr. 1305.

[2] cod. const. Osn. II, Nr. 1273.

[3] Klöntrup a. a. O., Markteilung, Nr. 7.

[4] cod. const. Osn. II, Nr. 1364.

[5] Es sei nur auf die Schriften von Klöntrup und Stüble hingewiesen.

konnte daher nur dienlich sein; ihre Auffassung vom osnabrückischen Markenwesen lehnte sich an die Ansicht an, die Möser in seiner Osnabrückischen Geschichte vorgetragen hatte. Dieser versagte auch ferner nicht seinen Rat, wenn es neue Fragen zu lösen galt und ängstliche Gemüter vor den drückenden Folgen der Teilung gewarnt waren.

Es wurde die Frage aufgeworfen, ob die Gemeinheiten nach der Teilung mit Steuern zu belegen seien. Möser verneinte dies.[1]) Er wies darauf hin, daß bei dem im Jahre 1667 aufgenommenen Kataster der Grundstücke die Marknutzung der steuerpflichtigen Markgenossen mit zum Steueranschlag gekommen sei. Nur die Vorteile der Markgerechtigkeit als Viehweide, Plaggenmatt und Holzhieb ermöglichten dem Bauern die Wirtschaftsführung und das Zahlen des Monatsschatzes. Wenn er nach der Marktteilung dasjenige als eingefriedigten Zuschlag genieße, was er bisher offen genutzt habe, so sei das doch kein berechtigter Anlaß, den Steueransatz zu erhöhen und den Zuschlag gewissermaßen zweimal zu belasten. Diese Ansicht möchte Möser übrigens nicht dahin verstanden wissen, daß der Staat dauernd vor der Mark Halt machen müsse, da es im Ernstfalle keine Schranke für die Forderungen des Staates gäbe; allein es scheint ihm die Mahnung angebracht, nicht ohne Not neue Steuern auszuschreiben, und in dieser Hinsicht hält er für wichtiger als seine obige Rechtsbelehrung den Hinweis auf die Interessen der Landesökonomie, die zur Zeit eine Heranziehung der einzelnen Markenteile zum Monatsschatz unbillig und unverständig würden erscheinen lassen. Denn der Bauer habe zunächst nur große Kosten von der Urbarmachung des Bodens und von der Holzkultur, und erst sein Enkel werde die Früchte genießen; andererseits werde die Aussicht auf langjährige Steuerfreiheit die Markgenossen anlocken und findig machen, die einer Teilung noch entgegenstehenden lokalen Schwierigkeiten zu überwinden.

Waren auch die Zuschläge vom Monatsschatz befreit, so mußte gleichwohl von den Häusern, die auf den Zuschlägen schatzpflichtiger Bauerngüter errichtet wurden, ein Rauchschatz gezahlt werden. „Dieser Rauchschatz ist gleichsam das Symbolum, wodurch der Staat den steuerbaren Grund in omnem eventum sub catastro wahret". Da nun die Markgerechtigkeit, sei es eines bäuerlichen oder abligen Gutes, die sog. Ware, als dessen Pertinenz betrachtet wurde und daher auch seine rechtliche Eigenschaft teilte, so war die „Ausweisung nach Erbesgerechtigkeit" steuerfrei, wenn sie als Akzessorium des steuerfreien Haupt-

---

[1]) Mösers s. W. II, 41.

gutes angesehen wurde. Der Eigentümer desselben nutzte jetzt dasjenige geschlossen frei, was er zuvor offen frei genutzt hatte. Es bedurfte erst dieser Feststellung Mösers, um alle Zweifel zu heben. Es blieben auch die Wohnungen der Heuerleute auf den Zuschlägen schatzfreier Güter vom Rauchschatz frei, und Möser erklärte unter Darlegung des Unterschiedes „von der Real= und Personalfreiheit", daß ein solcher Zuschlag, selbst wenn er zur Erbpacht ausgetan sei, weder „verbaute" noch schatzpflichtig werde.[1]

Möser hat den Bauernhof oft eine Staatspfründe genannt; der Markenbesitz ist ihm nicht weniger ein „gemeines Gut", dessen Aufteilungsart nicht beliebiger Vereinbarung der Markgenossen allein anheimgegeben werden könne. Der Staat müsse darauf achten, daß die Zuteilung von Zuschlägen an die Höfe nach dem Verhältnis ihrer Mark= gerechtigkeit erfolge, und ferner die Versplitterung der Markgründe eines Hofes ebenso verbieten, wie die des Hofes selbst. Immer wieder hat er betont, daß der Zuschlag als ein accessorium rei principalis be= trachtet werden müsse, daß die Markgerechtigkeit von dem Hauptgut unzertrennlich sei. Schon in der Verordnung vom 14. November 1771 hatte er seinen Willen durchgesetzt, daß die „Anweisung nach Erbes Gerechtigkeit aus der Mark" dem Retrakt unterworfen würde.[2] Er stimmte mit seiner Ritterschaft auch darin überein, daß kein Gut mehr Zuschläge in der Mark erwerben dürfe, als seiner Markgerechtigkeit ent= spreche, hiernach auch für die Zuschläge schatzfreier Güter die Grenze der Steuerfreiheit gesetzt werde. „Wird dieses Verhältniß bey Seite gesetzt: so wird dem mächtigen Thür und Thor geöfnet, alles an sich zu bringen und dem Catastro zu entziehen, was die Noth zum Verkauf bringt, und dann entgeht dem Staate zu viel, wenn der Mächtigste natürlicher Weise der Meistbietende, und solchergestalt der Adel immerfort im Stande ist, sich jede vorfallende Gelegenheit zu Erweiterung seines freyen Allodii, so wie zur Einschränkung des schatzbaren Vermögens zu bedienen".

So sehen wir Möser überall bedacht, den großen Gesichtspunkt zu wahren, aus dem der Staat die Teilungen wünschen konnte und das Wohl der Hofbesitzer wahren mußte. Die bischöfliche Kammer hatte an

---

[1] Mösers s. W. II, 42; „Rechtliches Bedenken des ritterschaftlichen Syndici Rath Mösers wegen Besteurung der Zuschläge, so befreyte Personen aus der Mark erhalten", 41 Seiten langes Gutachten, St.=A. Osn. Historischer Verein V, 305 c.

[2] s. oben unter „Retrakt".

ben erſteren bas regſte Intereſſe, ba ber Landesherr in vielen Marken Holzgraf war unb als ſolcher oft 12 Waren bei ber Teilung zugewieſen erhielt. Im ganzen zeitigte bieſer tiefe Eingriff in bie ländliche Verfaſſung erſt in einer ſpäteren Zeit burchgreifenben Erfolg. Immerhin iſt ſchon bamals bie Anzahl ber geteilten Marken nicht unbeträchtlich. Die „Beſchreibung ber Landesherrlichen Forſten im Hochſtift Osnabrück aufgeſtellet im November 1777" zählt folgenbe Teilungen ſolcher Marken auf, an benen ber Landesherr als Holzgraf ober Erbexe partizipierte:[1]

im Amte Iburg

    a) bie Iburger Mark im Jahre 1715, b) bie Laerſche 1722;

    c) bie Remſeber 1725, d) bie Glaner 1735;

    e) bie Hilter 1738, f) bie Schlebehäuſer Walbmark 1742;

    g) bie Erpinger 1744, h) bie Dißener 1745;

    i) bie Deſeber 1746, k) bie Schlebehäuſer Nieberberger Mark 1746;

    l) bie Oſtenfelber 1770;

im Amte Börden

    a) bie Heſeper 1739, b) bie Achmer 1744;

im Amte Wittlage

    a) bie Angelbecker 1742, b) bie Eßener 1773;

im Amte Grönenberg

    a) bie Neuenkirchener 1775, b) bie Buerſche 1763.

---

3. Die Armenpolitik.

Im Hochſtifte waren ſeit bem breißigjährigen Kriege bie Klagen über Betteln unb Lanbſtreicherei nicht mehr abgeriſſen unb wieberholt in ben Lanbtagsverhanblungen in Zuſammenhang mit ben Klagen über bas Häuslingsweſen erſchienen. Ernſt Auguſt II. hatte baher zu Beginn ſeiner Herrſchaft eine Armenorbnung geplant,[2] jeboch nur bie Verorbnung vom 16. März 1723 erreicht, bie bas Almoſenſammeln burch bas Erforbernis ber nur vom Geheimen Rat ausgeſtellten Kollekten= briefe beſchränkte.[3]

---

[1] St.-A. Osn. L.-A. B. 219.

[2] Möſer, Mitt. a. b. Geſch. Ernſt Auguſts II., a. a. O. p. 10; Stüve, Lanbgemeinben, p. 139.

[3] cod. const. Osn. I, 1321 ff.

Die Ordnung des Bettelwesens war auch für die Minder=
jährigkeitsregierung der Ausgangspunkt der Armenfürsorge; diese zeigte
sich zweitens durch die Rücksichtnahme und eigenartige Behandlung der
Heuerverhältnisse bedingt. Während auf der einen Seite der
Müßiggang unnachsichtlich bestraft wurde, zum Teil weil er eine Ver=
minderung des Arbeitsangebotes bedeutete, bildete die Regierung anderer=
seits eine geregelte Fürsorge für die wahrhaft Hilfsbedürftigen aus.
Insofern war Mösers Wort das Motto: „Eine Bettlerin im Regentuche
ist eine Satyre wider die Obrigkeit, die entweder die Unglückliche nicht
versorgt oder die Schuldige nicht strafet". Der Aufforderung der ersten
Landtagsproposition folgte die Verordnung vom 3. März 1766; [1]) als
Grundsatz stellte sie auf, daß jedes Kirchspiel seine Armen zu
unterhalten habe. Jedoch besaß nur der ein Recht, Almosen zu
sammeln, der in dem Kirchspiel geboren war oder darin seine nächsten
Blutsfreunde wohnen hatte oder darin sich wenigstens zehn Jahr redlich
und fleißig ernährt hatte. Das Almosensammeln war zeitlich auf zwei
Tage in der Woche beschränkt und örtlich für jeden Armen auf seine
Bauerschaft; nur in der Woche vor den vier hohen Festen stand ihm das
ganze Kirchspiel offen. Den Pastoren fiel die Aufsicht über den Schul=
besuch der Armenkinder zu; dagegen gestand ihnen der einzige Widerspruch
der Stände gegen den vorgelegten Entwurf die Unwürdigkeitserklärung
eines Armen zum Almosenbetteln nicht zu.[2])

Gegen das Bauerschaftsprinzip wurde von vornherein mancher
Widerspruch laut. Es wurde von vielen Vögten darauf hingewiesen,
daß es in ihren Kirchspielen den Bedürfnissen gar nicht entspreche: die
Bauerschaften seien doch von zu verschiedener Größe; manche weise nur
verschuldete Höfe auf, die dann die oft in gleichem Verhältnisse stehende
Menge von nicht seßhaften Armen nicht tragen könne, während daneben
wohl eine reiche Bauerschaft mit üppigen Höfen, frei von jeder Armen=
fürsorge, liege.

Man muß Mösers Anschauungen über die Heuerverhältnisse und
die neuen Anbauer würdigen, um zu verstehen, weshalb er nicht gewillt
war, hier nachzugeben. Hand in Hand mit dem Wachsen der Landes=
gewerbe ging die Vermehrung der Heuerleute und besonders der Anbauer
in der Mark, lebhaft vom Beifall der Fürsten und der Wirtschafts=
theoretiker begrüßt. Dagegen mochte Möser, der doch fürwahr sehr um

---

[1]) cod. const. Osn. II, Nr. 1067.

[2]) St.=A. Osn. L.=A. B. 242.

die Hebung der Industrie seines Landes besorgt war, dem damit ver=
bundenen Bevölkerungszuwachs als wachsamer Beobachter nicht ohne
Einschränkung zujubeln. Er wies vielmehr auf die Nähe des Be=
völkerungselends hin und warnte vor der Aufzucht eines Heuer=
proletariats. Denn was viele nur als die Zeichen des blühenden
Volkswohlstandes betrachteten, waren nicht selten Hütten der Armut.
Gerade aus dem kapitallosen Volk, das da draußen auf der Mark oder
sonst in Heuerhäusern saß, sah Möser die Bettler hervorgehen, Leute, die
in ihrer Gebrechlichkeit keinen Vermögensrückhalt hatten, aber auch
manchen Müßiggänger.

Er wiederholte daher auf die Einwände gegen die Verordnung:
„so großes Mitleid auch die unverschuldete Armuth verdient“, es bedarf
der Strenge, um den Fleiß bei den geringen Leuten zu erhalten, das
Zusammenlaufen von Gesindel in unserm Stifte zu verhüten. Hier
hilft uns nichts besser als die Beihilfe, die das Selbstinteresse der
Bauerschaft, auch zu ihrer eigenen Erziehung, leistet. Denn die Bauer=
schaften verschaffen uns die Anbauer, aber auch oft armes
Volk. Die Bauerschaften eines Kirchspiels sind oft in verschiedenen
Marken interessiert. Die eine hat mehr Gelegenheit als die andere,
bemüht sich vielleicht stärker darum, Heuerleute dort anzusetzen. Sollen
die letzteren nun, wenn sie verarmen, den benachbarten Bauerschaften vor
die Tür laufen? Wird nicht eine jede vorsichtiger werden, aufmerksamer
darauf, nur sichere und arbeitstüchtige Männer heranzuziehen, wenn sie
selbst für den von ihr angerichteten Schaden einstehen muß? Und wird
nicht die Quelle des Mitleids mit den Unglücklichen reichlicher fließen,
wenn die Furcht vor Überlauf von Bettlern aus anderen Orten fortfällt?[1])

Den Antrag, eine auf die Bauernerbe ausgeschriebene Armen=
steuer einzuführen, lehnte Möser ab, da ein solcher Zwang nur das
freiwillige Mitleid zum Schaden der Armen selbst aufheben würde.[2])
Aus besonderen Rücksichten auf die münstersche Nachbarschaft gab er den
Gebrauch von Kollektenbriefen im Kirchspiel Damme ohne Be=
schränkung auf die Bauerschaften zu,[3]) ohne diese Einrichtung durchweg

---

[1]) s. die Reskripte der Regierung an den Vogt zu Ankum 5. Dez. 1771, den
Vogt zu Schledehausen 16. März 1775 und die Fürstenauer Beamten 8. Febr. 1776,
Mösers Konzepte derselben St.=A. Osn. Abschn. 198, 32 u. 198,5; ferner die Ein=
leitung der Verordnung 18. Nov. 1774.

[2]) St.=A. Osn. Abschn. 198,5, St. 4.

[3]) ebd. St. 1.

zu billigen: sie „hat allemahl den Fehler, daß Pfarrer und Provisoren (Armenvorsteher) die Zeugnisse der wahren Armuth ertheilen müssen; und daß diese dem Anlauf, dem Mitleid und offtmals auch der Gefahr einer üblen Begegnung zu sehr ausgesetzet sind, mithin ihre Zeugnisse dem dreisteßten Bettler am wenigsten weigern dürfen". Bei Schlede= hausen, Menslage (1775)[1] und den Fürstenauer Kirchspielen (1776) gab er einmal die Erlaubnis, bis zur nächsten Ernte die Armen jeder Bauerschaft alle 14 Tage oder alle Monate durch das ganze Kirchspiel Almosen sammeln zu lassen. Im übrigen hielt Möser, diese wenigen Fälle ausgenommen, am Bauerschaftsprinzip fest;[2] ja er bestätigte oben= drein eine Vereinigung der Bauerrichter im industriereichen Kirchspiel Ankum, die das Betteln durch das ganze Kirchspiel vor den 4 hohen Festen untersagte, weil es bei der großen Anzahl von Armen (155), die sich truppweise zusammengerottet hatten, zu pöbelhaften, gemeingefährlichen Auftritten gekommen war.[3]

Neben der Bauerschaftshilfe trug auch die Stiftskasse zu den Armenlasten bei. Schon seit 1749 hatte sie Almosen ausgeteilt, und ihr Konto „Armenmemoralien" mußte auch nach der Verordnung vom 3. März 1766 für diejenigen bestehen bleiben, die keinen Anspruch auf Unterhaltung aus der Bauerschaft hatten. Jedoch schenkte die Regierung jetzt gemäß ihrem Publikandum vom 30. November 1767[4] Bittgesuchen nur Gehör, wenn die Beamten, die Vögte oder die Gemeindevorsteher die Bedürftigkeit des Bittstellers bescheinigt hatten. Durch Möser be= wogen, beschloß die Ritterschaft 1771 sogar, die Armenbeisteuer aus der Stiftskasse,[5] die sich in den letzten Jahren auf 2—3000 Taler jährlich belaufen hatte,[6] nur noch für wenige Armen zu bewilligen, die eine besondere Rücksicht verdienten, besonders für Findlinge und Irre, mit Bezugnahme auf diesen Beschluß lehnte die Ritterschaft 1775 jede weitere Beachtung der sog. Armenmemoralien ab.[7]

---

[1] ebb., St. 4 u. 7.

[2] ebb., St. 2 u. 18.

[3] ebb., St. 24 u. 31.

[4] St.=A. Osn. Abschn. 198,29, St. 5.

[5] Conclusum der Ritterschaft vom 21. Jan. 1771, von Möser aufgesetzt, R. A. 644, p. 1687/90; es erfolgte auf ein Gutachten Mösers (s. Hinweis p. 1584), das aber nicht mehr in den Akten liegt (s. Schelvers Notiz, ebb., p. 1685).

[6] St.=A. Osn. Abschn. 198,33, St. 8.

[7] Resolutum der Ritterschaft vom 23. Jan. 1775, von Mösers Hand, R. A. 496, Beilage 3.

Dies entsprach auch dem Wortlaut der neuen Verordnung vom
18. November 1774,[1]) die an dem Bauerschaftsprinzip festhielt und
obendrein hinsichtlich der Aufnahme von Heuerleuten nicht nur an die
Vorsicht und das Interesse der gesamten Bauerschaft, sondern auch der
einzelnen Bauern appellierte. Wenn schon die Vögteordnung von 1755
den Wehrfester für die Entrichtung des Rauchschatzes seines Heuermanns
haftbar gemacht hatte, so ließ die neue Verordnung den Wehrfester auf
zehn Jahr für die Schatzungen und Holzungsbrüchten seiner neu=
aufgenommenen Heuerleute einstehen und befahl ihm, seinen
Heuermann, falls er sich aufs Betteln legte, zur nächsten Jahrenszeit in
das Kirchspiel oder in das fremde Land, aus dem er gekommen war,
wegzuschaffen. Damit war die Landesverweisung eingeführt, die
Möser 1773 zu verteidigen unternommen hatte.[2]) Nur wenn den
Heuermann ein besonderes Unglück betroffen hatte, sollten der Vogt und
die Kirchspielsvorsteher entscheiden, ob er als einheimischer Kirch=
spielsarmer zu gelten oder nach Ablauf von zehn Jahren das
Kirchspiel zu verlassen habe. Die einheimischen Armen sollten zur Arbeit
herangezogen, eventuell die gesunden und starken, aber arbeitsscheuen
Bettler mit Zuchthausarbeit dazu gezwungen werden; wo für die Hilfs=
bedürftigen die gewöhnlichen Armenmittel nicht ausreichten, mochte der
Pfarrer eine freiwillige Hauskollekte zulassen.

Neben dem Almosensammeln der Armen in ihren Bauerschaften,
neben den Beisteuern aus der Stiftskasse stand die Schatzremission,
wodurch die Stiftskasse noch indirekt zu den Armenlasten kontribuierte:
der Vogt brachte diejenigen Einwohner eines Kirchspiels, die nach dem
Zeugnis des Pfarrers und der Kirchspielsvorsteher für arm galten, bei
dem Rauchschatz in Abgang. Je nach der verschiedenen Auffassung der
Vögteordnung, nach dem verschiedenen Usus katholischer oder protestan=
tischer Pfarrer standen einige Kirchspiele ohne Schatznachlaß, andere mit
10 Prozent in der Stiftsrechnung. Um diese Ungleichheit zu heben und
zugleich das Schatzremissionswesen zu verbessern, beantragten die Stände
1776, jedem Kirchspiel 5 Prozent seines Rauchschatzes zu=
fließen zu lassen, ungefähr 1650 Taler jährlich. Der König ließ sich
für diesen Antrag durch einen von Möser aufgesetzten Bericht[3]) gewinnen

---

[1]) cod. const. Osn. II, Nr. 1234.

[2]) Mösers s. W. I, 1.

[3]) Reg.=Ber. 14. Juni 1776, St.=A. Osn. L.=A. B. 339; Mösers Konzept
desselben St.=A. Osn. Abschn. 198,33, St. 8.

und wies durch die Verordnung vom 27. Mai 1777[1]) jedem Kirchspiel 5 Prozent seines Rauchschatzes zu. Was davon nach der für einzelne Unvermögende beantragten Schatzremission überblieb, lieferte der Vogt an den Pfarrer zur Verteilung ab. Diese wurde in den simultanen Kirchspielen nach dem Verhältnis eingerichtet, in dem jede Religionspartei zum Rauchschatze beitrug.[2]) So blieb fortan neben dem Almosensammeln in den Bauerschaften eine erweiterte Fürsorge der Kirchspiele, welche von Möser 1772 in dem Aufsatze „jeder zahle seine Zeche"[3]) empfohlen war.

---

4. Drittes Kapitel und Schluß der sozialen Theorie Mösers.

a) Möser über die Nebenwohner.

Bauern, Bürger und Nebenwohner sind die drei Gruppen in dem von Möser entworfenen Bilde des Staates. Wo er die Bedeutung der Nebenwohner, vor allem der Heuerleute, als des dritten Teils zu charakterisieren unternimmt, knüpft er zumeist an eine historische Darlegung der Entwicklung desselben an.[4])

Der alte Staat der Germanen besteht ihm aus lauter hofgesessenen Mitgliedern. Diese reihepflichtigen Landeigentümer duldeten keinen unter sich, der nicht mit gleicher Schulter die gemeinsamen Lasten trug. Ein Mann, der hierzu nicht vermögend war und auch nicht durch gleichen Besitz Rechtssicherheit gewährte, galt ihnen als Knecht. Der Hofbesitzer nämlich, der sich straffällig machte, büßte mit seinem Vermögen. „Der kleine Staatskörper gleicht einem würdigen Capitel, wo der unfehlbare Verlust der Präbende oder die Verweisung aus der Versammlung die größte und empfindlichste Strafe ist". Wie hätten die erbgesessenen Bauern bei einer solchen Verfassung einen freien Neubauer unter sich dulden können, der, wenn er ein Verbrechen beging, ohne Schadlos= haltung des Geschädigten seine geringe Hütte, sein kleines Gärtchen und

---

[1]) cod. const. Osn. II, Nr. 1257.

[2]) Nach den beiden Gutachten Preuß' und Mösers, St.=A. Osn. Abschn. 198, 33.

[3]) Mösers s. W. II, 38.

[4]) s. besonders Mösers s. W. I, 42 und II, 1.

wenige Scheffelsaat Landes hätte im Stich lassen und sich flüchten können? Die Einführung der Neubauern und die daran anknüpfende Rechts=unsicherheit hätten sie notwendigerweise zur Anwendung von Leibes= und Lebensstrafen zwingen müssen. Als sich schließlich diese Änderung der ländlichen Verfassung und der Strafjustiz nicht mehr hindern ließ, geschah es eben nicht ohne Verlust der Vorteile der alten Verfassung für Tugend, Sitten und Polizei; „jetzt sind wir nicht so strenge und die Bedürfnisse von Menschen und Gelde haben dem Staate so wie den menschlichen Begriffen eine ganz andere Wendung gegeben". Neben dem Hausmanns=stand sind Städter, Heuerleute und andere kleine Beiwohner zu finden. Sie haben sich in den Hodevereinigungen mächtiger Schutzherren aus=gebildet, und indem sie sich zwischen die Freien und die Knechte schoben, diesen ersten Gegensatz überhaupt zerstört.

Wie zuvor die Geldaktionäre, so sind jetzt auch die Nebenwohner Mitglieder des Staates geworden. Denn bei den wachsenden Ausgaben der Staatskompagnie hat das Aktienkapital vergrößert werden müssen, und neben den liegenden Gründen, den Landaktien, und dem Geldreichtum, den Geldaktien, sind die Leiber der Menschen als dritter Posten in die Staatsrechnung eingestellt, und unter den an den Staat zu entrichtenden Leistungen erscheinen neben dem Heeresdienst, an dessen Stelle der Monatsschatz getreten ist, und den Vermögenssteuern jetzt die Personensteuern. So ist „zuletzt jeder Mensch ein Mitglied der großen Staatscompagnie, oder wie wir jetzt sprechen, ein Territorial=unterthan geworden". Aber damit werden die Rechte der Untertanen doch nicht gleichförmig, gerade die Verschiedenheit der Aktien verlangt verschiedene Rechte.[1])

Diese Folgerung will genauer gedeutet sein: Der Historiker, der soeben noch den Tacitus zitiert, die „gülbenen Zeiten" Karls des Großen und der Hansa beschrieben, kommt in der weiteren Darstellung zu den Nebenwohnern, zu dem Heuerwesen. Dabei hält er sich das bewunderte Bild der Germanenzeit gegenwärtig, da er fest davon überzeugt ist, daß ihr Verständnis, wie es zur „Naturgeschichte der Staatsverfassung" ge=höre, zugleich Richtlinien für die neuen Polizeiordnungen geben könne. Von hier aus aber ist es zu begreifen, wenn er für das Bild des Heuerwesens zu so grellen Farben greift und den Satz verteidigt, daß man Hofgesessenen und Heuerleuten nicht gleiches Recht schuldig sei. Nirgends hat Möser diesem Gedanken einen so schroffen Ausdruck ver=

---

[1]) Möser, s. W. III, 63.

liehen als in dem Aufsatz „von dem Einflusse der Bevölkerung durch Nebenwohner auf die Gesetzgebung". An ihm haben die Zeitgenossen und spätere Beurteiler immer wieder Anstoß genommen. Es ist dies zwar ein Stück von starkem „Erbgeschmack", aber unter Voranstellung des Satzes „das Bedürfnis der Armee und des Staats entscheidet allein was Recht ist", mit Hinblick besonders auf die Steuerverfassung des Landes so verständlich, wo der Heuermann große Vorteile genoß, aber mit seinem Rauchschatz verhältnismäßig weniger als der den Monatsschatz gebende Hofgesessene zu den öffentlichen Lasten beitrug.[1] Wir haben ferner gesehen, wie der Staat durch Werkhäuser die Bettler schrecken und das Almosensammeln beschränken mußte; wie beim Armenwesen, so fielen auch während der Kornteuerung die Heuerleute den Bauern zur Last; die Marken wurden durch die Nebenwohner stark genutzt, sie erschwerten nun obendrein die Teilungen. Sieht man schließlich genauer zu, wo der harte Ausdruck von der Verschiedenheit der Rechte, an deren Geltung Möser allerdings festhält, gebraucht wird, so erkennt man in ihm die Zuspitzung seiner Äußerungen auf die in der Armenverordnung gesetzmäßig eingeführte Landesverweisung fremder Heuerleute, die sich aufs Betteln legten. Man wird auch die Deklamation des Vortrags in Abzug bringen müssen. Was Möser im ganzen sagen will, ist dies: „eine muthlose, träge und schamlose Volksmasse, welche anfängt, Betteln und Stehlen für ein ehrliches Nothmittel zu halten, wird die Landeigenthümer in wenigen Jahren erschöpfen". Die Bevölkerung ist ihm ohne Zweifel eine wichtige Lebensfrage des Stifts; solchen großen Zwecken galt es aber nach seinen Worten große Opfer zu bringen, und so ist er für ein straffes und gesundes Durchgreifen.

Über die Aussichten der Bevölkerungspolitik für sein Land hat Möser in dem „Schreiben über ein Projekt unserer Nachbarn, Colonisten in Westphalen zu ziehen" geurteilt.[2]

Er bezweifelt darin für Osnabrück die Möglichkeit eines Anbaus, der nur vom Ackerbau getragen wird. An einem Vergleich der fruchtbaren Rheinlande und dem Heideboden seiner Heimat zeigt er, daß der Heidebewohner zum Sklaven seiner Arbeit wird, ohne sein Auskommen bei einigen Morgen schlechten Landes, einer mageren Weide und ein wenig Torf zu finden. Schon deswegen sei ein Zuzug von Anbauern aus besseren Gegenden nicht zu erwarten, und für diejenigen, die den

[1] Mösers s. W. II, 1.

[2] Mösers s. W. I, 60.

Mut dazu fänden, sich unter solchen Umständen in Osnabrück als Neben=
wohner niederzulassen, bleibe der Hollandsgang die beste Nahrungsquelle.

Hinsichtlich der Art der Bevölkerung entscheidet er sich nicht für
die anderswo beliebte Anlage von Köttereien, die der Neubauer zu
Eigentum erhält, weil dieser neben dem Hausmannsstand nur eine ver=
kümmerte Existenz erlange; denn der Hofgesessene, der auf seinen Gründen
schon eine Salstätte, Leibzucht und mehrere Nebenhäuser habe, würde
einem fremden Neubauer den Mitgenuß der gemeinen Weide nicht gern
einräumen. Die beste Art der Bevölkerung gewinne man vielmehr durch
das Ansetzen von Heuerhäusern auf den Zuschlägen, die die Erbstätten
aus der Mark gewönnen. Denn der Hofgesessene wünsche einen Neben=
wohner, der sein Heuermann sei; wenn ein Band gegenseitiger Hilfe
bestehe, werde er mit dem Mitgenuß an der Weide nicht kargen; am
liebsten werde er Nachbarskinder in Nebenhäusern ansetzen, „die der
Gegend und der Arbeit gewohnt und mit ihm verwandt und bekannt sind".

Der Bedeutung des Hollandsgangs im Rahmen der Be=
völkerungspolitik trugen die Aufsätze Mösers über diese periodische Arbeiter=
wanderung Rechnung.[1]

Die Hollandsgänger blieben zum Teil dreiviertel Jahr fort und
vermieteten sich zur Gartenarbeit, die andern gingen als Grasmäher
gleich nach der Feldarbeit und blieben zwei Monate der Heimat fern.
Der Hollandsgang bot, wie Möser treffend ausführte, ein typisches
Bild räumlicher Arbeitsteilung dar. Diese „Simplifikation" erwachse
aus der gewohnheitsmäßigen Erziehung territorialer und sozialer Gruppen
zu der gleichen Beschäftigung, in der sie es zu einer vorzüglichen Fertigkeit
und Geschicklichkeit brächten. „So wandert eine Nation zur andern, um
bei ihr des Sommers ein Stück Brod zu verdienen, was sie des Winters
zu Hause verzehret."

Mancher wollte diesen Hollandsgang von der Regierung eingeschränkt
wissen, und ein Pfarrer, dem die Erfahrung damit in seinem Kirchspiel
Anlaß zu mannigfachen Klagen gegeben hatte, bestritt in einem Aufsatz
der Intelligenzblätter die Nützlichkeit dieser Arbeiterwanderung.[2]
Moralische und gesundheitliche Gefahren führte er an und wies auf den
geringen wirtschaftlichen Profit hin. Möser gab in einer Erwiderung
die Klagen im einzelnen zu, hielt aber Zwang diesen Leuten gegenüber
für unbillig. Wohl sei es besser, wenn alle Landleute in ihrer Heimat

[1] Mösers s. W. I, 15, 16.
[2] Mösers s. W. I, 14.

blieben und dort ebenso viel wie in der Fremde verdienen könnten. Aber ehe der Gesetzgeber ihnen nicht ein solches besseres Auskommen zu bieten vermöge, dürfe er ihnen auch nicht zu nahe treten; und mit Rücksicht auf den durch die arbeitsteilige Funktion gewonnenen Profit würde es unbesonnen sein, vielen Landeseinwohnern den gewohnten Weg zu sperren, um sie einen ungewohnten zu führen.

Die Vorteile aus dem Hollandsgang für das nicht gleichmäßig mit günstigem Boden bedachte Land waren höchst bedeutend. Lediglich ihm war die reiche Bevölkerung zuzuschreiben;[1]) die Linnenindustrie gewann zahlreiche Arbeitskräfte an den Heuerleuten, die trotz des Hollandsgang und bei ihrer geringen ländlichen Wirtschaft manche freie Stunde zum Spinnen und Weben erübrigten; zuletzt ergaben sich aus dem Heuer= wesen die größere Nutzung des Bodens und die hohen Bodenpreise.

Wenn schon die bis hierher vorgetragenen Ansichten Mösers über die Nebenwohner, deren Vorteile und Gefahren notwendigerweise Bezug auf die ersten Teile seiner sozialen Theorie nehmen, so zeigt sich der innige Zusammenhang aller drei Kapitel derselben in einem besonderen Falle darin, daß Möser wie für die Bauern und Bürger so auch für die Nebenwohner, und zwar für die Dorfgesessenen und Markkötter, zum genossenschaftlichen Zusammenschluß rät. Denn wenn diese auch den Schutzverbänden der Hoben zugehörten, so wären doch die Hobeherren bei dem Empfang geringer Hobepfennige kaum geneigt, sich sonderlich um ihre Schutzbefohlenen zu kümmern, und diese etwa bei der Korn= teuerung ohne die Kirchspielsanstalten verlassen gewesen, während die wohlhabenden Bauern für ihre Heuerleute gesorgt hätten. Möser macht daher den Vorschlag, die Dorfgesessenen und die Markkötter in „Kirch= spielsgilden" zu vereinigen, die mit gesamter Hand sich leicht zu helfen vermöchten.

Und noch eins: wir haben oben Mösers Wunsch und Antrag auf eine „beamtliche Lokalkontrolle" gesehen; der Vogt des Kirchspiels sollte für die Erhaltung der Bauerngüter eintreten, Hypothekenbücher führen und bei den Pfändungen eine bestimmte Grenze einhalten.[2]) Eine ähn= liche „vogteiliche Hülfe" erscheint Möser auch für die Nebenwohner wünschenswert. Sie sollten, wenn sie es verlangten, wegen ihrer Schulden nicht gerichtlich belangt und dadurch in weitläuftige Unkosten gestürzt, sondern kurzer Hand vom Vogt zur Zahlung angehalten werden.

¹) Mösers s. W. I, p. 426.
²) Mösers s. W. II, p. 33.

Einen dritten Vorschlag Mösers zugunsten der Nebenwohner nahm die Gesetzgebung auf. Schon 1772 hatte er darauf aufmerksam gemacht, daß die Frauen der Heuerleute sich des sog. Frauenrechts bedienten, und wenn ihre Männer gepfändet werden sollten, sich den Gläubigern unter dem Vorwande widersetzten, daß die gepfändeten Sachen ihnen zugehörten oder von ihnen bei der Heirat eingebracht worden seien.¹) Die Landtags= proposition von 1781 beantragte daher zum Besten der Landeigentümer und des Krebits der Heuerleute, daß beide Eheleute für die Land= und Hausheuer haften sollten. Darauf wurde durch die Verordnung vom 11. November 1782 bestimmt, daß, wenn die Eheleute den Winn= zettel miteinander angenommen hätten, es keines weiteren Verzichts der Ehefrau auf die dem weiblichen Geschlecht zustehenden Rechtswohltaten bedürfe.²) Möser, der noch 1775 geschrieben hatte, „also sind die weib= lichen Rechtswohlthaten nicht zu verachten",³) nahm hier davon Abstand, wo es sich um Bürgschaften für kleine Mietssummen bis zu 30 Talern handelte, und die beabsichtigte größere Sicherheit gleichwohl das Ver= heuern nicht erschweren und durch etwaige gerichtliche Sporteln verteuern durfte.

b) Möser über Stände und ständische Vertretung.

Wenn Mösers Theorie die sozialen Gruppen der Hofgesessenen, Bürger und Nebenwohner aneinanderreiht, so wird man zunächst den Adel vermissen. Aber es ist nicht etwa dessen numerische Minderheit, die es verbietet, ihn neben diesen drei Gruppen zu nennen. Es ist vielmehr das Herausstellen des „Sachenrechts", das Ausgehen von der Natur und Bedeutung der Aktien in der Staatskompagnie, die Möser auch den Adel nur in Beziehung auf die Landaktie als den Repräsentanten der Hofgesessenen auffassen läßt. Erst Mösers Betrachtung des gesetz= beratenden Faktors im Staate, der ständischen Vertretung, reiht den Adel in das Bild der sozialen Verfassung ein und gibt zugleich eine Endansicht über das Verhältnis der sozialen Gruppen zueinander.

Wie in den drei Kapiteln der Theorie über die sozialen Gruppen werden wir auch hier Mösers Ansichten über die historische Entwicklung seines Gegenstandes folgen müssen, und es wird zum Teil manches schon

---

¹) Mösers s. W. II, 23.

²) St.=A. Con. L.=A. B. 244.

³) cod. const. Osn. I, p. 1758 f.; Mösers Konzept St.=A. Osn. Abschn. 267, 88.

früher Erwähnte des Zusammenhangs wegen noch einmal genannt. Auch darf nicht verschwiegen werden, daß die Gedanken Mösers über das Wesen der einzelnen Landstände und den Umfang ihrer Rechte viele Jahre nach der Minderjährigkeitsregierung ihre beste Formulierung gefunden haben, als ihm seine Abneigung gegen die Art der in der französischen Revolution geübten Verfassungsänderung die Feder in die Hand gab. Doch sind es keine wesentlich neuen Töne, die damals von ihm angeschlagen wurden, nur sind in früheren Jahren die gleichen Gedanken nicht in demselben gleichmäßig ausgeführten Zusammenhang vorgetragen, wozu die Osnabrücker Verhältnisse auch keinen Anlaß darboten.

Nach Möser[1]) ist in der ersten Epoche der deutschen Geschichte jeder deutsche Ackerhof mit einem Eigentümer besetzt. Diese „Wehren" waren die Mitglieder in der Nationalversammlung, und ihr erwählter Richter zu Hause war ihr Oberster im Felde. Als nun der Heerbann dem Lehnsdienste wich, trat an die Stelle des Wehrgutes Lehn-Pacht-Zins- und Bauerngut. „Der Hauptmann verachtete seine Landcompagnie und die Eigenthümer gingen vom Hofe und nahmen Lehn".[2]) Der erste setzte einen Meier oder Schulzen auf seinen Meierhof und die andern überließen ihren Hof einem Aftermann, beide mit Vorbehalt sicherer Dienste und Pächte. Die zurückbleibenden Eigentümer gerieten so in Bedrängnis, daß sie sich ihr Gut von einem Mächtigen zur Leihe auftragen ließen. Damit trat eine Scheidung in Gutsherren und Kolonen ein, die ihren Einfluß auf die Gestaltung der Landstandschaft ausübte. Denn die Landtagsfähigkeit war mit dem „echten Eigentum" verknüpft, das sich außer dieser „Stimmbarkeit im Staate" noch in der Jagdgerechtigkeit und Schöffenbarkeit äußerte.[3]) Das echte Eigentum einer landtagsfähigen Hufe oder Landaktie, das der Gutsherr zurückbehielt, war nun die erste Quelle des Adels.[4]) Da die Hofgesessenen, die unter Gutsherrlichkeit standen, keine Stimme in der Nationalversammlung hatten,[5]) so wurde der Adel gewissermaßen zu ihrem Repräsentanten. Diese Ansicht vom echten Eigentum bestimmte durchweg Mösers Auffassung vom Abel. Zwar will er die Rechte einer edlen Geburt nicht außer Betracht lassen, aber er rechnet so wenig jemanden

1) Mösers s. W. VI, Vorrede z. Osn. Gesch.
2) Mösers s. W. III, p. 61.
3) Mösers s. W. IV, 43.
4) Mösers s. W. IV, p. 260 und V, p. 179.
5) Mösers s. W. IV, 36.

seiner edlen Geburt wegen zur erften Klaffe als jüngere Kinder eines
Aktionärs zur Staatskompagnie, wenn der ältefte allein die Aktie geerbt
hat; unter Erbadel will er nur das Vorzugsrecht verftanden wiffen, das
mit der Landaktie vererbt.[1]) Daneben weift er dem Abel die Aufgabe
zu, als mittlere Gewalt zwifchen dem Fürften und der Maffe der Untertanen dem Defpotismus entgegenzutreten.

Neben dem Abel und durch diefen in der Landfchaft repräfentiert
ftehen die hofgefeffenen Bauern, für die Möfer aus Neigung und
Gefinnung ftritt und denen er vor allem die Sorgfalt feiner ftaats-
männifchen Tätigkeit zuteil werden ließ. Dies paßte fich feiner hiftori-
fchen Anfchauung an, und in dem fkizzenhaften Entwurf einer Gefchichte
Deutfchlands[2]) beabfichtigte er, die gemeinen Landeigentümer als die
wahren Beftandteile der Nation durch alle ihre Veränderungen zu verfolgen, aus ihnen den Körper zu bilden und die großen und kleinen
Bedienten diefer Nation als böfe oder gute Zufälle des Körpers zu
betrachten. Zwifchen fie und den Staat feien die mittleren Gewalten
getreten, und feitdem gemeine Ehre vor der Ehre im Dienft gefchwunden.
Die Kaifer hätten nicht verfucht, durch Befeitigung der mittleren Gewalten
die Bauern wieder zu Landeigentümern zu machen und ftatt des Lehns-
dienftes „gemeiner Hülfe" zu gebrauchen. Desgleichen hätten die Fürften,
durch die Unterhaltung der Söldnerheere in Finanznöte geraten, fich
lieber der Beihilfen von Gutsherrn und Städten verfichert und fo das
Entftehen der Landfchaften veranlaßt. Erft die vollendete Landeshoheit
habe in ihrer ftraffen Ausbildung des Steuerwefens das alte Reichs-
eigentum aufgefucht und zur gemeinen Hilfe gebracht und beswegen die
Rechte der Geiftlichen, Dienftleute und Städte in Anfehung des Reichs-
eigentums fixiert. Infofern erfcheint die Territorialhoheit dem um die
Erhaltung der Landaktie beforgten Staatsmann immerhin als der glück-
lichfte Abfchluß der bisherigen Verfaffungsentwicklung, und Möfer ftellte
fich ganz in den Dienft diefer Politik; er wiederholte es oft, daß dem
Staat mehr an der Erhaltung der Bauern als an dem Intereffe der
Gutsherrn gelegen fei. Seine wichtigfte Forderung für die Bauern war
daher die des Freiftamms;[3]) denn wenn auch die gemeine Reihe
nicht mehr aus Volleigentümern beftehe, ohne Eigentum dürfe der zur
gemeinen Reihe verpflichtete Untertan nicht bleiben.

[1]) Möfers f. W. V, p. 187—189.

[2]) Möfers f. W. VI, Vorrede z. Osn. Gefch.

[3]) Möfers f. W. III, 61 u. 62.

Mit seiner Ansicht vom echten Eigentum wurde Möser im allge=
meinen den Tatsachen gerecht. In den beiden vorsitzenden Ständen, im
Domkapitel und in der Ritterschaft wurden die Landaktien durch die
Gutsherren repräsentiert. Das Wertvolle dieser Erscheinung war für
Möser jedenfalls die überwiegende Repräsentation der Landaktien in der
Landesversammlung. Eine andere Frage ist es, ob ihn auch die Re=
präsentation so vieler Landaktien durch wenige Gutsherrn befriedigte?
Seine Verteidigung dieses Zustandes mit der Notwendigkeit der mittleren
Gewalt enthält doch keineswegs sein abschließendes Urteil. Der von ihm
bewunderte Staat der alten Germanen kannte wenigstens eine andere
Nationalversammlung, dort war jeder Hofgesessene als echter Eigentümer
deren Mitglied; und da darf der Wunsch nicht übersehen werden, mit
dem Möser seinen Aufsatz über das echte Eigentum schloß: „wie ehren=
voll die Nation, in welcher sich eine große Summe von
wahren Eigenthümern befindet".[1] Er verzeichnete in seiner
Vorrede zur Osnabrückischen Geschichte[2] die Zeiten, in denen die Möglich=
keit einer sozialen Revolution zugunsten der Landeigentümer von oben
her ungenutzt geblieben sei; und er pries die Weisheit Moses',[3] der in
der Erkenntnis, daß in allen bürgerlichen Verfassungen die Menge zuletzt
ein Opfer weniger Mächtiger würde, in bestimmten Perioden zur jedes=
maligen Wiederherstellung der ursprünglichen Verfassung geschritten sei;
„nach seinem Plane konnte und sollte in dem Geschlechte Abrahams kein
einziger beständiger Leibeigner, kein Erbpächter und kein Erbzinsmeier,
kein Vasall und kein Lehnsherr und überhaupt nichts entstehen, was die
Unmittelbarkeit des freien Eigenthümers unter der Krone auf irgend eine
gefährliche Weise unterbrechen, den gemeinen Krieger in einen Privat=
dienstmann und die israelitische Theocratie in eine Aristocratie verwandeln
konnte." In Anlehnung daran stellte Möser folgende Betrachtung an:
„Es würde einen wunderbaren Auftritt geben, wenn jetzt in Gefolge
eines großen Erlaßjahrs alles Lehn in Erbe, aller Erbpacht und Erb=
zinsgut in Eigenthum, und folgends jeder Leibeigner in einen freien
Mann verwandelt werden müßte. Wir dürfen es auch nicht einmal
wünschen, indem außer einer solchen Verfassung, wie die israelitische war,
die erschrecklichste Sclaverei daraus erwachsen würde, wenn zwischen dem
Landesherrn und so vielen geringen Eigenthümern gar keine selbständige

---

[1] Mösers s. W. IV, 43.
[2] Mösers s. W. VI.
[3] Mösers s. W. I, 23.

mittlere Gewalt in einem Staate vorhanden wäre. Indessen verdient der Plan doch allemal bewundert, und wenn er sich durch menschliche Kräfte erhalten könnte, allen übrigen vorgezogen zu werden, weil er die größte Summe von Freiheit und Eigenthum enthält." Kann man noch zweifeln, wie Möser über die Vertretung der Landaktien in der Landes= versammlung dachte, und ist das Gegenspiel des pro und contra nicht äußerlich genug? Möser schlägt allerdings den Knoten nicht durch: er setzt sein pro, aber er gönnt auch den Gutsherrn das contra. Angesichts solchen problematischen Verhaltens kann man sich des Bedauerns nicht erwehren, daß Möser in der Äußerung seiner Ansichten durch seine Stellung gebunden war.

Erscheinen die Landaktien zunächst allein in der Nationalversammlung repräsentiert, so können neue Mitglieder der Landstandschaft **nur auf Grund neuer Aktien** zugelassen werden.[1]) Denn im bürgerlichen Leben beruht alles auf **bedungenen und verglichenen Rechten,** nichts auf dem vermeintlichen Recht der Menschheit. „Und so ist es in der That lächerlich, wenn man von dem physischen Umstande, daß alle Menschen auf einerlei Art zur Welt kommen, oder einerlei Blut in ihren Adern haben, gegen jene politische Wehrung Schlüsse zu ziehen".[2]) „Man überläßt es den Theologen, ein Reich Gottes ohne Actien zu errichten, und die Menschen mit einander unter der Rubrik von armen Sündern auszugleichen".[3]) Auch die Franzosen billigen diese Ansicht, wenn auch nicht in der Theorie, so doch in der Praxis: denn sie „haben ja selbst auf eine ähnliche Art den activen Bürger von dem Menschen unterschieden". Jedoch besteht die Nation nun nicht aus gleichberechtigten Staatsbürgern. Gegen Rousseau spricht immer die Erfahrung, daß einige früher, andere später gekommen oder geboren sind. Diese Er= fahrung zeigt überall einen **doppelten Sozialkontrakt,** einen, welchen die ersten Eroberer, das sind in den Staaten ackerbauender Menschen die Landaktionäre, unter sich geschlossen haben, und einen zweiten, den diese ihren Nachgeborenen und den späteren Ankömmlingen zugestanden haben. In diesem Verhältnis steht der Eigentümer zum Pächter, der Gutsherr zum Bauern, der Landeigentümer zum Städter und zu jedem ankommenden Fremdling, der einiges Land zum Anbau verlangt. Beide Teile als Kontrahenten mag man unter dem Ausdruck

---

[1]) Mösers i. W. V, 42, 43, 44, 45.

[2]) Mösers i. W. V, 36.

[3]) Mösers i. W. V, 44.

Nation zusammenfassen, der Unterschied bleibt gleichwohl zwischen den Aktionären und den Minderberechtigten; und die letzteren können nicht etwa plötzlich ein Menschenrecht aufstellen, durch ihre Mehrheit die bisherige Konstitution aufheben und sich gleiche Rechte mit den ersteren beilegen. Die Änderung der Konstitution kann nicht durch Stimmenmehrheit zustandekommen, sondern nur in einem neuen Kontrakt gegründet sein. Hierzu kommt es, sobald der zweiten Klasse etwas über ihren Kontrakt aufgebürdet wird. Sie tritt dann als ein freier Stand auf, „der so gut das Recht zu bewilligen oder zu verweigern hat, als die erste Klasse. So bald sie mit thaten soll, sagten die Alten, muß sie auch mit rathen; und dies ist der natürliche Ursprung des tiers état". Die Staatskompagnie rechnet nun neben den Landaktien auch mit den Geldaktien. So findet die Repräsentation der Bürger in dem städtischen Kollegium der Osnabrücker Landschaft ihre Begründung in der sozialen Theorie Mösers.

Im wesentlichen bildet also seine Auffassung von der ständischen Vertretung den in Osnabrück bestehenden Zustand ab und betrachtet die Landschaft als die Repräsentation der Hofgesessenen und Bürger. Sie läßt die Nebenwohner unberücksichtigt, die ja auch in Osnabrück weder eine ständische Vertretung besaßen noch den Anspruch darauf erhoben. Diese Beziehung seiner Theorie auf die bestehenden Verhältnisse führt in diesem Falle aber zu einer Inkonsequenz. Denn wenn er den Staat als Kompagnie auf Aktien gegründet sein läßt, so hätte auch das Recht der Nebenwohner auf ständische Vertretung Ausdruck finden müssen. In früheren Jahren hatte Möser wenigstens behauptet, daß zuletzt jeder Mensch unter der Territorialhoheit ein Mitglied der Staatskompagnie werde und daß die Nebenwohner ihren Leib als Aktie eingelegt hätten. Dagegen kennen die Schriften aus der Revolutionszeit neben den im Landtag repräsentierten Hofgesessenen und Bürgern nur „die in die Brüche fallende Menge".

Nur klein war der Kreis der ständischen Vertreter und nur wenigen politisches Wirken vergönnt. Um so erfreulicher tritt uns die Absicht Mösers entgegen, die Untertanen, vor allem die hofgesessenen Bauern für das öffentliche Leben wenigstens zu interessieren. Dies bezeichnete er als „ein neues Ziel für die deutschen Wochenschriften".[1] Er selbst gab in seinen Intelligenzblättern Kunde von den Landtagsberatungen, der Regierungsart, der Verfassung des Landes und von dem Geist der Gesetze.

---

[1] Mösers s. W. III, 24.

Er suchte dem Landmann eine klare Ansicht von seiner Bedeutung im Staate und von seinen Pflichten zu geben, und in der mustergültigen Art populärer Darstellung vermochte er diese Gegenstände dem Verständnis des gemeinen Mannes nahe zu bringen. Hierin erweist er sich zuletzt als ein Führer zum politischen Leben, zum Bewußtsein staatlicher Pflichten.

Schluß.

———

Justus Möser war es beschieden, durch mehrere Jahrzehnte das innerpolitische Leben eines norddeutschen geistlichen Kleinstaates in der zweiten Hälfte des 18. Jahrhunderts mit seinem Geist zu erfüllen und so während der zwanzig Jahre einer vormundschaftlichen Regierung als heimlicher Regent seines Heimatlandes tätig zu sein. Publizistische Äußerungen des geistreichen und praktischen Mannes, des zum Theoretisieren neigenden und nüchternen Beobachters vereinigen sich mit seinen staats= männischen Gutachten, Reskripten und Verordnungen zu einem breiten Material, auf Grund dessen sich ein vollständiges Bild der p o l i t i s c h e n T ä t i g k e i t   M ö s e r s   a u f   d e r   H ö h e   s e i n e s   L e b e n s zeichnen läßt.

Die b ä u e r l i c h e   G e s e t z g e b u n g , die ihrem wesentlichen Inhalt nach auf die Erhaltung des steuerpflichtigen Bauernhofes gerichtet ist, steht darin an erster Stelle. Denn das f i n a n z p o l i t i s c h e   J n t e r e s s e d e s   S t a a t s   a n   d e n   L a n d a k t i e n als seinem Grundvermögen war zum maßgebenden der inneren Verwaltung geworden, und Möser freute sich über diese Annäherung der Regierungsmaxime des Territorialstaats an die der alten Germanen. Das Wohlwollen der Obrigkeit für die Gutsherren hatte nachgelassen, und es war sogar ein Gegensatz entstanden, da der Staat die gutsherrlichen Rechte, besonders die am eigenbehörigen Bauernhof aus steuerpolitischen Rücksichten zu beschränken suchte. Die mittlere Linie der beiderseitigen Ansprüche war die Eigentumsordnung von 1722 geworden, die aber Unparteiische noch immerhin zu hart fanden und die schon die Regierung Klemens Augusts hinsichtlich der Abäußerung milderte.

Das veränderte Verhältnis des Staats zu den Gutsherren und Bauern hatte seinen letzten Grund in dem Einbringen g e l d = w i r t s c h a f t l i c h e r   V e r h ä l t n i s s e   i n   d i e   b ä u e r l i c h e n   K r e i s e . Die erleichterte Mobilisierung wirtschaftlicher Güter veranlaßte nämlich den Staat, sein Steuerwesen direkt auf das Landeigentum zu gründen, und die Gutsherren, die Gefälle ihrer Eigenbehörigen zu erhöhen. Indem die Territorialhoheit schrittweise die Oberhand gewann, fand auch der Bauer seinen Vorteil; Stüve hat später mit Recht gesagt: „das Steuer= zahlen hat die Bauern groß gemacht".

Jedoch zunächst litt der Bauernhof nicht nur darunter, daß der Gutsherr ihn rupfen wollte, weittragender waren die Folgen davon, daß der Bauer selbst den neuen gelbwirtschaftlichen Verhältnissen gegen=über unmündig war und daß der Staat nicht sogleich für eine den veränderten wirtschaftlichen Verhältnissen ent=sprechende Rechtsordnung sorgte. Wie leichtfertig bot der Bauer, der Krebit gebrauchte, Stücke seines Hofes zum Verkauf, ohne zu sehen, daß sein Gut, da die Lasten sich nicht in gleichem Maße mit der Ver-kleinerung des Hofes minderten, an Widerstandskraft verlor. Die Stellung des Anerben wurde immer verzweifelter, da die Miterben sich nicht mehr mit einer landesüblichen Abfindung begnügten, sondern nach römisch=rechtlichem Prinzip Gleichteilung und Pflichtteile verlangten. Dazu kam, daß dem gesteigerten Krebitbedürfnis keine genügende Ver-ordnung über die Rechte der Gläubiger entsprach; zwar konnten freie Güter zum Konkurs gezogen werden, für die eigenbehörigen aber bestanb nur die auf gutsherrlichen Antrag erfolgende Abäußerung, und nachdem diese erschwert war, fast allein das wirre Stillestandsverfahren. Wenn es dabei zur stücksweisen Ausheurung kam, mochte der Gläubiger allenfalls noch sein Recht finden, um so mehr büßten der Staat, der Gutsherr und die Hofwirtschaft ein. Vor allem aber erwuchs auf dem Boden der stücksweisen Ausheurung erst jenes Heuerproletariat, das nicht leben und sterben konnte.

Das war ungefähr die bäuerliche Lage in der ersten Hälfte des 18. Jahrhunderts, die infolge der Nöte des sieben=jährigen Krieges nur noch mehr sank und mit der Möser und die Stände zu Beginn der neuen Regierung zu rechnen hatten.

Möser gewann im Osnabrücker Landtag sogleich die Leitung der Verhandlungen, nicht zum wenigsten durch die einheitliche Kraft, die seinem Programm innewohnte. Er mußte darin die unausgesprochenen Tenbenzen der bisherigen bäuerlichen Gesetzgebung zu verwerten, aber zugleich ihnen doch nur eine Teilbedeutung anzuweisen. Denn in der Geschlossenheit seiner Ansichten blieb er nicht bei den geltenden Rechts=zuständen stehen, sondern bildete mutig die letzten Konsequenzen der ihm unerläßlich scheinenden Forderungen durch. Allerdings vermochte er die Stände nicht völlig auf seinem Wege mitzuziehen und gerade den ab=schließenden Anträgen des weltblickenden Staatsmannes versagte sich gutsherrliches Mißtrauen und Sonderinteresse.

So führten schon die Verhandlungen über eine verbesserte Ab-äußerungsordnung zu keinem Erfolg, und Mösers dazu bestimmter

Entwurf einer Änderung des 18. Kapitels der Eigentumsordnung scheiterte zum Teil an dem Widerspruch gegen seine Forderung eines den Eigenbehörigen als Eigentum zu gewährenden Hofgewehrs.

Durchgreifender ordnete Möser das Stillestandswesen. Er mußte es zunächst dahin zu bringen, daß der Gutsherr in der Administration des unter Stillestand stehenden Hofes an die Stelle des Gerichts treten konnte, daß der Gutsherr seine Gefälle in natura zog und die Markgenossen und Bauerschaften ihren Reihemann behielten. Die mannigfachsten Seiten des Kreditwesens erörterte er dabei in seinem Intelligenzblatt: so verlangte er eine andere Form der Amortisation statt des in Wuchergesetzen beschränkten Verkaufs der Früchte auf dem Felde und des sog. Tobbaus, ferner die Einführung des Rentenkaufs, die Anlage von Hypothekenbüchern. — Am reizvollsten ist es, jene Reihe von Vorschlägen zu betrachten, an denen wir Stück für Stück die Wechselwirkung von Publizistik und Gesetzgebung verfolgen können. Mit deren Umsetzung in Verordnungen gelang es Möser zu verhindern, daß sich das Stillestandswesen zu einem widersinnigen Rechtsmittel auswuchs. Der Schuldner wurde unter einen einzigen Schuldrichter gestellt und damit vor den verschiedenen Pfändungen konkurrierender Gerichte geschützt, das Hofgewehr durfte nicht mehr gepfändet werden, die stückweise Ausheurung wurde fast gänzlich ausgeschaltet, aber — und auch das im Interesse der Reihetüchtigkeit — die Höchstbauer eines Stillestands auf 20 Jahre gesetzt.

Auch das Stillestandswesen für freie Güter wurde geordnet, und zwar im Rahmen einer Konkursordnung, die Mösers Wünschen allerdings nicht genügte. Denn anstatt des Konkurses, der auf Antrag eines beliebigen Gläubigers erfolgte, sprach er sich für die Einführung des alten deutschen Außerprozesses aus, in dem bei Insolvenz des Schuldners der das Gut erwerbende Gläubiger alle ihm vorhergehenden ausbezahlen mußte, wie es eben in einer Zeit Sitte gewesen sei, da man auch statt der kündbaren Hypotheken die für das ländliche Kreditweien einzig zulässigen Rentenbriefe gekannt habe. — Das Interessanteste ist jedenfalls, daß Möser im Gefolge der parallelen Behandlung des Kreditwesens der Freien und Leibeigenen neben den Außerprozeß der Freien den Verkauf des eigenbehörigen Kolonatrechts setzte, dessen gesetzgeberische Einführung er auch beantragte. Mit diesem Antrag befinden wir uns schon im Fahrwasser der ländlichen Theorie Mösers, die er Freiheit und Eigentum benannte und die in der Forderung der Grundherrschaft des Staates über das steuerpflichtige Grundeigentum gipfelte. Sie erforderte eine im Sinne der Reihetüchtigkeit geübte Beschränkung der Dispositionsbefugnisse des Hofbesitzers, eine Sicherung des Freistamms, dessen Verschuldung als allgemeine Abäußerungsursache gelten solle. Die tiefgreifendste Folge, die Möser daraus zog, war die Forderung eines völligen Eigentums für den Leibeigenen, eben des Freistamms, und sein Eintreten für die persönliche Freiheit überhaupt. Die so gewonnene Ansicht über Mösers wahre Stellung zur Aufhebung der persönlichen Unfreiheit ist wohl der beste Gewinn und zugleich ein Beweis für die Fruchtbarkeit der Aufgabe. Mösers Wollen und Handeln zu verstehen aus der kritischen Vergleichung seiner publizistischen und geschäftlichen Betätigung und aus der Erkenntnis der immanenten Zusammenhänge seiner politischen Vorstellungswelt. — Mösers Einsicht, daß betreffs der Eigenbehörigen eine Gesundung der ländlichen Kreditverhältnisse und damit der bäuerlichen Wirtschaft überhaupt nur durch die gesetzgeberische Einführung des Verkaufs des eigenbehörigen Kolonatrechts zu gewinnen sei, ist zwar nicht verloren gegangen, und 50 Jahre später hat Stüve den Antrag Mösers wiederholt; 1777 aber wurde er abgelehnt, da seine Voraussetzung, die eine Umwälzung der bäuerlichen Eigentumsverhältnisse darstellte, in den gutsherrlichen Ständekreisen keinen Anklang fand. Gleichwohl machte Möser mit der Aufhebung der Eigenbehörigkeit von Obrigkeitswegen den Anfang und wies den Weg von dort zum Meierrecht. Denn das neue Kolonatrecht, das er für freie, aber gutsherrlich gebundene Stätten aufstellte, die sog. Behandung, ging vom Osnabrücker Eigentumsrecht aus und näherte sich dem in den niedersächsischen Territorien geltenden Meierrecht. Diese Verwandtschaft der Ideen Mösers zur bäuerlichen Reform mit den Rechtszuständen des benachbarten hannoverschen Kurstaates geht noch einen bedeutenden Schritt weiter, beidemal entsprungen aus der gleichen Betrachtung der staatswirtschaftlichen Bedeutung des Bauernhofs und der Grundherrschaft des Staates über das steuerpflichtige Grundeigentum: so erscheint Mösers Antrag auf eine „beamtliche Lokalkontrolle“ über die Bauerngüter zwecks Erhaltung ihrer Reihetüchtigkeit. So fern sich Möser damit auch von einer Empfehlung der niedersächsischen Amtsverfassung hält und so sehr auch seine bescheidenen Forderungen dem Osnabrücker Lokalcharakter angepaßt waren, auch dieser Vorschlag ging nicht durch. Mit dem Verwerfen der Anträge auf Verkauf des eigenbehörigen Kolonatrechts und auf beamtliche Lokalkontrolle war allerdings der Ausführung des Möserschen Programms die Spitze abgebrochen. Immerhin gelang es dem unverzagten Bauernfreunde.

über die Ordnung des Kreditwesens hinaus an der Gesundung der
bäuerlichen Lage zu arbeiten und Verordnungen über Auslobung
und Retrakt im Landtag durchzubringen.

Neben die bäuerliche Gesetzgebung trat als zweiter Gegenstand der
Osnabrücker Landtagsarbeit und der Verwaltung die gewerbliche
Fürsorge. In ihr zeigen sich wie in Mösers Behandlung volks-
wirtschaftlicher Probleme zwei verschiedene Motive wirksam.

Zunächst prägt sich in ihnen ein gemäßigter Merkantilismus
aus. Hierhin gehören jene technischen Gewerbereglements und die Einführung eines Schauzwangs, auf die Möser trotz seiner theoretischen
Abneigung gegen eine generalisierende Leitung der Landesökonomie nicht
verzichten mochte, sodann jene stark national gefärbten Ansichten über
den Außenhandel, die Phantasien bleiben sollten, hierhin gehören ferner
neben der merkantilistischen Geringschätzung des Binnenhandels die Verordnungen gegen den Kramhandel mit Luxuswaren und über die nach
Art der englischen Navigationsakte gestaltete Ausschließung fremder
Hausierer.

Neben den merkantilistischen Erwägungen ist zweitens Mösers Achtung
und Liebe für die alte einfache Sitte der Landleute und
seine Sorge um deren Erhaltung nicht außer Betracht zu lassen. Gerade
die Verordnungen zum Innenhandel führen auch auf dies Motiv zurück,
und es sind nicht zum wenigsten die oft traurigen sozialen Neben-
erscheinungen des Großbetriebs, der modernen von der Familienwirtschaft
sich ablösenden Unternehmungsformen, die Möser zum Verteidiger des
selbständigen Handwerks machen. Allerdings war Osnabrück noch frei
von den angedeuteten Gefahren, und die unbedeutenden Streitigkeiten
zwischen Verlegern und Hausindustriellen ließen sich leicht heben.

Im großen und ganzen begegnet uns nur ein gemäßigter Merkantilismus. Denn zu dessen voller Ausbildung wollten weder die Ansichten
Mösers über die Zünfte, noch seine Abwehr von Monopolen, noch der
bei Gelegenheit der Kornteuerung empfohlene Verzicht auf Ausfuhrverbote passen. Und dabei zeigt sich zweitens nicht einmal eine völlige
Übereinstimmung von Theorie und Praxis im einzelnen, keine durch-
greifende Realisierung aller Ideen Mösers, wofür teils das Moment der
Beharrung langgeübter Gesetzes- und Regierungspraxis, teils kleinstaatliche
Ohnmacht verantwortlich zu machen ist.

Auf den wackeren Osnabrücker Patrioten geht auch der wirtschaftliche Aufschwung des Landes zurück, dessen allgemeine Bedingungen er voll erkannt und mit der unermüdeten Sorgfalt selbst für

das Detail gepflegt hat. Wo nach dem siebenjährigen Kriege öbe Dürre war, schuf er fruchtbares Land. Er hob die Bramscher Tuchinbustrie, das Salzwerk zu Rothenfelbe blühte, das Münzwesen wurde geordnet, der Wegebau gefördert. Vor allem aber begründete die Linneninbustrie den Wohlstand und machte Osnabrück zum Mittelpunkt des westfälischen Handels und Verkehrs. Möser sorgte dafür, daß den besonderen sozialen Verhältnissen der Probuzenten die Unternehmungsformen entsprachen. Daher machte er die auf ihre gewerbliche Beschäftigung völlig an= gewiesenen Bramscher Tuchmacher unabhängig von einem privaten Ver= leger und veranlaßte sie zur genossenschaftlichen Anlage eines Lagerhauses. Er hielt das Standesbewußtsein und die wirtschaftliche Kraft der Handwerker nur in genossenschaftlichem Zusammenschluß für gesichert und behielt deswegen das Zunftinstitut bei.

Aus der gesteigerten gewerblichen Tätigkeit zogen auch die jüngeren Elemente der Bevölkerung weitere Nahrung. Sie treten schon vor Mösers Zeit auf und erscheinen neben den Hofbesitzern und Bürgern als die breite Masse der Nebenwohner. So freudig auch dieser Be= völkerungszuwachs begrüßt wurde und so günstig er für die Landwirt= schaft und Industrie war, er zeitigte doch mancherlei Schäden und mußte notwendigerweise den Umfang der staatlichen Aufgaben erweitern. Be= trachten wir die Getreide= und Armenpolitik unter diesem Gesichts= punkte, so sehen wir, wie zweckmäßig sich schon damals das von Möser vertretene Kirchspielsprinzip erwies. Er löste einen Teil der öffentlichen Aufgaben aus dem Geschäftskreis der Zentralregierung und überwies sie der Lokalverwaltung; so wurde die Armenfürsorge den Kirchspielen anheim= gegeben und auch die Linderung der Getreidenot zum Teil in ihre Hand gelegt. Sonst stand übrigens die Getreidepolitik im Gegensatz zu den in Mösers Schriften zur Getreidesperre ausgesprochenen Prinzipien, und es bewiesen hier die oben für den Gegensatz von Theorie und Praxis angegebenen Ursachen ihre Kraft. Dem engen Zusammenhang von Bevölkerungszuwachs und Gemeinheitsteilungen entsprach sodann die regere Beschäftigung mit den Fragen des ziemlich unklaren Marken= rechts. Für die Folgezeit wurden Mösers Ansichten darüber maßgebend, und in der Gesetzgebung wurde bereits damals ein Teil der den Ge= meinheitsteilungen entgegenstehenden Hemmnisse beseitigt.

Die Gesetzgebung für die Nebenwohner läßt es nicht an Auf= merksamkeit für die neuen sozialen Fragen und an ernsten Versuchen zu ihrer Lösung fehlen. Daß in der Stellung der Regierung gegenüber dieser zum großen Teil doch beweglicheren, „flüchtigen" und unbegüterten

Masse eindeutige Prinzipien festzuhalten waren, die, ohne ihre Beziehung auf den lokal und zeitlich bestimmten Gegenstand betrachtet, den Schein der Härte tragen, findet seine genügende Erklärung und Rechtfertigung in den realen Verhältnissen; und schließlich findet der Satz von der Verschiedenheit der Rechte seinen Niederschlag doch nur in der Landes= verweisung fremder Bettler.

Die drei Teile der Gesetzgebung und Verwaltung stehen in einer engeren, man möchte fast sagen, systematischen Verbindung; sie erhalten diese Verknüpfung vermittelst der gesamten sozialen Theorie Mösers, deren Kapitel je auf einen Teil der inneren Politik bezogen sind und geradezu deren Grundsätze abgeben.

Fragt man aber nach der Bedeutung dieser Theorie, so ist zunächst auf die Geistesrichtung des Staatsmannes und Staatstheoretikers hin= zuweisen: Möser hält seinen Blick auf die Geschichte und die ihn um= gebende Wirklichkeit gerichtet. Von jener lernt er, ihr Gutes will er nicht preisgeben um „idealischer Fanale" willen, die von den realen gegenwärtigen Tatsachen nichts wissen wollen. Möser bleibt letzthin auch als betrachtender Schriftsteller Verwaltungsmann; seine Theorien können deswegen Grundsätze der Regierung werden, weil sie aus dem Bedürfnis entstanden sind, eine klare Erkenntnis von dem inneren Aufbau seines Osnabrücker Staates zu gewinnen, den er regierte; und diese Einsicht vertieft er durch die Betrachtung des historischen Wachstums seines Staates.

Die historisch=praktische Richtung unterscheidet Mösers Sozialtheorie von denen seiner Zeitgenossen. Diese sind erstens einseitig aus dem Naturrecht gespeist, Möser läßt die Geschichte zu Wort kommen, mag auch seine theoretische Begründung der Vertragstheorie und damit der Methode seiner Zeitgenossen nicht gänzlich fern stehen. Wenn diese zweitens von der Zukunft die Erfüllung ihrer Ideale erwarteten, so sind Mösers Wünsche schon einmal realisiert gewesen: die karolingische Hufen= verfassung und die Hansezeit sollen die Vollkommenheit bäuerlicher und bürgerlicher Verhältnisse dargeboten haben. Da nun die Besonderheit des Osnabrücker Objekts noch das alte System der Meierhöfe zeigte, aber das Gute an manchen Stellen angefressen war, so wurde Mösers Theorie mahnend. Insofern ist auch er ein Kämpfer, und die Eigenart seines Objekts gibt ihm die Möglichkeit, aus der historischen Rüstkammer seine Waffen zu nehmen. Gleichwohl ist Möser weit davon entfernt, einem historischen Fundament als solchem zu trauen, das historisch Gegebene um jeden Preis rechtfertigen zu wollen. Man mag das Ver= hältnis Mösers zu seinen Zeitgenossen noch weiter verfolgen, vor allem auf seine Abwehr rechtlicher Gleichheit und seine Verteidigung ständischer Gliederung hinweisen. Aber so lehrreich auch diese Ver= gleichung ist, die Beurteilung wird leicht schief, wenn der Blick nur an den Oberflächen haftet, mit denen die Körper sich berühren. Man wird sich dabei nur an den Ecken des Körpers stoßen, ohne sein wahres Wesen erkannt zu haben.

Es ist daher der Versuch unternommen, den Aufbau zu wiederholen, den Möser selbst seinen Lehren gibt. Da ist es nun von fundamentaler Bedeutung, daß Möser nicht von dem einzelnen Menschen ausgeht und ihn in seinem Verhältnis zum Staate betrachtet, sondern Gruppen von Menschen nach ihrer Bedeutung und ihrem Wert für den Staat mißt; „es ist ein eitles Spielwerk, Social=Contracte für idealische Menschen, die von den Theoretikern unter keine Umstände gesetzet werden, oder die sie doch unmöglich alle übersehen können, -aus= zusinnen“. So vermag Möser mit dem „Recht der Menschheit“ nichts anzufangen, und seine Betrachtung des Staatswesens in seinem historischen und gegenwärtigen Durchschnitt kennt sozial unterschiedene Gruppen: sie macht nicht nur auf den sog. Landaktionär aufmerksam, aus seinen sozialtheoretischen Ansichten läßt sich ein zweites und drittes Kapitel über den „Geldaktionär“ und den „Nebenwohner“ lesen. Die Bedeutung, d. h. das Recht jeder Gruppe im Staat bemißt sich nun nach ihrer Leistung für den Staat oder vielmehr nach ihrer Fähigkeit, solche tragen zu können. So entscheidet in letzter Linie der Besitz: der Grundbesitz, das Barvermögen und der Menschenleib, und diese sind die Aktien der Staatskompagnie. Hiermit stehen wir im Zentralpunkt der gesamten Theorie und erkennen sie als eine brauchbare Verwaltungs= maxime für einen auf einer niederen Stufe sozialer Differenzierung stehenden Staat und zugleich für einen solchen, der seine Untertanen nach ihrer Steuerkraft wertet. Sie kennt den einzelnen Untertan nicht als politischen Faktor, sondern als Mitglied einer politisch wertvollen Gruppe. Diese Theorie entrechtet den „Menschen“, um ihn als Bürger zu ehren. Wie schon Möser eine kastenmäßige Ab= schließung der Gruppen verwarf, so mußte eine mit der Veränderung der Wirtschaftsformen verbundene Steigerung gesellschaftlicher Gliederung die Grenzen der Gruppen verwischen und damit die Eingliederung des einzelnen in eine bestimmte erschweren, den Staat nicht mehr der Gruppe, sondern dem einzelnen Staatsbürger gegenüberstellen. Mit dieser Betrachtung soll die zeitliche Beschränkung der Anwendbarkeit der in Mösers Theorie enthaltenen Verwaltungsmaxime angedeutet werden, keineswegs will sie eine ausreichende Beurteilung sein. Denn diese hat zu prüfen, ob die Theorie Mösers in ihrer Zeit den politischen Zuständen und den aus wahren Bedürfnissen hervorgehenden Forderungen entsprach oder gerecht wurde. Die Beantwortung dieser Frage wird nicht einbeutig sein können. Sie wird auf der einen Seite den Mangel innerer Berechtigung konstatieren, wenn Möser gegen die französische Revolution, wohl aus Unkenntnis der vorgeschritteneren politischen Verhältnisse in Frankreich, mit seinen auf deutschem Boden erwachsenen Anschauungen über das innere Gefüge des Staates auftreten zn können meinte. Andererseits aber ist das vor allem festzuhalten, daß die letzteren in ihrer oben gekennzeichneten Bedeutung als Verwaltungsmaxime vortrefflich dem politischen Bau des Osnabrücker Stiftes, wie er einmal war, entsprachen, ohne daß sich deswegen in der Theorie ein kleinlicher, an dem gegenwärtigen Sein um jeden Preis festhaltender Konservatismus äußerte. Das Seinsollende nimmt vielmehr in ihr einen breiten Raum ein. Gegen die nivellierenden und generalisierenden Tendenzen des typischen Staates des Aufklärungszeitalters betont Möser die verschiedenen sozialen Umstände, in die die Menschen gesetzt sind, handelt vom Recht und Wert sozialer Gruppen und lokaler Gemeinschaften und wünscht, jedem Städtchen seine besondere politische Verfassung zu geben. Er handelt von Standesbewußtsein, Standesehre und ruft zum genossenschaftlichen Zusammenschluß sozial und wirtschaftlich Nahestehender auf. Er erweist sich damit in vielerlei als Zukunftskünder. Ja, er geht sogar so weit, sich für einen allerdings auf Grund des Landeigentums bemokratisch gestalteten Landtag zu erwärmen. Aber eben in Mösers Ansichten über ständische Vertretung läßt die Energie seiner Forderungen nach. Denn in konsequenter Durchführung seiner Theorie hätte er den Nebenwohnern das Recht auf ständische Vertretung wenigstens zusprechen müssen. Allein abgesehen davon, daß es sich hierbei um Probleme handelt, die in jener Zeit noch nicht reiften, muß auch darauf hingewiesen werden, daß der beobachtete Mangel nicht so schwer wiegen darf in Schriften, die in ihrem Angriff gegen die französische Revolution den Schriftsteller von der heimischen Basis seiner Ansichten entfernten. Immerhin aber wird man sagen dürfen, daß Mösers Erörterungen über Stände und ständische Vertretung behutsamer sein mußten, daß er für sie nicht die Kühnheit aufwenden durfte, mit der er für Freiheit und Eigentum stritt. An der bestehenden ständischen Verfassung nicht zu rütteln, war eben eine Klugheitsregel für einen Staatsmann in Nordwestdeutschland, wenn er nicht ein aussichts= loses Spiel beginnen wollte, das ihn aus der politischen Welt entfernte. Möser hat nun nicht etwa seine Überzeugung dem persönlichen Wohl= leben zum Opfer gebracht. Wo er vorsichtig zu Werke ging, selbst nachgiebig erschien, beseelte ihn vor allem die Überzeugung von der Unentbehrlichkeit seiner selbst.

Nicht durfte er sich etwa als Favoritminister im landesherrlichen Vertrauen wiegen, wenn er für seine Ideen eintrat. Selbst schuf er sich jene Vertrauensstellung in beiden Lagern, in der Regierung und bei den Ständen, und beidemal hatte er mit Gutsherren zu handeln, sie für seine Ansichten zu gewinnen. In wirtschaftspolitischen Angelegen= heiten bediente er sich leicht ihres Beistandes, um seinem Staat jenen großen wirtschaftlichen Aufschwung zu verschaffen. Dagegen erforderte es große Geschicklichkeit und gerade hier die publizistische Beihilfe, um die Partner für die Fragen der bäuerlichen Gesetzgebung in seinem Sinne zu interessieren. So sehr er dabei seine wahren Absichten oft verschleiern mußte, es gelang ihm in kluger Beharrlichkeit, die das feste Ziel nie aus den Augen ließ, segensreiche Fortschritte zu erzielen oder doch wenigstens anzubahnen. Und fürwahr, es war die Großartigkeit seines Charakters, die würdevolle Festigkeit, der liebenswürdige diplomatische Takt und die durchbringende Klugheit, die Möser zum führenden Staats= mann erhob, der jene tiefen Klüfte und Spalten im politischen Leben seines Staates zu überbrücken vermochte und so eine Zeit innerer Ruhe nnd gedeihlichen Schaffens heraufführte.

Anlage 1 (zu p. 15).

Der art. 23 der capitulatio perpetua.

Das Osnabrücker Domkapitel hatte innerhalb dreier Monate nach dem Tode eines Bischofs dessen Nachfolger zu wählen, der „dasjenige was von besagtem Thumb-Capittul tempore Competentis administrationis Capituli den Rechten, Gewonheiten, und dieser Capitulation gemeß verordenet wirdt", ratifizieren mußte. So lauten der Anfang und der Schluß des art. 23 der capitulatio perpetua, dessen Mittelstück von Fredmann a. a. O. falsch interpretiert worden ist. Denn das Domkapitel hatte (a) weder einen uneingeschränkten Anspruch auf eine Abministration (Sebisvalanzregierung) von 6 Monaten, (b) noch hing die Teilung der Stiftseinkünfte zwischen dem Domkapitel und dem neuen Bischof während der Abministration von dem Empfang der Regalien durch den letzteren ab. Der Artikel bestimmte vielmehr,

a) daß die Dauer der kapitularischen Abministration durch den gewählten oder postulierten Bischof nicht verkürzt werden dürfe, „es wehre dann das bey Kayserl. Mayt. innerhalb Sechs Monat die Regalia erhalten, welchen fals die administratio Capituli alsbalt cessiren und dem Herrn Postulato vel Electo der Sechs Monat unerwartet, die Regierung unweigerlich abgetretten werden solle";

b) daß die Stiftseinkünfte während der kapitularischen Abministration dem Domkapitel völlig zufließen sollten, außer „wenn der Electus oder Postulatus noch vor Ablauf der Sechs Monat durch einen Schein aus der Kayserlichen Cantzley oder in Verweilung desselben sonsten legitime documentiren und beybringen wirdt; Das Er am Kayserlichen Hoff die Regalia gesuchet"; in diesem Falle werden, unbeschadet der gewöhnlichen Dauer der kapitularischen Abministration von 6 Monaten, „die Stiftes Intraden so balt von Zeit documentirter Requisitionis Regalium anzurechnen, bis zum Ende der Sechs Monat, zwischen dem Bischoff und Thumb-Capittul richtig getheilet".

Anlage 2 (zu p. 20).

Mösers Einkünfte aus festen Gehältern.

Möser erhielt als

Ritterschaftlicher Syndikus . . .	90	Taler
advocatus patriae	100	„
ad dies vitae (p. 12)	200	„
Kriminaljustitiar (p. 12, Anm. 4) .	535	„
Konsulent (p. 17 u. p. 20) . . .	600	„
Referendar (p. 20)	350	„
Sa.	1875	Taler

Anlage 3 (zu p. 30).

Ausgaben aus der Stiftskasse für die Subsidien des Landesherrn und den Kriegsschuldenabtrag (in Talern).

(Nach St.-A. Osn. L.-A. B. 460.

	Subsidien	Schuldenabtrag Kapital	Zinsen
1764	14242 Taler	— Taler	32292 Taler
1765	20000 „	50082 „	33491 „
1766	60000 „	100039 „	31477 „
1767	40000 „	49971 „	27413 „
1768	50000 „	30031 „	25039 „
1769	54000 „	29928 „	23579 „
1770	54000 „	22000 „	22356 „
1771	56000 „	21991 „	21627 „
1772	60000 „	22000 „	20897 „
1773	60000 „	21850 „	19845 „
1774	60000 „	21869 „	19189 „
1775	60000 „	22317 „	18283 „
1776	60000 „	22184 „	17587 „
1777	60000 „	22194 „	16641 „
1778	60000 „	24068 „	15640 „
1779	60000 „	27560 „	14788 „
1780	72000 „	— „	12833 „
1781	72000 „	— „	12833 „
1782	82000 „	— „	12933 „
Sa.	1054242 Taler	488088 Taler	398854 Taler

Die drei letzten Posten in der Zinstabelle geben die Zinsen für die alten, nicht gelösten Kapitalien an, sodaß für die im siebenjährigen Krieg aufgenommenen Schulden sich eine Zinsenlast von ca. 200000 Talern ergibt.

Anlage 4.

Anzahl der in den Kirchspielen des Hochstifts Osnabrück gelegenen Erbstätten im Jahre 1723.

(Zusammengestellt nach St.-A. Osn. Abschn. 188,52.)¹)

Ämter	Kirchspiele	Voll-erben	Halb-erben	Erb-kötter	Mark-kötter
Iburg	Belm	85	16	8	57
	Bissendorf, Holte, Geßmold	89	29	55	58
	Schledehausen	87	3	24	57
	Wallenhorst u. Rulle . .	51	21	9	34
	Stadtkirchspiele . . .	95	58	17	42
	Osede	22	12	12	27
	Hagen	24	29	13	77
	Hilter	26	9	18	65
	Borgloge	49	8	20	56
	Dissen	43	26	89	106
	Laer	46	43	83	78
	Glandorf	39	54	70	94
	Glane	20	23	7	82
		676	331	425	733
Fürstenau	Alfhausen	64	13	30	79
	Ankum u. Berssenbrück .	186	61	61	220
	Badbergen	70	50	54	174
	Bippen	34	14	7	55
	Berge	23	23	11	88
	Menslage	75	31	15	47
	Merzen	47	2	8	59
	Uffeln	26	2	2	24
	Voltlage	18	2	5	36
	Neuenkirchen	34	—	4	71
	Schwagsdorf	49	22	33	68
		626	220	230	921

¹) Die Grenzen der Kirchspiele sind zumeist auch die der gleichnamigen Vogteien. Von diesen begreifen nur wenige ein zweites, drittes und viertes Kirchspiel unter sich, nämlich Bissendorf (Holte und 4 Bauerschaften des Kchsp. Geßmold), Wallenhorst (Rulle), Ankum (Berssenbrück), Bippen (Berge), Merzen (Uffeln, Voltlage, Neuenkirchen). In der Wüsten-Vogtei des Amtes Reckenberg liegen die Kirchspiele Gütersloh und Wiedenbrück. — Über die Zahl der Erbstätten in der reckenbergischen Vogtei Langenberg fehlen Angaben.

13*

Ämter	Kirchspiele	Voll-erben	Halb-erben	Erb-kötter	Mark-kötter
Börde	Gerde	22	27	11	95
	Neuenkirchen	39	25	18	34
	Damme	54	47	13	192
	Engter	37	39	7	68
	Bramsche	124	20	31	102
		276	158	80	491
Grönenberg	Melle	70	19	42	39
	Buer	99	23	73	100
	Oldendorf	36	15	26	31
	Riemschloe	34	35	46	63
	Neuenkirchen	37	29	66	44
	Wellingholzhausen. . .	85	26	20	64
		361	147	273	341
Wittlage	Essen	42	31	70	115
	Lindorf	44	27	37	131
	Barkhausen	21	20	35	105
		107	78	142	351
Hunteburg	Hunteburg	7	15	11	84
	Venne	11	20	8	95
	Osterkappeln	63	41	26	153
		81	76	45	332
Reckenberg	Gütersloh	14	24	29	109
	Wiedenbrück	8	5	6	36
		22	29	35	145
	Insgesamt	2149	1039	1230	3314

7732

Anlage 5.

**Anzahl der unter den Kirchspiels-Erbstätten des Hochstifts Osnabrück
befindlichen eigenbehörigen Güter im Jahr 1723.**
(Zusammengestellt nach St.-A. Osn. 188,52).

Ämter	Kirchspiele	Des Landesherrn	Des Domkapitels	Des Osnabrücker Adels	Auswärtiger Edelleute u. sonstig. Gutsherren
Iburg	Belm	27	25	49	28
	Bissendorf	8	21	58	58
	Schledehausen . . .	59	20	72	16
	Wallenhorst u. Rulle .	1	14	4	66
	Stadtkirchspiele . . .	14	54	33	72
	Osede	15	6	10	27
	Hagen	3	9	20	29
	Hilter	16	3	14	13
	Borgloh	14	11	26	21
	Dissen	11	4	—	—
	Laer	18	7	25	125
	Glandorf	3	—	2	111
	Glane	11	—	26	77
		200	174	339	643
Fürstenau	Alfhausen	10	10	24	26
	Ankum u. Berssenbrück	66	12	169	21
	Badbergen	29	3	33	26
	Bippen } Berge } . . .	2	1	38	56
	Menßlage	—	6	14	51
	Merzen Uffeln Voltlage Neuenkirchen } . . .	25	9	30	28
	Schwagsdorf . . .	2	1	26	7
		134	42	334	215
Börden	Gerbe	—	7	9	44
	Neuenkirchen . . .	11	3	9	53
	.... le	52	19	32	29
	engter	1	9	52	15
	Bramsche	11	28	36	123
		75	66	138	264

Ämter	Kirchspiele	Des Landesherrn	Des Domkapitels	Des Osnabrücker Abels	Auswärtiger Edelleute u. jonstig. Gutsherren
Grönenberg	Melle	47	25	80	18
	Buer	34	14	96	45
	Oldendorf	13	4	43	4
	Riemschloe	34	26	30	74
	Neuenkirchen . . .	1	12	112	21
	Wellingholzhausen . .	6	16	38	53
		135	97	399	215
Wittlage	Essen	24	38	109	8
	Lindorf	3	2	83	34
	Barkhausen	9	6	62	20
		36	46	254	62
Hunteburg	Hunteburg	7	—	21	5
	Venne	10	7	13	8
	Osterkappeln . . .	7	18	121	27
		24	25	155	40
Reckenberg	Gütersloh u. Wiedenbrück	148	—	24	58
	Langenberg	50	—	35	102
		198		59	160
	Insgesamt	802	450	1678	1599

4529

Anlage 6.

Anzahl der in den Städten, Flecken und Kirchspielen des Hochstifts gelegenen Feuerstätten, Haushaltungen und der Einwohner
im Jahre 1772*).

Ämter	Städte, Flecken u. Kirchspiele	Haupt-feuer-stätten	Neben-feuer-stätten	Haushal-tungen	Ein-wohner
Iburg	Belm	183	174	445	2263
	Bissendorf	134	134	308	1570
	Holte	82	84	187	973
	Geßmold	54	51	118	598
	Schledehausen . . .	234	186	474	2343
	Wallenhorst u. Rulle .	124	141	288	1426
	Stadtkirchspiele . . .	238	475	684	3754
	Osede	92	116	251	1176
	Hagen	151	162	330	1769
	Hilter	125	76	249	1155
	Borgloh	142	182	345	1726
	Dissen	281	222	685	3379
	Laer	268	122	523	2382
	Glandorf	259	234	558	2892
	Glane	180	97	329	1743
	Flecken Iburg . . .	109	2	158	667
Fürstenau	Alfhausen	201	221	441	2149
	Ankum	463	582	1168	5624
	Berssenbrück	75	95	168	826
	Babbergen	358	490	986	4460
	Bippen	112	206	240	1121
	Berge	155	234	457	2048
	Menßlage	193	271	592	2615
	Merzen	117	124	318	1711
	Uffeln	56	68	154	691
	Voltlage	60	64	166	791
	Neuenkirchen . . .	110	113	283	1294
	Schwagsdorf . . .	179	148	388	2020
	Stadt Fürstenau . .	186	12	212	891
	Stadt Quakenbrück .	375	3	407	1755

*) s. oben p. 149, Anm. 4.

Ämter	Städte, Flecken u. Kirchspiele	Haupt-feuer-stätten	Neben-feuer-stätten	Haushal-tungen	Ein-wohner
Börden	Gerbe	170	209	494	2209
	Neuenkirchen . . .	149	215	435	2110
	Damme	353	428	983	4216
	Engter	154	136	470	1982
	Bramsche	433	302	976	4764
	Flecken Börden . . .	95	—	124	464
Grönenberg	Melle	167	222	558	2535
	Freienhagen Geßmolb.	95	66	181	863
	Buer	327	487	793	3784
	Olbendorf	130	150	261	1172
	Riemschloe	207	295	473	2317
	Neuenkirchen . . .	235	369	707	3276
	Wellingholzhausen . .	201	236	479	2492
	Flecken Melle . . .	155	14	259	1154
Wittlage	Essen	312	166	587	2776
	Lindorf	251	111	377	1672
	Barkhausen	201	101	310	1457
Hunteburg	Hunteburg	120	118	350	1695
	Venne	145	116	354	1610
	Osterkappeln . . .	279	264	848	4134
	Weichbild Osterkappeln	59	12	97	437
Reckenberg	Wüste Vogtei . . .	241	186	486	2497
	Langenberg	241	35	292	1725
	Stadt Wiebenbrück .	329	12	344	1588
Stadt Osnabrück		—	—	—	5923
Amt Iburg		2656	2458	5932	35739
" Fürstenau		2640	2631	5980	27996
" Börden		1354	1290	3482	15745
" Grönenberg		1517	1839	3711	17593
" Wittlage		764	378	1274	5905
" Hunteburg		603	510	1649	7876
" Reckenberg		811	233	1122	5810
	Summa	10345	9339	23150	116664